KB176102

독일
언론법의
이해 하

판례로 알아보는 독일 언론법의 모든 것

인상의 전달, 전파책임, 소문과 의혹보도,
정당한 이익의 대변, 언론의 주의의무와
소송상 책임, 손해배상제도

독일
언론법의
이해 하

| 이수종 지음

이담북스

서문

　독일 언론법은 기본법 제1조의 인간존엄성의 불가침 조항을 정점으로 하는 헌법 체계하에서 기본법 제5조 제1항의 표현의 자유권과 기본법 제2조 제1항의 일반적 인격권 사이에서 벌어지는 충돌 현장을 그 대상으로 한다.

　하지만 그 현장을 제대로 이해하기 위해서는 단순한 기본권적 법리나 관점에 대한 이해만으로는 부족하다. 왜냐하면 언론법이 다루는 주요 내용이 다름 아닌 개인이나 집단들 사이의 의사소통 과정에서 일어나는 매우 다양하고 생생한 형태의 표현들과 관련된 다툼이기 때문이다. 특히나 매일매일 쏟아지고 있는 언론 현장에서의 보도들이나 개인들 사이에서 SNS상의 발언들이 법적 분쟁의 대상으로 되고 있는 현실을 고려하면, 이를 단순한 기본권보장의 문제로 치부하기에는 녹록지 않다.

　이러한 이유에서 독일 언론법은 자신의 영역을 법적 다툼의 대상이 되는 표현을 둘러싸고 그 표현이 어떻게 이해되고 해석될 수 있는지 규명하는 것에 주안점을 두고 있다. 즉, 문제가 된 표현이 과연 어떻게 이해되고 해석될 수 있는지에 따라 처벌이나 제재가 달라지기 때문에, 표현자유권의 보장에 치중해야 할지 아니면 일반적 인격권에 치중해야 할지를 결정함에 있어서 무엇보다 법원은 대상 표현이 가지는 의미의 이해나 해석에 집중한다. 따라서 언론법리 역시 이러한 표현의 의미해석 방식을 중심으로 형성되어 왔다고 할 수 있다. 주로 문제가 된 표현의 명예훼손 인정문제에 몰두해 온 국내 언론법 역사에서 바라보면, 이러한 연구 방법은 우리에게는 매우 낯선 것이며, 문제가 된 표현의 해석이 법관 개개인에 따라 달라지기 일쑤인 현실은 어쩌면 당연한 것일지도 모른다.

한편, 언론법 영역에서 법원의 판결내용은 매우 중요하다. 언론법 영역은 특정한 법률의 제정과 해석을 통해 권리·의무관계를 판단하는 기술법 영역이 아니라, 헌법상 보장된 기본권으로서 표현의 자유와 개인의 인격권을 항상 비교·형량해야 하는 가치법 영역이기 때문이다. 따라서 언론법 영역은 사실상 법원의 판례를 통해 형성되는 법관법의 영역이라고 할 수 있다.

하지만 우리의 언론법 현실을 들여다보면 아쉬운 점이 한둘이 아니다. 무엇보다 우리 대법원 및 각급 법원의 판례들은 하나의 사례를 놓고 국민들에게 납득할 수 있는 일관된 법리를 제시하기에 역부족하다. 그 이유로는 언론법 영역에서 발생하는 수많은 구체적 사례들에서 우리 법원들은 말이나 글, 그 밖의 표현형식들이 가질 수밖에 없는 다양하고 복잡한 표현 형태들에 대한 분석과 논증과정이 부족하다는 점을 들 수 있고, 이로 인해 판례를 통해 형성되어 온 판단기준과 법리의 그물코가 너무 성기다는 점을 지적하지 않을 수 없다. 하지만 분쟁의 대상이 되는 표현 양식들은 그렇게 단순하지가 않은 것이 현실이다.

이는 우리 학계의 입장에서도 다르지 않다. 현재 언론법의 연구대상들은 주로 2000년 전후를 통해 미국의 법리로부터 이식된 "공인이론"이라는 것에만 몰두해서 복잡한 분쟁 사안을 공인인지 아닌지라는 이분법적 판단기준을 통해 해결하려는 경향이 강한 것도 사실이다.

이러한 배경에서 이 책은 다음과 같은 관점의 유지하에 내용을 구성하였다. 우선, 독일 언론법의 이해를 위해서 철저하게 독일 언론법이 천착하고 있는 표현의 이해와 해석체계를 그 발전과정에 따라 소개하는 것에 방향을 맞추려 노력하였다. 독일 언론법리들은 이미 상당한 수준의 자기완성적 구조체계를 형성하고 있으며, 단편적 기준에 따른 단식판단에만 머무르지 않는다고 말할 수 있다. 이러한 체계는 기본권의 보호정도를 달리하는 의견표현과 사실주장의 구별이라는 기점에서 시작해서 각각 의견표현 영역에서의 일탈 부분 혹은 사실주장 영역에서의 진실문제나 인격권 침해문제 등으로 확산되는 형태를 취하고 있으며, 이 과정에서 바탕이 되는 표현의 해석문제를 유형별로 발전시켜 왔다. 따라서 이 책의 구성 역시 표현의 해석과 이해에 필요한 독일 언론법의 체계를 따랐다. 이에 이 책의 구성 순서에 따라 소개한 내용을 순차적으로 읽게 된다면, 독자들은 독일 판례가 형성해 온 체계적 분석 및 논증 과정을 자연스럽게 습득할 수 있을 것이다.

특히 독일 언론법의 이해를 위해서는 스톨페 법리의 중요성이 간과되어서는 안 되기 때문에, 이에 대한 자세한 내용 역시 소개하였다. 2006년 연방헌법재판소의 스톨페 결정은 독일 언론법 체계를 그간의 의견자유권 보호관점에서 인격권 보호관점으로 선회시키는 계기가 되었다. 이로 인해 표현의 해석문제는 소송상 청구대상에 따라 새로운 선택의 기로에 놓이게 되었다. 즉, 다의적 표현과 관련해 과거의 보도에 대한 불리한 제재가 문제 되는 경우에는 의견자유에 유리한 해석형태가 판단의 기초로 되지만, 장래의 표현에 대한 금지청구가 제기된 경우에는 인격권 침해에 가까운 해석을 바탕으로 삼게 된다. 이는 각종 언론분쟁 사건에 있어서 피해자가 요구하는 구제방식이 무엇인가에 따라 표현의 해석선택 역시 달라질 수 있다는 점에서 커다란 의미를 가진다.

다른 한편으로는 전체적인 이론 설명부분에서 독일 판례의 언론법리를 충실히 소개하고자 해당 판례의 전문을 인용하려고 노력하였다. 이를 통해 일종의 독일 언론관계판례집을 제공함으로써 관련 연구나 실무에 도움을 주고자 하는 의도도 어느 정도 달성할 수 있으리라 생각했다. 체계적으로 배치된 다양하고 폭넓은 판례의 원문을 통해 독자들은 연방헌법재판소나 각급 법원이 일관되게 적용하는 독일 언론법리의 촘촘한 그물코를 각종 사례에서 직접 확인할 수 있으며, 구체적, 개별적 사건에서의 판단 과정을 자세하게 들여다볼 수 있을 것이다.

독일 법원들의 판단은 물론 그 출발점에서는 헌법상 기본권으로서 표현의 자유와 인격권 보장이라는 가치 설정을 바탕으로 삼는다는 점에서 우리와 동일하지만, 비교

형량을 통한 사례 해결의 어려움을 인정하고 개별적 사례군 형성을 통해 유형화된 언론법리를 형성하겠다는 의지를 강력하게 실천해 왔다. 이에 따라 매우 정치하고 세분화된 표현의 해석 방식과 이를 통해 기본권 침해 여부를 판단하는 수많은 영역별 사례들을 축적해 왔다.

이러한 결과로 독일의 각 언론법 쟁점 관련 판례의 수는 우리와는 비교할 수 없을 정도로 넘쳐나며, 독일 언론법 교과서들 역시 이를 기초로 쟁점별 법리와 판시 사항을 정리하고 체계화하는 내용으로 구성된다. 이를 통해 관련 실무자들 및 연구자들은 특정한 말이나 글이 분쟁대상이 될 경우, 해당 서적들의 필요 항목을 찾아봄으로써 손쉽게 쟁점을 이해하고 관련 판례들을 살펴볼 수 있다. 이 책 역시 이러한 점에 착안하여 구성하였으며, 기존의 국내 언론법 관련 연구서들과는 전혀 다른 새로운 내용들을 접할 수 있으리라 기대한다.

저자는 2020년 초에 인격권 분야에서 대표적 권리로 인정되는 초상권과 관련한『독일 초상권 이론과 사례』저서를 발간한 바 있으며, 여기에서 초상권 법리를 둘러싼 독일의 이론과 다양한 독일 연방헌법재판소 및 각급 법원의 판례들을 정리한 바 있다. 앞선『독일 초상권 이론과 사례』편이 인격권 분야에 해당하는 독일 법리와 판례를 소개하는 데 치중한 것이라면, 이번에 저자가 기획한 저술은 개인의 의사표현의 자유와 언론자유 분야에 속하는 법리와 판례들을 다룬 것이다. 물론 언론법의 두 축이 의견자유권과 인격권 분야라는 점을 고려하면, 이제 인격권 분야에 관한 연구 및 과제가 매우 시급하기는 하지만 이 역시 당면한 숙제로 남겨두기로 한다.

불경 번역작업에서 미증유의 업적을 보여주신 쿠자의 구마라집 현자께서는 자신의 임종 전에 "만약 번역한 것에 오류가 없다면, 내가 죽은 후에 몸을 태워도 혀는 타지 않게 하소서!"라는 유언을 남겼고, 실제 다비한 후에도 혀가 전혀 타지 않았다고 한다. 수년간의 번역작업 중 판결 원문내용의 전달과 독자의 이해 사이에서 수없는 난관에 부딪혔던 저자로서는 구마라집 법사께 이 자리를 빌려 무한한 경의를 표한다.

마지막으로 다소 생소한 내용과 분량 및 상업적 문제로 인해 어느 누구도 꺼려했던 이 책의 발간을 흔쾌히 결심해 주신 한국학술정보(주) 관계자분들께도 다시 한번 깊은 감사를 드린다.

2023년 9월 광화문에서

이 수 종

목차

독자편지, 인터뷰, 인용 등에서의 전파책임   제9장

소송상 언론의 주장책임과 입증책임   제13장

언론 영역에서 손해배상제도-징벌적 손해배상 문제   제14장

제7장

인상의 전달

헤드라인, 사진캡션 혹은 개별적으로는 적절하지만 결합을 통해 허위의 인상을 전달하는 진술조합과 같은 특정한 표현방식에서 책임문제가 생겨날 수 있다. 이러한 경우 대부분은 분명한 사실주장의 전달이 없음에도 불구하고 이러한 표현형식을 통해 독자나 시청자에게 결과적으로 통상 명백히 허위인 주장의 전파를 통해 일어나는 진실에서 벗어난 왜곡된 허위의 인상을 전달하게 된다.[1]

I. 숨겨진 주장(Verdeckte Behauptungen)에 따른 잘못된 인상의 유발

원칙적으로 비판주체는 단지 자신이 공개적으로 진술했던 것에 대해서만 이의가 제기되는 것을 기대할 수 있다. 독자가 좀 더 생각해서 텍스트에서 하나의 전체 진술을 자신의 관점에서 해석하는 것에 대해서는 대응할 필요가 없다. 그럼에도 표현들에서는 전체 맥락에서 생겨나는 숨겨진 진술을 포함하는 것이 가능하다. 다만, 이러한 숨겨진 주장의 인정은 명예보호와 표현자유의 긴장상태를 일방적으로 표현자유에 불리한 부담을 주지 않기 위해 특별한 자제가 요청된다.

따라서 이러한 전체 맥락에서 얻어진 의미해석을 불법책임 속으로 편입시키는 것은 표현주체가 공개한 사실과 함께 독자에게 숨겨진 사실관계를 제공하는 추론을 피할 수 없을 정도로 암시하거나 강요했는지 여부의 정확한 심사기준에 따라서만 허용된다. 즉, 이러한 추가적 사실진술은 사고자극의 한계를 넘어서서 독자들에게 피할 수 없는 것으로 떠올라야만 한다. 따라서 한편으로는 독자 스스로 자신의 추론을 끌어낼 수 있거나 끌어내야 하는 개별 사실의 보도와 다른 한편으로는 저자가 공개한 표현의 상호작용을 통해 하나의 추가적 사실진술을 함으로써 이것이 독자에게 피할 수 없는 추론을 떠오르게 하는 본래의 숨겨진 주장 사이가 구별된다. 이로부터 다의적인 숨겨진 사실주장이라는 말은 성립되지 않는다.[2]

독일 언론관계 판례들에서 심심치 않게 등장하는 이러한 숨겨진 주장의 법리는 잘못된 인상과 관련된다. 진실한 사실관계에 부합하지 않는 인상은 여러 개별 표현들로 서술되었고 이를 분리해서 고찰될 경우에 그 자체는 각각 사실관계가 적절한 데 반해, 그 표현들을 결합할 경우에는 잘못된 인상을 전달하는 그러한 여러 개별 사실관계에 관한 보도기사에 의해 유발될 수 있다. 이러한 경우들에서는 허위의 사실주장이 행간에 놓여 있게 된다. 이러한 문제를 해결하는 것은 실무상 언론사와 피해당사자에게 커다란 어려움을 수반한다. 그럼에도 기존의 판례들은 이와 관련해 일반적으로 표현의 자유 측에 커다란 자유 여지를 제공하고 있다는 점을 확인할 수 있다.

하지만 연방헌법재판소의 "스톨페" 결정[3] 이후에는 숨겨진 주장의 판단에 있어서도 마찬가지로 요청된 제재의 성격에 따라 이를 구분하고, 금지청구의 영역에서는 다른 제재에 있어서 보다 엄격한 잣대가 적용되어야 한다는 새로운 사고의 전기가 마련되었다.[4]

원칙적으로 연방대법원은 숨겨진 주장 역시 권리침해에 이를 수 있다는 점은 인정했다. 연방대법원은[5] "의료계 신디케이트"라는 전문서적의 텍스트 구상에서 잘못된 인상이 생겨날 수 있는지를 다룬 사건에서 당사자는 이러한 종류의 표현에 대해 특별한 보호를 필요로 한다고 단언했다. 왜냐하면 이러한 표현은 덜 구체적이어서 이에 대해 피해당사자가 대항할 수 있는 구체적인 사실적 토대가 없다는 이유로 피해

당사자의 보호가 어려울 수 있다고 생각했다.

다만, 연방헌법재판소 및 연방대법원은 숨겨진 주장의 인정에 있어서는 명예보호와 비판자유 사이의 긴장상태를 해결하는 과정에서 일방적으로 비판자유에 불리한 부담을 주지 않기 위해 자제가 요청된다고 강조했다.[6] 이에 따라 비판주체는 반드시 자신이 표현했던 대상 그 자체로 평가받아야 하고, 독자나 법관이 실제 텍스트 가운데 행간 사이에서 찾아냈다고 생각하는 것을 통해 평가받아서는 안 된다. 따라서 숨겨진 주장은 오히려 저자가 여러 개의 공개된, 그 자체로는 적절한 개별적 사실주장의 결합을 이용해 추가적인 사실진술을 했고, 아울러 그것을 독자나 청자들에게 사고자극으로서가 아니라 완결된 추론으로서 암시한 그런 경우에 존재하게 된다.[7] 이에 여러 개의 그 자체로 진실인 주장의 결합이 독자 스스로의 추론을 끌어낼 수 있는 가능성을 암시할 경우에는 숨겨진 주장이 아니며, 법적으로 문제 될 수 있는 주장이 아니다.[8] 숨겨진 주장의 인정을 위해서는 문제 된 사실진술에 대한 추론이 피할 수 없는 것이어야 한다. 그리고 이러한 판례기준은 열린 질문과 독자들에게 결론이 이미 내려진 질문 사이의 구별 기준에도 마찬가지로 적용된다.[9]

연방대법원 1994년 6월 28일 자 판결
– VI ZR 273/93("숨겨진 주장 I "–판결)

사실관계

원고와 피고는 모두 같은 정당 소속 구성원이다. 원고는 주의회 부원내대표이자 주의회 소속 헌법위원회의 의장이다. 1990년에 이 의회에서는 검찰총장의 신청으로 같은 정당 소속 의원 L 박사의 면책특권 박탈에 관한 회의와 표결이 있었다. 안건은 L 박사의 비밀정보기관 스파이 활동 혐의였다. 1990년 9월 4일 헌법위원회에서는 이에 관해 원고의 주재로 회의가 개최되었고, 그 회의 내용은 같은 날짜 회의록과 1990년 9월 5일 자로 기재된 보고서에 기록되었다. 보고서는 1990년 9월 5일 자 지방의회 본회의에 제출되었다. 여기에서 무엇보다 L 박사의 체포동의가 가결되었다. 그 이후 피고는 L 박사를 위해 여러 정치인들에게 서한을 보내는 한편 신문 인터뷰를 통해 대중들에게 도움을 청하고, 그 밖에 이 사건 처리과정에서 있었던 원고의 역할을 주로 문제 삼았다. 원고는 이러한 공표내용 중 여러 표현들이 허위의 사실주장이라고 하면서 금지를 요구했다. 피고는 자신의 견해들은 허용되는 의견표현이며, 사실주장이라고 하더라도 이는 진실이라고 주장했다. 전심법원은 소송을 인용했고, 피고의 상고는 일부 성공했다.[10]

① 항소법원의 판단

연방대법원은 청구취지1에 대한 항소법원의 금지판결에 대해서는 상고가 이유 있다고 판단했다.

항소법원은 피고에게 "은행들은 곧 L 박사의 계좌를 차단했고, 심지어 그와 그의 회사에 수년 동안 유지되었던 신용한도를 박탈했다. 이 은행의 감독위원회에 (원고)가 앉아 있었다. … 원고에 관해서는 계속해서 논의될 예정이다"라는 진술을 금지시켰다. 왜냐하면 이를 통해 원고가 은행 감독위원으로서 그의 영향력을 L 박사 혹은 그의 회사에 보장된 신용한도를 빼앗는 데 행사했다는 인상을 불러일으킨다고 생각했다. 항소법원은 피고가 1991년 1월 19일 연방대통령에게 보낸 서한에 포함되었던 해당 표현을 다음과 같이 판단했다. 즉, 두 개의 진실에 해당하는 개별사실의 결합은 독자들에게 청구취지에서 표현된 추론을 강제하고, 따라서 그로 인해 야기된 인상은 허위인 사실주장에 해당하기 때문에 금지되어야 한다고 판단했다. 하지만 상고의 반박은 정당한 것으로 판명되었다.[11]

② 숨겨진 사실주장의 문제

연방대법원은 원칙적으로 항소법원이 자신의 심사를 "공개적으로(offenen)" 제시된 피고 주장의 평가로 제한하는 것이 아니라 공개된 개별 진술의 전체적 맥락에서

"숨겨진(verdeckt)" 내지 "행간(zwischen den Zeilen)"에 놓여 있을 수 있는 명예훼손적인 비난에까지 확대한 것은 문제 될 수 없다고 인정했다. 아울러 그러한 점에서 사실심이 이러한 종류의 숨겨진 주장의 진술내용을 적절하게 조사했는지 여부는 상고심의 심사범위에 해당한다고 보았다. 물론 연방대법원은 이러한 숨겨진 주장의 인정에는 명예보호와 비판의 자유 사이의 긴장상태를 일방적으로 기본법 제5조 제1항 제1문의 침해하에서 비판의 자유에 불리하게 옮겨놓지 않기 위해 특별한 자제를 요청한다고 전제했다. 그리고 항소법원은 이러한 원칙을 지키지 않았다고 보았다. 왜냐하면 항소법원은 소위 숨겨진 진술들의 조사에 있어서 독자가 자신의 추론을 끌어낼 수 있거나 끌어내야만 하는 그러한 개별적 사실들의 전달과 작성자가 "숨겨진" 진술들과 함께 공개된 표현들과의 상호작용을 통해 하나의 추가적인 사실진술을 했거나 그러한 사실진술이 독자에게 피할 수 없는 추론을 암시하는 그런 본래의 진정한 "숨겨진" 진술이 서로 구별되어야 한다는 점을 고려하지 않았다고 비판했다. 이미 연방대법원은 명예보호 소송에서 "숨겨진" 진술은 기본법 제5조 제1항의 관점하에 후자의 것만이 표현주체의 "공개된" 표현과 같은 취급을 받을 수 있다는 사실을 확정한 바 있다고 밝혔다. 그리고 피해당사자는 대개 독자들에게 공개적으로 전달된 사실들에서 볼 때는 그 공개된 진술들이 하나의 근거를 제공하기는 하지만, 표현주체에 의해서는 공개적으로도 숨겨진 상태로도 주장되지 않은 그런 하나의 사실관계에 관해 독자들 스스로 추론까지 문제 삼을 수는 없다고 생각했다. 당연히 이 점에 있어서는 저자 역시 자신의 텍스트 원문에서 판단될 것을 요구할 수 있다고 지적했다. 그렇지 않으면 많은 경우들에서 정보와 의사소통이 불가능해질 것이라고 보았다. 따라서 표현주체가 "공개된" 사실들과 함께 독자에게 "숨겨진" 사실관계를 나타내는 추론을 강요하는지 여부는 자세하고 정확한 심사를 필요로 한다고 밝혔다.[12]

③ 연방대법원 판단
연방대법원은 이러한 원칙에 따라 항소법원에 의해 행해진 표현의 평가는 더 이상

유지될 수 없다고 판단했다. 항소법원은 청구취지1에 기재된 두 개의 다툼 없는 개별 사실들의 연결에 따라 제시된 추론을 그의 내용이 여타의 다른 어떠한 의미도 제시하지 않기 때문에 필연적인 것으로 간주했다. 하지만 이런 평가는 항소법원이 두 개의 공개된 진술들이 독자들에게 이미 완성된 추론(정확히 말하면, 피고가 의도한 추론)을 암시하는 것이 아니라 단지 하나의 사고촉발을 중개하는데 그친 그런 사실들의 전달로서도 파악될 수 있다는 점을 검토하지 않았기 때문에 법적 흠결이 있다고 밝혔다. 어쨌든 이를 접한 독자층에게는 -그런 점에서 직접 향해진 연방대통령이나 관심 있는 대중들에게 평균 독자의 기준이 적용될 수는 없는- 명백히 신용한도 결정에 관해 은행의 감독위원은 어떠한 결정권도 있을 수 없다는 점이 명백하다는 점 때문에 후자의 견해가 타당하다고 판단했다. 신용박탈에 가담했다고 하는 은행들 중 한 은행에서 원고가 감독위원 지위를 맡았다는 언급이 항소법원이 인정하고자 했던 것과 같은 명백하고 필연적인 추론을 보증하기에는 말이 안 될 정도로 피상적이고 근거가 박약한 것이라고 보았다. 마지막으로 항소법원이 평가하지 않았던 다음의 문장("원고에 관해서는 계속해서 논의될 예정이다") 역시 독자들에게 단지 가능성만 있고, 그럼에도 자세하게 해명되지는 않는 사정에 관한 계속된 생각을 유도하는 자극 정도를 암시하는 것이라고 인정했다. 그에 따라 감독위원회에 지역정치가가 앉아 있는 공적 기업이 신용계약을 해지했다는 해석이 전체적인 인상에 부합하는 것이라고 보았다. 그런 점에서 사실적 주장의 방향으로 구체화되는 것 없이 밀접한 관련성만이 암시되는 것이라고 판단했다.

따라서 항소법원의 견해와는 달리 전체적으로 볼 때 피고가 이러한 문제에 대한 자신의 완성된 사실진술을 했다는 명백한 증거들이 없다고 생각했다. 항소법원이 결정적인 것으로 간주했던 표현들의 공간적 맥락에서도 마찬가지로 방금 언급된 전달 내용의 평가가 모순되지 않기 때문에 항소법원의 추론은 정당화되지 않는다고 보았다. 아울러 관련된 서한의 전체적 맥락도 항소법원에 의해 도출된 추론을 필연적인 것으로 나타내지는 않는다고 밝혔다. 따라서 위에서 언급된 가능하고 자명한 해석에는 피고에게 금지되어야 할 진술이 존재하지 않기 때문에, 청구취지1에 대한 금지청구는 기각되어야 한다고 결론지었다.[13]

연방헌법재판소 2004년 2월 19일 자 결정 – 1BvR 417/98

사실관계

청구인이자 원심소송의 피고는 기자이다. 그는 교회문제를 집중적으로 다뤘다. 원고들은 X 대주교(원고1), X 교구(원고2), 교구장 총대리(원고3), 그리고 교구청 목회-인사부 책임신부(원고4)이다. 1996년 9월 18일 중 한 제보 여성이 편지로 원고1과 원고4에게 도움을 청했다. 편지에서 그녀는 대주교 주임신부가 동년 1월부터 미성년자인 피해자에게 성관계를 갖도록 강요했다는 제보가 자신에게 들어왔다고 알렸다. 이 미성년자는 약 임신 10주 차의 임산부였고, 당시 상황에 따르면 임신중절이 이뤄진 상태였다. 이에 대해 원고4는 원고1이 여러 회의들로 인한 해외체류에서 복귀한 이후 1996년 10월 11일 중 제보편지를 읽고 경악을 금치 못했으며, 원고1과 자신은 해당 사건에 대해 우려하고 있고, 사실관계의 해명을 요청한 상태라고 공식적으로 답변했다. 1996년 11월 24일 청구인은 한 라디오 방송에서 이 사건에 관해 보도하면서 제보자와 청구인1 및 청구인4 사이에 있었던 편지 왕래를 자세히 언급했다. 그리고 1996년 11월 28일 독일의 한 잡지 안에 게재된 기사에서 청구인은 제목 "낙태허용기한 규정…", 부제 "한 신부가 미성년자를 임신시켰다–그에 관해 보고받은 가톨릭교회는 기다렸다–낙태에 이를 때까지"하에서 재차 해당 사건을 비판했다. 이어서 오스트리아에서 공표된 또 다른 기사에서 청구인은 연이어 유사한 내용으로 보도했다. 이 기사들은 세부적으로는 서로 달랐지만, 공통적으로 1996년 9월 18일 자 편지에 대한 늑장 대응과 이른바 임신중절을 저지하지 않은 채 방치한 사실에 대해 청구인 관점의 비판을 담고 있었다. 앞의 두 개의 기사들에서는 추가로 "강요한 신부는 그의 교구에서 직을 여전히 수행하고 있다"는 내용도 첨부되었다. 검찰의 조사는 제보자에 의해 주장된 사건의 사실배경을 말해주는 어떠한 기소 가능한 단서도 밝혀내지 못했다.

교구, X 대주교 내지 그의 대리인인 교구장 총대리 Y 혹은 주교 Z 등 원고들은 1996년 9월 18일 자 편지를 근거로 이른바 신부에 의해 임신된 미성년자의 임신중절을 저지할 수 있었으며, 이른바 해당 신부를 그의 직에서 배제시키는 것이 가능했을 것이라는 주장을 그대로 혹은 유사하게 전파하지 말라며 금지청구 소송을 제기했다. 원고들은 청구인이 위의 주장들을 숨겨진 상태로 진술했다고 주장했다. 청취자 내지 독자들에게 전달된 이와 같은 정보들로 인해 지목된 신부의 신원이 원고들에게 알려졌음에도 불구하고 원고들이 그 신부에 대해 아무런 조치도 취하지 않았다는 오해가 생겨났다고 하소연했다. 이러한 오해는 미성년자의 구조 방치사실이 미성년자의 신원확인을 전제로 하기 때문에 원고들이 미성년자의 신원을 알고 있었는지의 문제에서도 마찬가지라고 덧붙였다. 지방법원은 소송을 전부 인용했다. 피고의 항소는 단지 원고3의 원고적격이 부인된다는 점을 제외하고는 전부 기각되었다. 이에 피고는 기본법 제5조 제1항 제1문의 의견자유권 침해를 이유로 헌법소원을 제기했다. 무엇보다 숨겨진 주장의 인정은 자신의 기본권을 침해한다고 주장했다. 헌법소원은 성공했다.[14]

① 숨겨진 주장의 헌법적 문제

연방헌법재판소는 원심법원이 의견자유권의 의미와 사정거리를 충분히 고려하지 않았다고 판단했다. 청구인에게 금지된 표현들은 기본법 제5조 제1항에 근거한 의견자유의 보호범위에 해당하며, 이 기본권은 가치평가 외에 의견형성에 기여할 수 있는 사실의 표현도 보호한다고 밝혔다. 청구인의 언론보도는 의견과 관련된 사실의 공표와 가치평가의 공표로서 보호범위 내에 해당한다고 인정했다. 하지만 의견자유권은 기본법 제5조 제2항에 따라 제한 없이 적용되지는 않으며, 이러한 제한들은 각각의 제한과 함께 추구된 목적에 적합하고 필수적이어야 하고, 법익보호와 제한 사이의 관계는 전체적으로 적절해야 한다고 밝혔다. 원심법원은 제한규범으로 민법 제823조 제1항과 제1004조 제1항을 적용하고, 거기에서 보호되는 원고들의 명예침해를 인정했지만, 그럼에도 비례성 원칙의 적용에 있어서 헌법상 요청들을 충족시키지 못했다고 비판했다.

연방헌법재판소는 의견표현이 다른 사람의 법익을 침해하고, 그 때문에 제한되어도 되는지 여부는 표현내용의 해명을 전제로 한다고 밝혔다. 이 사건에서 금지명령은 언론보도에 명백히 포함되지 않았음에도 불구하고 법원의 견해에 따라 보도 내에 포함된 진술로 인정되었다고 비판했다. 일단, 상급법원은 연방대법원 판례와의 일치하에서 이러한 숨겨진 진술들의 인정에 있어서는 특별한 자제를 요청한다는 점을 주의 깊게 수용했다고 보았다. 이에 따라 공개된 진술들의 상호작용 내에 포함된 저자의 추가적인 자기진술이 사고자극의 한계를 넘어서서 독자들에게 피할 수 없는 추론으로서 암시될 경우에는 숨겨진 주장이 인정될 수 있다고 밝혔는데, 이러한 법리는 헌법상 문제 되지 않는다고 인정했다.

하지만 대상 판결은 원고의 법적 이익의 보호를 위해 필요한 금지명령을 넘어서서 판결했다고 비판했다. 이 판결은 어쨌든 필요성 요청을 충족시키지 않는다고 보았다. 이에 따라 적절성 요청에 부합되는지 여부는 더 이상 불필요하다고 판단했다. 판결의 선고는 과도한 제재효, 특히 법적으로 요청되지 않는 억제나 위협들을 향후의 표현들에서 배제하기 위해서 기본권주체가 도대체 어떤 진술을 금지해야 하는지 분명하게 지적해야 한다고 밝혔다. 다른 표현들의 해석을 통해 확인된 "숨겨진" 진술이 금지될 경우, 피고는 의심의 여지 없이 원래 표현의 어떤 부분이 금지명령의 대상인지를 인식할 수 있어야 한다고 주문했다. 그렇지 않으면 청구인은 민사소송법 제890조에 따른 강제집행의 회피를 위해 조심할 필요가 없는 표현들까지 금지해야 할 압박에 놓이게 된다고 우려했다.

연방헌법재판소는 상급법원 판결의 주문이 청구인 스스로 어떤 진술들을 금지해야 하는지 명시한 점은 인정했다. 하지만 그 금지명령은 청구인의 하지 않은 진술내용을 자명한 것으로 오해했다고 비판했다. 그러한 주문에 의해 청구인은 그 안에 금지된 표현들이 숨겨진 상태로 포함되어 있을 수 있는 이상, 원래의 언론보도들 내지 특정한 부분을 반복하지 않도록 강제되었다고 보았다. 상급법원은 반복위험에 관한 검토과정에서 명백히 금지된 표현들의 숨겨진 반복 가능성을 분명히 언급했기 때문에 어쨌든 이러한 우려에서 출발했다고 생각했다. 그리고 판결이유에서 적어도 원래의 언론보도들이 부당하게 우선적 금지대상으로 정해졌다고 보았다. 그럼에도 정작 판결내용이나 이유첨부에서는 이러한 보도들 가운데 어떤 구체적인 표현들이 금지되어야 하는지 구체적으로 끌어낼 수 없다고 비판했다. 이에 따라 청구인은 소송 대상 기사들의 내용을 반복할 때마다 강제집행에 놓이게 될 위험에 처해졌다고 판단했다.[15]

② 사건 판단

연방헌법재판소는 이러한 식의 광범위한 의견자유권의 제한은 숨겨진 사실주장의 반복에서 시작된 원고의 법익침해를 방지하기 위해 필수적인 것으로 간주되지 않는다고 밝혔다.

법원은 덜 과격한 법익보호의 가능성이 가능한지 여부를 심사하지 않았고, 특히 허위의 숨겨진 사실주장이라는 측면하에서 이러한 사실주장 자체가 아니라 해석을 통해 얻게 된 숨겨진 주장의 바탕이 되는 원래 표현들이 금지될 수 있는 것인지 여부를 심사하지 않았다고 비판했다. 따라서 이에 대한 새로운 판결은 숨겨진 사실표현의 금지에 관해 포괄적인 현재의 판결보다 축소될 것이라고 기대했다. 예컨대, 단지 다툼이 된 숨겨진 사실주장이 생겨난 그런 개별 보도의 부분만을 더 이상 전파하지 않거나, 그렇지 않으면 원래 기사들을 단지 해명성 추가표현과 함께 했을 때만 공표가 가능하다는 형식의 명령을 통해서 원고의 요구들이 고려될 수 있을 것이라고 보았다. 이때 금지판결이 내려진 청구인의 기사들은 내용상 완전히 일치하지는 않는다는 사실을 유념해야 한다고 밝혔다. 진술내용의 조사에 있어서는 중립적인 이성적 독자들의 관점에 맞춰져야 되기 때문에, 여러 기사들에 있어서는 그 기사들 각각의 내용이 원칙적으로 독자적으로 조사되어야 하고, 상급법원이 행한 것처럼 서로 다른 여러 기사들의 전체적 평가는 단지 전체 기사들 모두를 함께 읽은 공통 독자들을 근거로 할 때에만 가능하다고 판시했다.[16]

Ⅱ. 고의의 불완전한 보도와 숨겨진 주장

표현주체가 여러 진실한 개별주장들의 보도과정에서 명예훼손적인 특정한 추론을 유발하려는 의도로 결정적인 사실을 일부러 감춘 경우, 작성자는 그를 통해 유발된 잘못된 인상에 대해 전적으로 책임을 진다. 그리고 이러한 고의의 불완전한 보도는 법적으로 허위의 사실주장과 마찬가지로 다뤄진다. 독자에게 명백하게 독자 자신의 추론을 끌어낼 수 있는 사실이 전달되기 위해서는 적절한 판단을 형성하고자 하는 독자에게 하나의 사건에 다른 관점을 제공할 수 있으며, 사실 인식을 위해 핵심적이고 필수 불가결한 본질적 사실이 감춰져서는 안 된다. 이는 독자에게 하나의 추론이 반드시 피할 수 없게 암시되지는 않거나 강요되지는 않았음에도 불구하고 감춰진 사실이 전달되었다면 그러한 특정한 추론은 적절한 것으로 인정될 수 없는, 즉 감춰진 사실로 인해 허위의 인상이 생겨날 수 있는 경우에도 마찬가지이다.

결국 이런 방식의 비난주장에 있어서는 완전한 보도가 필수적이고, 그 결과 독자에게 비난을 면제할 수 있는 사정들도 함께 전달되어야 한다. 다만, 이러한 요청은 그 사건에 다른 관점을 핵심적인 측면에서 제공할 수 있는 그런 본질적 정보로 제한된다. 즉, 독자들이 핵심적인 점에서 적절한 판단을 형성할 수 있기 위해서는 그러한 사정의 인식이 불가피한 경우이어야 한다. 게다가 수많은 사실들 가운데 보도되어야만 하는 것을 선택해야만 하는 언론의 보도관점에서 비추어 볼 때, 완벽한 정보제공을 위한 보도청구권은 가능하지도 않다. 따라서 금지청구를 위해서는 보도를 허위로서 나타내는 충분한 구체적 근거가 요구된다는 점에 유의해야 한다.[17]

연방대법원 2003년 11월 25일 자 판결 - VI ZR 226/02

사실관계

원고는 피고에게 중대한 인격권 침해로 인한 소득손실의 배상과 금전배상 지급을 청구했다. 1998년 8월 24일 공영방송사인 피고는 "WISO" 프로그램에서 "의료 독점" 주제를 방송했다. 피고2는 보도책임자였다. 방송에서는 무엇보다 원고의 1997년 3월 31일까지 B지역 "전문의료병원(UG KIK)" 기업그룹-의료회사 GSD 역시 그에 속해 있음-의 대표로서 그의 직업활동에 이어서 1997년 4월 1일부터 K지역 병원장으로서 수행한 활동이 주로 보도되었다. 임박한 G지역 병원 영업이사 임명을 위해서 원고는 이미 방송 전에 1998년 10월 31일 자 효력개시 조건하에 서로 간의 합의로 K지역병원과의 근무계약을 해지했다. 방송 이후 그리고 B지역에서 있었던 그의 과거활동에 관한 G지역 내 여러 지역신문들의 비판적 보도로 인해 원고는 G지역으로의 전직 지원을 철회했다. 원고의 변호사는 방송 전 자신의 사건개요서와 함께 피고2에게 우선 문의한 이후 1998년 8월 31일 자 서한과 함께 반론보도의 방송을 요구했지만 받아들여지지 않았다. 이에 원고는 계속해서 다음의 표현들에 대해 이의를 제기했다.

2. 누군가는 개혁주의자로서 그(원고)를 K로 데려왔다. 하지만 지금 K지역 정치인들은 당혹스럽게 병원의 부채상태에 당면해 있다.

7. B지역에서 그는(실명이 거론된 B지역 병원장) UG KIK가 파산에 이를 때까지 정치적 관점에서 자신의 병원들이 바쁘게 돌아가도록 만들었다. 약 3천만 마르크 상당의 심각한 계약들이 있었다. 이 금액 일부의 행방이 아직 오리무중이다. 주 회계검사원은 아직도 4백8십만 마르크를 찾고 있다. 그 돈은 M-회사 GSD에 경제적 성과를 가져오지 않았음에도 지불되었다.

지방법원은 원고에게 금전배상을 일부 인용 판결했다. 항소법원을 통한 이 판결의 파기환송에 따라 지방법원은 이 소송을 완전히 기각했다. 원고의 항소로 상급법원은 기사목록 2와 7로 인한 인격권 침해를 인정했고, 전체 4만 마르크(2만 451유로)의 금전배상을 선고했다.[18]

① 항소법원의 판단

항소법원은 첫 번째 인용된 표현이 원고의 인격권을 현저하게 침해한다고 보았다. 왜냐하면 해당 표현은 원고의 전문적 능력을 의심하는 것이기 때문이라고 밝혔다. 이러한 표현의 행간에서는 원고가 잘못된 결정으로 인해 K 병원의 부채를 초래했다는 비난이 생겨난다고 인정했다. 하지만 증거조사 결과에 따르면 이러한 비난의 원인은 원고가 지출을 통해 누적투자요건을 충족했고, 예산감축이 뒤따랐기 때문으로 확인되었기에 해당 표현은 부적절한 것이었다고 밝혔다.

항소법원은 두 번째 표현 역시 원고의 인격권을 현저하게 침해한다고 인정했다. M-회사 GSD에 4백8십만 마르크가 경제적 반대급부 없이 흘러 들어갔다는 주장을 통해 원고가 공적 자금을 횡령했다는 부적절한 혐의의 인상이 생겨났다고 보았다. 평균적인 수용자들이 보기에 그 어떤 반대급부 없는 자금유입의 비난이 제기되었다고 판단했다. 이러한 대상 표현에는 어쨌거나 계약대상이었던 프로그램이 쓸모없는 것으로 드러남에 따라 계약이 비경제적이었음이 나중에 비로소 밝혀졌을지라도, 문제의 컴퓨터 프로그램이 개발된 것은 사실이라는 정보가 제공되지 않았다고 비판했다. 피고는 주 회계검사원의 검사 부문 책임자가 피고2와의 방송 전 개인적 대화에서 주 회계검사원이 4백8십만 마르크를 아직도 찾고 있느냐는 질문에 그렇다고 대답했고, 원고 측 회사의 어떠한 결과물도 제출되지 않았다고 보도해도 되는지의 질문에 대해서 어떠한 경제적 성과도 가져오지 않았다는 정도가 더 좋은 표현이라고 말했다는 사실을 자신의 주장근거로 제시할 수 없다고 밝혔다. 왜냐하면 피고는 이러한 증인진술을 방송 안에서 자신의 것으로 삼았기 때문에, 관련된 표현이 내용상 진실인지 여부만이 결정적으로 중요하다고 생각했다. 하지만 사정은 그렇지 않다고 밝혔다.

이에 원고는 이 표현들을 통해 자신의 인격권이 심각하게 침해되었고, 전체 2만 451 유로의 금전배상은 정당화된다고 인정했다. 그에 반해 원고의 소득손실배상청구는 증거조사결과 피고 방송이 소득손실을 직접 야기하지 않았기 때문에 부인되어야 한다고 판결했다.[19]

② 숨겨진 주장의 문제

연방대법원은 심각한 일반적 인격권의 침해로 인한 금전배상청구에 관한 항소법원의 판결들은 법적 심사를 통과하지 못한다고 밝혔다.

원고의 상고는 항소법원이 첫 번째 표현의 진술내용 조사에서 전체적 맥락을 외면했기 때문에 그의 의미를 적절하게 파악하지 못했다고 이의제기했고, 이는 정당하다고 인정했다. 우선 항소법원이 진술내용의 조사에서 공개된 주장들로 제한하지 않고, 명예훼손적인 비난의 심사를 공개된 개별진술의 전체적 맥락에서 "숨겨진" 내지 "행간에" 놓여 있을 수 있는 그러한 비난까지도 포함시킨 것은 문제 될 것이 없다고 보았다. 그에 따라 소위 숨겨진 진술의 조사에 있어서는 독자들이 자신의 추론을 끌어낼 수 있고 끌어내야 하는 개별적 사실들의 전달과 저자가 공개된 표현들의 상호작용을 통해 피할 수 없는 추론으로서 강하게 암시한 본래의 진정한 "숨겨진 진술들" 사이가 서로 구별되어야 한다고 밝혔다. 왜냐하면 대개 독자들은 자신에게 "공개적으로" 전달된 사실들에서 그 사실들이 근거를 제시하는 어떠한 사실관계에 대한 추론을 끌어낼 수 있을지 몰라도, 그런 사실관계가 표현주체에 의해 공개적으로도 숨긴 상태에서도 주장된 바 없었던 경우에는 피해당사자가 이를 제지할 권한은 없기 때문이라고 설명했다.

이러한 원칙에 따라 항소법원이 원고가 잘못된 결정으로 인해 부채상태를 야기했다는 정도로 숨겨진 사실을 인정한 것에 대해 상고의 불복은 합당하다고 판단했다. 항소법원에 의해 지지된 견해, 즉 "누군가는 개혁주의자로서 그를(원고) K로 데려왔다"는 표현과 또 다른 "하지만 지금 K의 정치인들은 당혹스럽게 병원의 부채상태에 당면해 있다"는 표현의 연결을 통해 시청자는 단지 하나의 사고자극만을 얻는 것이 아니라 특정한 의도("개혁주의자")로 데려온 원고가 그에게 놓인 기대를 충족시키지 못했고("당혹스럽게"), 부채상태의 병원을 남겼다는 내용의 이미 완성된 단정적 추론을 얻게 된다는 견해는 이러한 연결이 반드시 그런 추론만을 가져오는 것이 아니라는 사실을 등한시했다고 비판했다. 즉, 진실내용의 조사에 있어서는 표현의 전체적 맥락에서 고려되어야 하고, 상고는 정당하게 이 점을 지적했다고 인정했다. 부수된 진술들의 참작하에서 요청되는 고찰은 결코 항소법원이 생각한 것처럼 단지 그렇게 이해될 수 없다고 보았다.

부수 텍스트는 다음과 같았다.

> B 옆의 K 도시는 그림같이 위치하고 있다. 하지만 도시 변방의 병원에는 뭔가 문제가 있다: 곧 있으면 병원장이 없어지게 된다. M은 단지 16개월 만에 병원에 등을 돌렸다. 누군가가 유능한 개혁주의자로서 그를 K로 데려왔다. 하지만 지금 K의 정치인들은 당혹스럽게 병원의 부채상태에 당면해 있다.
>
> K 도시의 H 시장(녹색당)은 다음과 같이 말했다. '그가 직면했던 일들은 확실히 일부의 시작입니다. 지금 그 일들을 매듭짓기에는 쉽지 않을 겁니다.'

연방대법원은 이 텍스트가 전체적 맥락에 따르면 우선적으로 병원장으로서 원고의 경제적으로 잘못된 결정에 관해서가 아니라 그의 예정보다 이른 병원 직무에서의 이탈결과에 관해 보도한 것이라고 평가했다. 이러한 판단은 K 시장의 발언, 원고는 "일들에 직면했고" 그리고 "그 일을 매듭짓기에"라는 내용을 통해 확인된다고 보았다. 결국 이 표현에서 한편으로는 원고의 병원 직무에서의 때 이른 이탈이 제시되었고, 다른 한편으로는 이러한 결과의 극복이 언급되었다고 생각했다.

따라서 "행간에서" 원고가 잘못된 결정을 통해 부채를 야기했다는 비난이 제기되었다는 항소법원의 판단은 비록 납득할 수 없는 것은 아니지만, 방금 묘사된 의미내용도 마찬가지로 수긍이 가는 것이라고 밝혔다. 그럼에도 여러 가지 서로 양립할 수 있는 표현내용의 해석 가능성들이 존재한다면, 표현주체에게 유리하고 당사자를 덜 침해하는 그런 해석이 법적 판단의 바탕이 되어야 한다고 밝혔다. 이것이 바로 이 사건에서 제시된 해석의 선택결과라고 보았다. 따라서 결과적으로 항소법원이 인정하고자 했던 바와 같은 숨겨진 주장은 존재하지 않기 때문에, 이로부터 어떠한 손해배상청구도 유지될 수 없다고 판단했다. 오히려 자유로운 의견표현권과 출판자유에서 보장된 보도의 권리가 피고에게 속한다고 보았다.[20]

③ 고의로 감춰진 사실을 통한 불완전한 보도의 문제

연방대법원은 두 번째 표현 역시 원고의 손해배상청구권을 정당화하지 않는다고 판결했다. M-회사 GSD가 경제적 성과를 가져오는 것도 없이 그 회사에 4백8십만 마르크가 지불되었다는 표현은 순수한 사실주장이 아니라고 보았다.

우선 항소법원이 대상 표현의 전체 진술은 그 내용의 진실성에 대해 증거수단과 함께 검증될 수 있는 사실내용을 제시하고 있다고 판단한 점에 있어서는 동의한다고 밝혔다. 하지만 이 진술은 4백8십만 마르크가 GSD에 흘러 들어갔다는 사실 외에 상응하는 성과가 경제적이지 않았다는 보도 역시 포함하고 있다고 지적했다. 그런 점에서 표현의 이해에 있어서는 중립적인 평균 독자가 그에 관해 생각하는 이해가 결정적인데, 그에 따르면 "경제적 성과"라는 진술내용은 명백히 표현주체의 주관적 평가를 통해 부각되며, 의견표현의 평가적 요소를 포함하고 있는 것이라고 판단했다. 따라서 진지한 정보이익이 존재하는 관심사를 비판적으로 보도할 미디어의 의견 형성적인 과제를 고려하면, 표현의 허용성은 보도와 함께 추구된 목적과 개인의 명예보호 사이의 이익형량을 근거로 판단되어야 한다는 사실에 유의해야 한다고 보았다. 나아가 이 사건 보건시설 분야에서의 폭발적 비용상승으로 인해 높게 평가되어야 할 공적 요청과 국민들 앞에서 공중보건시설에서 비용원인의 문제를 설파하고 부정을 고발할 언론들의 정당한 이익이 존재한다고 인정했다. 하지만 사실주장과 의견표명으로 이루어진 진술에 있어서도 마찬가지로 당사자의 명예보호 이익을 위해 허위사실이 주장되었는지 여부가 심사되어야 한다고 지적했다. 항소법원이 이를 인정하기는 했지만, 이때 너무 일방적인 진술내용의 해석만을 근거로 삼았다고 꼬집었다.

항소법원은 이 표현이 설령 제공된 급부가 적절한 이행에는 못 미치는 것이었을지라도 어쨌든 GSD의 경제적 반대급부가 실제 행해진 것은 사실이라는 점을 숨겼기 때문에 내용상 허위로 되었다고 생각했다. 따라서 이러한 불완전한 보도로 인해 원고가 공적 자금을 횡령했다는 부적절한 혐의의 인상이 유발되었다고 판단했다.

하지만 연방대법원은 이때 항소법원이 두 번째 표현에서 나타난 진술 가운데 "경제적"이라는 단어는 일상적인 언어사용에 따르면 금전지급에 대한 적절한 반대급부가 요구될 수 있다는 정도로 이해되는 것이 내용상 가능할 것이라는 사실을 외면했다고 비판했다. 이미 설명한 바와 같이 여러 가지 서로 양립할 수 있는 가능한 해석들에 있어서는 발언자에게 유리하고 당사자를 덜 침해하는 그런 해석이 바탕이 되어야 하므로, 이러한 의미에서 시작되어야 한다고 판단했다. 항소법원과 달리 계약에 따른 4백8십만 마르크의 지불에 대해 GSD에 의해 컴퓨터 프로그램이 개발되었고 공급되었지만, 인도 이후 더 이상 용도에 따라 사용될 수 없었다는 사실을 피고가 시청자에게 보고하지 않았다는 이유로 원고의 인격권이 침해되었다는 점은 인정할 수 없다고 보았다.

물론 단지 일부 진실만이 전달되고, 그를 통해 그 표현의 수용자들에게 보도 대상자에 대한 잘못된 평가에 이를 수 있는 개괄적 사실주장이 위법할 수 있다고 본 것은 수긍한다고 밝혔다. 특히 실명이 언급된 인물을 다루는 보도에서 전달될 사실의 축약이 시청자나 독자들에게 단지 일방적인 단면만이 보고됨으로써 이 인물에 대해 부정적으로 왜곡된 이미지를 얻게 되는 그런 식으로 보도가 행해져서는 안 된다고 강조했다.

하지만 여기에서는 이러한 사정이 적용될 수 없다고 판단했다. 재판부에 의해 앞선 판결(NJW 2000, 656)을 통해 결정된 사건에서는 보도에서 감춰진 사정이 사건을 중립적인 독자들의 시각에서 다른 각도에서 볼 수 있게 함으로써 혐의의 제거를 가능하게 할 수 있었던 것인 반면에, 이 사건에서는 감춰진 사실이 보고된다면 원고에게 불리했던 시청자 추론이 번복될 수 있는 그런 의도적인 불완전 보도로 보이지는 않는다고 판단했다.

연방대법원은 항소법원 역시 전체적 고찰과정에서 뒤늦게 GSD로부터 제공된 반대급부로 개발된 소프트웨어가 나중에 목적에 상응하게 사용될 수 없었기 때문에 비경제적인 것으로 간주했다는 점을 언급했다고 지적했다. 그리고 그를 통해 입증된 4백8십만 마르크의 자금유입과 이를 위해 제공된 쓸모없는 반대급부 사이의 불균형은 단지 이런 기본적인 거래에 관한 사실만으로도 피고 방송을 시청하는 중립적인 시청자들에게 그 사업에 관계된 사람들이 부당한 이익을 취할 수 있었을 것이라는 인상을 야기했을 것이라고 인정했다. 결국 개별 시청자들에게는 두 번째 표현과 결합된 원고에 대한 부정적 평가가 완전한 정보제공에서조차 피할 수 없었을 것이라고 생각했다. 이런 상황에서 금전배상형태의 보상을 위한 전제로서 필수적으로 요구되는 인격권 침해의 특별한 심각성이 이 사건에서 정당하게 인정될 수 있었는지 여부에 관해 더 이상 논의가 이어질 필요는 없다고 결론지었다.[21]

연방대법원 2005년 11월 22일 자 판결 – VI ZR 204/04

사실관계

원고들은 가톨릭 대교구, 해당 대교구 추기경 그리고 주교이며, 기자인 피고에게 다음과 같은 사실주장을 원문 그대로 혹은 유사하게 주장하거나 전파하는 것을 금지하도록 요구했다. 문제 된 내용은 원고들에게 보내진 1996년 9월 18일 자 D 여성의 편지에 따르면 이른바 주임신부 때문에 임신한 미성년자의 임신중절을 저지하는 것이 원고들에게 가능했을 것이며, 게다가 원고들은 이른바 미성년자에게 성관계를 강요했던 주임신부를 면직시킬 수 있었다는 사실주장이었다.

지방법원은 소송을 인용했고, 피고의 항소에 따른 항소판결은 이후 헌법재판소

(NJW 2004, 1942)에 의해 비례원칙의 위반을 이유로 파기환송되었다. 이에 원고들은 피고에게 다른 표현들에 대한 금지를 청구했는데, 원고들이 원래 청구했던 내용의 의미에서 추론한 숨겨진 진술들을 이번에는 다른 표현들에서 추론한 것이었다. 이번 사건에서 피고의 항소는 대부분 성공하지 못했고, 상고는 재차 기각되었다.[22]

① 항소법원의 판단-이전 연방헌법재판소 사건(NJW 2004, 1942)과의 구분

항소법원은 민법 제823조 제1항, 제2항, 제1004조, 형법 제186조에 기초한 금지청구를 인정했다. 왜냐하면 피고는 1996년 두 개의 공표기사들과 1996년 11월 24일 자 라디오 방송에서 원고들의 명성을 평가 저하시키기에 적합한 허위의 사실주장이 숨겨진 형태로 원고들의 명예를 훼손시키기에 적당한 허위의 사실주장을 제기했기 때문이라고 보았다. 구체적으로 라디오 방송에서는 우선 숨겨진 허위사실의 주장이 다음과 같이 제기되었는데, 그에 따르면 원고들은 한 미성년자가 가톨릭 신부와의 강요된 성관계로 인해 임신했고, 조언에 따라 다음 날 임신중절수술을 할 것이라고 교구에 알린 1996년 9월 18일 자 D 여성의 편지를 근거로 곧장 당사자와 직접 접촉해서 임신중절을 저지할 수 있는 기회를 가지고 있었고, 나아가 원고들에게는 이미 혐의자인 해당 신부의 이름이 알려졌기 때문에 그를 직무에서 배제할 수 있었다는 것이었다. 아울러 "디 보헤"라는 잡지 기사에서는 마찬가지로 두 개의 숨겨진 사실주장이 제기되었던 반면, "키르헤 인터른"이라는 잡지의 기사에서는 단지 첫 번째 접촉 가능성과 관련한 주장만이 제기되었다.

하지만 피고는 이때 원고4가 편지에 앞선 D 여성과의 통화에서 해당 신부와 당사자인 미성년자의 이름을 물었지만 어떠한 대답도 얻을 수 없었고, 편지 역시 이러한 정보를 포함하고 있지 않았다는 사실을 비밀로 했다는 내용이 확인되었다. 항소법원은 이러한 본질적 사정의 은폐 및 이로 인한 사실관계의 불완전한 묘사는 그를 통해 허위가 되는 숨겨진 사실주장에 해당한다고 판단했다. 연방대법원은 항소법원의 판결이 유지된다고 판결했다. 그리고 원고에게 금지청구권이 인정된다고 밝혔다.[23]

② 숨겨진 주장의 의의

연방대법원은 우선 표현의 적절한 의미해석이 표현의 진술내용의 올바른 법적 평가를 위한 필수 불가결한 전제라고 밝혔다. 따라서 그 문제는 완전한 연방대법원의 심사범위에 놓여 있다고 인정했다.

이어서 해석의 목표는 항상 객관적 의미내용을 조사하는 것이고, 이때 표현주체의 주관적 의도나 당사자의 주관적 이해는 중요치 않으며, 중립적이고 공정한 이성적 청중의 이해가 결정적이라고 밝혔다. 원문내용에서 시작해서-물론 여기에서 최종적으로 확정되는 것은 아니지만- 해석할 경우에는 다툼이 된 표현이 놓여 있는 문법상 맥락과 표현이 행해진 부수사정이 고려되어야 하며, 이에 반해 다툼이 된 표현 부분의 분리된 고찰은 신뢰할 만한 의미조사에 대한 요청에 통상 부합하지 않는다고 보았다.

이에 따라 항소법원은 진술내용의 조사에 있어서 "공개된" 주장으로만 제한하지 않고, 공개된 개별진술들의 전체적 맥락에서 "숨겨진" 내지 "행간"에 놓여 있을 수 있는 명예훼손적인 비난들을 심사대상으로 했다고 평가했다. 이러한 항소법원의 숨겨진 진술에 관한 심사원칙들은 적절하다고 생각했다.

이에 따르면, 소위 숨겨진 진술의 조사에 있어서 독자들이 자신의 추론을 끌어낼 수 있거나 끌어내야만 하는 그런 개별적 사실들의 전달과 본래의 진정한 "숨겨진" 진술, 즉 저자가 공개적인 표현들의 상호작용을 통해 하나의 추가적 사실진술을 하거나 그러한 추가적 사실진술을 독자들에게 피할 수 없는 추론으로서 암시하는 것 사이에는 구별이 필요하다고 밝혔다. 기본법 제5조 제1항의 관점하에서는 단지 두 번째 경우에 있어서만 "숨겨진" 진술이 표현주체의 "공개적" 주장과 동일한 취급을 받게 된다고 보았다. 왜냐하면 대개의 독자들은 자신에게 "공개적으로" 전달된 사실들을 근거로 그 공개적 진술들이 근거를 제공하는 하나의 사실관계에 관한 자신의 추론을 끌어낼 수는 있지만, 그럼에도 표현주체에 의해서 공개적으로도 숨겨진 채로도 주장되지 않았던 그런 사실관계에 대해서까지 피해당사자가 권리구제의 대상으로 삼을 수는 없기 때문이라고 밝혔다.[24]

③ 의도적인 불완전 보도의 문제

하지만 연방대법원은 항소법원이 이 사건에서 독자들에게 암시되었던 추론을 피할 수 없었던 것으로 간주하고, 이어서 그 추론이 하나의 숨겨진 표현을 내포하고 있는지 여부를 판단하는 것 자체가 불필요할 수 있다고 보았다. 왜냐하면 이 사건에는 어쨌든 의도적으로 불완전한 보도가 존재하며, 이러한 보도 역시 허용되지 않기 때문이라고 밝혔다. 즉, 독자들에게 명백히 독자 스스로 자신의 추론을 끌어내야만 하는 그런 사실이 전달되었다는 상고의 주장이 받아들여지기 위해서는 이때 그 사건에 다른 평가를 내릴 수 있고, 핵심에 있어서 적절한 판단을 하고자 하는 독자들에게 그 사건의 인식에 필수 불가결한 본질적 사실들이 침묵되거나 숨겨져서는 안 된다고 역설했다.

연방대법원은 여러 다툼이 없는 사실들에서 하나의 특정한 (명예훼손적) 추론을 끌어내는 것이 자명한 것으로 보이는 숨겨진 사실이 전달될 경우라 할지라도 만약 해당 추론을 적절치 않은 것으로 보이게 할 수 있는 특정한 사실을 숨김으로써 중립적인 평균 독자들에게 잘못된 인상을 유발했다면, 어쨌든 이런 방식의 의도적으로 불완전한 보도는 법적으로 허위의 사실주장과 같이 다루어져야 한다고 보았다. 단지 부분진실만이 전달됨으로써 그를 통해 표현의 수용자들에게 피해자에 대한 잘못된 평가를 유도하는 사실주장은 이러한 이유에서 위법하다고 판단했다. 따라서 당사자에게 전체적으로 유리한 평가에 이를 수 있는 그런 사실들이 수용자에게 전달되지 않거나 비밀로 되어서는 안 된다고 강조했다.

연방대법원은 그런 점에서 보도의 완전성 문제와 관련해서는 혐의보도 원칙들이 적용될 수 있다고 밝혔다. 즉, 이 사건에서도 하나의 완전한 보도가 필수적이며, 독자들에게 당사자의 혐의를 면제시키는 그러한 사정 역시 함께 전달되어야 했다고 인정했다. 실명이 언급된 인물을 다루는 그런 보도에서는 독자나 시청자에게 단지 일방적인 단면만 전달됨으로써 대상 인물의 부정적인 측면만을 부각시켜서 왜곡된 인상을 생기게 하는 정도로 축약이 이뤄져서는 안 된다고 지적했다. 하지만 이 사건에서 그러한 사정이 존재한다고 보았다. 원고들에게 그 소녀의 이름도 주임신부의 이름도 전달되지 않았었다는 사실은 전달된 사건들, 특히 원고들의 지연처리 내지 방치행위의 비난에 대해서 중립적인 평균 독자로 하여금 달리 판단할 수 있게 하는 사실인 동시에 원고들에게 유리한 관점임이 자명하다고 생각했다. 왜냐하면 모든 사건에 가담한 사람들의 신상명세를 알고 있으면서도 미성년자에게 즉각적인 구조를 제공하지 않고, 신부에 대해서 아무런 조치도 취하지 않았다는 사실은 평균 독자들에게 하나의 몰지각한 행위비난을 유발할 수 있는 그러한 사실관계에 해당하는 반면, 관련자들의 이름이나 신상명세가 전혀 알려지지 않은 그런 인식상태에서 해당 행위는 본질적으로 비난을 받을 만한 행동이라고 볼 수 없기 때문이라고 밝혔다. 그 때문에 이 사건에서는 비난에서 벗어날 수 있는 이러한 사정들이 구체적인 보도의 범위 내에서 비밀로 유지되어서는 안 되었다고 지적했다.

연방대법원은 원고들에게 편지를 통해서도 아울러 앞선 통화를 통해서도 해당 소녀와 신부의 이름이 전달되지 않았다는 점은 다툼이 없기 때문에, 주어진 상황하에서는 해당 보도가 의도적으로 불완전한 보도였다는 사실이 충분히 인정된다고 보았다. 왜냐하면 피고는 원고들의 인식상태와 관련해 어떠한 근거도 제시하지 못했고, 원고들 역시 실제로 알지 못했다는 점은 다툼이 없기 때문이라고 밝혔다. 따라서 이러한 의도적으로 불완전한 보도는 허위사실주장의 전파와 마찬가지이므로 이러한 표현들에는 어떠한 정당한 이익도 존재하지 않는다는 원칙이 적용된다고 밝혔다. 즉, 형법 제193조의 정당화 근거가 피고를 도와줄 수는 없다고 결론 내렸다.[25]

Ⅲ. 숨겨진 주장과 스톨페 이론의 적용

연방헌법재판소의 "스톨페" 결정이 숨겨진 주장에도 적용될 수 있는지의 문제, 다시 말해서 어쨌든 그 자체로는 문제 되지 않는 여러 개별적 표현들의 상호결합을 통해서 일정한 사실주장을 추론할 수 있다는 해석 가능성만으로 숨겨진 사실주장의 존재를 인정하고, 이를 금지청구의 대상으로 삼는 것이 가능한지의 문제는 지금까지 연방헌법재판소를 통해 다뤄진 바 없었다.[26] 하지만 연방대법원은 이를 위해서는 언론자유의 이익보호 차원에서 허위사실주장의 존재에 관한 추론이 수용자에게 피할 수 없이 분명하게 떠올라야 한다고 강조하고, 이때 비로소 여러 표현의 결합이 숨겨진 주장으로서 인정될 수 있고 법적 제재의 대상이 될 수 있다고 대답했다.[27]

이처럼 숨겨진 주장을 대상으로 하는 금지청구는 원문에는 존재하지 않고 단지 표현물의 해석만이 전제하는 그런 의미를 대상으로 한다는 점에서 문제점이 생겨난다. 따라서 해석을 통해서 비로소 생성된 주장을 금지하는 것은 단지 예외적으로만 고려될 수 있을 것이다. 즉, 문제 된 숨겨진 주장이 개별 진술의 상호작용을 통해 원문 자체 내에 충분히 명백하게 암시될 때에만 금지청구의 대상으로 가능할 것이고, 표현주체가 독자에게 제시하는 추론이 피할 수 없도록 강요하는 그런 추론이어야만 할 것이다.

연방헌법재판소는 지금까지 금지판결이 아닌 제재를 다루는 사건에서만 숨겨진 진술에 관한 피할 수 없는 추론이 대상 독자들에게 분명히 떠올라야만 한다는 기준을 요구해 왔다.[28] 그 밖에 여러 해석이 가능한 다의적 표현의 경우, 표현주체가 그 표현의 내용을 장래에 분명히 할 수 있다는 점을 인정했고, 이를 이행하지 않는다면 금지판결이 가능하다고 보았다. 왜냐하면 표현주체의 해명 가능성으로 인해 어떠한 의사소통의 자유에 반하는 위협효과가 기대될 수는 없기 때문이라고 생각했다. 따라서 연방헌법재판소가 중립적인 이성적 독자의 대부분이 공개된 표현 외에도 공개된 진술과는 다른 숨겨진 주장을 끌어낼 수 있다면, 이어지는 심사과정은 이러한 해석을 바탕으로 삼을 수 있다고 판시했을 때,[29] 소위 "스톨페" 결정이 숨겨진 표현의 금지청구에도 적용되어야 하는 것은 아닌가 하는 새로운 의구심이 생겨나기도 했다.

하지만 실제 사정은 그렇지 않다. 지금까지의 각급 민사법원들은 설득력 있는 이유를 통해서 이를 거부했다.[30] "스톨페" 결정의 적용은 단지 중립적이고 이성적인 독자층에게 하나의 완결된 사실주장이자 그 자체로 신빙성 있는 그런 사실주장들에만 가능하고, 그런 점에서 다의적인 표현들에 대해서만 인정되어 왔기 때문이다. 하지만 숨겨진 사실주장들은 이를 접한 독자에게 그러한 추론이 피할 수 없는 것으로 분명히 떠오를 경우에만 가능하기 때문에, 이러한 이해에 따르면 다의적인 숨겨진 사실주장이란 존재할 수 없다. 그 밖의 경우 독자들이 어떤 추론을 끌어내는지는 표현주체의 영향범위에서 벗어난 것이기 때문에, 모든 가능성 있는 해석들을 숨겨진 표현으로 인정해서 제재의 바탕으로 삼는다면 이는 의견표현의 자유의 과도한 제한과 결합되는 결과가 될 것이다.[31]

표현주체의 입장에서 자신의 진술이 지닌 다의성을 피할 수 있었고, 따라서 표현주체가 해당 진술의 의미를 해명해야 했던 스톨페 이론의 바탕이 되는 진술과는 달리, 결합된 진술들의 원문에서는 결코 확실하게 생겨나지 않고 독자에게도 필연적으로 떠오르지도 않는 그런 해석에 대해서 책임을 지게 될 가능성은 모든 의사소통과정에서 수많은 위험을 확대시킬 것이고, 이와 함께 기본법 제5조 제1항 제1문의 의사소통자유는 납득할 수 없는 정도로 제한될 것이다. 따라서 그 자체로는 적절한 개별적 사실들이 일정한 표현방식을 통해 독자들에게 부적절하고 권리침해적인 인상을 피할 수 없게 불러일으킨다면, 이 경우에는 스톨페 이론에 의지할 필요 없이 열려 있는 질문에서 숨겨진 질문을 구분하기 위해 발전되어 온 일반원칙에 따라 해결하면 된다. 그리고 이러한 원칙은 구체적으로 어떤 법적 제재가 추구되었는지 여부와 관계없이 숨겨진 주장이 존재하는지에 관한 문제의 답을 위해서만 사용될 수 있다. 이에 따라 여러 부분으로 결합된 표현이 단지 피할 수 없는 숨겨진 사실주장으로 해석될 수 있을 때에만 위법한 사실주장에 관한 법적 효력이 적용될 것이다.[32]

쾰른 상급법원 2006년 2월 14일 자 판결 − 15U 176/05

사실관계

당사자들은 출판법상 보도의 허용성에 관해 다투었다. 신청인은 피신청인에게 자신의 일반적 인격권 침해로 인한 금지를 청구했다. 피신청인은 자신에 의해 발행되는 2005년 7월 20일 자 L신문의 "시선"이라는 섹션 지면 및 자신의 도메인에서 불러올 수 있는 온라인판 "미디어" 섹션에서 소위 간접광고에 관한 기사를 공표했다. 기사에서는 신청인과 더불어 당시 신청인이 대표이사직을 맡고 있었던 T-Gmbh라는 회사가 거명되었다. 신청인은 다음 구절의 내용을 문제 삼았는데, 그 내용은 다음과 같았다:

(…) T의 대표이사로서 그 여배우는 분명코 단순한 무지의 희생자 그 이상이었다. (…)

당사자들은 신청인이 단지 형식적으로 대표이사직을 맡고 있었고, 실제 T 회사의 실제 사업과는 아무런 관련이 없었으며, 이른바 간접광고 사건에 관해 어떠한 사실도 알지 못했다는 점들에 관해서는 다툼이 없었다. 하지만 당사자들은 피신청인이 문제의 구절을 통해 전체적인 맥락 속에서 이 사건에 관한 신청인의 인식상태를 숨겨진 사실로서 주장했는지 아니면 신청인이 대표이사로서 그 사건에 관해 단지 법적으로 책임이 있다는 정도의 평가, 즉 의견을 표현했는지 여부에 관해 다투었다.

지방법원은 신청인의 가처분 선고신청을 기각했고, 항소는 판결변경에 이르렀다.[33]

① 숨겨진 주장의 인정

상급법원은 허용된 항소를 대부분 이유 있다고 판결했다. 신청인의 가처분선고 신청은 주문에 기재된 식으로 허용된다고 밝혔다.

상급법원은 형법 제186조의 유추를 통해 민법 제1004조, 민법 제823조 제1항과

제2항에 인정된 기본법 제1조 제1항, 제2조 제1항의 일반적 인격권이 침해되었다고 보았고, 이로 인해 금지청구권이 신청인에게 속한다고 판단했다. 피신청인에 의해 공표된 소송대상 표현으로 인해 신청인의 일반적 인격권이 침해되었으며, 해당 표현의 반복위험이 존재한다고 인정했다. 소송대상 표현과 함께 피신청인은 비록 명백히는 아니지만, 그러나 맥락에서 볼 때 신청인이 간접광고-회사개입에 관한 적극적 인식을 가지고 있었다는 사실을 표현했다고 판단했다. 기준이 되는 평균적인 독자들 내지 시청자들의 진술내용 평가에 따르면, 피신청인은 이 진술을 숨긴 상태로 주장했다는 결론에 이르게 된다고 보았다. 전체적인 사실 전달에 근거해 볼 때 소송대상 구절에서는 신청인이 적극적인 인식을 가지고 있었다는 인상이 암시되었고, 그 때문에 재판부는 이미 다른 병행소송에서도 역시 숨겨진 표현을 하나의 사실주장으로서 인정한 바 있다고 밝혔다.

상급법원은 판결이유를 지방법원과 마찬가지로 무엇보다 피신청인의 첫 번째 보도, 즉 신청인이 그 회사의 대표이사였으며, 그 회사는 간접광고를 추진했다는 비난 사실에 맞추었다. 이러한 사실보도로 인해 평균 독자들에게 맥락상 하나의 적극적 인식의 인상이 강하게 암시되었다고 보았다. 재판부는 기사가 단지 대표이사로서 원고의 지위에만 맞추었고, 적극적인 원고의 인식을 반드시 드러낸 것은 아니었다는 피신청인의 주장에 따르지 않았다. 즉, 단지 신청인의 법적 책임이 언급된 것은 아니라고 보았다. 기사는 신청인이 회사의 업무에 관해 간섭하지 않았고, 대표이사의 지위는 말하자면 단지 형식적으로만 맡고 있었다는 것을 암시하지는 않는다고 판단했다. 오히려 "원고는 그녀의 사업활동 종료 이후에 다시 자신의 본업에 전적으로 집중할 수 있었다"라는 문장이 바로 회사에서의 실제적인 개입을 암시하며, 그것이 원고의 적극적 인식을 말해 준다고 보았다. 게다가 평균적인 독자들에게는 전적으로 대표이사로서의 활동으로 인해 이러한 회사활동들이 적어도 대표이사에게는 보고되었을 것이라는 정도로 이해된다고 보았다. 또한 신청인이 회사활동을 속속들이 알고 있었다는 점은 기사의 다른 구절을 통해서도 암시되었다고 생각했다. "그 회사는 '부부들'에 의해 1993년 설립되었다", "신청인은 '부업으로' 수익회사를 운영했다", "회사의 나머지 20퍼센트가 그녀에게 속했다"는 구절들이 이에 해당한다고 밝혔다. "신청인의 매우 빽빽한 촬영 스케줄로 인해 신청인에게 연락이 닿지 않았다"는 표현 역시 그녀가 자신의 비난들에 대해 아무런 말도 하지 않기를 원한다는 점을 암시한다고 보았다. 맥락상으로도 적극적 인식을 암시하고 있는데, 특히 신청인이 11년 만에 사업을 포기했고, 2004년 12월 이후 완전히 자신의 본업에 집중할 수 있었다는 표현 역시 적극적인 참여를 방증한다고 보았다. 이하 다른 여러 표현들을 통해서 신청인의 활동들이 암시되었으며, 그 밖에 전달된 개별 사실들을 고려하면 이러한 표현은 결국 신청인에게 생겨난 인상을 강화하기에 충분하고, 반대로 그러한 인상을 저지하는 것은 아니라고 판단했다.

하지만 다툼 없는 지방법원(전심법원)의 확정에 따르면 신청인은 회사의 간접광고 참여에 관해 전혀 몰랐고, 회사의 실제 사업과는 아무런 관련이 없었으며, 단지 형식적으로만 상업등기에 대표이사로서 등재되었다는 사실만이 확인된다고 밝혔다. 그리고 이러한 사실 확인상태의 진실성은 증거 및 구두심리에서의 명백한 변론을 통해 다시 한번 보증되었다고 확정했다. 따라서 피신청인의 사실전달은 허위이며, 신청인의 일반적 인격권을 침해하는 것이라고 인정했다. 이에 신청인의 금지청구가 인정된다고 판단했다.[34]

② 숨겨진 주장의 다의적 표현 문제-스톨페 이론의 적용

상급법원은 물론 대상 표현에 다른 해석 가능성이 열려 있다는 지방법원의 견해에는 수긍할 수 있다고 밝혔다. 이 표현은 중립적인 이성적 독자들의 일부에게 숨겨진 주장으로서가 아니라 신청인이 그 회사의 대표이사였다는 사실의 요약적 평가로서 이해될 수도 있을 수 있다는 사실은 인정했다. 따라서 대상 표현은 신청인의 적극적 인식을 암시하는 것이 아니라 단지 회사의 대표이사로서 역할의 불가피한 법적 결과를 가리키는 것으로서 이해될 수 있다고 보았다.

상급법원은 숨겨진 사실이 곧바로 떠오르는 내용의 확정으로 인해 해당 표현이 다의적으로 이해될 수 있다는 사실을 외면하지는 않는다고 밝혔다. 지방법원은 적절하게 다의적 표현들의 금지청구 판단을 위한 기준들을 당시 연방대법원의 결정적 판례와 지속적인 연방헌법재판소의 판례를 근거로 결정했다고 인정했다. 연방대법원이 "스톨페" 판결에서 여러 가지 서로 양립할 수 있는 표현내용의 해석이 가능한 경우에는 금지청구 대상자에게 유리하고 당사자에게는 덜 침해되는 그런 해석이 바탕이 되어야 한다고 결정한 바 있고,[35] 연방헌법재판소 역시 숨겨진 사실주장에 있어서 금지청구의 허용은 자제되어야 한다고 결정한 바 있다고[36] 전제했다. 이러한 기준에 따라 지방법원은 적절하게 자신의 판결에서 이를 바탕으로 삼았다고 인정했다. 하지만 현재 이 연방대법원의 스톨페 판결은 낡은 것이 되었다는 점을 꼬집었다.

이후의 연방헌법재판소의 결정("스톨페" 결정)[37]으로 인해 소위 앞선 연방대법원의 "스톨페" 판결은 파기되었고, 금지청구를 위한 기준은 그런 점에서 새로이 정해졌다고 밝혔다. 이에 따르면, 이제는 과거에 행해진 표현의 제재와 장래의 표현금지에 관한 판결 사이에는 구별이 필요하다고 판시했다. 연방헌법재판소는 개인적 기본권 행사 및 의견형성 절차의 기능성을 위한 동등한 보호 필요성을 장래의 표현금지에 관한 법적 결정에서는 거부했다고 설명했다. 즉, 연방헌법재판소는 의견자유와 인격권보호의 법적 귀속 내에서 표현주체는 장래에 자신의 심중을 분명히 밝힐 가능성을 보유하고 있으며, 동시에 어떤 표현내용이 인격권 침해의 법적 심사에 바탕이 되어야 한다고 해명할 수 있다는 점이 고려되어야 한다고 밝혔다.

재판부는 사실주장 또는 의견표명을 통한 인격권 침해에 있어서의 형량을 위해서 발전되어 온 이러한 기준들과 형량원칙들이 여기의 내용에도 적용될 것이라고 밝혔다. 따라서 연방헌법재판소의 법리가 이 사건에 적용될 수 있다고 판단했다. 피신청인이 생각한 바와 달리 소위 숨겨진 표현이 여기에서 인정될 수 있다면, 이러한 숨겨진 표현에 대해서도 마찬가지로 "스톨페" 결정 판례는 적용 가능하다고 보았다. 또한 하나의 인상을 불러일으키는 표현들과 소위 숨겨진 표현들 사이를 구별하는 것이 명백하지는 않다고 생각했다. 왜냐하면 진술내용의 조사범위 내에서 상이한 이해 가능성이 생겨날 수 있는 경우, 청구취지에서 언급된 본문 구절에 대해서 맞춰져야 할 뿐만 아니라 오히려 진술내용과의 맥락에서 이것이 해석될 필요가 있기 때문이라고 밝혔다. 이러한 서로 상이한 해석 가능성 안에서 연방대법원은 대상 표현의 특정한 진술내용이 인상의 일깨움을 통해서 생겨나는지 그렇지 않으면 그 주장이 숨겨진 형태로 제기되는지 여부를 구별하지 않았다고 평가했다. 여기에서도 서로 상충하는 의견자유권과 일반적 인격권을 보장하기 위해 어떤 방식으로 구별이 요구되는지 역시 명백하지 않다고 보았다. 왜냐하면 통상 숨겨진 주장을 통해 특정한 인상이 생겨나기 때문이라고 밝혔다.

아울러 재판부는 모든 숨겨진 표현을 통해 생겨난 인상에서 다의적 표현이 생겨나는 것은 아니라는 피신청인 주장에는 동의했다. 하지만 이 사건에서 어쨌든 해석과정에서 획득된 표현이 하나의 객관적인 다의적 표현에 이르게 된다는 사실은 분명하다고 보았다. 소송 대상 본문진술은 맥락상으로 신청인이 회사의 간접광고 참여에 적극적 인식을 가지고 있었다는 내용과 그렇지 않으면 신청인은 법적으로 단지 책임이 있다는 내용 중 선택이 가능하다고 보았다. 따라서 이 표현을 통해 생겨난 진술내용은 객관적으로 다의적이며, 첫 번째 진술로의 해석변형은 허위라고 판단했다.

상급법원은 연방헌법재판소의 확정에 따라 이 표현이 금지되어야 한다고 판단했다. 허위사실주장의 전파는 위법하기 때문이고, 따라서 피신청인은 정당한 이익의 대변을 주장할 수 없다고 보았다. 그리고 허용된 의견과 불허되는 사실주장 사이의 구분획정은 다시 한번 다른 법적 관점하에서 생겨난다고 덧붙였다. 이에 따라 신청인의 인식상태에 관한 지배적인 인상은 피신청인에 의해 선택된, 부당한 고의의 불완전한 보도방식을 통해서도 생겨난다고 설명했다. 독자들에게 하나의 사실이 전달되고, 독자들이 그 사실에서 명백히 자신의 추론을 스스로 끌어내야 한다면, 이때 해당 사건에 다른 비중을 둘 수 있는 본질적 사실이 감춰져서는 안 된다고 강조했다. 독자들이 여러 다툼이 없는 사실들에서 하나의 특정한 명예훼손적 진술을 끌어낼 수 있다면, 이때 고의의 불완전한 보도는 법적으로 허위의 사실주장과 동일하게 다뤄진다고 밝혔다. 따라서 이 사건에서 신청인의 적극적인 인식과 관련해서는 단지 대표이사로서 법적 책임과의 맥락에 놓여 있다는 의견만이 표현되었다는 피신청인의 주장조차도 허위사실주장에 관한 보도가 가능하다고 생각했다. 왜냐하면 신청인이 어떠한 자신의 인식을 가지고 있지 않았고, 단지 형식적인 대표이사 지위를 가지고 있었다는 사실이 독자들에게 함께 전달되지 않았기 때문이라고 밝혔다.[38]

③ 금지청구 인정을 위한 반복위험의 추정

상급법원은 나아가 이 사건 금지청구는 범행 위험이 없다는 주장에도 불구하고 인정된다고 밝혔다. 이미 보호영역으로의 위법한 침해가 존재하는 경우에는 이것이 특히 명예훼손적인 공격에 있어서 반복위험의 추정을 정당화하기 때문이라고 설명했다. 그리고 이러한 추정에 대한 반박은 보다 엄격한 요청이 요구된다고 보았다. 숨겨진 표현의 반복위험의 경우에 구체적인 주장이 맥락에서 그와 같이 더 이상 제기되지 않았을 것이라는 사실이 인정될 수 있다면, 개별적으로 반복위험이 없을 수 있다고 인정했다. 하지만 여기에서는 그런 점이 없다고 보았다. 피신청인의 해명을 통해서도 반복위험은 탈락되지 않는다고 덧붙였다. 표현주체는 그가 다의적 표현을 반복하지 않겠다거나 단지 적절한 해명과 함께 반복하겠다는 진지하고 내용상 충분한 해명을 제출할 경우에는 금지청구 판결을 피할 수 있다고 인정했다. 어떤 정도로 연방헌법재판소가 금지청구권에 있어서 반복위험을 위한 잣대를 정하고자 할지 여부는 불확실할 수 있지만, 어쨌든 피신청인은 헌법재판소에 의해 제시된 요청들에 따르지 않았다고 판단했다.

상급법원은 피신청인이 하려고 한 금지선언은 신청인의 일반적 인격권을 보장하기에는 불충분한 것으로 간주했다. 피신청인은 맥락상 표현을 여전히 고수했다고 보았다. 피신청인은 자신의 표현을 단지 법적 책임에 관련된 추가설명을 통해서만 제한했지만, 단지 그를 통해서는 신청인의 실제 인식의 정도가 보다 자세히 구체화되지 않는다고 비판했다. 피신청인은 앞으로 단지 신청인이 대표이사로서 법적인 공식적 지위에 따라 알 수 있었으며, 알았어야만 했다는 내용으로 제한하겠다는 의사를 선언하지 않았다고 지적했다. 피신청인은 어떠한 방식으로도 이어진 문맥상 신청인을 피의자로 보는 사고와 거리를 두지 않았으며, 또한 장래에 밝히겠다고 준비한 표현의 경우 그 진술내용 역시 다의적 상태라고 비판했다. 신청인이 실제로 적극적 인식을 가지고 있었는지 혹은 대표이사로서 공식적 신분에 따라서만 하나의 인식이 그녀에게 귀속되는지 여부와는 상관없이, 어떤 경우든 신청인은 법적으로 책임이 있으므로 피신청인의 추가 해명은 불충분하다고 보았다. 대표이사의 지위에서 생겨나는 인식에 관한 구체적 진술과 혹시 있을지 모를 귀책 정황들에 대해 정확하게 입장을 취할 의지가 없었다고 지적했다. 그밖에 본질적 사정의 누락을 통해 불확실성이 여전히 지속된다고 인정했다. 결국 (반복위험의) 추정효과의 제거를 위한 처벌담보 금지선언의 제출이 없으므로 주문과 같은 형태로 금지청구가 이행되어야 한다고 판결했다.[39]

쾰른 상급법원 2014년 5월 27일 자 판결 – 15U 3/14

사실관계

당사자들은 표현법상 금지청구에 관해 다투었다.

원고는 유명한 기상캐스터이다. 2010년 봄부터 성폭행 혐의로 인해 그에 대한 조사가 개시되었다. 2010년 3월 20일부터 2010년 7월 29일까지 원고는 미결수 상태였고, 만하임 지방법원에서 2010년 9월 6일에 본안소송이 시작되었다. 2011년 5월 31일에 원고는 중대 성폭행과 중상해의 상상적 경합하에 한 여인에게 피해를 준 혐의에 대해 무죄선고를 받았다. 이 판결은 2011년 10월 7일 확정되었다. 수사 및 형사소송 과정에서 원고는 동시에 서로 알지 못하는 여러 여성들과 내밀한 관계를 동시에 유지하고 있었다는 사실이 밝혀졌다. 원고에 대해 제기되었던 혐의들은 공중 속에서 커다란 주목을 받았고, 다양한 언론사들의 수많은 언론보도 대상이 되었다.

2011년 12월 15일 피고1에 의해서 편집되고 피고2에 의해서 발행되는 F 잡지 2012년 겨울호에서 "2012년의 망언"이라는 제목이 달린 기사가 공표되었는데, 그 내용 가운데에는 다음과 같은 본문 구절들이 포함되어 있었다:

> F는 이번 결정을 앞두고 일단 한번 우리가 생각하는 올해의 망언들 두 개를 공개해 본다. 왜냐하면 우리는 두 개 사이에서 어느 것 하나 쉽게 결정할 수 없기 때문이다. 그것은 다음과 같다: '합의된 섹스'와 '무죄추정.' 그 이유는? 그건 E나 제2의 E 혹은(oder) 올해 86,800명으로 추산되는, 가해자가 고소되지도 기소되지도 유죄판결을 받지도 않은 성폭행 피해 여성들 중 그 누군가에게 묻는 것이 정답이다.

독일 언어협회가 2011년 '올해의 망언'으로 "되너(Dönner)-살인"을 선택하기로 한 심사위원회의 결정을 공개한 이후 피고2가 책임을 지는 F의 인터넷사이트에는 2012년 1월 18일 "올해의 망언에 관한 F의 추천"이라는 제목과 함께 기사가 공표되었고, 다음의 본문 구절이 공개되었다.

> F는 … 다른 두 개의 추천어만을 제안했을 것이다. '합의한 섹스' 그리고 '무죄추정.' 그 이유는? 그건 E나 제2의 E 혹은(oder) 올해 86,800명으로 추산되는, 가해자가 고소되지도 기소되지도 유죄판결을 받지도 않은 성폭행 피해 여성들 중 그 누군가에게 묻는 것이 정답이다.

이에 대해 원고는 피고들에게 2012년 2월 17일 자 서한을 통해 이러한 표현을 중단할 것을 경고했다. 피고는 비록 www.F.de에 게재된 기사를 삭제했지만, 2012년 2월 22일 자 서한을 통해 처벌담보 금지선언의 제출은 거부했다. 원고는 이를 근거로 2012년 2월 28일 자 퀼른 지방법원의 가처분결정 선고를 얻어냈고, 이에 따라 피고에게 위에서 언급된 표현들을 통해 "원고가 E 여성에게 피해를 주는 성폭행을 저질렀다"는 인상을 불러일으키는 것이 금지되었다. 이 사건은 이와 관련한 항소법원의 본안소송이고, 여기에서 원고는 금지청구 및 소송 전 변호사 비용의 면제선고를 청구했다.

원고는 위에서 언급된 표현들로 인해 독자들에게 숨겨진 사실주장으로서 원고가 성폭행을 저질렀다는 내용이 전달되었지만 이는 사실이 아니고, 자신은 무죄확정 판결을 받았다고 주장했다. 피고의 보도를 접한 독자층에게 'E'라는 지칭은 그녀가 언론보도, 무엇보다 F 잡지에서 그렇게 표시된 사실이 있기 때문에 원고에 대한 형사소송의 당사자로서 피해자 E를 의미함이 분명하다고 주장했다.

원고는 피고에게 다음과 같이 청구했다.

> 1. F 잡지 2012년 겨울호 11면의 "2012년의 망언"이라는 기사에서 그리고 2012년 1월 18일 자 인터넷사이트 www.F.de에 게재된 "F의 '올해의 망언'을 위한 추천" 기사에서 보도되었던 "그건 E나 제2의 E 혹은 올해 86,800명으로 추산되는, 가해자가 고소되지도 기소되지도 유죄판결을 받지도 않은 성폭행 피해 여성들 중 그 누군가에게 묻는 것이 정답이다"라는 표현을 통해 원고가 E에게 피해를 주는 성폭행을 저질렀다는 인상을 일으키는 것을 금지하라.
> 2. 그리고 원고에 대한 변호사의 소송 외 법적 소추비용청구를 피고가 변제하라.

피고는 소송을 기각할 것을 요구했다. 피고는 기사에서 원고에 관해서 혹은 E 여성에 관해서 언급한 것이 아니라고 주장했다. 비록 이것이 달리 생각될 수 있을지 모르지만, "혹은(oder)"이라는 표현을 통해 "E"와 "86,800명의 성폭행 피해 여성" 사이를 구별했고, 그 결과 금지청구에 상응하는 인상은 생겨나지 않는다고 항변했다. 오히려 "올해의 망언"을 위한 추천 근거를 제시한 것이며, 따라서 정당한 가치평가라고 반박했다. 그 밖에 독자들에게 다른 보도내용, 특히 피고의 다른 보도를 통해 원고가 무죄판결을 받았다는 사실이 이미 공개되었다고 해명했다.

지방법원은 평균적인 독자들에게는 기사 내에서 언급되었던, 즉 대중들에게 원고에 대한 형사소송에서 이니셜로 알려졌던 "E"와 원고와의 연결이 떠오르기 때문에 원고와의 관련성이 부인될 수 없다며 소송을 인용했다. 또한 문제 된 표현들을 통해 숨겨진 사실주장의 의미에서 피할 수 없는 부적절한 인상의 추론, 즉 원고가 "E"에게 피해를 주는 성폭행을 저질렀다는 인상이 생겨난다고 판단했다. "혹은(oder)"이라는 추가 표현도 어떠한 배타적 관계를 나타내는 것이 아니라 "E"는 성폭행당한 여성들의 범주에 포함된다는 의미로 이해된다고 밝혔다.[40]

① 당사자의 식별 가능성

쾰른 상급법원은 피고의 항소가 이유 없다고 판단했다. 결과적으로 지방법원의 금지판결은 정당하게 선고되었다고 보았다. 즉, "그건 E나 제2의 E 혹은(oder) 올해 86,800명으로 추산되는, 가해자가 고소되지도 기소되지도 유죄판결을 받지도 않은 성폭행 피해 여성들 중 그 누군가에게 묻는 것이 정답이다"라는 표현을 통해 '원고가 E 여성에게 피해를 주는 성폭행을 범했다'는 인상을 주었고, 따라서 원고는 기본법 제1조 제1항, 제2조 제1항 및 민법 제823조 제1항, 제1004조 제1항 제2문에 근거한 금지청구를 가진다고 판결했다.

우선 상급법원은 원고의 이름이 기사에서 대체로 언급되지 않았고 원고에 대해 행해졌던 형사소송의 부대소송 원고 이름이 단지 "E"라고만 언급되었을지라도, 본문 이해에 있어서 결정적이라고 할 수 있고 제공받은 정보에 중립적이고 평균적인 관심을 기울이는 독자의 관점에서 볼 때, 이 텍스트는 원고가 2011년 5월 31일 자 무죄선고로 끝난 형사소송에서 다뤄졌던 2010년 2월 9일의 성폭행 혐의와 관련이 있다는 사실을 전달하는 것이라는 점에서 어떠한 의심도 들지 않는다고 밝혔다.

당사자의 식별 가능성은 이름의 언급에서뿐만 아니라 개인과 관련된 사정들에서도 인정될 수 있으며, 청구인이 적어도 자신의 가까운 주변인들에게 식별될 수 있는 정도로 충분하다고 밝혔다. 따라서 이러한 신원확인 가능성은 완전한 혹은 축약된 실명공개를 전제하지 않더라도 오히려 관심 있는 독자들에게 신상이 쉽사리 드러날 수 있거나 힘들지 않게 조사될 수 있는 그런 일부 정보의 전달만으로도 충분하다고 설명했다. 이에 따라 원고의 식별 가능성을 인정할 수 있다고 판단했다. 평균적인 수용자들은 "E"에서 원고의 추정적 성폭행 피해자인 E 여성을 인식할 수 있고, 따라서 피고의 보도에서는 어쨌든 형사소송의 부대원고(성폭행 피해자)가 이러한 이니셜로 표시된 것이라고 인정했다. 비록 "E"가 평범한 성에 불과할지라도, 성폭행 소송과 처벌되지 않은 범죄행위관련 본문 맥락을 통해 원고 및 자신에 대한 형사소송 그리고 거기에서 제기된 비난들이 암시되었음은 당연하다고 판단했다. 마지막으로 피고가 "E"와 함께 원고에 대한 형사소송에서 등장한 그 여성을 의미한다는 사실을 적극적으로 부인하지 않았다고 덧붙였다.[41]

② 숨겨진 주장과 스톨페 이론의 적용

상급법원은 문제가 된 피고들의 기사가 숨겨진 사실주장, 즉 원고가 E를 성폭행했다는 사실주장을 포함한다는 사실을 인정한 지방법원의 판단은 적절하다고 평가했다.

행간에서 표현된 진술들의 판단에 있어서는 독자들이 자신의 추론을 끌어낼 수 있거나 그래야 하는 개별적 사실들의 전달과 작성자가 공개적 표현들의 상호작용을 통해 하나의 추가적인 사실진술을 제시하고, 그것을 독자에게 피할 수 없는 추론으로서 암시하는 비로소 진정한 '숨겨진 주장'이 서로 구별되어야 한다고 밝혔다. 그리고 기본법 제5조 제1항의 관점하에서 단지 두 번째 경우에서만 숨겨진 진술이 작성자의 공개적 주장과 동일시될 수 있다고 확언했다. 왜냐하면 통상 독자들이 자신에게 공개적으로 전달된 사실들로부터 그 사실들이 일정한 실마리를 제공하는 사실관계에 관해 자신만의 추론을 끌어낼 수 있는 그런 사실이나 작성자가 숨겨진 상태로 분명하게 주장하지 않은 사실에 대해서까지 피해당사자가 이에 대항할 수는 없기 때문이라고 밝혔다. 따라서 표현법상 금지청구를 위해서는 항상 특정한 진술이 독자에게 피할 수 없는 인상으로서 분명히 추론되는 것이 그 전제라고 보았다. 이에 텍스트에 포함된 진술들로부터 숨겨진 진술의 형태로 여러 추론이 생겨나고, 그중에서 가능성이 있는 해석변형에 따라 선택된 추론이 당사자의 인격권을 침해하게 된 경우에는 금지청구가 정당화되지 않는다고 판단했다. 오히려 수용자가 자신의 추론을 끌어낼 수 있거나 그래야 하는 개별 사실들의 전달과 작성자가 공개적 표현들의 상호작용을 통해 하나의 추가적 사실진술을 제시하고, 그것을 독자에게 피할 수 없는 추론으로서 암시하는 그런 본래의 숨겨진 진술 사이에 구별이 필요하다고 재차 강조했다.[42]

③ 사건판단

상급법원은 이러한 원칙에 따라 원고에 의해 이의제기 된 두 보도상의 표현들은 원고를 통해 E가 성폭행당했다는 숨겨진 주장으로서 이해된다고 판단했다. 비록 명백히 이러한 사실주장이 기사에 포함된 것은 아니지만, 본문 구절 "그건 E나 제2의 E 혹은(oder) 올해 86,800명으로 추산되는, 가해자가 고소되지도 기소되지도 유죄판결을 받지도 않은 성폭행 피해 여성들 중 그 누군가에게 묻는 것이 정답이다"라는 표현을 통해 원고에 대한 형사소송 관련자였던 피해자 E와 관련해서뿐만 아니라 2011년 언론에서 마찬가지로 상세히 보도되었던 E2와도 관련해서, 'E는 실제로 원고에 의해 성폭행당했다'는 인상이 피할 수 없는 추론의 의미에서 생겨난다고 보았다. 두 기사의 표현방식은 E2뿐만 아니라 E 역시 가해자가 고소되지도 기소되지도 유죄판결을 받지도 않은 86,800명으로 추산되는 성폭행 피해 여성들의 범주에 포함시키는 것으로 이해된다고 생각했다. 이 두 기사들의 표현들은 중립적인 이성적 수용자의 관점에서 다른 어떠한 수긍할 수 있는 의미도 생겨나지 않는다고 보았다. 만약 이 기사를 통해 E가 원고에 의해 성폭행당하지 않았다는 관점이 전달된 것으로 생각한다면, 그러한 여성과 관련해 "합의된 섹스" 혹은 "무죄추정"이라는 개념을 "올해의 망언"으로서 특징지을 어떠한 이유도 없었을 것이라고 반의했다. 독자들이 두 기사에서 원고가 성폭행 혐의에 대해 무죄선고를 받았다는 사실을 알았다면, 이때에는 다름 아닌 E가 "가해자가 결코 유죄판결을 받지 않았던 성폭행 피해자"의 범주에 해당한다는 생각만이 가능했을 것이라고 보았다. 이것은 결국 무죄판결에도 불구하고 실제로 원고를 통해 E의 성폭행이 일어났다는 피할 수 없는 추론을 암시한다고 판단했다. 이와 다른 이해는 F의 정기구독자들에게는 쉽지 않으며, 따라서 고려되지 않는다고 단언했다. 아울러 다른 두 기사들의 내용에서, 즉 보도내용의 전체적 맥락에서도 반대되는 사실들이 생겨나지 않는다고 밝혔다.

이에 따라 문제가 된 표현들에서 생겨난 인상은 의견표현이 아니라 숨겨진 사실주장에 해당한다고 결론지었다. 왜냐하면 한 사건에 대한 이 표현들은 증거수단과 함께 검증이 가능하며, 원고에 대한 형사소송이나 그의 무죄판결 내지 이를 다루는 매스컴에 대한 비판적 평가가 아니기 때문이라고 밝혔다. 결국 피고의 기사들에 숨겨진 사실주장으로서 포함된 표현, 원고가 E를 성폭행했다는 내용은 허위이며, 피고 역시 이를 부인하거나 어떠한 진실증명도 제출하지 않았다고 인정했다. 따라서 원고는 이러한 허위의 숨겨진 사실주장의 전파를 감수할 필요가 없다고 판결했다.[43]

IV. 숨겨진 주장과 반론보도청구권의 인정 여부

숨겨진 주장의 표현형태는 독자에게 자신의 추론을 끌어낼 수 있거나 끌어내야 하는 개별 사실의 보도와 저자가 공개한 표현의 상호작용을 통해 독자에게 피할 수 없는 추론을 떠오르게 하는 진정한 본래의 "숨겨진 주장"으로 구분된다는 것은 앞서 살펴본 바와 같다. 하지만 과연 표현이 어떠한 형태의 숨겨진 주장을 포함하고 있는가에 따라서 반론보도 대상이 될 수 있는지 여부가 달라진다. 왜냐하면 반론보도청구권이 모든 가능성 있는 표현의 해석에도 허용되고, 아울러 공개된 진술들에서 피할 수 없는 추론이 아니라 다른 해석 가능성을 내포하고 있는 그런 숨겨진 진술에도 인정된다면, 언론보도는 수많은 반론보도청구에 직면함으로써 현저한 위험에 노출될 수밖에 없을 것이다.

이에 따라 연방헌법재판소는 반론보도청구권의 대상이 되는 숨겨진 주장을 공개적 진술들의 상호작용 내에 포함된 추가적인 자신의 진술을 독자에게 피할 수 없는 추론으로서 떠오르게 하는 그런 진술로 제한했다. 그리고 그 이유를 언론에 적합한 활동의 제반조건이 반론보도권의 성립에 있어서 충분히 고려되지 않는다면, 언론은 너무 많은 반론보도청구들로 인해 자신의 보도를 포기할 수밖에 없을 것이라고 밝혔다.[44]

연방헌법재판소 2007년 12월 19일 자 결정 – 1BvR 967/05

사실관계

이 사건 헌법소원심판은 반론보도 게재 판결에 관해 기본법 제5조 제1항에서 생겨나는 헌법적 요청들을 대상으로 한다. 주간지 발행인인 청구인은 2004년 자신의 주간지에 전심소송의 원고에 관한 기사를 실었다. 그 내용은 원고에 대한 35,7백만 유로 상당의 보상금 지급의 상환에 관한 것이었다. 법원의 판단에 따르면 원고는 제2차 세계대전의 혼란을 틈타 분실된 것으로 추정되는 주식자산을 대가로 부당한 보상을 얻어냈다. 기사는 이에 대해 무엇보다 다음과 같이 작성되었다:

> B 집안에는(원고와 그녀의 남편) 돈이 모자랄 때마다 늘 놀라운 방식으로 상당한 유가증권 기탁을 입증하는 새로운 증서들이 존재했다. 한 번은 그 서류들이 잊힌 철제상자 안에, 다른 한 번은 지하창고 내 큰 트렁크 안에서 발견되었는데, 그 속의 닳아 해진 옷가지들 사이에 공개되지 않은 주식증서들이 있었다. 그것들은 특히 독일염색공업회사 그리고 포드 및 다임러-벤츠 자동차 콘체른 주식들이었다. 연방국고청은 1972년까지 전체 4,37백만 마르크를 지급했다. 60년대까지 관할청이었던 바트 홈브르크 소재 연방전쟁피해보상청은 모든 것이 정상적으로 처리될 수 있는지 이미 의구심을 품고 있었다. 하지만 1972년에 공공연히 특별한 도움을 제공했던 공무원이 사망하고, 다른 공무원 역시 조기퇴직하고서야 비로소 B 집안에 답답한 상황이 벌어졌다. 억만장자의 행운이 이제 더 이상 호의를 베풀지 않았다. –적어도 일단은–. 1972년 9월 말경 그들이 또 다른 다임러-벤츠 주식(당시 가치: 약 2,5백만 마르크)을 신고했을 때 당국은 타협할 줄 몰랐다. 1973년 3월 2일 처음으로 B 집안의 신청이 거부되었다. 거부결정에 대한 그들의 소송 역시 처음에는 지방법원에서 이후에는 슈투트가르트 상급법원에서 성공하지 못했다. 하지만 재차 행운

의 신이 상황을 뒤집었다. 신의 행운은 당시 슐레지엔 브리크 출신 은행원의 모습을 띠고 왔다. 그는 -꿈인지 생시인지- 슐레지엔 도시에 관한 오래된 사진첩에서 주식 소유를 정확하게 추정할 수 있는, 하지만 슈투트가르트 법원의 판사에게는 없었던 그런 증거를 발견했다고 주장했다. 그것은 주식명부가 포함된 상태에서 은행 소유주에게 보냈던 1948년산 B 1세의 편지 복사본이었다. 원고는 그 남자에게 조사를 착수시켰고, 그 작전은 유효했다. 그 편지와 함께 부부는 새로이 법원에 제소했고, 이번에는 권리를 찾았다. 1989년 12월 18일에 상급법원 슈투트가르트는 결정했다. 사라진 다임러-주식은 배상되어야 한다고

함부르크 지방법원은 청구인에게 반론보도 게재 결정을 내렸다. 청구인의 항변과정에서 이 결정은 판결로 확정되었다. 원고는 함부르크출판법 제11조 제1항에 따라 반론보도 게재를 청구할 수 있었다. 원고는 기사내용 가운데 무엇보다 프랑크푸르트 상급법원에서 보상금을 둘러싸고 다퉈진 다임러-주식에 대한 증거들은 트렁크 안에서가 아니라 전쟁피해보상청의 서류들 안에서 발견되었다는 진술내용의 반박이 허용되었다. 기사는 어쨌든 읽는 사람에 따라 다른 인상을 불러일으킨다고 인정되었다.

또한 한 은행원이 사진첩에서 발견했던 증거에 관한 표현에 대해 원고에게는 자신이 주식 소유를 입증했던 조사를 개시한 것이 아니라, 자신에 의해 시작되었던 시도가 단지 계속된 또 다른 조사들을 위한 실마리만 제공한 것이라는 반박이 허용된다고 인정했다. 원고는 지방법원의 사전강제집행결정에 근거해 강제집행을 진행했고, 청구인의 강제집행정지를 위한 신청은 기각되었다. 그로 인해 청구인은 항소심급의 종결 전에 반론보도를 게재했다. 그 내용은 다음과 같았다:

계속해서 자동차 콘체른 다임러-벤츠의 주식에 대한 증거들은 다름 아닌 트렁크 안에 있었다고 보도되었습니다.

이에 대해 나는 다음과 같이 분명히 밝힙니다: 프랑크푸르트 상급법원에서 보상 여부가 문제 되었던 다임러-벤츠 주식들에 대한 증거들은 트렁크 안에 있었던 것이 아니라 아우스부르크 피해보상조정청이 나의 시어머니에게 송부했던 서류들 안에 있었습니다.

겨진 표현이나 내용은 여러 해석들 가운에 하나의 가능성을 위해 열려 있게 된다고 밝혔다.[47]

③ 다의적 표현과 스톨페 이론

하지만 연방헌법재판소는 법체계가 그러한 다의성에 대해 어떻게 대응해야 하는지, 특히 표현법상 청구심사에 발언주체에게 유리한 해석이 바탕이 되어야 하는지 아니면 불리한 해석이 바탕이 되어야 하는지 여부가 아직까지는 사전에 미리 결정될 수 없다고 밝혔다. 이것은 제한규정의 보호 목적과 판결을 통한 해석에 있어서 중요한 기본권 의미의 준수하에서 대답되어야 할 일반법의 문제라고 판단했다. 의사소통의 이익뿐만 아니라 한 표현에 의해 침해된 것으로 보이는 인격권의 보호 역시 참작되어야 하며, 이 심사는 각각의 경우 제기된 청구의 유형에 따라 다양한 기준에 이를 수 있다고 밝혔다.

연방헌법재판소는 형사판결의 심사에서 혹은 민사상 손해배상, 금전배상 아니면 정정보도에 관한 선고판결에서 다의적 표현을 다룰 경우, 법원이 사전에 납득할 수 있는 이유와 함께 그 유죄판결을 정당화할 수 없는 해석을 제외하지 않은 상태에서 유죄판결에 이를 수 있는 해석을 바탕으로 삼은 경우에는 원칙적으로 의견자유가 침해된다고 분명히 밝혔다. 표현이나 발언의 사정이 유죄 내지 유책판결에 이르지 않는 해석을 허용함에도 불구하고 유죄선고가 내려지게 되는 것을 두려워해야 한다면, 이는 허용된 표현의 억압에 이르게 되고, 의사소통자유권에 반하는 위협효과를 발생시킬 것이라고 생각했다. 이러한 위협효과는 개인적 의사소통을 침해할 뿐만 아니라 그를 넘어서 일반적인 기본권 행사 및 의견형성 과정에 대한 부정적 효과를 발생시킬 것이라고 우려했다.

하지만 이러한 의사소통자유에 대한 불리한 효과가 기대될 수 없다면, 개인적 기본권행사와 의견형성과정 기능의 보장을 위해 존재하는 헌법상 정당한 요청은 탈락한다고 밝혔다. 따라서 연방헌법재판소는 장래의 금지청구에 관해서는 표현주체가 타인의 인격권 침해를 과도한 부담 없이 스스로 자신의 행위를 통해 방지할 가능성을 가지는 한, 헌법상 중요한 위협효과는 인격권 보호조치를 통해 발생되지 않는다고 생각했다. 특히 다의적 표현의 경우에 이것은 내용의 해명을 통해 가능하다고 보았다. 그리고 향후 명백한 진술을 통해 어떠한 권리침해가 생겨나지 않는 한, 금지청구는 탈락하게 된다고 판시했다.

연방헌법재판소는 표현주체의 진술내용에 관한 자기결정권은 금지 선고를 피하기 위해 부담하는 표현주체의 해명의무를 통해서는 침해되지 않는다고 분명히 했다. 또한 이러한 의무가 독자들의 상당 부분이 여러 해석 가능성 가운데 단지 하나 혹은 일부만을 인격권 침해가 가능한 쪽으로 해석하는 그런 부분에만 관련될 경우에는 어쨌든 기본권행사에 있어서 헌법상 중요한 위협효과 혹은 압박효과는 기대될 수 없다고 보았다. 다만, 금지의무의 회피를 위한 해명에는 간단한 방법이 가능하도록 확보되어야 한다고 추가했다. 특히 한 사람이 여러 해석 가능성 가운데 인격권 침해가 가능한 다의적 내용을 인정한 후에 인격권 침해를 배제하는 해명을 시행했음에도 불구하고 다의적 표현을 한 그 사람에게 높은 비용부담이 접근한다면, 이때에는 의사소통 자유권 행사에 대한 불리한 작용이 우려될 수 있다고 보았다. 무엇보다 헌법적 관점에서 비용부과가 적절성 원칙에 부합하는지 여부가 결정적이라고 설명했다. 비용규모로 인해 의견자유에 관한 위협효과가 우려될 수 있다면, 이러한 비용규모는 받아들일 수 없다고 생각했다.

하지만 하나의 표현이 해명 이후에도 여전히 인격권 침해를 포함한다면, 헌법적 관점에서는 금지청구를 인정하지 않을 어떠한 이유도 없다고 밝혔다. 만약 표현주체가 결코 그 진술에 명백한 내용을 부여할 용의가 없을 경우에도 마찬가지로 그 표현이 여러 해석 가능성(해석변형)을 허용하고, 나아가 그중에서 보다 경미한 인격권 침해에 이르는 해석 역시 허용하는 경우라도 다의적 표현이라는 이유 때문에 금지청구를 포기할 헌법상 납득 가능한 이유는 전혀 없다고 밝혔다. 오히려 이 경우 인격권과의 형량은 이 권리를 침해하는 가능한 모든 해석을 바탕으로 삼아야 한다고 역설했다.[48]

④ 다의적 표현과 반론보도

연방헌법재판소는 다의적 진술에 대한 반론보도청구권이 존재하는지 여부의 결정에 있어서 표현주체에 가해지는 위협효과를 가능한 한 회피하는 것이 결정적이라고 보았다. 이에 금지청구의 대상으로 주장된 다의적 표현의 처리원칙들은 반론보도를 대상으로 하는 원보도에 적용될 수는 없다고 판단했다. 오히려 반론보도의 대상이 되는 원래의 언론보도 해석을 위한 기준들은 다의적 표현들을 계기로 손해배상, 금전배상 그리고 정정보도에 대한 민사법상 청구들에 적용되는 그런 기준들에 맞추어야 한다고 강조했다.

반론보도 게재 판결은 일반법(주 출판법)상 형태에 따르면 표현에 의해 피해를 입은 당사자에게 단지 반박의 가능성을 인정해야 하는 하나의 조치라고 보았다. 이와 달리 당사자의 인격권은 자신과 관련된 모든 언론보도상의 사실주장을 상대로 자신의 발언요청과 함께 자신의 입장을 보완할 수 있는 그러한 권리의 보장을 통해 보호될 수 있을 것이라 생각했다. 따라서 반론보도청구권은 언론이 사실주장의 전파 아래 관련된 당사자를 다룰 것만을 전제로 하고, 보도가 당사자의 인격권 침해를 야기하는지 여부는 중요하지 않다고 밝혔다.

연방헌법재판소는 반박 게재의무가 장래의 향해진 특정한 내용의 표현 제한을 가져오지는 않는다고 보았다. 그럼에도 반론보도 게재의무는 기본법 제5조 제1항 제1문에 의해 보장된 출판자유권의 행사에 대해 부담을 주는 효과가 따라오게 된다고 인정했다. 언론보도의 내용에 관한 자기결정권이 보장되지 않으며, 언론은 이미 보도 전에 적법하고 진실에 부합하는 보도를 위해 애썼던 노력을 통해서도 이 반론보도청구권을 피할 수 없다는 점에서 그렇다고 보았다. 또한 반론보도청구권은 단지 매스미디어의 표현과 보도대상 당사자와의 개별적 연관성만을 전제하기 때문에 그렇다고 보았다. 따라서 언론의 진실에 부합된 그리고 적법한 언론의 보도 역시 자신에 의해 행해진 신중한 주의의무 이행과는 무관하게 반론보도를 게재할 의무를 지게 된다고 설명했다. 나아가 반론보도 게재에 관한 당사자의 정당한 이익은 단지 언론이 의심 없는 법원의 확신을 바탕으로 더 이상의 소명이나 입증의 필요 없이도 명백히 반론보도의 내용이 잘못된 것으로 증명된 경우에만 탈락한다고 밝혔다.

따라서 이러한 반론보도가 가능한 표현의 해석에 관한 요청은 반론보도 게재의무를 지고 있는 언론사에 쉽게 회복될 수 없는 이미지 손상을 일으킨다는 관점도 참작되어야 한다고 판단했다. 통상 독자층은 아직 유보상태인 보도의 진실성과 적법성의 문제들을 반론보도 게재 판결 그 자체를 통해서 해결할 수는 없다고 보았다. 하지만 반론보도 게재는 진실에 부합하고 법적으로 문제가 될 수 없는 보도에 대해서도 독자들에게 나중에 더 이상 제거될 수 없는 의심과 불신을 불러일으킬 수 있다고 인정했다. 따라서 그러한 불이익은 보도에 의해 피해를 입은 당사자의 보호범위 내에서만 감수되어야 한다고 밝혔다. 왜냐하면 보도대상자는 언론보도를 통해 생겨나는 보도효과에 대해 동일하게 맞설 수 있는 위치에 서 있지 않기 때문이라고 밝혔다. 그럼에도 이러한 불이익의 감수가 반대 방향에 위치한 출판자유의 보호이익과 대립할 때에는 헌법상 우려가 생겨날 수 있다고 보았다.[49]

⑤ 숨겨진 주장과 반론보도청구권의 인정 여부

연방헌법재판소는 다의적 표현에 관한 반론보도청구권의 적용 영역에는 숨겨진 진술이 깔려 있을 수 있는 그러한 표현들을 포함하게 된다고 밝혔다. 반론보도청구권이 모든 가능한 표현의 해석과 관련되어서 공개된 진술들에서 피할 수 없는 추론으로 인정되는 진술뿐만 아니라 단지 가능성에 불과한 숨겨진 진술에도 적용된다면, 언론보도는 현저한 위험들에 부딪히게 될 것이라고 우려했다. 그리고 복잡하고 논쟁의 여지가 있는 사안에 관한 보도들이 반론보도청구권을 통한 쉽게 파악할 수 없는 위험들에 노출되어서는 안 된다고 생각했다. 실제 대부분의 언론보도는 단지 제한된 공간 내에서 독자층의 여러 가지 인상들을 완전히 배제할 정도로 완벽하게 표현될 수는 없다고 인정했다. 공표된 조사결과가 아직 완전하지는 않을지라도 공중에 전달이 허용되고, 그 결과 또 다른 상세한 사실들을 담은 보도들과 연쇄적으로 이어질 수 있는 과정을 고려할 때 언론이 제공하는 추측을 위한 공간이 남아 있다고 밝혔다. 나아가 실무에서는 때때로 명확한 표현들로 제한하는 것이 곤란하다는 점도 고려되어야 한다고 덧붙였다.

따라서 이러한 언론에 적합한 활동의 제반조건이 반론보도청구권의 성립에 있어서 충분히 고려되지 않는다면, 언론은 너무 많은 반론보도청구들 때문에 자신의 보도에 강력한 자제를 나타낼 수밖에 없을 것이라고 생각했다. 이것은 언론을 통해 높은 수준의 정보제공이 공중 속에서 이뤄지도록 노력하고, 보도의 정확성과 완전성이 경우에 따라서는 해명 혹은 다양하게 존재하는 정보교환의 결과로서 비로소 밝혀지는 그런 공개토론을 가능하게 하는 목표에 모순될 거라고 생각했다.[50]

⑥ 사건판단

이러한 원칙들의 적용하에서 이 사건 관할법원이 이 표현들을 "불가능하지는 않은 해석" 혹은 심지어 "불가능하지는 않은 인상"으로서 이해되는 그러한 내용을 반론보도가 가능한 대상으로 인정했을 때, 이는 헌법상 원칙에 부합하지 않는다고 판단했다. 오히려 법원이 공개적 진술들의 상호작용 내에 포함된 추가적인 자신의 진술을 독자들에게 피할 수 없는 추론으로서 떠오르게 하는 그런 숨겨진 표현만을 반론보도의 대상으로 삼는 것은 헌법상 우려스럽지 않다고 밝혔다. 이 경우에만 법원은 설득력 있는 이유들과 함께 단지 공개된 진술만을 반론보도의 대상으로 할 수 있다는 원칙에 부합할 수 있을 것이라고 인정했다.

하지만 연방헌법재판소는 이 사건에서 반론보도에 인용된 내용들이 보도 안에서 숨겨진 채로 포함된 진술로서 독자들에게 공개된 진술의 상호작용에서 피할 수 없는 추론으로서 떠오르는 그런 진술은 아니라고 판단했다. 일반적인 이성적인 독자들에게는 보도내용이 분명하게 핵심 단어 "트렁크"와 "은행원"의 완전한 연관성을 주제로 삼은 것이 아니라 특정한 추론을 배제하지 않은 채 많은 것을 미정의 상태로 두었다는 사실이 쉽게 인정될 수 있다고 보았다. 마찬가지로 언론보도가 반론보도의 대상이 된, 프랑크푸르트 상급법원에서 다뤄졌던 그 사건들과 관련성을 가지고 있는지 확인하기도 어렵다고 밝혔다. 아울러 원고에 대한 상환요구와 각각 배상을 위해 사용되었던 다양한 증거 및 원고에 의해 은행원에게 부여되었던 지시들로 이뤄진 기사 내에서 공개된 문제들이 어떤 방식으로 이해되길 원했는지 여부는 독자 자신에게 맡겨져 있다고 보았다. 따라서 독자 일부가 문제 된 인상만을 자신의 추론으로 떠올릴 수 있을지 모른다는 가능성만으로 반론보도 게재의무를 정당화하기에는 충분치 않다고 보았다. 이에 대상 판결은 파기환송되어야 한다고 밝혔다.[51]

연방헌법재판소 2016년 12월 21일 자 결정 – 1BvR 1081/15

사실관계

헌법소원의 대상은 청구인에게 반론보도 게재의무를 부과한 민사법원의 판결이다. 전심소송의 피신청인이었던 청구인은 "타게스슈피겔"을 발행하는 동시에 인터넷사이트 www.tagesspiegel.de의 책임자이다. 전심소송의 신청인은 전 재정 장관이다. 전심소송의 대상은 거의 십 년째 비어 있는 복합건물의 판매 노력을 다룬 청구인의 보도였다. 해당 건물은 저층 부분과 고층빌딩으로 구성되어 있는데, 고층빌딩 부분은 베를린시 소유물이고, 저층 부분은 모 회사의 소유물로서 그 회사의 대표이사를 신청인이 개인적으로 잘 알고 있었다. 청구인은 2015년 1월 23일 자 지면판에서 "고층빌딩에 관한 범죄물"이라는 제목 및 인터넷판에서 "슈테그리츠빌딩: 기업가와 장관이 고층빌딩과 저층 부분을 두고 싸운다"라는 제목 아래 이 빌딩에 관해 보도했는데, 주로 판매 지체가 되고 있는 이유들을 다뤘다. 그 내용에는 다음과 같은 부분이 포함되어 있었다.

> (…) 이 분야에서 시 당국의 고집스러운 태도가 흥미롭게 주목받고 있으며, 이에 대해 다음과 같은 말들이 있기도 하다. '여기에는 두 권력자가 서로 맞물려 있다고 누군가 말했다. 이 두 사람은 전 재정 장관 … 그리고 저층 부분의 소유자로 사료된다. (…) 두 사람은 처음에는 매우 친한 친구였지만, 나중에 둘의 관계는 심각한 기피 사이로 바뀌었다고 한다.

인터넷사이트에서는 "스테그리츠빌딩에 관한 기괴한 사건-그에 반해 베를린공항에서의 졸작은 냉정한 이성의 한 사례이다"라는 제목으로 다음과 같은 내용이 볼드체로 시작되었다:

> 베를린 당국은 스테그리츠빌딩 문제의 경우 십 년째 지지부진한 상태를 이어가고 있다. 정상적인 상업논리의 법칙에 따르면 이러한 태도는 설명될 수 없다. 촌평.

이어서 통상 지면판의 풍자란에 게재되는 유사한 내용의 또 다른 기사가 다음과 같이 실렸다:

> 십 년째 베를린 당국은 스테그리츠빌딩 문제에서 총체적 난국에 빠져 있다. 그리고 그가 했던 방식과 달리 베를린공항에서의 졸작은 냉정한 직업적 이성의 한 사례이다. 빌딩은 회사 소유의 저층 부분과 부동산기금이 약 십 년째 벗어나길 원하는 끔찍한 고층빌딩 부분으로 구성되어 있다. 저층 소유자는 이 고층빌딩을 소유하길 원하고 있고, 모든 필요한 서류들도 함께 구비했다. 하지만 부동산기금은 열심히 다른 구매자들을 찾고 있는데, 논리적으로 볼 때 다른 구매자들을 찾을 수는 없다.
>
> 정상적인 상업논리의 법칙으로는 이러한 태도가 설명될 수 없다. 하지만 중요할 수 있는 정황 증거가 있다: 전 재정 장관이 한때는 저층 소유자와 막역한 사이였다고 한다. 하지만 둘은 심하게 싸우고 갈라섰다고 한다. 이해할 수 없는 것이, 왜냐하면 그렇게 완벽한 기업가는 사업 영역에서 많은 사람들이 자신을 비방한 것처럼 결코 그렇게 어리석게 행동하지는 않았을 것이기 때문이다.

신청인은 지방법원에서 청구인을 상대로 모든 대상 기사들에 대한 반론보도 게재 가처분을 얻어냈다. 지방법원은 청구인의 이의신청에 대해 가처분을 확정했다. 청구인의 항소로 베를린 상급법원은 지방법원의 판결을 수정하면서 "타게스슈피겔" 신문의 "고층빌딩에 관한 범죄물" 제목의 기사는 반론보도가 가능한 사실주장을 포함한다고 인정했다. 그리고 지면 및 인터넷판 대상 기사들에 대해 다음과 같은 입장표명

을 허용했다:

> 나는 분명히 밝힙니다: 나는 고층빌딩을 개축하거나 증축할 자금조달능력을 증명할 수도
> 없고 증명할 용의도 없는 모든 빌딩구매 관계자들에게 스테그리츠빌딩 고층 부분의 판매
> 에 반대한다는 제 생각을 분명히 전했습니다. 저층 구매관계자의 취득 의사에 대한 나의
> 태도 변화는 한 번도 없었습니다.

그리고 촌평 "그에 반해 베를린공항에서의 졸작은 냉정한 이성의 한 사례이다"에
대해서는 다음과 같은 입장표명의 게재의무가 부과되었다:

> 나는 이에 대해 확실히 밝힙니다: 저층의 구매관계자들의 취득 의사에 대한 나의 태도 변
> 화는 한 번도 없었습니다.

연방헌법재판소는 베를린 상급법원의 판결이 기본법 제5조 제1항 제2문을 침해한
다고 확정했다.[52]

① 출판자유의 보장과 반론보도

연방헌법재판소는 출판자유의 특별한 보장은 개인의 의견표현을 넘어서는 자유롭
고 공개적인 의견형성을 위해 가지는 출판의 의미와 관계된다고 밝혔다. 출판자유는
총체적 측면에서 출판활동을 보호하며, 이 사건에서는 편집형태는 말할 것도 없이
대체로 지면신문의 보도와 동일한 내용을 제공하고, 지면 신문과 보완관계에 놓여
있는 인터넷 기사 역시 출판자유의 보호범위에 해당한다고 밝혔다. 왜냐하면 인터넷
기사들이 가지는 선택적 전파방식으로 인해 출판물로서의 성격이 제거되지는 않기
때문이라고 설명했다.

한편, 반론보도 게재의무는 출판자유 기본권 보호범위 안으로 개입하는데, 어떤
기사들을 게재할지 여부를 결정할 언론사의 자유가 침해되기 때문이라고 밝혔다.[53]

② 숨겨진 주장과 반론보도의 문제

연방헌법재판소는 고층빌딩의 판매협상과 관련해 "신청인과 투자가가 '매우 친한 친구' 내지 '막역한' 사이였다"라는 표현들은 어떠한 증거를 통해 접근할 수 있는 사실주장이 아니라고 판단했다. 이 표현들은 간접적으로 당사자들이 오랜 기간 알고 있었다는 사실주장을 포함하기는 하지만, 그 중심에는 대체로 입장표명과 의견개진을 통해 부각되는 그들 상호 간의 관계에 관한 주관적 해석들로서 이해된다고 밝혔다. 그리고 고층빌딩의 판매협상이 지지부진한 이유가 계약당사자들 사이의 관계가 바뀌었기 때문이라는 정도로 이해된다고 평가했다. 하지만 이것이 협상지위의 변화 그리고 두 당사자들의 각자 입장에 대한 고수("두 권력자들의 서로 간의 맞물림")와 관련이 있는지 아니면 개인적인 적대감과 관련이 있는지 여부는 해석상 열어 놓은 상태라고 판단했다.

또한 공개된 진술의 상호작용에 포함된 추가적인 독자적 진술이 피할 수 없는 추론으로서 독자들에게 반드시 떠오르는 하는 그런 숨겨진 사실주장 역시 존재하지 않는다고 보았다. 영화 제목에서 차용한 "매우 친한 친구"라는 표현과 신청인과 투자가가 "막역"했다는 진술은 작성자의 명백한 사실진술을 포함하는 것이 아니라고 보았다. 작성자가 개인적인 관계를 주장한 것인지 아니면 사업적 관계를 언급한 것인지 여부는 해석상 열려 있는 상태라고 판단했다. 결국 이 표현들에는 어떠한 명확한 의미도 귀속될 수 없기 때문에 반론보도가 가능한 사실은 존재하지 않는다고 결정했다.[54]

V. 헤드라인, 내용개요의 문제

언론은 헤드라인이나 그 밖에 기사 제목에서 다소 긴 기사의 핵심진술 인용을 통해 독자나 시청자들을 본문내용으로 유도하기 위한 주목 끌기를 시도한다. 잡지목록에 포함된 내용요약 혹은 대부분의 출판물에서 나타나는 바와 같이 본문내용 앞에 놓이는 볼드 처리된 개요나 요약 등도 마찬가지이다. 방송보도의 경우에는 동일한 상황이 안내방송이나 예고방송 혹은 텔레비전 프로그램의 영화 예고 등에서 생겨나게 된다. 이러한 경우 불가피한 축약은 이어진 본문기사에서 적절하게 소개되는 사실관계를 왜곡하거나 날조하게 될 위험을 항시 내포한다. 대중잡지들에서 빈번하게 일어나는 것처럼 헤드라인에 특별한 시선 끌기용 역할이 할당될 경우, 이러한 위험이 특별히 부각된다.

이러한 헤드라인, 기사내용 요약 혹은 기사 소개의 전파에 대해 각종 법적 청구권의 행사가 가능한지 여부는 원칙적으로 하나의 완결된, 따라서 독자적으로 평가될 수 있는 사건진술이 도출될 수 있는지 아니면 단지 그것을 통해 지칭된 기사에 대한 불완전한 암시로서만 평가될 수 있는지에 따라 달리 판단된다.[55]

독일 판례들은 원칙적으로 당사자가 이미 헤드라인 혹은 예고 기사 내에서 식별 가능하게 지칭되고, 아울러 그 자체만으로 이해할 수 있는 독자적 내용을 가질 경우, 독립적 사건진술로서 인정하고 있다. 이 경우 언론은 사실진술에 관한 일반적 원칙들에 따라 책임을 지게 된다. 따라서 제목의 표현이 명예훼손적인 인상을 전달한 이상, 다음 본문내용에서는 교정될 경우에도 그 제목은 사정에 따라 독자적 사실주장으로서 평가된다. 이런 형태의 예고 기사를 별도로 고찰하는 방식은 제1면에서 헤드라인이라는 도구를 이어지는 본문기사 내용의 소개를 위해서가 아니라 주로 주목 끌기에 적당한 판촉수단으로 이용하는 대중연예신문 또는 소위 황색 언론에서 특히 정당화된다. 예컨대, 잡지의 표지에서 사진이 첨부된 채로 "모나코의 캐롤라인은 특정한 방식으로 자신의 사생활에 관해 말했다"는 예고 기사는 독자적으로 평가되어야 주장의 전파로 인정되었다.[56] 언론들은 이러한 제목들을 별도로 판단되어야 할 사실진술로 인정해야 하는데, 왜냐하면 독자나 관찰자 대부분은 이러한 제목들이 세부적 사실관계를 담고 있는 본문내용을 실제 그대로 반영하고 있다는 사실을 인정하지 않기 때문이다. 특히 이러한 출판물의 머리기사에만 주목하는 데 그치고, 결코 관련 잡지의 개별적 내용까지는 읽지 않는 표지 독자 혹은 키오스크 독자에게는 이러한 기

준이 유효하다.[57, 58]

그럼에도 원칙적으로는 헤드라인의 경우에도 마찬가지로 맥락에서의 본문해석원칙을 적용하는 것이 옳다. 전통적인 신문이나 잡지의 독자들은 헤드라인 기사를 대중연예잡지와는 달리 대개 자기완결적인 진술로서, 즉 그 자체로 해석 가능한 사실주장으로서 이해하는 것이 아니라 이어진 본문내용에서 읽힐 수 있는 세부묘사에 대한 유도로서 이해하기 때문이다. 이때 기사 제목들은 법적으로 독립해서 평가되어야 할 사실주장으로서 분류될 수 없고, 오히려 이어지는 기사에 대한 독자의 관심을 유도하는 것이라고 보는 것이 당연하다. 따라서 본문내용의 독해 없이는 내용상으로 공허한 상태로 남아 있게 될 것이다. 이는 원칙적으로 스크롤링 과정을 통해 제목을 단지 피상적으로만 주목하는 것이 일반적인 언론사의 온라인서비스 제공기사의 경우에도 마찬가지이다.[59]

제8장

주장과 전파책임의 구분

Ⅰ. 개관

언론보도에 있어서는 무엇보다 허위사실주장의 전달을 규정하고 있는 형법 제186조(명예훼손)와 민법 제824조(신용훼손)의 독자적 구성요건이 중요하다.[1] 두 규정들은 모두 엄격한 전파책임을 정당화하며, 해당 규정의 원문에서도 허위사실주장의 범행형태와 허위사실전파의 범행형태를 나란히 규정하고 있다. 따라서 자신이 하나의 특정한 주장을 원래 제기한 것이 아니라 다른 곳에서 제기되거나 전파되었던 것을 단지 전파하기만 했다는 사실을 통해 면책되지 않는다. 따라서 특정한 주장이 편집을 통해 제기되었는지 아니면 단지 전파되기만 했는지 여부의 문제는 우선은 법적 판단에 있어서 그다지 중요하지 않은 것으로 오인될 수도 있기는 하지만, 실제 법적 실무판단에 있어서는 전혀 그렇지 않다. 왜냐하면 원칙적으로는 법적으로 동일한 지위를 차지하고 있음에도 불구하고 주장자와 전파자의 의사소통방식은 법적 효력 차원에서는 자유로운 보도 가능성의 이익을 위해 각각 구별되어야 할 필요성이 있기 때문이다.[2]

따라서 비록 형법 제186조와 민법 제824조가 전파자를 원칙적으로 주장자와 같은 방해자라는 점에서 그 법적 효과를 동일하게 규정하고 있음에도 불구하고 주장과 단순한 전파 사이의 구별은 실제 상당히 중요한 언론법적 쟁점에 해당하며, 판례에서도 마찬가지로 이를 구별하고 있다. 다만, 이러한 구별을 위해서는 언론 등 미디어가 명백히 전파된 표현과 거리를 두는 것이 필수적일 수 있다.[3]

II. 주장(Behaupten)의 문제

1. 인쇄매체

주장은 타인에 관한 독자적 인식이나 독자적 보고를 포함하는 진술을 통해 행해지는 것을 말한다. 보고내용이 직접 조사되거나 인식된 것인지 아니면 제3자로부터 알게 된 것인지 여부는 원칙적으로 중요하지 않고, 주장자가 문제 된 표현들을 주도적으로 한 것인지 아니면 다른 사람이 그러한 표현을 하도록 요구한 것인지 여부도 중요하지 않다. 한편, 주장된 사실이 확실하게 진실로서 제시되는 것도 필수적이지 않다. "내가 아는 한", "나는 추정한다"와 같은 첨언 역시 중요하지 않으며, "이른바 ~라고 한다"[4] 및 "십중팔구는"[5]과 같은 부가어의 삽입 역시 마찬가지이다. 명예보호의 필요성은 발언주체가 침해 가능성이 있는 표현을 교묘한 어투로 나타내거나 단지 숨겨진 형태로 표명했다고 해서 좌절되지는 않는다. 따라서 혐의나 의혹제기 표현 혹은 문제 제기 역시 숨겨진 주장으로서 이해될 수 있는 경우가 있다.[6]

나아가 인용 역시 자신의 주장으로 인정될 수 있으며, 더욱이 인용형식(~라고 주장되었다)은 그 자신을 직접 주장자로서 드러내지 않기 위해 종종 선택되는 방식이라는 점에서 더욱 그러하다. 판례 역시 표현주체가 익명의 저자 뒤로 숨는 방식을 통해 쉽사리 해당 표현의 책임에서 벗어날 수는 없다고 판단했다. 그렇지 않으면 실제로 익명의 공격이 행해지더라도 대부분의 피해자는 이를 저지할 수 없는 것이 현실이 될 것이기 때문이다.[7] 따라서 인용형식에도 불구하고 전달자가 그 표현을 자신의 것으로 삼았다면, 주장이 행해진 것으로 인정된다.[8]

일단, 보도 내에서 제공된 사실을 명백히 주장한 사람은 해당 보도내용에 대해 우선적으로 책임을 진다. 그리고 자신의 확언 혹은 확신의 대상으로서 특정한 사실내용을 제시한 사람은 사실을 주장한 것으로 볼 수 있다. 그리고 이때에는 독자나 시청자들에게 보도대상이 진실이라는 확신이 전달되는 것이 통상적이다. 하지만 법적 의미에서 주장의 인정을 위해서는 원칙적으로 언론이 자신에 의해 전파된 보도들을 자신의 것으로 삼는 것(Sich zu-eigen-Machen)으로 충분하다. 이는 타인의 표현이 자신의 사고과정 속으로 삽입돼서 결합된 표현이 전체적으로 자신의 것으로 보이거나 완전히 다른 형태로 행해지게 될 경우를 말한다. 특정한 사실을 주장한 편집자가 이 것을 자신의 조사나 인지결과로서 행했는지 아니면 자신의 보도의 정확성을 위해 타인의 출처에 의지했는지 여부는 중요하지 않다. 따라서 사실을 주장한 편집자는 원칙적으로 그가 해당 보도들을 직접 조사하지 않았고, 오히려 다른 발간물에서 그것을 뽑아서 내용상 그대로 전달했다는 해명을 통해서도 면책되지 않는다. 더군다나 연방헌법재판소의 "바이엘" 결정에 따르면 앞선 보도를 근거로 했다는 항변 역시 그 자체만으로 아직은 통상 정당한 이익의 대변이라는 주장을 정당화하지 않는다. 단지 그 보도가 독자들에게 구체적으로 표현된 형태에서 볼 때 진실인 것으로 제시되었다는 사실만이 결정적이다. 가령 실무상 빈번하게 인용되는 정통한 소식통, 전문가 혹은 내부관계자와 같은 익명의 출처의 명시적 원용 역시 사실주장으로서 보도의 성격을 달리 판단할 어떠한 이유도 존재하지 않는다.[9]

주장의 형식 역시 중요하지 않다. 주장이나 전파되는 사실의 허위성에 대한 책임은 제한적 표현형식을 통해 자신의 책임 전가를 시도한 사람 역시 독자나 시청자에게 이 표현은 그래도 객관적으로 진실이라는 인상을 전달한 이상, 책임이 면제되지 않는다. 따라서 원칙적으로 특정 진술에 제한적 추가표현을 달았다는 사실, 예컨대 "편집부에 알려진 한" 등의 표현형식 역시 법적으로는 중요하지 않다. 그 밖의 제한된 형태의 진술 표현방식 역시 제한적 표현을 통해 해당 진술의 핵심이 바뀌지 않은 채 수신인에게 공식적 메시지로서 해당 진술이 진실이라는 확신이 전달되었다면, 이는 사실주장으로서의 성격에 아무런 영향도 주지 않게 된다.[10] 본문에 게재된 허위의 주장이 인용문이라는 언급 역시 작성자 자신의 주장으로의 성격에는 아무런 영향을 주지 않는다.[11] 결국 언론 등은 자신이 전달하는 주장을 자기의 것으로 삼았을 경우에 직접적 방해자로서 주장자의 책임을 지게 된다.

이러한 원칙하에서 숨겨진 주장 역시 법적 의미에서는 사실주장이라는 결론이 나오게 된다. 사실진술이 다양한 해석 가능성에 열린 상태로 표현된 것이 아니라 행간 사이에서 숨겨진 형태로 나타났다면, 이는 사실주장에 해당한다. 물론 숨겨진 주장의 인정에는 특별한 자제가 요청된다. 따라서 이러한 숨겨진 주장은 그의 표현이 사고자극의 한계를 넘어서 독자에게 피할 수 없는 추론을 암시하는 경우에만 인정된다.[12] 보도가 독자들에게 그 자체만으로는 진실인 여러 개별적 주장을 제시했지만, 관련 맥락 속에서 특정한 사실이 숨겨지고 이를 통해 진실과 배치되는 사건의 인상을 불러일으킬 경우 바로 이러한 의미에서 숨겨진 사실주장이라고 볼 수 있다.[13, 14]

연방대법원 1986년 5월 27일 자 판결
– VI ZR 169/85("동독 접촉"–판결)

사실관계

원고는 한 잡지의 편집자이다. 피고에 의해 발행되는 1983. 5. 15. 자 신문에서 "국가반역죄? 2명의 편집자에 대한 소추"라는 제목 아래 원고 및 편집자 H가 동독 슈타지와 밀접한 접촉을 가졌다는 내용의 기사가 게재되었다. 기사내용은 다음과 같다.

> 본 검찰청에 의해 곧 개시될 것으로 예상되는 원고의 국가반역 관련성에 대한 수사 절차는 다름 아닌 동독 슈타지와 편집자들의 밀접한 접촉에 관한 것이고, 이는 연방의회 의원 X의 중대한 의혹제기에 의해 촉발되었다. 의원 X는 이 고발과정에서 자신에 관해서도 다루었던 원고 잡지의 기사를 언급했다. 그는 이 기사가 "이른바 가공되고 조작된 동쪽에서의 증거자료를 기반으로 했다"고 전했다.

마찬가지로 피고에 의해 직전에 발행된 1983. 5. 13. 자 일간신문 역시 두 편집자와 동독 슈타지와의 관계에 관한 기사를 게재하였고, 동 호에서 의원 X의 독자편지가 공표되었다. 그는 독자편지에서

> 무엇보다 두 편집자가 동베를린 위장본부 소속 정보요원의 유혹과 제안을 뿌리칠 수 없었으며, 자신들에게 슬쩍 넘겨진 자료의 일부가 의원 X의 반대에도 불구하고 한 주간지에 공표되었다.

라고 밝혔다. 이에 대해 원고는 두 기사에 포함된 여러 주장들 및 독자편지에 담긴 주장들의 전파를 대상으로 금지청구 소송을 제기했다.

지방법원은 소송을 전부 인용했다. 하지만 항소법원은 일부를 기각했다. 이에 대해 원고는 의원 X에 관한 기사는 가공되고 조작된 동쪽에서의 자료를 근거로 했다는 주장을 금지하고(청구취지a), 원고가 동베를린 위장본부 소속 정보요원의 유혹과 제안을 뿌리칠 수 없었으며, 그들에게 넘겨진 자료 일부를 의원 X의 반대에도 불구하고 공표했다는 의원 X의 독자편지 내 주장을 금지하라고(청구취지b) 연방대법원에 상고했다. 원고의 상고는 일부 승소했다.[15]

① 항소법원의 판단

피고 신문의 편집 영역 기사와 관련해(청구취지a) 항소법원은 표현의 원래 장본인과 함께 혹은 장본인 대신에 피고를 상대로 금지청구를 하는 것은 정당화될 수 없다고 밝혔다. 피고는 다툼의 대상이 된 표현을 자신의 것으로서가 아니라 의회 의원 X의 표현으로서 제공했고, 독자들에게 충분히 이 주장의 진실은 확정된 것이 아니며 자신을 통해 검증되지 않았다는 점을 분명히 했다고 인정했다. 게다가 그 주장은 원고의 심각한 침해를 포함하지 않는데, 왜냐하면 사람들은 어쨌든 이로부터 원고가 가공되고 조작된 자료에 속아 넘어갔다는 해석을 도출할 수 있기 때문이라고 보았다.[16]

② 연방대법원의 판단

ⓐ 청구취지a 판단

하지만 연방대법원은 이러한 항소법원의 판시사항은 잘못이라고 판단했다. 항소법원이 피고는 의회 의원 X의 표현을 자신의 것으로 삼지 않았고, 충분히 자신과 거리 두기를 행했다는 점에서 출발할 수 있을지라도, 이러한 이유로 피고의 피고적격이 부인될 수 없다고 보았다. 발행인으로서 피고는 문제가 된 주장의 전파에 관여했으며, 따라서 방해자(Störer)로서 금지청구의 대상이 될 수 있는 범주에 속한다고 인정했다. 책임 여부와는 상관없이 방해를 야기했거나 자신의 행위를 통해 하나의 침해를 우려시킨 사람은 누구든지 방해자로서 인정될 수 있으며, 여러 사람이 침해에 가담한 경우에는 금지청구가 인정되는지의 문제에 있어서 원칙적으로 행위기여의 방식과 범위 혹은 방해의 실현에 관한 개별 참가자의 이익이 중요한 것은 아니라고 밝혔다. 발행인은 다름 아닌 신문의 주인으로서 내용에 대해서도 책임이 있다고 인정했다. 신문이 제3자의 발언을 인용하고 그 내용과 거리를 두었을지라도, 신문의 발행인이 관련된 주장의 전파를 위한 행위에 결정적으로 기여했다는 점은 변하지 않는다고 보았다.

나아가 항소법원이 피고의 주장이 자신의 것으로서 제기되지 않고 피고와 거리 두기를 충분히 행했다고 해석한다면, 이러한 해석은 법적으로 잘못된 것이라고 비판했다. 왜냐하면 이러한 해석은 기사의 전체 맥락을 충분히 고려하지 않은 것이라고 이유를 밝혔다. 기사 대부분이 원고 및 편집자 H의 동독 슈타지와의 접촉을 다루었고, 이것은 두 편집자의 사진 외에 굵은 활자체로 "동독 슈타지와의 밀접한 접촉" 그리고 "그 사람들은 반복해서 동독 정보원과 협의했다"라는 표현을 통해 시각적으로 강조되었다고 인정했다. 그리고 동독 슈타지와의 접촉이라는 표현이 기사 작성자 자신의 표현이라는 점은 그 표현의 일부를 이른바 "정보"에 근거해 제기한 사실에서도 나타나는데, 의원에 관한 보도는 동베를린으로 달아난 이전 여비서의 진술에 근거했다는 주장 역시 저자 자신의 표현이었음을 보여준다고 판단했다. 게다가 동독과의 접

측에 관한 또 다른 개별적 사실들과 그 결과들이 의원 X의 발언으로서 제시되었다면, 독자들은 이것을 전체적 맥락에서 다른 진술들을 보완하거나 지지하는 발언으로 이해하게 될 것이라고 생각했다. 어떠한 곳에서도 의원 X의 주장의 정확성에 대한 의심은 감지되지 않았고, 이러한 상황에서 "추정컨대 보도는 가공되고 조작된 증거자료를 기반으로 했다고 전했다"라는 표현의 선택은 이러한 정보에 대해 저자가 거리를 둔, 단순히 검증되지 않은 제3자의 주장으로서 나타내기에는 충분치 않다고 판단했다. 보도 중 하나가 의원 자신과 관련됨에 따라 독자들은 해당 보도가 근거로 하는 자료의 신빙성에 관한 평가를 신뢰하게 된다는 점에서도 해당 정보가 단순한 제3자의 주장이라는 전제는 인정되지 않는다고 밝혔다. 이에 따라 연방대법원은 청구취지 a의 기각은 더 이상 유지되지 않는다고 판단했다.[17]

연방대법원은 현재의 상황에 따라 항소법원의 청구기각이 다른 이유에서도 적절한 것으로 입증되지 않는다고 보았다. 금지청구의 청구토대는 형법 제186조와의 연계에서 민법 제823조 제2항, 민법 제1004조의 유추적용에 근거하며, 의원 X에 관한 보도는 가공되고 조작된 동쪽 증거자료를 기반으로 한다는 주장은 원고의 명예를 침해하기에 적당한 것이라고 인정했다. 이어 항소법원은 해당 비난의 진실성에 관해 어떠한 확정도 내리지 않았지만 원고는 해당 비난의 허위성을 입증했기 때문에, 담당 재판부는 비난의 허위성에서 시작했어야 한다고 밝혔다. 따라서 이와 관련한 다른 확정이 내려지지 않는 한, 원고의 금지청구에 대해 정당한 이익의 대변을 주장하는 것은 피고에게 불허된다고 판단했다. 왜냐하면 허위주장의 반복에는 결코 정당한 이익의 대변이 존재하지 않기 때문이라고 밝혔다.

이 때문에 항소법원은 조작된 증거자료에 관한 주장이 진실에 부합하는지 여부를 조사했어야 했다고 비판했다. 금지청구의 인정을 위해서는 반복위험의 위법성이 존재하는지가 중요하기 때문에, 이러한 판단은 피고의 1983. 5. 15. 자 첫 번째 보도가 적법한지 아닌지가 관건이고, 결국 이것은 결정적으로 피고가 그 당시 자신의 조사의무를 이행했는지 여부에 달려 있게 된다고 설명했다. 왜냐하면 비록 나중에 다툼의 대상이 된 주장이 허위로 밝혀질지라도, 그 당시 보도는 공중의 정당한 정보이익의 대변을 통해 정당화될 수 있기 때문이라고 밝혔다. 이것은 물론 현재 상태에서 주장의 진실성에 관한 의심이 확정되었을 경우, 장래에 향해 있는 금지청구를 배제하지 않는다고 보았다. 왜냐하면 우선은 적법하게 제기된 주장을 반복할 경우에도 새로이 위법할 수 있기 때문이라고 밝혔다. 하지만 그 당시 보도가 적법했다면, 반복위험은 새롭게 구체적으로 확정되어야만 금지청구가 인정될 수 있다는 점을 분명히 했다. 이에 따라 이미 위법한 침해가 행해졌을 경우에만 반복위험의 존재를 위한 사실상 추정이 존재한다고 인정했다. 따라서 이것이 존재하지 않는다면, 반복위험, 더 정확하게는 최초침해위험이 새롭게 원고의 개별적인 구체적 사정에 따라 주장되고, 불가피한 경우에는 입증되어야 한다고 밝혔다. 결국 피고가 X에 의해 제기된 비난들을 자신의 것으로 삼아서 공표하기 전에 충분히 조사하여 밝혀냈다면, 원고가 그의 허위성을 위한 반대증거를 제시하더라도 피고가 문제의 주장을 변경하지 않고 반복할 것이라고 우려되는 근거가 주어지는 경우에만 침해위험이 인정될 수 있을 것이라고 보았다.[18]

(b) 청구취지b에 관한 판단

X의 독자편지에 포함된 주장(청구취지b)과 관련해서 항소법원은 일반 독자들의 이해에 따르면 독자편지는 우선적으로 작성자의 의견을 담고 있다는 이유로 청구기각을 정당화했다. 어떠한 사정도 신문의 독자적 표현으로서 인정될 수 있다는 사실을 말해 주지 않기 때문에, 피고는 분명하게 거리 두기를 실행할 필요가 없다고 보았다. 아울러 독자편지는 어떠한 심각한 원고의 명예훼손도 포함하고 있지 않기 때문에, 여기에서 독자편지 공표에 관한 피고 자신의 이익이 추론될 수 있을 정도의 반대이익 역시 상정할 수 없다고 판단했다.

하지만 연방대법원은 이러한 항소법원의 판단이 소송기각을 위해서는 충분치 않다고 밝혔다. 물론 독자편지에 포함된 의원 X의 발언들이 자신의 주장으로서 피고 언론사에 귀속될 수 없다는 점에는 이의가 없다고 동조했다. 이때 "그 사람과 진실"이라는 제목이 신문에서 생겨난 것인지 X에 의해서 생겨난 것인지는 무의미하다고 보았다. 공표된 독자편지가 편집국의 주장을 인용한 것이 아니라는 표시가 없다는 점 역시 중요하지 않다고 생각했다. 명백히 "…에 관한 편지"라는 표시와 편지 작성인 이름의 공개를 통해 독자들에게 충분히 인지된 편지내용은 각각 작성자의 주장이자 의견이라는 사실이 분명해진다고 인정했다.

그럼에도 불구하고 연방대법원은 독자편지의 내용으로 인한 침해를 근거로 하는 금지청구 소송에 있어서 발행인의 피고적격을 처음부터 부정하는 것은 정당화될 수 없다고 밝혔다. 연방대법원은 항소심이 바탕으로 한 또 다른 연방대법원 판결(NJW 1976, 1198)-"생방송"으로 다뤄진 TV토론 사건-을 인용하면서, 해당 사건에서 방송에서 행해졌던 제3자의 발언으로 인한 텔레비전에 대한 금지청구의 가능성을 검토했다. 여기에서 연방대법원은 당시 재판부가 장래 방송의 반복에서 생길 수 있는 구체적 위험이라는 점에서 방송사의 피고적격을 완전히 제외하려고 하지 않고, 단지 첫 번째 방송의 관점에서만 방해자로서 방송사의 법적 인정을 제한했다는 사실을 상기시켰다.

연방대법원은 이러한 확정된 사실관계에 근거해 소송기각은 다른 이유에서도 정당화되지 않는다고 밝혔다. 물론 피고 신문사를 통한 X의 독자편지의 공표는 적법했다고 인정했다. 이는 원고가 독자편지에 포함된 주장의 허위성을 입증할 경우에도 마찬가지라고 보았다. 왜냐하면 피고와 그의 편집국은 독자편지에서 제기된 주장에 대해 그의 정확성을 심사할 의무를 지지 않기 때문이라고 밝혔다. 아울러 독자편지의 내용은 피고가 심사 없이 공표해서는 안 될 정도의 심각한 원고의 침해를 포함하지도 않는다고 인정했다. 그럼에도 연방대법원은 첫 번째 보도의 적법성이 독자편지의 새로운 게재가 위법할 수 있다는 사실을 제거하지는 않는다고 생각했다. 그 때문에 소송은 항소법원으로 환송되어야 한다고 판결했다. 새로운 게재의 위법성 심사를 위해 필수적인 형량을 항소법원은 여전히 행할 의무가 있다고 판단했다. 무엇보다 항소법원은 독자편지와 관련해 반복위험 내지 최초 범행위험이 존재하는지 여부를 비판적으로 심사해야 한다고 주문했다. 이때 독자편지는 통상 단지 한 번만, 더욱이 신문에의 기고라는 시간적 맥락 내에서만 공표가 허용된다는 점을 고려해야 한다고 보았다.[19]

2. 라디오 방송 및 텔레비전

라디오 방송이나 텔레비전이 편집과정을 통해 가공된 내용을 방송하는 이상, 이러한 매체들이 문제의 주장을 자신의 것으로 전파했다고 볼 수 있는지에 관한 문제들은 앞서 본 인쇄매체들에서 언급된 원칙들에 따르고, 그러한 점에서 특별한 문제가 생겨나지는 않는다. 다만, 방송매체들은 원칙적으로 인쇄매체와는 달리 자신의 저널리즘 활동의 일부 영역 내에서 제3자의 의견 혹은 주장의 공론장(Forum)으로서 행동한다는 사실이 부각될 필요가 있다. 이러한 사정은 방송매체가 라이브로 실시간 방송하거나, 가령 정치인이나 경제계 대표, 스포츠계 인사들과의 상황 제약적인 현장인터뷰 때 발생할 수 있다. 물론 스튜디오에서 토론을 진행하는 경우라도 방송매체가 자신을 일종의 공론장으로서 토론참가자들에게 제공하는 반면, 참가자의 발언 내용에 대해서는 어떠한 영향력도 행사하지 못한 채 오히려 토론과정이 자유롭게 진행되도록 내버려 두는 경우라면 마찬가지로 간주된다. 이러한 때에는 방송매체에 의해 녹화·전파되는 제3자의 진술에 대해 보도국 혹은 편집국의 사전선택이나 심사 가능성이 없기 때문에, 그러한 점에서 앞서 언급된 전파책임의 원칙들이 적용되지 않는다. 따라서 이런 유형의 사례들에서 제3자의 표현의 전달에 대해 방송사는 원칙적으로 책임을 지지 않는다.[20]

하지만 방송매체가 시청자에게 표현방식을 통해 자신에 의해서 방송되는 제3자의 발언이 적절하다는 확신을 전달하는 경우에는 다르게 평가되어야 한다. 이는 특히 방송의 모두진행발언이나 논평에서 생겨날 수 있다. 만약 이러한 표현방식이 제3자의 진술에 관한 동의 혹은 지지로서 이해될 수 있다면, 단지 형식적으로만 전달된 제 3자의 발언들은 방송사 자신의 것으로서 책임지게 된다.[21]

연방대법원 1966년 6월 21일 자 판결
– VI ZR 266/64("양탄자 청소기"–판결)

사실관계

원고는 무동력 양탄자 청소기를 스웨덴 특허에 따라 제조했다. 제조된 두 개의 청소기들은 먼지흡착을 위해 일정한 네 개의 브러시 롤러가 십자가 형태로 서로 마주 본 상태에서 이동하는 구조라는 점에서 독일 시장에서 시판 중인 다른 양탄자 청소기와 구별되었다. 더욱이 그중 한 양탄자 청소기는 둥근 형태의 모습을 지녔다는 점에서 독보적이었다.

피고는 1961년 9월 10일 9시경 당시 시작한 지 얼마 안 된 "파노라마" 방송 시리즈물 가운데 두 번째 텔레비전 프로그램인 약 15분 분량의 방송물을 내보냈다. 촉발된 주제는 추락하는 독일제품의 품질에 관한 관찰을 통해 다뤄진 "Made in Germany"의 현주소였다. 도입부에서는 소비자협회 상담센터에 "독일산 제품들의 품질과 내구성"의 하자관련 불만신청들이 쌓이고 있다고 소개되었으며, "상담센터의 경험에 비추어 독일산 제품들의 열등한 품질에 대한 유의미한 불만신청 증가가 확인될 수 있었다"고 논평되었다. 진행자는 이후 다음과 같이 이어갔다:

> 전문가에 의해 뒷받침된 하자 클레임들은 독일제품 전체의 한 단면을 보여줍니다. 그것들은 예컨대 너무 빨리 제품형태와 내구성을 잃어버리는 숙녀화와 관련됩니다. 약간의 점등 시간 이후 꺼져버리는 전구, 이른바 삶아도 상하지 않는 고무줄, 모피류 및 모든 양탄자를 잡아 뜯는 양탄자 청소기 같은 가전제품들도 이에 해당됩니다.

첫 번째 발언 동안 제품 품목들이 잠시 스쳐 지나갔고, 이어진 발언들 속에서 결함이 지적된 제품들이 클로즈업되었다. 발언의 마지막 부분에서 잠깐 동안 상품명 공개 없이 양탄자 청소기가 화면에 등장했고, 더욱이 청소기 아랫부분도 보여서 브러시 롤러의 배치가 눈으로 확인될 수 있었다.

나아가 방송은 짧게 건설 산업에서의 "극단적인 예"와 자동차에서의 하자들을 다루었다. 이후 논의의 주요 분야는 어째서 "Made in Germany" 위상이 세계시장에서 명성을 잃게 되었는지의 문제로 향했다. 방송보도의 리포터는 언론인 Z였는데, 그는 1959년 프리랜서 직원으로서 그리고 나중에 편집국 직원으로서 "파노라마"팀 및 "보도본부" 소속 "정치"팀에서 근무했다. Z는 방송준비를 위해 취재를 시작했고, 이때 상공회의소 D로부터 소비자 상담센터장 L 박사를 만나보도록 조언을 받았다. L 박사는 그에게 청소기에 관한 불만신청들을 소개했다.

원고는 피고가 양탄자 청소기에 관한 비판을 통해 위법하고 유책하게 자신의 영업권을 침해했고, 그를 통해 현저한 손해를 가했다고 주장했다. 원고는 피고에게 이자를 포함해 5만 마르크의 손해배상을 청구했다. 지방법원은 소송을 기각했다. 원고의 항소는 성공하지 못했다. 그의 상고 역시 기각되었다.[22]

① 항소법원의 판단

항소법원은 원고의 손해배상청구 주장에 관한 결정에 있어서 감정은 중요하지 않다고 생각했기 때문에 청소기에 대한 전문감정인의 감정을 거부했다. 또한 항소법원은 자신의 확신에 따르면 청소기에 대한 비판이 객관적으로 허위이므로 원고의 손해가 발생한 것은 맞지만, 해당 손해가 매우 심각한 것은 아닐 수 있다고 판단했다. 손해배상청구는 민법 제824조(허위사실의 전파로 인한 영업활동의 손해)와 민법 제823조 제1항(영업권의 위법한 침해)의 관점하에 심사되었다. 항소법원은 두 규정의 책임근거하에서도 피고의 배상의무가 도출될 수 없다고 보았다. 피고 방송사는 어째서 "Made in Germany"의 위상이 더 이상 이전의 명성을 가지지 못하는지에 관한 주제의 공적 토론을 위해 정당한 이익을 가졌다고 보았다. 피고는 이러한 방송범위 내에서 특정한 독일제품들에 대한 소비자단체의 비우호적인 경험들에 관해 생생하게 보도했고, 이때 가전기기들의 위험한 설계오류를 지적하는 것이 허용된다고 보았다. 또한 방송리포터 Z는 비판적인 발언의 근거에 관해 필수적인 주의의무 심사를 다했다고 인정했다. 아울러 사건의 상황에 따르면, 피고에게 방송 전 또 다른 조사를 시도할 것이 요구되지 않는다고 보았다. 다각적인 형태의 비판 역시 기본법 제5조에 따라 허용되는 의견표현이라고 판단했다. 사전취재에서도 방송편집에서도 방송리포터는 의무위반 책임을 지지 않는다고 보았다.

아울러 보도본부장 P에 대한 비난들 역시 부당하다고 보았다. 방송 전 Z에 의해 행해진 취재와 관련해서 상의를 하지 않았다는 점이 손해의 원인은 아니라고 생각했다. 왜냐하면 본부장과의 상의는 단지 Z 기자가 필수적인 조사들을 행했다는 사실만을 입증하는 예가 될 것이고, 반면에 P가 방송 전에 자신에게 건네진 취재내용에 대해 제대로 조사를 하지 않았다는 비난은 입증되지 않았다고 인정했다. 결국 원고에게 불리한 방송이 피고 영역에 속하는 조직상의 결함으로 소급될 수 없으며, 방송 전에 나타난 상황에서 볼 때 방송을 정제된 형태로 구성하기 위한 어떠한 소홀함도 없었다고 판단했다.[23]

② 타인의 주장의 전파자 책임-과실인정 여부

연방대법원은 항소법원의 판단이 그대로 유지된다고 밝혔다. 해당 판결은 원고의 불이익을 나타내는 어떠한 법적 흠결도 보이지 않는다고 생각했다.

우선 피고가 쇠락하고 있는 독일제품의 품질을 다룬 방송에서 개별제품의 결함을 지적하는 과정 중 특정 제품을 실례로 제시할 재량권을 가진다는 점은 당연하다고 인정했다. 이러한 권한은 기본법 제5조 제1항에서 생겨나며, 영업주체는 영업권에서 도출되는 절대적인 보호지위를 통해서도 자신에 대한 불리한 비판을 막을 수는 없다고 보았다. 영업주체는 항상 자신의 성과결과에 대한 비판에 노출되어 있다고 보았다.

연방대법원은 물론 실제로는 세탁기 작동방식에 관한 보도내용처럼 양탄자에 피해를 주지 않았다는 것이 분명하기 때문에, 이에 대한 금지청구는 인정될 수 있다고 생각했다. 따라서 피고가 허위로 입증될 수 있는 주장을 전파했다는 사실이 전제된다고 인정했다. 또한 원고의 개별제품에 대한 부정적 평가만을 고려한다면, 해당 청소기에 대한 매우 심한 혹평과 결합된 잘못된 주장의 전파는 민법 제824조 제1항에 따라 원고 회사의 불이익을 초래하기에 적합했다고 인정했다. 이 사건에서는 원고 회사와 사실주장 사이에 밀접한 관련성이 인정되었기에 원고 회사의 영업성과가 평가저하된 것은 사실이라고 생각했다. 원고와 제품명이 실명으로 언급되지는 않았지만, 방송 수신자들은 그 청소기의 효용성에 관해 잘못된 정보를 전달받았기 때문에 청소기의 판매가 어렵게 될 위험이 인정된다고 보았다. 더욱이 청소기와 제조회사를 이미 알고 있는 수신인들에게는 원고의 경제적 평판이 저하되었음은 부인할 수 없는 사실이라고 생각했다. 따라서 민법 제824조 제1항의 객관적 구성요건이 충족되었으므로 판례로부터 형성된 영업권(민법 제823조 제1항)의 위법한 손해에 관한 포괄적 구성요건을 원용할 필요는 없다고 판단했다.

따라서 연방대법원은 허위의 그리고 원고의 영업상 활동에 불리한 사실을 전파하는 방송의 반복이 우려될 때, 금지판결을 통한 법원의 보호를 요구할 수 있다는 사실은 의심의 여지가 없다고 밝혔다. 나아가 유추적용이 가능한 민법 제1004조를 근거로 공개적인 정정보도가 위법한 방해상태를 제거하거나 감소시키는 데 유용하다면, 새로운 방송에서 잘못된 주장의 정정을 피고에게 요구할 수 있다고 보았다.

그에 반해 보도의 허위성을 지적하고, 청소기의 부정평가를 통해 생겨났다고 하는 손해를 거론하는 것만으로는 청구된 손해배상의 인정근거를 위해 충분하지 않다고 판단했다. 손해배상청구는 영업이익을 위태롭게 하는 주장의 전파자(Verbreiter)가 그의 허위성을 알았거나 알 수 있었을 것을 전제하는데(민법 제824조 제1항), 이에 따라 피고에게는 적어도 과실이 전제될 수 있어야 한다고 설명했다. 또한 과실이 인정될지라도 전파자 혹은 보도의 수신인이 과실에 관한 정당한 이익을 가질 경우에는 손해배상의무가 탈락할 수 있다고 밝혔다(민법 제2항). 따라서 방송사들이 자신의 방송에서 쇠락하는 독일제품의 품질에 관한 불만들을 다루는 경우, 즉 공동체 내의 중요한 주제를 취급하는 경우, 그 속에서 방송사가 실례에 해당하는 개별제품을 언급하는 것은 원칙적으로 정당한 이익을 대변하는 것이라고 인정했다. 동시에 그러한 독일산 개별제품들의 비판적 평가들에는 기본법 제5조 제1항에 따라 허용되는 자유로운 의견표현권의 행사가 존재한다고 보았다.

연방대법원은 물론 제품의 판매를 어렵게 하고, 제조자에 심한 손해를 가하기에 적합한 주장을 공개적으로 전파한 사람은 사전에 자신의 인식 출처가 충분히 믿을만하고 종합적인 것인지를 주의 깊게 심사해야 한다고 요구했다. 이러한 심사의무는 라디오나 텔레비전 방송에서 더욱 중요한데, 왜냐하면 그들에 의해 보도된 방송들은 의견 형성에 대한 광범위한 영향력을 행사하고, 방송 수신자는 전적으로 보도의 엄격한 객관성이 보장된다고 생각하기 때문이라고 밝혔다. 만약 심사가 이러한 요청에 부합하지 않는다면, 과실의 비난이 정당화된다고 보았다. 나아가 영업이익을 위태롭게 하는 방송의 전파 이전에 사건의 기본적 의미에 상응하는 조사를 게을리한 사람은 정당한 이익의 대변을 성공적으로 주장할 수 없다고 역설했다. 결국 항소법원은 이러한 기준에 따랐다고 인정했다.[24]

③ 제3자의 주장의 전파책임과 방송사의 심사의무

연방대법원은 항소법원이 개별적으로 방송기자 Z가 어떠한 인식 출처를 근거로 자신의 판단을 형성했는지에 관해 다룬 적이 있다는 사실은 인정했다. 이에 따르면, 항소법원은 다음과 같은 사실을 인정했다. Z는 상공회의소 D를 통해 노트라인 베스트팔렌 소비자상담센터장인 L 박사에게 가라는 조언을 받았고, Z는 추천받은 곳이 전문적인 직원들이 속한 중립적 시설이고, 가전제품의 평가에 있어서 확실한 경험을 가졌다는 점을 인정할 수 있었다. 거기에서 L 박사는 Z에게 많은 가정주부들이 해당 청소기의 너무 강력한 섬유 흡착현상에 대해 불만을 제기한 사실을 보고했고, 관계자들이 판매자들과 협상해서 다른 세 개의 청소기들과 함께 다양한 양탄자 보풀집적

검사를 실시했다는 사실을 알게 되었다. 이러한 검사는 H 회사 실험실에서 실시되었으며, 이때 감정인의 부정적 결과에 따라 해당 청소기는 더 이상 상담센터로부터 추천을 받지 못했다. 또한 L 박사는 Z 기자가 보는 앞에서 재차 청소기 실험을 행했는데, 여기에서도 또다시 눈에 띄게 많은 실들이 쌓이고 있음을 확인할 수 있었다. 이에 L은 이 청소기를 작은 "털뽑기 기계" 혹은 "쥐어뜯기 청소기"라고 지칭했으며, 조사된 보풀검사를 근거로 많은 실오라기들이 기계적인 문제로 손상되었다는 사실을 확인할 수 있는 H 회사 감정서가 취재과정에서 Z에게 제시되었다. 나아가 감정서에는 "청소기가 풀린 실들을 쓸어 모을 뿐만 아니라 직물에 묶인 상태의 다른 실들 역시 강한 기계동력으로 인해 뜯겨 나간다"는 추정이 실제로 확인되었다고 적혀 있었다.

이러한 상황에서 연방대법원은 항소법원이 더 이상의 조사가 필요가 없다고 본 것은 법적 이유에서 하등 문제 될 것이 없다고 판단했다. 특히 Z는 자신에게 제시된 세계적으로 유명한 회사의 직물류 감정서가 전문적인 평가에 기초한 것으로서 객관적인 것이라고 생각할 수 있었으며, 이러한 감정서에서 어쩌면 잘못된 결론들이 내려졌을지 모른다는 가정은 L 박사에게도 Z 기자에게도 불가능한 것이라고 보았다. 또한 Z는 대부분의 원고 제품을 시장에 내놓는 판매자들과 직접 질의를 통해 확인받았기 때문에 방송 전에 원고 자신과 직접 접촉할 충분한 이유도 없었다고 생각했다. 한편, 심사의무 범위의 책정에 있어서 보도 대상 청소기가 가령 테스트시험과 같이 방송의 중심을 이룬 것이 아니라 제조자의 이름 없이 부수적으로만 등장했다는 사실을 고려해야 한다고 밝혔다. 해당 청소기는 시장에 시판된 지 그리 오래되지 않아서 제품특성이 널리 알려질 수 없었기 때문에, 청소기에 관한 짧은 소개만으로 본질적 손해가 발생했다는 점은 공감할 수 없다고 보았다.

방송기자의 관점에서 청소기의 문제점이 객관적으로 충분히 수긍할 수 있는 것이었다면, 신랄한 방식의 비판 역시 비난할 수 없다고 보았다. 주의 깊은 심사를 근거로 행해지는 개별제품에 대한 신랄한 비판이 소비자층의 이익을 위해서 적절하다는 확신을 얻은 사람에게는 설사 이 비판이 다른 사람에게 불리할지라도 문제의 비판제기가 허용된다고 밝혔다. 그리고 개별적인 독일제품을 실제의 예로써 제시하는 방식 역시 이러한 방송 목적에 부합한다고 평가했다. 만약 청소기의 예시와 부정적 평가를 위해서는 좀 더 정제된 형식이 반드시 필요했다고 주장한다면, 이는 기본법 제5조에서 보호되는 의견표현의 자유의 의미에 부합하는 것이 아니라고 보았다.

나아가 방송기자 Z에게 어떠한 의무위반의 책임을 부담 지울 수 없다면, 피고의 책임 역시 민법 제831조(사용자책임)에서 도출될 수 없다고 판단했다. 판단자의 관점에서는 예상된 형식의 방송에 대해 어떠한 의구심도 존재할 수 없기 때문에, 조직상의 책임 혹은 본부장 P의 의무위반에서 피고의 책임을 도출하고자 하는 시도는 잘못된 생각이라고 밝혔다.[25]

연방대법원 1976년 4월 6일 자 판결
– Ⅵ ZR 246/74("파노라마"-판결)

사실관계

정주지 제공 및 토지개혁을 위한 주의회법 제48호에 근거한 원고의 토지사용료와 관련해 관심 밖에 있었던 몇몇의 사건들이 1970년 바이에른 주의회 조사위원회에 의해 심사되었다. 그 결과 조사위원회 다수 위원들은 해당 사건에서 행정 당국의 실수가 확인될 수 없었다고 밝혔다. 반면에 세 명의 SPD 소속 소수 위원들은 그들의 "소수보고서"에서 원고의 토지사용료는 위법하게 감액되었고, 주정부의 공공자산이 부당하게 그에게 증여되었으며, 그의 부동산취득세 및 증여세 역시 위법하게 면제되었다는 의견을 개진하였다. 1971년 1월 18일 제1 피고 북독일방송은 자신의 방송시리즈물 "파노라마"에서 제2 피고의 진행 아래 제3 및 제4 피고에 의해 공동제작된 다큐멘터리를 방송했다. 방송에서는 "B의 사례"라는 제목하에 1947년 이후 토지개혁 과정에서 원고와 관할 당국 사이에 발생한 사건 및 B에 대한 원고의 태도가 다뤄졌다. 원고는 방송에서 소개된 사실관계가 시청자들에게 자신에 대한 적대감을 불러일으킬 의도로 위조되었다고 주장했다. 제1, 제2 피고가 1971년 2월 13일/14일 자 "파노라마" 방송에서 원고의 반론보도를 낭독할 것을 거부하자 원고는 1971년 2월 13일/14일, 15개의 신문들 내의 두 쪽짜리 광고를 통해 방송에 대한 자신의 입장을 공개했다. 이어서 함부르크 지방법원의 판결을 근거로 1971년 3월 15일 자 "파노라마" 방송에서의 반론보도 낭독을 얻어냈다. 그리고 허위이자 자신을 모욕하는 표현의 취소와 금지를 구하는 소송을 제기했다. 지방법원은 소송을 기각했고, 상급법원은 금지 및 취소청구를 대부분 인정했다.[26]

① 방송에서 제3자 발언의 전파에 관한 일반법리

이 사건에서는 무엇보다 "파노라마"라는 북독일방송의 TV 뉴스매거진 프로그램 내의 인터뷰 대상자의 발언 등이 문제 되었다. 이에 따라 연방대법원은 인터뷰 과정에서 제3자가 행한 발언에 대해 방송사의 피고적격이 가능한지 여부의 문제를 자세히 논증하였다.

연방대법원은 무엇보다 원고가 금지 및 취소를 요구했던 비난표현들이 "파노라마" 방송에서 제3의 인터뷰 상대방에 의해 방송진행 내 대화과정에서 제기되었다는 이유로 인해 피고의 피고적격이 제한되는 것은 아니라고 판단했다.

이어서 제3자의 발언에 관한 책임관련 일반법리에서 판단을 시작하였다. 이에 따르면 방송사와 방송사 소속 책임자들은 말할 나위 없이 방송에 의해 녹화되고 방송되었던 모든 명예훼손적 혹은 명성에 해를 끼치는 표현들에 대해 "방해자" 혹은 "가해자"로서 피고적격이 인정되는 것은 아니라고 보았다. 텔레비전이 표현의 유발자 혹은 전파자로서의 지위 뒤로 후퇴하고, 가령 생방송 내에서 방송되었던 TV토론 과정에서 말하자면 다양한 견해나 노선들의 공론장으로서만 등장한 경우, 표현의 장본인 대신에 혹은 장본인 외에 매체에 책임을 요구할 수 있다는 것은 매체의 본질과 역할에 반하는 것이라고 판시했다. 방송의 중요한 과제 중 하나는 여론 다양성을 위해 입장개진의 가능성을 제공하며, 소수자에게도 발언 기회를 마련해 주는 것이라고 밝혔다. 특히 이러한 가능성의 보장을 위해 텔레비전 역시 보호하는 방송자유는 기본법 제5조 제1항 제2문을 통해 보장된다고 보았다. 따라서 텔레비전이 단지 명예훼손적 표현의 방송을 했다는 이유만으로 제소될 수 있는지의 문제에 대한 대답에 있어서 기본법 제5조 제1항은 성급하게 "방해자"와의 공범성을 인정함으로써 헌법상 보장된 "공론장"에의 접근이 부당하게 수축되지 않도록 텔레비전의 역할 및 텔레비전에 적합한 표현의 가능성과 외부조건들에서 생겨나는 특수성을 고려할 의무를 법원에 부담 지운다고 밝혔다.

그리고 이러한 관점은 이와 구별되어야 할 문제로서 방송국 자체에 이러한 "방해"의 제거, 가령 명예훼손적 표현의 취소를 통한 제거가 요구될 수 있는지 아니면 단지 이러한 표현과의 거리를 두었다는 해명을 통한 표현에의 참여만이 요구될 수 있는지 혹은 모욕적 발언주체에게 텔레비전을 통한 취소 가능성만을 제공할 준비만이 요구될 수 있는지 등의 문제들에서도 마찬가지로 준수되어야 한다고 보았다.

그 밖에도 통상 문제 된 표현을 직접 행하지 않고 단지 전파하거나 그것을 자신의 것으로 삼는 바 없이 승인만 한 그런 사람에게는 원칙적으로 단지 다른 사람에 의해 행해진 표현과의 거리 두기만이 요구될 수 있을 뿐 취소는 요구될 수 없다고 밝혔다. 왜냐하면 그 자신은 취소해야 할 어떤 것도 행한 바가 없으며, 게다가 취소는 최후의 구제수단으로서 단지 당사자의 이익이 다른 방식으로는 충분히 보전될 수 없는 경우에만 사용될 수 있기 때문이라고 밝혔다.

하지만 전파자가 제3자의 표현과 동일시함으로써 그 표현을 자신의 것으로 삼았다면, 다른 법리가 적용된다고 설명했다. 다만, 그러한 텔레비전과 그에 의해 방송된 제3자의 표현과의 동일시를 위한 전제조건의 인정에는 자제가 요청된다고 강조했다. 특히 이것은 표현이 놓여 있는 범위, 방송의 유형과 방송의 관심사, 매체와 기술에 의해 정해진 상황의 평가 없이 인정되어서는 안 된다고 보았다. 따라서 단지 제3자의 표현을 텔레비전이 방송하고 동시에 명백히 그 표현들과 거리 두기를 하지 않았다는 점만으로 통상 텔레비전이 그러한 표현들과 동일시되지는 않으며, 이는 시청자들의 이해에서도 그렇다고 밝혔다. 마찬가지로 그러한 표현이 그로 인해 텔레비전의 표현으로 되지도 않는데, 왜냐하면 그러한 표현은 방송 내에서 별도의 중요성을 얻기 때문에, 가령 그 표현의 대상이나 내용으로 인해 독자적 관심을 불러일으키기 때문에 그렇다고 보았다. 아울러 대체로 방송기술적인 측면에서 볼 때, 생방송이 아니라 녹화상태의 방송이라는 사정 역시 이러한 사실에 있어서 언제나 결정적인 것은 아닐 수 있다고 판단했다. 가령 제3자의 표현에 대한 편집, 배경음악을 통한 강조작업 역시 흔히 방송매체에서 이뤄지는 것이며, 제작책임자의 비판적 사고를 통해 발생하는 것은 아니라고 보았다. 대개의 시청자들 역시 이와 같이 이해한다고 덧붙였다. 따라서 방송에서 발언 기회를 가진 사람은 동시에 영상을 통해 시청자들에게 직접 묘사됨으로써 시청자는 공표된 의견을 우선 이 사람에게 편입시키지, 일반적으로 텔레비전 편집국에 편입시키지는 않는다고 생각했다.

이에 따라 원칙적으로 그 자체가 비판적인 것으로 이해되는 "파노라마" 같은 방송 프로그램이 비록 제3자의 표현과 유사한 노선을 지향했다손 치더라도, 그 방송 역시 직접 그러한 비판대상을 비판적인 관점에서 관심 있게 다루었다는 이유만으로 텔레비전과 제3자의 비판적 표현을 동일시해서는 안 된다고 밝혔다.

일반적으로 이러한 범위에서, 특히 그러한 방송과 함께 텔레비전에 의해 정당하게 요구되는 통제 및 정보제공 과제에 비추어 볼 때, 연방대법원은 토론참여자의 발언이나 인터뷰 대상자의 발언은 방송 그 자신이 발언 기회를 제공한 것에 불과한 "제3자"의 비판으로 여겨진다고 판단했다. 따라서 그러한 비판이 텔레비전 프로그램의 고유한 비판에 동참을 유발했다는 사실은 시청자에게 알려진 방송의 과업에 의해 정당화된다고 보았다.[27]

② 개별적 사건판단

하지만 연방대법원은 제3자의 표현의 단순한 전파와 텔레비전 방송을 통한 제3자의 표현을 자신의 것으로 만든 표현의 전파 사이의 경계가 어디에서 인정되는지, 언제 제3자의 표현을 전파했다는 이유로 텔레비전 방송에 당사자로부터 취소 아니면 적어도 그 표현과의 거리 두기라도 요구될 수 있는지 그리고 어떤 상황에서 텔레비전이 그러한 타인의 표현의 방송에도 불구하고 "방해자" 혹은 "가해자"로서 인정되지 않는지의 문제에 관한 확정적인 조사는 이 사건에서 개별적으로 필요하지 않다고 판단했다.

어쨌든 여기에서는 그러한 문제의 비판적 발언들이 방송 제작진 자신의 비판적 입장 속으로 편입되었고, 이에 따라 방송내용이 전체적으로, 이를테면 단지 배분된 역할과 함께 텔레비전 자신의 비판으로 보이는 방식으로 방송되었다고 인정했다. 그러한 제3자 인터뷰 발언의 삽입이 바로 방송연출에 의한 것이었음이 명백하게 드러났다면, 그 방송은 해당 인터뷰 발언이 자신의 것이 아니라고 주장할 수는 없을 것이라고 보았다. 항소법원에 따르더라도 그러한 가능성을 인정하거나 방송 역할이 제한된 것으로 볼 만한 어떠한 단서도 없다고 밝혔다. 그에 따라 토론참가자 K와 인터뷰 대상자 B의 표현들이 피고 방송사의 표현들로 인정된다면, 이러한 관점에서 금지청구 및 취소청구 소송을 위한 피고적격은 제한되거나 수정되지 않는다고 판단했다.[28]

III. 전파(Verbreiten)의 문제

주장의 전파는 두 종류의 방식으로 행해지며, 이는 지적 전파와 단순한 기술적 전파로 구별될 수 있다.

1. 지적 전파(Intellektuelles Verbreiten)

지적 전파자란 전파되는 주장에 대해 자기 자신의 사고 연관성을 가지는 사람을 말한다. 예를 들어 구두상이든, 문서상이든 상관없이 저술이나 논평 속에서 타인의 주장을 인용하는 그런 사람이 지적 전파자에 속한다. 이러한 지적 전파는 다른 사람으로부터 들었던 타인의 주장이 제3자의 발언으로 인용되었을 경우에 긍정된다.[29] 예컨대, 한 텔레비전 방송이 제3의 인물에게 발언 기회를 제공한 경우 이것이 반드시 하나의 주장에 대한 자신의 것으로 삼기(Sich zu-eigen-Machen)를 의미하지 않으며, 특히 방송 내에서 반대되는 입장이 개진된 경우에는 더군다나 그러하다.[30] 아울러 사회적 네트워크에서의 일부 기사들 역시 이용자의 전파행위로서 인정될 수 있다.[31] 하지만 인용자가 타인의 주장을 자신의 것으로 삼은 경우, 이때에는 어떠한 단순한 전파로 간주될 수 없다.[32]

연방헌법재판소 2007년 3월 21일 자 판결
- 1BvR 2231/03

사실관계

이 헌법소원은 정보원의 의혹 주장을 전파하는 경우에 언론에 요구되는 주의의무의 범위와 관련된다. 청구인은 투자자를 독자들로 하는 주간지 발행인이다. 2001년 말경 굴지의 독일자동차 콘체른 자회사 주주인 D로부터 청구인에게 모종의 제보가 전달되었는데, 거기에는 그 자회사 대표에 대한 비난이 담겨 있었다. 청구인은 이 제보자료에 근거해서 편집기사를 게재했다. 기사에서 이 제보자료는 출처의 공개하에 발췌 인용되었고, "이 사건은 하늘로까지 악취를 풍긴다"는 논평이 달렸다. 나아가 제보자료의 출처를 나타내는 인물과 관련해서는 믿을 만한 소식통인 "당시 내부자"라고 표기되었다. 그리고 이 사람은 1971년 모회사와 자회사 사이의 계약을 담당하는 기획팀에 속해 있으며, 고위층의 대리인 자격으로 관여했다고 기술되었다. 자회사 대표인 원고는 해당 기사의 다음 부분이 허위임을 문제 삼아 금지청구 소송을 제기했다.

청구취지1: P는 알려진 바와 같이 포르쉐 자회사에 관여했고, D에 따르면 아우디,

스코다 그리고 폭스바겐의 독점판매권을 헝가리, 슬로바키아 그리고 루마니아 포르쉐 자회사 홀딩을 통해 분명코 아무런 대가 없이 슬쩍했다고 한다.

청구취지2: 나아가 D는 포르쉐 완성차 회사 내지 대표인 P가 직·간접적으로 관여하고 있는 자회사에 대해 로열티 지급문제를 언급했다.

청구취지3: 막데부르크 결정의 배경은 "바로 슬로바키아 오프로드 차량 부문처럼 총수입상인 P 씨가 공장 하나를 원했다"는 것이 D의 생각이다.

포르쉐 자회사의 대표인 원고의 소송제기에 대해 각급 법원들은 위 진술들의 새로운 공표를 금지하라고 판결했다. 문제의 표현들은 명예훼손적 사실주장으로 분류될 수 있으며, 소송과정에서 이 표현들은 허위로 드러났다고 밝혔다. 연방대법원에 대한 청구인의 상고 역시 실패했다. 연방헌법재판소는 기본법 제5조 제1항 제2문의 출판자유의 침해를 주장한 헌법소원을 받아들이지 않았다.[33]

① 언론사의 주의요청에 관한 법리

연방헌법재판소는 제3의 취재원에 근거한 정보들의 계속적 전파에 있어서 기본법 제5조 제1항이 언론의 진실의무 내지 완전의무의 이행에 관해 어떠한 요청을 요구하는지의 문제는 과거 연방헌법재판소의 판례에서 이미 충분히 해명되었다고 밝혔다. 그리고 이사건의 판결들은 이른바 헌법상 요청에 배치되는 것이 아니라고 평가했다. 이어서 재판부는 기사의 새로운 공표를 금지하라는 판결은 우선 특정한 표현의 허용성과 관계되는 문제이기 때문에, 비록 이 사건 기사가 출판물에서 공표되었을지라도 기본법 제5조 제1항 제1문의 의견표현권에 따라 판단된다고 밝혔다. 다른 의견 주체의 입장이 정보근거로서 이용되었거나 타인의 표현이 -가령 인용으로서- 자신 발언의 일부가 되었을지라도, 기본법 제5조 제1항 제1문에 의해 포섭되는 의견주체 자신의 발언이 독자적으로 존재한다고 인정했다. 그리고 사실주장의 전파 역시 의견형성에 기여하기 적당한 경우에는 의견표현권의 보호를 누린다고 보았다. 하지만 허위성이 입증되거나 발언자에게 발언 당시 이미 허위임이 알려져 있는 사실주장은 보호에서 제외된다고 선을 그었다. 만약 사실주장의 허위성이 입증되지 않은 경우, 이러한 사실주장은 기본권의 보호범위에 포함되지만, 아직 입증되지 않았다는 상황은 상충하는 반대이익과의 형량과정에서 중요한 고려요소가 된다고 밝혔다.

한편, 연방헌법재판소는 규정의 해석과 적용, 사실관계의 확정 및 관련된 법적 지위 사이의 형량은 민사법원의 책무라고 인정했다. 이때 기본법상 보호되는 지위와 관계될 경우에는 기본권의 가치설정적 의미가 법적용 분야에서도 유지되기 위해서 관련된 기본권의 사정거리와 의미를 고려해야 한다고 밝혔다. 그리고 형량의 결과를 위한 방향 결정의 차원에서 의견표현이 진실성의 심사에 접근 가능한 사실요소를 포함하고 있는지 해명되어야 한다고 설명했다. 만약 하나의 표현이 분리될 수 없는 방식으로 사실요소뿐만 아니라 평가적 요소를 함께 제시하고 있고, 그것이 그의 가치적 요소를 통해 부각될 경우에는 가치평가로서 다뤄져야 한다고 보았다. 하지만 사실요소의 진실 내지 허위 여부가 형량의 범위 안에서 고려되어야 한다고 조건을 달았다. 이어서 표현의 가치평가 혹은 사실주장으로서의 적절한 분류는 그것의 의미파악을 전제로 하고, 이에 따라 기본법 제5조 제1항 제1문은 기본적 제한법률의 해석과 적용에 대해서뿐만 아니라 다툼의 대상이 된 표현의 의미해석에 대해서도 헌법적 요청을 부과한다고 밝혔다. 만약 하나의 표현을 잘못해서 허위의 사실주장으로 분류한다면, 이때에는 기본법 제5조 제1항 제1문에 근거한 기본권의 의미와 사정거리를 부인하는 결과를 낳게 된다고 우려했다.

나아가 그의 진실내용이 아직 확정되지 않은 사실주장이 다른 사람의 권리를 침해하고, 그 때문에 관련된 법익들 사이의 형량이 필수적이라면, 하급심 법원들은 형량 과정에서 표현주체가 기대 가능한 방식으로 진실성을 검증하고, 경우에 따라서는 그에 관한 그의 인식상태를 적절하게 전달했는지 여부를 고려해야 한다고 주문했다. 아울러 그러한 주의요청의 범위는 기본법상 요청들에 따라 정해져야 한다고 보았다.

따라서 법원들은 의견표현권의 이익 차원에서 의견표현권의 주장을 감퇴시키고 의견자유를 전체적으로 위협할 수 있는 어떠한 요청도 강제해서는 안 된다고 강조했다. 다른 한편, 법원들은 이러한 주의요청들이 일반적 인격권에서 나오는 주의의무의 일종이라는 점을 고려해야 하기 때문에, 제3자의 법적 지위를 심각하게 침해할수록 주의요청은 더욱 강화된다고 밝혔다. 따라서 이러한 요청의 책정에 있어서는 무엇보다 해당 표현들에 속한 공중의 이익이 신중하게 고려되어야 한다고 덧붙였다.[34]

② 사건판단

연방헌법재판소는 이러한 기준에 따라 대상 판결들은 헌법상 문제 될 수 없다고 밝혔다. 각급 법원들은 판단되어야 할 표현들에서 진실성 심사에 접근 가능한 사실내용을 끌어낼 수 있다고 보았다. 그리고 그 바탕이 된 해석 역시 헌법상 이의제기될 수 없다고 평가했다. 비록 "원고가 독점판매권을 슬쩍했다고 한다"는 표현은 인용문구이지만 평가 부분을 제시하고 있고, 그런 점에서 가치평가로서 분류될 수 있다고 인정했다. 하지만 재판부는 독점판매권의 양도를 위해 진행되었던 결정과정에 원고의 영향력이 부각되었다는 의미에서 진실검증에 접근 가능한 사실내용을 허용해도 된다고 판단했다. 또한 믿을 만한 소식통이 "로열티 지급문제"를 언급했다는 인용에 대해서도 청구인이 로열티 지불이라는 주제의 언급과 함께 그러한 지급이행에 관한 사실적 근거의 존재를 표현했다는 정도의 해석이 허용된다고 보았다. 그런 점에서 가령 개연성 있는 사실표현을 위해 질문형태로 나타낸 표현방식은 질문형태의 표현법리에 따라 해석하고 판단해서는 안 된다고 생각했다. 왜냐하면 원고는 어떠한 질문을 제기한 것이 아니라 비록 명백히 확정적으로 주장하지는 않았지만, 특정한 주제, 즉 "로열티 지불"과 관련된 문제점을 던진 것이라고 이해했다. 아니면 "로열티 지급문제"가 호소된 것이라고 보았다. 따라서 이러한 표현은 사실적 근거의 인용을 통해 사실관계의 진실성이 옹호되는 진술이자 그의 근거가 실제 존재한다는 정도로 이해될 수 있는 표현이라고 인정했다. 이에 반해 인용의 의미가 단지 독자층에게 믿을 만한 소식통의 발언내용을 중립적인 입장에서 알리는 것이라는 정도로만 이해하는 것은 수긍할 수 없다고 보았다. 따라서 청구인에 의해 공표된 기사는 원고의 사업상 결정에 비판을 가하는 것이라는 사실로 이해하는 것이 허용되며, 이를 위해 믿을 만한 소식통의 인용내용을 원고의 비난에 대한 증거로서 제시하고자 했던 것이라는 사실이 인정된다고 밝혔다.

마찬가지로 공장의 위치결정에 있어서 추정되는 원고의 동기(Motive)에 관해 믿을 만한 소식통을 통해 인용한 청구인의 주장에서도 진실검증에 접근 가능한 사실내용을 끌어낼 수 있다고 인정했다. 제3자의 동기, 의도 혹은 내적 사고들에 관한 표현들은 표현의 대상이 과거에 존재한 제3자의 행동이고, 그의 동기 상태의 해명이 외부의 간접증거를 통해 가능한 이상, 사실적 요소를 포함할 수 있다고 설명했다.

이어서 연방헌법재판소는 법원이 평가적 진술들과 구별될 수 있는 사실주장의 진실조사에 있어서 입증책임 배분원칙들을 적용한 것은 문제 되지 않는다고 판단했다. 법원들은 이 원칙들에 따라 청구인의 입증책임을 인정했고, 그에 따른 증거가 제출되지 않았다고 확인했다. 청구인은 발언의 진실성을 위해 어떠한 증거사실도 제출하지 않았고, 아울러 반대되는 원고의 진술에도 대항하지 않았다고 밝혔다.

나아가 나중에 허위로써 인정될 수 있는 사실주장의 전파에 대해서 청구인은 정당한 이익의 대변이라는 항변사유를 주장하지도 않았기 때문에, 이미 보도 시점에 해당 보도는 위법한 것이었다고 판단한 법원의 결정 역시 헌법상 이의 제기될 수 없다고 보았다. 혹시 법원이 원고 및 그에 의해 운영된 회사의 입장청취 불이행책임을 청구인에게 전가하려 했다면, 이는 언론사의 주의의무에 대한 과도한 팽창을 의미할지 모른다고 생각했다. 하지만 대상 판결들은 이러한 관점을 단지 보충적으로만 끌어왔고, 이는 헌법상 문제 되지 않는다고 보았다. 청구인이 자신의 기사를 단지 사적인 믿을 만한 소식통의 제보자료에만 의지해 작성했다는 점을 중요한 요소로 간주한 법원의 입장 역시 수긍할 수 있다고 판단했다. 그런 점에서 이 사건 해당 정보들의 계속적 전파를 위한 허용성 여부를 전파된 정보의 진실내용을 대변해 주는 최소한의 증거사실이 존재하는지 여부에 따라 판단한 법원의 견해는 헌법상 문제 될 수 없다고 밝혔다.

마지막으로 연방헌법재판소는 대상 판결들이 유럽인권협약에 따른 기본법 해석과 적용기준과도 모순되지 않는다고 밝혔다. 비록 각급 법원들은 유럽인권법원의 해당 판례들을 판결이유에서 고려하지는 않았지만, 이 판결들이 유럽인권법원의 판례들과 모순되는 것은 아니라고 평가했다. 유럽인권법원은 국내 법원이 일반적으로 믿을 만한 소식통에 해당하는 인터뷰 대상자나 그 밖의 취재원의 명예훼손 발언내용과 관련해 언론에 해당 보도와 체계적인 거리 두기를 요구하는 것을 거부했다고 밝히면서, 대상 판결들 역시 그러한 명백하고 공식적인 거리 두기의 필요성을 인정한 것은 아니라고 평가했다. 이 사건에서는 독자적인 청구인의 평가적 보도 사이에 인용이 삽입되었고, 언론기사의 근거로 이용되었던 제3자의 정보이용이 문제 된 이상, 국내법에 따른 충돌이익과의 형량에서 기사에 삽입된 제3자의 진술들의 진실내용에 대해 언론사의 조사가 행해졌는지 아니면 정보의 진실성에 관해 남아 있는 의심이 숨김없이 언급되었는지를 결정적인 판단기준으로 삼았다면, 이는 유럽인권협약 제10조 제2항(표현의 자유의 제한규정)에 대한 유럽인권법원의 판례와 모순되는 것이 아니라고 결정했다.[35]

2. 기술적 전파(Technisches Verbreiten)

기술적 전파자란 자신의 사고 연관성을 가지지 않는 주장을 전파하는 사람을 말한다. 특히 이것은 인쇄인이나 인쇄물 판매과정에 개입된 사람, 즉 서적도매상이나 서점주인, 키오스크(가판대) 소유자 등등이 이에 해당한다. 운송회사와 배달부도 마찬가지이다. 방송 영역에서는 단지 자신에게 넘겨진 텍스트를 낭독하기만 하는 뉴스앵커나 방송송출을 담당하는 사람들을 말한다. 인터넷 접속제공자(Zugangsprovider), 데이터보관장소제공자(Cacheprovider)와 서버제공자(Hostprovider)도 원칙적으로 기술적 전파자에 해당한다. 이들에게는 텔레미디어법(TMG) 제7조 내지 제10조에 따른 특별한 책임 법칙이 적용된다. 정보를 콘텐츠배급 중개상을 통해 얻어서 자신의 이용자에게 제공하는 인터넷포털 역시 기술적 전파자에 해당한다.[36] 도메인의 임대인 역시 마찬가지이다.[37] 이러한 기술적 전파자에게는 민사법상 책임이 현저하게 줄어든다.[38]

연방대법원 2009년 6월 30일 자 판결
– VI ZR 210/08("도메인 임대인의 책임"–판결)

사실관계

원고는 2007년 12월부터 인터넷에서 검색 가능한 기사 중 일부 허위표현에 대해 금지를 청구했다. 피고는 시사잡지 "F"를 발행한다. 피고는 도메인 "f.de"의 소유자이고, T 주식회사가 그 도메인을 임차했다. T 회사의 뉴스서비스가 포함된 웹사이트 "F.ONLINE"은 인터넷주소 http://www.f.de하에서 검색이 가능하다. 이 인터넷서비스의 간행 요목에는 다음과 같이 기재되어 있다:

> F.ONLINE은 T 주식회사가 제공하는 서비스이고, 주요사업 부문은 포털. 하지만 F 잡지의 해당 페이지(http://f.de/magazin과 하위 사이트)는 F 잡지사가 서비스 제공자입니다. 이 잡지에서 발행되는 기사는 www.f.de/magazin을 통해서 검색 가능합니다.

소송대상이 된 기사는 피고 잡지사에서 근무하는 한 기자에 의해 작성되었다. 하지만 이 잡지사와 www.f.de/magazin에서는 공표되지 않았고, T 회사의 온라인-뉴스서비스에서만 공표되었다.

피고는 원고의 2007년 24일과 27일 자 경고서한을 통해 해당 기사를 알게 되었고, 이 서한을 T 회사에 넘겨주었다. T 회사는 기사를 삭제하고 위약벌이 포함된 금지선언을 제출했지만, 피고는 이를 거부했다.

지방법원은 소송을 인용했다. 하지만 항소법원은 소송을 기각했고, 원고는 상고와

함께 피고에 대한 금지판결을 계속해서 요구했다.[39]

① 항소법원의 판단

항소법원은 피고가 행위자이든 방해자이든 표현내용에 대해 어떠한 책임도 지지 않는다고 판단했다. 전파행위에 대한 정범책임은 피고가 스스로 인터넷에 기사를 올리지 않았고, 그에 관해 전혀 알지 못했기 때문에 고려되지 않는다고 밝혔다. 아울러 피고는 기사작성자에 대한 책임 역시 질 필요가 없는데, 왜냐하면 기사작성자가 비록 자신의 잡지사에서 근무했음에도 해당 기사와 관련해서는 단지 T 회사를 위해서 쓴 것이기 때문이라고 보았다.

아울러 피고는 자신에 의해 발행되는 시사잡지의 표지 위에 도메인 "f.de"라는 표시가 존재한다는 이유로 인터넷사이트 www.f.de에서의 모든 기사내용에 대해 책임을 지지 않는다고 밝혔다. 설령 피고와 T 회사가 인사상의 겸직상태와 더불어 같은 콘체른에 속했다는 것을 별개로 하고, 이러한 표시가 비록 잡지 독자들에게 웹사이트의 발견을 손쉽게 할 수 있다손 치더라도 잡지에서의 표시로 인해 피고가 그 내용을 자신의 것으로 한 것은 아니라고 보았다.

물론 피고는 도메인의 양도와 함께 인터넷사이트 이용에 본질적 기여를 가져왔고, 따라서 방해자로서 고려된다고 인정했다. 피고는 계약상 인터넷사이트 내용에 대한 영향력을 보유하거나 도메인의 포기 혹은 접속제공자와의 절연을 통해 인터넷사이트를 도메인과 분리시킬 가능성 역시 가지고 있다고 인정했다. 하지만 피고의 책임을 인정하기 위해서는 추가적 의무침해가 전제되어야 한다고 설명했다. 피고는 원고의 지적 이후에 비로소 기사를 중단하게 하고, 원고의 권리에 어떠한 새로운 침해도 일어나지 않도록 사전조치를 취해야 할 의무가 발생한다고 보았다. 광범위한 심사의무와 감독의무는 단지 구체적으로 그러한 침해를 예측할 때에만 존재한다고 인정했다. 하지만 이 사건은 사정이 다르다고 밝혔다. 또한 피고는 지체 없이 기사를 삭제하게 했기 때문에 어떠한 책임도 지지 않는다고 판단했다.[40]

② 연방대법원의 판단-방해자 책임

연방대법원은 항소법원의 판결은 유지되며, 원고는 피고에 대해 금지청구를 할 수 없다고 판단했다.

우선, 연방대법원은 피고가 텔레미디어법 제2조 제1문 제1호에 따른 서비스 제공자인지 여부는 중요하지 않은데, 왜냐하면 피고에 대한 금지청구가 텔레미디어법 (TMG)상의 서비스 제공자 책임규정에서는 생겨나지 않기 때문이라고 밝혔다. 텔레미디어법 제7조 내지 제10조는 어떠한 책임을 뒷받침하는 성격을 나타내지도 않고, 어떠한 청구근거를 포함하는 것이 아니라 민법이나 형법의 일반규정에 따른 책임을 전제한다고 설명했다.

이어서 항소법원은 기본법 제1조 제1항과 제2조 제1항, 민법 제823조 제1항, 제1004조 제1항 제2문을 유추 적용하는 일반규정에 따른 책임을 정당하게 거부했다고 평가했다.

항소법원은 우선 원고에 의해 제소된 표현들은 허위이며, 원고의 일반적 인격권을 침해한다는 사실을 판단의 바탕으로 삼았다. 이어서 피고에 대한 금지청구 가능성과 관련해 T 회사의 온라인-보도서비스에서 문제 된 표현에 대한 전파 기여로 인해 피고의 방해자책임이 처음부터 부인될 수는 없다고 인정했다. 하지만 원고는 피고가 자신의 인격권을 방해자로서가 아니라 행위자로서 침해했다고 주장했고, 이에 대해 연방대법원은 요구된 금지청구에 있어서 이러한 차이는 중요하지는 않다고 밝혔다.

연방대법원은 방해상태를 야기했거나 그의 행동이 침해상태를 발생시킬 우려가 있는 모든 사람은 민법 제1004조 의미상 방해자로서 -책임 유무와는 관계없이- 인정될 수 있다고 밝혔다. 여러 사람들이 침해에 가담한 경우 금지청구가 인정되는지 문제에 있어서 원칙적으로 행위기여의 성격이나 범위 혹은 방해상태의 실현에 대한 개별적 가담자의 이익은 원칙적으로 중요하지 않다고 보았다. 대체로 방해자, 그렇지 않으면 행위기여의 성격에 따라 행위자로서 혹은 공범자로서 인정될 수 있는지 여부도 중요하지 않다고 생각했다. 그 어떤 방식으로든 고의로 적절한 인과관계가 인정되는 위법한 방해상태의 야기에 협력한 모든 사람은 방해자(공동방해자를 포함해서)로서 책임을 지며, 이때 지원 또는 자기 책임하에 행동하는 제3자의 행위를 이용하는 것 역시 피고가 이러한 행위를 저지할 법적 가능성을 가지는 한, 협력자로서 충분하다고 인정했다. 따라서 피고가 구성요건해당성과 위법성의 인식을 근거 지우는 사정들의 인식이 없다는 사실이 방해배제 혹은 금지청구의 인정에는 문제 되지 않는다고 밝혔다. 마찬가지로 책임 역시 필수적이지 않다고 밝혔다. 왜냐하면 언론법상 금지청구는 저자나 발행인뿐만 아니라 도매상, 판매장소의 소유자 혹은 판매행위와 같은 소위 기술적 전파자 역시 대상으로 삼을 수 있기 때문이라고 설명했다.

다만, 변경된 판례에서는 방해책임제도에 대한 일정한 자제가 강조되고, 금지청구는 단지 정범이나 공범의 불법행위 범주 내에서만 행사 가능한 것으로 검토된 이상, 일반적 인격권과는 달리 어떠한 절대적 권리의 침해도 문제 되지 않는 사례들에서는 이러한 새로운 판례의 입장이 적용된다고 보았다.[41]

③ 도메인 임대인의 책임범위

연방대법원은 피고가 자신의 도메인 "f.de"의 이용을 계약에 따라 T 회사에 넘겨주는 것을 통해 문제 된 표현들의 전파에 기여했다고 인정했다. 보도기사 서비스인 "F.ONLINE"이 포함된 T 회사의 웹사이트는 피고 도메인 명칭이 포함된 주소 http://f.de하에서 검색될 수 있었고, 이것은 실제 이용에 기여하는 것을 나타낸다고 인정했다. 임차인 외에 임대인이 방해자가 될 수 있는 것과 마찬가지로 도메인 임차인 외에 도메인 임대인 역시 방해자로서 청구대상자가 될 수 있으며, 이런 점에서 도메인 소유자로서 피고는 임대된 도메인과 결합된 웹사이트 운영자와 계약상으로 구속되었고, 이에 상응하는 계약서를 통해 인터넷사이트에 대한 영향력을 보유하고, 이러한 영향력을 이 사건에서 일어난 것과 같은 제3자의 권리침해의 경우에 행사할 가능성을 가진다고 본 항소법원의 견해에 대해 연방대법원은 정당하다고 평가했다. 게다가 최악의 경우 도메인과 웹사이트의 분리 가능성이 존재한다고 지적했다. 그리고 전파자로서 금지청구에 대해 책임 가능성 있는 인적 범주의 범위는 TMG를 통해서는 어떠한 경계선도 알 수 없다고 보았는데, '필터기능'의 성격을 가지는 TMG 제10조와 같은 책임제한규정은 금지청구에는 적용되지 않기 때문이라고 밝혔다.

아울러 연방대법원은 이 문제가 요구된 금지청구의 기대 가능성에 따라 결정된다고 본 항소법원의 견해 역시 정당하다고 평가했다. 방해책임은 자신이 직접 침해를 행하지 않은 제3자의 책임에 관해서까지 연장되어서는 안 된다고 생각했다. 그 때문에 방해자의 책임은 소위 심사의무를 전제한다고 밝혔다. 그리고 그의 범위는 방해자인 피고에게 사정에 따라 어디까지 심사가 기대될 수 있는지 여부에 따라 결정된다고 설명했다. 이때 방해자로서 청구대상자가 된 제3자의 역할과 설정된 임무 및 직접적 행위자의 자기책임이 판단에 있어서 중요한 역할을 하게 된다고 보았다.

이에 따라 연방대법원은 피고가 대상 표현을 자신의 것으로 삼았기 때문에 이러한 원칙이 적용되지 않는다는 상고의 주장은 부당하다고 판단했다. 상고주장은 피고가 문제의 표현을 자신의 것으로서 삼았기 때문에 피고는 간접적 방해자가 아니라 직접적 방해자이며, TMG 제7조 제1항에 따른 자신의 정보제공 서비스자라고 주장했다. 하지만 연방대법원은 타인의 주장을 전파한 사람은 단지 타인의 주장과 동일시해서 그 주장이 자신의 것으로서 보일 경우에만 그 주장을 자신의 것으로 삼은 것이라 할 수 있다고 밝혔다. 그리고 다른 사람의 표현과 동일시를 인정하는 것은 원칙적으로 자제가 요청되며, 피고가 http://www.f.de 아래 불러올 수 있는 표현들은 도메인의 임대나 단지 자신에 의해 발행되는 시사잡지 "F"의 표지 위에 도메인을 게시해 놓았다는 사실만으로 자신의 것으로 만들었다고 볼 수는 없다고 생각했다. 이러한 표시는 오히려 시사잡지의 독자에게 어떤 도메인 아래 잡지에 게재된 기사를 인터넷에서 검색할 수 있는지, 즉 인터넷사이트의 간행 요목에서 게시된 www.f.de/magazin 아래에서 기사를 검색할 수 있다는 사실을 보여주는 것이라고 밝혔다.

이어서 연방대법원은 항소법원이 심사의무의 기대 가능성에 대한 결정적 문제를 적절하게 답했다고 평가했다. 즉, 도메인 임대인으로서 피고에게 그의 임차인의 웹사이트가 다른 사람의 인격권을 침해하는 표현들을 포함하고 있는지 여부에 관해 일반적으로 심사하는 것이 기대될 수는 없다고 판단했다. 그에 따라 단순한 도메인 소유자는 원칙적으로 웹사이트의 내용을 통해 행해진 권리침해에 있어서 어떠한 책임도 지지 않는다고 생각했다. 항소법원은 외국잡지에 게재된 제3자의 인격권을 침해하는 기사들과 관련해서 이러한 잡지의 단독수입상은 일반적 심사의무를 부담하지 않는다는 사실을 예로 들었다. 마찬가지로 자신에 의해 전파되는 상품의 권리침해와 관련한 운송업자의 책임 혹은 상표권을 침해하는 경매이용자의 제공물과 관련된 인터넷 경매사이트 운영자의 책임도 부인된다고 보았다. 어쨌든 피고에게도 우려되는 권리침해에 대해서 어떠한 구체적 단서도 존재하지 않을 경우 책임이 부인된다는 점은 마찬가지라고 인정했다. 비록 상고는 보도서비스 "F.ONLINE"이 도메인이라는 매체를 통해 재차 인격권 침해를 일으켰기 때문에 하나의 "위험원"을 의미한다고 주장했지만, 이러한 일반적 사고는 심사의무의 기대 가능성을 인정하기에 적당한 어떠한 정당한 단서도 제공하지 않는다고 보았다. 이 사건은 연방대법원에 의해 기대될 수 없는 것으로 거부된 바 있는, 많은 인터넷경매 이용자들에 의해 자신의 웹사이트에 입력된 그런 정보의 심사에 관한 것이 아니라 단지 도메인 임대인의 기사심사에 관한 것이라는 항변도 납득할 수 없다고 밝혔다. 이 사건에서는 "F.ONLINE"과 같은 포괄적인 보도서비스에서 심사되어야 할 기사들의 상당한 수가 바로 기대 불가능성을 말해 준다고 보았다. 게다가 이러한 기사들은 인쇄간행물과는 반대로 끊임없이 ('실시간으로') 업데이트되기 때문에 어떠한 즉각적인 효과적 심사도 수행할 수 없다고 인정했다.

"신문의 주인"으로서 발행인 혹은 "방송의 주인"으로서 방송사에 일반적 심사의무를 부담시킬 수는 있다고 밝혔다. 그들은 편집기사들의 제작과 전파를 물적·인적 수단과 함께 실현시키기 때문에 경제적 주체로서 책임위험을 부담해야 하고, 그 때문에 그들에게는 타인의 내용에 관해서도 비록 제한된 형태이기는 하지만 심사의무가 존재한다고 보았다. 하지만 피고가 단지 도메인의 임대라는 사실만을 통해서 발행인의 지위를 보유하는 것은 아니라고 밝혔다. 피고가 "F.ONLINE"이 보유한 "정보의 주인"이라는 사실은 명백하지 않으며, 피고와 T 회사가 각각 H 홀딩 주식회사에 속하는 "공동콘체른 구조"라는 점을 이용해서 자신의 책임을 미루거나 은폐한 것도 아니었다고 인정했다. 또한 피고가 "정보의 주인"이라는 외관 역시 생겨나지 않으며, 2007년 8월부터 게시된 전자적 정보서비스의 간행 요목(TMG 제5조) 역시 "'F.ONLINE'은 포털사업 영역인 T 회사의 서비스. 하지만 F-매거진 사이트(http://f.de/magazin)와 모든 하위 사이트는 피고가 서비스 제공자이다"라고 적시하고 있다고 밝혔다. 이어서 한 번 더 T 회사가 "http://f.de/magazin과 모든 하위 사이트" 외에 모든 서비스 제공자로서 표시되고, 피고는 "http://f.de/magazin 페이지를 위한 제공자"로서 표시되었기 때문에 더욱 확실하다고 보았다. 이를 통해 이 사건처럼 http://f.de/magazin에서 검색할 수 없는 기사들에 대해서는 피고가 "정보의 주인"이라는 외관은 생겨나지 않는다고 판단했다. 피고에 의해 발행되는 시사잡지 "F"의 이름이 www.f.de라는 URL을 통해 도달될 수 있는 온라인-보도서비스("F.ONLINE")와 일부 일치하고, 시사잡지 표지에 이러한 URL이 기재되었다는 사실에도 불구하고 이는 유효하다고 인정했다. 마지막으로 기사가 F-편집인으로 표시된 피고에 의해 고용된 여기자로부터 생겨났고, 그 여기자는 시사잡지의 간행 요목에는 기재되었으나 "F.ONLINE" 간행 요목에는 기재되지 않았다는 사정 역시 피고의 책임을 설명해 줄 수는 없다고 보았다. 원칙적으로 피고는 그의 기자가 자신에 의해 발행된 시사잡지 외에서 공표한 기사들에 대해서는 책임을 지지 않기 때문이라고 밝혔다.

연방대법원은 물론 피고가 원고의 일반적 인격권을 침해하는 구체적인 표현에 관한 인식을 얻었을 때, 그의 임차인의 웹사이트를 심사할 것이 기대될 수는 있다고 밝혔다. 그런 점에서 어쨌든 이 사건에서처럼 문제 된 표현들이 다툼 없이 허위였던 경우, 많은 비용이 소모되는 방식의 사후조사가 필요한 것도 아니었다고 인정했다. 하지만 이러한 심사의무의 존재는 단지 방해자가 해당 표현에 대한 문제 지적을 심사한 후에도 방해상태를 지체 없이 제거하지 않는 경우에만 금지청구에 이를 수 있다

고 밝혔다. 하지만 이 사건에서는 기사들의 삭제가 행해졌다고 반박했다.[42]

④ 금지청구의 요건으로서 최초침해위험의 인정

연방대법원은 이 사건 금지청구는 어쨌든 반복위험 혹은 원고에 의해 소명될 수 있는 실체적인 청구전제로서 최초침해위험이 결여되었기 때문에 인정되지 않는다고 밝혔다. 비록 반복위험은 이미 행해진 권리침해에서 원칙적으로 추정되기는 하지만, 이를 위해서는 심사의무의 근거에 따라 권리침해의 완성이 필수적일 것이라고 보았다. 따라서 그러한 침해는 적어도 고지나 지적에 따른 인식획득 이후 원고의 일반적 인격권에 대한 침해가 발생한 경우에 비로소 존재할 수 있다고 설명했다. 하지만 이러한 사실은 원고에 의해 주장되지도 않았고, 명백하지도 않다고 보았다. 원고는 단지 보충적으로 T 회사의 금지의무선언만으로는 반복위험을 부인할 수 없다고 주장하는데 그쳤다고 지적했다. 나아가 이 사건에서는 실제적인 추정을 위한 어떠한 단서도 발견될 수 없기 때문에, 최초 발생위험이 각각 개별적이고 구체적으로 입증되어야 한다고 밝혔다. 따라서 원고는 최초침해행위가 진지하고 구체적으로 우려되거나 직접 임박한 것으로 위협된다는 사실을 입증해야 하며, 단순한 침해 가능성만으로는 충분하지 않다고 보았다. 아울러 임박한 권리침해는 실제로 신뢰할 만한 법적 관점하에서 가능한 정도로 구체적으로 나타나야만 하며, 이를 상고 주장은 제시하지 못했다고 판단했다. 이러한 모든 것에 따라 이 사건은 기각되어야 한다고 판결했다.[43]

Ⅳ. 인쇄매체에서의 전파

언론이 제3자의 주장을 자기의 것으로 삼지 않고 단지 전파에 그친 경우라 할지라도 언론사의 책임이 고려될 수 있다. 이러한 경우에 전파라는 개념은 단지 지적 전파의 의미로 이해되는 편집자의 저널리즘 활동에 국한되며, 기술적 전파자의 책임, 즉 인쇄인이나 인쇄물 판매회사의 책임은 고려되지 않는다.

형법 제186조, 민법 제824조의 본문에서는 자신의 주장뿐만 아니라 제3자의 표현을 전파하는 것 역시 구성요건 사실에 포함시키고 있다. 이러한 입법자의 결정은 때때로 사실주장으로 제한된 규정의 적용범위를 넘어서 위법한 제3자의 의견표현을 전파라는 의사소통방식을 통해서 전달하는 경우에 특히 중요한 의미를 가질 수 있다. 특히 언론이 제3자의 의견이나 비판을 전파하거나, 경우에 따라서는 중상이나 비방을 전파하는 경우, 그러한 내용과 명백한 거리를 두지 않는다면 책임을 질 수 있다.[44] 따라서 언론은 이러한 제3자의 표현을 자신의 의견이나 비판의 근거로서 사용하거나 그 밖에 독자나 시청자에게 전달하는 과정에서 제3자의 표현을 자신의 사고과정 속에 통합시킬 경우, 반드시 자신이 책임을 지게 된다.[45, 46]

연방대법원 1996년 1월 30일 자 판결
– VI ZR 386/94("경찰서장"–판결)

사실관계

원고는 퇴직 전까지 K 지역 경찰서장이었다. 원고는 피고2에 의해 집필되고 피고1에 의해 발행된 서적 "살인청부업자"에서 자신과 관련된 표현에 대해 금지청구와 손해배상청구 소송을 제기하였다. 피고2는 "조직범죄단체 출신의 한 인물"이라는 중간 제목이 달린 이 책에서 "상파울리(함부르크 홍등가)-킬러"로 알려진 P의 인물과 행적을 기사로 다뤘다. 이와 관련해 피고2는 M(책에서는 A로 표기됨)의 인생행로 역시 조사했는데, 이 사람은 K시에서 잠시 홍등가 운영자로서 활동했고, 나중에 P의 살해 희생자가 될 운명이었다. 책에서는 무엇보다 M 휘하의 홍등가에서 발생한 여러 포주들 사이의 실제 알력싸움 및 다른 형사사건 수사절차로 인해 주민등록이 말소된 M이 K시에서 새롭게 교부된 증명서의 도움으로 다른 나라로 도주할 수 있었던 사실들이 보도되었다. K시에서 시작된 취재과정에서 피고2는 경찰공무원들을 포함해 다양한 증인들, 특히 당시에는 이미 퇴직했던 원고와 대담을 진행했고, 더욱이 M과 경찰 사이의 관계 및 홍등가 운영과 관련된 경찰관들의 처신에 관해 언급했다. 이때 피고2는 자신의 책에서 취재과정에서 얻게 된 대화내용들과 이에 근거한 추론들을 소개했다. M이 관리하던 당시 경찰관들이 홍등가에 종종 출입했다는 내용의 현 홍등가 운영자와의 인터뷰에 이어서 검사의 수사서류들에 포함되어 있었던, 사창가에서 일한 O라는 인물의 다음과 같은 진술이 인용되었다.

> 나는 당시 적어도 일부 경찰관들이 관련되어 있다고 생각해요. 거기에 있는 바에 경찰관들이 수시로 드나들었고, 어떤 식으로든 M(A)에게 매수되었어요. 나는 당시 그 경찰관 St(원고의 본명) 겸 경찰위원이 M을 위해 일했다는 사실을 알아요.

이러한 인용문에 바로 이어서 다음과 같은 문장들로 이 책은 마무리되었다.

> 그것은 부질없는 취재였다. 나는 내가 원래 발견할 거라고 기대하지 않았던 것만을 발견했다.

원고는 피고2가 체계적이고 수사적인 문체상의 교묘한 트릭을 통해 자신을 사창가 포주와 거래하고, 당시 홍등가 소유주인 M/A를 위해 일하는 비리 경찰서장으로 몰고 갔다고 주장했다. 원고는 홍등가 주인을 위해 일했다는 인용문의 전파에 포함된 허위의 명예훼손적 사실주장을 참을 필요가 없다고 주장했다. 피고의 경솔함과 비양심적 행태로 인해 적절한 손해배상 역시 정당화된다고 생각했다.

지방법원은 피고2에게 신청취지에 따른 금지청구을 선고했고, 연대채무자로서 두 피고에게 3만 마르크의 비물질적 손해배상액을 지급하라고 판결했다. 피고의 항소는 성공하지 못했다. 피고는 상고와 함께 소송기각 청구를 이어갔다.[47]

① 항소법원의 판단

항소법원은 대상 표현의 내용은 그것이 놓인 전체적 맥락과 평균적 독자들의 이해에 근거해 판단해야 한다고 밝혔다. 피고2가 비록 제3자의 진술을 인용했을지라도 피고2가 그러한 인용과 충분하고 진지한 거리 두기를 하지 않았다면, 그 안에는 동시에 피고2에게 귀속되어야 할 표현이 존재한다고 보았다. 이 사건에서 결정적인 모든 사정들에 관한 적절하고 전체적인 고찰에 따르면 인용된 "O"의 진술과 피고2의 충분하고 진지한 방식의 거리 두기는 존재하지 않는다고 판단했다. 심지어 피고2는 이러한 진술내용에 한 번 더 동조했기 때문에 자신의 것으로 책임져야 한다고 생각했다. 이는 항소법원에 의해 개별적으로 언급된 책 속에서의 구절들이나 진술들의 종합적 평가에서 도출되는 결론이라고 밝혔다. 특히 피고2가 표현했던 "나는 내가 발견할 거라고 기대하지 않았던 것만을 발견했다"는 마지막 문장은 평균적 독자들에게 피고2는 결국 O의 인용진술에 포함된 원고에 대한 비난을 공식적으로 인정했다는 결론을 말해 주는 것이라고 부연했다.

이어서 평균적이고 중립적인 독자들은 원고가 홍등가 소유자인 M을 위해 일했다는 진술의 의미를 경찰관인 원고가 M의 이익을 위해 일했거나 그와 함께 일했다는 정도로 이해한다고 분석했다. 특히 일련의 구체적이고 증거에 접근할 수 있는 사건들이 "M을 위해 일함"이라는 표현에 토대가 되었기 때문에, 여기에는 단지 가치평가가 아닌 하나의 사실주장이 존재한다고 판단했다. 이러한 사실주장은 경찰서장으로서 원고에게 심각한 직무위반의 비난을 나타냄으로써 원고의 명예를 현저하게 침해한다고 인정했다. 하지만 증거와 소송자료들은 제기된 주장이 진실인지 허위인지 여부에 관해 어떠한 확신 형성도 허용하지 않는다고 판단했다. 따라서 금지청구 소송에 관한 결정은 입증배분의 원칙에 따라 내려져야 하며, 구체적 사정들하에서 "진위불명"은 피고2의 부담으로 된다고 설명했다. 따라서 피고2는 이 사건에서 기본법 제5조 제1항의 평가를 고려하더라도 형법 제193조의 의미상 정당한 이익을 주장할 수 없다고 보았다. 자유로운 의견표현권이 가지는 자유민주적 기본질서에 있어서 전적으로 구성적인 의미의 완전한 준수를 고려하더라도 형법 제193조의 적용은 입증되지 않은 진실한 사실을 주장하거나 전파하는 사람이 사전에 주의 깊게 진실내용을 심사했는지가 전제되어야 한다고 설명했다. 그런 점에서 "언론에 적합한 주의의무"의 준수가 피고2에게 요구되어야 한다고 보았다.

하지만 피고2가 자신의 책에서 공공성과 비상하고 강력하게 결합된 공동체관련 주제들을 다뤘다는 점을 고려하더라도 필수적인 주의의무를 충분히 이행하지 않았다고 판단했다. 인용된 O의 진술은 그 정도로 심각한 비난의 전파를 뒷받침하기 위한 어떠한 신뢰할 만한 근거도 없다고 보았다. 아울러 문제의 인용진술은 확실한 간접증거를 통해 어느 정도의 설득력도 얻지 못했다고 생각했다. 또한 피고2는 원고 자신에게 인용된 진술과 대조할 기회를 제공하지도 않았으며, 책에서 다뤄진 많은 다른 사람들에게는 적용된 익명처리를 원고에게만 무시했다고 비판했다. 이러한 주어진 상황하에서 이익형량은 원고의 완전한 실명공개하에서 행해진 인용의 전파를 정당화하지 않는다고 보았다.

따라서 입증되지 않은 사실에 관해 불충분하게 조사된 상태에서 제기된 원고관련 비리 의혹은 피고의 현저한 유책행위에서 비롯된 심각한 인격권 침해를 의미하기 때문에, 원고에게는 3만 마르크의 금전배상청구가 인정된다고 밝혔다.[48]

② 제3자의 표현과의 거리 두기와 전파책임

연방대법원은 항소법원의 판결에 대한 피고2의 상고는 받아들일 수 없으며, 항소법원은 정당하게 원고의 금지청구와 배상청구에 응했다고 판단했다. 피고2는 제3자의 표현으로 인용된, 원고는 "M을 위해 일했다"는 주장을 금지할 의무를 부담한다고 밝혔다. 항소법원은 피고2가 문제 된 표현을 제3자의 증인진술에 근거한 명백한 인용으로서 재현했다는 점이 원고의 청구에 방해가 되지 않는다고 생각했고, 이는 적절했다고 평가했다. 연방대법원은 직접 인용된 표현에 상응하는 피고2의 독자적인 주장 역시 전파되었다는 전제하에서 피고2에게 금지청구에 대한 책임을 묻는 것이 가능한지의 문제는 결정적으로 무의미하다고 보았다. 비록 명예보호의 영역에서 인정되는 바와 같이 인용자가 타인의 발언을 명백하게 자신의 것으로 삼았다면, 전적으로 제3자의 진술의 인용에서도 인용자 자신의 진술이 존재할 수 있다고 설명했다. 하지만 이 사건에서 그러한 자기 것으로 삼기가 행해졌는지 여부는 계속해서 논할 필요가 없다고 판단했다. 왜냐하면 이미 제3자가 발언한 것의 전파에서도 발언을 인용하는 사람이 진지한 거리 두기를 하지 않거나, 혹은 이를테면 전파가 하나의 "공론장"에서처럼 다양한 각계각층의 표현들과 입장들이 함께 모아지고 대조되는 그러한 의견 상태의 단순한 제공의 일부가 아니라면, 이때에도 역시 인격권 침해가 인정될 수 있다고 밝혔다.

이러한 원칙들의 고려하에서 책 안에서 인용된 O의 진술과 피고2의 충분한 거리 두기는 결정적인 평균 독자의 이해에 따르면 존재할 수 없다고 판단한 항소법원의 견해는 정당하다고 보았다. 오히려 피고2는 이러한 진술에 직설적으로 동조했다고 덧붙였다.

K시에서 발생한 사건들과 이에 대해 개시된 피고2의 취재와 관련된 "살인청부업자" 서적의 모든 구절들에 관한 자세하고 분명한 평가에서 볼 때, 중립적인 독자들에게는 결코 O의 인용으로서 재현된 원고관련 진술들이 피고2에 의해 행해진 조사결과를 통해 직접 확인했던 혐의와 불일치한다는 어떠한 인상도 생겨나지 않는다고 생각했다. O의 발언은 다양한 의견 가운데 하나의 실례로써 다른 사람들에게 전달된 다른 견해들과 대조된 것이 아니라 오히려 피고2에 의해 행해진 일련의 "매춘세계" 관련 이슈들의 보도 내로 편입되어서, 독자들에게 경찰 그리고 당시 서장이었던 원고와 사창가 사이에 비난받을 만한 유착관계들이 있었다는 의혹을 암시했다고 보았다. 그런 점에서 문제 된 인용에 이어진 "나는 단지 내가 발견할 거라고 기대하지 않았던 것만을 발견했다"라는 피고2의 진술이 중요한 의미를 얻게 된다는 항소법원의 견해는 정당했다고 평가했다. 결국 이 문장은 평균 독자들의 이해에 있어서는 우선 일반적인 경찰에 대한 그리고 특별히 원고에 대한 의혹을 피고2가 확증했음을 보여

주는 것이라고 해석했다.

그에 반해 피고2가 단지 O와의 인터뷰를 공개한 것에 불과하다는 항변은 부당하다고 생각했다. 이 사건에서 그러한 상황은 주어지지 않았다고 판단했다. 피고2는 단순한 "의견중개자"로서 행동한 것이 아니라 다른 검찰 서류들에서 끌어낸 제3자의 발언들 가운데 하나를 자기 자신에 의해 독자적으로 형성된 맥락 속에 편입시킨 것이며, 이를 통해 독자들을 일정한 의도적 방향으로 유도한 것이 명백하다고 인정했다.

피고2는 또한 자신의 책 내부의 특정한 개별표현들을 통해 O의 진술내용과 충분한 거리 두기를 행하지도 않았다고 꼬집었다. 인용 문장 앞에서 부수적으로 원고를 "낡은 학교의 신사"라고 지칭한 것이나 경찰관과의 개인 면담과 관련해서 언급된 "원고 경찰관이 나의 뇌리에서 지워지지 않는다. 나는 부패를 믿지 않는다"는 발언 역시 독자들에게 모든 취재 사건들의 전체적 판단은 어쨌든 인용된 O의 발언에서 드러난 바와 같이 그런 의혹의 개연성이 있다는 인상을 없애기에 적합하지 않다고 평가했다.[49]

③ 대상 표현의 성격에 관한 법적 분류

연방대법원은 항소법원과 마찬가지로 피고2에 의해 전파되었고, 그러한 의미에서 책임을 물을 수 있는 O의 발언은 본질적으로 사실주장이라고 간주했다. 소송대상 표현은 그것이 행해진 전체적 맥락에서 평가되어야 하며, 그것이 관련된 맥락에서 떼어내서 순수한 별도의 고찰에 따라서는 안 된다고 보았다. 이에 따라 연방대법원은 피고의 책에서 O의 진술로서 인용된 발언, "나는 당시 경찰관 St(원고), 한 경찰위원이 M을 위해 일했다는 것을 안다"는 표현은 평가적 요소를 포함하고 있음에도 불구하고 결정적인 점에서는 사실내용을 제시하고 있다고 생각했다. 원고가 M을 위해 일했다는 진술이 비록 그 자체만으로 구체적 사실관계에 대한 상세한 개별적 요소를 전달하지는 않았을지라도 전혀 실체가 없지는 않은, 오히려 이미 그 자체로도 평균적인 독자들에게는 경찰서장으로서 원고와 홍등가 소유자 M 사이에 통상 정상적인 관계에서는 있을 수 없는 경찰과 사창가 사이의 특별한 유착관계가 존재한다는 내용의 사실정보를 포함한다고 인정했다. 아울러 원고가 홍등가에 이익이 되는 방향으로 홍등가 운영에 도움이 되게 행동했다는 사실을 포함한다고 보았다. 이러한 사실정보는 서로 함께 관련될 수 있는 문맥을 통해 보다 구체화되었다고 판단했으며, 바로 O의 인용진술 역시 이러한 문맥 속으로 삽입되었다고 평가했다.[50]

④ 금지청구의 판단-인용된 진술에 대한 진실의무의 준수범위

연방대법원은 독자들에게 이해된 바와 같이 원고가 홍등가 소유자 M을 위해서 일했다는 주장은 원고의 명예나 인격권을 현저히 침해하기에 적합하다고 밝혔다. 그리고 O의 인용진술에 바탕이 된 기록을 통해서도 아니면 피고2에 의해 발견된 또 다른 "간접정황"을 통해서도 확신 형성에 도달할 수 없기 때문에, 이러한 사실주장의 진실 혹은 허위 여부는 확정될 수 없다고 인정했다. 따라서 이와 같이 생각한 항소법원의 증거평가에 대해서는 어떠한 중요한 이의 제기도 주장할 수 없다고 동의했다.

그런 점에서 원고에 의해 요구된 금지청구와 관련해 항소법원이 전파된 주장에 관한 진실의 입증 불능을 피고2의 부담으로 간주한 것은 수긍이 간다고 밝혔다. 민법 제823조 제2항을 통해 민법으로 전용된 형법 제186조의 입증법칙에 따르면 주장의 진실을 증명하는 것은 피고의 책무가 분명하다고 보았다. 이러한 입증의무는 어쨌든 공적 관심사안과 관련된 문제들에 대해서는 기본법 제5조 제1항 및 형법 제193조에 따라 행해져야 할 이익형량의 토대 위에서 그러한 내용을 주장하거나 전파하는 사람에게는 정당한 이익의 대변을 위해 필수적인 것으로 간주해도 되는 이상, 그의 허위성이 입증되지 않은 주장 역시 금지될 수 없다는 법리와 모순되지는 않는다고 보았다. 왜냐하면 이러한 항변사유는 금지청구 대상자가 주장의 제기 혹은 전파하기에 앞서 충분히 주의 깊은 진실내용을 조사했다는 점을 전제하기 때문이라고 해명했다. 따라서 소송대상이 된 책은 언론보도를 위해 적용되는 원칙들에 따라 판단되어야 하므로, 소위 "언론에 적합한 주의요청"이 이 사건 조사의무의 이행 여부에 할당되어야

한다고 밝혔다. 하지만 그러한 요청은 과도하게 요구되어서는 안 되며, 특히 언론자유의 기능이 위험에 빠질 정도로 책정되어서도 안 된다고 강조했다. 이것은 특히 공공성을 위해 현저하게 중요한 관심사에 관해 보도하는 경우에 유념해야 할 부분이라고 역설했다. 그에 따라 모든 사정의 평가하에서 항상 주의 깊은 이익형량이 행해져야 하며, 이때 표현주체의 기본법 제5조 제1항에 근거한 기본권뿐만 아니라 헌법상 보호되는 표현대상자의 기본법 제1조, 제2조 제1항에 근거한 지위 역시 적절한 비중이 주어져야 한다고 밝혔다.[51]

이에 따라 연방대법원은 항소법원이 피고2에 할당한 주의요청의 정도는 적절했다고 평가했다. K시 경찰서장이었던 원고가 홍등가 소유자 M을 위해 일한 사람으로서 표현되었을 때, 원고 개인의 명예는 현저하게 침해되었다는 사실이 인정된다고 보았다. 따라서 이러한 비난의 심각성을 고려하면, 피고2는 특별한 정도의 주의 깊은 조사의무를 부담한다고 인정했다. 항소판결에서 고려된 모든 간접증거의 적절한 평가를 통해서 볼 때, O의 인용진술 그 자체는 원고에게 불리한 진술의 전파를 담보하기 위한 어떠한 충분한 단서도 제시할 수 없었다고 판단했다. O의 진술에서는 결정적으로 그의 진실내용을 말해 줄 수 있는 어떠한 것도 드러나지 않았다고 보았다. 또한 피고2는 그에 관해 어떠한 사후조사도 행하지 않았다고 꼬집었다. 어떤 방식으로 경찰과 서장 그리고 홍등가 소유자 M 사이에 유착관계가 존재했는지의 문제에 관해서 피고2에 의해 수행된 조사는 단지 어느 정도일지라도 신뢰할 만한 결과를 전혀 드러내지 못했다고 보았다. 그런 점에서 M이 K 지역에서 새로운 신분증명서를 얻는 데 성공했다는 사실 역시 어떠한 중요성도 지니지 못한다고 생각했다.

피고2가 자신의 책 "살인청부업자"에서 비상하고 강력한 공적 사안에 관해, 즉 조직범죄의 토대와 영향력에 관해 보도했다는 점은 인정된다고 보았다. 이러한 맥락에서 홍등가와 관할 경찰 사이에 일어났던 상황이 가지는 불확실한 사건들에 관한 정보 역시 공중에게 상당한 관심을 불러일으키는 의미를 지닌 것은 확실하다고 생각했다. 하지만 경찰서장으로서 원고 인격의 핵심을 건드리는 O의 진술에 포함된 주장의 전파행위가 어쨌든 원고의 입장에 관한 사전청취 없이, 원진술자 측과의 충분한 거리 두기 없이 그리고 원고의 실명공개와 함께 행해졌다는 점에서 정당화될 수 없다고 비판했다.

이러한 주장의 전파가 당사자에게 명백히 가질 수 있는 영향력을 고려할 때, 피고2는 원고에게 그의 생각이 무엇인지 알 수 있고, 경우에 따라서는 이를 표현하기 위해서 당사자의 입장표명 기회를 제공할 의무가 있다고 밝혔다. 이에 이 사건에서는 원고에 의해 어떠한 종류의 해명도 기대될 수 없었다는 피고의 변명이 그러한 의무를 바로 면제시킬 수는 없다고 생각했다. 만약 원고가 O의 진술에 포함된 혐의들에 대해 직접 대면했을 경우, 어쩌면 원고는 경찰과 홍등가 사이의 관계를 보다 자세하게 묘사할 수 있었을 것이라는 사실을 배제할 수 없다고 지적했다.

한편, 피고2가 O의 진술을 인용함에 있어서는 원고의 실명을 공개한 반면 O를 포함해서 책에 존재하는 대부분의 인물들에서는 익명으로 처리했다는 점이 이익형량 내에서 함께 참작되어야 한다고 밝혔다. 이는 원고가 공공의 이익을 위해 완전한 실명공개하에서도 자신의 직무수행에 관한 비판적 보도의 대상이 되어야 하는 그러한 중요한 공직의 소유자라는 사실을 통해서도 정당화될 수 없다고 밝혔다. 만약 이 사건에서처럼 현저한 명예훼손과 결합된 주장이 이런 방식의 빈약한 사실적 토대와 조사근거에 기초하고 있다면, 양쪽의 법익들에 맞춰진 이익형량은 관련된 인물, 여기에서는 원고를 완전한 실명공개하에서 낙인찍기의 대상으로 삼는 것을 수용할 수 없다고 생각했다. 오히려 피고2가 자신의 작품 내에서 O의 진술을 포기하는 것을 원치 않는다면, 그 대가로 익명처리를 하는 것이 마땅했다고 보았다. 그 밖에 원고의 인격권과 피고2의 언론자유권과의 형량에 관한 항소법원의 판시사항은 어떠한 법적 오류도 나타내지 않는다고 밝혔다. 따라서 피고2에게 문제 된 표현의 계속적 전파를 금지한 항소법원의 판결은 정당하다고 인정했다.[52]

⑤ 손해배상청구 인정 여부

연방대법원은 비물질적 손해배상으로서 두 피고에 대해 3만 마르크의 금전배상 지급을 선고한 항소법원의 판결은 문제없다고 판단했다.

연방대법원은 피해당사자의 모든 인격권 침해가 비물질적 금전배상청구권을 발생 시킬 수 있는 것은 아니고, 단지 심각한 침해가 문제 되고 그 침해가 다른 방식으로 는 충분히 제지될 수 없을 때에만 금전배상이 고려된다고 인정했다. 이때 인격권의 심각한 침해가 존재하는지 여부에 관한 결정은 특히 침해의 중대성과 사정거리, 나 아가 행위자의 계기나 동기 및 그의 책임 정도에 달려 있다고 밝혔다. 항소법원이 이 사건에서 이러한 원칙의 전제하에서 금전배상청구를 위한 전제가 충족되었다고 판 단한 것은 문제의 소지가 없다고 보았다.

다만, 연방대법원은 인격권을 침해하는 사실주장에 대한 금전배상의 인정은 그의 허위성의 확정을 전제하는 것은 아니라고 설명했다. 진실문제와 관련해 "진위불명 (non liquet)"이 생겨났을 때에도 마찬가지로 형법 제186조와 연계된 민법 제823조 제2항의 근거 위에서 이러한 금전배상청구가 고려되는데, 이때는 물론 침해의 심각 성 정도를 판단함에 있어서 문제 된 주장이 진실일 수 있다는 미확정 상태의 가능성 이 함께 참작되어야 한다고 밝혔다.

항소법원은 법적 오류 없는 사고를 기반으로 원고 인격권의 충분히 심각한 침해를 인정했으며, O의 진술에 포함된, 원고는 경찰서장으로서 홍등가 소유자를 위해 일했 다는 비난의 계속적 전파는 비상하고 현저한 정도로 원고의 명예를 훼손시키는 것이 라고 판단했다. 나아가 피고2의 현저한 책임을 인정한 것도 법적으로 문제없다고 보 았다. 항소법원의 확정에 따르면, 전파된 사실의 진실내용에 관한 입증 불가능은 비 록 고의에 해당해야만 하는 형법 제186조 규정의 구성요건표지에 해당하지는 않지 만, 어쨌든 피고2가 그렇게 강력하게 당사자의 인격권을 침해하는 주장을 원고의 의 견청취도 없이, 완전한 실명공개하에서 해당 내용과 어떠한 거리 두기도 없이 전파 하는 것은 현저하게 경솔한 행위를 의미한다고 보았다. 그리고 이 주장이 공공성과 강하게 관계되는 주제를 다루는 과정에서 행해졌다는 반박 역시 이러한 상황을 제거하지는 못한다고 결론지었다.[53]

연방헌법재판소 2003년 9월 30일 자 결정
– 1BvR 865/00

사실관계

헌법소원은 "빌트"지에서 공표된 청구인에 관한 B의 발언에 대해 법원이 손해배상청구를 기각한 사건과 관련된다. 전심절차의 피고1은 "빌트"지를 발행한다. 1998년 1월 9일 자 2면에 "B: CSU는 진짜 마피아 같다"라는 제목의 기사가 게재되었고, 그 발언자는 전심절차의 피고2가 되었다. 기사에 따르면, B는 CSU에서의 특별공연에 즈음해서 동독 마지막 내무 장관이자 부수상이었던 청구인에 관해 다음과 같이 말했다.

이 남자는 누구나 거기에 발 들여 놓고 싶지 않은 그러한 연방 똥덩어리이다.

지방법원은 피고에게 4만 마르크의 손해배상 판결을 선고했다. 피고의 항소로 베를린 상급법원은 판결을 변경했다. 인용에 포함된 표현은 비록 원고의 인격권을 침해하기에 적합하지만, 필요한 이익형량에서 피고는 단지 B가 그렇게 말했다는 사실주장만을 전달했다는 점이 고려되어야 한다는 이유로 소송을 기각했다. 즉, 표현내용을 자신의 것으로 삼지 않았다고 보았다. 아울러 언론에 의해 대변되어야 할 공적이익이 그의 심각한 비방적 내용에도 불구하고 인용을 공표하는 것을 정당화한다고 판단했다. 또한 피고는 공표 전에 그 인용의 정확성에 관해 충분히 확인했다고 보았다.

청구인은 일반적 인격권의 침해를 주장했지만, 헌법소원은 결정에 이르지 못했다.[54]

① 일반적 인격권으로서 사회적 명예권

연방헌법재판소는 대상 판결이 기본법 제1조 제1항과 연계된 기본법 제2조 제1항을 위반하지 않았다고 결정했다. 일반적 인격권은 특별한 자유보장의 대상이 아니지만, 인격체를 위한 그의 본질적인 의미에서 결코 특별한 자유권에 뒤처지지 않는 인격요소를 보호한다고 밝혔다. 그리고 개인의 사회적 존중이 이에 속한다고 보았다. 따라서 일반적 인격권은 공중 속에서 자신의 모습에 불리한 영향을 미치기에 적합한 표현에 대해 보호를 제공한다고 밝혔다.

연방헌법재판소는 이 사건에서 문제 된 문장은 이러한 성격의 인격권과 관련된다고 보았다. 이 표현은 청구인의 사회적 명예권을 침해하고, 특히 공중이 그에 관해 가지게 되는 이미지에 지속적으로 부정적인 영향을 끼칠 수 있다고 판단했다.

하지만 기본법 제2조 제1항에 따라 일반적 인격권은 다른 권리를 통해 제한되며, 기본법 제5조 제1항의 의견자유권이 이러한 제한 가능한 권리에 속한다고 밝혔다. 이 사건처럼 특정한 표현내용의 법적 평가가 문제 되는 경우에는 전파매체와 관계없이 기본법 제5조 제1항 제1문이 적용되며, 가령 기본법 제5조 제1항 제2문의 출판자유권은 적용되지 않는다고 보았다.

이어서 제3자의 표현의 공표는 우선 이 표현이 제3자에게서 유래한다는 진술이 문제 된다는 점에서 하나의 사실주장이라고 판단했다. 이에 따라 이 사건처럼 이러한 표현이 내용적으로 증거에 접근할 수 없는 고유한 평가적 진술을 포함하고 있는 경우에도 우선적으로 인격권 침해가 존재할 수 있다고 인정했다.

의견자유는 기본법 제5조 제2항에 따라 일반법과 개인의 명예권에서 제한되고, 일반법에는 금전배상청구권이 기초하는 인격권보호의 민사규범들이 해당된다고 밝혔다. 기본법 제2조 제1항과 형법 제185조 이하와 연계된 민법 제823조 제1항과 제2항의 적용에 있어서는 한편으로는 의견표현 자유권의 방사효과와 다른 한편으로는 인격권보호의 방사효과가 고려되어야 하며, 개인의 인격권 보호에 있어서는 반대되는 공중의 정보이익에서 제한이 생겨날 수 있고, 그런 점에서 개별적인 이익형량이

필요하다고 보았다.[55]

② 제3자의 표현의 전파책임

연방헌법재판소는 베를린 상급법원의 판결이 이러한 요청에 부합한다고 결정했다. "빌트"지에 의해 인용된 B의 발언은 베를린 상급법원에 의해 비방적 비판으로 분류되었고, 이는 헌법상 문제 되지 않는다고 밝혔다. 왜냐하면 전파내용 안에는 더 이상 사안에의 논쟁이 아니라 공격적이고 과장된 비판을 넘어 청구인 개인을 향한 비방이 B를 통해 전면에 내세워졌기 때문이라고 보았다. 그럼에도 베를린 상급법원이 형량과정에서 "빌트"지를 통한 표현의 공표에 위법한 인격권 침해를 인정하지 않고, 결과적으로 손해배상청구권을 부인한 것은 어떠한 헌법적 우려에도 부딪히지 않는다고 평가했다.

연방헌법재판소는 제3자의 표현을 전파한 사람이 진지한 자신과의 거리 두기를 하지 않을 경우에는 이러한 제3자의 표현이 자신의 표현으로 귀속될 수 있다고 밝혔다. 그리고 자신의 것으로 삼는다는 것은 특히 제3자의 표현이 자신의 사고과정 속으로 편입되어서 그를 통해 자신의 진술이 강조될 때 인정된다고 밝혔다. 하지만 이 사건에서는 사정이 다르다고 보았다. 베를린 상급법원이 기사의 실제 맥락에서 볼 때 "빌트"지는 인용된 제3자의 발언에 관해 어떠한 동의나 승인도 나타내지 않았다고 본 것은 납득할 수 있다고 평가했다. 인용부호의 사용을 통해 분명하게 제3자의 표현이라는 점을 가리켰다고 인정했다.

베를린 상급법원은 신문기사의 외적 형태에서 충분하고 명백하게 나타난 바와 같이 문제 된 보도는 청구인 자신의 입장표명을 발표하는 것 없이 단지 그러한 사실의 기록으로서만 제시된 것에 불과하다고 판단했다. 그리고 피고가 이러한 비방에 찬성한다고 추측할 만한 어떠한 사정도 명백히 나타나지 않았다고 보았다. 이에 대해 연방헌법재판소는 이러한 사건판단은 각급 법원의 과제이기 때문에 헌법상 이의 제기의 이유는 존재하지 않는다고 결정했다.

마찬가지로 피고가 이 발언의 전파 전에 저널리즘적 주의의무의 준수하에서 이 발언이 실제 행해졌는지 그리고 이러한 조사의 방식과 정도가 충분했는지에 대해 심사를 거쳤다는 베를린 상급법원의 견해는 문제 될 것이 없다고 보았다. 베를린 상급법원은 적절한 형량을 통해 언론에 의해 대변되는 공중의 정보이익을 고려했다고 평가했다. 따라서 피고는 강력한 비방내용에도 불구하고 인용을 보도하는 것이 정당화된다고 판단했다. 베를린 상급법원은 특히 청구인이 수많은 공직을 차지했었고, 그 때문에 공적 관심을 일깨웠다는 점을 주목했다고 인정했다. 예술가로서 유명했을 뿐만 아니라 동독의 반체제 인사로서 그리고 연방 독일의 작금의 상황에 대한 비판가로서 두각을 나타냈던 B에게도 마찬가지 사실이 인정된다고 보았다. 따라서 대중들은 동독에서 그의 직업적 그리고 정치적 활동을 기초로 유명했던 인물들 사이에 여전히 남아 있는 긴장관계를 다루는 정보에 관해 정당한 이익을 가진다고 생각했다. 연방헌법재판소는 이러한 견해들은 공적 정보이익의 인정과 관련해서 적절한 관점이라고 판단했고 헌법상 문제 될 것이 없다고 밝혔다.[56]

Ⅴ. 전파책임에 대한 새로운 판례의 입장

거리 두기 없는 제3자의 표현의 전파에 대해서는 항상 언론의 책임을 요구하게 된다는 기존 독일 법원의 입장은 새로운 판례의 입장 변화에 따라 더 이상 유지되지 않는다. 이는 형법 제186조, 민법 제824조를 해석함에 있어서 기본법 제5조 제1항과 유럽인권협약 제10조에 근거한 의사소통권의 의미를 적절하게 고려한 결과로 이해된다. 유럽인권협약 제10조 및 기본법 제5조 제1항의 관점에서 인용 내용이 제3자의 권리를 침해할 수 있다는 이유로 언론에 인용 내용과 거리를 둘 것을 일반적으로 요구할 수는 없다는 방향으로 유럽인권법원의 새로운 판례[57]뿐만 아니라 연방헌법재판소의 새로운 판례[58]역시 입장을 선회했다. 연방헌법재판소의 견해에 따르면, 타인의 보도를 전파하는 경우 전파자의 조사의무는 제한될 수 있으며, 가령 축약된 타인의 보도라는 사실을 명백한 특징 부여를 통해 인용주체인 언론은 자신의 책임에서 탈피할 수 있게 된다. 이에 따라 언론기사를 요약 발췌해서 제공하는 보도서비스, 일명 "프레스슈피겔" 발행인의 책임은 일반적으로 면제된다. 하지만 발행인이 독자적으로 기사자료의 선택과 축소를 통해 원래 보도의 사실진술을 왜곡하거나 그를 통해 제3자의 권리를 침해해서는 안 된다는 점에 유의해야 한다.[59]

따라서 언론이 어떠한 유보문구나 단서를 붙이지는 않았지만 명백히 제3자의 표현으로 공표한 것이라고 인식될 수 있는 경우, 기존의 전통적인 견해에 따르면 언론이 그 내용에 대해 적당한 방식으로 거리 두기를 하지 않는 이상 책임을 져야 했던 반면, 현재의 연방헌법재판소와 유럽인권법원의 새로운 판례에 따르면 일반적인 보도방식을 고려할 때 더 이상 책임을 질 필요가 없게 되었다. 오히려 형법 제186조, 민법 제824조의 합헌적 해석은 언론이 제3자의 명예훼손적인 표현들에 관해 있는 그대로 보도할 가능성을 열어둘 것을 요청한다고 인정하였다. 따라서 독자나 시청자에게 인용된 표현이 실제 사건에 관한 보도의 일부라는 점을 명백히 나타내는 방식으로 행해진 이상, 현재의 법적 상황에 따르면 표현의 인용내용에 대한 법적 책임은 더 이상 고려되지 않는다.

하지만 실명의 제3자가 그처럼 말했다는 주장 자체가 사실이 아닌 것으로 드러났거나 언론이 명예훼손적인 표현을 익명이나 가명의 출처하에서 전파했다면, 전파책임은 쉽게 면제되지 않는다. 만약 이러한 확인되지 않은 제3자의 표현에 관한 보도 역시 정당한 것으로 인정한다면, 언론은 익명의 제3자의 표현이라는 언급을 통해 그 어떠한 책임에서 벗어나게 되고, 동시에 헌법상 보장된 보도피해자의 법적 지위를 납득할 수 없는 방식으로 위험에 빠뜨릴 수 있는 그런 부당한 결과에 이르게 될 것이다.[60]

한편, 전파된 내용이 명백히 타인의 보도라는 특징을 통해서도 처음부터 전파자의 책임을 배제할 수 없는 경우에는 기존의 전파책임의 원칙이 그대로 유지된다. 이때 언론은 자신의 책임을 단지 전파된 내용과 적절한 방식으로 거리 두기를 통해서만 피할 수 있다.[61] 만약 이러한 거리 두기가 종종 관찰되는 바와 같이 단지 소극적으로 행해졌다면, 이러한 거리 두기 방식은 전파된 주장을 자신의 것으로 귀속시켜서는 안 된다는 사실을 인식할 수 있을 경우에만 거리 두기의 목적을 달성할 수 있고, 이를 통해서만 비로소 전파책임의 구성요건이 탈락하는 결과에 이르게 될 것이다.[62] 그리고 전파된 보도가 진실할 것이라는 인상을 그대로 유지하지 않는 거리 두기만이 책임배제를 위한 적절한 방식으로 인정될 수 있을 것이다. 예컨대, 제3자의 주장을 인용하는 경우에는 "이 사람은 자신의 표현을 현재 취소해야 한다"라는 추가설명을 덧붙이거나, 소문의 인용 시에는 "이는 근거 없는 것으로 밝혀졌다" 혹은 "그것의 정확성은 어떠한 근거에서도 입증되지 않았다"는 등의 해명의 추가와 함께 거리 두기가 가능할 것이다.[63]

여기에서 허위보도 내용과 그러한 사실의 존재 자체는 구별되어야 한다. 언론이 공공성과 관련된 제3자의 주장을 적당한 거리 두기하에서 그대로 전파하는 경우, 이는 공적 과제의 이행과 정당한 이익의 대변을 위해 행동한 것으로 간주된다. 따라서 이러한 보도는 전파책임의 원칙과 전파된 주장의 허위 및 허위 가능성에도 불구하고 정당화된다. 다만, 개별적인 경우에 거리 두기가 행해진 보도에 대해서도 당사자의 정당한 이익이 인정될 수 있는 한 반론보도청구의 대상이 될 수 있다.[64]

유럽인권법원 2008년 2월 14일 자 판결 – 20893/03

사실관계

청구인1, 세르쥬 줄리는 1942년생으로 파리에 살고 있다. 그는 일간지 리베라시옹의 편집장이었다. 청구인2는 주식회사 리베라시옹이다. 1995년 10월 19일 판사 베르나르드 보렐은 당시 지부티 법무부 장관의 자문 역으로서 파견되었는데, 수도로부터 80km 떨어진 곳에서 사망한 채로 발견되었다. 그는 반나체의 모습이었고, 그의 머리는 일부 검게 태워진 상태였다. 1995년 11월 초 지역경찰은 조사를 통해 자살이라는 결론에 도달했다. 같은 달 툴루즈에서 판사의 사망원인 확정을 위한 법원 사전

조사가 개시되었다. 1996년 2월 부검결과는 벤젠을 통한 분신자살이라고 결론 내렸다. 하지만 1997년 2월 판사의 미망인이 신원불상의 살인자를 고소하는 동시에 손해배상을 청구했다. 1997년 4월 법원의 사전조사가 시작되었다. 미망인에 의해 개인적으로 의뢰받은 법의학 감정인은 판사가 살해 이후 불태워졌다고 밝혔다. 왜냐하면 폐에 어떠한 연소 흔적도 없었기 때문이다. 이로 인해 이 조사는 파리로 넘겨져서 조사판사 M과 L이 담당했다. 이 두 조사판사는 파리지방법원(특별재판부) 소속이었다. 1999년 12월 전 지부티 경비대 소속 직원은 살해 주장을 적극 지지하고 벨기에로 도망갔는데, 그는 지부티공화국 대통령의 전 내각총리를 범인으로 지목했다. 이러한 진술은 뜨거운 토론을 불러일으켰고, 언론에서 대대적으로 보도되었다. 2000년 1월 이 사람의 신문결과, 증인은 판사 M이 편파적이라고 비난했다. M 판사가 증인의 진술을 취소시키려는 압력을 행사했다는 의혹 때문에 세 판사협의회가 신문절차에 참여했다. 이후 2000년 3월 13일 파리에서 한 기자회견이 열렸는데, 여기에서 사건을 다룬 두 명의 조사판사에 대해 수사를 개시하라는 미망인의 요청이 프랑스 법무부 장관에게 호소되었다. 이때 판사협의회를 비롯한 여러 단체들이 법관조사결과에 대해 비판을 제기했다. 이에 2000년 3월 14일 "리베라시옹"지는 "판사의 죽음: 미망인은 판사와 경찰을 공격했다"라는 제목과 함께 한 기사를 공표했다. 여기에서 여기자는

> 미망인은 판사의 편파성을 비난했고, 판사협의회 대표는 조사가 '기이하게(bizarr)' 수행되었다고 유감을 표시했다. 다른 판사협의회 대표는 다수의 결함에 관해 언급했다.

라고 보도했다. 기사가 보도된 날, 두 조사판사는 공직자의 공개적 명예훼손에 대한 해명을 위해 청구인들을 낭테르 형사법원(경범죄법원)에 소환했다. 법원은 2001년 3월 13일 두 청구인에게 무죄선고를 내렸다. 2001년 11월 14일 자 베르사유 항소법원은 무죄 선고된 판결 일부를 파기하고, 청구인1에게 천오백 유로의 벌금과 손해배상으로서 각자 모두에게 동일한 액수를 지급하라고 유죄판결을 내렸다. 그리고 판결의 주요내용을 리베라시옹 및 다른 전국일간지에 공표하라고 명령했다. 아울러 비용

의 배상으로서 약 삼천 유로를 두 명의 판사 각자에게 지불하라고 유죄 선고했다. 파훼법원은 2003년 1월 14일 청구인의 상고를 기각했다.

2006년 6월 28일 미망인의 변호사는 사망한 판사의 짧은 반바지에서 살인자를 암시할 수 있는 유전자 흔적이 발견되었다고 통지했다. 이에 2006년 10월 19일 조사판사는 두 명의 지부티 국적 보유자에 대한 구속영장을 발부했고, 2007년 2월 14일 지부티공화국 대통령을 증인으로 소환했다.

2003년 6월 26일 청구인은 유럽인권법원에 불만소원을 제기했고, 유럽인권협약 제6조의 공정한 재판을 받을 권리 및 제10조의 의견표현의 자유권의 침해를 주장했다. 2008년 2월 14일 제3 재판부는 만장일치로 협약 제10조에 따른 불만소원을 허용되는 것으로 인용하고, 나머지는 불허한다고 선고하면서, 유럽인권협약 제10조가 침해되었다고 확정했다.[65]

① 법적 근거 유무

유럽인권법원은 유럽인권협약 제6조에서 제11조 내에 규정된 "법적 근거"라는 표현은 우선 비난대상이 된 조치가 국내법상 근거를 가져야 하지만, 이는 법에 관한 질적 요청을 제시하는 것으로서 당사자를 위해 접근 가능하고, 특정한 행동이 가져올 수 있는 결과를 당사자가 사정에 따라 적절하게 예측할 수 있는 정도로 분명히 파악될 수 있어야 한다는 것을 의미한다고 밝혔다. "예측할 수 있는"이란 특히 공권력의 자의적 침해에 대해 일정한 보장을 제공하는 하나의 기준을 뜻한다고 덧붙였다.

"예측 가능성" 개념의 사정거리는 대체로 문제 된 규정의 내용에 달려 있고, 그 규정이 규율하는 대상에 달려 있으며, 규정이 대상으로 삼고 있는 그런 사람의 수와 법적 지위에 달려 있다고 밝혔다. 당사자가 사정에 따라 특정한 행위가 가질 수 있는 그 결과를 예측하기 위해 적절한 법적 조언을 구해야만 할 때에도 그 규정은 예측 가능한 것으로 볼 수 있다고 인정했다. 이것은 특히 자신의 직업 수행 시에 상당한 주의를 기하는 것에 익숙한 그런 전문가에게도 마찬가지라고 밝혔다. 따라서 그들은 직업상 따라오는 위험을 평가하는 것에 대해 일반인과 다른 특별한 주의를 기울인다는 점이 기대될 수 있다고 보았다.

유럽인권법원은 이 사건에서 공직자의 공개적 허위사실 명예훼손으로 인한 유죄선고는 출판의 자유에 관한 1881년 7월 29일 자 법률 제23조, 제29조 제1항, 제30조, 제31조 제1항에서 근거를 가진다고 인정했다.

아울러 유럽인권법원은 이러한 규정들이 협약 제10조에 근거한 접근 가능성과 예측 가능성에 관한 요청들에 부합하는 것이라고 이미 결정한 바 있고, 이러한 판례를 거부할 어떠한 이유도 인정되지 않는다고 밝혔다. 그 밖에 청구인1인 당시 리베라시옹 편집장과 청구인2인 리베라시옹 주식회사 대표이사는 언론계에서 경험 많은 직업인이며, 이와 관련된 위반으로 인해 이미 내국 법원에서 변호했어야 했던 점이 참작되어야 한다고 보았다. 즉, 청구인은 비록 사정에 따라 전문가의 법적 조언이 필요했을지라도 해당 법규정과 판례 전반을 잘 알고 있었을 것으로 추정된다고 보았다. 특히 "기이한"이라는 개념의 해석과 관련해 요청되는 해명이 예측 불가능하고 모순되는지 여부에 관하여 유럽인권법원은 프랑스 법관이 행해야 할 법률의 해석과 적용은 의심의 여지 없이 그의 권한이며, 따라서 명백한 자의적 판단이 아니라면 그 자체로 협약 제10조 위반이라고 볼 수는 없다고 판단했다. 이 사건에서 위반에 관한 어떠한 단서도 존재하지 않는다고 보았다. 오히려 이 문제는 원고에 대한 침해의 정당성과 관련해 프랑스 법원에 의해 제시된 이유들이 설득력이 있고 충분한 것이었는지 여부에 관한 다른 맥락에서 다뤄져야 한다고 지적했다. 그 때문에 유럽인권법원은 침해의 "불가피성"의 판단 시에 이를 심사하게 될 것이라고 밝혔다. 결과적으로 청구인은 기사의 공표가 자신에게 가져올 수 있는 법적 결과를 적절하게 예측할 수 없었다고 주장할 수는 없다고 보았다. 따라서 이로부터 유럽인권협약 제10조 제2항의 의미상 "법적 근거 있는" 침해라는 결론이 도출된다고 판단했다.[66]

② 정당한 목적 여부

유럽인권법원은 문제 된 대상 판결이 한편으로는 다른 사람의 평판과 권리를 보호할 목적을 가지며, 다른 한편으로는 재판의 불편부당성과 권위를 보호하는 정당한 목적을 가진다고 인정했다.

대상 판결은 조사판사가 공직자로서 자신의 신분을 보호할 목적을 추구하는 동시에 하나의 공권력 혹은 헌법기관인 사법부를 명예훼손에 대해 보호할 목적을 추구했다고 보았다. 따라서 이러한 목적은 다른 사람의 명예보호 및 판결의 권위와 불편부당성의 보호에 상응한다고 평가했다.[67]

③ "민주사회에서 불가피한지" 여부

유럽인권법원은 의견표현의 자유를 민주사회의 본질적 핵심요소 중 하나이며, 인격의 지속적 발전과 발현을 위한 기본전제라고 간주했다. 협약 제10조 제2항을 조건으로 하는 이 자유권은 호의적인 것으로 받아들여지거나 악의 없고 문제가 되지 않는 것으로 인정되는 "정보들"이나 "생각들"뿐만 아니라 해를 가하고, 충격을 주거나 불편하게 하는 의견표현들에도 적용된다고 밝혔다. 왜냐하면 "민주사회"에서 없어서는 안 되는 다원주의, 관용 그리고 개방적인 정신적 태도가 원하는 바가 바로 이것이기 때문이라고 밝혔다. 하지만 협약 제10조는 엄격하게 해석되어야 할 예외를 규정하고 있기 때문에 제한의 필요성은 설득력 있게 입증되어야 한다고 설명했다.

그리고 유럽인권협약 제10조 제2항의 "불가피한"이란 형용사는 하나의 "긴급한 사회적 필요성"이 존재해야 한다는 것을 의미한다고 밝혔다. 협약국가들은 그러한 필요성이 존재하는지 여부를 확정함에 있어 일정한 자유재량을 가지지만, 이러한 자유재량은 의회제정법뿐만 아니라 법원에 의해 내려지는 법적용 결과인 판결에 대해서도 유럽 차원의 감시가 수반된다고 밝혔다. 따라서 유럽인권법원은 "제한"이 협약 제10조에 의해 보장된 의견표현의 자유와 일치하는지 여부에 관해서 최종적으로 결정하게 된다고 확증했다.

하지만 유럽인권법원은 그의 감시 역할의 행사에 있어서 관할 당국과 법원을 대체할 지위를 결코 갖지 않는다고 선을 그었다. 오히려 유럽인권법원은 재량의 범위 내에서 내려진 판결이나 결정을 협약 제10조의 관점하에서 심사해야 한다고 보았다. 다만, 이것이 피고 국가에 대한 감시가 그의 재량권을 선의로, 주의 깊게 그리고 적절하게 행사했는지 여부를 확정하는 것으로 제한된다는 사실을 의미하지는 않는다고 지적했다. 오히려 유럽인권법원은 대상 판결을 통한 피고 국가의 침해행위가 사건의 모든 사정의 고려하에서 수행된 정당한 목적과 비례하는지 그리고 당국이나 법원에 의해 제시된 정당화 이유들이 설득력 있고 충분한지 여부를 판단하고 결정해야 한다고 밝혔다.

그 밖에도 유럽인권법원은 민주사회에서 매우 빈번하게 언론의 의미를 강조한 바 있고, 여기에서도 비록 언론은 일정한 한계를, 특히 평판과 다른 사람의 권리보호를 넘어서는 안 되지만, 그럼에도 자신의 의무와 책임이 일치하는 방식으로 모든 공적 이익들의 문제들에 관한 정보와 생각을 전달한 의무를 진다고 밝혔다. 따라서 당국과 법원의 자유재량 여지는 언론이 "감시견"의 중요한 역할을 수행하는 것을 가능케 하는 민주사회의 이익에 의해 제한된다고 역설했다.[68]

④ 프랑스 국내법원의 재량 여지 범위

유럽인권법원은 보도 하루 전에 언론에서 집중적으로 주목을 받았던 법원의 사전 조사 및 이를 상대로 비판적으로 싸우고 있던 한 미망인의 기자회견 경위와 대상에 관한 청구인의 관련기사가 프랑스 법원으로부터 유죄판결을 받은 사실이 법적 다툼의 대상이라고 확정했다. 그리고 기자회견은 의심스러운 주변 상황하에서 발생한 지부티 파견 프랑스 판사의 사망원인 및 그와 관련된 상황을 주요 대상으로 했다고 인정했다. 그리고 기자회견의 목적은 사망한 판사의 미망인이 2000년 3월 13일에 프랑스 법무부 장관을 상대로 법원조사가 어떻게 수행되었는지에 관해 사법 당국을 통해 조사를 개시하라는 요청을 호소하는 것이었다고 밝혔다.

따라서 대중들은 형사절차에 관해 정보를 제공받고, 그에 관해 알게 될 정당한 이익을 가진다고 밝혔다. 그리고 모든 민주사회에 있어서 근본적 의미를 가지는 제도인 사법부의 활동이 언론을 통해 보도되는 공적 이익의 문제에 속한다는 점은 의심의 여지가 없다고 생각했다. 언론은 사실상 고도의 책임을 지고 있는 판사가 헌법상의 목적에 상응해서 자신에게 위임된 과제를 올바르게 처리했는지 여부를 정치인이나 여론에 확인시켜 줄 수 있는 여러 수단들 중 하나라고 보았다.

그리고 이러한 점은 이 사건에서 특히나 그러한데, 왜냐하면 기자회견에서 실제 벌어진 것들은 다루기 힘든 형사사건의 법원 사전조사와 직접 관련된 것이었고, 처음부터 끝까지 언론계의 엄청난 반향을 얻었던 것들이었기 때문이라고 밝혔다. 그 때문에 국가 당국에 의해 내려진 조치들이나 부과된 제재들이 정당한 공적 이익의 문제들에 관한 토론에 참여할 용기를 저하시키기 적합한 경우에는 특별한 주의가 요청된다고 밝혔다. 이로부터 청구인이 문제 삼은 조치들이 "필수 불가결"한 것이었는지 여부를 판단함에 있어서는 법원의 재량 여지가 제한되어야 한다는 결론이 도출된다고 인정했다.

베르사유 항소법원은 그의 유죄판결에서 다툼이 된 기사 중 두 구절이 원래 사건을 담당했던 두 조사판사의 명예와 평판을 침해한다고 밝혔는데, 이는 핵심 증인의 신문에 있어서 편파적이었다는 점과 사전조사가 "기이한" 방식으로 수행되었다는 비난이 두 판사에게 제기되었기 때문이라고 생각했다. 이에 해당 법원은 이 구절들을 1881년 7월 29일 자 법률의 29-31조의 의미상 허위사실 명예훼손으로 평가했다. 하지만 유럽인권법원은 이제 프랑스 법원들이 이 규정들을 협약 제10조에 표현된 원칙들의 취지에 맞게 적용했는지 여부를 심사해야 한다고 밝혔다. 게다가 이때 중요한 사실들에 대한 적절한 평가에 의지했는지 여부도 심사해야 한다고 덧붙였다.[69]

⑤ 제3자 발언의 인용보도와 거리 두기의 문제

항소법원과 파훼법원은 청구인이 명백하게 신중함과 객관성에 관한 자신의 의무를 위반했기 때문에 청구인이 주장하는 선의의 항변을 적용할 수 없다고 보았다. 이에 대해 유럽인권법원은 해당 법원들을 비판하면서, 언론인이 선의로 정확한 사실적 토대 위에서 보도하고, 그의 직업윤리의 준수하에서 "신뢰할 수 있고 정확한" 정보를 전달한다는 전제하에서 공적 이익의 문제에 관한 정보를 전파할 권리가 언론인들에게 보장된다는 사실이 상기되어야 한다고 강조했다.

따라서 제3자에 의해 자신에게 전달된 정보의 공표에 대한 언론인의 책임문제를 다룸에 있어서는 제3자에 기인한 정보의 전파에 협력한 언론인을 형사처벌하는 것은 언론의 공적 이익의 관심사에 관한 토론에의 기여를 현저하게 위태롭게 할 것이고, 이 때문에 특별하고 중차대한 이유들 없이는 허용되지 않는다는 원칙이 적용된다고 밝혔다. 다만, 공적 이익의 문제들에 관한 기사의 경우일지라도 언론인들에게 협약 제10조에 의해 보장된 보호들은 언론이 선의로 그리고 언론인의 직업윤리의 준수하에서 정확하고 신빙성 있는 정보들을 전달한다는 것을 전제로 한다고 단서를 달았다.

항소법원 판사는 기자의 선의의 항변을 배제하는 이유로 우선 기자가 인터뷰 안에서 그 문제를 다루려고 한 것이 아니라 손쉬운 방법을 위해 중간자 입장을 선택했고, 아울러 기자가 당사자에게 입장표명의 기회를 제공할 여지를 남겨 두었는지에 대해서도 해명이 필요하다는 사실을 들었다. 하지만 유럽인권법원은 항소법원이 언론을 대신해서 과연 기자가 정보의 전달에 관한 보도를 할 경우 어떤 특별한 방식을 선택해야 하는지를 결정해서는 안 된다고 밝혔다. 왜냐하면 협약 제10조는 표현된 생각이나 정보의 내용을 보호할 뿐만 아니라 보도방식 역시 보호하기 때문이라고 설명했다.

다른 한편으로 항소법원 판사는 인터뷰 형식이 아닌 보도의 경우에는 표현방식에 있어서 기사의 특정 부분을 자기 스스로 책임져야 한다는 사실에 관해 편집인이 잘 모르고 있었다고 질책했다. 하지만 유럽인권법원은 제3자를 모욕하고 도발하거나 명예를 침해할 수 있는 인용내용에 대해 체계적이고 공식적으로 거리를 둘 것을 언론에 일반적으로 요구하는 것은 특정한 시기에 유포되고 있던 사실이나 의견 그리고 생각에 관해 정보를 제공해야 할 언론의 책무와는 일치하지 않는다고 지적했다.

그 밖에 항소법원은 조사판사들에 대한 특별히 심각한 비난에 있어서 기자 및 청구인들은 특별한 주의조치를 취하고 세심하게 신중을 기할 의무를 진다고 인정했지만, 이러한 판결 이유들은 유럽인권법원을 설득하지 못한다고 밝혔다.

유럽인권법원은 다툼이 된 기사가 이미 언론에서 다뤄진 바 있고, 공공에 알려진 관심사에 해당하는 2000년 3월 13일 자 기자회견에 관련된 보도였다는 사실에 주목했다. 주의조치와 관련해 볼 때 기사는 독자들에게 기자회견에서 직접 행해진 내용인지 아니면 신문의 분석인지 여부에 관한 불확실성을 배제하기 위해 의도적으로 간접화법을 사용하였고, 여러 번 인용표시를 사용하였다는 점을 중요하게 보았다. 또한 기사는 독자들을 통한 주목을 위해 말한 사람의 이름을 매번 인용함으로써 특정 구절들이 기자나 청구인에게 귀속될 수 없다는 점을 분명히 했다고 보았다. 그 밖에 기사는 판사에 대한 어떠한 개인적 적대감도 나타내지 않았다고 인정했다.

나아가 관련 인물들은 판사들이고, 이들을 의도적인 정치인과 마찬가지로 자신의 행위와 행동방식에 대해 정확한 검증에 내맡기고, 그 때문에 그들의 행위에 관한 비판 역시 정치인처럼 다뤄지는 것은 적절치 않다고 생각했다. 그럼에도 공직행사 영역에서 활동하는 공직자에 대한 비판의 허용한계는 단순한 시민보다는 더 넓게 인정되고, 이 점은 이 사건에서도 마찬가지라고 밝혔다. 따라서 청구인의 상고기각을 위한 파훼법원의 근거들은 설득력이 없고 충분하지 않다고 판단했다. 관련 인물들, 즉 전통적 국가제도에 속하는 두 공직자들에 대해서는 오히려 허용되는 한계 내에서 개인적 비판이 제기될 수 있으며, 더욱이 단지 막연하거나 추상적이지 않은 방식으로 비판이 제기될 수 있다고 인정했다.

마지막으로 항소법원은 "기이하게"라는 표현의 사용과 관련해 기자회견 참가자 중 한 명의 발언에 관해 기사가 왜곡되었고, 이것이 바로 청구인의 선의가 부족하다는 것을 보여준다고 판시했다. 이에 대해 유럽인권법원은 이러한 표현이 비록 기자회견장에서 사용되었을지도 모르지만, 항소법원 역시 이 발언자가 그의 동료 판사들을 통한 조사방식을 비하하려는 어떠한 명확한 의사를 표현한 것은 아니라고 인정했기 때문에 정확한 표현의미와 관련해서는 의심들이 남아 있다고 밝혔다. 물론 이 표현이 확실히 기분 좋게 하는 것은 아니지만 그럼에도 오래전부터 통용되어 왔던 이 형용사를 기자는 자신의 기사에서 기자회견 중 한 참가자의 것으로 표시했고, 따라서 자기의 것으로 삼지 않았다는 점은 분명하다고 밝혔다.

어쨌든 청구인은 기사의 공표에 있어서 민주사회에서 허용되는 출판자유의 행사범위 내에서 확실히 과장이나 도발에 결코 기대지 않았고, 따라서 출판자유에 놓여 있는 한계를 넘지 않았다고 판단했다. 보도대상이 된 논란의 여지가 있는 기자회견에서는 실제로 어떠한 관련 판사들에 대한 명백한 침해적 표현도 존재하지 않았고, 특히 "기이하게"라는 표현이 이에 해당하지도 않는다고 보았다. 따라서 프랑스 판사들이 이러한 표현과 관련해서 선의의 부족을 말하는 것은 의견표현의 자유권의 원칙이나 출판의 감시견으로서의 역할과 일치하지 않는다고 판단했다. 이러한 이유에서 다툼이 된 표현이 행해진 맥락의 고려하에서 청구인의 허위사실 명예훼손으로 인한 유죄선고는 비례적이지 않고, 따라서 협약 제10조의 의미상 "민주사회에서 필수 불가결하지" 않다고 결론지었다.[70]

연방헌법재판소 2009년 6월 25일 자 결정 – 1BvR 134/03

사실관계

헌법소원의 대상은 다른 곳에서 보도된 언론보도를 일명 '프레세샤우(Pressschau-신문기사 요약제공 서비스)' 내에서 요약기사로 제공하는 것에 대한 금지판결이다. 청구인은 잡지 "E.-S."의 발행인이고, 투자자 관점에서 주식시장에서의 관심 사건들에 관해 보도했다. 이 잡지는 무엇보다 "의견-프레세샤우-주식시장과 은행들에서의 뉴스"라는 표시가 달린 고정란을 운영했는데, 여기에서는 다른 곳에서 보도된 언론보도가 간결하게 요약된 상태로 인용되었다. 이 고정란은 다음과 같은 멘트로 끝을 맺고 있었다.

'E.-S.'는 '최근의 프레세샤우'에서 단지 타인의 의견을 인용하는 데 그치며, 그 어떠한 입장표명도 자제합니다.

2000년 11월 9일 청구인은 이 고정란에서 2000년 11월 1일 자 "H"신문이 보도한 기사에 근거해 한 요약기사를 공표했다. 이 기사의 대상은 당시 계류 중이던 형사법상 수사절차에 관한 것이었으며, 해당 수사는 전심절차의 원고인 B 씨를 대상으로 진행된 것이었다. B 씨는 잡지 "D.A."의 발행인이자 편집장이었는데, 이 사람 역시 증권시장의 각종 사건들을 보도하는 동시에 재무컨설턴트로 활동했고, "···B"거래소의 주식투자 참가를 통해 유명세를 얻고 있었다. 1999년부터 슈투트가르트 검찰은 그와 부편집장 O에 대해 그리고 슈투트가르트 자산관리인에 대해 내부자거래위반 혐의로 수사를 진행하고 있었고, 투자자들에게 불이익을 끼친 사기혐의 역시 조사대상이었다.

원고는 전심절차에서 프레세샤우에서 공표된 청구인의 요약기사에 대해 금지를 청구했다. 언론동향으로서 공표된 요약기사는 그 당시 이미 알려진 모든 면책 상황들을 누락한 상태에서 원고에게 불리한 사실만을 선택적으로 인용함으로써 원래의 기사와 달리 원고가 자신의 직원인 O의 범죄행위에 가담했다는 인상을 불러일으킨다고 주장했다. 원고에 대한 수사는 2000년 11월 20일 원래 기사의 보도와 소송대상인 E.-S.에서의 인용 이후 불기소처분을 통해 중단되었다. 그 이유는 직원과 자산관리인의 범죄혐의사실에 원고의 가담을 입증할 수 없다는 것이었다. 원고가 회사의 감독의무를 소홀히 했다는 점에 대한 규정위반 소추도 함께 포기되었다.

함부르크 지방법원은 2001년 7월 20일 자 판결에서 청구인의 요약기사로 인해 원고가 직원 O의 범죄혐의사실에 가담했다는 인상을 불러일으킨다는 이유로 금지판결을 내렸다. 나아가 지방법원은 청구인의 보도에서 생겨난 모든 손해들에 대한 배상의무를 확정했다. 함부르크 상급법원 및 연방대법원 역시 청구인의 항소를 기각했다. 이에 대한 헌법소원은 받아들여지지 않았다.[71]

① 타인의 입장표명의 전파와 기본법 제5조 제1항 제1문의 보호범위

연방헌법재판소는 비록 대상 판결의 이유와 관련해서 헌법상 의문이 존재하지만, 청구인은 결과적으로 파기환송의 경우에도 성공하지 못할 것이라는 점이 명백히 예상된다고 밝혔다.

재판부는 제3자의 표현의 전파자로서 청구인의 책임을 인정한 전심법원들의 판결이유는 헌법상 우려를 자아낸다고 보았다. 우선 대상 금지판결들은 기본법 제5조 제1항 제1문에 근거한 의견자유에서 평가되어야 한다고 보았다. 이러한 의견표현의 자유권은 말이나 글, 그림에서 자신의 의견을 자유롭게 표현하고 전파할 권리를 모든 사람에게 제공하며, 사실주장은 엄격하게 보자면 비록 어떠한 의견표현도 아니지만, 그럼에도 의견자유의 보호범위에 해당한다고 밝혔다. 왜냐하면 사실주장은 의견형성을 위한 전제이며, 기본법 제5조 제1항 제1문은 의견형성을 총체적으로 보호하기 때문이라고 밝혔다. 하지만 이러한 사실주장의 보호는 의견형성에 어떠한 기여도 할 수 없는 곳에서 비로소 끝나기 때문에, 단지 의도적이거나 명백한 허위사실의 주장은 의견자유의 보호범위에 포섭되지 않는다고 덧붙였다. 한편, 타인의 의견 혹은 사실주장의 전달 역시 기본법 제5조 제1항 제1문에 의해 보호되는 의사소통절차에 속하며, 더욱이 전파자가 이러한 타인의 의견이나 사실주장을 자신의 것으로 삼거나 자신의 입장표명 속으로 편입시키는 것이 아니라 단지 타인의 표현을 전파하는 데 그치기만 하는 경우에도 마찬가지라고 밝혔다. 가령 전파자는 그러한 제3자의 입장표명을 받아들일 만한 것으로 간주하거나 아니면 그것에 거부적인 태도로 맞서거나 혹은 그 자체를 주목할 만한 것으로 간주할 수 있기 때문에, 제3자의 입장표명에 관한 정보를 수집하고 다른 사람에게 제공하는 것 역시 기본법 제5조 제1항 제1문이 보호하고자 하는 의견형성적 토론절차의 일부라고 보았다.[72]

② 프레세샤우 내의 표현의 보호문제

연방헌법재판소는 다른 곳에서 사전에 공표된 보도를 프레세샤우 내지 프레세슈

피겔 내에서 인용하는 것 역시 의지자유권에 속한다고 밝혔다. 즉, 타인의 표현을 논평하거나 다른 방식으로 자신의 입장표명 속으로 편입시키는 것이 아니라 순전히 그 자체만을 보고하는 경우일지라도 의견자유에 의해 보호된다고 판시했다. 그 외에 이러한 표현들이 출판자유의 보호범위에도 관계되는지 여부는 중요하지 않다고 보았다. 여기에서처럼 특정한 표현이 허용되는지 여부, 특히 제3자가 자신에게 불리한 표현을 감수해야 하는지 여부가 문제 되는 경우에는 전파매체와 상관없이 기본법 제5조 제1항 제1문이 적용되기 때문이라고 해명했다.

만약 언론사가 단지 제3자의 표현을 공표하는 데 그치고, 이때 예를 들어 상품광고의 경우처럼 어떠한 자신의 의견도 표현하지 않는다면, 무언가 다르게 판단될 수도 있다고 생각했다. 이러한 경우에는 설사 제3자의 표현내용 그 자체는 기본법 제5조 제1항 제1문(의견표현권)에 의해서 보호될지라도 그의 게재 여부와 관련해서는 출판의 자유(기본법 제5조 제1항 제2문)가 관계될 수 있다고 보았다. 하지만 그러한 출판자유에 의지하는 것은 언론사의 공표가 자신의 의견이나 의견관련 주장과 무관하고, 기껏해야 단순한 제3자의 표현을 기술적으로 전파하는 경우로만 제한되는 경우라고 밝혔다. 그에 반해 프레세슈피겔과 같은 서비스 내에서 타인의 언론보도에서의 요약을 인용할 경우에는 출판물을 발행하고 구성하고 전파할 자유만이 작동되는 것이 아니라, 오히려 기본권주체 스스로 언급할 가치 있는 타인의 의견을 분리하거나 주제별로 정리된 대조를 통해 재현함으로써 스스로 다양한 전거 가운데 일부를 선택한 것이기 때문에, 이러한 선택행위가 바로 타인에 의해 작성된 표현을 언론기관에서 기술적으로 순수하게 전파하는 것과 구별되게 한다고 보았다.[73]

③ 타인의 표현을 전파할 경우 진실내용의 조사의무

연방헌법재판소는 통상적으로 상충하는 이익의 조정은 다른 사람에 관한 불리한 사실주장을 제기한 사람에게 진실내용에 관한 주의 깊은 조사의무를 부과하는 것을 통해 이뤄진다고 보았다. 그리고 그러한 조사의무는 개별적인 진실규명 가능성에 따르며, 언론매체에는 사인보다 다소 더 강한 조사의무가 부과된다고 밝혔다. 연방헌법재판소는 이러한 조사의무의 범위가 기본법상 요청과의 일치하에 책정된다면, 이러한 조사의무의 부여에 대해서는 어떠한 헌법적 우려도 존재하지 않는다고 인정했다. 따라서 의견자유의 이익을 위해서는 기본권의 행사의지를 저하시키고 자유로운 의사소통절차를 압박하는 어떠한 진실의무 요청도 강제되어서는 안 된다고 판시했다. 하지만 다른 한편으로 진실의무는 일반적 인격권에서 기인하는 보호의무의 일환이라는 점이 고려되어야 한다고 강조했다. 따라서 문제 된 표현이 인격권을 더욱 심각하게 침해하면 할수록 주의의무의 이행에 관한 요청은 더 높게 설정된다고 밝혔다. 물론 이때 해당 표현의 공공의 이익 역시 고려되어야 한다고 덧붙였다.

이러한 원칙에 비추어보면 전심법원들이 이 사건에서 생겨날 수 있는 특수성이나 주의의무의 제한을 심사하지도 않은 채 인용된 본문내용의 전파에 대해 청구인의 무제한적인 책임을 인정했다는 점에서 헌법상 우려가 발생한다고 보았다. 물론 헌법상 원칙에 따르면 제3자의 표현을 자신의 것으로 삼지 않은 상태에서 전파한 사람에게 전파된 사실주장의 진실내용을 보증할 의무를 부과하는 것은 문제 될 것이 없다고 인정했다. 왜냐하면 명예훼손적 성격의 입증되지 않은 사실주장이 다른 사람을 통해서 반박되지 않은 채 제기되었다는 이유로 허용되는 것은 아니기 때문이라고 밝혔다. 그리고 이때 언론은 사인보다는 넓은 범위에서 뉴스와 주장들에 관한 진실내용을 전파 이전에 조사할 의무를 진다고 설명했다.

하지만 연방헌법재판소는 이로부터 언론에 그러한 주의의무가 무제한적으로 요구될 수 있다는 사실이 도출되지는 않는다고 단언했다. 오히려 각급 법원은 타인의 표현을 전파할 때 언론에 요구되어야 할 주의의무의 책정에 있어서도 진실의무가 기본법 제5조 제1항 제1문에 의해 보장되는 자유로운 의사소통절차를 압박하지 않기 위해서 이러한 의무를 과도하게 요구하지 않을 의무를 진다고 밝혔다.[74]

④ 프레세샤우 내지 프레세슈피겔에서 요약된 타인의 표현의 전파책임

연방헌법재판소는 자신의 의견공표뿐만 아니라 공공성과 본질적으로 관계되는 문제에 관한 시사적 논쟁에서의 의견상태에 관한 정보 역시 여론형성적 의사소통절차에 속한다고 인정했다. 프레세샤우 내지 프레세슈피겔은 독자나 시청자들에게 언론에서 보도되었거나 논평에서 직접 주장되었던 최근의 시사적 주제와 관련해 다양한 의견의 스펙트럼 개관을 전달해 주는 전통적인 언론보도방식이라고 보았다. 하지만 의견시장의 공개라는 법리의 적용을 통해 전파자로서 책임을 지지 않는 특권을 얻게 되는 표현물로서 특정한 주제에 관해 다양한 의견을 대조해 볼 수 있는 그런 표현물뿐만 아니라 다른 곳에서 이미 보도된 주제를 그대로 게재하는 것 역시 미디어 이용자의 특별한 정보이익을 충족시킬 수 있다고 보았다. 따라서 제3자의 개별적 보도를 요약해서 제공하는 방식의 프레세샤우 인용표현들은 통상 모든 시사적 언론보도들을 직접 살펴볼 수 없는 미디어 이용자에게 간결한 형태로 다른 곳에서 행해진 언론보도내용에 관한 개관을 제공하기 위해 이용된다고 밝혔다. 아울러 그러한 요약서비스의 대상은 비록 어떠한 이유에서건 언론기관 자신의 편집 영역 내에 포함되지 않았지만 그럼에도 이용자들을 위한 정보이익이 추정되고, 아울러 이들이 확인하고 싶어 할 정도로 주목을 끌었던 보도들이 그 대상이 될 것이라고 보았다. 언론은 의견자유권 행사 차원에서 이러한 방식으로도 대중들에게 정보를 제공하고 민주적 의사형성에 협력할 자신의 과제를 대변한다고 강조했다.

그럼에도 이러한 역할의 언론에 대해 무제한의 전파책임을 부과한다면, 프레세샤우의 작성자들은 인용된 발췌문에 포함된 사실주장의 진실내용을 원래 기사작성자와 동일한 수준으로 조사해야 결과를 낳을 것이라고 우려했다. 나아가 그러한 조사의무는 어쨌거나 언론의 책임면제가 가능한 거리 두기에 관해 너무 엄격한 요청들을 강제하는 것으로서, 의사소통절차에 결정적인 영향을 미치게 될 것이라고 생각했다. 결국 이러한 요청들은 아무런 논평도 포함하고 있지 않은 제3자의 보도를 단순 요약하는 형태의 인용을 통해서도 금지와 취소청구의 대상이 되는 위험에 처해지게 될

것이라고 우려했다. 그에 반해 이성적 독자들은 이러한 프레세샤우에서의 요약기사들이 언론 자신의 조사에 근거한 것이 아니라 제3자의 언론보도에 기초한 것이라는 사실을 이미 알고 있을 것이라고 생각했다.

더욱이 이 사건에서처럼 이미 독자적인 난에 게시된 정확한 출처정보를 통해서 그리고 건조한 문장형태로 간결한 요약에 그친 프레세샤우 기사들의 외관을 통해서 중립적인 독자들은 프레세샤우의 요약기사들이 타 언론사 보도를 매우 축소한 형태로 인용한 것이며, 타 언론사 보도에 대한 전파자의 조사가 뒷받침되지는 않는다는 사실을 분명히 알 수 있다고 판단했다. 따라서 프레세샤우에서 인용된 제3자의 보도에 대해 전파자로서 책임을 피하기 위해 해당 언론에 일일이 광범위한 거리 두기가 요구되어야 하는지 여부는 적어도 의심스럽다고 생각했다. 오히려 헌법적 관점에서는 타인의 보도를 공표하는 경우에도 —독자편지의 공표에 있어서와 유사하게— 전파자의 조사의무를 제한하거나 축약된 제3자 보도로서의 명백한 특징이 통상 충분한 거리 두기로서 가능하다는 점에 동의할 수 있다고 밝혔다.[75]

그럼에도 제3자의 보도의 전파 시에 언론에 의무 지울 주의의무의 책정에 있어서 기본법 제5조 제1항 제1문에 근거한 의견자유의 영향력을 고려하는 동시에 모든 형태의 언론보도에 있어서 적절한 인격권보호의 비중을 산정할 법원의 과제는 그대로 유지된다고 인정했다. 그리고 이때 전파자의 조사의무의 범위를 결정할 때나 충분한 거리 두기에 관한 요청범위를 책정할 때 어디까지 기본법 제5조 제1항 제1문을 통해 보호되는 언론의 이익이 고려되는지 아울러 이러한 요청들이 얼마나 세밀하게 정해지는지에 관한 기준들을 헌법은 구체적으로 정하지 않고, 오히려 관할법원이 상당한 자유재량을 갖게 된다고 밝혔다. 이 경우 각급 법원은 당연히 법과 법률의 구속으로 인해 유럽인권협약의 보장 역시 고려할 의무를 진다고 보았다.

이러한 원칙의 고려하에서 전심법원들의 판결들은 상충하는 기본법상 이익들의 형량을 행했고, 이때 결정적인 주의의무 및 전파자의 거리 두기 의무의 책정에 관해서 의견자유권의 영향력을 충분히 고려했다는 근거들을 나타내지 않았기 때문에 헌법상 우려가 발생한다고 지적했다. 마찬가지로 관할법원이 유럽인권법원을 통해 내려진 유럽인권협약 제10조의 보장기준을 자신의 판단과정에서 충분히 고려했으며, 그러한 유럽인권협약의 보장기준은 국내법원에 의해 인정된 기준, 즉 인용된 제3자의 보도내용과 항상 거리를 둘 일반적 의무와 상치될 가능성이 있다는 점 역시 충분히 고려했다는 근거들을 결정이유에서 찾아볼 수 없다고 비판했다.[76]

⑤ 사건판단

그럼에도 연방헌법재판소는 이 사건에서 충분한 거리 두기에 관한 요청들을 포함해서 프레세샤우 내에 제3자의 언론기사들을 전파할 때 설정되어야 할 진실의무가 과도하게 요구되었는지 여부의 문제는 최종적으로 결정될 필요가 없다고 밝혔다. 왜냐하면 다른 곳에서, 즉 손해배상청구를 부담하는 책임의 판단과정에서 청구인이 본질적 사실의 생략을 통해 원래 기사의 의미내용을 왜곡했다는 사실이 드러났기 때문이라고 밝혔다.

연방헌법재판소는 이 사건의 경우와 같이 프레세샤우 내 제3자의 표현의 전파에 있어서 인정된 주의의무의 위반사실은 거리 두기 여부와 상관없이 전심법원들의 판단이 그대로 유지된다고 인정했다. 따라서 헌법소원의 인정은 적절하지 않다고 판단했다.

우선, 연방헌법재판소는 이 사건에서처럼 표현의 공개시점에 진실 여부가 확실하게 확정되지 않은 사실주장이 문제 된 경우, 표현의 위법성 판단은 결정적으로 언론의 적합한 주의의무의 준수 여부에 달려 있게 된다고 밝혔다. 이어서 법원들이 이 사건에서 청구인이 자신에게 의무 지워진 언론의 적합한 주의의무를 위반했다고 확정한 사실을 참조했다. 이에 따르면, 청구인은 원보도 "H" 기사 그 자체 내에는 포함되지 않았던 사실을 진실로 입증되지 않았음에도 불구하고 원고의 행위 가담이 확실하다는 인상을 불러일으키는 방식으로 요약했다고 지적했다. 그리고 요약의 의미내용이 결정적으로 원래 기사와 다르다는 사실이 결국 주의의무의 위반에 해당한다는 관할법원의 법적 평가도 반박될 수는 없다고 인정했다. 오히려 이러한 사정들이 이 사건에서 요청된 기본법 제5조 제1항을 통해 보호되는 프레세샤우의 제3자의 기사전파에 관한 자유와 이와 관련된 당사자의 기본법 제1조 제1항 및 제2조 제1항에 근거한 일반적 인격권 사이의 형량을 통해서도 대상 판결들이 그대로 유지되기에 적합하다는 점을 뒷받침한다고 생각했다.

　연방헌법재판소는 법원들이 원래 기사의 의미내용을 변형하는 과정에서 언론이 지켜야 할 주의요청의 위반을 인정한 것은 어떠한 우려도 발생하지 않는다고 밝혔다. 언론이 공중에게 보고할 자신의 권리를 행사할 경우에 언론은 당사자의 명예보호를 위해서 진실에 적합한 보도의무를 부담한다고 인정했다. 이에 따라 표현주체에게 알려지고 당사자를 다른 시각으로 나타내기에 적합한 본질적 사실들이 감춰져서는 안 된다고 꼬집었다. 이에 표현주체는 본질적 사실들을 대중들이 인식할 수 없는 방식으로 취사선택하거나 단지 당사자에게 불리한 단서들에만 의지해서는 안 되고, 아울러 자신 주장의 진실성에 관해 탄핵할 수 있는 사실들 역시 숨겨져서는 안 되며, 자신의 지식상태에 따라 다툼이 있거나 의심스러운 사실들을 확정된 것으로 내세워도 안 된다고 강조했다. 이러한 의미에서 표현주체는 가령 혐의단계에 있는 범죄보도에서뿐만 아니라 대체로 개인의 인물에 향해진 보도에 있어서도 역시 고의의 일방적이고 왜곡된 표현을 피해야 할 주의요청의 준수를 요구받는다고 밝혔다. 프레세슈피겔(기사요약서비스) 내의 개인관련 보도의 공표에 있어서도 마찬가지로 본문 일부의 선택과 요약을 통해 원보도와는 다른 일방적이고 왜곡된 당사자의 이미지가 조작되지 않도록 조심하는 것 역시 이러한 주의의무에 속한다고 판단했다. 따라서 프레세슈피겔에서는 한편으로 보도의 내용상 책임에 있어서 특유한 헌법적 보장이 인정되어야 하지만, 다른 한편으로는 인용된 보도가 축약을 통해 당사자에게 불리한 완전히 다른 진술을 생산해서는 안 된다고 경계했다.

　한편, 연방헌법재판소는 이 사건에서 프레세샤우 기사의 경우 어떠한 범위에서 축약과 생략이 구체적으로 허용되는지 일반적으로 결정될 필요는 없다고 밝혔다. 비록 프레세샤우는 완전성을 요구하는 것이 아니라 타인의 보도의 주제에 대해 간결하게 알리고자 하는 것이라는 점이 독자들에게 전적으로 알려져 있지만, 이러한 표현형식의 선택은 원보도의 축약과정에서 완전히 다른 모습으로 변질되는 것을 통해 쉽사리 보도대상자의 인격권의 침해를 야기할 수 있다고 보았다. 그리고 이 사건에서 바로 이러한 침해가 일어났다고 판단했다. 즉, 이 사건에서는 청구인에 관해 공표된 요약의 의미내용이 결정적으로 원래 보도와 다르다는 사실이 인정된다고 밝혔다. 그리고 청구인에 의해 공표된 요약에는 하나의 숨겨진 진술, 말하자면 원고가 다른 피고들과 마찬가지로 내부자거래에 관여한 것이 확실하다는 진술이 포함되어 있다고 보았다. 그에 반해 원래 기사는 원고의 가담을 의심하고, 그를 통해 원고를 다른 모습으로 나타내기에 적합한 본질적 사실들을 함께 전달했다고 평가했다. 또한 "H" 기사는 원고의 관여 가능성을 분명하지 않고 확실하지 않은 것으로 나타낸 진술들을 분명히 포함하고 있었다고 밝혔다. 나아가 "H" 기사는 원고 자신의 가담을 부인하고, 심지어는 그의 직원에게 부당한 내부자 거래에의 가담을 금지시켰다는 원고의 입장까지 반영했다고 인정했다. 더욱이 "H" 기사는 그 후의 행위는 확실히 단지 다른 관여자만을 통해 행해졌던 반면, 원고의 가담은 불확실하다는 사실과 원고에 대한 수사절차는 곧 중단될 수 있었다는 사실을 자세히 해명했다는 점에서 원고의 가담 가능성에 관해 철저히 의미제한을 시도했다고 평가했다.

한편, 연방헌법재판소는 원보도가 대체로 원고 개인을 비판했고, 이때 하나의 경멸적 평가에 이르렀다는 점은 판단에 있어서 중요하지 않다고 생각했다. 실제로 "H" 기사에서 원고를 위해 서술된 표현들이 마음에 들지 않는 것이기는 하지만, 이는 본질적으로 원고의 인물과 진지성, 그의 사업방식, 그의 우수한 역량 및 명성에 관한 의견표현을 나타내는 것이라고 간주했다. 반면에 이것이 원고의 가담혐의에 관한 결정적인 사실적 근거를 나타내는 진술은 아니라고 보았다.

연방헌법재판소는 제3자의 기사를 인용한 보도과정에서 내용을 왜곡시키지 말아야 할 표현의무의 위반이 이 사건 형량의 범위 안에서 의견자유에 불리한 결과를 가

저울 수 있다고 판단했다. 타 신문에 존재하는 시사적 보도를 간추린 보도에 관한 정보이익은 일방적이고 왜곡된 보도의 요약을 정당화하기에 적절치 않다고 보았다. 설령 자유로운 의사소통과정을 보장해야 할 의견자유의 역할이라는 배경 앞에서 그리고 의견자유의 대변을 위해 공중에게 정보를 제공하고 민주적 의사형성에 협력할 언론의 특별한 과제를 고려하더라도, 언론이 당사자의 명예를 심각하게 침해하는 범죄혐의에 관한 제3자의 기사를 요약할 경우에는 어쨌든 그 의미내용이 혐의의 사실적 토대와 관련되는 한, 적어도 그 특징들이 제대로 인용될 요청이 부여될 수 있으며, 이것은 어떠한 과도한 요청도 의미하지 않는다고 보았다.

이어서 연방헌법재판소는 제3자의 보도를 인용할 경우 발생할 수 있는 주의의무 위반에 대한 청구인의 책임문제는 거리 두기나 의견시장 내에서의 표현이라는 주장과는 아무런 관련이 없다고 밝혔다. 거리 두기 사례들은 결국 전파자가 명백히 혹은 반대되는 입장표명의 대조방식을 통해 원보도의 사실주장의 진실성을 심사하지 않았고, 이에 대한 보증을 원하지도 않는다는 점을 분명히 나타냈는지 여부가 문제 되는 경우라고 보았다. 하지만 자신의 책임을 면제하는 효과가 발생하기 위해서는 구체적으로 그러한 거리 두기 방식이 필요한지에 관한 문제와는 별개로, 어쨌든 인격권 침해에 해당하는 원보도의 일방적이고 왜곡된 축약표현을 통해 자신의 주의의무를 위반한 표현주체에게 거리 두기만으로 전파책임을 제거하는 것은 어려울 것이라고 생각했다. 아울러 법원이 파기환송을 통한 새로운 사건의 취급 시에도 이러한 형량결과에 이르게 될 것이라는 점은 명약관화하다고 밝혔다. 관할 법원들은 이미 청구인이 원보도를 단지 일방적이고 왜곡된 방식으로 인용했고, 이를 통해 비로소 허위이며 그 자체로 명예를 훼손하는 원고의 가담에 관한 사실주장이 제기되었으며, 이에 따라 이러한 행위를 명백한 주의의무 위반으로 확정했다는 점에서 그렇다고 보았다. 이러한 평가들은 원고의 인격권 침해의 인정을 위한 납득 가능한 판단기준들이기 때문에, 파기환송 시에 법원들 역시 청구인의 의견자유에 대해 인격권 침해의 우위를 인정하지 않을 수 없을 것이라고 판단했다.[77]

Ⅵ. 라디오 방송과 텔레비전의 전파책임

앞에서 언급된 전파책임의 원칙들은 기본적으로 라디오나 텔레비전에 있어서도 공히 적용된다. 하지만 이러한 방송매체들은 인쇄매체와는 구별되는 해당 분야의 전속적 특성들로 인해 일정한 책임의 경감이 필요하다. 인쇄매체와는 달리 방송매체에서는 특히 방송 전 해당 보도국을 통한 사전 검토나 심사에서 벗어나서 라이브로 녹화되는 토론이나 인터뷰가 문제 될 수 있다. 방송매체가 자신의 독자적 편집을 전혀 수행하지 않고 단지 의견의 공론장으로서 그리고 제3자의 표현을 그대로 전달하는 데 그치는 방송형태에 대해 무제한의 전파책임이라는 일반원칙들을 적용하는 것은 방송사에 부당한 책임위험이 부과되는 것을 의미한다. 아마도 이러한 책임이 부과될 위험에 직면한 방송매체들이 토크쇼나 정치, 사회적 영역에서 여론형성에 기여하는 또 다른 생방송을 포기할 것은 명약관화하다.

따라서 방송매체들은 법적으로 문제 될 소지가 있는 제3자의 표현을 단지 전달하는 협력 역할에만 그친 경우에 어떠한 자신의 책임위험도 부담하지 않는다고 보아야 한다.[78] 하지만 진행이나 논평의 방식을 통해 혹은 방송의 사전제작과정 한 부분 속으로 제3자의 현장 발언들을 편입시키는 방식을 통해 시청자들에게 방송내용이 적절하다는 인상이나 확신이 전달된 경우[79]에는 사정이 달라진다.[80]

연방대법원 1996년 11월 26일 자 판결
- Ⅵ ZR 323/95("슈테른-TV"-판결)

사실관계

원고는 산부인과 의사이고, TV 프로그램 외주제작사인 제1피고의 방송보도물로 인해 자신의 권리가 침해되었다고 생각했다. 이 보도물은 제2피고인 "슈테른-TV" 시사프로그램에서 방영되었다. 제3피고는 해당 보도제작자이다. 원고는 1988년 12

월 당시 동독에서 탈출할 때까지 동독 전공의 의과대학 내 산부인과 및 조산과 전공 객원교수로 재직했고, 베를린 산부인과 병원의 대표의사로 일했다. 1990년 1월 1일 그는 S대학병원 산부인과 과장 모집공고에 지원해서 합격하였고, 34명의 지원자 중에서 최종 선발된 이후 지역언론에서 커다란 관심을 받았다. 원고가 과장으로 임명된 뒤 S대학병원 산부인과 소속 전공의들과 원고 사이에 반복적으로 갈등이 생겨났는데, 1991년 6월에 여러 전공의들이 병원 행정실장에게 한 서한을 보냈다.

거기에는

> 오랜 고민 후 우리는 -S대학병원 산부인과 소속 전공의들- F 교수(원고)와 함께 일하는 것이 불가능하다는 결론에 이르렀습니다. 우리는 이 결정을 쉽게 내린 것이 아닙니다. 그럼에도 우리 생각에는 F 교수의 산부인과 운영과 관련해 전문지식이나 운영계획상 매우 중대한 흠결이 있다고 보았고, 따라서 우리는 이러한 조치를 취하지 않을 수 없었습니다. 중대한 능력부족의 결과로서 이미 심각한 부작용이 일어나고 있으며, 우리는 더 이상 현 상황을 묵과할 수 없는 지경에 이르렀습니다. 이와 같은 이유에서 우리는 F 교수(원고)에게 우리의 불신을 표명하지 않을 수 없습니다. 과장으로서 그의 능력에 관한 의심은 매우 중대한 상황이기에 그와 계속 같이 간다는 전제하에서 타협을 모색하는 해결방법은 우리에게 선택의 여지가 전혀 없습니다.

라고 적혀 있었다.

1991년 7월 12일 자 N지역 의사협회장에 대한 서한에서도 원고에 대한 전공의들의 비난이 반복되었는데, 원고에 대한 비판의 근거를 뒷받침하는 24가지 사례가 목록에 담겨 있었다. 1991년 9월 11일 자 S대학병원장에게 보낸 서한에서는 이 외에도 또 다른 8가지 사례들이 추가되었다. S대학병원장은 지역언론에서 마찬가지로 다뤄졌던 이 비난들을 근거 없는 것으로 간주했다. 원고에 대해 제기된 비난들을 전문가 감정심사에 맡기기 위해 원고가 직접 신청한 N의사협회의 소청절차에서도 1992년 5월 2일 심사위원회는 원고의 비난행위에 대해 혐의가 없다는 결론에 이르렀다.

이 심사절차의 종료 직전에 원고와 병원행정실장은 산부인과 과장직의 해약에 합의했다. 원고는 그에 따라 1991년 12월 17일에 A군 지역에 있는 L대학병원 외래의사를 1992년 1월 1일부터 맡기로 A군(L대학병원 운영주체)과 계약했다. 게다가 그는 1992년 1월 1일 자로 L대학병원에서 운영하고 있는 K 의사의 개인진료실을 184천 마르크 가격으로 취득했다. 이 와중에 원고가 소송을 제기한 해당 보도가 1992년 1월 8일에 방송되었다. 이 보도내용은 다음과 같았다.

a: 그리고 그렇게 F는 분만을 시작했어요. 그는 자궁구를 절개했는데, 그렇지 않으면 그가 흡입분만기를 사용할 수 없었기 때문이에요. 극도로 위험하며 통상적이지도 않은 과정이었습니다. 경험 많은 산부인과 의사는 이것이 산모에게 치명적인 것이라고 판단합니다.

b: 1990년 6월 25일 S병원 분만실. M-S는 그의 첫아이를 기다리고 있었습니다. 의사 F는 그녀의 분만을 시작했습니다.

(S 부인 인용): 그러자 F 씨가 조산원 및 또 다른 의사들의 도움 아래 출산을 시도했고, 이때 흡입분만기와 집게를 이용했어요. 여기에서 좌우간 흡입분만기가 미끄러졌어요. 그 이후 예레미아스의 머리에 커다란 상처가 났어요. 출산을 유도하는 이 과정 중에 우리는 특히 다른 의사들 중 한 명의 개입을 요청하는 조산원이 분주하게 움직이고 있음을 눈치챘어요.

(S 씨 인용): 예레미아스가 빠져나왔을 때 그 애는 끔찍해 보였어요. 얼핏 보기에는 거의 죽은 것 같았어요. 그 후 조산원이 내 마누라 배 위에 애를 눕혀놓고 곧 진찰했어요. 애가 겁에 질려 큰 소리로 울자 다시 코에서 석션이 행해졌고, 이어서 조산원이 즉시 A시에 있는 대학병원에 알렸어요. 이후 소아응급의사가 와서 애를 데려갔어요.

(S-TV): 17일간 의사들은 중환자실에서 애를 살리기 위해 고군분투했습니다.

c: 이것은 단지 하나의 사례에 불과합니다. 33가지 사례 중 하나. 이것은 F의 스텝진 의사들이 1년 6개월간 확인한 결과입니다. 33가지 사례들은 매우 심각한 수술후유증을 담고 있습니다.

d: …(원고)는 가슴수술에서 잘못된 위치를 절개했습니다.

f: …(원고)는 노인환자들의 경우 신장을 마비시켰습니다.

g: …(원고)는 8센티 배뇨관을 쉽게 망각했습니다.

h: (원고)는 평균적으로 장시간 수술했습니다. 종종 이것이 수술 후 심한 출혈을 가져왔고, 실제로 재수술을 하는 것이 드문 일이 아니었습니다. 환자들은 이것을 알지 못했습니다.

i: 1988년 그는 해고되어서 새 직장을 구했어요. 이를 위해 외과의사 능력검증 서류들, 소위 수술목록을 제출해야 했습니다. 이때 망명자인 F 씨는 자신의 기억 중 하나를 조작했습니다.

j: 그러면 그는 당신에게 필수적인 지원 서류들을 1989년 지원 때 모두 완벽하게 제출했나요? (H 씨): 아니요, 그는 모든 것을 제출하지는 않았어요. (S-TV): 그가 1988년 어떤 것을 제출했나요? (H 씨): 나는 지금 당신에게 그것을 말할 수 없습니다. 나는 인사기록카드를 가지고 있지 않아요.

k: …(원고)는 수술 노하우를 습득할 어떤 기회도 가지지 못했어요. 왜냐하면 그는 자주 외국에 체류했고, 그때마다 늘 단기간 동안만 여러 종합병원에 있었기 때문입니다.

l: …(원고)가 G에 있는 대학병원에서 병소절제수술을 직접 집도했다고 말한 것은 거짓말입니다.

m: …그가 뉴욕 K-병원에서 흉부외과 자격을 취득했다는 (원고)의 진술은 십중팔구는 거짓입니다.

n: …(원고)는 자신의 환자들이 감내해야 할 하나의 위험을 의미했어요.

이와 같은 방송 이후 병원 당국자 A는 1992년 1월 21일 자 서한으로 1991년 12월 17일 자 체결한 외래의사계약을 해지 통고했다. 거기에는

부득이하게 우리는 이러한 조치를 취하지 않을 수 없습니다. 왜냐하면 당신에 관해 알려진 비난들 속에 포함된 당신의 전문자질을 둘러싼 공개적 논쟁들에 따르면 당신이 우리 병원의 산부인과 외래의사로서 적합지 않다고 생각되기 때문입니다. 이러한 사정은 대학병원의 공익적 치료과제뿐만 아니라 산부인과 외래진찰실의 효율적 경영관리 측면에서도 위험합니다.

라고 적혀 있었다. 원고는 위에 묘사된 13개의 표현들은 허위이며, 일부는 명예훼손적 사실주장이라고 반박했다. 이에 해당 표현들의 금지청구 소송을 제기했다. 그 밖에 연대채무자로서 피고2, 피고3에게 3십만 마르크의 일실이익에 대한 손해배상 및 위자료를 청구했다.

지방법원은 피고들에게 a)에서 g)까지의 표현들, 그리고 j)와 k)의 표현들을 금지하고, 5만 마르크의 위자료를 연대하여 배상하라고 선고했고, 나머지 청구들은 기각했다. 항소법원은 원고의 항소를 기각했다. 이어진 상고에서 연방대법원 재판부는 i)와 n)의 표현의 금지청구에 대해서는 원고의 청구를 받아들이지 않았고, 나머지(h, l,m 이하의 표현들)는 인용했다.[81]

① 항소법원의 판결

항소법원은 원고가 여전히 소송에서 유지하고 있는 표현들을 금지하도록 요구할 수 없다고 보았다. 방송보도의 전체 내용을 들여다보면 피고들은 의료과오가 거의 입증될 수 없는 "백의의 신들(의사들)"의 문제에 관해 구체적인 피해사례를 예시하는 것에 불과한 방송이었다는 점이 분명하게 드러난다고 판단했다. 또한 거의 1년 반이 지난 이후에야 언론에서 다뤄졌던 원고의 자질에 관한 전공의들의 비판 그리고 "조용한" A로의 교체가 이 당시 원고 개인에 관한 비판적 논쟁의 계기를 충분히 제공했다고 인정했다. 따라서 해당 방송보도는 기본법 제5조 제1항 제2문의 방송자유권에 의해 정당화되며, 그것은 S대학병원의 과장이라는 두드러진 지위에서뿐만 아니라 이러한 직위에의 지원과정 및 이후 동료들의 자질관련 비판이 제기되었다는 사실로 인해 원고는 자신의 개인적, 직업적 생활 상황이 실례로 파헤쳐지고, 자신의 의사에 반해 광범위한 대중들에게 전달되는 것을 감수해야 한다고 보았다. 게다가 방송의 전체 진술내용에 따르면, 여전히 소송계류 중인 피고의 표현들(h, i, l, m, n 이하 표현들) 대부분이 방송사 자신의 표현으로서 방송사에 귀속될 수 있는지는 의심스럽다고 생각했다. 결국 이러한 표현들은 시청자들에게 분명히 전공의들의 비난에 근거한 개괄적인 평가로 비칠 것이라고 판단했다. 그 밖에 이 표현들은 기사의 전체 내용에 따르면 사실주장이 아니라 기본법 제5조 제1항의 보호하에 있는 의견표현이며, 어쨌든 m)의 표현이나 그 밖의 사실적 진술이 포함된 전공의들의 비난관련 표현들 역시 마찬가지라고 보았다.[82]

② 연방대법원 판결-사실주장 혹은 의견평가 여부에 관한 판단

연방대법원은 h), l) 그리고 m) 이하의 표현들과 관련해 원고의 금지청구를 거부한 항소법원의 판단은 유지될 수 없다고 밝혔다. 재판부는 여전히 소송에 계류 중인 h), l) 그리고 m) 이하의 표현들은 가치평가가 아니라 사실주장으로 분류되어야 하며, 이러한 사실주장은 형법 제186조(명예훼손)와 연계하에 민법 제823조 제2항 및 민법 제1004조에 근거한 원고의 금지청구대상이 된다고 인정했다. 사실주장으로서 표현의 분류를 위해서는 그 진술이 진실성 심사과정에서 증거수단을 통해 접근 가능한지 여부가 중요한데, 현재 소송 계류 중인 표현들이 바로 그러한 경우라고 보았다. "원고는 평균 시간 이상 수술을 했으며, 심한 출혈이 있었고, 이에 관해 환자들에게 아무것도 알리지 않았다"는 h) 이하의 표현은 의사, 특히 외과의사로서 원고의 부족한 역량에 관한 많은 주장들 중 하나이고, 이러한 맥락에서 방송내용의 이해를 위해 기준으로 삼아야 할 객관적인 시청자들에게 이러한 주장은 단지 정상적인 수술과정에서 벗어나 있음이 문제 되었다는 정도로 이해된다고 밝혔다. 그리고 그러한 일탈은 수술기록의 토대하에서 입증될 수 있다고 보았다.

그리고 원고가 G 소재 대학병원에서 병소절제수술을 직접 수행했다고 말했다면, 그는 거짓말을 한 것이라는 l) 이하의 표현은 불편부당한 시청자들에게는 원고가 자신의 이익을 위해 고의로 그러한 수술을 G병원에서 직접 수행했다고 주장했다는 정도로 이해된다고 보았다. 이어 방송보도가 G병원 출처문서를 인용한 것에 불과하다는 사실 역시 대상 표현이 사실주장이라는 성격을 바꿀 수는 없다고 판단했다. 그 표현 역시 사실 내용에 관해 검증이 가능하다고 인정했다. 아울러 자신이 뉴욕의 K-병원에서 유방외

과 의술을 습득했다는 원고의 진술은 십중팔구 거짓이라는 m) 이하의 표현 역시 마찬가지라고 생각했다. 이 표현 역시 그것의 진실내용에 관한 심사가 가능하다고 보았다. 제한적인 표현형태("십중팔구는")가 사실주장으로서 성격을 부정하지는 않는다고 부연했다. 그런 제한적 표현문구는 객관적인 시청자들에게 그 표현이 확정적인 것으로 이해되는 것을 저지하기 위한 신중한 표현방식에 불과하다고 밝혔다.

연방대법원은 항소법원처럼 이 텔레비전 방송을 이른바 원고의 자질부족을 겨냥한 표현으로서 이해하는 것이 아니라 백의의 신들(의사들)에게는 좀처럼 의료과오가 입증될 수 없다는 문제에 관한 기사로서 이해할 경우에도 이러한 표현이 사실주장으로서 분류된다는 사실이 달라지지 않는다고 보았다. 물론 사실주장 역시 기본법 제5조 제1항에 따라 의견표현에 부속하는 보호범위 내에 해당할 수 있지만, 이는 사실이 의견형성의 전제에 해당하거나 또는 사실과 의견이 혼재된 상태에서 입장표명, 견해 혹은 의견의 요소를 통해 부각될 경우 그러하고, 허위의 사실주장은 기본법 제5조 제1항 제1문의 보호범위 안에 포섭되지 않는다고 설명했다. 이에 따라 기본법 제5조 제1항 제1문의 보호는 두 가지 이유에서 여기서 논의되고 있는 사실주장에는 적용되지 않는다고 판단했다. 첫째, 이 주장들은 허위라고 간주했다. 둘째, 일반적으로 원고의 사례에서 –물론 원고 사례는 그 특수성으로 인해 적당한 사례가 아니었지만– "백의의 신들"의 실수에 대한 증명이 어렵다는 점을 밝히려는 제3피고의 주된 목적이 존재했을지라도, 이러한 목적은 원고의 자질부족을 보여주려는 비정상적이고 방대한 목록에 비해서는 부차적인 것으로 판단된다고 생각했다. 원고가 소송으로 다투고자 한 주장들은 이러한 방송보도의 목적과는 별개이며, 이 주장들은 추정적이든 실제이든 방송보도의 우선시된 목적과는 상관없이 독자적인 진술내용을 제시하고 있다고 인정했다.[83]

③ 제3자 발언의 인용에 관한 법적 문제

연방대법원은 피고가 이러한 사실주장을 자신의 표현으로서 책임져야 한다고 판단했다. 피고는 항소법원의 견해와 달리 원고를 겨냥한 주장들이 단지 다른 정보원-전공의들의 비난-에서 인용한 것이라고 주장할 수는 없다고 보았다. 왜냐하면 피고가 전공의들의 비난과 거리를 두었다는 사실이 어디에서도 발견되지 않기 때문이라고 설명했다. 이미 제3자가 발언한 것을 전파하는 것 역시 자신의 그리고 해당 발언과의 진지한 거리 두기가 없을 경우에는 법적으로 자신의 표현으로 인정되어야 하며, 이 사건이 바로 그에 해당한다고 보았다. 피고는 전공의들의 비난과 거리를 두지 않았을 뿐만 아니라 시청자들에게도 명백하게 인식될 수 있는 바와 같이 이 비난을 유일한 보도근거로 사용했다고 지적했다.[84]

④ 방송보도에 적합한 진실조사의무

연방대법원은 피고의 방송보도가 기본법 제5조 제1항 제2문을 통해 정당화된다는 항소법원의 견해에 동의할 수 없다고 밝혔다. 물론 방송의 자유권에 대한 피고의 주장이 방송보도에 바탕을 둔 비난들의 허위성으로 인해 좌초되는 것은 아니라고 인정했다. 언론의 명예훼손 보도는 그것이 나중에 허위로서 밝혀질지라도 그때까지는 정당한 범위 내에서 유지될 수 있다고 설명했다. 공표 시점에 이미 보도에 바탕이 된 사실자료들에 관한 의심이 존재했을 때조차 그렇다고 보았다. 하지만 이것의 전제는 언론이 공표를 결정하기 전에 자신의 능력에 따라 자신에게 가능한 조사의 실시를 통해 허위사실의 전파위험을 차단하고자 노력했을 경우에만 그렇다고 조건을 달았다. 만약 언론이 최소한의 증거사실도 수집하지 못한 때에는 보도를 포기해야 한다고 역설했다.

이에 따라 방송보도는 이 사건에서 문제 된 방식과 같이 구성되어서는 안 된다고 판단했다. 항소법원의 확정사실에 따르면, 보도의 유일한 근거로서 단지 전공의들의 비난목록만이 제시되었고, 이러한 비난목록에 대해서 S병원 병원장은 근거가 없는 것으로 무시했다고 밝혔다. 아울러 원고는 자신에 대해 제기된 비난들을 권한 있고 중립적인 기관을 통해 심사받을 수 있도록 N의사협회에 직접 소명절차를 제기했다는 점에도 주목했다. 이러한 상황에서 문제 된 방송보도가 원고의 직업상 명예 및 경제적 생존과 직결되어 있다는 점과 방송보도의 영향력을 고려한다면, 방송사는 의사협회 심사위원회의 전문감정서의 도착 때까지 보도를 연기하는 것이 마땅했다고 보았다. 최소한 피고2와 피고3은 이 감정서를 언제 받아볼 수 있는지 문의해야 했다고 꼬집었다. 만약 방송이 자신의 조사의무요청을 간과했다면, 곧바로 보도를 통해 S 병원 병원장이 원고에 대한 비판을 근거 없는 것으로 간주했으며, 원고 자신도 권한 있는 기관을 통해 해당 비난들이 심사될 수 있도록 소청심사위원회에 절차를 제기했다는 사실을 분명히 강조해서 알렸어야 했다고 지적했다. 이것은 단지 보도의 완벽성에 관한 주의의무 요청만이 아니라 오히려 위험에 직면해 있는 원고의 법익, 그의 직업적 명예, 그의 의사로서의 평판과 그가 곧 시작하게 될 A에서의 외래의사로서의 지위와 관련된 자신의 경제적 생존문제 등에서 필요로 하는 것이라고 강조했다. 따라서 피고2와 피고3은 이것을 소홀히 했기 때문에 기본법 제5조 제1항 제2문의 방송자유권의 보호범위에서 벗어났다고 결론 내렸다.

한편, 방송보도에 대한 물질적 손해배상과 관련해 항소법원의 판결내용 역시 받아들일 수 없다고 밝혔다. 항소법원은 외래의사계약의 해지통고에 있어서는 원고에 대해 제기된 비난의 진실성이나 허위성이 결정적인 것이 아니라 단지 이러한 비난들이 여전히 공개적으로 토론되고 있다는 사정만이 결정적이라고 생각했지만, 이는 잘못이라고 반박했다. 설령 방송에서 행해진 공적 토론을 위해서라도 피고2와 피고3은 정당화되지 않는다고 생각했다. 기본법 제5조 제1항 제2문은 항소법원의 견해와 달리 피고들에게 적용되지 않는데, 그들은 보도의 완전성 의무를 침해했을 뿐만 아니라 특히 자신들의 보도가 여전히 전문적으로 불확실한 근거에만 의지하고 있다는 해명의무를 소홀히 했기 때문이라고 밝혔다. 이에 따라 재차 행해진 의사로서 원고의 역량부족에 관한 보도로 인해 병원 운영자는 원고와의 외래의사계약을 해지해야 한다고 판단하게 됨으로써 원고의 추가적인 인격권 침해가 발생했다고 인정했다.[85]

Ⅶ. 자신의 것으로 삼기(Sich-zu-eigen-Machen)와 거리 두기(Sich distanzieren)

1. 자신의 것으로 삼기

지적 전파가 타인의 보도를 자신의 것으로 삼았는지 여부는 그의 표현이 평균적인 수신인들에게 어떠한 인상을 주고 어떻게 이해되는지 여부에 달려 있다. 전파자가 타인의 표현을 자신의 사고과정 속으로 편입시켜서 자신의 표현으로 보이게 했다면, 이때에는 자신의 것으로 삼았다는 점이 인정된다.[86] 다만, 이러한 기준은 의견표현의 이익과 언론보호를 위해 적절한 자제를 통해 인정되어야 한다. 그럼에도 타인의 보도에 대한 명백한 찬성을 필요로 하는 것은 아니고, "행간에서" 행해지는 것만으로 충분하다.[87] 일명 '자신의 것으로 삼기(Sich-zu-eigen-Machen)'는 통상 피해당사자의 비난이 담긴 타인의 기사에 관해 편집과정에서 내용조사를 거쳤을 때에도 인정된다. 예컨대, 온라인포털 내에서 제3자에 관한 이용자의 평가가 행해진 경우가 이에 해당한다.[88] 다툼이 된 사실주장이 온라인 운영자를 통해 삭제돼서 문제 된 표현이 비로소 포털의 이용 가이드라인에 일치하게 되었을 때에도 마찬가지이다.[89] 아울러 기사의 외적 형태를 통해 타인의 표현을 단지 전달한 것에 그쳤다는 사실이 고지되었음에도 불구하고 '자신의 것으로 삼기'가 인정될 수 있다.[90, 91]

출판매체에서 '자신의 것으로 삼기'는 신문이 다른 신문에서 제기된 주장을 출처정보의 표기 없이 인용할 경우에 인정될 수 있고, 제3자의 발언이 보도의 중심을 차지할 경우에도 생겨날 수 있다. 또한 사실관계만이 단순 보고된 것이 아니라 평가적 표현을 통해 입장이 표명된 경우에도 그 안에서 타인의 표현과의 동일시가 존재할 수 있고, 따라서 '자기의 것으로 삼기'가 성립된다. 반면에 제3자 표현이 인용으로서 분명히 특징지어지고, 또 다른 제3자 표현이 전자와 대조 가능하도록 함께 소개될 경우에는 상황이 다르다.[92]

그림이나 편집사진을 전파하는 경우에 언론이 특히 사진캡션을 사용했다면, 이 경우 '자신의 것으로 삼기'가 인정된다.

반면에 방송에서는 토론프로그램 등이 종종 "의견의 시장"으로서 개입된다는 점에서, 특히 라이브-토론의 경우에는 출연자가 무엇을 말할지 사전에 특정될 수 없다는 점에서 특별한 원칙이 적용된다. 따라서 진행자의 즉각적인 반박이 없었다는 이유로 방송이 토론내용을 자신의 것으로 삼은 것이라고 간주해서는 안 된다. 연방대법원은 그 때문에 거리 두기 없이 행해진 제3자의 발언과 관련해서 쉽사리 해당 방송을 타인의 발언과 동일시한 것으로 인정하지 않았다. 이것은 해당 발언이 그 내용으로 인해 시청자들의 관심을 일깨우고, 그를 통해 방송 내에서 특별한 중요성을 얻을 경우에도 마찬가지이다. 또한 비록 녹화된 내용을 나중에 방송하면서 편집이나 배경음악을 통해 그 발언에 강조효과를 주었을지라도, 이는 방송책임자의 비판적 생각을 통해서가 아니라 방송매체의 특성으로 인해 이같이 결정되는 것이 빈번하기 때문에 '자기의 것으로 삼기'가 인정되지 않는다. 더군다나 텔레비전의 경우 시청자들의 생각은 해당 발언을 우선 화면에서 등장한 인터뷰 대상자에게 귀속시키는 것이 일반적이고, 어쨌든 예외적인 경우에만 방송편집국에 귀속시킬 수 있다.[93, 94]

하지만 앞서 살펴본 사건에서처럼 텔레비전 방송이 "백의의 의사들"과 같은 일반적인 문제를 다루는 과정에서 특정한 의사 개인의 의료과오 가능성만이 부각되고, 더구나 방송이 전적으로 제3자의 주장에만 의지하는 경우에는 방송사는 거리 두기의 부족을 이유로 문제의 발언들을 자신의 것으로 귀속시켜야 한다.[95] 한편, 방송사는 하나의 주장을 단순한 안내방송을 통해서 자신의 것으로 삼는 경우도 있을 수 있다.[96]

연방대법원 2017년 4월 4일 자 판결 – VI ZR 123/16

사실관계

소송의 당사자들은 원고의 환자가 피고에 의해 운영되는 평가포털 www.

klinikbewertung.de에 입력했고 원고의 항의로 피고가 이를 수정했던 기사를 둘러싸고 다투었다. 원고는 이비인후과 및 레이저클리닉 개인병원을 운영한다. 소송에 참가하지는 않은 환자는 2011년 8월 1일 원고 클리닉에서 비격막 수술을 받았다. 수술 후 병원 측이 숨겼던 신경안정제 벤조디아제핀 복용으로 인해 환자에게는 점점 더 상황을 악화시키는 다양한 이상반응이 나타났고, 그로 인해 2011년 8월 3일에 비로소 다른 병원으로 전원조치 되었다. 거기에서 신부전증으로 판명된 이후 대학병원으로 이송되었다. 같은 날 대학병원에서 처음으로 생명에 매우 위험한 패혈증 및 간부전증, 신부전증 진단이 내려졌다. 환자에 의해 제기된 중재절차에서 내려진 소견은 서서히 나타난 패혈증의 수술 후 징후가 적시에 파악되지 않았다는 종합평가를 담고 있었다.

2014년 환자는 "패혈증 치료"라는 가명으로 피고 포털에 "심각한 결과의 패혈증"이라는 제목으로 다음과 같은 게시글을 올렸다:

> 찬성: 숙련된 클리닉
>
> 반대: 긴급 상황에 대비하지 못함
>
> 병의 증상: 비격막 교정
>
> 비보험 일반환자: 예
>
> 경험보고: 표준절제수술 때 다발성 장기부전 그리고 수개월간의 실명에 이른 패혈증의 합병증이 발생. 담당의사는 모든 책임을 부인함. 경찰과 검찰은 병원을 수색하고 기록을 압수함. 병원의료진은 생명에 위급한 긴급 상황들에 대처할 능력이 없음. 이것이 나를 하마터면 죽음에 이르게 할 뻔함.

원고가 피고에게 2014년 2월 11일 자 변호사서한을 통해 기사의 삭제를 요구한 이후 피고는 환자와 상의 없이 게시글 본문내용을 수정했다. 피고는 경험보고 첫 문장 "표준절제수술 때"라는 구절 다음에 "나의 특이체질로 인해"라는 구절을 삽입했다. 그리고 경험보고 세 번째 문장 "그리고 기록들을 압수했다"는 문구는 삭제했다. 이어서 피고는 원고에게 2014년 2월 12일 변호사 서한으로 이러한 수정 및 삭제조치를 알렸고, 그 이상의 개입은 적절하지 않은 것으로 보인다는 자신의 입장을 전달했다.

원고는 피고에게 다음의 주장들을 원문 그대로 혹은 유사하게 제기하거나 전파하는 것을 금지하라고 청구했다:

a) "반대: 긴급 상황들에 대비하지 못함."

b) "표준절제수술 때 나의 특이체질로 인해 다발성 장기부전 그리고 수개월간의 실명에 이른 패혈증의 합병증이 발생."

c) "병원의료진은 생명에 위급한 긴급 상황들에 대처할 능력이 없음. 이것이 나를 하마터면 죽음에 이르게 할 뻔함."

프랑크푸르트 지방법원은 소송을 인용했다. 피고의 항소는 성공하지 못했다. 피고의 상고 역시 성공하지 못했다.[97]

① 항소법원의 판단

항소법원은 민법 제823조 제1항, 제2항, 제1004조 제1항, 기본법 제1조 제1항, 제2조 제1항에 따라 금지청구가 인정된다고 판결했다. 소송대상이 되었던 세 개의 표현들은 원고의 일반적 인격권을 침해하는 허위의 사실주장이라고 보았다.

표현 a)에서는 원고 병원이 물적 장비나 의료진의 능력 및 지식 부족으로 인해 긴급 상황을 진단하고, 이에 대처할 능력이 없다는 사실주장이 도출될 수 있다고 판단했다. 게다가 이 표현은 복수("긴급 상황들")의 사용을 통해 일반적인 평가를 했음을 알 수 있다고 보았다. 따라서 환자는 자신이 병원 체류 때 전적으로 경험했던 범위가 아니라 자신의 치료범위를 넘어서는 판단을 내렸다고 생각했다. 하지만 이러한 비난은 허위라고 판단했다. 왜냐하면 원고 병원에서는 조직적으로 완벽한 응급시스템을 갖추고 있었고, 병원과 의료진은 수술이 필요한 응급 상황에 대비했으며, 마찬가지로 의료적인 전문적 관점에서도 잘 훈련되고 숙련된 의료진들이었기 때문이라고 밝혔다. 이 사건에 관련된 환자의 경우에도 금단 내지 벤조디아제핀의 과다처방으로 인한 신부전증 의심 후 가능한 한 신속한 조치를 보장하기 위해 모든 조치를 취했음이 인정된다고 판단했다.

이어서 중립적인 독자들은 표현 b)를 "~할 때(bei)"라는 표현으로 인해 절제수술 과정에서 패혈증이 발생했다는 정도로 이해하지만, 이러한 진술내용은 사실에 부합하지 않는다고 보았다. 수술 동안에는 어떠한 특이 증상도 일어나지 않았고 수술과 인접해서도 환자는 어떠한 특이현상을 보이지 않았다는 점에는 다툼이 없다고 밝혔다. 패혈 합병증은 수술 후 36시간 이후에야 비로소 발생했으며, 시간적 관점에서도 기사를 통해 표현된 원고 병원에서의 수술과 후속조치 및 패혈증 사이의 병발은 불가능한 것으로 보인다고 판단했다. 피고 역시 스스로 의료적 관점에서 패혈증 증상과 원고 클리닉에서의 수술 사이의 관련성은 존재하지 않는다는 점을 인정했다고 밝혔다.

항소법원은 표현 c)도 병원 의료진이 전문지식 부족과 불충분한 훈련으로 인해 환자의 긴급 상황에 적절하게 대처하지 못했고, 적합한 의료상의 치료를 위해 필수적인 조치를 취할 수 없었다는 허위의 사실주장을 포함한다고 보았다.

아울러 항소법원은 호스트프로바이더(Hostprovider)로서 피고가 이러한 허위의 사실주장을 자신의 것으로 삼았다고 판단했다. 그는 개별 환자들에게 자신에 의해 운영되는 인터넷포털을 통해 환자들의 의견과 주장들을 위한 공론장을 제공하고, 이를 원문내용의 검색으로만 제한운영 하지 않았다고 평가했다. 피고는 어디에서도 게시글에 대한 책임 부인을 고지하지 않음으로써 입력된 평가내용들과 거리를 두지 않았다고 인정했다. 피고는 호스트프로바이더 및 중립적인 기술적 전파자로서 자신의 지위를 포기했고, 객관적이고 이성적인 평균이용자의 관점에서 볼 때 외관상 자신의 인터넷사이트에서 공표된 평가들에 대해 내용상 책임을 인수하겠다는 사실을 분명히 고지했다고 보았다. "준수되어야 할 것"이라는 안내하에 피고는 주어진 원칙의 준수에 대한 심사를 넘어서, 가령 허위의 사실주장의 경우에는 내용상 영향력 행사 가능성을 보유하고 있다는 의사를 자신의 포털에서 명백히 고지했고, 나아가 이에 대한 수정이나 생략조치가 가능하다는 점을 분명히 알렸다고 인정했다. 그에 따라 피고는 문제 된 제3자의 평가에 대해 자신의 편집상 조치를 이행했고, 환자들의 발언내용들에 대해 적극적으로 영향력을 행사했다고 보았다.[98]

② 연방대법원의 판단-포털운영자의 방해자 책임

연방대법원은 이러한 항소법원의 견해들을 지지한다고 밝혔다. 따라서 원고에게는 기본법 제2조 제1항, 제19조 제3항과 관련한 민법 제823조 제1항, 그리고 민법 제1004조의 유추하에 행사 가능한 금지청구가 인정된다고 판단했다. 피고는 대상 표현들을 자신의 것으로 삼았기 때문에 직접적 방해자로서 인정될 수 있다고 보았다.

포털운영자는 대상 평가들이 자신의 정보인 경우에만 "직접적 방해자"(대법원 제6민사부의 표현과 구별되는 제1 민사재판부의 표현에 따르면, "행위자")에 해당한다고 밝히면서, 여기에서는 비록 제3자에 의해 입력되었지만 포털운영자가 자신의 것으로 삼은 그러한 것 역시 포털운영자 자신의 정보에 속한다고 보았다. 포털운영자가 자신의 인터넷사이트에서 공표된 제3자의 표현에 대해 외관상 명백하게 해당 내용의 책임을 인수했고, 그것이 객관적으로 관련된 모든 사정의 전체적 고려의 토대 위에서 인정될 수 있을 경우에는 '자신의 것으로 삼기(Zu-Eigen-Machen)'가 존재한다고 밝혔다. 다만, 제3자의 표현을 자신의 것으로 동일시하는 것은 원칙적으로 자제가 요청된다고 강조했다. 그럼에도 포털운영자가 자신의 포털에 입력된 이용자평가가 완벽한지 그리고 정확한지에 대해 내용상 편집심사를 하게 된다면, 이는 '자신의 것으로 삼기'에 해당한다고 보았다.

연방대법원은 이러한 원칙에 따라 피고는 원고가 문제 삼은 표현들을 자신의 것으로 삼았다고 인정했다. 물론 이러한 '자신의 것으로 삼기'는 피고가 가령 입력된 평가 내용에 대해서는 책임을 지지 않는다는 형태의 거리 두기를 하지도 않고, 오히려 자신은 인터넷포털에 게시된 글에 대해 책임이 있다는 사실을 전달했다는 점만으로 생겨나지는 않는다고 보았다. 또한 피고의 인터넷포털에서 내용수정 권한에 관한 고지 그 자체가 객관적 관점에서 환자의 진술과의 동일시를 의미하는 인상을 전달하는지 여부도 중요하지 않다고 보았다. 왜냐하면 어쨌든 피고는 원고의 항의에 따라 이 진술들의 내용을 심사했고, -특히 환자와의 상의 없이- 어떤 표현들을 수정하거나 제거하고 어떤 표현들을 남겨놓을지 독자적으로 결정함으로써 문제의 진술들에 대해 영향력을 행사하는 것을 통해 자신의 것으로 삼았다고 인정했다. 따라서 피고는 중립적 전달자의 역할을 포기하고 적극적 역할을 떠맡았다고 평가했다. 피고가 2014년 2월 12일 자 변호사 서한을 통해 자신이 행한 조치 및 그 이상의 조치는 적절해 보이지 않는다는 자신의 입장을 전달함으로써 비판대상자인 원고에게 이러한 점을 분명히 했다고 보았다. 마찬가지로 피고는 기록의 압수주장을 직접 삭제했고, b) 진술에서 "나의 특이체질로 인해"라는 구절을 삽입했다고 인정했다. 따라서 피고는 단지 환자의 비난에 바탕을 둔 중심적인 사실진술 b)를 "나의 특이한 체질로 인해"라는 삽입문구를 통해 내용을 완전히 바꾸고, 그를 통해 비록 원고의 항의를 일부 받아들이려는 동기였을지라도 실제내용을 수정한 것에 그친 것은 아니라고 생각했다. 나아가 그 밖에도 이러한 사실주장의 정확성에 대한 독자적 판단을 했고, 원고의 항의에도 불구하고 환자와의 상의 없이 해당 표현의 유지를 스스로 결정했다고 평가했다. 이에 따라 피고는 b) 진술 전체를 자신의 것으로서 책임져야 한다고 밝혔다. 이러한 사실진술의 핵심은 이어진 비난, 즉 병원이 긴급 상황에 대비하지 못했다는 표현 내지 생명을 위협하는 긴급 상황에 대처할 능력이 없다는 표현(진술 a와 c)의 토대가 되었기 때문에 해당 표현들 역시 마찬가지라고 보았다. 게다가 피고 서한에 따르더라도 피고는 자신의 독자적 내용검증 범위 안에서 의료진의 대응에 문제 될 소지가 많았다는 점을 스스로도 인정했다고 덧붙였다.

아울러 환자와 상의 없는 평가진술의 수정이 외관상 뚜렷하지 않다는 피고의 항변은 결정적이지 않다고 판단했다. 어쨌든 피고가 비판대상자인 원고에게 평가진술에 대한 자신의 처리방침을 고지했다는 것만으로 충분하고, 이러한 식의 고지표시가 없어서 '자신의 것으로 삼기'가 가능한 것으로 보이는 징후들이 표현 내에서 직접 혹은 자신의 제시로 드러나야 하는 상황에서와는 달리 이 사건 원고는 피고가 내용을 직접 통제했고 수정했다는 점을 쉽사리 확인할 수 있었다고 보았다. 따라서 관련된 모든 사정들의 전체적 고찰에 기초한 객관적 관점에서 볼 때, 아울러 2014년 2월 12일자 피고의 서한을 함께 살펴보더라도, 피고는 문제 된 표현들에 대해 내용상 책임을 진다고 밝혔다.[99]

③ 사건판단

연방대법원은 관련된 이익들의 형량하에 대상 표현들을 위법한 것으로 인정할 수 있다고 판단했다. 우선 포괄적 권리로서 일반적 인격권의 속성에 따라 그의 사정거리는 절대적으로 확정될 수 없고, 상충하는 기본법상의 보호이익들의 형량을 통해서 비로소 결정된다고 밝혔다. 이때 개별 사례에서의 특별한 사정들과 관련된 기본권 및 유럽인권협약의 보장들이 해석상의 지도원칙으로 고려되어야 한다고 설명했다. 이어서 인격권 침해는 단지 당사자의 보호이익이 다른 측의 보호이익들을 능가하는 경우에만 위법하다고 밝혔다. 이에 따라 이 사건에서 원고의 보호이익은 기본법 제5조 제1항 제1문, 유럽인권협약 제10조 제1항에 규정된 의견 및 의사소통의 자유와 형량이 이뤄져야 하며, 의사소통절차 그 자체의 관점에서 평가포털의 운영은 기본법 제5조 제1항 제1문의 보호범위 내에 포섭된다고 인정했다. 왜냐하면 포털운영자 및 필수 불가결한 매개자로서 피고는 우선 서로 개인적으로 알지 못하는 사람들 사이에서 구체적인 병원에서의 치료과정에 관한 의견교환을 가능하게 하고, 이용자 관점에서 해당 포털은 제시된 가이드라인에 상응하는 이용자평가를 통해 의료계의 바람직한 형태를 형성하는 역할을 맡고 있기 때문이라고 밝혔다. 나아가 포털운영자가 이 사건에서처럼 타인의 의견이나 사실주장을 자기의 것으로 삼을 경우, 포털이용자의 의견이나 정보자유권 외에 자신의 의견자유권 역시 관계된다고 보았다.

하지만 연방대법원은 이 사건에서 형량의 결과는 대상 표현들이 위법하다는 결론에 이르게 된다고 밝혔다.

우선, 재판부는 평가적 요소와 사실적 요소가 전체적으로 가치평가로서 인정될 수 있는 형태로 혼합되어 있는 표현의 경우에는 형량에 있어서 사실적 구성 부분의 진실 내용이 중요하다고 설명했다. 그리고 의견표현이 명백한 허위사실이나 의도적 허위의 핵심사실을 포함하고 있거나 그와 결합되고 그에 바탕이 된 사실주장이 허위로 입증된다면, 의견표현의 자유는 통상 표현당사자의 보호이익 뒤로 후퇴하게 된다고 보았다.

이러한 원칙에 따라 피고의 의견표현권은 후퇴해야 한다고 판단했다. 왜냐하면 대상 표현들은 허위의 사실주장 내지 허위의 사실토대에 기초하거나 허위의 핵심사실이 포함된 의견표현이기 때문이라고 이유를 제시했다.

이어서 한 표현의 평가 혹은 사실주장으로서의 적절한 분류는 그의 의미파악을 전제로 한다고 밝혔다. 이러한 의미내용은 상고법원의 전적인 심사범위 내에 속하는 것이고, 표현의 해석에 있어서는 발언자의 주관적 의도도 피해자의 주관적 이해도 아니라 중립적이고 이성적인 평균 수신인의 이해에 따라 해당 표현이 가지는 의미가 결정적이라고 보았다. 이때 의미파악은 표현의 원문에서 출발되어야 하지만 이것이 표현의 의미를 최종적으로 확정하는 것은 아니고, 오히려 다툼이 되는 표현이 놓여 있는 문장의 맥락 그리고 표현이 생겨난 식별 가능한 부수적 사정들에 의해 결정된다고 설명했다. 또한 이 표현은 관련된 맥락에서 분리된 별도의 고찰방식을 통해 해결되어서는 안 된다고 당부했다.

이에 따라 표준절제수술 때 환자의 특이한 체질로 인해 일정한 결과와 함께 패혈증의 합병증이 발생했다는 표현 b)는 진실입증의 접근이 가능한 사실주장이라고 보았다. 항소법원이 적절하게 해석한 바와 같이 사건의 동시성을 표현하는 "~할 때(bei)"라는 시제전치사로 인해 이 진술은 합병증이 수술 동안 아니면 적어도 수술과의 매우 근접한 시간적 연관하에서 발생했다는 정도로 이해될 수 있다고 보았다. 하지만 이러한 주장은 허위라고 판단했다. 항소법원의 사실확정에 따르면 수술 동안에는 어떠한 특이한 점이 생겨나지 않았고, 환자 역시 직접적인 이상반응을 보이지 않았다고 밝혔다. 패혈증의 합병증은 수술 36시간 이후 그리고 수술 후 다른 병원으로 전원 조치된 이후에 비로소 발생했고, 패혈증 출현과 원고 병원에서 수술 사이의 관련성은 존재하지 않는다고 밝혔다. 수술 시 합병증이 생겨나지 않았다는 사실은 환자의 평가 업로드 당시나 피고가 이 표현을 자기 것으로 삼을 당시에는 의심할 여지 없이 확정된 사실이기 때문에, 이 허위표현은 기본법 제5조 제1항의 보호범위에 포섭되지 않는다고 보았다. 또한 이것이 피고의 고의는 아니었다는 사실 역시 중요하지 않다고 덧붙였다. 비록 언급된 표현이 기본법 제5조 제1항의 보호범위에서 완전히 벗어난다고 볼 수는 없을지라도 형량결과에 따라 피고의 보호이익은 원고의 보호이익 뒤로 후퇴해야 한다고 판시했다. 왜냐하면 피고는 그러한 표현을 올바른 것으로 간주하고 자신의 것으로 삼기 전에, 자신에게 알려지지 않은 사건경과에 관해서 환자와의 상의를 통해 쉽사리 확인할 수 있었고, 그래야만 했기 때문이라고 밝혔다. 어쨌든 환자에 대한 사후질의를 거치지 않은 주의의무의 위반은 원고의 보호이익이 우선하게 되는 중요한 이유라고 보았다.

이어서 표현 a)와 c)는 비록 적절한 의미해석에 있어서 의견표현으로 분류될 수 있지만, 그와 결합된 허위 사실주장 b)를 바탕으로 하고 있고, 게다가 허위의 핵심사실을 포함하고 있기 때문에 허용되지 않는다고 판단했다. b) 표현의 사실진술 앞에 놓여 있는 "병원은 긴급 상황에 대비하지 못했다"는 표현 그리고 뒤에 놓여 있는 "의료진은 이러한 생명에 위급한 긴급 상황에 대처할 능력이 없었고, 이것이 나를 거의 죽음에 이르게 할 뻔했다"는 표현은 서로 연결되어 있고, 본질적으로 동일한 의미내용을 가진다고 평가했다. 이 표현들은 결국 병원 의료진이 묘사된 긴급 상황에 올바르게 대처하고, 환자의 적절한 의료처리와 보호를 위해 필수적인 조치를 취할 능력이 없다는 비난을 포함하고 있다고 보았다. 그리고 이것이 환자가 거의 죽을 뻔한 원인이었다는 점을 나타내고 있으며, 그 이상의 다른 어떤 의미내용도 따라오지 않는다고 판단했다. 아울러 "긴급 상황들"이라는 복수의 언급을 통해 평균수신인들에게 이러한 평가가 자신의 경험을 넘어선 사실근거를 바탕으로 했다는 점을 보여주지는 않는다고 생각했다. 기사는 독자들에게 그저 환자 자신의 주관적 경험에서 비롯된 결과에 불과한 것으로 인정된다고 보았다. 따라서 환자는 자신의 병원 체류 시 그 자신의 치료경험을 넘어서는 상황을 인지할 수 있었다는, 가령 다른 환자와 관련된 제3자의 이야기나 제3자의 관찰에 근거했다는 항소법원의 전제는 독자에게는 인정될 수 없는 비약적 추론이라고 밝혔다.

연방대법원은 이러한 의미해석을 근거로 진술 a)와 c)는 의견표현이라고 생각했다. 이것들은 결정적으로 입장표명이나 의견의 요소를 통해 특징지어지며, 비록 이 진술들이 병원은 b)에서 묘사된 긴급 상황에서 의료적으로 필수적인 조치를 취하지 않았다는 주장을 포함하기 때문에 맥락의 고찰에 따라 사실적 요소 역시 제시하고 있지만, 이 진술은 이에 국한하지 않고 원고 병원에서의 치료 때 환자 자신의 경험을 명백한 근거로 삼아 무엇보다 의료서비스에 대한 부정적 평가를 나타낸 것이라고 보았다. 따라서 이 진술들은 사실적 구성요소와 분리될 수 없으며, 전체적으로 의견표현으로 보이는 주관적 평가를 포함한다고 판단했다.

그럼에도 연방대법원은 이러한 의견표현 역시 허용되지 않는다고 판시했다. 왜냐하면 이 표현들은 사실주장에 해당하는 b) 표현에 바탕을 두고 있고, 이러한 표현은 제기 시점에 이미 허위였기 때문이라고 밝혔다. 언급된 긴급 상황, 즉 패혈증의 합병증은 항소법원의 확정에 따르면 수술 시 아니면 대체로 원고 병원에서 나타나지는 않았기 때문에, 원고 병원이 이러한 긴급 상황에서 적시에 대처하지 못했다는 비난은 사실적 토대를 상실하게 된다고 보았다. 여기에 실제로는 벤조디아제핀 과다처방 등으로 인한 신부전증 의심에 대해 신속 가능한 처리가 모두 행해졌다는 사실이 추가되어야 한다고 생각했다. 따라서 의견표현과 결합된 핵심사실, 의료진이 긴급 상황에 적절하게 대처할 능력과 환자의 합당한 의료적 처리와 보호를 위한 필수적인 조치를 취할 능력이 없었다는 사실 역시 허위로 입증되었다고 밝혔다. 그리고 피고는 이것을 이미 알고 있던 환자에게 사후질의를 통해 쉽사리 조사 가능했을 것이라고 지적했다. 피고는 사후확인절차를 포기했기 때문에 자신에게 부과된 진실내용에 관한 주의 깊은 조사 의무를 위반했다고 인정했다.

결과적으로 항소법원은 적절하게 반복위험을 인정했으며, 민법 제1004조 제2항의 금지청구에 필수적인 반복위험은 이미 권리침해가 일어난 경우에는 추정되기 때문에 피고가 이러한 추정을 깨뜨리지 못하는 한, 금지청구는 인용된다고 판결했다.[100]

2. 거리 두기(Sich distanzieren)의 문제

발언의 장본인이라는 사실이나 제3자의 표현을 자신의 것으로 삼았다는 오해를 피하기 위해서는 가능한 한 전파하고자 하는 주장과 거리를 두는 것이 현명하다. 이러한 거리 두기는 다양한 방식으로 이뤄질 수 있으며, 거리 두기 방식의 구체적 형태는 개별적 사정에 달려 있다. 다만, 표현법상 중요하게 고려해야 할 것은 어떠한 높은 요청도 제시되어서는 안 된다는 점이다.[101]

따라서 인쇄매체보도의 경우에는 보통 따옴표를 달거나 그 밖에 제3자의 표현으로서 나타내는 형태를 통해 충분하다.[102] 하지만 전파되는 내용에 심각한 비난들이 포함되었다면, 이 경우 따옴표 등 인용부호만으로는 필수적인 거리 두기를 나타내기에 불충분할 수 있다.[103] 아울러 당사자가 해당 비난들을 부인한다는 보고만으로는 충분하지 않으며,[104] 문제의 보도를 단지 차용한 것에 불과하고 이를 직접 조사하지는 않았다는 해명 역시 충분하지 않을 수 있다. 대개는 반대관점이 서로 대조되는 것이 필수적이다.[105] 더욱이 저자의 의견이 전면으로 대두되는 논평의 경우에는 통상적으로 명백한 거리 두기를 필요로 한다. 이는 논쟁적 공격, 험담에 가까운 보도, 가십보도의 경우 더욱 그러하며, 여기에서는 특히 거리 두기가 진지한 것으로 평가될 수 있는지 여부에 관해 충분한 심사를 필요로 한다.[106]

그 밖에 온라인매체에서는 "확인되지 않은 보도에 따르면, …라고 한다", "…라고 밝혔다" 등의 삽입표현으로 충분하고, 이는 어쨌든 방송보도에 있어서도 마찬가지이다. 물론 여기에서도 중대한 비난들이 제기되는 경우에는 명백한 해명이 필요할 수 있다.[107]

프랑크푸르트 상급법원 2016년 10월 13일 자 결정 – 16W 57/16

사실관계

피신청인(이후 피고)은 "A" 인터넷에서 블로그를 운영한다. 신청인(이후 원고)은 피고의 블로그 내에 포함된 "이스라엘의 적들을 위한 공적 자금? 제1편"이라는 제목의 두 표현을 상대로 가처분신청을 제기했다. 해당 표현들은 2016년 모일 자 이스라엘 대사관의 공식발표에 포함되어 있던 것이었다. 지방법원은 해당 URL에서 행해진 "Y에게 제출되어 있는 이스라엘 국방부 문서에서는 X의 독일지사가 하마스 조직의 재정 기구 일부로서 언급되었다"라는 표현을 장래에 주장하거나 전파하는 것을 금지하도록 요구한 가처분신청을 받아들였다.

하지만 "하마스를 위한 기부금을 모집한 한 조직이 문제 되었고, 이 조직은 세계에 분포한 지부들, 그중에서 특히 유럽과 독일지부를 통해 이를 수행했다"는 표현에 관한 원고의 금지신청은 기각했다. 그 이유로 우선 전체적 맥락의 고려하에서 평균적인 독자들은 원고가 "X"라는 대규모 조직의 일부로서 독일에서 기부금으로서 모집했던 자금을 하마스에 전달했다는 의미를 끌어낼 수는 있지만, 반드시 원고가 하마스를 위해 직접 자금을 모집했다는 정도로 이해할 수는 없다고 보았다. 오히려 평균 독자들의 관점에서는 원고에 의해 독일에서 모집된 자금이 X.1을 통해 –어쩌면 원고도 모르게– 하마스에 전달되었다는 해석 역시 가능하다고 인정했다. 그리고 원고는 그러한 점을 단지 간접정황에만 의지할 수 있었기 때문에 해당 주장의 허위성을 충분히 납득할 수 있게 입증하지는 못했다고 밝혔다.

이에 대해 원고는 즉각 항고를 제기했고, 지방법원이 행한 실제 해석과 법적 평가는 부적절하다고 비난했다. 그리고 평균 독자들은 기사에서 원고는 자신에 의해 X.1에게 전달된 기부자금이 하마스에 도움이 될 것이라는 사실을 알고 있었다는 의미를 끌어낼 수 있다고 주장했다. 하지만 원고는 하마스를 지원한 적이 전혀 없기 때문에 이는 허위사실주장이라고 호소했다. 어쨌든 이러한 이해가 불가능하지는 않으며, 이는 소위 "스톨페" 판결에 따라 금지청구를 판단함에 있어서 충분히 고려할 만하다고 주장했다. 또한 피고는 경고 이후에도 여전히 이 진술을 검색 가능하도록 그대로 유지하고 있다는 사실이 고려되어야 하며, 이 때문에 금지청구에서는 원고의 인격권을 침해하는 해석변형만을 판단의 바탕으로 삼아야 하는 결과에 이르게 된다고 강변했다. 게다가 원고는 X.1이 하마스를 위해 기부금을 모집한 사실이 없다는 것을 신뢰할 수 있는 사실 역시 제시했다고 항변했다. 그런 점에서 자신이 어떠한 영향력도 행사할 수 없었던 행위들에 대해 비난이 행해졌다는 점이 참작되어야 한다고 강하게 호소했다. 이러한 사정에 따라 원고는 자신이 X.1과 법적으로 무관한 조직이기 때문에 대상 표현은 증거부족 상태에 놓여 있다고 주장했다. 결국 보도시점에 소송대상 내용들의 진실성에 관한 현저한 의심이 존재했고, 이에 따라 해당 보도는 주의의무에 반하는 것으로 분류됐어야 했다고 비난했다. 실제 해석에 따르면, 피고는 그 비난들을 의심하게 하는 자신에게 알려진 사정들을 일부러 숨겼고, 게다가 입장표명 기회 역시 제공된 적이 없다고 덧붙였다.[108]

① '자신의 것으로 삼기'

프랑크푸르트 상급법원은 원고의 즉시항고를 받아들일 수 없다고 판단했다. 결과적으로 지방법원의 즉시항고 거부판단은 옳았다고 동조했다.

상급법원은 문제 된 표현이 피고가 직접 행한 진술이 아니라 독일의 이스라엘 대사관 대변인의 발언이며, 해당 표현을 자신의 기사 "이스라엘 적들을 위한 공적 자금? 제1편" 기사에서 인용한 것이라고 밝혔다.

명예보호 영역에서 인정된 바와 같이 전적으로 제3자의 진술의 인용에서도 타인의 표현내용을 명백하게 자신의 것으로 삼은 경우에는 인용자 자신의 표현이 존재하는 것으로 볼 수 있다고 판시했다. 말하자면 타인의 표현이 자신의 사고과정 속으로 편입되어서 전체 표현이 자신의 것으로서 보이거나, 자신 발언의 진실성을 입증하기 위한 수단으로서 보일 경우가 이에 해당한다고 밝혔다. 하지만 전파가 의견상태의 명확한 기록물 제시의 일부분이라면, 이를테면 '의견의 시장'에서처럼 다양한 측의 표현들과 입장표명들이 나열되거나 서로 비교되는 방식의 현존하는 의견상태 예시는 저자 자신의 표현으로 볼 수 없다고 판단했다.[109]

② '거리 두기'

상급법원은 이러한 원칙의 고려하에서 피고는 여기에서 대상 표현을 이성적인 평균 독자의 결정적 이해에 따르면 자신의 것으로 삼지 않았기 때문에 피고에게의 귀책이 탈락한다고 보았다.

이미 보도의 외적 형태에서 피고는 타인의 표현을 자신의 평가나 입장표명을 위해 사용하지 않고, 단지 타인의 표현을 단순히 전달하는 것에 그쳤다는 사실을 명백히 확인할 수 있다고 밝혔다. 그처럼 피고는 한편으로는 원고 자신의 생각과 이스라엘 국방부의 평가 그리고 독일 이스라엘 대사관 및 Y에 대한 대사관 대변인의 진술 등을 순수한 기록 차원에서 서로 비교했고, 그 어떤 자신의 해석도 자제했다고 인정했다. 특히 피고는 이스라엘 대사관 대변인의 해명을 자신의 보도의 중심으로 삼지 않았고, 오히려 자신의 입장을 취하거나 원고의 표현을 논평하는 것 없이 혹은 해석하거나 다른 방식으로 자신의 입장표명 내에 삽입하는 것 없이 원고 자신의 표현이 아닌 객관적인 시각을 나타냈다고 평가했다. 이러한 표현들에 관한 평균적인 독자의 이해에 따르면, 피고는 단지 선택된 제목("이스라엘 적들을 위한 공적 자금?")을 통해서 인용된 발언과 동일시한 것이 아니라 인용된 표현 그대로 단순한 발언기회를 제공한 것에 불과했다고 해석했다.

또한 피고는 제3자, 즉 이스라엘 대사관의 명예훼손적 표현의 전달과정에서 그것과 명백히 거리 두기를 하지 않은 채 자신의 것으로 삼은 것이 아니라고 판단했다. 표현의 형식을 통해서도-따옴표와 이탤릭체의 사용- 제3자의 표현의 인용이라는 사실을 분명히 독자들에게 알렸으며, 나아가 피고는 독자들을 통한 주목을 위해 인용 출처(독일 이스라엘 대사관의 대변인)를 명시했다고 인정했다. 그런 점에서 원고의 가처분신청 대상 표현은 단지 축약된 채로 인용된 것에 불과하다고 평가했다.

이에 따라 상급법원은 전파책임의 원칙에 따른 원고의 금지청구가 정당화되지 않는다고 밝혔다. 기본법 제5조 제1항 제1문에 의해 보호되는 의사소통과정은 타인의 보고나 사실주장의 전달이 전달자가 자신의 것으로 하거나 그것을 자신의 입장표명 내에 끼워 넣은 것이 아니라 타인의 표현을 단지 전파하기만 했을 경우 역시 포섭한다고 전제했다. 전파자의 관점에서 논급할 만한 가치가 있는 제3자의 입장표명에 관해 정보를 얻고 다른 사람에게 마찬가지로 제공하는 것 역시 기본법 제5조 제1항 제1문이 보호하고자 하는 여론형성의 토론과정의 일부라고 보았다. 다만 의견자유는 어떠한 제한 없이 보호를 누리는 것이 아니라 일반법의 규정에 의해 제한되며, 민법 제823조 제1항과 제2항, 형법 제186조, 그리고 민법 제1004조의 유추적용 역시 이에 해당한다고 인정했다. 또한 이는 원고의 인격권의 심각한 침해와 표현의 금지를 통한 의견자유의 손실 사이의 형량을 요구하게 된다고 밝혔다.

그리고 이 사건에서 사실주장이 문제 된 경우 그 형량은 결정적으로 사실주장의 진실내용에 달려 있으며, 제3자의 표현을 자신의 것으로 삼지 않고 전파한 사람의 보증책임은 특히 개별적 상황에 따라 각각 그에게 주어진 진실규명 가능성에 따라 아울러 여론형성과정에서 고려되어야 할 표현자의 지위에 따라 판단되는 주의의무 요청을 제대로 준수했는지 여부에 따라 결정된다고 상술했다. 이때 언론은 일반인(사인)보다는 더 넓은 범위에서 자신의 주장 전달에 앞서 그 주장의 진실내용에 관해 심사할 의무를 진다고 밝혔다.

그런 점에서 피고는 타인의 표현의 전파에 있어서 요구되는 주의 깊은 조사의무를 충분히 수행했다고 평가했다. 즉 피고는 이 사건에서 특권화된 출처를 주장할 수 있고, 표현의 진실성을 믿어도 됐으며, 이를 사후 심사해야 할 필요는 없었다고 보았다. 아울러 시사성 역시 부족하지 않았다고 판단했다. 왜냐하면 인용된 진술은 불과 피고의 기사 이틀 전 이스라엘 대사관 측이 Y에게 보낸 이메일 서신을 바탕으로 한 것이기 때문이라고 밝혔다. 따라서 원고의 주장은 기각한다고 판결했다.[110]

유럽인권법원 2017년 3월 16일 자 결정 - 58493/13

사실관계

청구인은 슈타인그리머 새바르 올라프손이고, 1965년생으로 아일랜드 국민이다. 그는 레이캬비크에서 살고 있다. 사건 당시에는 인터넷신문 "프레산"의 발행인이었다. 2010년 11월 7일 "프레산"은 A에 관한 두 자매의 발언이 담긴 기사를 공표했는데, A는 이 두 자매의 아버지였고, 2010년 11월 말 헌법제정회의 구성을 위한 선거후보자였다.

두 자매는 자신들이 운영하는 웹사이트 내에서 한 고발문과 고발편지를 통해 A가 아동이었던 자신들을 성폭행했다고 폭로했다. 자매들은 일전에 경찰에 이러한 사실을 알렸다고 주장했지만, 경찰은 분명치 않은 이유에서 조사를 개시하지 않았다. "프레산"은 두 자매와의 인터뷰와 편지에 근거해서 A를 지칭한 상태로 해당 사실을 보도했다. 그리고 A의 반박과 해명을 함께 공표했는데, 이때 A는 이 비난에 대해 더 이상 아무 말도 하지 않을 것이라고 답변했다. "프레산"은 기사본문과 함께 두 자매의 사진을 공개했다. 하루 뒤 그리고 2011년 1월, 2월, 5월에 "프레산"은 반복해서 이 사건과 관련한 또 다른 기사들을 게재했다. 2011년 4월 10일 A는 레이캬비크 지방법원지원에 허위사실 명예훼손을 이유로 청구인에 대해 소송을 제기했고, 다음의 표현들을 무효로 선언해 달라고 청구했다.

A. "자매들: 우리는 아동성학대자가 헌법제정회의 선거의 후보자가 된 이상, 침묵하지 않을 거예요."

B. "우리는 한 아동성학대자가 헌법제정회의에 후보자로 있는 동안 편안히 앉아 있을 수 없어요."

C. "나는 우리들의 행동이 합법적인지 알지 못해요, 하지만 이것은 부차적인 문제예요. 이 남자는 위험한 인물인데도 활개를 치고 다녀요."

D. "A의 또 다른 딸이 자매들의 입을 막지는 못할 것이다-아동성폭행은 가족에 국

한된 사적 사안이 아니다.”

E. “아동성폭행은 결코 아동성학대자의 가족이 조정할 수 있는 사적 사안일 수 없다; 아동성폭행은 하나의 범죄이다.”

F. “아동성학대자가 숨는 것이 허용되어서는 안 된다. 범죄행위가 가족 간의 상호의존성 문제로 변질되어서는 안 된다.”

레이캬비크지원의 소송과정에서 “프레산” 기사작성자인 B는 기사 공표 전에 A에게 입장표명의 기회를 제공했지만, 성공하지 못했다고 밝혔다. 그 밖에 자매들 주장의 신빙성과 진실성을 확인하려고 시도했고, 나아가 자매들, A의 아들, 경찰, 자매의 고용주, 또 다른 희생자 및 자매들의 발언에서 언급된 또 다른 인물들과의 인터뷰를 통해 A에 대한 비난들이 가족과 경찰에게 수년째 제기되었다는 사실을 확인할 수 있었다고 밝혔다. 마지막으로 기자는 아동복지청에도 입장을 문의하고자 했지만, 성공하지 못했다고 전했다. 2012년 2월 22일 레이캬비크지원은 청구인에 유리한 판결을 내렸지만, 아일랜드 상급법원은 A, B, D 그리고 C의 일부가 허위사실 명예훼손이라는 이유로 지원의 판결을 파기하였다. 아일랜드 상급법원은 청구인에게 비물질적 손해배상으로서 1천6백 유로와 소송비용을 위한 배상으로서 6천5백 유로를 지급하라고 선고했다. 관련표현들은 아일랜드 형법 제241조에 따라 무효로 선언되었다.

2013년 8월 20일 청구인은 유럽인권법원에 제소했고, 유죄판결의 유럽인권협약 제10조 위반을 주장했다. 2017년 3월 16일 인권법원 제1민사부는 이 규정의 위반을 확정했다.[111]

① “법적 근거” 유무

유럽인권법원은 청구인의 소원이 허용된다고 밝혔다. 아일랜드 상급법원의 판결은 유럽인권협약 제10조에 따른 청구인의 권리를 분명히 침해했다고 보았다. 따라서 이 침해가 “법적 근거가 있는지”, 유럽인권협약 제10조 제2항의 의미상 정당한 목적을 추구했는지, 그리고 “민주사회에서 필수 불가결한 것인지” 여부가 심사되어야 한다고 밝혔다.

청구인은 아일랜드에는 인터넷매체의 발행인 책임에 관한 어떠한 법규정도 존재하지 않는다고 주장했다. 아일랜드 당국은 아일랜드 형법, 불법행위법 제26조와 민주사회에서 미디어의 책임을 근거로 제시했다.

유럽인권법원은 유럽인권협약 제8조 제2항 내지 제11조 제2항에 규정된 "법적"이라는 개념을 항상 실질적으로 이해했고, 형식적 의미로 이해하지 않았다고 밝혔다. 유럽인권법원은 법률의 하위에 존재하는 법규, 즉 의회에 의해 위임받은 독자적이고 독립적인 법규 설정 필요에 따라 제정된 직능조직의 규정들을 포함한 성문법 규정뿐만 아니라 비성문법 역시 이에 속한다고 밝혔다. 그리고 법은 법률과 판례법 역시 포함한다고 보았다. 요컨대, "법적"은 관할법원이 해석하는 현행규정을 의미한다고 설명했다.

그리고 유럽인권협약 제10조 제2항의 "법적으로 근거 있는"이라는 개념은 문제의 조치가 국내법에 근거를 가지고 있을 뿐만 아니라 일정한 특성을 가져야 하고, 즉 당사자에게 접근 가능하여야 하고, 경우에 따라서는 전문가의 도움과 함께 사정에 따른 적절한 범위 내에서 일정한 행위가 가질 수 있는 결과를 예측할 수 있는 정도로 특정되어야 한다고 밝혔다. 하지만 국내법을 해석하고 적용하는 것은 당국의 과제, 특히 법원의 과제라고 인정했다. 그런 점에서 다양한 표현들의 무효선언과 비물질적 손해배상지급 판결의 근거는 아일랜드 형법과 아일랜드 불법행위법에 규정되어 있다고 밝혔다.

한편, 아일랜드 상급법원은 일단 온라인 보도에도 유추적용이 가능한 발행인의 책임에 관한 아일랜드 출판법을 청구인의 책임에 대한 근거로 삼을 수 있다는 A의 주장은 기각했다. 그럼에도 발행인인 청구인에게는 아일랜드법에서는 명시되지 않은 일정한 통제의무가 존재한다고 인정하고, 이에 따라 웹사이트 내에 있는 유해한 보도를 저지해야 한다고 보았다. 이에 기초해서 유럽인권법원은 전문가의 법적 조언을 도움 및 아일랜드 법의 최종 해석자인 아일랜드 상급법원의 판단을 통해서 볼 때, 이 사건 청구인의 편집활동에 대한 제재는 유럽인권협약 제10조 제2항의 의미상 "법적 근거"가 있는 것으로 증명된다고 결정했다.[112]

② 정당한 목적

유럽인권법원은 이 사건의 대상 판결이 유럽인권협약 제10조 제2항의 의미상 정당한 목적, 즉 평판의 보호와 다른 사람의 권리보호를 추구한다는 사실은 다툼이 없다고 보았다.[113]

③ "민주사회에서 필수 불가결성"

유럽인권법원은 이미 유럽인권협약 제8조에 따라 보호되는 사생활과 가족의 존중권과 제10조의 자유로운 의견표현권 사이의 공평한 조정이 이뤄졌는지 여부에 관해 문제가 된 경우에 관해 여러 차례 결정한 바 있고, 그 결과는 방대한 판례들을 통해 축적되었다고 밝혔다. 그리고 판례들에서 유럽인권법원은 여러 가지 본질적인 원칙들을 발전시켜 왔다고 공언했다.

(a) 원칙

유럽인권법원은 유럽인권협약 제8조를 적용하기 위해서는 한 개인의 명예나 평판에 대한 공격이 일정 정도 심각성에 도달해야 하고, 사생활 존중권의 행사를 침해해야 한다고 보았다. 자유로운 의견표현권이 사생활의 존중권과 형량되어야만 할 때에는 다음의 원칙들을 유념해야 한다고 주문했다: 공적 이익의 토론에 관한 보도의 기여, 당사자의 지명도와 보도대상, 이전 당사자의 행동, 정보를 얻게 된 방식과 진실성, 보도의 내용, 형식 그리고 결과 및 가해진 제재의 심각성.

(b) 원칙의 적용 -특히 타인의 발언의 인용 시 거리 두기의 정도-

아일랜드 상급법원이 2013년 2월 21일 자 판결에서 밝힌 바와 같이 "프레산"의 표현들, A가 아동성폭행을 저질렀다는 내용은 아일랜드 형법에 따르면 형사처벌이 가능하다고 인정했다. 따라서 상급법원은 그 표현들을 아일랜드 형법 제241조에 따라 무효라고 선언했다. 이에 대해 유럽인권법원은 아일랜드 상급법원의 확정이 해당 주장을 허위사실 명예훼손으로 분류하고 A의 명예를 보호할 정당한 목적을 추구했다는 점에 의문을 제기할 어떠한 이유들도 존재하지 않는다고 밝혔다.

이어서 유럽인권법원은 이러한 이유들이 유럽인권협약 제10조의 조건에 충분한지 여부를 심사하는 것이 남는다고 하면서 차례대로 아래와 같이 논증했다.

기사가 공적 이익의 관심사에 관한 것인지 여부의 문제와 관련해 살펴보면, A는 20인으로 구성된 새로운 국가의 헌법을 제안하기 위해 일반선거로 구성되는 하나의 위원회, 즉 헌법제정회의 구성을 위한 선거에 입후보했다는 사실이 언급되어야 한다고 보았다. 다른 한편으로 아동성폭행 문제는 진지한 공적 관심의 주제라고 인정했다. 따라서 공중은 헌법제정회의 구성을 위한 선거에 A의 입후보 및 아동성폭행과 같은 진지한 문제에 관해 정보를 얻을 정당한 이익을 가진다는 점에는 동의했다.

A의 지명도 및 기사대상과 관련해 살펴보면, 후보자로서 A는 스스로 공중의 관심 속으로 들어갔으며, 자신의 행동에 관한 주의 깊은 통제하에 놓이게 됐다는 사실에 주목해야 한다고 강조했다. 즉, 여기에서 허용되는 비판의 한계는 사인보다 더 넓다고 인정했다.

A의 이전 행동에 관해서는 아일랜드 법원도 당사자들도 발언한 사실이 없다고 밝혔다.

이 사건에서 정보가 획득된 방식 및 정보의 진실성에 관련해서는, 언론이 명예훼손적 사실표현을 하는 과정에서 개개인에 대해서 일일이 조사할 통상의 의무를 면제하기 위한 어떠한 특별한 이유들도 존재하지 않는다고 보았다. 문제 된 기사는 전체적으로 파악되어야 하며, 이때 다툼이 된 부분들에서의 표현들과 그 표현들이 공표된 맥락 아울러 전파된 방식에 특히 주목해야 한다고 밝혔다. 그리고 청구인이 선의로 행동했고, 기사가 사실주장을 조사할 관례적인 언론인의 의무의 준수하에서 작성되었다고 볼 수 있는지 여부가 심사되어야 한다고 보았다. 유럽인권법원은 언론인이 정확하고 신뢰할 만한 사실적 토대에 기초했는지 그리고 그 사실적 토대가 주장의 방식과 정도에 비례하는지 여부가 이에 속한다고 하면서, 이때 주장이 심각하면 할수록 그 사실적 토대는 더욱 견고해야 한다고 판시했다.

이 사건에서 기자는 자매들 발언의 신빙성과 그들 주장의 진실성을 확인하고자 시도했으며, 게다가 2011년 11월 8일 한 기사에서는 "비지르"라는 온라인신문이 제기했던 비난에 대한 A의 답변이 보도되었고, 2011년 2월 22일 기사에서는 이 사건에 대한 A의 딸과의 텔레비전 인터뷰 일부가 보도되었다고 인정했다.

그리고 유럽인권법원은 다른 사람을 모욕하거나 도발하는 혹은 그의 명예를 침해하는 인용내용과 체계적이고 공식적으로 거리를 둘 언론인의 일반적 의무는 시사적 사건에 관한 생각과 의견을 전달할 언론의 과제와는 일치하지 않는다고 역설했다.

한 인터뷰에서 제3자의 발언을 전파하는 것에 기여했기 때문에 언론인을 처벌하는 것은 언론의 공적 이익의 문제에 관한 토론에의 기여를 심각하게 방해하게 될 것이고, 따라서 특별히 적절한 이유가 없는 이상, 이는 고려되어서는 안 된다고 생각했다. 이러한 사정과 청구인인 발행자가 기자가 아니라는 사실의 고려하에서 청구인이 선의로 행동했고, 기사는 언론인의 사실주장을 조사할 통상의 의무와의 일치하에서 작성되었음이 인정된다는 사실에 주목해야 한다고 밝혔다.

이어서 다툼이 된 표현들의 내용, 형식 그리고 결과들에 관해 살펴보면, 우선 아일랜드 상급법원은 이 표현들이 A를 아동성학대자라고 전제하고 있으며, 이에 해당 표현을 형법 제241조에 따라 무효로 선언했다고 밝혔다. 이에 대해 유럽인권법원은 실제로 이 표현들이 A의 명예와 평판에 해를 가하는 그런 성격의 심각한 표현이라고 인정했다.

다른 한편으로 이 표현들은 청구인에 의해 직접 그리고 기사를 작성한 기자에 의해서 생겨난 것이 아니라 두 자매의 발언에 기인한다는 점을 지적했다. 자매들은 이미 2008년 자신들 주장의 일부가 포함된 편지들을 경찰 그리고 아동보호청에 보낸 바 있고, 그 이후 기사가 게재되기 이전에 그 편지를 자신들의 웹사이트에 다툼이 된 모든 발언들을 함께 공표한 바 있다고 인정했다. 그리고 아일랜드 상급법원이 확정한 바와 같이 A.에서 C. 그리고 D.의 쟁점에 관한 인용은 자매들의 웹사이트에 있는 편지 그리고 기자와 자매들의 인터뷰에 있는 내용들을 그대로 재현한 것이었다고 인정했다. 게다가 자매들은 나중에 자신의 발언들이 제대로 인용되었으며, 자신들의 동의하에 공표되었다는 사실도 진실임을 보증했다고 덧붙였다.

한편, 청구인에 대한 판결이 자매들의 허위 명예훼손주장으로부터 A를 보호할 정당한 이익에 상응할지라도 이러한 이익은 아일랜드법에 따라 허위 명예훼손을 상대로 고소할 수 있는 가능성이 A에게 넓게 보장되어 있다는 점이 고려되어야 한다고 보았다. 그런데도 A가 단지 "프레산"의 발행인에 대해서만 법적 조치를 취한 것은 특이하다고 보았다. 실제로 A의 변호사는 자매들에게 이 사건을 구속력 있게 조정하자고 서한을 보내 제안했으며, 그렇지 않으면 허위사실 명예훼손으로 고소하겠다고 경고했다. 하지만 자매들이 법원에서 진술한 바에 따르면 A는 한 번도 이를 실행한 적이 없었다. 이러한 사정하에서 청구인이 실제로 자신은 선의로 행동했고, 사실과 관련해서 그 사실의 진실성 심사 후에 행동했다는 점을 입증함으로써 책임에서 벗어날 기회가 주어졌는지 여부는 불확실한 것으로 보인다고 판단했다.

마지막으로 청구인에 의해 지급되어야 할 손해배상은 어떠한 형사법상 제재도 아니고, 그 액수도 가혹하지는 않다고 인정했다. 하지만 제재의 심각성과 무관하게 조치의 비례성 심사에서 당사자의 선고판결은 비록 그것이 민사법적 속성을 가질지라도 중요하다고 밝혔다. 모든 부적절한 의견자유의 제한은 유사한 주제에 관한 언론보도를 장래에 방해하거나 위축시킬 위험을 수반한다고 보았다.

이러한 모든 것을 고려할 때, 유럽인권법원은 아일랜드 상급법원의 이유들이 논거는 분명하지만 유럽인권협약 제10조에 따른 청구인의 권리침해를 정당화하기에는 충분하지 않다고 판단했다. 제시된 사실정황의 판단에 있어서 아일랜드 상급법원은 유럽인권법원이 형량을 위해 제시했던 원칙들과 기준들을 적절히 고려하지 않았고, 이에 자신에게 속한 재량 여지를 넘어서 비례성에 있어서 정당한 균형을 맞추지 못했다고 비판했다.[114]

VIII. 미디어의 전파책임

1. 전파책임의 의의 및 현황

앞서 살펴본 바와 같이 형법 제186조뿐만 아니라 민법 제824조 역시 전파는 주장과 동등하기 때문에 표현의 단순한 전파 또한 원칙적으로는 주장자와 동일한 책임을 지게 된다.[115] 이러한 동등한 책임에도 불구하고 이전 판례들은 실무상 이유에서 법적 전문용어상으로 순수한 전파자를 방해자로서 분류한 반면, 주장자는 행위자로서 분류하였다.

하지만 인터넷서비스와 관련된 새로운 판결에서 연방대법원은 인터넷서비스 제공자를 통한 전파와 관련해 자신이 사용했던 용어를 새롭게 정비했다. 이에 따르면 편집활동을 수행하는 미디어를 통한 지적 전파활동을 직접적 방해자(좁은 의미의 전파자)라고 규정하는 한편, 순수한 기술적 전파자를 간접적 방해자라고 칭했다. 그리고 이러한 간접적 방해자에는 자신에 의해 제공되는 내용에 관한 직접적 편집통제를 행사하지 않는 인터넷 중개자도 포함되며,[116] 무엇보다 소위 호스트프로바이더(서버제공자)가 이에 해당한다고 보았다. 이러한 법률용어는 손해배상책임은 면제하지만 방해제거책임은 인정되는 텔레미디어법(TMG)의 책임특권에서 언급된 바 있고, 다른 한편으로는 연방대법원 민사6부가 비물질적 권리침해에 관해 행위자와 방해자를 구별했던 곳에서도 언급되었다. 따라서 우선 주장자를 행위자로서, 그리고 '자신의 것으로 삼기'를 행한 사람을 주장자로서, 마지막으로 단순한 전파를 방해자의 기여로서 분류함으로써 어느 정도 표현법상 책임체계의 이해가 단순화될 수 있다.

이때 전파자는 민사법상 그리고 비물질적 권리의 침해가 문제 될 경우에 방해자가 된다. 다만, 방해자로서 책임을 지는 전파행위 그 자체는 편집작업의 여러 가지 기본법상 중요한 의미가 속하는 활동과 그 밖의 단순한 기술적 서비스제공(인터넷접근서비스 제공자)으로 분류할 수 있고, 이 두 가지 형태의 전파행위에 동등한 의무를 부과하거나 완전히 동등하게 의무를 면제할 수는 없게 된다. 이에 인터뷰, 기사요약 인터넷서비스(프레세샤우), 인용, 인쇄업자, 서적판매상 등 다양한 전파행위 가운데 기술적 전파행위에는 차별화된 책임규칙이 존재하게 된다. 따라서 단순한 전파활동일지라도 어떠한 일반화된 책임특권이 존재하지 않으며, 단지 인터넷서비스 부분에서는 의도적인 입법자의 구상에 따라 일정한 책임면제가 존재한다. 그에 반해 언론을 통한 단순한 협의의 전파행위라도 책임부담의 결과를 가져올 수 있다는 점에는 의심이 있을 수 없다.[117]

한편, 방해자로서 전파자의 책임을 경감하거나 제한할 수 있는 기준으로는 기대 가능성(Zumutbarkeit)의 유무가 필수적이라는 점에 관해서는 학설상 다툼이 없다. 예컨대, 독일 우체국도 독일 철도청도 단지 신문을 배달했다는 이유로 신문내용에 관한 책임을 지울 수는 없을 것이다. 따라서 방해자로서 전파자의 전파행위에 관해 납득 가능한 구별이 가능하기 위해서는 지적 전파와 기술적 전파 사이의 구별이 필수적이다. 이때 지적 전파자는 다툼이 된 표현에 대해 지적 전파의 관계를 가지는, 특히 인용 혹은 가령 프레세샤우(Presseschau) 형태의 다양한 의견을 편집을 통해 전파하는 사람을 말하며, 기술적 전파자는 단지 기술적으로만 전파를 중개하는 사람을 말한다. 하지만 모든 전파형태에 있어서 책임 여부를 정할 때에는 각각의 형태를 고려해서 실제로 행사 가능한 통제나 영향력의 유무를 중시하게 되며, 다른 한편으로는 의사소통질서의 중요한 역할을 침해하지 않기 위해 일정한 책임제한을 필요로 하게 된다.[118]

2. 언론의 전파책임의 제한

편집 영역에서는 지적 전파와 단순한 전파가 문제 된다. 언론은 그의 보도내용에 대한 내용상의 영향력으로 인해 우선적으로 자신의 주장과 단순한 전파를 구별할 의무를 부담한다.

하지만 전파책임 제한의 불가피성은 특히 방송에서의 라이브-토론에서도 중요하며, 이때 방송매체는 단지 "의견의 시장"으로서 활동한다. 만약 이러한 상황하에서 토론기여를 위한 책임을 발언자와 동등하게 혹은 완전히 발언자를 대신해서 매체가 부담하게 된다면, 이는 매체의 본질과 역할에 위배될 것이다.[119] 아울러 이러한 관점은 라이브 방송이 아니라 순수한 기술적 작업만이 행해지는 녹화방송의 경우에도 원칙적으로 마찬가지이다. 연방헌법재판소 역시 프레세샤우에서 제공된 인용기사의 책임을 다룬 판례에서 결과적으로 라이브 토론에 적용되는 법칙에 따라 처리하는 데 동의했다. 왜냐하면 여기에서도 의견의 시장이 제공된다고 볼 수 있고, 동시에 공중의 정보이익을 만족시킨다는 점에서 기본법 제5조 제1항 제2문(출판의 자유)에 따라 인정되는 본질적 역할을 충족시키기 때문이라고 생각했다. 그럼에도 혹시 해당 방송내용이 전체적으로 방송사의 표현물로서 보이거나 아니면 해당 편집기사가 언론사의 표현물로서 보이는 방식으로 제3자의 비판을 자신의 입장표명 내로 편입시키는 경우라면, 매체제공자는 제3자의 기사들을 그러한 과정을 통해 자신의 것으로 삼은 것으로 보아야 하고, 결국 문제의 표현들을 매체제공자가 직접 주장하거나 그를 통해 전파자의 역할을 포기한 것과 같이 법적으로 평가될 것이다. 따라서 이러한 경우에 매체제공자는 본래 자신의 주장과 같은 책임을 지게 된다.[120] 이와 마찬가지로 프레세슈피겔이나 프레세샤우 같은 서비스의 범위에서 다른 언론에서의 의견들을 변조하거나 축약을 통해 내용상 날조하게 된다면, 이때 프레세샤우 제공자 역시 자신의 주장이 존재하는 것으로 평가된다.[121]

제9장

독자편지, 인터뷰, 인용 등에서의 전파책임

Ⅰ. 개관

언론은 다양한 방식으로 제3자의 표현들을 전파하는 과정에서 각각 그에 관한 출처를 거명하고 아울러 제3자의 표현 그 자체의 전파라는 특징을 나타내는 경우에도 항상 이중적인 책임위험에 노출될 수 있다. 우선은 전파된 보도가 개인적으로 다뤘던 인물에 관한 각각의 표현내용 그 자체에 대해서 전파자로서 어디까지 책임을 질 수 있는지의 문제가 논의될 수 있다. 다른 한편으로는 인용의 정확성이라는 맥락에서 언론의 책임이 논의될 수 있는데, 이는 원칙적으로 전파되는 표현내용에서 언급되었던 피해당사자에 대해 지는 책임문제가 아니라 언론이 제3자의 표현을 전파하는 과정에서 그 표현행위자에 대해 지는 책임문제를 말한다.[1]

따라서 전파책임의 기준과 범위를 개별적 사례에서 살펴볼 경우에는 전파대상인 제3자의 표현에서 이미 언급되었던 피해당사자에 대해 전파자가 어디까지 책임을 져야 하는지의 문제와 전파과정의 정확성 관점에서 전파자로서 인용자가 제3자의 표현의 인용과정에서 왜곡이나 날조문제가 발생한 경우 생겨날 수 있는 인용자의 책임문제 등으로 크게 구분할 수 있다. 이는 대표적으로 독자편지나 인터뷰 그리고 다양한 형태의 인용과정에서 흔히 발견될 수 있는 전파책임과 관련된 언론법적 쟁점들이다.

Ⅱ. 독자편지

전파책임의 원칙상 출판미디어는 독자편지의 내용에 대해서도 원칙적으로 책임을 진다. 하지만 이전의 연방대법원 판례는 언론에 적용되는 책임기준을 독자편지의 경우에는 경감시킨 바 있다.[2] 그에 따르면, 독자편지 내용에 관한 편집국의 독자적 심사의무는 구체적으로 제3자의 권리에 대한 심각한 침해가 문제 될 경우에만 비로소 발생하게 된다. 만약 심각한 권리침해가 문제 되는 것이 아니라면, 가령 반론보도 게재의무와는 별개로 독자편지의 공표에 대한 언론사의 민사상 책임은 탈락한다.

한편, 통상적으로 빈번하게 행해지는 안내문("독자편지는 편집국과 언론사의 의견이 아닙니다")은 오랫동안 충분한 거리 두기로 인정되지 않았다. 하지만 인용보도[3] 및 인터뷰 등에 포함된 제3자 표현에 대해 언론이 져야 할 책임과 관련해 충분한 거리 두기를 요구한 기존의 입장과는 다른 새로운 판결이 내려지게 되었다. 이에 따라 현재에는 이러한 안내문 혹은 언급이 내용상 명확하고 눈에 띄게 배치되는 이상, 그것만으로 전파책임은 제거될 수 있다.[4]

즉, 현재의 판례 입장에 따르면 신문이나 잡지는 독자편지 내용에 있어서도 제3자의 표현의 전파와 동일한 책임을 지게 된다. 그리고 독자편지 내용은 기고자의 의견을 재현한 것에 불과하고 편집국은 독자편지의 입장에 반드시 동의하는 것은 아니라는 안내문의 경우는 일반적으로 행해지는 거리 두기 형태에 해당하기 때문에, 이러한 거리 두기만으로 언론은 자신의 책임에서 벗어날 수 있다. 게다가 독자편지란이라는 명백한 특징표시나 언급 역시 일반적인 거리 두기 형태에 해당하는데, 이러한 영역은 편집 부분과 분명히 구별되는 것이므로 충분한 거리 두기로 인정될 수 있다. 그리고 이러한 형태의 거리 두기를 행했다면, 주장책임의 정범에서 전파책임단계로 넘어가게 된다.

다만, 이때에도 전파자에게는 심사의무가 존재하는데, 이는 무엇보다 상당히 심각한 제3자 이익의 침해, 예컨대 심각한 모욕을 포함하는 그런 표현들에 적용된다.[5] 만약 이러한 침해가 제거되지 않는다면, 발행인과 편집국 역시 일반적인 거리 두기에도 불구하고 책임을 진다. 명백히 인격권을 침해하거나 신용을 훼손하는 독자편지의 주장 역시 언론은 심사의무를 부담한다.[6] 경우에 따라서 이러한 심사결과는 독자편지와 결합해서 보고될 수 있고, 그렇지 않으면 해당 독자편지는 게재가 중단되어야 한다. 다만, 발행인의 전파책임 가능성에도 불구하고 다른 제재청구와는 달리 금지청구는 제외될 수 있다. 왜냐하면 금지청구의 인정을 위해 필요한 반복위험이 독자편지의 경우에는 일반적으로 추정될 수 없기 때문이다.[7] 하지만 한 잡지가 다른 경쟁지에 날조된 독자편지를 송고한 경우에는 이러한 상황이 적용될 수 없다. 이러한 경우에는 반복위험이 추정될 뿐만 아니라 언론윤리강령의 위반에도 해당된다.[8, 9]

한편, 독자편지의 내용에 관한 책임을 인정하기 위해서는 해당 내용의 의미해석이 필요한데, 이때에는 유리한 해석원칙이 고수되어야 한다. 이에 따라 독자편지 내용에서 다의적 표현이 의심스러운 경우에는 의견표현의 영역에 귀속되어야 한다는 원칙이 중요하게 고려되어야 한다. 왜냐하면 독자편지의 게재 목적은 사전에 공표된 편집기사들을 논평하는 것이 통상적이기 때문이다.[10] 따라서 연방헌법재판소의 "스톨페" 결정[11]을 통해 요청된 금지청구와 그 밖의 제재들 사이의 구별은 독자편지사건에서는 적용할 이유가 존재하지 않는다. 연방대법원 역시 독자편지에 관한 금지청구 사건에서 반복위험의 입증에 관한 특별한 요청이 제시되어야 한다고 지적했다.[12] 왜냐하면 독자편지는 통상 한 번만 공표되는 것이 관례이기 때문이다. 따라서 독자편지를 게재한 출판사나 언론사에는 원칙적으로 반복위험이 추정되지 않는다. 반면에 독자편지 작성자의 책임은 일반원칙에 따른다는 사실은 변함이 없다.[13]

지금까지 살펴본 바와 달리 언론이 독자편지의 내용 역시 제목과 논평을 통해 자신의 것으로 삼을 수 있는 경우도 있다. 예컨대, 특정기업에 대한 독자편지 투고자의 부정적 주장에 대해서 한 잡지가 "사기, 횡령"이라는 제목을 달았을 경우, 이때에는 언론이 독자편지를 자신의 것으로 삼은 것으로 인정된다. 하지만 독자편지나 제3자의 보도가 단지 인용된 것에 그쳤고 아울러 그러한 사실 자체가 인식될 수 있다면,

여기에는 '자신의 것으로 삼기'가 존재하지 않는다.[14, 15]

마지막으로 전파자와 전파되는 제3자의 내용을 적절하게 재현한 것인지와 관련된 전파자와 전파대상자 사이의 관점도 중요하다. 따라서 편집국이 독자편지를 취급함에 있어서도 인용의 진정성과 정확성에 관한 엄격한 요청이 부여된다. 원칙적으로 의미를 왜곡하는 독자편지의 축소나 변형은 독자편지의 실제내용에 관해 독자들을 속이는 행위이기 때문에 허용되지 않는다. 예컨대, 독자편지로서 결정되지 않은 채 출판사에 보내진 편지를 공표할 때에는 공표방식을 통해 이것이 정확하게 독자편지가 아니라는 사정이 분명하게 밝혀지지 않는 이상, 작성자가 실제로 출판사가 아닌 독자층에게 자신의 주장을 호소하길 원한다는 인상을 암시하거나 유발할 수 있다.[16]

뮌헨 상급법원 2005년 4월 5일 자 판결 – 18U 4789/04

사실관계

원고는 피고에게 진실에 반하는 주장들의 금지를 청구했다. 원고는 유한회사이고, 원고 회사의 자본금 70%에 해당하는 지분을 가진 주주는 P-유한회사이다. P-유한회사의 단독출자자는 P-행정지구이다. 원고는 뮤지컬 및 뮤지컬과 유사한 공연프로그램을 자신이 설치·운영하는 킴제-수상무대 위에서 진행했다. 피고는 P-지역 시민으로서 "킴제 협회를 보존하라"는 시민운동 단체에 참여했는데, 이 단체는 킴제-수상무대의 운영을 정책적 차원에서 반대했다. 원고는 경영상 재정지원을 위해 스폰서들을 모집했고, 이들은 매년 대략 십만 유로 이상의 스폰서 자금을 통해 지속적으로 원고의 경영을 후원해 왔다. 그리고 이에 대한 보상책으로 원고는 매년 자신의 스폰서들을 개막공연에 초청했고, 이를 위해 스폰서들에게 무료입장권을 제공하고 공연 후 리셉션에서 이들을 접대했다. 2003년 여름 뮤지컬 "에비타"의 개막공연이 개최되었고, 이때에도 원고는 자신의 스폰서들을 초대했다. C-신문은 2003년 7월 12/13일 자 판에서 이러한 개막행사에 관해 보도했다. 이에 피고는 비록 이 행사에 직접 참가하지는 않았지만, 앞의 보도를 참조해서 다음과 같은 독자편지를 작성했다.

> 원고는 "에비타" 개막공연을 계기로 무료 개막공연 행사와 이어진 리셉션에 800명의 손
> 님을 초대했다. 초대된 개막공연 손님들은 원고의 비용으로 '최고급' 식사를 하거나 마실
> 수 있었고, 초대 손님들을 위한 개막행사 및 입장권은 전적으로 원고에 의해 비용이 지
> 불되었다. 원고는 개막공연 손님들의 초대로 인해 세금을 낭비했고, 2002 사업연도에는
> 심각한 손해를 입혀서 P-행정지구는 2002 사업연도에 그에 대한 책임을 떠맡아야 했다.
> 2002 사업연도 손실 역시 P-행정지구의 재정상태를 암담하게 만듦으로써 2003년 8월 2
> 일까지 동의 가능한 어떠한 2003년 사업예산도 제출될 수 없었다.

원고가 트라운슈타인 지방법원에 제기한 금지청구 소송은 인용되었다. 하지만 이
에 대한 피고의 항소 역시 성공했다.[17]

① 독자편지의 법적 성격

상급법원은 이 사건 소송이 일간신문에서 공표된 피고의 독자편지를 대상으로 한
다는 점에서 특수성을 지닌다고 평가했다. 재판부의 견해에 따르면, 독자편지의 경
우에는 이 사건에서도 마찬가지로 대개 의견표현이 중심을 이룬다고 밝혔다. 경우
에 따라서는 논평 부분이나 별도의 논평을 통해 보완되기도 하지만, 주로 사건에 관
한 보도가 주를 이루는 신문 등 출판물의 편집기사와는 달리 독자편지는 주로 이전
의 편집기사 내용에 관한 공개적 논평 성격의 입장표명을 포함하는 것이 일반적이라
고 설명했다. 비록 예외적으로 독자적인 다른 사실이나 보완적인 사실에 중점을 두
는 독자편지 역시 존재하기는 하지만, 이 사건 대상 독자편지는 전체적인 내용에서
그리고 마지막 내용 부분에서 볼 때 분명히 P지구에서의 지역정책적 논쟁에 관한 의
견기사라는 점을 알 수 있다고 밝혔다.[18]

② 사건판단

소송 대상인 독자편지는 직접적으로 2002년 7월 12/13일 자 C-신문의 편집기사와 관련이 있는데, 이 신문기사는 "사진첩에서와 같은 여름밤"이라는 제목으로 2003년 7월 10일 자 킴제-해상무대 개막공연에 관해 다루었다. 따라서 상급법원은 사실주장이 포함되어 있는 부분에 대해서는 피고가 개막행사에 참가하지 않은 상태에서 적어도 일부는 앞선 신문기사 내용의 정보를 자신의 독자편지의 바탕으로 삼았다는 점이 고려되어야 한다고 보았다.

상급법원은 여전히 다툼 중인 금지청구 2호-"초대된 개막공연 손님들은 원고의 비용으로 먹고 마실 수 있었다"는 표현은 2003년 7월 12/13일 자 C-신문기사에 근거를 둔 적절한 사실주장을 의미한다고 인정했다. 이 기사의 마지막 부분은 "초대된 800명의 손님들은 밤늦게까지 성공한 뮤지컬 전야제를 축하했다"라고 씌어 있었고, 일반적 언어이해에 따르면 행사에 초대된 손님들은 무료로 그리고 주최자의 비용으로 참가했다는 의미로 해석된다고 보았다. 기사의 두 번째 제목에서도 바로 "개막행사에 운집한 유명인들"이라고 언급되었고 이어서 "많은 유명인들"이라고 보도되어서 실제로 마케팅 차원에서 무료로 참가할 수 있었다는 사실이 인정될 수 있다고 판단했다.

상급법원은 금지청구 3호-"초대된 손님들의 입장권 역시 전적으로 원고가 비용을 지불했다"는 부분 역시 우선은 2003년 7월 12/13일 자 보도와 관련성을 가지는데, 초대된 손님들의 입장권은 통상 초대장을 보낸 사람-이 사건에서는 원고-이 비용을 지불하기 때문이라고 생각했다. 하지만 원고가 적어도 "초대된 손님들"의 대부분이 원고의 스폰서들에 속하기 때문에 허위사실주장이라고 주장한다면, 이러한 내용은 2003년 7월 12/13일 자 기사에서는 찾아볼 수 없는 부분이기 때문에 피고에게 책임을 물을 수 없다고 보았다.

나아가 설사 손님들의 대부분이 입장권을 스폰서로서 직·간접적 반대급부로서 얻을 수 있었고, 피고가 독자편지 작성 시 이러한 사실을 알 수 있었을지라도, 해당 내용의 판단원칙[19]에 따라 하나의 정당한 의견표현이 존재한다고 판단했다. 왜냐하면 피고는 적어도 일부분은 원고 활동의 스폰서 자금을 통한 재정조달을 비판적으로 조명하고자 했기 때문이라고 밝혔다.

상급법원은 금지청구 4호와 관련된 표현 역시 전체 문장의 맥락에서 평가할 경우 의견표현임이 명백하다고 보았다. 왜냐하면 "누군가 적어도 수상무대 개막행사 손님들에게 선의의 표시로서 음악학교를 위해 최소한의 돈을 요구할 수 없었다면"이라는 첫 번째 부분은 피고가 자신의 관점에서 비판할 만한 P-지구 내 여러 조직들의 다양한 재정자금을 강조하는 호소내용이기 때문이라고 보았다. 이때 "돈을 가진 사람들을 위해 또다시 우리의 부족한 재정으로 채우지 않으려면?"이라는 문장 부분은 P-지구의 재정문제에 관한 고려하에서 개막행사의 재정투입과 진행내용에 관한 반어적인 비판적 평가를 의미하며, 이는 하나의 충분한 사실근거를 가진다고 판단했다.

마지막으로 금지청구 5호에 의해 다뤄진 피고의 주장은 2003년 12/13일 자 기사와 직접 관련은 없다고 보았다. 그리고 내용상 원고가 2002년 적어도 3만 2천 유로에 가까운 근소한 경영이익을 얻었다는 사실은 당사자들 사이에 다툼이 있었다고 인정했다. 다른 한편으로 원고는 높은 초기투자비용으로 인해 생겨난, 특히 그의 주주들에 대해서도 4십만 유로 이상의 채무액을 부담하고 있었다는 사정도 참작되어야 한다고 보았다. 따라서 이러한 다툼사실에 관한 논쟁이 독자편지에서 다뤄졌다면, 여기에는 명백히 의견의 성격이 중심에 놓이게 되며, 그 결과 지난해 현저한 손실을 입게 되었다는 평가를 허용하게 된다고 보았다. 아울러 원칙적으로 자세한 설명이 기대될 수 있는 신문 등 출판물에서 편집 영역에 존재하는 기사와 달리 신문 내의 독자편지의 평균 독자들은 정확하게 조사된 평가나 원고의 재정 상황에 관한 경영상의 세밀한 평가를 기대하지는 않는다고 밝혔다.[20]

Ⅲ. 인터뷰

1. 인터뷰 진행자의 인터뷰내용에 대한 전파책임

신문 등 출판언론은 자신에 의해 전파된 인터뷰의 내용에 대해서도 일반적인 전파책임에 따라 책임을 진다. 따라서 언론사의 대리인(기자 등)이 인터뷰 진행 중 인터뷰 상대방의 주장을 자신의 것으로 삼았다면 그에 대한 책임을 부담한다. 물론 이것은 질문자가 자신의 사실주장을 제기하고, 그에 수반된 인터뷰 상대방의 답변이 단지 질문자의 사실주장을 위한 보증수단으로만 비치는 경우에 그러하다.[21]

하지만 인터뷰 상대방의 진술내용을 공개 전에 심사할 수 있고, 독자적으로 공개 결정을 내릴 수 있는 출판 등 언론이 인터뷰 상대방의 발언내용을 자신의 것으로 삼지 않았을 경우에도 책임을 지는지 여부에 관해서는 오랫동안 의견이 분분했다. 이러한 문제에 대해 무제한적 책임을 인정하는 것은 헌법상 문제 될 것이 없다는 견해를 피력한 과거 연방헌법재판소의 결정[22]에 반해, 각급 법원은 이미 오래전부터 적절하게 이를 구별해서 판단해 왔다. 그러한 예로써 뮌헨 상급법원은 언론이 행한 인터뷰에서 언론 자신은 단지 제한된 심사의무만을 부담한다고 판시했다. 그리고 그 이유에 대해서는 인터뷰 표현들이 성질상 독자편지에서의 표현들과 비교 가능하고, 따라서 그러한 인터뷰 표현들에 관해 독자편지와 동일한 책임법상 특권을 인정하지 않을 어떤 설득력 있는 이유도 존재하지 않는다고 답했다.[23]

하지만 현재에는 새로운 유럽인권법원[24]과 연방헌법재판소의 판례[25]에 따라 일반적으로 편집국은 인터뷰 범위 내에 포함된 제3자 표현에 대해서도 역시 책임을 지지 않는다고 볼 수 있다. 따라서 오늘날의 상황에 따르면 편집국이 인터뷰 대상자의 발언을 명백히 자신의 것으로 삼았을 경우에만 책임을 지게 되고, 거리 두기가 부족하다는 이유만으로는 책임을 정당화할 수 없다.[26]

방송 내 인터뷰의 경우에도 전파책임의 원칙은 단지 제한적으로만 적용된다. 만약 방송이 제3자의 진술들을 공개하는 공론장의 역할로 국한된다면, 보도국의 인터뷰 평가방식과 편집되고 수정된 방송의 완성과정에서 방송이 인터뷰 상대방의 진술을 통해 실제로는 자신의 메시지를 전달하고 있고, 결국 그러한 내용을 자신의 것으로 삼았다는 인상이 생겨나지 않는 이상, 그러한 인터뷰 내용에 대해 방송은 직접적 책임을 부담하지 않는다.[27] 나아가 유럽인권협약 제10조 및 기본법 제5조 제1항을 통한 미디어자유의 보장이라는 관점에서 비록 인터뷰 내용이 제3자의 명예나 인격권을 침해하는 경우일지라도, 언론계 종사자들에게 자신들에 의해 전파되는 인터뷰 내용과 공식적인 거리 두기를 행할 것이 요구될 수는 없다.[28, 29]

따라서 인터뷰에 있어서는 그 내용을 자신의 것으로 삼았는지 혹은 거리를 두었는지 여부를 판단함에 있어서 특수성이 인정된다. 인터뷰가 지속적인 거리 두기 압박에 구속될 경우에는 그 내용이 자유롭게 공표될 수 없을 것이기 때문이다. 따라서 자신의 것으로 삼기 원칙은 인터뷰에서 명백히 거리 두기 없이 제3자의 명예훼손 표현을 전파했다는 이유만으로 성립하지는 않는다.[30] 다만, 주 제목과 중간 제목이 명백히 인터뷰 대상자의 주장에 동조하고 단지 인터뷰 내용을 조망할 수 있도록 안내하는 것이 아닌 이상, '자신의 것으로 삼기'가 인정된다.[31]

마지막으로 언론보도 내에서 행해진 발언에 있어서 원칙적으로 고려했던 반복위험의 추정 역시 인터뷰-표현에 대해서는 도식적으로 적용될 수 없다는 점에 유의해야 한다.[32] 만약 과거의 판례를 근거로 인터뷰 발언에 있어서 언론의 책임을 원칙적으로 인정하고자 한다면, 그런 점에서 독자편지의 표현과 마찬가지로 다른 경우와는 구분되어야 할 필요가 있다. 언론이 인터뷰 상대방의 발언을 자신의 것으로 삼았다면, 새로운 법적 상황에 따르더라도 언론은 책임을 지게 된다. 이때 반복위험의 추정 역시 언론에 인정되어야만 할 것이다. 하지만 인터뷰의 전체적 맥락에 따라 전적으로 인터뷰 대상자에게 귀속되어야 할 발언이 문제 되는 경우라면, 보도매체는 이러한 인터뷰 발언을 나중에 다른 맥락에서 새롭게 공표하게 될 위험은 거의 고려할 필요가 없기 때문에 그러한 반복위험이 추정될 수는 없고, 피해자에 의해 새롭게 구체

적인 반복위험, 정확하게는 최초침해위험이 주장 또는 소명되어야 한다.[33]

연방대법원 2009년 11월 17일 자 판결
- VI ZR 226/08

사실관계

원고 H M은 시사잡지 "F"의 편집장이다. 원고는 피고에게 작가이자 카바레 예술가인 R W가 인터뷰에서 한 발언의 전파를 금지하라고 요구했다. 2007년 9월 14일 피고는 자신이 발행하는 신문에 "오늘날 노골적으로 거짓말을 한다"라는 제목의 인터뷰를 게재했는데, 이 인터뷰는 피고 언론사 소속 기자가 작가이자 카바레 예술가인 R W와 진행한 것이었다. 여기에서 R W는 2007년 9월 19일 공연될 예정인 자신의 무대공연 프로그램 "나는 맹세코 약속합니다-거짓말의 세계사"에 관해 발언했다. 이 기사는 볼드체로 "오늘날 노골적으로 거짓말을 한다"는 제목과 그 아래 작고 굵은 활자체로 "R W 자신의 D H와의 협연 프로그램에 관해"라는 부제가 달렸다. 기사에서 R W의 발언은 특히 다음과 같이 인용되었다:

세상에 대한 우리의 관계는 점점 더 아이러니하고 부적절하게 되었다. 토크쇼-게스트가 진정한 문제적 이슈를 가지고 있는 것인지 아니면 그것을 단지 꾸며냈는지는 더 이상 중요하지 않다. 내가 토크쇼를 진행하기 시작했을 때, 여기는 여전히 죄악의 구렁텅이 그 자체였다. 인터뷰를 날조하고 있는 요즈음 자서전을 썼던 T K 같은 사람은 미디어 업계의 침식을 유발할 것이다. 오늘날 노골적으로 거짓말을 한다.

이어서 인터뷰의 다른 질문에 대해 다음과 같이 대답했다:

당시 H M은 T K와 관련해 감시 역을 자처했다. 하지만 내가 조사한 바에 따르면 고양이에게 생선을 맡긴 꼴임이 증명되었다. 백 명의 최고 의사들이 기재된 F-리스트 가운데

한 사람은 이미 죽었고, 다른 한 사람은 자신의 환자에게 약물과다처방으로 잘못을 저질러 교도소에 복역 중이다. E J와 했다고 주장한 F-인터뷰는 이미 2년 전 분테지에 실렸던 것이고, 이 외에도 날조된 공동인터뷰를 우리는 적발했다.

원고는 피고에게 "오늘날 노골적으로 거짓말을 한다"는 표현과 "M이 E J와 했다고 주장하는 F-인터뷰는 이미 2년 전 분테지에서 실렸던 것이다"라는 두 표현의 전파를 금지하라고 청구했다. 함부르크 지방법원은 소송을 인용했다. 피고의 항소는 성공하지 못했지만, 상고는 성공했다.[34]

① 인터뷰와 자신의 것으로 삼기

연방대법원은 원고에게 피고에 대한 금지청구가 인정되지 않는다고 판단했다. 그리고 피고가 대상 표현들을 자신의 것으로 삼았다는 항소법원의 견해에 상고를 제기한 것은 정당하다고 밝혔다. 소송사건의 사정에 따르면, '자신의 것으로 삼기'는 인정되지 않는다고 보았다.

'자신의 것으로 삼기'는 통상 타인의 표현이 자신의 사고과정 속으로 삽입돼서 전체 표현이 자신의 것으로 보이거나, 인터뷰 범위 내에서 질문자 자신의 사실주장이 제시되고 인터뷰 대상자의 대답은 질문자의 사실주장 옆에서 단지 질문자의 진실성 담보를 위한 증거나 보증수단으로서 작용할 경우 성립된다고 밝혔다. 거리를 두지 않은 채 인용된 제3자의 표현들 역시 비록 전파자가 자신의 것으로 삼았을 경우에는 전파자에게 귀속될 수 있지만, 이러한 경우를 인정하려면 심사과정에서 의견자유의 이익과 출판보호의 이익을 위해 적절한 자제가 필요하다고 강조했다. 아울러 공표물의 외적 형태만으로도 자신의 평가나 입장표명 없이 단지 타인의 표현을 전달하는 데 그쳤다는 사실이 드러날 수 있는데, 예컨대 프레세샤우(신문기사 요약서비스)의 게재가 이에 해당할 수 있다고 보았다.

연방대법원은 질문과 대답으로 구성된 전형적인 인터뷰의 공표에도 마찬가지의 상황이 적용된다고 밝혔다. 어쨌든 언론사가 인터뷰에서 제3자가 한 명예훼손적 발언을 그와 명백히 거리를 두지 않고서 단지 전파했다는 사실만으로 '자신의 것으로 삼기'가 성립되는 것은 아니라고 확언했다.

이에 연방대법원은 피고가 대상 표현들을 '자신의 것으로 삼기'라고 본 항소법원의 견해는 이러한 원칙들과 일치할 수 없다고 보았다. 인터뷰의 공표를 통해서 피고는 명백히 단순한 표현의 전달자로서 등장했다고 평가했다. 독자에게는 이미 표현의 형태에서 인터뷰의 인용이라는 사실이 밝혀지며, 특히 기사의 두 번째 제목에서도 마찬가지로 이러한 사실을 보여준다고 생각했다. 이름을 맨 앞에 배치한 상태에서 질문과 대답의 배열 그리고 그다음 대답의 인용은 이러한 사실을 분명히 한다고 부연했다. 아울러 또 다른 근거로서 질문자가 자진해서 원고를 인터뷰 주제로 삼은 것이 아니라 오히려 R W 스스로 "F" 잡지의 보도들을 화제로 꺼냈고, 이러한 맥락에서 원고가 편집장으로서 실명 거론되었던 점을 들었다. 따라서 피고는 대답에 포함된 진술들을 자신의 것으로 전파한 것이 아니라고 판단했다.[35]

② 타인의 보도의 전달과 주의의무의 문제

연방대법원은 전파책임의 원칙에 따르더라도 피고에 대한 금지요청은 정당화되지 않는다고 밝혔다. 전달자가 자신의 것으로 삼지 않고, 자신의 입장표명 속으로 편입시키지도 않고 그저 타인의 발언을 전달한 것에 그쳤다면, 이러한 타인의 사실주장이나 보도의 전달 역시 기본법 제5조 제1항에 의해 보호되는 의사소통절차에 속한다고 인정했다. 인터뷰의 게재 역시 특별한 미디어 이용자들의 정보이익을 충족시킬 수 있다고 보았다. 이때 언론은 원칙적으로 사인보다 더 넓은 범위에서 그의 전달 전에 보도나 주장들의 진실성에 관해 심사할 의무를 진다고 밝혔다. 하지만 언론이 그러한 주의의무를 무제한적으로 요구받아서는 안 된다고 경계했다. 오히려 각급 법원은 이러한 타인의 발언 전달 시 언론에 요구되어야 할 주의의무의 할당에 있어서도 마찬가지로 기본법 제5조 제1항에서 보호되는 자유로운 의사소통절차가 위축되지 않도록 과도한 주의의무를 요구하지 않을 의무를 진다고 밝혔다. 만약 타인의 사실주장을 전파할 경우에 언론에 무제한적인 전파책임이 부과된다면, 이는 단지 인용한 것에 불과한 사실주장의 진실내용에 대해 원래 자신의 주장보도와 동일한 정도로 심사해야 하는 결과를 가져올 것이라고 보았다. 하지만 그러한 조사의무는 의사소통절차를 부당한 방식으로 제한하게 될 것이라고 우려했다. 다만, 이 사건에서는 제3자의 표현의 전파자가 어떠한 심사의무를 부담하게 되는지에 관해 결정될 필요는 없다고 생각했다. 왜냐하면 대상 표현들의 전파가 원고의 인격권을 위법하게 침해하지 않았기 때문이라고 밝혔다.[36]

③ 사건판단

연방대법원은 "오늘날 노골적으로 거짓말을 한다"는 표현은 하나의 정당한 의견 공표이고, 게다가 원고와 개인적으로 관련된 것이 아니라고 보았다. 이어서 "E J와 했다고 주장하는 F-인터뷰는 이미 2년 전 분테지에 실렸던 것이다"라는 주장은 적절한 의미해석을 할 경우, 진실한 사실주장을 의미한다고 보았다. 그리고 이러한 주장의 전파는 기본법 제5조 제1항 제2문의 출판자유의 보호 차원에서 감수되어야 하고, 원고의 인격권이 후퇴해야 한다고 판단했다.

일단 표현의 의미해석을 위해 적용된 원칙들은 그 표현이 사실주장인지 의견표현 내지 가치평가로 분류되어야 하는지 여부가 먼저 해명되어야 한다고 밝혔다. 하지만 항소법원은 대상 표현들의 진술내용에 관한 조사에 있어서 이러한 원칙들을 준수하지 않았고, 따라서 이러한 사실은 연방대법원의 완전한 심사범위에 속한다고 보았다.

연방대법원은 우선 "오늘날 노골적으로 거짓말을 한다"라는 진술은 의견표현을 의미한다고 보았다. 이것은 원고와 개인적으로 관련된 것이 아니라 원고의 책임하에 놓여 있는 매거진 "F"의 기사들을 대상으로 한 것이라고 생각했다. 따라서 이러한 표현을 통해서 R W는 인터뷰에서 다뤄진 미디어계의 폐해들에서 생겨난 총체적 결론을 이끌어낸 것이라고 해석했다. 그와 같이 R W는 과거 토크쇼 게스트들의 날조문제들을 "죄악의 구렁텅이"로 간주했지만, 이어서 언론인 T K의 조작된 인터뷰에 관해서는 앞으로 미디어계에 하나의 "침식"을 유발하게 될 것이라고 비판한 점에서도 그렇다고 보았다. 따라서 원고나 다른 모든 인터뷰에서 언급된 사람들이 실제로 "노골적으로 거짓말을 한다"고 피고가 주장한 것으로 봐야 한다는 의미해석은 해당 문장이 실린 기사의 제목으로서 배치된 점을 고려하더라도 수긍이 가지 않는다고 판단했다. 따라서 이러한 의미해석은 배제되어야 한다고 밝혔다.

이어서 "M이 E J와 했다고 주장하는 F-인터뷰는 이미 2년 전 분테지에 실렸던 것이다"라는 표현이 원고가 이를테면 E J와의 인터뷰를 날조했다는 비난내용을 되풀이한 것에 불과하다는 항소법원의 해석은 사실과 달리 단지 원문에만 근거한 것이라고 비판했다. 이러한 해석은 문맥과 실제 표현의 배경을 무시한 것이며, 실제로 여기에서는 앞서 행해진 미디어계의 부정적 평가를 뒷받침하는 하나의 구체적 사실을 제시한 것이라고 보았다. 따라서 표현의 핵심은 원고에 의해 행해진 개인 인터뷰가 임의로 조작되었다는 비난이 아니라 이미 2년 전에 분테지에 실렸던 인터뷰가 최근의 인터뷰로 둔갑해서 새롭게 "F" 잡지에서 공표되었던 사실을 말하는 것이라고 판단했다. 그리고 적절한 본문해석에 따라 인정된 이러한 진술은 진실로서 입증되었다고 밝혔다. 결국 R W는 평균적인 "F" 기사의 독자들에게 문제의 인터뷰가 실제와 달리 E J의 일기출판에 즈음한 시간적 맥락하에서 인물평의 공개를 위해 마치 최근에 진행된 것처럼 오인할 수 있도록 전달된 점을 비판한 것이라고 해석했다. 더욱이 원고역시 E J와 관련된 인터뷰 부분은 이미 2년 전 분테지에서 게재된 인터뷰에서 뽑아낸 것이라는 점을 부인하지 않았고, 동시에 원고 측 변호사도 2008년 2월 8일 자 구두심리에서 "F"지는 E J와의 인터뷰를 구매했고, 이것은 2년 전 이미 분테지에 실렸던 것이라는 점을 지방법원에서 부인하지 않았다고 인정했다. 그럼에도 "F"지는 해당 인터뷰 게재 시 이를 사실대로 고백하지 않았던 점을 중요하게 고려했다. 그런 점에서 R W는 문제 된 인터뷰에서 언론계의 거짓말을 비난했고, 이러한 비난의 실례로서 T K 언론인에 대한 감시 역을 자임했던 원고마저 정작 자신의 책임하에 있는 잡지 "F"의 기사들 속에 허위사실을 담고 있었음을 다른 두 사례와 함께 지적한 것이었다고 판단했다. 아울러 이러한 사건에 대해 "F"지의 편집장인 원고는 구체적 사정들에 관한 자신의 종합적인 인식과는 상관없이 개인적으로 책임을 진다고 생각했다. 이러한 바탕 위에서 연방대법원은 항소법원의 견해와 달리 "M이 E J와 했다고 주장하는 F-인터뷰"라는 R W의 발언은 원고가 직접 E J와 인터뷰를 했다고 주장했다는 의미로 해석되지는 않는다고 판단했다. 오히려 M이라는 이름의 인물이 "F"지와 밀접한 관계를 맺고 있다는 공공연한 시각이 인터뷰 전체 진술의 일부로서 수용된 것이며, 따라서 이 표현은 저널리즘적 개별 활동을 대상으로 한 것이 아니라, 즉 누가 구체적으로 대상자와 인터뷰를 했는지가 아니라 "F"지의 각각의 발행에 있어서 편집장으로서 보유한 총괄책임을 가리킨 것이라고 판단했다. 그리고 기본법 제5조 제1항 제1문에 포함된 자신의 발언에 대한 효과적 전달욕구가 이러한 특정한 인물의 부각과 결합된 것이라고 평가했다.

하지만 원고는 이러한 적절한 해석에도 불구하고 여전히 해당 표현 및 그의 전파와 개별적 연관성이 유지되는데, 왜냐하면 그의 이름과 함께 그의 책임하에 발간되는 출판물의 품격이 공적 비판의 대상으로 되었기 때문이라고 보았다. 해당 표현으로 인해 독자들에게는 'F'지의 신뢰성에 대한 의문이 전달되었고, 이것이 이미 공공연하게 알려진 편집장으로서 원고의 이미지에 부정적 영향력을 끼칠 수 있다고 인정했다.

그럼에도 불구하고 연방대법원은 원고의 금지청구를 위한 또 다른 전제, 즉 그의 인격권 침해의 위법성이 이 경우에는 존재하지 않는다고 판단했다.

위법성은 일반적 인격권의 침해에서 곧바로 나타나는 것이 아니라 각각의 법적 지위의 형량 내에서 적극적으로 확정되어야 하며, 이때 모든 본질적 사정들과 관련된 기본권들이 해석상 주도적으로 고려되어야 한다고 강조했다. 출판자유권은 기본법 제5조 제2항에 따라 그 한계를 일반법에서 발견하며, 민법 제823조, 제1004조 제1항 제2문이 바로 그러한 일반법에 속한다고 인정했다. 이러한 규정들을 통해 보호되는 일반적 인격권은 기본법 제1조 제1항과 제2조 제1항과 연계해서 헌법상 보호가 따라오게 되고, 한 인물의 명성, 특히 공중 속에서 그의 이미지에 불리한 영향을 끼치기에 적합한 표현에 대한 보호를 보장한다고 밝혔다.

이어서 연방대법원은 항소법원이 해당 표현들을 허위의 사실주장이라고 잘못 분류하고, 따라서 장래의 전파가 허용되지 않는다고 판단함으로써 구체적 형량을 포기했다고 비난했다. 나아가 이 사건의 상황에 따르면 이미 새로운 사실확정이 불필요하기 때문에 필수적 형량을 직접 행할 수 있다고 밝혔다. 이때 대상 표현은 단지 원고의 사회적 영역과 관련되었다는 점도 인격권 보호 측면에 있어서 중요한 고려요소라고 덧붙였다. 우선 대상 표현은 직업적 활동, 즉 인격발현이 주변과의 접촉에서 일어나는 그런 영역과 관계된다고 보았다. 그리고 사회적 영역에서의 표현들은 단지 인격권에 대한 심각한 영향을 주는 경우에만 부정적 제재와 결합이 허용되고, 이는 가령 낙인찍기, 사회적 배제나 공개적 모욕효과가 우려될 경우에 그렇다고 밝혔다. 하지만 이 사건 소송에서는 이러한 사정을 가리키는 단서가 없다고 판단했다. "F"지가 원고의 책임하에서 항상 객관적으로 진실하게 보도했다는 사실을 원고 역시 스스로 주장하지 않았다고 인정했다. 따라서 문제 된 표현의 사실적 바탕 역시 진실하다고 보았다.

한편, 피고를 위해서는 언론보도의 진실성과 진지성 및 허위보도의 폭로에 관한 공중의 이익이 고려되어야 한다고 인정했다. 의견을 형성하는 의사소통과정에는 자신의 의견뿐만 아니라 공공성과 본질적으로 관계된 최근의 논쟁들 내에 있는 타인의 발언에 관한 정보 역시 포함된다고 보았다. 바로 그러한 정보가 여기에 존재한다고 인정했다. 소송대상 표현은 R W가 자신의 무대프로그램에서 제기한 일반적인 언론계 비판의 일부이며, 이 사건과 같은 방식의 표현이 중단되길 원한다면, 공중이 관심을 가지는 주제에 관한 모든 공적 토론은 의견 및 출판자유권과 일치하지 않는 방식으로 약화될 것이라고 진단했다. 따라서 원고의 인격권은 기본법 제5조 제1항에 근거한 자유로운 보도와 자유로운 의견전파에 대한 피고의 권리 뒤로 후퇴해야 한다고 판결했다.[37]

연방헌법재판소 2003년 8월 26일 자 결정
– 1BvR 2243/02(뉴스통신사에 요구되는 주의의무)

사실관계

청구인은 독일 뉴스통신사이다. 스토이버의 연방수상 입후보 공개 직후 독일 뉴스통신사 기자가 이미지 자문 역인 E와 인터뷰를 했는데, 인터뷰 과정에서 E는 수상 후보인 스토이버와 슈뢰더의 옷차림, 스타일 그리고 외모에 관해 발언했다. 이어서 2002년 1월 23일 청구인 통신사에 의해 전파된 보도에는 연방수상 슈뢰더와 관련해서 무엇보다 다음과 같은 내용이 게재되었다:

> 게다가 그의 온통 검은색 머리카락은 신뢰성이 없어 보인다. 슈뢰더가 자신의 은회색 귀밑머리를 조색하지 않았다면 오히려 그의 믿음직스러움에 도움이 되었을 것이다.

이에 슈뢰더 측의 신청서에 따라 청구인 통신사는 보도내용의 취소문과 "연방수상 슈뢰더는 자신의 머리가 염색되거나 조색된 것이 아니라는 사실을 분명히 확정했습니다"라는 "정정보도"를 게재했다. 이어서 청구인은 허위임을 아는 상태에서 더 이상 이 인용문을 반복하지 않을 것이며, 어쨌든 정정보도문 없이는 이 문제의 인용문을 반복하지 않을 것이라고 선언했다. 원고는 함부르크 지방법원에 가처분신청을 제기했고, 그에 따라 이미지 자문 역 E의 발언 "슈뢰더가 그의 회색 귀밑머리를 조색하지 않았다면 오히려 그의 믿음직스러움에 도움이 되었을 것이다"라는 인용문의 전파를 금지하라는 결정이 내려졌다. 이어서 함부르크 지방법원과 상급법원은 본안절차에서 이 사람은 갈색 귀밑머리를 조색했다는 발언은 내용상 잘못된 것이기 때문에 원고인 슈뢰더의 인격권이 침해되었다는 판결을 확정했다. 함부르크 상급법원은 청구인 역시 표현의 전파자로서 인격권 침해에 책임이 있으며, 자신에게 전해진 발언을 검증 없이 계속 전파했기 때문에 정당한 이익의 대변이라는 항변을 주장할 수 없다고 밝혔다. 그리고 표현의 반복위험이 위법한 침해행위에 근거해 인정된다고 덧붙였다.

이에 대해 청구인은 이미지 자문 역의 발언은 믿을 만한 것이었기 때문에 어떠한 별도의 조사의무도 생겨나지 않았다고 반박하면서, 법원을 통해 제시된 주의의무의 요청은 과도한 것이라고 주장했다. 헌법소원은 인정되지 않았다.[38]

① 금지청구의 전제로서 반복위험의 추정 및 진실조사의무의 이행 여부

연방헌법재판소는 대상 판결들은 기본법 제5조 제1항 제1문에 따른 청구인의 의견표현권과 관계된다고 판단했다. 당사자들이 특정한 발언의 허용성에 관해 다투고 있고, 진술이 설사 출판물에서 행해졌을지라도 그러한 발언의 헌법상 적용기준은 기본법 제5조 제1항 제1문 의견표현권에 따르게 된다고 밝혔다. 그리고 기본법 제5조 제1항에 따라 의견표현의 자유를 제한하는 민사법 규정의 심사에 있어서는 통상 관련된 이익들의 형량이 행해져야 한다고 판시했다. 그의 허위성이 처음부터 확정되어 있거나 그의 진실내용을 입증할 수 없는 사실주장이 문제 된 경우, 이러한 사실주장은 비록 처음부터 의견자유의 보호범위에서 벗어나는 것은 아니지만, 허위인 명예훼손적 사실주장의 고수와 전파에는 의견자유의 관점하에서 어떠한 보호가치 있는 이익도 존재하지 않기 때문에 형량과정에서는 통상 보다 낮게 평가된다고 설명했다. 따라서 그러한 경우에 전파자의 보증의무는 특히 그가 주의의무 요청을 준수했는지 여부에 따르게 되고, 이것은 각각 주어진 진상규명 가능성 및 여론형성과정에서 발언자의 지위에 맞춰 결정되며, 요청수준은 일반 사인에서보다 언론에 더 강하게 요구된다고 밝혔다. 하지만 이때에도 헌법적 관점에서 볼 때 진실의무가 과도하게 늘어나서 기본법 제5조 제1항이 의도한 자유로운 의사소통이 위축되지 않는 것이 중요하다고 강조했다.

이어서 연방헌법재판소는 장래에 효력을 미치는 금지청구의 전제인 반복위험은 발언주체가 허위이거나 명예훼손적 사실주장을 위법하게 전파했을 때 추정된다는 민사법원의 지속적 판결들을 인용하면서, 이러한 추정을 깨트리기 위해서는 통상 높은 요구가 제시된다고 밝혔다. 따라서 각각 개별적으로 수행되는 기본법상 지위의

형량에 있어서는 의견자유의 보호가 충분히 고려되어야 한다고 보았다. 개별적 관련 이익들 사이에서 형식적이고 방향이 결정되지 않은 형량으로는 충분하지 않다고 지적했다.

연방헌법재판소는 이러한 기준들에 따라 대상 판결들은 유지된다고 결정했다. 대상 판결들을 통해 주의의무가 과도하게 요구되었으며, 이에 따라 청구인의 의견자유가 금지명령을 통해 헌법에 반하는 방식으로 제한되었을 것이라는 점은 분명치 않다고 생각했다. 재판부는 무엇보다 이 사건에서는 청구인이 조사 및 취재의무를 부담한다고 인정했다. 그리고 표현이나 발언이 관계된 제3자의 법적 지위를 보다 강하게 침해하면 할수록 더 높은 주의의무 기준이 적용된다고 강조했다. 물론 이러한 표현들에 관한 공중의 이익 역시 고려되어야 하며, 문제 된 표현은 정치적, 사회적 혹은 경제적으로 커다란 영향력을 지닌 주제는 아니지만, 그래도 대중들에게 있어서나 원고인 슈뢰더 총리에게 있어서 사소한 것은 아니라고 판단했다. 인터뷰에서는 두 명의 수상 후보자들의 비교 및 외부 이미지 묘사에서 원고에 관한 선호평가를 다루는 것이었고, 문제의 표현은 연방수상의 머리카락을 부수적으로 다룬 것이 아니라 그의 신뢰감과 설득효과에 관한 진술들로 연결되었던 점을 가리켰다. 따라서 머리카락의 조색에 대한 언급은 일종의 정치인의 중요한 자질검증 차원이었기 때문에, 잘못된 사실적 토대 위에서 평가받지 않을 원고의 이익은 최대한의 정보를 제공받을 공중의 이익과 일치하게 된다고 밝혔다.[39]

② 뉴스통신사의 주의의무

연방헌법재판소는 뉴스통신사로서 청구인이 다른 언론사에 비해 결코 낮은 주의의무 요청을 부담하는 것은 아니라고 밝혔다. 뉴스통신사는 보도의 구성에서 두드러진 임무를 수행하고 있으며, 근래에 와서 더욱 중요한 역할을 대변하고 있다고 강조했다. 뉴스통신사는 실무적으로도 보도의 대부분을 공표 가능한 상태로 언론사에 제공하는 것이 현실이라고 보았다. 따라서 이 사건에서 신문들이 통상 승인된 통신사의 보도를 차용할 경우, 통상 더 이상의 조사를 그만둘 수 있는지 여부는 쟁점이 되지 않는다고 보았다. 언론사가 통신사에 보낸 의심할 여지 없는 신뢰의 보호와 뉴스통신사의 두드러진 여론형성의 역할의 강조는 통신사에 의해 공표된 보도들이 현실적으로 가능한 진실성 조사의 기대 가능성 범위 내에서 행해졌다는 전제하에서만 정당화될 수 있다고 설명했다. 이러한 뉴스통신사의 진실조사에 관한 요청들은 가령 뉴스통신사들이 대부분 매일매일 대량의 기사를 처리한다는 이유 때문에 줄어들지는 않는다고 강조했다. 따라서 그의 조직을 그러한 요청에 부합될 수 있도록 정비하는 것도 통신사의 책무라고 지적했다. 물론 조사나 취재의 정도는 보도가 최근의 시사성이라는 시간적 압박하에 놓여 있다는 점도 고려되어야 한다고 덧붙였다.[40]

③ 사건판단

결론적으로 연방헌법재판소는 이 사건에서 법원들이 헌법과 합치될 수 있는 방식으로 주의의무를 완화할 어떠한 계기도 인정되지 않는다고 밝혔다. 청구인은 자신의 기자들을 통해 스스로 인터뷰를 수행했으며, 어차피 관련 보도의 전파는 곧바로 이어지지 않았기 때문에 당사자의 조사로 인해 수용할 수 없을 정도의 지체가 우려되는 상황은 아니었다고 보았다. 즉, 인터뷰나 원고에게의 사후확인이 어떠한 시간 낭비성 과정에 해당할 염려도 없었다고 판단했다.

나아가 청구인은 그의 "취소보도"나 "정정보도"를 통해 반복위험을 제거하지 않았다고 판단했다. 청구인은 어떠한 완전한 정정을 행한 것이 아니라 단지 원고의 반대 견해만을 언급했으며, 문제 된 표현의 계속된 전파가 "정정문에 대한 추가입장"을 함께 포함하고 있었고, 그에 따라 청구인이 문제 된 표현을 최종적으로 포기하고자 했는지 여부도 불분명했다고 보았다. 아울러 청구인에게는 단지 E의 인용진술을 전파한 것만 금지되었고, 그에 반해 이러한 인용진술과 거리를 둔 제3자의 진술이나 다른 언론의 보도에 관해 혹은 원고에 의해 진행된 법적 조치와 문제 된 사건의 계속적 전개 상황을 주의의무 요청의 준수하에서 장래에 보도하는 것이 금지된 것은 아니라고

밝혔다.[41]

2. 날조된 인터뷰의 경우 언론의 책임

인용에 적용되는 법칙은 인용의 특별형태인 인터뷰에도 역시 적용된다. 왜냐하면 인터뷰 보도에서도 역시 언론은 독자들에게 원칙적으로 그 인터뷰 상대방과의 대화 내용이 원래대로 그리고 내용상으로 게재된 그대로 혹은 방송매체의 경우에는 송출 된 그대로 행해졌고 그대로 인용되었다는 인상을 전달하기 때문이다. 따라서 날조된 인터뷰는 날조되거나 변조된 인용과 마찬가지로 인터뷰 대상자의 일반적 인격권 침 해를 의미한다.[42]

나아가 비록 날조되지는 않았지만 의미를 왜곡하는 정도로 변경되거나 축소된 인 터뷰의 인용 역시 인터뷰 대상자의 일반적 인격권을 침해한다는 점에서는 마찬가지 이다. 이를 통해 인터뷰 대상자는 특히 공중 속에서 언론을 통해 제기된 특정 질문에 관해 어떻게 답할지를 스스로 결정할 인격권이 침해되기 때문이다.[43]

뮌헨 상급법원 2000년 5월 2일 자 결정 – 21W 988/00

사실관계

2000년 1월 24일 원고는 피고를 대상으로 가처분선고를 신청했는데, 그 대상은 "분테"지가 2000년 1월 19일 자 8면에 게재한 보도였다. 피고는 여기에서 자칭 원고 와의 인터뷰 내용을 재현했다. 원고는 자신이 게재된 내용대로 인터뷰했다는 보도의 금지를 얻고자 했고, 나아가 원고는 "전-독일국민"이라는 개별적 주장의 금지 역시 요구했다. 지방법원은 판결에서 원고에게 소송비용을 부담하라고 판결했고, 이에 대 한 항고는 성공했다.[44]

사건판단: 조작된 인터뷰와 인격권 침해

뮌헨 상급법원은 문제의 인터뷰를 프리랜서 기자에게서 피고가 구매했고, 이후 사전 심사 없이 그대로 게재했다는 사실을 확정했다. 인터뷰는 다양한 원고의 발언들 가운데에서 다양한 시점에 따라 임의대로 구성되었는데, 이러한 순서의 인터뷰는 자유로이 조작되었음이 인정되었다. 그리고 이러한 조작된 인터뷰가 하나의 심각한 인격권 침해를 의미한다는 사실은 법적으로 분명하다고 밝혔다.

그리고 이러한 조작된 인터뷰는 법적으로 초상권과 유사하게 다뤄져야 한다고 보았다. 여기에서도 공표주체는 사전에 주의 깊게 대상자의 동의가 실제로 주어졌는지 확인해야 할 의무가 있다고 보았다. 인터뷰 혹은 인용이라는 표시와 함께 독자는 특별한 신뢰성을 결합시키기 때문에, 조작되거나 날조된 인터뷰 혹은 인용들과 함께 당사자의 자기결정권이 특히 심각하게 침해된다고 역설했다. 이는 그렇게 말했다는 식의 진술공표가 실제로는 그렇게 행해지지 않았다는 점에서 더욱 그러하다고 보았다. 이 사건이 이에 해당한다는 점은 확정되었고, 피고는 원고의 인터뷰 일부내용의 허위성에 관한 주장에 대항하지 못했다고 밝혔다.[45]

연방대법원 1994년 11월 15일 자 판결
- VI ZR 56/94("캐롤라인 폰 모나코 I "-판결)

사실관계

원고, 캐롤라인 폰 모나코는 피고, 잡지 "B"와 "G"를 상대로 취소와 두 개의 정정 보도 및 인격권 침해로 인한 비물질적 손해의 금전배상을 청구했다.

1992년 3월 19일 자 "B"지 13/1992호에서는 표지 및 3면에 원고의 사진 아래 "독점: -캐롤라인 최초-슬픔, 세상에 대한 증오, 행복 찾기"라고 씌어 있었다. "커버스토리" 아래 목차에서는 "독점: 캐롤라인. '왜 나는 내 인생을 증오했나'"라는 기사가 예고되었고, 16면부터 "캐롤라인. 심리-인터뷰"라는 제목으로 본래의 기사가 게재되었다. 이러한 제목 아래 작은 활자체의 중간 제목 "… 콘도의 벽난로 옆에서 … 캐롤라인 공주가 그녀의 슬픔, 세상에 대한 증오와 행복 찾기를 말한다. 기자는 그것을 경청했고 기록했다"가 달렸다. 그 아래에는 격자체와 넓은 줄 간격으로

내가 도착한 곳 어디에나 사진기자가 잠복해서 기다리고 있었습니다. 도대체 어느 누가 이러한 모든 사정이 한 인간에게 얼마나 힘겨운 것이 될 수 있을지 실제로 상상이나 할 수 있을까요? 그것은 내게 힘겨운 것이었고, 이미 오래전에 인내의 한계를 넘어섰습니다. 지금 나는 이것이 마지막 결정이어야 한다고 다짐했습니다, 영원히. 나는 공개적으로 나에 관해 말하기를 원하지 않습니다. 나는 이것을 한 번도 하지 않았습니다. 나는 어떠한 인터뷰도 하지 않았고, 나는 지속적으로 촬영되는 것도 원치 않습니다. 내가 여기서 말한 것만 예외입니다. 이것들만 유일한 것입니다. 세상이 잘 알도록.

다음 면에 게재된 본문에서 다음과 같은 내용이 인용되었는데, 해당 내용은 소위 원고가 기자와의 "특급 장거리 통화" 연결에서 이렇게 말했다고 전했다:

캐롤라인은 말합니다.
캐롤라인: '원래 나는 어느 누구와도 말하고 싶지 않았어요.'
질문: '왜 당신은 그렇게 진지해 보이나요, 공주?'
캐롤라인: '스키리프트에서, 산비탈에서, 어디에서나 호사가와 사진가들이 있었어요. 나는 이것을 원하지 않아요. 나는 더 이상 나 자신일 수가 없어요.'
행복 찾기에 관해 캐롤라인: '또 다른 내 인생이 중요해요. 나는 휴식과 평온을 원해요.'
미래에 관해 캐롤라인: '나는 더 이상 대중 속에서 보이길 원하지 않아요, 나는 더 이상 공적 관심의 인물이 아니길 원해요, 무엇보다 어떠한 진열품도 아니길.'

원고가 피고에게 자신은 오스트리아 한 호텔에서 어떤 "B" 화보잡지의 기자와도 인터뷰를 한 적이 없다는 지적하에 경고문을 보냈지만 이에 응하지 않자 피고를 상대로 금지처분을 얻어냈고, 피고는 현재 이것을 종국결정으로 받아들였다. 게다가

피고는 법원결정을 통해 반론보도 게재의무를 지게 되었고, 화보잡지 "B" 25/1992 호에서 "캐롤라인 공주가 옳습니다: B는 통신사 제공기사에 속았음을 인정하고 사죄 드립니다. 편집국"이라는 짧은 평과 함께 반론보도를 게재했다.

원고는 피고의 독점-인터뷰나 그 밖에 어느 누구와도 인터뷰를 하지 않았고, 단지 "나는 어떠한 인터뷰도 하지 않는다"고만 말했다고 주장했다. 원고는 피고에게 "취소" 제목하에서

> 1992년 3월 19일 자 1면에서 B는 캐롤라인 공주와의 독점-인터뷰를 예고했습니다. 17 면 이하에서 그러한 대화가 편집기사 내에서 보도되었습니다. 하지만 우리는 캐롤라인 폰 모나코 공주는 B와 어떤 대담도 한 적이 없음을 밝힙니다. 잡지사

라고 알릴 것을 요구했다. 나아가 원고는 화보잡지 "B"의 1면에 모든 취소문이 게재 될 것을 요구했고, 여기에서 "취소"의 활자 크기와 활자체는 대상 보도의 "캐롤라인" 단어와 동일하게 행해져야 한다고 주장했다. 다음의 본문내용은 대상 본문의 "독점" 이라는 단어의 크기로 공표해야 하며, 나아가 목차에서도 취소가 소개되어야 한다고 주장했다.

"B" 화보잡지 1992년 5월 21일 자 22/1992호 표지에서는 원고의 사진 옆에 큰 활 자체로 "캐롤라인. 나는 다시 가정을 얻었어요"라는 문구가 게재되었고, 이어서 작 은 활자 크기로 "그리고 13번의 바람"이라는 문구 및 왼쪽 위에 작은 활자체의 추가 문구 "사진증거: 새로운 가족앨범 가운데 최초 스냅촬영. 캐롤라인, 35세, 뱅상 랭동, 32, 피에르 4세"가 공표되었다.

목록에서는 "커버스토리"라는 제목 아래 본문기사가 예고되었고, 본문기사는 22 면부터 "오직 사랑하는 사람뿐. 파라다이스에서의 르포"라는 제목 및 "캐롤라인은 청춘과 키스한다. 그는 L이다"라는 하단 제목과 함께 공표되었다.

법원판결을 통해 피고는 "나는 다시 가정을 얻었어요"와 "스냅사진…"이라는 표현 의 금지와 반론보도 게재의무를 지게 되었다. 반론보도는 "B"지 1992/37호에서 공

표되었다. 반론보도는 "캐롤라인의 반론보도"라는 제목으로 표지에서 예고되었고, 그 내용은 다음과 같았다.

> B지는 1992년 5월 21일 자 제22호에서 '나는 다시 가정을 얻었어요'라고 인용한 바 있습니다. 이에 대해 나는 분명히 밝힙니다: 이 인용은 내게서 유래한 것이 아닙니다. 무엇보다 나를 보여주는 1면에 게재된 사진에 대해 B는 '사진증거: 가족앨범 가운데 스냅사진'이라고 주장했지만, 이에 대해 나는 분명히 밝힙니다: 사진은 나의 가족앨범에서 유래한 것이 아닙니다.

이어서 반론보도 옆에는 다음의 두꺼운 활자체의 본문이 있었다: "캐롤라인 역시 B지를 읽는다."

원고는 "나는 다시 가정을 얻었어요"라는 발언을 한 적이 없고, 표지사진 역시 자신의 "가족앨범"에서 유래한 것이 아니라 오히려 파파라치의 사진들이며, 이 사진들은 자신이 전혀 알지 못한 상태에서 아무런 동의 없이 불상의 사진기자들에 의해 망원렌즈로 촬영되었던 것인데, 이를 위해 사진사들은 울타리가 쳐진 원고 부동산 안으로 잠입해야 했을 것이라고 주장했다. 이에 원고는 피고에게 재차 정정보도를 요구했다. 이에 따르면 보도로 인해 생겨난 인상, 즉 원고는 "나는 다시 가정을 얻었어요"라고 말했다는 인상은 허위이며, 게재된 표지사진이 원고의 가족앨범에서 유래한 것이라는 주장 역시 허위라는 내용을 담고 있었다. 그리고 모든 정정보도는 1면에 게재되어야 한다고 주장했다. 이때 "정정보도"라는 단어는 "캐롤라인"이라는 활자 크기 및 활자체로, 다른 본문내용은 "사랑"이라는 활자 크기로 유지되어야 한다고 주장했다.

"G" 잡지 1992년 8월 20일 자 1992/35호에서는 표지 왼쪽에 원고가 랭동 곁에서 하얀색 면사포와 하트 모양의 화관을 쓰고 있는 합성사진 옆에 "이씨 파리(Ici Paris)는 궁금했다: 9월에 결혼식! 행복한 결혼식"이라고 적혀 있었고, 이어서 작은 활자체로 "공주는 합성사진처럼 면사포를 쓸지 모른다, 캐롤라인과 L"이라고 적혀 있었다. 목차에서는 "최신"이라는 안내하에 "캐롤라인: 행운이 돌아오다"라는 기사가 예고되었고, 4면 이하에 이러한 제목의 본문기사가 게재되었다.

이에 대해 원고는 자신이 9월에 결혼한다는 주장은 부적절하며, 기사와 관련해 게재된 파파라치 사진들과 마찬가지로 합성사진 역시 자신의 인격권을 침해한다고 주장했다. 원고는 이러한 보도에 대해 피고에게 정정보도를 요구했는데, 이 정정보도에 따르면 이 보도로 인해 생겨난 자신이 결혼계획을 가지고 있다는 인상은 부적절하다는 내용이었다. 그리고 이러한 정정보도 역시 1면에 게재되어야 하며, 이때 정정보도라는 단어는 "캐롤라인"이라는 활자체 및 활자 크기로, 다른 본문내용은 대상보도 가운데 "결혼식"의 활자 크기로 유지되어야 한다고 주장했다. 게다가 원고는 10만 마르크의 위자료를 요구했다. 원고는 모든 이야기가 날조되었으며, 더군다나 피고는 보도를 통해 자신의 초상권을 침해했다고 주장했다.

지방법원은 원고의 취소청구와 정정보도청구를 인용했지만, 요구된 활자 크기는 축소하라고 선고했다. 그 밖에 원고의 위자료 액수는 3만 마르크로 조정했다. 이에 대해 피고는 항소를 제기했고, 원고 역시 부대항소를 제기했다. 상급법원은 피고의 취소 및 정정보도 게재와 위자료 지급의무는 확정했지만, 취소와 두 개의 정정보도는 활자 크기를 추가로 축소하라고 수정했다. 이 판결에 대해 또다시 두 당사자는 상고를 제기했고, 원고는 상고 대부분을 성공했다. 이에 따라 사건은 지불되어야 할 금전배상의 액수에 관한 새로운 심리를 위해 항소법원에 환송되었다.[46]

① 항소법원의 판단

항소법원은 13/1992 자 "B"지의 보도로 인해 원고의 일반적 인격권이 침해되었다고 판단했다. 개인의 발언과 특히 사적 문제에 관한 날조된 인터뷰의 인용은 원고의 일반적 인격권 침해를 의미한다고 보았다. 이 사건의 보도들은 원고가 "B"지 기자와 직접 대화한 것 같은 인상을 불러일으켰지만, 그러한 대화들은 실제로 행해지지 않았다고 확정했다. 취재원으로서 통신사의 기록을 제시한 피고의 소송상 진술에 따르더라도 대화는 없었으며, 더군다나 "B"와의 "독점"-대담은 행해지지 않았고, 원고는 W-통신사 소속기자에게 그러한 대담을 거부한 것으로 밝혀졌다. 따라서 원고의 지속적인 인격권 침해를 제거하기 위해 취소는 필수적이며, 조작된 인터뷰의 공표는 그의 행동의 자유를 건드리고 명예를 저하시켰으며, 다른 잡지들을 통한 많은 괴롭힘에 노출되는 결과를 가져왔다고 인정했다. 또한 이러한 침해는 단지 원고 자신의 반박만을 포함하는 반론보도 게재를 통해서는 해소되지 않는다고 밝혔다. 따라서 원고의 권리침해 제거를 위해 표지에 취소문을 게재하는 것이 필수적이라고 보았다. 왜냐하면 문제가 된 표현의 본질적 핵심내용이 마찬가지로 표지에서 게재되었기 때문이라고 밝혔다. 피고의 출판자유권은 이러한 게재요구를 저지하지 못한다고 생각했다. 오히려 원고의 침해된 인격권에 우위가 인정된다고 보았다. 다만, 요구된 활자 크기는 피고에게 기대 불가능한 것이라고 인정했다. 이에 따라 항소법원은 판결주문에서 적절한 것으로 간주된 활자 크기를 제한해서 지정했다.

항소법원은 계속해서 두 번째 "B"지 22/1992호의 보도 역시 원고의 인격권을 침해한다고 판단했다. "캐롤라인, 나는 다시 가정을 얻었어요"라는 발언은 원고가 뱅상 랭동을 가족의 일원으로 칭한 것이라고 이해되며, 실제와는 다르게 해당 발언이 원고에게 전가되었다고 인정했다. 표지사진 옆 "사진증거: 새로운 가족앨범에서 유래한 첫 번째 스냅촬영"이라는 언급 역시 인격권 침해에 해당한다고 보았다. 이러한 표현은 독자들에게 원고의 가족앨범을 암시하는 것으로 이해되지만, 실제 해당 사진은 소위 파파라치 사진인 것으로 밝혀졌다고 지적했다. 특히 피고는 반론보도 옆에 게재된 "증거: 캐롤라인도 B지를 읽는다"라는 머리기사를 통해 반론보도를 자기 광고에 활용했기 때문에 정정보도가 필수적이라고 보았다. 아울러 문제 된 첫 번째 보도의 핵심내용은 표지에서 게재되었기 때문에 정정보도 역시 표지에 실려야 하며, 다만 이때에도 상충하는 당사자들의 이익형량 결과보다 작은 활자 크기가 선택되어야 한다는 결과에 도달했다고 밝혔다.

나아가 "G"지 35/1992호 표지에 실린 편집사진 및 "9월에 결혼식", "행복한 캐롤라인"이라는 표현도 원고의 일반적 인격권을 침해한다고 판단했다. 이러한 표현들은 실제와 달리 원고가 하트 모양의 꽃장식 안에 사진에 게재된 뱅상 랭동과 구체적인 결혼계획을 가지고 있다는 인상을 불러일으킨다고 인정했다. 이는 단순한 의견표현이 아니라 피고 자신의 사실주장이며, 여기에서도 문제 된 최초 보도의 핵심이 표지에 게재되었기 때문에 지속적인 원고의 인격권 침해를 제거하기 위해서는 마찬가지로 적절한 정정보도가 표지에 실려야 하고, 다만 표지에서는 요구될 수 없는 편집권 침해를 피하기 위해서 요구된 활자 크기보다 더 작은 활자 크기로 게재되어야 한다고 설명했다.

또한 세 개의 보도들은 모두 현저한 인격권 침해를 야기했기 때문에 피고의 책임 역시 막중하다는 점을 고려해 게재되어야 할 취소선언이나 정정보도 외에도 3만 마르크의 합당한 위자료가 지급되어야 한다고 밝혔다. 이에 반해 원고의 부대항소에서 요구된 10만 마르크의 위자료는 과도하며, 위자료에 있어서 결정적인 보상기능과 만족기능으로 인해 3만 마르크 이상의 위자료는 적절하지 않다고 밝혔다.[47]

② 표지에서의 취소문 게재("B"지의 13/1992 자 보도)

연방대법원은 피고의 상고가 성공하지 못한다고 판결했다.

취소판결에 대한 피고의 항변은 결정적이지 않다고 보았다. 독일의 판례는 민법 제1004조에 의거해서 허위사실주장의 표적이 된 사람에게 지속적인 방해상태의 종식을 가져오고 위법한 방해를 제거하기 위해 방해자에 대한 취소청구권을 보장해 왔다고 밝혔다. 그리고 이 사건에서 이러한 취소청구권의 전제가 충족된 것으로 판단한 항소법원의 견해는 정당하다고 인정했다.

연방대법원은 우선 대상 보도들이 원고의 인격권을 지속적으로 침해한다는 항소법원의 견해에 동의했다. 자신이 하지 않았던 발언들이 자신에게 전가됨으로써 자신의 외적 이미지에 관한 자기결정권이 침해되었다는 점은 다툼의 여지가 없는 사실이라고 인정했다. 또한 높은 발행부수의 잡지에서 원고가 평소 인터뷰를 거부하는 이유를 알기 위해 기자와 단독인터뷰를 했다는 허위주장의 전파는 원고의 자기결정권을 침해하는 것이라고 밝혔다. 따라서 이러한 지속적인 원고의 인격권 침해를 제거하기 위해 허위 부분에 관한 취소는 필수적이라고 보았다.

아울러 연방대법원은 보도 이후 2년이라는 시간이 경과했다는 피고 측 항변은 적절치 않다고 밝혔다. 이러한 시간의 경과가 상당한 발행부수를 자랑하는 잡지의 허위주장들로 인해 생겨난 침해효과를 제거하기에는 충분치 않다고 인정했다. 그리고 원고의 반론보도 게재만으로는 이러한 침해를 제거할 수 없다고 보았다. 이는 반론보도의 제한적 역할에서 추론할 수 있는 바와 같이 반론보도의 목적은 피해자에게 자신의 발언에 대한 진실심사 없이 직접 발언기회를 제공하는 것이 본질이기 때문이라고 밝혔다. 나아가 피고가 반론보도에 자신은 통신사 보도에 속았고 사죄한다는 추가발언을 첨부했다는 사실은 중요하지 않다고 보았다. 이러한 추가발언은 눈에 잘 띄지 않는 곳에서 작은 활자체로 게재되었기 때문에, 원고는 피고가 항소법원이 결정한 바와 같은 활자 크기로 표지에 취소문을 실을 것을 요구할 수 있는 청구권을 가진다고 인정했다. 그 밖에도 이러한 피고의 해명은 원고가 화보잡지 "B"와 인터뷰를 했다는 허위주장과는 직접적인 관련성이 없는 그런 발언이라고 보았다.

한편, 피고는 문제 된 표현들이 본문의 편집기사 영역에서 게재되었는데도 불구하고 취소문을 확정된 활자 크기로 표지에 게재해야 한다는 항소법원의 판결은 비례원칙의 위반이라고 주장했다. 이러한 요구는 화보잡지의 표지구성에 관해 자유롭게 결정할 수 있는 권리까지 보호하는 출판자유의 기본법상 보장을 침해하는 것이라고 주장했다. 하지만 연방대법원은 이러한 피고의 상고주장이 성공하지 못한다고 밝혔다. 원고가 보도내용과 달리 "B"지와 어떠한 대화도 나누지 않았다는 내용은 단지 객관적이고 간결한 표현으로 원래 보도에 의해 발생한 원고의 인격권 침해를 제거하는 목적에만 기여한다고 생각했다. 피고의 주장과 달리 표지에서 취소문을 확정된 활자 크기로 게재하는 것은 전혀 문제 될 것이 없다고 보았다. 다만, 비례원칙은 표지에서의 취소문 게재의무로 인해 피고에게 생겨날 수 있는 화보지 외관에 관한 결정권 및 상품성의 침해 가능성을 마찬가지로 고려하도록 요구한다고 밝혔다. 화보지 표지에는 특별한 역할이 따라오며, 그것은 독자의 주목을 끌어내고 본문의 주요내용을 안내해야 하는 잡지의 간판기능을 가진다고 보았다. 따라서 이러한 기능이 표지의 취소문 게재로 인해 과도하게 침해되어서는 안 되며, 특히 취소문은 다른 본문기사의 소개를 위해 충분한 공간이 허용되는 범위로 제한되어야 한다고 생각했다. 반면에 취소문 게재는 가능한 한 당사자의 권리침해를 제거하기에 적합한 범위를 차지해야 한다고 밝혔다. 따라서 이것은 취소문에서도 마찬가지로 원래 보도의 독자층에게 달성될 수 있었던 시각적 효과가 발생할 수 있도록 공간이 확보되어야 한다고 보았다. 이러한 점에서 원래 보도의 독자층을 판단함에 있어서는 잡지의 구매자뿐만 아니라 소위 "가판대-독자" 역시 이에 속한다고 생각했다. 게다가 게재 위치를 통해 취소문의 배치위상이 고려되어야 하며, 이는 가능한 한 허위보도가 필요로 했던 것과 같은 정도로 독자들의 주목을 끌어낼 수 있어야 한다고 밝혔다. 이에 따라 어쨌든 권리침해 효과가 이미 표지에서 나타나는 그런 사례들에서는 취소문 역시 원칙적으로 표지에서 행해지는 것이 당연하다고 보았다.

연방대법원은 항소법원의 대상 판결이 이러한 관점들을 정당하게 고려했다고 인정했다. 보도가 원고의 권리를 침해하는 핵심적 이유는 원고가 "독점으로" "B"지의 기자와 슬픔, 세상에 대한 증오 그리고 행복 찾기에 관한 대화를 나눴다는 허위주장이 "B"지의 표지에 게재되었다는 사실이기 때문에, 취소의 목적 역시 취소문이 표지에 수용됨으로써 달성될 수 있다고 보았다. 다른 한편, 항소법원이 지방법원의 판결보다 더 작은 활자 크기로 축소하도록 하는 확정을 통해 취소문은 다른 머리기사를 위해 충분한 공간을 허용하는 그러한 범위로 제한될 수 있었다고 인정했다. 따라서 피고의 출판자유권 보장주장은 무의미하다고 보았다. 취소문이 기여하는 인격권의 헌법상 보장은 출판자유를 제한할 수 있기 때문에, 충돌의 사례들에서는 두 권리지위가 서로 형량이 이뤄져야 한다고 밝혔다. 이러한 점을 항소법원 역시 충분히 고려했다고 평가했다. 결국 피고의 취소문 게재에 관한 제재판결은 피고가 잡지의 표지 구성에 관한 결정자유를 빼앗지 않는 것으로서 이러한 제재는 원고의 인격권 보호를 위해 적절한 정도로만 제한되었다고 판단했다.[48]

③ 표지에서의 정정보도 게재("B"지의 22/1992호 보도)

연방대법원은 피고가 "B"지의 22/1992호 보도로 인한 정정보도 선고판결에 대해 불복하는 한, 이러한 피고의 상고는 성공하지 못한다고 밝혔다. 이 보도는 독자들에게 원고의 발언들 및 사생활 등 여러 상황들에 관한 잘못된 인상을 전달한다고 보았다. 따라서 민법 제823조 제1항, 1004조 제1항에 근거한 정정보도청구가 원고에게 인정된다고 생각했다.

이어서 항소법원이 표지에서의 헤드라인에 관해 잘못된 이해를 가지고 있다는 피고의 주장은 받아들일 수 없다고 밝혔다. "캐롤라인. 나는 다시 가정을 얻었어요"라는 제목의 해석에 있어서 기준점으로 삼아야 하는 중립적인 평균 독자의 이해에 따르면, 원고가 직접 그렇게 말했고 L을 가족의 일원으로서 지칭했다는 인상을 일깨우는 것이라고 항소법원이 판단한 것은 법적 오류에 해당하지 않는다고 인정했다. 이러한 판단은 콜론이나 따옴표가 의미하는 문법규칙을 통해 인용임을 알 수 있다는 사실을 통해서도 달라지지 않는다고 밝혔다. 여기에서는 제목에서 나타난 "1인칭 시점"이 이해에 있어서 결정적이라고 생각했다. 집단대중들에게 스캔들에 관한 보도를 통해 구독을 호소하는 화보잡지의 표지에서는 문법규칙이 항상 준수되지는 않는다는 사실이 평균 독자들에게 널리 알려져 있다고 밝혔다. 이는 명백히 독자적 문장으로 구성된 "그리고 다른 13번의 바람"이라는 추가문장과 그 앞의 문장을 마침표를 통해 구분하지 않음으로써 또다시 문법규칙에 맞지 않게 작성된 제목 역시 마찬가지라고 보았다.

따라서 광범위한 독자층 앞에서 자신의 개인적 사생활에 관한 해당 발언이 허위로 전가되었다는 점에서 원고의 인격권이 침해되었다는 점은 자명하다고 인정했다. 한편, 평균 독자들은 이 표지사진이 원고의 가족앨범에서 생겨난 것이 아니라는 사실을 알 수 있었다는 피고의 주장 역시 성공하지 못한다고 밝혔다. 보도의 중심을 이루고 있는 헤드라인에서 표현된 앨범이 원고의 가족앨범과 다른 앨범이라는 주장은 중립적인 독자의 이해에 따르면 전적으로 고려되지 않는다고 판단했다.

그 밖에 현재 원고의 인격권 침해상태는 시간 경과와 반론보도를 통해 법적 중요성을 상실했다는 피고의 또 다른 주장 역시 앞서 판시된 취소판결이유와 마찬가지로 거부된다고 밝혔다. 보도에 존재하는 원고의 개인적인 삶의 형성과 관련된 영역의 침해는 "B"지의 전파 정도를 고려하면 너무 강력해서 이러한 권리침해의 제거가 현재에도 여전히 요구된다고 보았다. 표지에서의 정정보도 게재 이유 역시 앞선 취소문 게재에 관한 판시사항이 참조될 수 있다고 밝혔다. 비록 정정보도가 취소문보다 더 많은 공간을 차지하긴 하지만, 그럼에도 정정보도의 내용은 이해를 위해 꼭 필요한 정보로 제한되었고, 항소법원이 피고의 이익보호 차원에서 지방법원의 판결보다 더 축소된 활자 크기를 확정한 덕분에 피고는 표지구성에 있어서 더욱 충분한 공간을 확보할 수 있었다고 판단했다.[49]

④ 표지에서의 정정보도 게재("G"지 35/1992호)

연방대법원은 "G"지 35/1992호 보도로 인한 정정보도 청구사건에 관해 항소법원이 판시한 내용 역시 피고의 상고를 버텨낸다고 밝혔다. 피고는 "9월에 결혼식!"이라는 보도가 단지 소문 내지 확인되지 않은 타 언론사의 보도를 인용한 것에 불과하기 때문에 정정보도의 인용판결은 배척되어야 한다고 주장했다. 이러한 사실은 "이 씨 파리는 궁금했다"라는 표현에서 바로 알 수 있다고 근거를 제시했다. 게다가 이 표현은 사실주장이 아니라 의견이거나, 아니면 기껏해야 의견의 요소를 통해 부각되는 의견과 사실의 혼합 형태라고 주장했다. 하지만 연방대법원은 이에 따를 수 없다고 밝혔다. "9월에 결혼식!"이라는 표현은 평균 독자에게 9월에 결혼식이 개최된다는 사실을 의미하고, 이러한 표현은 장래의 구체적 사실의 예고를 포함하는 동시에 그러한 전제로서 현재의 결혼계획의 주장을 포함하는 것이라고 이해했다. 따라서 이 표현은 법적으로 사실주장으로 분류될 수 있다고 보았다. 이에 피고는 자신이 단지 타인의 보도를 인용한 것에 불과하며 어떠한 자신의 주장도 제기하지 않았다는 항변과 함께 자신의 책임을 부인할 수 없다고 판단했다. 재판부는 비록 "이씨 파리는 궁금했다"는 언급이 실제로 단지 타인의 보도의 인용에 불과하다는 점을 말해 주기는 한다고 인정했다. 하지만 전체적 맥락 속에서 피고는 평균 독자들의 눈에 "9월에 결혼식!"이라는 제목을 자신의 것으로 삼았고, 독자들에게 자신의 주장을 나타낸 것으로 비칠 수 있다고 밝혔다. 왜냐하면 전체 맥락 속에서 "9월에 결혼식!"이라는 주장은 커다란 활자체로 게재된 헤드라인 "행복에 찬 캐롤라인"의 도입 멘트로서 그리고 꽃으로 꾸며진 하트 모양 안에 게시된 원고와 L의 사진 옆에 배치되었기 때문이라고 근거를 제시했다.

따라서 원고는 피고에게 자신의 개인적 인생계획에 관한 허위보도에 대해 정정보도를 요구할 수 있다고 판단했다. 다른 매체들 역시 원고의 임박한 결혼식에 관해 추측보도를 했다는 사실이 권리침해를 제거하지는 않는다고 생각했다. 또한 이러한 권리침해는 시간 경과를 통해서도 그 심각성이 쉽게 사그라들지 않는다고 반복해서 언급했다. 그런 점에서 앞선 취소청구의 판시사항이 참조될 수 있다고 밝혔다. 더군다나 해당 정정보도는 여전히 표지구성을 위한 충분한 공간을 허용하고 있다고 덧붙였다.[50]

⑤ 피고의 금전배상에 관한 판단

연방대법원은 마지막으로 금전배상청구에 대한 피고의 주장 역시 성공하지 못한다고 판단했다. 지속적 판례에 따르면 일반적 인격권의 희생자에게는 금전배상청구권이 귀속되는데, 이러한 청구권은 심각한 인격권의 침해가 존재하고 다른 방식으로는 이러한 침해가 보전될 수 없을 경우 인정된다고 밝혔다. 금전배상의 지급에 필수적인 인격권의 심각한 침해가 존재하는지 여부는 특히 침해의 비중과 사정거리, 나아가 행위자의 동기와 이유 및 책임의 정도에 달려 있다고 밝혔다. 그리고 여기서 문제 된 인격권 침해는 이러한 의미의 심각한 인격권 침해에 해당한다고 보았다. 피고는 원고가 언론과의 인터뷰를 거부할 것을 알면서 원고의 사생활 문제 및 정신적 심신상태에 관한 인터뷰를 날조했다고 인정했다. 피고는 원고에게 자신이 하지 않은 개인적 상황에 관한 발언을 허위로 전가했고, 원고가 실제 내리지 않았던 개인적 결정에 관해 자의적으로 보도했으며, 따라서 피고는 발행부수 증대 목적과 상업적 이윤을 위해 원고의 사적 영역을 수십만 독자들의 호기심과 선정주의에 내맡겼다고 비판했다. 이것이 1992년 3월 19일 자 보도 및 5월 21일 자 보도에서는 고의로, 8월 20일 자 보도에서는 경솔하게 행해졌다고 평가했다.

연방대법원은 원고가 주장한 금전배상청구권이 피고가 이미 취소문과 두 개의 정정보도 게재에 관한 판결을 선고받았다는 사실에 의해서도 배제되지 않는다고 판단했다. 비록 일부문헌에서 취소는 원칙적으로 인격권 침해의 제거를 위해 충분하다는 견해가 주장되기는 하지만, 이와 달리 다른 입장에서는 취소에 어떠한 만족기능도 따라오지 않기 때문에, 게다가 일반적 인격권의 확보를 위해 가장 불충분한 수단이기 때문에 금전배상이 원칙적으로 제외되지 않는다는 견해도 존재한다고 밝혔다. 따라서 취소만으로 권리침해의 충분한 보전이 달성될 수 있는지 여부가 결정적이라고 보았다. 하지만 이것은 가령 침해가 인격의 근간을 대상으로 하거나 요구된 취소를 가해자가 거부하는 바람에 피해자가 나중에 법적 판결을 근거로 취소를 얻게 될 경우 부인될 수 있다고 밝혔다. 따라서 이 사건에서 취소나 정정보도가 원고의 금전배상청구권의 탈락이유가 되지는 않는다고 생각했다. 여기에서는 보도의 내용과 전파 정도에 따라 그리고 피고의 동기 및 책임 정도에 따라 판단할 때, 특별히 심각한 것으로 보이는 인격권 침해가 문제 되었다고 인정했다. 여기에 원고는 취소나 정정보도를 3번의 심급을 거친 소송과정을 통해 얻어내야만 했으며, 현저한 시간적 지체 후에야 비로소 그것들을 얻어낼 수 있었다는 점이 추가로 참작된다고 밝혔다.[51]

⑥ 원고의 활자 크기에 대한 불복상고

한편, 항소법원이 취소나 정정보도문의 활자 크기를 원래 보도의 것보다 더 축소해서 확정한 것에 대해 원고는 무기대등 원칙을 침해한 것이라며 상고했다. 원고는 자신의 헌법상 보장된 인격권을 통해 취소나 정정보도문 역시 원래 보도와 마찬가지로 "가판대 독자(Kiosk-Leser)"에 의해서도 인지될 수 있을 것을 요구할 수 있는 청구권을 가진다고 주장했다.

이에 대해 연방대법원은 취소와 정정보도의 활자 크기가 원래 보도의 활자 크기와 정확하게 일치해야 한다는 주장에 따를 수 없다며 원고의 주장을 배척했다. 취소와 정정보도의 위치 및 활자 크기는 일반적 인격권과 출판자유의 긴장 영역 사이에서 유동적인데, 원고의 상고는 자신의 주장을 논증하는 과정에서 피고가 정당하게 주장한 출판자유의 요청을 등한시했다고 평가했다. 이러한 요청은 취소나 정정보도가 게재되는 표지에서도 역시 판매촉진적 구성과 편집을 위해 여전히 충분한 공간이 유지될 것을 요구한다고 보았다. 그 밖에 해당 잡지의 높은 발행부수 역시 원고의 이익을 위해 충분하다고 생각했다. 독자들이 취소나 정정보도에서도 소송에서 다뤄진 허위의 보도들과 동일한 정도의 시선이나 주목을 끌어야 한다는 원고의 이익을 위해서는 동일한 활자 크기가 아닌 표지의 활자 크기를 통해서도 충족될 수 있다고 인정했다. 따라서 항소법원은 양측의 이익들에 모두 부합되는 게재명령을 내리는 데 성공했다고 평가했다. 취소와 정정보도의 본문내용 역시 "가판대-독자"에게 전적으로 인지될 수 있고, 취소와 정정보도의 지위를 분명하게 나타내는 활자 크기로 게재되었다고 평가했다.[52]

⑦ 원고의 금전배상액 인상요구의 문제

원고는 항소법원이 인정했던 금전배상액보다 더 높은 금전배상을 요구했다. 연방대법원은 항소법원의 금전배상액 산정이 다른 심각한 일반적 인격권 침해의 사례들에서 지급되어야 했던 액수보다 터무니없이 낮다는 원고의 상고가 정당하다고 인정했다. 그 이유로 금전배상의 인정은 그것 없이는 인간의 존엄과 명예의 침해가 종종 아무런 제재 없이 유지됨으로써 인격권의 권리보호가 축소될 것이라는 우려 섞인 사고를 기반으로 하고, 위자료청구와 달리 금전배상청구권에서는 일반적 인격권의 침해로 인한 희생자의 만족이라는 관점이 전면에 대두되기 때문이라고 밝혔다. 게다가 이러한 권리구제는 예방에도 기여해야 한다고 강조했다. 이러한 인격권 침해로 인한 금전배상 특유의 행사 목적에 따르면, 항소법원의 산정액수는 정당화되지 않는다고 밝혔다. 연방대법원은 피고가 원고의 인격권 침해를 자신의 이윤획득 목적을 위해 행했다는 사실이 금전배상의 산정과정에서 무시되었고, 예방적 사고 역시 경시되었다고 판단했다. 이 사건에 존재하는 이와 같은 상황이 너무 과소평가되었다고 보았다. 이 사건은 피고가 고의의 법률위반 아래 원고의 인격을 발행부수 증가의 수단으로서 그리고 자신의 상업적 이익의 추구를 위해서 이용했다는 점을 통해 부각된다고 평가했다. 따라서 피고가 실제 체감할 수 있는 금전배상 없이는 원고가 그러한 무분별한 인격의 상업화에 광범위하게 방치되는 결과를 가져올 것이 명약관화하다고 생각했다. 취소와 정정보도에 대한 선고판결은 단지 출판자유의 보호에 근거한 피고의 권리보장하에서만 고려되었기 때문에 원고의 불충분한 보호가 야기되었다고 판단했다. 따라서 금전배상선고는 인격권이 상업적 이윤획득을 위해 침해되었다는 사실을 금전배상 액수에 따라 대비할 수 있을 때에만 인격권에서 요구되는 예방 목적을 달성할 수 있을 것이라고 밝혔다. 이것이 비록 무분별한 인격의 상업화와 같은 사례들에서는 "이익의 몰수"가 행해져야만 하는 것을 의미하는 것은 아니지만, 그럼에도 권리침해에 기인한 이윤획득이 금전배상액의 결정에 하나의 산정요소로서 참작되어야 한다는 사실은 정당화한다고 인정했다. 이에 인격의 상품화에 있어서 진정한 심리적 압박효과는 금전배상의 액수에서 출발해야 한다는 점을 분명히 했다.

연방대법원은 또 다른 산정요소로서는 인격권 침해의 정도가 고려될 수 있다고 밝혔다. 이때 무엇보다 날조된 독점-인터뷰의 공개는 치명적인 것이라는 점이 고려되어야 한다고 인정했다. 물론 금전배상은 출판자유가 과도하게 제한되는 액수에 이르러서는 안 된다는 사실을 상기하는 것이 중요하다고 보았다. 하지만 이 사건에서처럼 언론의 무분별한 인격의 상품화를 저지할 필요가 있는 경우에는 이러한 점은 고려되지 않는다고 판단했다. 그에 따라 원고에게 지급되어야 할 금전배상액수는 무엇보다 사실심의 관할이고, 따라서 연방대법원은 다른 관점에서 심리와 판단을 하도록 하기 위해 사건을 항소법원으로 파기환송한다고 판결했다.[53]

Ⅳ. 인용과 전파책임

1. 인용의 언론법적 의미와 인격권 침해

인용은 하나의 표현을 둘러싸고 인용자와 피인용자의 관계가 특히 문제 되는 언론법 영역의 일부이다. 인용자는 제3자의 표현의 인용을 통해서 자신의 주관적 생각을 토론에 던지는 것이 아니라 제3자인 피인용자가 고수하려 했던 내용을 전파하는 것이라는 점에서 하나의 객관적 사실을 토론에 던지는 것이라고 이해하는 것이 일반적이다.[54] 따라서 인용문제는 두 측면에서, 한편으로는 피인용자의 원래 표현이 실제로 행해졌는지 여부와 관련해서,[55] 다른 한편으로는 인용된 표현의 내용(전파책임)[56]과 관련해서 언론법상 중요한 쟁점을 불러오게 된다. 따라서 여기에서는 우선 피인용자가 하지 않은 발언이 전가된 경우의 인격권 침해문제를 다룬다.

자신의 발언에 관한 권리(음성권)의 기본법상 보호는 잘못된 인용 외에 허위의 혹은 날조되거나 왜곡된 방식의 인용에 대해서도 당연히 효력을 미친다.[57]

이때 한 표현이 적절하게 인용되었는지 여부의 문제에 있어서는 평균적인 독자나 시청자의 납득 가능한 이해가 아니라 피인용자의 어휘선택과 그의 사고전개의 맥락 그리고 그 안에서 분명히 적시된 관심사를 통해 정확하게 드러난 것이 무엇보다 결정적이다.[58] 연방대법원은 예전에 인용된 표현의 해석은 피인용자가 표현하려고 했던 표현의 의미를 객관적으로 납득 가능한 그런 의미로 이해해야 한다는 견해를 지지했다. 나아가 다의적 표현형태가 문제 된 경우에는 인용의 의미가 피인용자가 이해되기를 원했던 그런 의미로 정확하게 인용되기를 기대해서는 안 된다고 생각했다. 하지만 이러한 연방대법원의 견해는 연방헌법재판소에 의해 거부되었다.[59]

연방헌법재판소는 "뵐/발덴" 결정에서 헌법상 인격권을 통해 기본권 주체는 자신이 하지도 않은 발언이 자신에게 전가되는 경우, 특히 이를 통해 자신이 인용자의 반박을 위한 증거로서 활용되는 경우에도 보호를 받는다는 견해를 피력했다. 이에 따라 파기환송 이후 연방대법원은 자신의 판결에서 인용은 "그처럼 원문 그대로"라는 설명 없이도 원문의 직접인용으로 이해될 수 있다고 지적하면서, 외견상 직접인용으로 볼 수 있었음에도 실제로는 피인용자 표현에 관한 자신의 독자적 해석을 포함하고 있다면, 이때 인용자는 이러한 사실을 명백히 알려야 한다고 판시했다.[60, 61] 하지만 독자들이 피인용자의 원래 표현이 실제대로 인용된 것이 아니라 단지 반어적으로 강조된 본래 표현의 요약이라는 사실을 분명히 알 수 있다면, 이때에는 엄격한 인용원칙이 적용되지 않는다.[62, 63]

연방헌법재판소 1980년 6월 3일 자 결정
－ 1BvR 797/78("뵐/발덴"－결정)

사실관계

ARD의 저녁뉴스 "타게스샤우"가 1974년 테러리스트에 의해 살해된 베를린 법원장의 장례식에 관해 보도하자 이어서 평론가 발덴은 곧장 자유베를린 방송의 한 논평을 통해 청구인인 작가 뵐을 테러리즘의 동조자로 간주했다. 해당 논평은 이미 보도국장을 통해 검토되고 수정된 것이었다. 여기에서 발덴은 논평의 근거로 청구인(하인리히 뵐)의 발언을 인용했는데, 그 내용은 다음과 같았다.

이 사람은 법치국가를 '똥거름'이라고 불렀고, '기층민의 분노와 함께 지켜야 할 부패한 권력의 찌꺼기'만으로 보인다고 말했습니다. 그는 국가가 테러리스트들을 '무자비한 사냥터'에서 박해한다고 비난했습니다….

지방법원은 명예훼손과 인용 오류를 이유로 제기된 십만 마르크의 위자료소송을 기각했다. 항소법원은 4만 마르크의 위자료 액수를 인정했다. 연방대법원은 지방법원의 기각판결을 원상회복했다.

연방헌법재판소는 연방대법원 판결에 대한 헌법소원을 인정했다. 이어서 이 사건을 연방대법원으로 파기환송했으며, 연방대법원은 이에 따라 피고의 상고를 기각했다.[64]

① 이 사건의 쟁점

연방헌법재판소는 이 사건 헌법소원이 민사법상 손해배상청구에 관한 민사판결을 대상으로 한다고 밝혔다. 그리고 연방대법원 판결은 청구인의 기본권 영역을 지속적으로 침해한다고 판단했다.

연방헌법재판소는 민사법규정의 해석과 적용 그 자체를 심사해서는 안 되고, 단지 일반법원을 통한 헌법규범과 기준들의 준수를 확보하는 것이 자신의 책무라고 밝혔다. 따라서 헌법상 심사범위에 있어서 기각판결의 대상이 단지 금지청구인지 아니면 취소나 손해배상액의 지급인지 여부는 중요하지 않다고 보았다. 특히 그런 점에서 마찬가지로 손해배상 액수에도 어떠한 결정적 의미가 따라오지 않는다고 생각했다. 그럼에도 이 사건 청구인에 의해 주장된 인격권 침해의 본질적 의미는 민사법원 판결에 대한 헌법심사의 원칙적 범위를 넘어설 것을 요구하고 있다고 밝혔다. 이는 무엇보다 대상이 된 표현의 특성에 기인한다고 설명했다. 논평에서 인용된 문제의 발언이 행해진 그대로 재현되지 않았음에도 불구하고 그러한 인용이 허위가 아니라는 법원의 확정은 분명코 청구인 인격권의 핵심에 타격을 주게 된다고 판단했다. 여기에 문제 된 인용의 공개적 비방효과가 추가된다고 인정했다. 즉, 테러리즘의 공동정범이라는 비난은 특히 개인의 명예를 침해하기에 적당한 것이라고 생각했다. 더군다나 이 비난은 유일한 단 한 사람으로서 청구인을 실명공개와 함께 지목함으로써 더욱 심해졌다고 보았다. 마지막으로 이 사건에서는 텔레비전의 광범위한 영향력이 특별히 중요하다고 인정했다. 텔레비전 보도 그 자체는 객관성과 공정성을 위해 노력할 때조차 대개 라디오 방송이나 신문보다 훨씬 더 강력하게 당사자 영역으로 개입한다는 사실이 이미 레바하 판결(NJW 1973, 1226)을 통해 강조되었다고 밝혔다. 이것은 일단 강력한 시각적 인상의 정도, 다른 한편으로는 다른 매체에 비해 텔레비전에 인정되는 비교할 수 없을 정도의 특별한 파급효과에 기인한다고 설명했다. 이 사건 사실관계를 살펴볼 때 낮은 전파효과를 인정할 만한 어떠한 사정도 없으며, 문제 된 논평이 "타게스샤우"와 직접 연결된 시간대에 방송되었다는 점에서 더욱 그렇다고 보았다. 이러한 상황에서 연방헌법재판소는 비록 적절한 판결에 관한 자신의 생각을 연방대법원을 대신해서 제시할 수는 없다고 밝혔다. 특히 청구인에 관한 피고1의 논평에서 표현된 비판의 객관적 정당성을 여기에서 결정할 수는 없다고 보았다. 하지만 다른 관점에서 볼 때 이 사건 대상 판결이 원칙적으로 판결에 있어서 결정적인 기본권의 의미에 관해 잘못된 견해나 보호범위에 관해 잘못된 견해에 기초하고 있지는 않은지의 문제로 심사를 국한하는 것은 충분치 않다고 판단했다. 왜냐하면 개별적인 해석오류 역시 헌법상 등한시되어서는 안 되기 때문이라고 밝혔다.[65]

② 인용의 문제

이에 따라 연방헌법재판소는 대상 판결이 기본법 제1조 제1항과 제2조 제1항을 침해한다고 보았다. 피고1의 논평에서 행해진 청구인 발언의 인용방식과 특성은 기본법 제5조 제1항을 통해 보호되지 않는다고 결정했다.

아울러 해당 논평에서 청구인에 대해 향해진 공격은 헌법상 보장되는 청구인의 일반적 인격권을 침해하기에 적합하다고 보았다. 일반적 인격권은 무엇보다 개인의 명예권과 자신의 말에 관한 권리(음성권)를 포함하고 있고, 따라서 기본권주체에게 자신이 하지 않은 발언이 전가되어서 그 자신에 의해 규정된 사회적 존중청구가 침해되는 것 역시 보호한다고 밝혔다.

그런 점에서 피해자는 허위이거나 날조된 혹은 왜곡된 자신의 표현의 인용에 대해서도 일반적 인격권을 주장할 수 있다고 판시했다. 오히려 이러한 경우에 일반적 인격권은 특별히 중요하다고 강조했다.

일단 인용을 통해서는 비판자의 주관적 의견이 토론에 던져지는 것이 아니라 피인용자인 비판대상자가 반드시 고수하려 했거나 유지하려 했던 그러한 사실이 토론에 던져지는 것이라고 본 연방대법원의 판시내용은 적절하다고 평가했다. 이러한 이유에서 비판의 예증수단으로 이용되는 인용은 의견투쟁에서 매우 날카로운 무기이며, 인용에는 평가 가능한 의견표현과는 달리 인용이라는 사실이 가진 특별한 설득력과 입증능력이 따라온다고 보았다. 따라서 만약 인용이 허위이거나 날조 혹은 왜곡된 것이라면, 이때에는 비판대상자인 피인용자의 발언이 인용자의 반박주장을 위한 증거로서 제시되었다는 점에서 피인용자의 인격권을 더욱 심각하게 침해하는 것이라고 평가했다.

연방헌법재판소는 청구인이 범법자와의 동조라는 망상에 빠져 폭력의 땅을 기름지게 했다는 논평에서 설파된 주장은 청구인에 대한 공공연한 폄훼나 개인적 명예에 대한 공격을 포함한다고 인정했다. 더군다나 이러한 공격은 인용을 통해 예증되었기 때문에 더욱 커다란 효과를 얻게 된다고 생각했다. 그런 점에서 피고1이 "청구인이 법치국가를 '똥거름'이라고 칭했다"라고 잘못 인용했다면, 그러한 인용 안에는 청구인의 명예에 대한 공격 외에도 새로운 일반적 인격권 침해가 존재하는 것이라고 판단했다. 이것은 다른 청구인 발언의 변경도 마찬가지라고 보았다. 연방대법원이 대상 판결에서 인용자가 피인용자의 발언내용을 왜곡해서 인용하고, 바로 그러한 왜곡된 인용을 발판으로 비판대상자인 피인용자를 비난하는 데 활용하는 것은 안 된다고 판시한 것은 적절하다고 평가했다. 이것은 제3자나 공중에 대해 자신이 무엇을 어떻게 나타내고자 하는지에 관해 스스로 결정할 권리 역시 포함하는 피인용자 자신의

말에 관한 권리(음성권)의 침해라고 판단했다.[66]

③ 잘못된 인용의 헌법상 의미

연방헌법재판소는 논평 가운데 청구인이 법치국가와 관련해서 단지 "하층민의 분노와 함께 지키게 될 부패한 권력의 찌꺼기만으로 보인다"고 말했다는 주장 그리고 청구인이 이러한 국가가 테러리스트들을 "무자비한 사냥터에서" 박해했다고 비난했다는 주장이 적절한 인용인지에 관해서 연방대법원은 아무런 판단도 하지 않았다고 비판했다. 오히려 연방대법원은 자신이 기초로 삼은 평균적인 독자들이나 시청자들의 납득 가능성 기준에 따라 이 인용을 적절한 것으로 판단했다고 질책했다.

연방헌법재판소는 이러한 기준이 기본법 제1조 제1항과 제2조 제1항에서 생겨나는 일반적 인격권의 요청들을 충족시킬 수 없다고 보았다. 그 이유는 피인용자에게 자신의 발언에 관한 결정의 자유가 광범위하게 침탈되고, 아울러 자신의 발언이 제3자의 판단 가능성을 통해 대체되기 때문이라고 답했다. 이는 피인용자가 원래 표현했던 것과는 다른 경향이나 의도를 부여하기에 적합하고, 따라서 자신의 말에 관한 권리라는 일반적 인격권을 침해하기에 적합한 광범위한 해석 여지를 허용하는 기준이라고 보았다.

연방헌법재판소는 이때 비판자의 의견자유권이 이러한 인용을 어디까지 허용하는지는 기본법 제5조 제1항의 사정거리의 문제라고 보았다. 연방대법원은 이 의견자유권에서 자신의 판결에 중심이 되는 이유들을 끌어냈는데, 청구인에 대한 공격이 비록 소송 대상인 인용을 포함하고 있을지라도 전체적으로 기본법 제5조 제1항의 보호범위에 속한다고 인정했다. 하지만 연방헌법재판소는 이러한 연방대법원의 판단이 논평을 통해 주장된 피고1의 비판적 공격에 관한 것이라면, 이는 헌법상 문제 되지 않는다고 판단했다. 그러나 연방대법원이 피고1을 통해 인용된 청구인 발언 부분까지 기본법 제5조 제1항을 통해 보장되는 자유 영역 내에 속한다고 생각했다면, 이러한 견해에는 따를 수 없다고 반박했다.

그 이유에 대해 연방헌법재판소는 잘못된 인용은 기본법 제5조 제1항을 통해 보호되지 않는다고 선언하면서, 헌법상 보장되는 의견자유가 그러한 보호까지 필요로 하는지는 알 수 없다고 답했다. 일단, 연방헌법재판소는 공개적 의견투쟁에서 가치평가가 문제 되는 한, 여론형성과정의 이익을 위해 평가내용이 구체적으로 무엇인지와는 상관없이 자유로운 `의견의 허용성 추정이 보장되지만, 허위의 사실주장에 있어서는 동일한 방식으로 적용되지 않는다고 전제했다. 잘못된 정보는 의견자유의 시각에서도 적절한 여론형성의 헌법상 과제에 기여할 수 없기 때문에 보호가치 있는 이익이 아니라고 보았다. 따라서 표현주체의 입장에서는 잘못된 정보의 전달이라는 이유로 불이익을 입지 않기 위해서 진실의무에 관한 요청이 의견자유의 기능을 위험에 빠뜨리거나 해를 입힐 정도로 할당되지 않는 것이 중요할 수 있다고 밝혔다. 왜냐하면 진실의무의 과도한 요구와 그와 연결된 심각한 제재들은 특히 언론 역할의 제한과 마비에 이를 수 있기 때문이라고 밝혔다. 언론은 자신에게 지나친 위험부담이 부과될 경우에 그의 과제, 특히 공적 통제라는 과제를 더 이상 수행할 수 없게 될 것이라고 우려했다.

　하지만 연방헌법재판소는 올바른 인용에 관한 요청으로 인해 여론형성이나 민주적 통제가 해를 입게 될 가능성은 전혀 없다고 설명했다. 오히려 여론형성의 이익을 위해서는 정보가 올바른 인용을 통해 제공되지 않을 경우 자신의 과제를 그르치게 되며, 올바른 인용의 필요성은 공적 통제와는 아무런 관련도 없다고 보았다. 마찬가지로 여타의 사실보도에서 있을 수 있는 시간 압박이나 사후심사의 어려움도 올바른 인용과정에는 어떠한 장애요소도 되지 않으며, 제3자의 표현을 재현하는 사람이 정확하게 인용할 의무를 부담하는 것이 그에게 본질적인 혹은 전혀 기대될 수 없는 압력이나 위험부담의 부과를 의미하지는 않는다고 생각했다. 따라서 불성실한 복제나 인용으로 인해 피인용자의 일반적 인격권이 침해된다면, 이러한 침해는 기본법 제5조 제1항을 통해서는 보호될 수 없다고 밝혔다. 그렇지 않으면 언론이 인용이라는 이유로 진실을 경솔하게 다루거나 아무런 이유도 없이 피해자의 권리를 무시하는 것이

다반사가 될 것이라고 우려했다.[67]

④ 올바른 인용 여부의 판단기준

하지만 연방헌법재판소는 개별적 사례에서 하나의 표현이 올바르게 인용되었는지 아닌지를 파악하는 것은 현실적으로 어려운 문제라고 밝혔다. 다만, 연방대법원이 이를 위해 평균적인 독자나 시청자가 한편으로는 원래 피인용자의 발언내용과 다른 한편으로는 인용상태의 표현을 어떻게 이해하는지를 결정적인 기준으로 정해서, 이러한 기준에 따라 피인용자가 했던 원래 발언내용의 의미를 다른 사람이 납득할 수 있는 의미에 기초해서 올바른 인용이라고 간주한다면, 이러한 판단기준은 헌법상 우려스러운 것이라고 밝혔다. 이러한 방식을 통해서는 피인용자가 본래 표현하고자 했던 것과 더 이상 일치하지 않는 해석들, 아울러 정확한 인용의 통상적인 법칙에 따른다면 하자 없는 피인용자의 인용이라고 더 이상 인정될 수 없는 해석들임에도 불구하고 인용자가 독자나 시청자에게 피인용자의 표현이라고 제시하고, 그를 통해 진실성과 객관성의 외관을 자극하는 그런 해석들까지 피인용자의 발언이라고 허용하게 됨으로써 인용의미의 스펙트럼이 지나치게 광범위해질 수밖에 없을 것이라고 비판했다.

따라서 기본법 제2조 제1항의 일반적 인격권의 요청들을 전혀 충족하지 못하는 연방대법원의 이 기준은 아마도 그 경계의 어려움으로 인해 기본법 제5조 제1항에서 충분한 근거들을 찾을 수 있는지 의문이라고 밝혔다. 설령 이러한 기준의 적용을 지지해 줄 수 있는 근거가 다의적 해석에 따른 것이라고 양보한다손 치더라도 어쨌든 의견자유권은 인용표현 비판자의 해석이라는 사실을 알리지도 않은 상태에서 본래 하지도 않은 피인용자의 발언을 피인용자의 발언이라고 사칭하는 인용자의 인용방식까지 용납하지는 않는다고 밝혔다.[68]

⑤ 인용과 자신의 해석의 구별의무

더욱이 연방헌법재판소는 자신의 비판적인 평가를 위한 예증수단으로서 제3자 표현의 인용은 의견투쟁의 날카로운 무기이며, 비판대상자인 피인용자의 인격권을 지속적으로 침해하기에 적합하다고 보았다. 이것은 비판이 신문이나 라디오 방송, 하지만 특히 텔레비전에서 광범위한 영향력을 수반해서 표현되었을 때 더욱 심각해진다고 인정했다. 이러한 상황에서 일반적 인격권의 침해를 될 수 있는 한 배제하기 위해서는 인용자에게 인용내용이 다의적 해석이 허용되는 표현에 대한 자신의 해석 그 자체에 불과하다는 사실을 외부에 알릴 의무가 부여된다고 밝혔다. 이를 통해서 인용표현은 다름 아닌 인용자 자신의 평가라는 적합한 자리를 찾게 되고, 이에 따라 사실 영역에서 의견 영역으로 적절하게 옮겨진다고 생각했다. 이러한 방식으로 자신의 말에 관한 권리의 침해는 어쨌든 방지될 수 있을 것이라고 보았다. 또한 독자나 시청자들은 사실의 전달이 아니라 의견의 표현이라는 점을 인식할 수 있음으로써 정확한 정보를 제공받게 되고, 자신의 판단을 제대로 형성할 수 있는 신뢰할 만한 근거를 얻게 될 것이라고 판단했다.

연방헌법재판소는 이러한 자신이 한 말에 관한 인격권 보호의무가 기본법 제5조 제1항의 보호에 영향을 미치는 것은 아무것도 없다고 강조했다. 제3자의 표현을 인용하고자 하는 사람이 정확한 인용인지 아니면 제3자가 한 발언에 대한 자신의 해석인지를 알려야만 하는 의무로 인해 포괄적인 정보와 자유로운 의견형성이 제한되거나 공적 비판이 받아들일 수 없는 위험에 부딪히게 될지는 만무하다고 생각했다.[69]

⑥ 사건판단

연방대법원은 이 사건에서 자신이 바탕으로 삼은 해석기준을 적용함에 있어서 청구인은 "세 번째 부퍼탈 연설"에서 그리고 1972년 슈피겔 기사에서 다의적으로 표현했다는 점을 인정했고, 그 때문에 청구인의 표현들은 다의적 해석에서 출발해야 한다고 보았다. 따라서 이러한 표현들의 모든 인용 역시 다의적 해석에 근거할 수 있다고 판단했다. 하지만 연방헌법재판소는 바로 그런 점으로 인해 청구인의 인용된 발언은 논평자의 해석 그 자체에 불과하다는 사실이 전달되었어야 했다고 꼬집었다. 아울러 이것은 많은 비용이나 시간적 손실을 가져오는 것도 아니라고 덧붙였다. 그렇지만 논평자는 단지 청구인의 명백한 진술들이 그대로 인용되었다는 인상만을 유발했고, 따라서 이러한 인용방식은 결과적으로 기본법 제5조 제1항을 통해 보호되지 않는다고 밝혔다. 그럼에도 연방대법원은 의견자유권의 보호가 탈락할 경우에는 청구인의 일반적 인격권 침해 역시 배제될 수 없음에도 이러한 상황을 논의하지 않았다고 비판했다. 연방헌법재판소는 청구인이 법치국가를 "똥거름"이라고 칭했다는 주장이 잘못된 인용임을 확정하는 것은 일반적 인격권의 침해로서 독자적 의미를 얻게 되었다는 사실을 의미한다고 평가했다. 결국 연방대법원 판결은 위에 언급된 오류에 근거했고, 따라서 파기되어야 한다고 결정했다.[70]

연방대법원 1981년 12월 1일 자 판결
- VI ZR 200/80

① 이 사건 인용이 올바른지 판단기준

파기환송에 따라 앞선 본 사건을 재심사한 연방대법원은 결국 원고의 인격권이 부당하게 침해되었다고 판결했다. 해당 논평이 허용되는지 여부에 관한 심사는 연방헌법재판소가 확증한 바와 같이 우선 피고가 원고의 것으로 간주한 표현들에서 출발해야 한다고 밝혔다.

하지만 피고는 논평을 듣는 사람은 그것이 원문 그대로의 인용이 아니라 단지 원고 발언의 유사인용이라는 사실을 인정해야 한다고 주장함으로써 이러한 인용이 가지는 예증으로서의 의미를 무력화하려고 시도했다. 방송 원고에 포함된 따옴표는 그런 역할을 맡은 것이 아니라 어차피 그러한 표시는 발언의 이중적 의미 내지 상대화를 확실하게 할 목적이었다고 해명했다. 피고가 원고의 발언을 그대로 인용하기 원했다면, 피고는 "뷜이 말한 바에 따르면"이라는 설명을 첨가했을 것이고, 이것이 실무상 시청자에게 친숙한 것이라고 주장했다.

연방대법원은 이러한 피고의 상고는 성공하지 못한다고 밝혔다. 비록 논평이 원고의 발언을 그대로 인용한 것이 아니라 간접화법을 통해 공개했지만, 이 과정에서 텔레비전 시청자에게 원고의 발언은 그 내용의 정확한 재현에서 나온 것이 아니라 피고 자신의 해석결과라는 사실이 명백하게 전달되었어야 했다고 지적했다. 이 점에 관해서는 연방헌법재판소 역시 분명한 입장을 밝힌 바 있다고 언급했다. 재판부는 물론 원고의 인격권이 단지 피고가 자신의 논평에서 문제 된 발언이 자신의 해석결과에 불과하다는 점을 전달하는 것 없이 인용했기 때문에 침해되는 것은 아니라고 밝혔다. 이러한 흠결은 우선적으로 원고가 다의적으로 표현했고, 그 때문에 인용과정에서 발생한 오해의 위험을 원고가 부담해야 한다는 주장을 반박하기 위한 용도로만 유용하다고 생각했다.

원고의 인격권이 어떤 기준에서 인용을 통해 침해되었는지 여부는 오히려 피고가 인용된 표현에 다른 내용, 다른 의도나 경향을 부여했는지에 따라서 나아가 어느 정도 부여했는지에 따라서 대답될 수 있다고 보았다. 이를 위해서는 비록 원고 자신이 했던 발언에서 객관화될 수 있는 것만이 바탕이 되어야 하지만, 자신이 한 말에 관한 권리와 이 권리의 사회적 적용범위를 고려한다면, 객관적인 원고 발언의 확정을 해당 발언이 평균적인 독자나 시청자를 위해 열어둔 해석 가능성에서 결정해서는 안 되고, 발언 내에서 원고가 생각한 바가 드러나는 이상 원고의 어휘선택과 사고전개, 무엇보다도 맥락과 표현의 목표 방향에서 정해야 한다고 강조했다. 무비판적이고 어쩌면 주관적 선입견에 영향을 받은 평균적인 독자나 시청자가 다르게 이해할 수 있는 해석은 연방헌법재판소의 원칙에 따라 원고에게 보다 적합한 해석이 가능한 이상 제외되어야 한다고 보았다.[71]

② 사건판단

연방헌법재판소는 그런 점에서 인용을 이용하는 때에는 엄격한 요청이 적용되고, 이로 인해 인용자는 아무런 제한 없이 평균적인 독자나 시청자의 메가폰이 되는 것이 아니라 피인용자의 대변인 역할에 그쳐야 한다고 밝혔다. 연방헌법재판소에 의해 종국적으로 해결되지 않는 문제, 즉 잘못된 인용과 올바른 인용의 구별을 위해 평균적인 독자나 시청자의 기준을 이용하는 것이 헌법상 용납될 수 있는지의 문제는 단지 인용자의 해석에 불과하다는 단서를 이미 구비한 인용이 납득할 수 있는 범위 내에서 유지될 수 있는지에 관한 심사에서만 다뤄질 수 있다고 보았다. 하지만 이 사건에서는 자신의 해석에 불과하다는 유보가 없기 때문에, 평균적인 독자나 시청자 기준은 애당초 불필요하다고 판단했다. 아울러 항소법원 역시 이러한 기준의 적용에 따라 파악된 인용은 원고가 실제로 한 것과 일치하지 않는다는 점에 동의한 바 있다고 덧붙였다.

연방대법원은 부정확한 인용이 원고 자신이 한 말에 관한 권리를 침해할 뿐만 아니라 그를 허위이자 평가저하적인 시각으로 비치게 한다고 우려했다. 피고의 논평을 들은 사람은 원고가 테러리즘의 정신적 원조이자 오해의 여지 없이 테러리스트들을 위한 공조자이며, 명백히 법치국가에 반대하고 있다는 피고의 생각을 그대로 믿을 수밖에 없었다고 인정했다. 아울러 텔레비전 시청자에게는 원고의 발언이 본래 다른 방향이나 경향에서 시작되었음에도 피고 논평자의 개인적 비판수단으로 활용됨으로써 결국 그의 비난에 이용되었다는 사실이 드러나지 않았다고 밝혔다. 게다가 인용 안에 존재하는 공공연한 원고의 멸시는 논평자가 소유한 특별한 전파영향력 및 원고가 자신의 실명공개와 함께 단독 거명되었다는 사정으로 인해 더욱 강화되었다고 판단했다.[72]

연방헌법재판소 2012년 10월 25일 자 결정
– 1BvR 2720/11("노아의 방주원리"–결정)

사실관계

청구인은 저술가이자 수년간 "타게스샤우"의 아나운서 및 북독일방송 진행자로 재직했다. 그녀의 헌법소원은 A 주식회사를 상대로 한 금지청구 소송과 정정청구 소송 그리고 인격권 침해로 인한 손해배상청구 소송의 기각판결을 대상으로 삼았다.

2007년 9월 6일 기자회견에서 청구인은 발행인과 함께 자신이 저술한 책 "노아의 방주원리-왜 우리는 가족을 구조해야 하는가"를 발표했다. 여기에서 청구인은 피고 회사 소속의 편집자를 포함해 참석한 기자들에게 다음과 같이 말했다.

> 우리는 가족에게 부담의 완화를 기대해야지 부담을 요구해서는 안 됩니다. 그리고 아이가 없는 가족과 아이가 많은 가족 사이의 형평을 이뤄야 합니다. 우리는 무엇보다 독일에서의 어머니상을 재평가해야 합니다. 하지만 이것은 유감스럽게도 68-운동으로 인해 나치주의와 더불어 타파되었습니다. 68세대들과 함께 실제로 당시의 모든 것들이-우리가 가치라는 점에서 소유하고 있었던 모든 것- 타파되었습니다. 그때는 무자비한 시대였고, 완전히 정신 나간, 독일민족을 파멸로 이끌었던 위험한 정치가가 있었습니다. 하지만 동시에 좋았던 것도 있었다는 사실을 우리 모두는 압니다. 이것은 다름 아닌 가치들, 아이들, 어머니들, 가족들 그리고 연대입니다. 이것들이 타파되었습니다. 이제는 더 이상 아무것도 남아 있지 않습니다.

이후 피고에 의해 발행되는 일간지 "함부르거 아벤트블라트" 2007년 9월 7일 자 판에서 신문사 인터넷사이트에도 올린 "남자는 언제 진짜 남자인가? 북독일방송 진행자는 자연스럽게 '이브의 원리'로 이어지는 '노아의 방주원리'라는 자신의 책을 소개했다. -하나의 관점의 문제-"라는 제목의 기사가 공표되었다. 그리고 이것은 피고 신문사 인터넷사이트에도 게재되었다. 기사내용은 다음과 같다.

책 소개문에는 노아의 방주원리가 '사회로 반향될 수 있는 새로운 가족구조를 위한 변론'이라고 적혀 있다. 부언하자면 4번 결혼한 H는 여성들이 '이제 막 눈뜨려고 한다'는 사실, 여성들이 일과 경력을 더 이상 자기실현의 측면에서 바라보는 것이 아니라 '존재확보' 차원에서 바라보려 한다는 사실이 이미 확인되었다고 주장한다. 그리고 이를 위해 여성들은 '강력하게' 자신들의 편이 되어 주는 남자를 소유한다고 주장한다. 이런 맥락에서 저자는 제3제국으로 진로를 변경한다. 그 당시 많은 것이 매우 열악했지만, 예컨대 아돌프 히틀러, 그럼에도 일부는 매우 좋았다고 평가한다. 예컨대 어머니의 존경. 이것들을 68세대가 제거했고, 그 때문에 사람들은 이제 사회적 혼란을 겪는다고 생각했다. 이윽고 다행히도 이 책 소개는 끝났다.

청구인은 이 기사의 마지막 단락이 잘못된 인용이라고 주장하면서 피고에게 금지청구, 정정청구 및 금전배상을 요구했다.

쾰른 지방법원과 쾰른 상급법원은 소송을 대부분 인용했는데, 그 이유는 기자회견장에서 했던 청구인의 발언은 다의적 표현에 해당하고, 피고가 공표한 기사는 이에 대한 잘못된 인용을 포함하고 있기 때문이라고 밝혔다. 연방대법원은 이러한 상급법원의 판결을 파기했고, 이에 대한 헌법소원은 성공하지 못했다.[73]

① 인용자가 자신의 해석임을 알릴 의무

연방헌법재판소는 대상 판결이 청구인의 기본권을 침해하지 않았기 때문에, 헌법소원은 어떠한 성공 전망도 가지지 못한다고 결정했다.

연방대법원은 일반적 인격권과 의견자유권의 보호범위에 관한 헌법상 원칙들을, 특히 인용의 재현에 관한 원칙들을 자신의 심사과정에 명백히 반영했다고 밝혔다. 연방대법원은 인용자가 일반적 인격권의 침해를 가능한 한 배제하기 위하여 여러 해석 가능성을 허용하는 표현에 자신의 해석에 불과하다는 단서를 다는 것을 통해 자신의 해석임 그 자체를 알릴 의무를 진다는 점을 오인하지 않았다고 평가했다.

연방헌법재판소는 피고의 기사에서 소송대상이 된 관련부분을 잘못된 인용에 해당한다고 간주하지 않은 연방대법원의 견해는 헌법상 문제 되지 않는다고 밝혔다. 이것은 청구인의 발언이 기자회견장에서 명백한지 다의적인지 여부와 상관없이 유효하다고 보았다. "함부르거 아벤트블라트"의 소송대상 관련부분은 구체적 맥락에서 어쨌든 다의적 표현의 인용에 관한 요청들을 전체적 맥락에서 고려할 때 대부분 충족시킨다고 인정했다.[74]

② 사건판단

연방헌법재판소는 "함부르거 아벤트블라트"의 신문기사가 이미 "하나의 관점의 문제"라는 제목을 통해 전체적으로 힐난 조로 기술되었다고 판단했다. 예컨대, "타게스샤우 아나운서는 이상세계에 관한 자신의 생각을 우연히 자신의 손아귀에 들어온 모든 것들로 치장했다"는 표현이 이를 말해 준다고 보았다:

> 한번은 아리스토텔레스, 한번은 아스트리드 린드그렌(스웨덴 작가), 한번은 교황, 한번은 고르바초프 (…) 1년 전까지만 해도 H의 관심사는 남자를 위해 집을 꽃과 애플파이로 가능한 한 안락하게 꾸미는 것이었다. 요즘 그녀에게는 남자 그 자체가 중요하다. (…)

연방헌법재판소는 이러한 우쭐대는 식의 표현방식을 통해 소송대상 부분이 자신의 해석임을 가리키는 단서가 곳곳에서 제공되었다고 인정했다.

여기에 해당 구절들은 단지 원문 그대로의 인용이 아니라 청구인 표현의 반어적 요약이라는 점이 드러난다고 보았다. "사회적 혼란"이라는 표현은 결코 청구인의 표현에서는 찾아볼 수 없는 것이었다고 밝혔다. 마지막으로 기사의 마지막 문장, "이윽고 다행히도 이 책 소개는 끝났다"는 다시 한번 기자가 청구인에 관한 자신의 생각과 견해를 적어놓은 것이라는 사실을 나타낸다고 인정했다. 따라서 독자들은 책 소개내용이 압축적이고 신랄한 성격의 요약이라는 점을 분명히 알 수 있다고 보았다.

이러한 배경에서 청구인의 자신이 한 말에 관한 권리(음성권)는 보장되었고, 따라서 그녀의 인격권은 피고의 의견자유권 뒤로 후퇴해야 한다고 밝혔다. 오해의 여지 없이 명백히 표현하는 것에 실패한 청구인은 소송대상 부분을 '의견투쟁'에 속하는 것으로 감수해야 한다고 결론지었다.[75]

2. 인용의 경우 전파책임

인용에 있어서도 주장과 전파는 구별되어야 한다. 언론이 인용내용을 자신의 것으로 삼았다면, 주장자와 마찬가지로 책임을 지게 된다.[76] 하지만 인용의 전파는 인용에 포함된 본래 제3자의 표현이 피해자의 이익을 침해하는지 여부와 상관없이 그 자체로 하나의 정보이익을 가질 수 있다. 따라서 언론이 인용내용과 분명하게 거리를 둔다면, 그러한 형태의 인용의 전파에 대해 행위자(정범) 책임을 묻는 것은 불가능하다. 이러한 거리 두기 방식은 전파행위자가 발언과 입장표명을 다양한 측면에서 수집하고 대조함으로써 하나의 의견상태의 기록 일부로서 인식될 수 있는 경우에 인정된다.[77] 여기에서 어떤 문제의 발언을 한 특정 인물이 있었다는 사실에서 정보이익이 전적으로 생겨날 수 있다.

한편, 특정한 사건의 규명에 기여하는 과정에서 제기된 고소, 고발에도 정보이익이 존재할 수 있는데, 이것은 무엇보다 시사적 정보이익으로 간주된다. 이때 진실내용과 상관없이 책임이 처음부터 제외되기 위해서는 고소, 고발내용의 요약 내지 평가와 다툼 부분이 대조를 위해 대략적으로 대등한 상태로 배치되어야 한다. 그리고 다른 사람의 표현의 의미를 축약해서 설명해야 하는 것이 필수적인 경우에도 인용이 허용될 수 있다. 반면에 의심스러운 출처를 근거로 퍼트리는 소문은 어떠한 정보이익도 존재하지 않는다.[78]

하지만 순수한 전파에 있어서도 심각한 권리침해 주장이 포함되어 있는 경우에는 제한된 심사의무가 존재한다. 따라서 모욕적인 표현의 인용은 금지될 수도 있다. 다만 인용이 정보이익을 통해 정당화된다면, 그러한 표현의 전파 역시 허용될 수 있다.

전파자가 전파책임과 '자신의 것으로 삼기'를 피하기 위해 인용내용과 어떻게 거리를 두어야 하는지는 구체적 사정에 달려 있다. 일부 법원들은 정보이익의 중요성과 관계없이 항상 명백한 거리 두기를 요구하고, 게다가 거리 두기에 관한 요청이 높게 설정되어야 한다고 판시하기도 했지만,[79] 이는 헌법상 타당하지 않다. 거리 두기는 무엇보다 행위자책임과 전파자책임을 구별함으로써 손해배상책임을 방해배제책임으로부터 분리시키는 역할을 하게 된다. 이처럼 차등화된 책임체계는 종종 소문이나 부패의 진실규명에 협력하는 언론을 순수한 전파자로서 보호하는 기능을 가진다. 순수한 전파에 너무 쉽게 정범책임을 부과한다면, 이러한 위협적인 책임부담으로 인해 통제기능은 마비될 것이 분명하다.[80] 게다가 표현에서 장본인의 책임이 무의미해지는 결과를 가져오게 될 것이다. 따라서 거리 두기가 명백히 행해질 것을 요구해서는 안 된다는 것이 최근의 경향이다. 거리 두기는 보도형식에서 생겨날 수도 있고,[81] 종종 그 출처가 명시되거나 상이한 의견들이 서로 대조될 경우에도 전적으로 인정될 수 있다. 다만, 개별진술에 단지 따옴표를 치는 것만으로는 통상 필수적인 거리 두기를 위해서 충분치 않다는 것이 일반적 견해이다.[82] 무엇보다 이의 판단을 위해서는 항상 보도를 통해 전달되는 전체적 인상이 결정적이다.

마지막으로 인용의 경우 전파자책임을 배제할 수 있는 경우는 단지 손해배상청구에만 해당되고, 반론보도청구는 그대로 남아 있는 경우도 있다.[83]

3. 인용의 전파책임과 거리 두기의 완화: 새로운 판례 입장

언론에 의해 전파되는 인용내용에 대한 책임은 일률적으로 판단될 수 없다. 하지만 다음에 살펴볼 인용의 신뢰성 문제와는 별개로 예전의 연방대법원 판례가 지지했던 견해,[84] 즉 언론은 자신에 의해 전파되는 인용내용과 명백한 거리 두기를 하지 않은 경우에는 항상 자신의 것으로서 귀속시켜야 한다는 입장은 제3자의 표현에 대한 언론의 책임에 관한 새로운 판례의 관점에서는 더 이상 일반적으로 유지될 수 없다.[85]

언론이 자신에 의해 전파되는 인용을 자신의 것으로 삼았다면, 물론 여기에는 어떤 의심도 없이 자신의 책임이 존재한다. 편집국이 특정한 사람을 부당하게 살인자 혹은 성폭행범이라고 악평하고, 이때 제3자의 인용 발언을 끌어오는 것은 자기주장 혹은 소문으로서 퍼트리는 것보다 피해자에게 덜 심각하다고 볼 수 없기 때문이다. 하지만 언론이 일정한 주장, 일정한 혐의 혹은 일정한 비판과 함께 특정인이 했던 발언을 보도하고, 아울러 이러한 보도내용에 공적 이익이 존재한다면 사정은 달라질 수 있다.

언론이 제3자의 명예훼손적 발언을 인터뷰 범위 내에서 명백히 거리 두기를 하지 않고 전파할 경우에도 아직은 '자기 것으로 삼기'가 성립되지 않는다. 가령 특정한 사실관계 혹은 평가에 관한 정치인의 발언이나 수사절차의 과정에서 행해진 공무원의 발언을 전파하는 경우, 이러한 발언들에 대해서는 제3자 발언에 관한 공적 이익을 인정할 수 있다. 이때에는 무조건적인 거리 두기가 요구되지는 않는다.[86] 따라서 다른 보도형태에서 생겨나는 높은 요청이 여기에서도 동일하게 요구되어서는 안 된다. 통상 인용된 기사와 결합된 그 밖의 다른 편집국 자체의 기사내용에서 인용내용을 시인하거나 동의하는 것으로 볼 수 있는 정황이 생겨나지 않는 이상, 편집국은 문제 된 인용내용에 따옴표를 치는 것으로 충분하다.[87]

나아가 유럽인권법원은 제3자의 것으로 간주되는 표현을 인용하는 편집국이 자신의 개인적 견해를 표현한 것이 아니라 제3자의 견해를 재현한 것이라는 점을 맥락에서 충분하게 드러낸다면, 이때에는 따옴표의 사용 역시 필수적인 것이 아니라는 입장을 밝혔다.[88, 89]

한편, 제3자의 모욕적인 발언이 인용과정에서 포함되는 경우에 제3자와는 달리 언론 자신은 그로 인해 모욕의 구성요건을 충족하지는 않는다. 왜냐하면 모욕의 구성요건은 허위주장의 전파를 문제 삼는 것이 아니므로 형법 제186조(사실주장 명예훼손)에서 유래하는 전파책임의 법적 사고가 처음부터 개입할 수 없다. 다만, 일반적 인격권 침해의 구성요건이 필수적으로 요구하는 법익형량과정을 통해 인용대상이었던 제3자가 왜 피해자를 모욕적으로 표현했는지에 관해 공중의 정당한 이익이 인정되지 않는다면, 이때에는 피해자의 일반적 인격권 침해의 구성요건이 충족될 수는 있다.[90] 하지만 유명 정치인을 정치적 반대자의 발언을 통해 거짓말쟁이라고 책망한 사례의 경우, 이때에는 공중의 정보이익이 존재하기 때문에 기껏해야 그러한 모욕을 행했던 본래의 장본인에게 표현내용에 대한 책임을 물을 수 있을지언정 사실대로 이를 보도한 언론에 책임을 물을 수는 없다.[91]

유럽인권법원 2016년 1월 21일 자 판결 – 29313/10

사실관계

청구인1은 프랑스인이고, 1953년생으로 파리에 살고 있다. 현재에는 파리에 본사를 두고 있는 방송사 프랑스3의 채널 대표이다. 청구인1은 청구인2의 권리를 양도받았다.

2006년 9월 8일 프랑스3은 "2001년 9월 11일: 고발"이라는 제목의 82분짜리 르포를 방송했는데, 여기에서 테러가 있은 후 5년이 지났는데도 어째서 아직까지 형사소추가 없는지에 관한 문제가 제기되었다. 해당 프로그램은 알카에다를 지지하고 재정적으로 후원한 혐의가 있는 백 명 이상의 사람들에 대해 희생자 유족들이 제기한 소송을 다뤘다. 여기에서 이 소송이 희생자 유족들이 속한 나라와 사우디아라비아 사이의 경제적 갈등으로 인해 위험에 빠질지 모른다는 원고의 우려 역시 보도되었다. 방송은 관련 자료의 확인을 위해 수많은 사람들을 인터뷰했고, 그중에는 투르키 알 파이샬 빈 압둘라지즈 알 사우드 왕자도 있었다. 이 사람은 사우디 정보기관 수장으로서 탈레반을 지지하고 재정적으로 후원한 혐의를 희생자 유족들로부터 받았다. 2006년 12월 왕자는 파리지방법원(경죄법원)에 사인원고 자격으로 소송을 제기했고, 담당 기자를 모욕으로 고소했다. 법원은 청구인1과 기자에게 2007년 11월 2일 왕자의 공개 모욕으로 인한 각 1천 유로의 벌금형에 처하는 한편, 서로 연대하여 손해배상 1유로를 지불하고 비용과 경비의 배상으로서 7천5백 유로를 지불하라고 선고했다. 계속해서 법원은 15일 이내에 원고에 관한 방송을 보도할 책임이 채널3 방송사에 있다고 선고했다. 파리항소법원은 2008년 10월 1일 판결을 확정했고, 2009년 11월 10일 파훼법원(상고법원)은 상고를 기각했다.

2010년 5월 6일에 청구인은 유럽인권법원에 소원을 제기했고, 유럽인권협약 제10조의 침해를 주장했다. 2016년 1월 21일 제5재판부는 만장일치로 해당 규정이 침해되었다고 확정했다.[92]

① 인용내용과 거리 두기 원칙

유럽인권법원은 의견표현의 자유로의 개입이 필수 불가결한 것인지 판단을 위한 원칙들을 핸디사이드/영국 사건 판결 이래 반복해서 적용해 왔다고 밝혔다. 이어서 민주사회에서 의견자유의 기본적 의미가 강조되는 이 판결에서도 역시 그 판단근거를 재차 언급하였다. 이에 따라 유럽인권협약 제10조 제2항에서의 정당화 근거들은 엄격하게 해석되어야 하고, 특히 개입은 불가피한 경우에만, 즉 개입에 긴급한 사회적 필요가 존재할 경우에만 가능하다는 점을 분명히 했다. 아울러 당국은 이러한 경우의 해당 여부에 관한 판단에 있어서 일정한 재량 여지를 가진다는 점, 당국이 개입을 위해 분명하고 충분한 논거를 제시해야 한다는 점, 공적 이익의 문제에 관한 정치적 토론과 논쟁에 있어서는 제한을 위한 재량이 거의 존재하지 않는다는 점, 사실주장과 가치평가 사이는 구별되어야 한다는 점, 개입의 비례성 판단에 있어서는 제재의 방식과 정도가 고려되어야 한다는 점 등을 구체적으로 나열했다.

이어서 유럽인권법원은 출판자유가 민주사회에 있어서 가지는 기본적 의미를 무엇보다 강조했다. 언론은 특히 명예보호와 타인의 권리와 관련해서 언제나 일정한 한계를 넘어서는 안 될지라도, 자신의 책무나 책임과 일치하는 방식으로 모든 공적 이익의 문제들에 관한 정보와 생각을 전달할 의무를 가지며, 이는 사법부가 관련된 문제 역시 마찬가지라고 보았다. 따라서 당국과 법원의 재량 여지는 언론에 "감시견"이라는 필수적 역할을 가능하게 하는 민주사회의 이익을 통해 제한될 수 있다고 인정했다. 그럼에도 언론인들은 선의로 행동해야 하고, 자신의 직업윤리의 준수하에서 정확한 사실들을 바탕으로 신뢰할 만하고 정확한 정보들을 제공해야 한다고 밝혔다. 다만, 언론인들에게는 저널리즘 활동을 함에 있어서 어느 정도의 과장이나 도발 역시 허용된다고 보았다.

유럽인권법원은 보도형태를 갖췄든 아니든 간에 인터뷰에 기초한 르포는 언론이 자신의 감시견 역할을 하는 데 있어서 없어서는 안 될 중요한 수단이라고 밝혔다. 이에 언론인들이 제3자가 인터뷰에서 했던 발언들을 전파했다는 이유로 처벌받게 된다면, 이는 중요한 공적 이익의 문제에 관한 토론에의 기여 역할을 현저히 약화시키게 될 것이라고 보았다. 따라서 이러한 처벌은 단지 특별히 중대한 이유들에서만 허용될 것이라고 제한했다. 이에 따라 언론에는 제3자를 모욕하고 도발하거나 그의 명예를 침해할 수 있는 인용내용과 체계적이고 공식적인 거리 두기가 요구될 수는 없다고 밝혔다.[93]

② 대상 보도와 거리 두기의 문제

이 사건 당사자들은 청구인의 유죄 등 선고가 유럽인권협약 제10조에서 보장된 의견표현의 자유에 개입했다는 점에는 이견이 없었고, 유럽인권법원 역시 이에 동의한다고 밝혔다. 이어서 이러한 개입이 민주사회에서 불가피한 것인지 여부를 심사하는 것이 남아 있으며, 여기에서는 그 개입이 행해진 정당한 목적과 비례성이 인정되는지 그리고 프랑스 당국들과 법원들이 주장한 이유들이 근거가 있고 충분한지 여부가 심사되어야 한다고 밝혔다.

파리항소법원은 청구인의 유죄선고에 있어서 일단 르포가 문제없이 정당한 목적을 진지하게 수행했으며, 투르키 알 파이샬 왕자에 대한 어떠한 개인적 적대감도 나타내지 않았다는 점에는 동의했다. 하지만 기자가 특히 신중하게 그리고 객관적으로 처신하지 않았는데, 그 근거로는 매우 심각한 비난에 관해 보도하면서 그 비난들에 대응할 피해자의 기회를 명백히 제공하지 않았고, 심지어는 교묘한 편집을 통해 피해자를 옹호해 주는 관점들은 은폐함으로써 오해를 불러일으킨 점을 들었다.

유럽인권법원 역시 르포에서 보도되었던 사실들은 의심의 여지 없이 공적 이익의 주제에 해당한다고 밝혔다. 왕자는 사우디아라비아 왕국에서 중요한 지위를 차지하고 있고, 그는 무엇보다 사우디 정보기관의 수장이자 이후 주미 대사로서 2001년 9·11 테러 희생자들의 소송문제를 다루는 르포와 직접적인 관련성이 있는 공식적 임무를 맡고 있다고 인정했다. 따라서 허용되는 비판의 한계는 공적 생활의 인물로서 자신의 직무상 과제의 행사과정에서 적극적으로 행동하는 공직 주체의 경우에는 일반시민이나 사인보다 더 넓어진다고 설명했다.

이러한 이유들에서 청구인의 의견자유의 제한에 있어서 국가의 재량 여지는 더욱 좁다고 밝혔다. 우선 르포내용에 관해서는 사실주장과 가치평가 사이의 구별에서 출발해야 한다고 전제했다. 이런 점에서 르포는 비록 구체적 사실을 언급하고 있지만, 해당 보도기자의 어조와 보도가 대체로 조사들을 참조하고, 그러한 조사들에서 수집된 다양한 요소들을 토대로 왕자의 행동에 관한 일반적 평가를 포함하고 있는 사정을 고려할 때, 단순한 사실주장 이상의 가치평가를 포함한다고 보았다.[94]

이에 따라 문제 된 가치평가가 충분한 사실적 근거를 바탕으로 하고 있는지 여부에 관한 심사가 남아 있으며, 이 사건에서는 결정적으로 충분한 사실적 토대가 인정된다고 판단했다. 이와 관련해 9·11 테러 희생자 가족들에 의해 제기된 이후 아직 계류 중인 소송이 언급될 수 있다고 보았다. 왕자가 주미 사우디아라비아 대사로 임명된 뒤 그의 외교적 면책특권은 소송과정에서 효과적으로 주장되었고, 이로 인해 미국 법원판결이 전적으로 희생자 유족들의 소송문제와 면책특권 폐지문제를 집중적으로 다루게 된 계기가 되었던 점을 고려하면, 충분한 사실적 토대가 있었다는 점이 인정된다고 판단했다.

르포의 내용에 따르면 왕자는 실제로 피고 중 한 사람으로 묘사되었고, 그에 대해서는 알-카에다 지원을 위한 충분한 증거가 수집되었다고 보았다. 그럼에도 르포는 희생자 가족들이 제기했던 주제의 핵심에 해당하는 소송내용만을 인용하는 데 국한했다고 밝혔다. 또한 기자는 조건법을 사용해서 왕자를 "후원자"로 지칭한 것이 아니라 "추정적 후원자"로 지칭함으로써 다양한 증인진술들과 일정한 거리를 유지했다고 평가했다.

나아가 기자는 많은 다른 가담자들에게 질문하는 동시에 왕자 자신에게도 질문했다는 사실이 중요하다고 밝혔다. 이는 다툼의 여지가 없으며, 기자는 답변과 입장표명을 르포의 12군데에 삽입했으며, 왕자의 해명이 커팅이나 편집을 통해 은폐되거나 변경되지 않았고, 아울러 왜곡되거나 불완전하게 인용되지도 않았다고 판단했다. 한편, 르포가 어떻게 행해졌는지 보도방식과 관련해 언론매체 대신에 보도가 어떻게 구성되어야 하는지에 관해 결정하는 것은 판사의 과제가 아니라고 보았다. 이 사건에서 기자는 르포에서 다뤄진 다양한 쟁점들에 따라 인터뷰를 배정한 것이 인정된다고 평가했다.

그 밖에 왕자의 미국 변호사들은 비록 기자를 응대하는 것은 거부했지만, 주제에 관해 발언할 기회를 가졌고, 마찬가지로 2001년부터 2005년까지 왕자에게 분명히 유리한 진술을 했던 이전 미국 차관보인 리처드 에르미타주도 발언기회를 가졌다고 인정했다. 게다가 기자는 전문가들과 미국 공직자들에게 질의하면서 주제에 대해 발언할 것을 부탁했고, 르포에서 다툼이 된 부분에 대해 그들이 자유로운 분석을 해 줄 것을 요청했다고 인정했다. 나아가 희생자의 변호사들, 국가안보국의 반테러부서 담당 직원, CIA의 반테러팀의 당시 팀장과 이전 책임자, FBI 반테러실의 이전 직원 그리고 사우디아라비아와 수단의 종교 전권위원이나 공직자도 취재대상에 포함되었다고 밝혔다. 따라서 기자에게는 제3자를 모욕하고, 도발하거나 그의 명예를 침해할 수 있는 인용내용과 체계적이고 형식적인 거리 두기를 할 것이 요구될 수 없다고 판단했다.

결국 르포에서 행해진 주제의 취급방식은 언론인의 책임법칙에 반하지 않는다고 보았다. 그리고 가해진 처벌, 즉 청구인1에 대한 벌금, 손해배상지급선고 그리고 프랑스 3채널에서 새로운 보도는 사정에 따르면 비례원칙에 반하는 것이라고 판단했다. 아울러 처벌과는 별개로 상징적 손해배상으로서 1유로 지급선고와 같은 아주 낮은 제재 역시 형사적 성격의 제재가 가해지는 것이라고 인정했다. 제재가 낮다는 사실만으로 의견표현의 자유로의 개입이 정당화될 수 없으며, 비교적 낮은 제재를 통한 개입 역시 의견자유의 행사에 위협적인 효과를 가져올 수 있는 위험을 내포한다고 보았다. 청구인이 형사법상 그리고 민사법상 유죄 등 책임판결을 선고받았다는 사실이 중요하다고 밝혔다. 이러한 이유에서 청구인의 유죄판결 등은 비례원칙에서 벗어난 자유로운 의견표현권으로의 개입이고, 유럽인권협약 제10조 제2항에 따른 민주사회에서 필수 불가결한 것이 아니라고 결론지었다.[95]

유럽인권법원 2017년 4월 4일 자 판결 – 50123/06

사실관계

유럽인권법원은 인용내용과 원칙적으로 체계적이고 형식적인 거리 두기를 요구하는 것은 언론의 공적 기능과 일치하지 않는다고 단언했다. 오히려 전체적인 맥락이 중요하다고 강조했다.[96]

청구인인 릴라냐 말리자블레비치는 세르비아의 주요 일간지인 폴리티카 기자이다. 청구인은 2003년 9월 구 유고슬라비아 국제형사재판소("ICTY")와 세르비아 당국의 협조에 관한 뜨거운 공개논쟁이 있었을 당시 한 기사를 작성했다. 구 유고슬라비아에서 발생한 무장충돌과정에서 세르비아 군부대에 의해 자행된 범죄의 조사과정에 유명 인권활동가 나타샤 칸딕이 참가하는 문제로 인해 그리고 그녀가 ICTY와의 포괄적 협력을 강조한 강력한 후원자들 중 한 명이었다는 점으로 인해 세르비아 국민들의 높은 적대감이 있었고, 보도는 이러한 문제들을 다루었다. 보도 이후 칸딕은 개인소송(사소)의 방식으로 청구인에게 형사소송을 제기했고, 이때 그녀는 보도가 자신을 세르비아의 반역자로 묘사했다고 주장했다.

국내법원은 최종적으로 청구인을 모욕으로 형사처벌하는 것이 가능하다고 판단하고, 청구인에게 경고했다. 그리고 "칸딕 씨는 요부이자 창녀라고 언급되었다"는 문장은 이미 사전에 다른 신문의 기사에서 공표되었음에도 불구하고 청구인이 여기에 따옴표를 붙이는 것을 소홀히 함으로써 이러한 언사를 자신의 것으로 삼았다고 판단했다.[97]

판단이유: 체계적이고 형식적인 거리 두기 요구의 위헌성

하지만 유럽인권법원은 만장일치로 이러한 국내법원의 판결은 유럽인권협약 제10조에 근거한 의견표현의 자유권 침해라고 밝혔다.

청구인이 문제 된 모욕적 문장을 다른 언론보도에서 인용한 것은 다툼이 없는 사실이라고 인정했다. 그 때문에 따옴표 없이도 청구인 개인의 의견이 아니라 칸딕이 다른 사람에게 어떻게 평가되고 있는지 단지 전달한 것에 불과하다는 점이 명백하다고 생각했다.

유럽인권법원은 언론인에게 타인을 모욕 내지 도발하거나 그의 명예를 침해할 수 있는 인용내용과 체계적이고 형식적인 거리 두기를 요구하는 것 역시 시사적 사건이나 의견과 사고에 관한 정보를 제공하는 언론의 과제와 일치하지 않는다고 보았다.

유럽인권법원은 국내법원이 의견표현의 자유 및 공적 이익의 정보를 전달하는 언론인으로서 청구인의 과제와 칸딕 자신의 명예보호권을 형량해야 한다고 판시한 점은 존중한다고 밝혔다. 하지만 국내법원이 기사의 전체 맥락을 고려하는 것 없이 단지 이 문장에 따옴표가 없었다는 점에만 주목했다고 비판했다. 청구인은 기사 내에서 칸딕의 긍정적인 면과 부정적인 면을 동시에 나타냈고, 칸딕에 관한 평가가 서로 나뉘었다는 내용을 사실대로 언급했다고 인정했다. 그와 같이 각각의 따옴표 없이 청구인은 칸딕이 많은 호평을 받았다고 소개했을 뿐만 아니라 그녀가 전쟁범죄에 관한 진실을 규명하려는 여자 투사이며, 세르비아에서 유일한 이성적 견해를 지녔다는 사정들 역시 언급했다고 인정했다. 아울러 칸딕은 인권활동가이자 공적 이익의 인물로서 불가피하게 그리고 의도적으로 공적 통제하에 놓이게 되었기 때문에 보다 높은 정도의 관용을 베풀어야 한다고 밝혔다.

결국 유럽인권법원은 청구인의 형사상 유죄판결은 다른 언론인에게 사회적 생활 영역에서 영향력을 가지는 주제에 관해 언론이 담당하는 공적 토론에의 기여 역할을 가로막을 수 있다고 결정했다.[98]

4. 인용의 신뢰성 문제(피인용자에 대한 인용자의 책임)

인용과 관련해서는 인용자의 전파책임에 관한 문제와는 별개로 피인용자와 인용 자의 관점에서 생각할 수 있는 또 다른 특별한 문제가 발생한다. 인용은 독자에게 확 실한 정보원에 기인한 정보전파라는 인상과 동시에 특별히 신뢰할 만한 보도라는 인 상을 전달하기 때문에 언론에 선호되고 언론에 의해 빈번하게 행해지는 방식이기도 하다. 따라서 인용이 정확하게 행해졌는지 여부의 신뢰성과 관련해 피인용자에 대한 인용자의 책임문제가 불거질 수 있다.[99]

원칙적으로 하나의 진술을 원문 그대로의 직접인용방식을 통해 특정인에게 귀속 시키는 것은 어쨌든 예외 없이 피인용자가 인용된 바와 같이 그대로 말했다는 부수 적 주장을 포함하게 된다.[100] 이것은 인용내용과 무관하게, 즉 인용된 진술 자체가 의 견표현이나 비판일 경우에도 마찬가지이다. 이때 어쨌든 맥락을 통해 인용텍스트에 서 주장된 바와 같이 피인용자가 내용상 그렇게 말했다고 한다는 사실이 분명히 인 식될 수 있다면, 직접인용을 특징짓는 따옴표의 사용은 필수적이지 않다.[101]

인용형식의 표현은 항상 독자들에게 인용자가 그렇게 말했다는 사실주장으로서 평가되어야 할 객관적 진술을 전달한다. 이러한 인용은 누군가 구체적으로 그렇게 말한 원문 그대로의 문장이나 문장 일부를 통해 행해질 수도 있지만, 언론에 의해 제 시되는 맥락을 통해서도 그러한 인용문장들을 전달하는 것이 가능하다. 이때 외형적 으로 인용오류가 분명함에도 불구하고 그의 전파를 통해 행해진 권리침해를 부인하 는 극히 예외적인 경우가 존재할 수 있다. 이는 피인용자가 정확하게 인용된 바와 같 이 말하지 않았지만 다른 곳에서 공개적으로 말한 피인용자의 취지들이 인용내용과 일치하고, 따라서 그의 입장이 아무런 변화 없이 공중 속에서 인용된 바와 같이 받아들일 수 있는 경우에 가능하다.[102] 그 외에 인용과 원래 내용의 차이가 사소해서 피인용자의 사회적 명예권이 침해되지 않았을 경우에도 마찬가지이다.[103, 104]

원칙적으로 독일 법원의 판례는 인용의 신뢰성과 정확성에 관해 높은 수준의 재현의무를 요청한다. 인용은 맥락을 통해서 행하는 경우에도 마찬가지로 피인용자의 진술에 관해 제대로 된 인상을 독자들에게 전달할 경우에만 허용된다.[105] 일반적 인격권은 특히 자신의 진술방식과 진술내용을 통해 자신의 사회적 명예권을 규정할 권리를 포함하며, 따라서 인용대상자의 핵심 진술이 외국어본문의 번역과정에서 오역되었다면, 이러한 잘못된 번역 역시 결과적으로 허위인용과 동일하게 처리되어야 한다.[106] 하지만 가령 정치적 글이나 연설이 그 내용의 변조 없이 간접화법으로 인용되거나 혹은 단지 발췌된 부분으로 인용된 경우, 특히 독자나 시청자의 적절한 정보를 위해 충분한 것으로 인정될 수 있는 본질적 부분의 표현만이 인용된 경우에는 아직은 피인용자의 일반적 인격권이 침해된 것으로 볼 수 없다.[107]

이에 반해 자신이 하지 않은 표현이나 그런 취지로 하지 않은 표현이 피인용자에게 전가되는 것은 피인용자의 일반적 인격권을 침해하는 것이므로 항상 허용되지 않는다.[108] 이는 일단 인용자격을 위해서는 충분한 것으로 인정되는 직접인용과정을 통해 피인용자의 발언을 왜곡하는 동시에 이러한 왜곡된 인용이 인용자의 비판내용을 위한 증거로서 활용될 경우에 인정된다.[109] 하지만 언론은 누군가가 특정한 의미로 말했다는 인상을 간접화법의 인용을 통해서도 불러일으킬 수 있다. 그리고 일반적 인격권의 침해를 위해서는 인용자가 직접인용방식이나 맥락을 이용해 나타낸 인용방식을 통해서 평균적인 독자들에게 원래 피인용자의 진술에 관한 허위의 인상을 반드시 불러일으켜야만 하는 것은 아니고, 단지 허위의 인상이 전달될 가능성만으로 충분하다.[110, 111]

연방헌법재판소 1980년 3월 6일 자 결정
- 1BvR 185/77("에플러"-결정)

사실관계

청구인은 SPD 바덴-뷔르템베르크주 지구당 위원장인 에플러이다. 전심절차의 피고는 CDU 바덴-뷔르템베르크주 지구당이었다. CDU 지구당은 1976년 지방의회 선거에서 연설가들에게 연설교본이 포함된 연설가 가이드북을 제공했다. 이 연설교본에는 청구인이 "누군가는 경제의 감당능력(Belastbarkeit)을 시험해 보기 원한다"라고 분명히 말했다는 주장이 포함되어 있었다. 청구인은 이를 통해 자신의 인격권이 침해되었다고 생각하고, 금지소송을 제기했다. 지방법원은 소송을 기각했고, 상급법원은 항소를 기각했다. 이에 불복한 헌법소원은 성공하지 못했다.[112]

① 일반적 인격권의 의의와 성격, 내용

연방헌법재판소는 헌법소원이 이유 없다고 결정했다.

헌법소원은 민법상 금지청구에 관한 민사법원의 판결에 대항했다. 연방헌법재판소는 대상 판결이 결과적으로 어떠한 기본권 위반도 나타내지 않는다고 보았다.

청구인은 기본법 제1조 제1항과 제2조 제1항의 기본권을 통해 보장되는 일반적 인격권의 침해를 주위적으로 주장하면서, 예비적으로 헌법소원에서 제시된 개별적 기본권들을 주장했다. 연방헌법재판소는 이러한 개별적 기본권들이 각각의 사정거리 내에서 인격의 보호에 기여한다는 주장은 적절하다고 인정했다. 하지만 기본법 제3조 제1항과 제3항, 기본법 제4조와 제5조에 근거한 기본권 침해의 근거들은 제시되지도 않았고, 명백하지도 않다고 판단했다. 특히 대상 판결이 연방헌법재판소의 지속적 판례의 입장에 따르면 자의적 판단에 의존했고, 그 때문에 기본법 제3조 제1항(평등권)을 침해했다는 것은 어불성설이라고 보았다. 마찬가지로 기본법 제5조 제1항은 다른 사람을 통해 인용된 의견의 오해나 날조에 대해서 보호하지는 않는다고 밝혔다. 더욱이 이 기본권이 누군가 하지도 않은 의견의 전파에 관한 국가적 보호청구권은 아니라고 보았다.

이에 따라 개별적 기본권의 침해가 고려되지 않는다면, 심사기준으로서는 단지 기본법 제1조 제1항 및 기본법 제2조 제1항을 통해서 보장되는 일반적 인격권만이 남는다고 판단했다. 일반적 인격권은 "무명"의 자유권으로서 가령, 양심의 자유나 의견자유와 같이 마찬가지로 인격의 구성적 요소를 보호하는 특별한("명명된") 자유권을 보완하는 역할을 맡는다고 밝혔다. 이러한 일반적 인격권의 임무는 최고의 헌법원리인 "인간의 존엄"(기본법 제1조 제1항)에서 파생되는 보다 긴밀한 개인의 생활영역들 및 전통적인 구체적 자유보장을 통해서는 확정적으로 포섭될 수 없는 그러한 생활 영역들의 기본조건의 유지를 보장하는 것이라고 밝혔다. 이러한 보호 필요성은 특히 현대의 발전과정과 결합해서 인간의 인격보호에 있어서 새롭게 나타난 위험의 관점에서도 존재한다고 인정했다. 기본법 제1조 제1항과의 관련성에서 나타나는 바와 같이 기본법 제2조 제1항의 일반적 인격권은 "자유로운 인격발현"의 요소를 포함하는데, 이것은 보호되어야 할 인격적 영역상태의 존중권이라는 점에서 인격발현의 "능동적" 요소에 해당하는 일반적 행동자유권과는 대조를 이룬다고 밝혔다. 그에 따라 일반적 인격권의 구성요건적 전제는 일반적 행동자유권의 전제보다는 더 좁게 인정되어야 한다고 설명했다. 따라서 일반적 인격권은 보다 긴밀한 개인의 인격 영역을 침해하기에 적합한 개입으로만 국한해서 적용된다고 밝혔다.

이러한 일반적 인격권의 속성으로 인해 그간 연방헌법재판소의 판례는 연방대법원과 마찬가지로 보호되는 권리내용의 범위를 확정적으로 규정하지 않고 오히려 그의 구체적 형태를 각각 판단되어야 할 사례에 근거해서 형성해 왔다고 밝혔다. 이와 같이 일반적 인격권의 보호이익으로서는 사적 영역, 비밀 영역, 내밀 영역, 개인의 명예, 자신의 인물 표현에 관한 처분권, 초상권과 음성권 그리고 사적 영역이 관계되는 특정한 사정하에서 자신이 하지 않은 발언의 전가에 의해 피해를 입지 않을 권리 등이 인정되었다고 설명했다. 따라서 사법규정에 따라 충돌하는 이익들에 관해 판단을

내려야 하는 경우에 법원은 이러한 헌법상 보호되는 인격권의 형태들 역시 유념해야 한다고 당부했다.[113]

② 자신이 하지도 않은 발언의 전가에 관한 인격권

연방헌법재판소는 이 사건 헌법소원에 바탕이 된 사정은 지금까지 기본법 제2조 제1항을 통해 보호되는 인격권의 구체적 형태들에 들어맞지 않는다고 생각했다. 청구인이 문제 삼은 주장은 청구인의 사적 영역이나 비밀 영역 나아가 내밀 영역이 관련된 것도 아니고, 명예훼손을 포함하고 있는 것도 아니라고 인정했다. "누군가가 경제의 감당능력을 시험해 보아야 한다"고 청구인이 말했다는 주장은 어떠한 불명예스러운 것은 아니라고 보았다. 그것은 어떠한 반헌법적 행태에 대한 요청을 포함하는 것이 아니기 때문에 발언주체가 더 이상 기본법에 기반을 두고 있지 않다는 명예훼손적인 비난 가능성이 인정될 수는 없다고 판단했다. 청구인은 정치인이므로 다수의 사람들에 의해 거부된 그러한 요청을 제기했다는 주장이 그의 정치적 목표의 추구과정에서 사정에 따라 그에게 불리할 수 있을지언정, 어쨌든 개인의 명예에 관한 문제는 아니라고 보았다. 마지막으로 음성권을 직접 적용할 수도 없다고 보았다. 왜냐하면 청구인의 주장을 살펴볼 때 여기에서는 청구인이 하지도 않은 발언이 자신에게 전가되었기 때문에 문제 된 것이지 청구인이 이전에 했던 발언을 왜곡함으로써 그로 인해 잘못된 인격상을 전달하기에 적합한 그런 표현이 문제 된 것은 아니기 때문이라고 밝혔다.

그럼에도 연방헌법재판소는 기본법 제2조 제1항을 통해 보장되는 일반적 인격권은 자신이 하지 않은 표현의 전가에 대해서도 보호가 가능하다고 밝혔다. 이것은 우선 피해자의 사생활과 관계되는 날조된 인터뷰의 전파에 있어서처럼, 가령 사적 영역과 같은 인격권의 보호이익이 침해되는 그런 경우에 해당한다고 보았다. 반면에 사적 영역과 같은 보호법익이 침해되지 않는 상황에서도 자신이 하지도 않은 표현이 누군가에게 전가되고, 이와 동시에 그러한 표현이 자신에 의해 규정된 사회적 명예권을 침해하는 표현들인 경우에도 마찬가지로 일반적 인격권의 침해를 의미한다고 밝혔다. 그리고 이러한 인격권은 일반적 인격권의 보호에 바탕이 되는 자기결정 (Selbstbestimmung)의 사고에서 도출된다고 강조했다. 원칙적으로 개인은 -자신의 사적 영역으로의 제한 없이도- 자신이 제3자에게 혹은 대중에게 어떻게 비치고자 하는지 그리고 어디까지 제3자에 의해 자신의 인격이 다뤄질 수 있는지에 관해 스스로 결정할 수 있어야 한다고 보았다. 특히 개인이 자신의 발언을 통해 어떤 모습으로 대중 앞에 나오길 원하는지에 관한 결정 역시 이에 속한다고 밝혔다. 그런 점에서 이것은 자신의 말이 유일하게 대화상대방, 즉 하나의 특정한 범위로 국한되어야 하는지 아니면 공중에게 접근 가능해야 하는지 여부 혹은 녹음기에 저장된 자신의 말이 재생되어도 되는지 여부 그리고 누구에 의해 재생되어도 되는지에 관해 개인이 스스로 결정할 권한을 보호한다는 차원에서 음성권(Recht am gesprochen Wort)과 동일하다고 인정했다.

이와 관련해서 무엇이 자신의 사회적 명예권을 구성하는지에 관해 결정하는 것은 개인 자신의 문제일 수 있다고 보았다. 그런 점에서 일반적 인격권의 내용은 결정적으로 주체의 자기이해에 의해서 형성된다고 설명했다.

따라서 자신이 하지도 않은 발언의 전가가 당사자의 인격권을 침해하는지 여부의 문제에 있어서 결정적으로 당사자의 자기결정이 아니라 다른 사람이 당사자에 관해 가지거나 가질 수 있는 생각에 맞추는 것은 기본법 제2조 제1항과 일치하지 않을 것이라고 단언했다. 다른 사람은 그러한 행동에 대해서 자신의 기본권, 특히 의견표현의 자유권을 통해 정당화되면 충분할 것이고, 이와 달리 자신의 고유한 주체성과 비대체성이라는 본연의 내용을 보호하기 위해 결정된 인격권을 다른 사람의 생각을 통해 구성한다는 것은 있을 수 없는 일이라고 설명했다.[114]

③ 사건판단

이러한 의미에서 연방헌법재판소는 전심절차의 실체적·법적 상황의 판단에 있어서 청구인이 "누군가는 경제의 감당능력을 시험해 보아야 한다"는 표현을 하지 않았다는 전제하에서만 일반적 인격권의 헌법상 보장이 중요하게 고려될 수 있을 것이라고 생각했다. 하지만 상급법원이 이것을 전제하고 그럼에도 청구인의 인격권 침해를 부인한다면, 이는 앞서 제시된 일반적 인격권의 단지 오해하는 데 그친 것이 아니라 기본법 제2조 제1항을 위반하는 것이라고 밝혔다. 왜냐하면 상급법원은 심사과정에서 당사자가 아닌 법원에 의해 구상된 인격상 기준을 기초로 이 사건에서 청구인에게 전가된 표현이 그의 인격상을 왜곡했는지 여부를 측정했기 때문이라고 이유를 밝혔다. 동시에 청구인의 사회적 명예권의 내용에 있어서도 당사자 자신에 의해서가 아니라 법원에 의해서 결정되는 우를 범했다고 판단했다. 법원이 설령 청구인이 다른 곳에서 했던 표현들의 취지나 맥락들을 연결시켜서 문제 된 표현을 청구인에게 귀속시키더라도, 이러한 처리방식은 기본법 제2조 제1항과 일치할 수 없다고 보았다.

다만, 이러한 판단들이 결정적일 수 있기 위해서는 상급법원 판결에서 청구인이 다툼이 된 표현을 하지 않았다는 사실이 확정된 경우에만 가능하다고 밝혔다. 그런 점에서 상급법원의 증거조사결과는 전심절차의 피고 주장이 진실인지 허위인지 확정을 내릴 수 없는 상태라고 인정했다. 그리고 법원이 근거로 삼은 증거판단은 연방헌법재판소의 심사대상이 아니라고 밝혔다. 따라서 상급법원이 입증책임에 관한 자신의 판단에서 적용되어야 할 절차법에 관해 헌법상 인격권의 영향을 오인했다고 헌법소원이 주장하는 것은 받아들일 수 없다고 밝혔다.

이러한 상황에서 형법 제186조의 적용에 있어서 상급법원의 입증책임에 관한 판시사항이 적절한지 여부는 더 이상 논의가 필요 없다고 보았다. 왜냐하면 법원은 다툼이 된 주장이 청구인을 경멸하거나 여론 내에서 비방하기에 적합한 것이 아니라고 정당하게 판단했기 때문에 이러한 논의들이 결정에 중요한 사항은 아니라고 생각했다. 단지 청구인이 자신의 인격권에 대한 위법한 침해를 주장하고 입증해야 한다는 상급법원의 견해에 헌법상 위반이 존재하는지 여부가 결정적이라고 판단했다. 하지만 이러한 상급법원의 견해 역시 헌법상 문제 되지 않는다고 인정했다.

연방헌법재판소는 이런 성격의 사건에서 일반적으로 민사소송에 적용되는 입증책임원칙을 포기해야 할 헌법적 관점은 인정될 수 없다고 밝혔다. 따라서 피해자에게 의무 지워진 자신의 청구권의 입증은 비록 피해자가 다툼이 된 표현을 하지 않았다는 것이 입증되어야 할 때 난관에 부딪힐 수는 있지만, 이것이 무언가 불가능한 것을 무리하게 요구하는 것은 아니라고 판단했다. 왜냐하면 피고에게 협력의무가 존재하기 때문이라고 설명했다. 이에 따라 피고는 청구인이 무엇인가를 말했다는 주장을 근거를 들어 소명해야 한다고 인정했다. 즉, 표현의 시간, 방식 그리고 수신인 범위에 관한 정보를 제공할 의무가 있다고 보았다. 그리고 이러한 정보에 대해서는 반증이 가능할 것이라고 생각했다.

　　연방헌법재판소는 이 사건의 경우 역시 이러한 정보가 제공되었고, 이에 관해 자세하게 심사되거나 평가되었다고 판단했다. 무엇보다 청구인이 다툼이 된 발언을 하일보른에서의 토론행사 때 했는지 여부에 관한 것이 증거조사의 대상이었으며, 이에 관해 여러 증인들에 대한 신문이 개시되었다고 인정했다. 그 결과 증인들 중 두 명은 그와 유사한 발언을 들은 기억이 있다고 믿은 반면에 다른 사람은 그 발언을 들은 사실을 기억하지 못했음이 인정된다고 밝혔다. 따라서 청구인이 진위불명의 상태에 머물러 있다는 상급법원의 판단은 증거조사의 결과에 기초한 것이며, 이러한 사정을 고려할 때 헌법상으로도 피고의 협력의무의 전제하에 민사소송을 위한 일반적 입증법칙을 포기하도록 요청되지는 않는다고 판시했다.

　　결국 헌법에 대한 위반 없이 내려진 상급법원의 사실확정을 바탕으로 살펴볼 때, 청구인에게 자기 자신에 의해 규정된 사회적 명예권(존중청구권)의 침해하에 자신이 하지도 않은 한 표현이 전가되었다고 인정될 수는 없다고 밝혔다. 그리고 이것은 자신의 인격권 침해의 인정을 위한 첫 번째 전제조건이라고 거듭해서 강조했다. 이에 피고가 의견자유권을 주장할 수 있는지 그리고 이러한 권리를 통해 청구인의 인격권이 제한될 수 있는지 여부의 문제는 더 이상 중요하지 않다고 결론지었다.[115]

연방헌법재판소 1988년 10월 4일 자 결정
– 1BvR 556/85("프로파일링 수사기법"-결정)

사실관계

전심절차의 원고는 연방범죄수사청(BKA) 청장을 지낸 인물이고, 청구인1은 연방 정보보호담당관이다. 청구인1은 1984년 4월 청구인2의 출판사에서 발행한 책의 저 자이기도 하다. 책에는 프로파일링 기법에 관한 내용들이 본문에 포함되어 있었는데, 원고는 전심절차에서 그러한 내용들의 전파를 금지하라고 청구했다. 함부르크 상급 법원은 소송을 인용했다. 이에 대한 헌법소원은 충분한 성공 전망의 부족으로 인해 결정에 이르지 못했다.[116]

① 표현의 전가와 전가된 내용의 법적 판단기준

연방헌법재판소는 대상 판결이 기본법 위반을 나타내지 않으며, 기본법 제5조 제1 항이 침해되지 않았다고 밝혔다.

비록 대상 표현이 기본권 규범의 보호범위에 포섭되지만, 어쨌든 대상 판결은 결 과적으로 기본법 제5조 제1항의 위반에 해당하지 않는다고 보았다. 기본법 제5조 제 2항의 범위 내에서 상충하는 이익들의 적절한 배분결과, 문제 된 표현들은 원고의 인 격권을 부당하게 침해하는 잘못된 사실주장들이기 때문에 원고의 이익이 청구인의 이익보다 우월하다고 판단했다.

우선, 연방헌법재판소는 전심절차의 원고에 관한 표현들이 사실주장이라는 상급 법원의 분류는 적절하다고 인정했다. 반대로 문제 된 표현은 프로파일링 문제에 관 한 원고의 생각을 대상으로 자신이 얻었던 주관적 인상을 단순한 평가적 문구를 통 해 신중히 나타낸 것이라는 청구인1의 주장은 이 사건의 법적 판단에 있어서 무의미 하다고 밝혔다. 표현의 수신인에게는 이런 점이 인식될 수 없으며, 평균적인 독자들 에게는 분명히 표현의 사실적 내용이 주를 이루는 것으로 보인다고 판단했다. 즉, 평균적인 독자들은 본문의 전체적 맥락에서 볼 때 청구인1이 자신 표현의 신빙성을 증명할 수 있는 수단으로서 원고의 진술들을 끌어왔다는 인상을 피할 수 없다고 보았다. 무엇보다 청구인1이 원고가 가졌던 프로파일링에 관한 절대적인 지지 입장을 직접 인용함으로써 자신의 근거를 뒷받침하고 있기 때문에, 이는 사실주장으로 인정된다고 판단했다.

이어서 연방헌법재판소는 원고의 발표내용을 근거로 볼 때 청구인1의 표현이 사실주장인 동시에 허위라고 인정한 상급법원의 판단은 헌법위반이 아니라고 인정했다. 여기서 무엇보다 상급법원이 원고의 발표내용에 관해 평균 독자에게 주어졌을 그런 인상이 아니라 원고의 자기판단을 결정적인 기준으로 삼은 것은 문제 될 수 없다고 밝혔다. 왜냐하면 피해자에게 한 표현이 전가될 경우에 그 전가된 사실주장이 허위인지 진실인지 문제는 그 피해당사자의 자기판단에 맞춰야 하는 것이 타당하기 때문이라고 보았다. 이는 피해당사자의 표현이 원문 그대로 인용되었을 경우에만 그런 것이 아니라 이 사건에서처럼 어쨌든 피해당사자가 독자들에게 그 표현에서 생겨나는 전체적 인상에서 볼 때 인용자의 반대주장을 위한 증거로서 활용되는 경우에는 언제나 그렇다고 밝혔다. 아울러 실제로 원고가 프로파일링 기법의 절대적인 지지자로서 입증되었는지 여부에 관해 법원에 제출된 청구인1의 주장과는 다른 문서상의 표현들에도 불구하고 다른 자료들을 통해 입증되었는지 여부에 관한 법원의 증거조사의무는 청구인1이 이를 위한 단서들을 근거를 들어 제시했을 경우에만 가능하다고 밝혔다.[117]

② 잘못된 축약으로 인한 인격권 침해

따라서 연방헌법재판소는 상급법원이 피고의 이익보다 원고의 이익에 우위를 인정한 것은 정당하다고 보았다. 통상 허위의 사실주장은 어떠한 의견형성에도 기여할 수 없기 때문에 이에 대한 헌법상 보호 필요성이 인정될 수 없고, 더군다나 그러한 표현이 다른 사람의 인격권을 침해할 경우에 이는 말할 나위가 없다고 보았다. 그리고 적절한 상급법원의 확정들에 따르면 원고에게는 문제 된 책 구절의 전체적 맥락에 따라 그가 하지 않은 그리고 그의 사회적 명예권 및 존중청구권을 침해하는 그러한 표현들이 전가되었기 때문에, 이 사건이 그러한 경우에 해당한다고 인정했다.

청구인1은 원고를 직접인용의 방식을 통해서 원고를 자신의 지위나 역할에도 불구하고 프로파일링과 직접 관련된 중대한 정보보호문제나 헌법상 문제를 잘 알지 못하거나 충분히 유의하지 않는 그런 사람으로 묘사했다고 인정했다. 하지만 원고는 자신의 발표에서 청구인1에 의해 기술된 위험들을 적어도 일부는 정확하게 고려했음에도 불구하고 그런 인물로 묘사되었다고 생각했다.

연방헌법재판소는 이러한 상황에서 대상 표현의 금지선고는 이를 통해 청구인의 진실 및 주의의무가 과도하게 요구되었을 경우에만 헌법상 우려가 생겨날 수 있다고 밝혔다. 하지만 청구인의 견해와 달리 이러한 사실은 없다고 판단했다. 청구인1에게는 -특히 학문적 주장이 담긴 전문서적에서- 원고가 프로파일링의 열광적인 프로파일링 추종자라고 한 표현을 자신의 가치평가로서 분명히 나타내거나 원고의 발표에 알맞게 인용하는 것이 쉽사리 기대 가능하다고 보았다. 결국 청구인1은 자신의 관심사를 내용가감 없이 아울러 원고의 인격권을 침해하지 않고서도 표현하는 것이 가능했다고 판단했다. 모순되거나 공감할 수 없는 것으로 간주되는 다른 사람의 진술의 "축약", 나아가 피인용자는 그렇게 말한 사실이 없고, 따라서 인용자의 입장에 따른 해석이라고 밝혔어야 하는 그런 "축약"에 대해서는 청구인들의 보호이익이 인정될 수 없다고 보았다. 따라서 인용자가 다른 사람의 표현을 모순되거나 공감할 수 없는 것으로 간주했을지라도 다른 사람의 다의적 표현에 대한 자신의 해석을 자신의 평가라고 분명히 밝히지 않고 이 사람의 표현으로 제시하는 것이 헌법상 금지되는 이상, 이러한 판단은 다른 사람의 표현임이 명백한 경우에는 더 말할 나위도 없다고 밝혔다.[118]

연방헌법재판소 1993년 3월 31일 자 결정 - 1BvR 295/93

사실관계

청구인은 전 연방범죄수사청장이다. 전심소송의 피고는 한 전문잡지에서 "사전 정보지원을 통한 범죄수사학"이라는 제목으로 한 기사를 공표했다. 기사내용은 다음과 같다.

> 동시에 경찰 당국과 무엇보다 연방범죄수사청(BKA)은 당연히 이전 청장 H가 지향했던 시민들의 완벽한 '데이터화'에 관한 생각들에 추종을 거부했다.

기사 말미의 각주 11에서는 청구인의 논문이 게재된 잡지의 발행 연도와 해당 지면과 함께 소개되었다. 피고는 1심이었던 약식절차와 본안소송에서 "이전 BKA 청장의 생각들은 시민들의 완벽한 '데이터화'를 지향하는 것이었다"라는 주장을 금지하라는 판결을 받았다. 하지만 상급법원은 1심 판결들을 변경하고, 원고의 청구를 기각했다. 상급법원은 판결이유에서 청구인은 이 사건에서 비방적 비판의 한계를 넘지 않을 경우에는 언제나 허용되는 의견표현의 금지를 요구했고, 지방법원은 부당하게 이러한 청구취지에 응했다고 비판했다. 다른 한편으로 피고의 기사내용은 인용표현이 아니라 가치평가라고 보았다.

이에 대한 청구인의 헌법소원은 실패했다.[119]

① 자신이 하지 않은 표현의 전가

연방헌법재판소는 상급법원의 판결이 기본법 제1조 제1항과 제2조 제1항에 근거한 청구인의 일반적 인격권과 관계된다고 보았다. 이러한 권리는 개개인에게 자신이 하지 않았고, 자신의 사적 영역이나 자신에 의해 규정된 사회적 명예권을 침해하는 표현이 자신의 것으로 전가되거나 간주되는 경우에 대해서도 보호를 제공한다고 밝혔다. 기본법상 보호는 단지 잘못된 인용에 대해서만 효력을 미치는 것은 아니라고 생각했다. 일반적 인격권은 나아가 허위의, 날조되거나 왜곡된 표현의 인용에 대해서도 보호한다고 밝혔다. 이러한 보호의 근거는 인용과 함께 인용자의 주관적 개인의견이 토론에 제시되는 것이 아니라 피인용자에 관한 객관적 사실이 제시되는 것이라는 점에서 그 이유를 찾았다. 그 때문에 인용자가 자신의 비판을 위한 예증으로서 활용하는 인용은 의견투쟁에서 특히 날카로운 무기이며, 판단에 맡겨진 의견표현과는 달리 사실의 설득력과 증거력이 인용에 따라오게 된다고 설명했다. 따라서 인용이 허위이거나 혹은 왜곡되거나 날조되었다면, 이는 피인용자의 인격권을 보다 심하게 침해하는 것이라고 인정했다. 왜냐하면 피인용자가 허위의 인용내용을 통해 소위 인용자의 반대주장을 위한 증거로서 활용되었기 때문이라고 밝혔다.[120]

② 사건판단

연방헌법재판소는 상급법원이 자신이 하지 않은 표현의 전가에 대해 기본법이 제공하는 보호법리를 오인하지 않았다고 밝혔다.

문제 된 피고의 표현은 직접인용도 아니고, 청구인의 특정한 진술에 관한 허위인용도 아니라고 판단한 상급법원의 판단은 헌법상 문제 되지 않는다고 판단했다. 한 문장 내에서 따옴표를 사용했다는 사실과 따옴표 내 단어에 관한 각주를 달았다는 사실이 본문내용 전체를 반드시 인용으로 만드는 것은 아니라고 판단했다. 그 밖에 이 사건에서 다른 판단을 정당화할 수 있는 특별한 사정은 드러나지 않았다고 보았다.

나아가 청구인의 표현의 유사인용도 아니라는 상급법원의 견해 역시 문제 되지 않는다고 밝혔다. 상급법원이 본문의 다양한 해석 가능성을 충분히 검토한 이후 본문에서 청구인이 시민들 한 사람도 빠짐없이 그들의 신상정보를 데이터화 하기 원했다는 진술을 끌어낼 수 없다고 생각한 것은 헌법상 오류가 없다고 판단했다. 오히려 문제 된 문장은 청구인의 생각들이 결과적으로 그러한 데이터화에 이르게 된다는 것을 의미한다고 보았다.

결국 이러한 내용의 표현을 가치평가로서 규정한 것 역시 헌법상 문제가 없다고 밝혔다. 물론 비방의 한계를 넘지 않는 모든 가치평가가 허용되는 것은 아니고, 평가저하적 가치평가 역시 의견자유권을 사정에 따라 인격권 뒤로 후퇴하게 할 수 있지만, 이는 개별적 사례에서 형량의 문제라고 보았다. 다만, 이때 공중과 본질적으로 관계되는 관심사에서는 의견자유의 이익을 위한 추정이 보장된다고 반복해서 강조했다. 하지만 이 사건에서는 이러한 점이 청구인에 의해 주장되지도 않았고, 게다가 청구인의 인격권이 민사법상 적용과 해석의 범위 내에서 우위를 요구할 수 있다는 점이 명백하지도 않다고 판단했다.[121]

연방대법원 1998년 1월 27일 자 판결 – VI ZR 72/97

사실관계

원고는 피고의 잡지 "S"에서 1996년 1월 4일 공표된 표현에 대해 금지를 청구했다. 피고는 해당 호 "우익 교수들"이라는 제목의 기사에서 특히 원고의 기고문을 다뤘는데, 이 기고문은 역사학자 D를 위한 기념논문집에 수록된 것이었다. "정정"이라는 제목이 달린 원고의 기고문은 D가 "독일의 역사"에서 홀로코스트를 부정했다는 비난에 대해 D를 옹호하는 것이었다. 그의 기고문 각주 74는 라틴어로 작성되었는데, 이에 대해 "S" 기사는 다음과 같이 비난했다:

> H(원고)는 국민선동죄의 구성요건을 충족할 수 있는 나치 구호를 의도적으로 라틴어 주석을 통해 숨겼다. '왜냐하면 바로 우리나라에서는 역사적으로 확정된 것으로서 인정되는 확실한 공식적 사실에 대해 의문을 제기하고, 의심하고, 완전히 부인하는 것을 법적으로 금지하기 때문이다.' 고어로 된 작은 활자체에서 원고는 분명히 말했다: '나는 철저히 계산된 지시하에서 살인가스와 함께 조직적으로 수행된 유대민족의 말살이 진실이라는 사실을 부정한다.

원고는 마지막 인용문장이 원래의 내용과 정반대인 오역에 기초한 것이라고 주장했다.

지방법원은 원고의 소송청구를 인용했다. 이에 대한 피고의 항소로 상급법원은 소송을 기각했다. 하지만 원고의 상고로 연방대법원은 피고가 자신의 해석이라는 단서를 달지 않는 한, 언급된 표현을 금지한다고 제한했고, 나머지 소송은 기각했다.[122]

① 오역의 법적 문제

연방대법원은 항소법원의 판결이 더 이상 유지되지 못한다고 판단했다.

연방대법원은 우선 항소법원의 출발점이 어떠한 우려도 나타내지 않는다고 평가하면서, 피고의 표현은 사실주장이지 커다란 자유 여지가 인정되는 의견발표가 아니라는 점에 동의했다. 비록 외국어 번역은 종종 자신만의 해석적인 요소 역시 포함하고, 피고는 그러한 번역이라는 사실을 본문에 첨가된 서두 부분을 통해서 충분히 알렸다고 인정했다. 하지만 피고는 자신에 의해 선택된 인용형식, 즉 따옴표 안의 문장 표현뿐만 아니라 콜론과 함께 그에 앞선 짧은 설명, 원고는 고어로 분명히 말했다는 표현을 통해서도 잡지의 평균적인 독자들에게 원고는 내용상 명백히 독일어로 번역된 피고의 인용표현과 같이 그대로 말했다는 인상을 불러일으킨다고 보았다. 즉, 원고는 체계적으로 수행된 유대민족의 말살을 부정한다고 말했다는 인상을 준다고 판단했다. 그런 점에서 항소법원은 사실주장으로 인정했다고 밝혔다.

하지만 연방대법원은 원고가 내용상 명백히 인용된 것처럼 말했다는 주장은 사실이 아니며, 오히려 원고에 의해 라틴어로 작성된 원문텍스트는 항소법원 역시 법적 오류 없이 확정한 바와 같이 다의적 표현이라고 보았다. 항소법원은 당사자들에 의해 제출된 번역 및 라틴어사전을 근거로 아울러 판사의 언어지식의 도움을 통해서 라틴어로 작성된 원고의 표현이 해당 표현 "veram fabulam esse nego(실화는 실화다)"의 다의성으로 인해 두 가지 해석이 가능하며, 더욱이 반대로 번역될 수 있다는 확신을 얻었다고 인정했다. 이러한 사실은 연방대법원에서도 마찬가지로 라틴어 지식을 보유한 법관들의 판단을 통해 유지된다고 밝혔다. 비록 각주의 도입문장들이 그 자체로 보자면 피고에 의해 주장된 원고 진술의 해석을 보증해 줄 수 있을지 모르지만, 이러한 방식으로 암시된 문장들의 의미내용은 그에 뒤따르는 "Sed"라고 시작하는 문장으로 인해 문맥의 전체적 고찰에서 볼 때 진술의 다의성이 인정된다고 판단했다.[123]

② 자신의 말에 관한 인격권

하지만 연방대법원은 피고의 표현을 통해 원고의 인격권이 침해되지 않았다는 항소법원의 견해에는 동의하지 않는다고 밝혔다.

연방대법원은 피고의 표현은 인용의 법적 허용성에 관한 요청에 부합하지 않는다고 판단했다. 특히 피고가 자신의 인용을 라틴어 번역이라고 나타냈고, 자신에 의해 행해진 번역 그 자체는 납득할 수 있는 것이라는 이유만으로 원고의 인격권을 충분하게 보장하는 조치가 피고의 표현에서 보이지 않는다고 밝혔다. 이러한 관점에서 원고 자신의 말에 관한 결정권이 침해되었고, 제3자의 판단을 통해 원고 자신의 결정권이 대체되었다고 판단했다. 하지만 이는 일반적 인격권에 따라 허용되지 않는 것이며, 오히려 인용자는 자신에 의해 올바르다고 간주된 표현의 인용에 분명히 자신의 해석이라는 단서를 첨가하는 것이 필수적이라고 판시했다. 단지 그 경우에만 인용자에 의해 하나의 사실이 주장된 것이 아니라 피인용자의 진술내용에 관한 인용자 자신의 의견이 표현된 것이라고 이해될 수 있다고 보았다. 또한 이러한 단서를 첨가를 통해서만 독자들은 인용자의 해석과 다른 자신만의 판단형성의 토대로 삼을 수 있는 기회가 주어지게 된다고 보았다.

더군다나 피고는 대상 표현에 그러한 자신의 해석이라는 단서를 달지 않았을 뿐 아니라 추가로 자신의 인용에 앞선 진술을 통해, 즉 원고는 그의 라틴어 각주에서 분명히 말했다는 설명을 통해 원고의 표현내용이 원문 그대로 인용되었다는 인상을 한 번 더 강화시켰다고 판단했다. 이와 함께 원고의 인격권 침해가 더욱 심해졌다고 생각했다.[124]

③ 원고의 금지청구의 허용 여부

연방대법원은 대체로 원고가 자신의 인격권 침해를 직접 유발했다는 항소법원의 부대이유 역시 유지되지 않는다고 밝혔다. 민법 제1004조 제1항 제2문의 금지청구는 방해자의 장래의 행동을 조준하는 것이라고 밝혔다. 이와 함께 또 다른 침해가 우려될 경우에 절대권 차원에서 피해자는 금지청구 소송을 제기할 수 있으며, 이 사건이 이에 해당한다고 보았다. 한편으로 피고에 의해 행해진 원고의 인격권 침해는 반복위험의 존재를 위한 추정을 정당화하며, 다른 한편으로 피고는 여전히 상고심급에 이를 때까지도 여전히 자신의 부적절한 관점을 고집했고, 자신에 의해 공표된 원고의 각주 번역은 그 내용이 올바르게 번역된 것이라는 주장만을 반복했다고 인정했다.

따라서 연방대법원은 민법 제1004조 제1항 제2문의 전제하에 주어진 청구, 즉 피고는 자신에 의해 행해진 원고의 인격권 침해를 장래에 금지하라는 청구는 항소법원이 생각한 것처럼 원고가 자신의 각주내용을 다의적으로 표현했다는 이유 때문에 탈락하지는 않는다고 밝혔다. 바로 이러한 다의성은 오히려 원고가 피고에게 상대적인 해석유보를 요구할 수 있는 근거가 된다고 생각했다. 이러한 해석유보가 없다는 사실이 이미 행해진 피고의 표현을 위법하게 할 뿐만 아니라 나아가 피고 측이 계속해서 원고의 각주표현을 인용하기 위한 적절한 전제라고 밝혔다. 따라서 항소법원의 판결은 파기되어야 한다고 판결했다.

다만, 원고의 상고는 원고가 추구한 것과 같이 완전한 금지청구에 이르지는 않는다고 덧붙였다. 원고의 인격권은 피고가 장래의 표현에 좀 더 자세하게 자신의 해석이라는 단서를 첨가하는 것만으로 충분히 보장되고, 이를 통해 피고는 자신의 인용표현을 사실주장에서 의견발표로 무게중심을 이동시킴으로써 이제는 원고가 비록 자신에 의해 직접 주장된 진술의 의미내용과 다를지라도 피고의 주관적 판단을 감수해야 하는 상황으로 전환시키게 된다고 보았다.[125]

제10장

소문, 의혹(혐의)보도의 문제

Ⅰ. 소문의 보도

소문의 전파에 있어서 언론의 책임은 구체적인 의혹이나 혐의 상황에 관한 보도에서 보다 더 무겁게 나타난다. 소문은 감당할 수 있는 사실적 근거가 거의 희박하든지 아니면 아예 없다는 점에서 본질적으로 의혹이나 혐의와는 구별된다. 그런 점에서 사실적 토대 없이 제3자의 명예나 경제적 평판을 훼손하고자 하는 사람에게 의심스럽거나 증명할 수 없는 주장들을 소문의 형태로 만드는 것은 매우 손쉬울 것이고, 이러한 방식으로 내용에 대한 책임에서 벗어날 수 있을 것이다.[1]

따라서 독일 법원의 판례들은 소문의 전파를 허용함에 있어서 엄격한 기준들을 적용하고 있다. 소문이 의심쩍은 출처에서 생겨나고 그 내용에 비상한 공중의 정보이익이 존재하지 않는다면, 언론은 전파되는 소문내용과 거리를 둔 경우에조차 책임을 면할 수 없다.[2] 연방대법원[3]이나 유럽인권법원[4]의 판례에 따르면, 피해자의 사적 영역에서 생겨난 확실하지 않은 소문의 전파는 그러한 소문에 예외적으로 비상한 공중의 정보이익이 존재하지 않는 이상 전적으로 금지된다. 이것은 연방총리 혹은 오스트리아 대통령과 같은 유명인의 사생활이나 결혼생활이 관련될 경우에도 마찬가지이다.[5] 질문의 형태를 갖춘 소문의 전파 역시 사실적 근거가 없다면, 이와 같은 소문의 전파법리 관점에서 허용되지 않을 것이다.[6] 이는 확실하지 않은 경제 영역에서 생

겨난 소문 역시 마찬가지이다.[7]

그에 반해 특정 소문의 존재사실 그 자체는 정치적 영역이나 경제적 영역에서 전적으로 높은 정보가치가 인정되는 사실을 의미하기 때문에, 이에 관해서 언론은 얼마든지 보도가 허용되고, 심지어 보도해야 하는 사항이기도 하다. 제3자의 발언의 보도에서처럼 소문의 존재사실을 전파하는 것과 소문내용 그 자체는 구별되어야 하기 때문이다.

특히 소문의 존재에 관한 보도에 있어서는 원칙적으로 명백한 거리 두기가 특정한 소문이 돌고 있다는 사실을 알리는 전파행위에 대한, 나아가 그 전파되는 내용에 대한 책임을 면하기에 적절하고 필수적인 수단임을 유념해야 한다. 독자편지나 인터뷰 상대방의 발언내용에 대한 언론의 전파책임을 완화하는 새로운 판례의 경향은 명백한 거리 두기가 필요하다는 점에서 소문의 경우에는 적용되지 않는다. 왜냐하면 소문의 전파에 있어서는 그 내용에 대해 책임을 물을 수 있는 제3자가 제공되지 않기 때문이다.[8]

연방대법원 역시 소문의 전파가 전적으로 금지되는 것은 아니지만, 그럼에도 명백한 거리 두기는 포기할 수 없는 것으로 간주했다.[9] 연방대법원은 해당 판결에서 일단 소문의 존재 자체는 정치적으로 관심이 많은 공중에게 높은 정보가치를 가지고 있기 때문에 최신의 시사보도를 위해 불가피한 시간적 압박과 이로 인한 사실확인 가능성의 한계를 고려해서 진실성이 충분히 확보될 수 없었을 때에도 허용될 수 있다고 인정했다. 하지만 이 사건 보도는 구체적으로 소문의 내용에 관한 의구심이 명백히 언급되지 않고, 특히 독자들에게 해당 소문이 정말로 사실일 수 있다는 인상을 야기하는 모든 것들이 회피되지 않았기 때문에 허용되지 않는다고 결론 내렸다. 반면에 특정한 회사가 경제적 어려움에 빠졌다는 소문이 문제 된 유사사례에서 연방대법원은 이러한 소문이 경쟁자에 의해 제기되었고, 보도에서 내용과의 거리 두기가 행해지는 동시에 해당 출처가 분명히 언급된 경우에는 이를 적법한 것으로 판단했다. 한 회사가 다른 회사를 비방하고 이를 통해 그의 경제적 수행능력을 약화시키려고 한다는

사실 역시 공중의 정보가치가 인정되는 진실한 사실보도이기 때문이다.[10]

하지만 소문이 근거 없는 풍문에 불과하다면, 언론은 전파책임을 부담할 수밖에 없고, 그것과 거리를 두었을 경우에도 책임을 지게 된다. 이러한 경우는 그에 관해 일반적으로 보도할 이유나 계기가 존재하지 않을뿐더러 평균적인 독자들에게 그 소문이 정말로 내용상 사실일 수 있다는 인상이 주로 전달되기 때문이다.[11]

연방대법원 1977년 5월 3일 자 판결
– VI ZR 36/74("의원 매수"–판결)

사실관계

1972년 5월 피고에 의해 발행되는 시사전문지 A는 1972년 4월 좌절된 반대당의 시도, 즉 기본법 제67조에 근거한 불신임투표를 통해 연방총리를 실각시키려던 시도에 관해 보도했다. 그 내용은 다음과 같았다.

> '안녕하세요. B.'라고 표시된 팩스가 독일뉴스통신사(DPA)에 도착했는데, 이것은 스위스에서 발송된 것이었다. B는 팩스서한에서 '원고가 스위스은행에 도합 6백만 마르크를 예치했는데, 이 돈들은 공고 이후 곧바로 당적 변경을 수용했던 사람들과 당적 변경 의사가 있는 다른 두 명의 정치인들에게 지불될 것으로 예상되었다'는 내용을 전하고 있다.

원고는 피고에게 비물질적 손해로 인한 손해배상을 청구했다. 지방법원은 피고에게 2만 마르크 지급을 선고했고, 상급법원은 피고의 항소를 기각한 반면 원고의 항소에 대해서는 손해배상액을 5만 마르크로 인상했다.[12]

① 통신사에 수신된 출처불명 비난의 인용보도

연방대법원은 항소법원이 원고의 청구를 인격권의 침해(형법 제186조 명예훼손과의 연계에 따른 민법 제823조 제1, 2항)로 인한 손해배상의 관점에서 적절하게 판단했다고 평가했다. 항소법원은 원고에 대해 제기된 날조된 비난과 그것의 전파는 원고의 인격 영역으로의 위법한 침해이므로, 그 결과로서 피고는 불법행위법에 따라 책임을 져야 한다고 생각했다.

연방대법원은 원고가 허위의 비난으로 인해 명예와 명성이 심각하게 훼손되었으며, 피고의 상고 역시 이를 의심하지는 않았다고 덧붙였다. 그리고 피고가 그러한 비난을 직접 제기한 것이 아니라 제3자의 주장으로서 단지 전파만 했을 뿐이라는 점도 피고의 책임에 있어서는 중요하지 않다고 판단했다. 이것은 기껏해야 명예훼손 제거를 위한 방법상 중요한 역할을 할 수 있을 뿐 책임사유에 있어서는 어떠한 역할도 하지 못한다고 밝혔다.

그런 점에서 피고가 팩스 서한의 공표를 통해 원고의 침해를 설령 최초로 실행한 것은 아니더라도, 어쨌든 함께 야기했다는 점이 결정적이라고 보았다. 피고는 단지 진실의 사실만을, 즉 팩스의 도착사실만을 보도했고, 나아가 팩스내용의 신뢰성에 관한 주관적 가치평가만을 전달했기 때문에 자신의 보도가 금지되어서는 안 된다고 항변할 수는 없다고 생각했다. 피고는 정당한 이유도 없이 자신의 기사를 통해 원고의 인격을 공개적으로 왜곡했기 때문에 책임을 진다고 판단했다.

연방대법원은 물론 사정에 따라 명예훼손적 언론보도가 나중에 허위로서 입증될 경우에도 역시 허용된 범위 내에서 행해질 수 있다고 인정했다. 이것은 이미 보도 시점에 보도의 신뢰성에 관해 의심이 존재했을 때조차 가능하다고 보았다. 언론이 한 사람의 명예를 위태롭게 하는 보도를 하는 시점에 단지 그의 신뢰성에 관해 어떠한 의심의 여지도 없는 확실한 정보만을 전파하도록 허용한다면, 언론은 기본법 제5조 제1항을 통해 보장된 여론형성에 있어서의 과제를 전적으로 수행할 수 없을 것이라고 밝혔다. 이것은 어차피 최신의 시사성을 유지해야 할 시간적 압박으로 인해 언론에 가능한 진실조사 수단이 이미 제한되어 있기 때문에도 어쩔 수 없다고 보았다. 따라서 자유로운 언론의 관심사와 개별적 인격권의 보호이익 사이의 충돌의 경우, 재량이 가능한 여지(형법 제193조-정당한 이익의 대변)와 언론에 의해 준수되어야 할 주의에 관한 요구(민법 제276조-사회생활상 요구되는 주의의무)를 개별적으로 경계 지우는 것이 문제 되는 형량과정에서는 이러한 점을 반드시 고려해야 한다고 강조했다.

심지어는 사정에 따라 언론이 자신에게 적합한 수단을 통해서는 적시에 원인이 규명될 수 없는 그러한 명예훼손적 사건들일지라도 그에 관한 의혹을 제기하는 과정에서 해당 정보의 진실 여부를 확증하기에는 부족하다는 점을 독자들에게 숨기지 않는한, 여전히 정당한 이익의 범위 내에 존재할 수 있다고 밝혔다. 더욱이 이러한 관점은 국가의 질서와 관계된 부정부패의 폭로뿐만 아니라 일반적으로 다른 영역의 공공성과 관련된 관심사의 경우에도 그러하다고 인정했다. 이러한 조치들은 당사자에게 불리하든 유리하든 진실을 밝히기 위해 필수 불가결한 것일 수 있고, 특히 이러한 비난이 이미 다른 곳에서 널리 공중에 알려졌다면, 언론은 이때 당사자들의 보호가치 있는 이익들을 소홀히 하지 않는 한, 일반적으로 보도가 허용된다고 판단했다.[13]

② 출처불명의 소문을 보도할 경우 거리 두기의 문제

하지만 연방대법원은 피고가 해당 보도를 통해 원고의 인격권을 일방적으로 넘어섰기 때문에 위에서 언급한 기준을 주장할 수 없다고 판단했다.

언론은 보도과정에서 항상 개인의 명예를 통해 그어진 한계를 준수해야 하고, 명예훼손적 비난이 허위로서 입증될 위험이 클수록 그러한 한계는 더욱 엄격해진다고 밝혔다. 특히 언론보도를 통한 명예훼손은 당사자들에게 지속적으로 피해를 끼치게 되며, 설령 정보원에 관해 보증될 수 없다는 점이 분명히 지적되었을지라도, 그러한 거리 두기는 통상 일부 독자들에게만 인정될 수 있을 뿐이라고 설명했다. 보도가 가지는 관심사와 우려될 수 있는 당사자의 침해들 사이에 여전히 납득할 수 있는 관계 설정에 관한 문제에 있어서도 역시 이 점이 고려되어야 한다고 강조했다. 따라서 언론은 그가 보도를 결정하기 전에 그에게 가능한 조사를 통해 당사자에 관한 어떤 허위성을 전파하게 될 위험을 가급적 차단하고자 노력해야 한다고 밝혔다. 나아가 언론은 (이것이 국가질서와 관계된 관심사일지라도) 최소한의 증거사실도 수집하지 않는 이상, 일반적으로 보도를 포기해야 한다고 밝혔다. 이러한 최소한의 증거사실만이 정보의 진실내용을 대변할 수 있고, 그와 함께 당사자의 인격권과의 형량이 논의될 수 있는 공적 가치를 비로소 부여할 수 있게 된다고 보았다.

아울러 이러한 진실성에 관해 요구되는 정도는 심각하고 지속적으로 당사자의 명망이나 명성을 침해하는 보도일수록 더 높게 책정되어야 하며, 그러한 경우 언론은 비판적 성격의 자제나 유보를 통해 자신의 이익 위에 존재하는 당사자의 이익을 소홀히 하지 않았다는 점을 소명해야 한다고 강조했다. 단순한 선정적 보도(특종기사)의 전파에서 언론은 기껏해야 순수한 영업상 이익만을 가질 수 있을지 모르지만, 그런 점에서 인격권 침해는 결코 정당화될 수 없다고 판단했다.[14]

③ 사건판단

연방대법원은 항소법원이 피고의 편집국에 의해 행해진 조사와 여기에서 얻어진 결과는 단지 대략적으로 보더라도 팩스내용의 전파를 위해서 충분한 상태가 아니었다고 확정한 부분에 동의했다. 특히 그러한 강력한 비난을 통해 대중들의 특별한 주목을 불러일으켰어야만 하는 시점의 측면에서도 그리고 그 비난들을 적절한 것으로서 평가할 만한 진지한 근거가 전체적으로 존재한다는 인상을 불러일으키는 보도방식의 측면에서도 조사결과는 충분한 것으로 인정되지 않는다고 판단했다. 조사결과에 따르면 어쨌든 피고에게는 팩스의 송신자로서 누가 고려될 수 있는지에 관한 단서만이 존재했고, 팩스내용에 그 어떤 신빙성을 말해 주는 당위성도 수반되지 않았다고 평가했다. 비록 언론, 특히 정치적 시사잡지는 종종 취재원이 누구인지에 관한 분명한 지식과 그 취재원이 가진 신뢰성에만 의존하기도 하는데, 그것들 역시 정보의 신뢰성을 위한 충분한 보증이 될 수 있다는 점은 인정했다. 하지만 항소법원의 확정에 따르면 피고는 그런 지식을 전혀 가지고 있지 않았음이 드러났다고 비판했다. 여기서는 정보원이 공중에 대해서뿐만 아니라 팩스수신자에 대해서도 익명으로 남아 있길 원했다는 사실이 인정된다고 밝혔다. 따라서 이런 상황은 보도 자체를 의심의 상태로 옮겨놓는 것이라고 판단했다. 하지만 피고의 사후조사 역시 이것을 충분히 규명할 수 없었기 때문에 송신자가 누구인지에 관해 피고는 그가 모종의 국제금융브로커일 수 있다는 점 이상 알지 못했으며, 주장된 방식의 비밀자금거래에 관해 신뢰할 만한 가능성도, 팩스와 함께 공중에게 알린 그의 동기도 알 수 없었다고 보았다. 이러한 전개과정 속에서 피고는 더 이상 상세한 근거들을 제시할 수 없었다고 꼬집었다.

그에 반해 피고는 팩스의 원래 수신인이었던 독일뉴스통신사조차 보도의 위험성 때문에 전송을 거부했으며, 원고 외에 피고에 의해 질문을 받았던 믿을 만한 소식통이 즉시 어처구니없다고 말했다는 사실 역시 알고 있었다고 지적했다. 따라서 연방대법원은 이러한 바탕 위에서 행해진 "폭로"는 당사자의 인격적 이익과의 충돌에서 유념해야 할 어떠한 보도가치도 가지지 못한다고 생각했다. 특히 이와 같은 사정하에서 공중 속으로 그러한 폭로를 전달하는 것은 개인적 명예권에 대한 모든 고려가 부족한 것이라고 판단했다. 이에 전달자는 기본법 제5조 제1항의 보호를 주장할 수 없고, 보도사실의 확인 부족 역시 여전히 무겁게 강조될 수밖에 없다고 밝혔다. 무엇보다 사실확인의 부족으로 인해 생겨난 당사자에 대한 부정적 영향력이 결코 경미하지 않다고 생각했다. 재판부는 피고가 실패한 불신임투표에 관해 떠돌던 사실들과 소문들과의 관련하에서 팩스내용에 포함된 원고를 암시하는 부분을 숨긴 상태로 B의 팩스내용을 언급하는 것은 무방할 것이라고 보았다. 하지만 피고가 행했던 것과 같은 보도방식은 항소법원에 의해 적절하게 평가된 바와 같이 언론의 주의의무의 심각한 무시로 인정된다고 판단했다. 이러한 토대 위에서 항소법원은 명예훼손으로 인한 손해배상액을 5만 마르크로 선고했고, 이는 그대로 유지된다고 판결했다.[15]

연방대법원 1987년 12월 15일 자 판결
- VI ZR 35/87("내밀관계"-판결)

사실관계

원고는 가톨릭 신부이고, 은퇴 전 대성당 주임사제이자 연방국경수비대의 경찰목회 프로그램에서 부사제로 활동했다. 원고는 1976년경 경찰목회자로서 그의 활동과정에서 국경수비대장 D를 알게 되었다. D는 1981년 10월 원고를 자신의 집으로 초대했다. 초대이유는 혼인생활 유지의 어려움에 관한 상담이 주목적이었다. 원고는 이러한 사실을 알게 된 이후에도 종종 D의 가정을 방문했고, 이때마다 그의 집에서 밤을 지냈다. D 부부는 원고의 미사와 예배에 계속 참가했고, 그와 함께 독일해양력협회의 행사에 방문하기도 했다. 나중에 D 부인은 홀로 그 행사에 동행하기도 했다. 1983년 D 부부 사이의 갈등은 더욱 심해졌다. D 씨는 부부의 침실에서 나왔고, 그의 부인은 위층 방으로 자신의 거처를 옮겼다. 이때 원고는 D의 가정 방문 시에 부부의 침실에서 밤을 지냈다. 원고는 부인에게 승용차를 선물하기도 했는데, 이 차량은 부부가 사용했다. 이후 개신교 사회봉사요원으로 양성되었던 D 부인은 가톨릭으로 개종했다. 1984년 1월에 D 씨는 집을 떠났고, 1986년 1월 이후에 D 부부는 법적으로 완전히 이혼했다. 1985년 3월 28일 피고1에 의해 발행되는 신문은 피고2가 작성한 "이혼, 신부가 밤새도록 머물렀을 때"라는 제목의 기사를 보도했다. 기사는 다음과 같았다:

> 국경수비대장(41)은 그의 부인(42)을 가톨릭 주임신부(69)에게 빼앗겼다.
> 주교사무국: 우리는 이 사건을 부정할 수 없습니다.
> 수비대장: 나의 부인은 개신교 교리를 공부했습니다. 나는 함께 토론하기 위해 신부를 집으로 모셨습니다.
> 하지만 수비대장이 사무실에서 돌아왔을 때, 이미 그가 거실에 앉아 있는 상황이 점점 더 빈번해졌다. 이에 대해 신부는 다음과 같이 말했다.

신부: 나는 그의 부인과 모든 교리문제에 관해 대화할 수 있었습니다.

그러나 대화가 너무 늘어질 경우에 신부는 종종 밤새도록 D의 집에 머물렀다.

수비대장: 그는 우리 부부 침대에서 잤습니다. 나는 거실에 머물렀고, 나의 부인은 아이들 방에 있었습니다. 하지만 어느 날 밤 나는 그녀가 침실에서 나오는 것을 봤습니다. - 속이 훤히 비치는 잠옷을 입고-.

신부: 그때 아무 일도 없었습니다.

결국 신부와 부인은 함께 주말 교리세미나에 갔고, 부인은 가톨릭으로 개종했다. 어느 날 부인은 23,000마르크짜리 새로운 승용차를 탔다.

수비대장: 신부는 그것을 그녀에게 선물했어요. 그리고 그녀는 나보다 그를 더 좋아한다고 실토했어요.

수비대장은 집을 떠났고, 이혼서류를 제출했다. 그는 그의 부인과 아이들에게 1,600마르크의 부양비를 지급해야 했다.

원고는 피고에게 '수비대장은 그의 부인을 신부에게 빼앗겼다. 신부가 밤새도록 머물렀기 때문에 수비대장 부부의 이혼이 발생했다'는 주장들의 취소를 청구했다. 나아가 금전배상지급을 청구했다.

지방법원은 취소청구는 인정했지만, 금전배상청구는 기각했다. 상급법원은 원고의 상고를 기각했다. 원고의 상고로 연방대법원은 상급법원의 판결을 파기환송했다.[16]

① 인격의 근간에 향해진 심각한 침해의 경우 금전배상청구권

연방대법원은 항소법원이 비록 적절한 법적 판단원칙에서 출발했지만, 명예훼손적인 언론보도에 대한 인격권 보호를 부당하게 축소하는 법적 오류를 범했다고 판단했다.

항소법원은 일반적 인격권 침해의 경우, 단지 심각한 침해가 발생하고 그 침해가 다른 방식으로는 만족스럽게 보전될 수 없을 경우에만 발생한 비물질적 손해에 대해 금전배상이 고려된다는 연방대법원의 판례를 적절하게 참조했다고 평가했다. 그리고 금전배상지급이 요구되는 심각한 인격권 침해가 존재하는지 여부는 무엇보다 침

해의 비중과 사정거리, 여기에서는 위법한 보도의 전파 정도, 피해자의 이익이나 명예 손상의 지속성과 존속 여부, 나아가 행위자의 계기나 동기 및 책임 정도에 달려 있다고 밝혔다.

그에 따라 피고의 기사를 통해 생겨난 원고의 인격권 침해는 심각한 것으로 결정되어야 한다고 보았다. 법적 오류가 없는 하급심 법원들의 확정에 따르면, 기사는 중립적인 평균 독자의 이해에서 볼 때 원고가 유부녀와 내밀한 관계를 유지하고, 그녀의 결혼생활을 파탄시켰다는 허위주장을 포함하고 있다고 인정했다. 이러한 성적 관계를 제기하거나 결혼생활의 신성함을 대상으로 하는 가톨릭 신부의 부정행위 가능성을 공개하는 것은 피해자의 명망을 지속적으로 -심지어는 일생 동안- 저하시키는 것이라고 보았다. 이러한 비난은 신부의 직무수행뿐만 아니라 더 나아가 정신적 그리고 세속적 영역에서 그의 존중의 근간까지 포괄하는 것이라고 판단했다. 따라서이 비난은 신부에게 자신의 존재를 위협하는 것으로 확인된다고 밝혔다. 그 때문에 보도의 성격은 원고의 인격권에 대한 심각한 침해라는 점에 의심의 여지가 없다고 판단했다. 여기에 신문의 광범위한 전파로 인해 원고의 명성과 사회적 존중에 대한 위험이 한층 더 고조되었다는 사실이 추가된다고 보았다.

그에 반해 피고는 자신의 보도가 지닌 더 중요한 보호이익을 주장할 수 없다고 판단했다. 해당 보도는 어떠한 공적 이익과도 무관한 것이었고, 오히려 스캔들과 선정성이 기사의 중심에 서 있다고 보았다. 비록 피고가 출판 자유의 기본권의 보호영역 안에서 행동했다는 사실은 변하지 않지만, 공중의 정보이익의 부재 및 보도의 동기는 원고의 인격권과 피고의 기본법상 지위의 형량에 결정적인 영향을 미친다고 생각했다. 그리고 이러한 형량은 심각한 정도로 침해된 원고의 명예에 절대적인 우위가 마땅히 주어져야 한다는 결론에 이른다고 밝혔다.

따라서 연방대법원은 피고가 특별한 책임비난을 진다고 판단했다. 알려진 바와 같이 명예훼손적인 사건들에 관한 보도에 있어서 언론에는 증가된 조사의무가 주어지는데, 이것은 피해자의 명성이 보도로 인해 더 심각하고 지속적으로 침해될수록 더 높게 주어진다고 밝혔다. 이러한 조사의무가 여기에서는 심각하게 위반되었다고 인정했다. 해당 주장들의 명백한 사정거리를 고려하면 기사작성자는 남편 D의 취재에만 만족해서는 안 되고, 신중하게 조사해서 기사의 공표 전에 원고 자신의 관점이 나타날 수 있도록 입장표명의 기회를 제공했어야 했다고 밝혔다. 하지만 이러한 것이 행해지지 않았다는 사실은 다툼의 여지가 없다고 밝혔다.

연방대법원은 원고에게 인격권 침해의 심각성으로 인해 금전배상권이 원고에게 속한다는 사실은 그의 취소청구가 인정되었다는 점에서도 달라지지 않는다고 보았다. 취소는 이러한 인격의 근간에 향해진 심각한 침해의 경우에 피해자의 침해를 충분히 보전하지 못한다고 판단했다.[17]

② 소문에 근거한 사적 영역관련 보도의 책임

나아가 연방대법원은 금전배상청구권은 원고가 자신의 행동을 통해 명예훼손적인 소문의 발생에 일조했고, 결국 기사의 보도에 기여했다는 사실에서도 달라지지 않는다고 판단했다. 재판부는 피해자가 직접 언론보도를 자극했기 때문에 언론보도를 통한 침해의 심각성을 다른 관점에서 보아야 하는 상황이 존재하지는 않는지에 관해서는 더 이상 논의할 가치가 없다고 인정했는데, 그 이유는 원고가 언론보도를 자극한 사실이 없기 때문이라고 밝혔다. 비록 원고가 신부에 걸맞지 않은 비상식적인 행동을 보여주었다는 사실은 항소법원에 고려될 수 있다고 보았다. 원고의 D 부부 집에서의 빈번한 숙박, 그의 D 부인에 대한 의심적은 관심, 주말행사에 그녀와 함께 방문한 사실 그리고 마지막으로 자동차 선물 등은 전적으로 소문들과 억측들을 발생시킬 수 있는 사건들이라고 인정했다. 하지만 언론은 이러한 관계에 관한 소문들과 억측들에 대해 비록 가톨릭 신부가 그러한 관계에 연루되었다는 소문의 경우라 할지라도, 특히 여기에서처럼 단지 오락과 선정성에 대한 욕구만을 만족시킬 목적하에서 언론은 토론이라는 명목으로 그 기초사실을 공개할 수도 없고, 공개해서도 안 된다고 강조했다. 이것은 이미 그 내용의 특별함으로 인해 대상 인물이 자신의 사적 영역, 특히 내밀 영역에 대한 특별한 고려를 요구해도 되는 그러한 사안이라고 인정했다. 피해자의 인격상이 언론에 의해 달성된 공적 이익의 범위 내에서 어쩔 수 없이 훼손될 수밖에 없는 경우에는 다르게 판단될 수 있지만, 이 사건은 그런 경우가 아니라고 보았다. 이러한 성격의 사건에서 피해자는 언론이 심각한 인격권의 침해로 인해, 더욱이 진정한 공적 이익의 부재로 인해, 특히 침해의 심각성에 적합한 아무런 조사도 없이 이런 방식으로 보도하지는 않을 것을 기대할 수 있었다고 판단했다. 연방대법원은 이러한 점이 항소법원에 의해 고려되지 않았다고 비판했다. 원고는 소문들을 조장한 장본인이기 때문에 보도에 대해 직접 책임을 진다는 항소법원의 견해는 언론보도에 관한 책임을 오해한 것이라고 질책했다. 따라서 항소법원의 판결은 파기되어야 하고, 원고에게 인정된 금전배상 액수의 결정을 위해 항소법원에 환송되어야 한다고 판결했다.[18]

유럽인권법원 2009년 6월 4일 자 판결 – 21277/05

사실관계

청구인은 빈에 소재한 스탠다드출판회사이고, "스탠다드" 신문을 발행한다. 이 신문은 2004년 5월 14일 판 "시중에 나도는"이라는 난에서 "한 시민의 소문"이라는 제목의 기사를 통해 당시 연방대통령 토마스 클레스틸의 부부관계에 관해 보도했다. 신문사 웹페이지에서도 다음과 같은 기사가 실렸다:

> 요즈음 아우센브릭 데블링과 인네슈타트 사이에 나돌고 있는 사실이 맞다면, 소위 더 나은 빈 사회는 단지 하나의 화젯거리만을 알고 있는 것이다: 헤어지는 대통령 부부의 결혼생활. … 이에 따르면, 대통령만이 떠나는 것이 아니라(즉 그의 대통령직에서) 그녀 역시 (그와) 헤어진다고 한다. 후자의 사실은 당연히 서민층 사교계 및 상류층 사교계에 충분히 비난할 만한 거리를 제공했는데, 왜냐하면 그녀의 이별선언보다 더 분노를 자아낼 만한 것은 어떤 것도 없기 때문이다. 호헨 바르테(대통령 관저)의 의심적은 가정불화 가능성에 추가해서 또 다른 이상한 추문이 끊이지 않고 있다. 이러한 추문의 구체적 내용으로

는 22살 젊은 퍼스트레이디가 다른 정치인과 친밀한 관계를 유지하고 있다는 것이다. 오스트리아 자유당 원내대표인 허버트 샤이프너 역시 그녀와 친밀하다고 인정하고 있고 (샤이프너는 다양한 해외순방에 대통령 부부를 수행했다), 그녀도 캐나다 대사의 남편인 그를 잘 안다고 한다(외무부 미주 과장인 그녀의 지위를 고려하면, 이것은 놀랄 만한 것도 아니다). 대통령은 최근 이혼 소문에 대해 '그것은 시궁창에서 나온 것이다'라는 말로 부인했다. 하지만 시민들은 자신들의 대통령을 걱정한다. 대통령비서실 소속 민원부서에는 최근 대통령의 부부관계에 관해 문의하는 통화가 그 어느 때보다 많다고 한다.

이 기사에는 클레스틸 부부가 무관심한 시선으로 바라보는 사진이 함께 첨부되었다.

대통령 부부의 청구로 빈 형사지방법원은 2004년 6월 15일 미디어법 제7조에 따라 토마스 크레스틸에게 5천 유로, 그의 부인에게 7천 유로의 금전배상지급을 선고했고, 아울러 판결공고 및 비용배상을 명했다. 지방법원은 청구인이 부부의 사적 생활 영역에 관해 보도했고, 이 보도는 그들을 공중 속에서 웃음거리로 만들기에 적합한 것이었다고 판단했다. 청구인의 항소에 대해 빈 상급법원은 2005년 1월 10일 지방법원 판결을 확정했다. 대통령 부부는 공적 생활의 인물이고, 공중이 자신들의 사생활과 결혼생활에 개입하는 것을 허용했다는 청구인의 주장은 설득력이 없다고 보았다. 그 당시에 그러한 소문이 존재했다는 사실에 관한 진실입증은 법에 따라 허용되지 않는다고 생각했다.

이어서 허버트 샤이프너의 청구로 빈 지방법원은 2004년 7월 20일 이번에도 역시 미디어법 제7조의 위반을 인정해 6천 유로의 금전배상지급을 선고했고, 아울러 판결공고 및 비용배상을 명했다. 다만, 허위사실 명예훼손의 주장은 기각했다. 빈 상급법원은 2004년 12월 22일 청구인의 항소는 기각하고, 허버트 샤이프너의 항소는 인용했다. 문제 된 보도는 오스트리아 형법 제111조에 따른 사실적시 명예훼손의 구성요건을 충족했기 때문에 미디어법 제6조 역시 침해되었다고 판단했다. 이어서 허버트 샤이프너는 빈 상사법원(비물질적 손해사건 관할 법원)에 일반 민법전에 따라 자신이 대통령 부인과 연인관계를 유지했다는 주장을 금지하라는 가처분신청을 제기했다. 이 소송은 2005년 4월 22일 소송비용을 청구인이 부담하는 조정으로 끝났다.

청구인은 2005년 6월 3일 유럽인권법원에 도움을 청하고 오스트리아 법원들의 판결은 유럽인권협약 제10조(의견표현의 자유)를 위반했다고 주장했다. 관할 합의재판부는 이 불만소원이 미디어법에 따른 판결들을 직접 대상으로 하는 한 허용되며, 그 밖의 판결들에 대해서는 허용되지 않는다고 선언하고, 5:2의 다수결로 대상 판결들은 유럽인권협약 제10조에 위반되지 않는다고 결정했다.[19]

① 유럽인권협약 제10조의 의견표현의 자유와 언론의 과제

유럽인권법원은 미디어법에 따른 두 개의 소송에서 오스트리아 법원들의 판결은 청구인의 의견표현의 자유권으로 개입했다고 인정했다. 그리고 이러한 개입이 "법적으로 근거 있고, 즉 미디어법 제6조, 제7조에 따른 것이고, 아울러 정당한 목적, 다른 사람의 명성이나 권리의 보호를 추구하는 것이라는 점은 다툼이 없다"고 밝혔다. 반면에 당사자들은 이 개입이 대체로 "민주사회에서 불가피한" 것이었는지 여부에 관해 다투었다고 보았다.

유럽인권법원은 유럽인권협약 제10조에 관한 자신의 판례에서 발전시켜 온 원칙들을 반복해서 언급했다. 의견표현의 자유는 민주사회의 본질적 토대 가운데 하나이고, 개인 각자의 발전과 성장을 위한 가장 중요한 전제 중의 하나라고 보았다. 유럽인권협약 제10조 제2항을 유보로 의견표현의 자유는 이로운 것으로 받아들여지거나 무해한 혹은 경미한 것으로서 인정되는 "정보"나 "사고들"뿐만 아니라 침해적이고 쇼킹하거나 불안케 하는 생각의 표현에도 적용된다고 밝혔다. 민주사회를 지탱하는 데 없어서는 안 될 다원주의, 관용 그리고 열린 사고태도가 바로 이러한 것을 원한다고 강조했다. 유럽인권협약 제10조가 분명히 밝히고 있는 바와 같이 이 자유는 제한들하에 놓여 있지만, 그 제한들은 좁고 엄격하게 해석되어야 한다고 보았다. 이 제한들의 불가피성은 설득력 있게 입증되어야 한다고 덧붙였다.

유럽인권협약 제10조 제2항의 의미상 "불가피한"이라는 형용사는 "하나의 긴급

한 사회적 필요"가 존재해야 한다는 점을 의미하고, 협약국가들은 그러한 필요가 존재하는지 여부에 관해 일정한 재량 여지를 가진다고 밝혔다. 하지만 협약국가는 유럽의 감시하에 놓여 있고, 그러한 감시는 입법뿐만 아니라 독립된 법원에 의해 내려지는 법적용 판결에 대해서도 적용된다고 설명했다. 따라서 유럽인권법원은 하나의 "제한"이 유럽인권협약 제10조에서 보장된 의견표현의 자유와 일치하는지 여부를 최종적으로 결정한다고 밝혔다.

다만, 이러한 심사에서 국가 당국과 법원들의 입장을 대체하는 것은 결코 유럽인권법원의 과제가 아니라 오히려 협약 제10조의 관점하에서 대상 판결이 재량 여지의 범위 내에서 내려졌는지를 심사해야 한다고 판시했다. 하지만 이것이 심사범위를 법원들이 자신의 재량 여지를 적절하고, 주의 깊게 그리고 선의로 행사했는지 여부로 제한하는 것을 의미하지는 않고, 오히려 유럽인권법원은 다툼이 된 개입이 모든 사례의 사정에 비추어 비례원칙에 맞게 정당한 목적을 추구했는지 그리고 국가 당국과 법원들에 의해 정당성에 관해 제시된 이유들이 "설득력 있고 충분한지"를 관찰하고 판단해야 한다고 밝혔다.

유럽인권법원은 여기에서도 민주사회에서 언론의 본질적 과제를 재차 강조했다. 언론은 일정한 한계를 가지며, 특히 다른 사람의 명예와 권리를 넘어서는 안 될지라도 모든 공적 이익의 문제들에 관한 정보들과 사고들을 전달해야 할 의무를 진다고 밝혔다. 하지만 이것은 무엇보다 자신의 의무와 책임이 일치하는 방식으로 행사되어야 한다고 강조했다. 아울러 이러한 정보들과 사고들을 전파할 언론의 과제는 그것을 얻을 공중의 권리와 일치한다고 보았다. 따라서 국가 당국과 법원들의 재량 여지는 "공적 감시견"의 중요한 역할수행을 언론에 의해 실현시킬 민주사회의 이익을 통해 제한된다고 판시했다.[20]

② 공적 생활의 인물의 사생활에 관한 보도
유럽인권법원은 이 사건에서 다툼이 된 기사들은 신청인들의 사생활에 관한 소문

을 담고 있고, 특히 클레스틸 부부의 경우에는 가정생활에 관한 것이라고 인정했다. 의견표현의 자유와 사생활의 보호가 형량되어야 하는 이러한 사례들에서 유럽인권법원은 항상 첨부된 촬영사진이나 언론기사가 공익적 문제들에 관한 공적 토론에 기여했는지 여부를 기준으로 삼았다고 밝혔다. 그 밖에 피해자들이 공직을 차지하고 있는지 여부도 중요하게 고려되어야 한다고 보았다. 유럽인권법원은 비록 다툼이 있을지라도 민주사회에서 토론에 기여할 수 있고, 공적 직무를 대변하는 정치적 생활의 인물들과 관계되는 사실들에 관한 보도와 그러한 과제를 가지지 않은 개인의 구체적 사생활관련 보도는 원칙적으로 구별되어야 한다고 판시했다.

한편, 정보에 관한 공중의 권리는 특별한 사정들하에서 공적 생활의 인물들의 사생활 측면 역시 포함할 수 있고, 특히 정치인의 경우에 그러하다고 인정했다. 하지만 비록 공중에 널리 알려졌을지라도, 모든 개인은 자신의 사생활의 보호와 존중에 대한 정당한 기대를 가질 수 있다고 밝혔다.

유럽인권법원은 이 사건에서 세 명의 모든 신청인들은 미디어법에 따른 공적 생활의 인물이라는 점에는 다툼이 없다고 보았다. 문제의 게재 기사에서 토마스 크레스틸은 오스트리아 연방대통령이었고, 그의 부인은 외교부 고위공무원이었으며, 허버트 샤이프너는 자유민주당의 유력 정치인이었다고 밝혔다. 하지만 무엇보다 이 기사가 공적 이익의 토론에 기여하는 것인지에 관해서는 견해가 갈렸다고 인정했다.

미디어법 제7조는 보도된 진술이 진실인지, 공적 생활과 직접적인 관련성이 있는지 여부와는 상관없이 개인들을 공공연하게 비웃음거리로 만들기 적합한 방식으로 공개하거나 표현하는 것으로부터 모든 개인들의 사생활 영역을 보호한다고 설명했다. 오스트리아 법원들은 이러한 규정의 적용을 통해 청구인은 사생활 영역의 침해로 인한 금전배상을 지급하라고 판결했다. 해당 법원들은 다툼이 된 기사가 대통령 부부의 사생활에 관한 소문들을 전파하고, 나아가 연방대통령 부인이 이혼을 시도했으며, 허버트 샤이프너는 그녀와 내연관계를 유지했다는 내용을 암시했다고 보았다. 그리고 법원들은 문제 된 기사가 공적 생활과 관련이 있다는 청구인의 항변을 기각했다. 그런 점에서 법원들은 정치인의 결혼문제에 관한 의혹 제기와 정치인의 건강 상태에 관한 의혹 제기는 구별된다고 생각했다. 건강상태는 경우에 따라서는 사생활 영역에 속할지라도 그의 직무행사에 있어서 중요한 의미를 가질 수 있다고 보았다. 하지만 대통령 부부의 사생활은 두 번의 연방대통령직의 재임기간 동안 어떠한 영향 도 미치지 않았다고 평가했다. 한편, 허버트 샤이프너가 다투었던 소송에서 법원들 은 그와 퍼스트레이디 사이의 내연관계의 추문들은 그의 공적 임무와 책임과 어떠한 관련성도 가지지 않는다고 확정했다. 미디어법 제7조는 공적 생활과 직접적인 관련 성이 없을 경우에 한 개인의 사생활에 관해 보도하는 것을 절대적으로 금지하고 있 기 때문에, 법원들은 문제의 소문이 당시에 실제 존재했는지 여부에 관한 증거조사 를 거부했다.

유럽인권법원은 바로 위와 같은 오스트리아 법원들의 판결이유들이 "근거" 있고 "충분한" 것이기 때문에 개입이 정당화되어야 한다고 판단했다.[21]

③ 근거 없는 내밀관계에 관한 소문보도

유럽인권법원은 오스트리아 법원들이 이 사건에서 자신의 사고를 전파할 권리와 다른 사람의 사생활에 대한 보호권 사이에 충돌이 존재한다고 인정하고, 이러한 상 이한 이익들을 적절하게 형량하지 않았다고 볼 근거는 없다고 평가했다. 특히 법원 들은 반드시 필요한 고려사항, 즉 신청인들의 지위가 공적 생활의 인물들이라는 점 역시 참작했지만, 문제의 기사는 그 어떤 공적 이익에 관한 토론에도 기여하지 않는 것이라는 결론에 도달했다고 보았다. 따라서 법원들은 특정한 사정들하에서는 공적 이익일 수 있는 정치인의 건강상태에 관한 정보들과 부부관계나 혼외관계의 가능성 에 관한 허무맹랑한 소문들 사이를 납득할 수 있게 구분했다고 평가했다. 이에 유럽 인권법원은 그러한 소문들은 언론이 "공적 감시견"으로서 자신의 역할을 대변해야 하는 어떠한 공적 이익의 토론에 기여하는 것이 아니라 오히려 일정한 독자층의 호 기심을 만족시키는 것에만 기여하는 것이라는 오스트리아 법관들의 생각에 동의한다고 밝혔다.

게다가 기사에서 언급된 소문들은 당시 널리 퍼져 있던 것이라는 사실에 관해 법원들이 진실입증을 허용하지 않았다는 청구인의 불만 제기는 이유 없다고 보았다. 유럽인권법원은 일정한 사정들하에서는 정치인 혹은 다른 사람들의 사생활에 관한 진실한 사실들을 전파하는 것이 허용될 수도 있다고 보았다. 하지만 공중에 널리 알려진 인물들 역시 당연히 사생활의 내밀한 사안들에 관한 근거 없는 소문에 대해서는 보호받을 권리를 기대할 수 있다고 밝혔다. 하지만 청구인은 이 사건에서 논란의 여지가 있는 소문들이 진실이라는 사실을 한 번도 주장한 적이 없었다고 지적했다.

결국 유럽인권법원은 오스트리아 법원들이 청구인의 자유로운 의견표현권에 대한 침해와 함께 자신들의 재량 여지를 일탈하지는 않았다고 판단했다. 또한 청구인에 가해진 제재, 즉 금전배상지급 및 판결공고명령은 수행된 정당한 목적과의 비례관계를 벗어나지 않았다고 평가했다. 따라서 청구인의 의견표현권에 대한 개입은 다른 사람의 명성과 권리를 보호하기 위해 민주사회에서 불가피한 것으로 인정될 수 있고, 결국 유럽인권협약 제10조를 위반하지 않았다고 결정했다.[22]

Ⅱ. 의혹(혐의)보도

1. 의혹보도의 법적 의의

의혹관련 보도는 종종 수사절차에 관한 보도와 유사하게 특별한 어려움을 야기한다. 언론이 특정한 의혹이나 혐의의 존재에 관해 보도했다는 사실만으로 그 주장이 객관적 진실성을 지닌 주장으로서 인정될 수 있거나 공표된 의혹내용이 전파책임의 관점하에서 항상 언론에 귀속된다면, 이는 결과적으로 중요한 공적 사건이나 사안들에 관해 의혹을 제기하는 언론보도를 차단하는 부작용을 낳게 될 것이다. 하지만 이러한 결과가 언론의 공적 과제, 즉 헌법상 언론에 부여된 여론형성에의 기여 역할과 불일치한다는 것은 다툼 없이 자명한 사실이다. 언론에 그러한 의혹 제기가 건네지지 않아서 언론이 그에 상응하는 보도를 하지 못하게 되고, 결국 이를 통해 사법 당국과 행정 당국에 진상규명과 해명을 요구할 수 있는 여론압박을 가져올 수 없게 된다면, 결과적으로 수많은 국내·외의 정치, 경제적 사건들이 어둠 속에 묻히게 될 것은 명약관화하다. 대표적으로 미국에서의 워터게이트 사건이 전형적인 사례인데, 이와 유사한 사례들에서 언론이 해당 사건의 진실성 입증이 어렵다는 이유로 국가적인 혹은 공중과 관련된 영역에서의 의혹 제기를 포기한다면, 이는 공적 영역들에서 부정부패를 폭로할 언론의 공적 과제를 방기하는 것이 될 것이다.[23]

따라서 언론은 원칙적으로 출처의 보고하에서 의혹상태를 보도하는 것이 정당화되어야 한다는 요청이 생겨난다.[24] 여기에서 말하는 출처는 원칙적으로 익명의 정보원이 아니라 의혹이 어디에서 생겨났는지를 말해 주는 그러한 출처를 뜻한다. 예컨대, 민사소송의 제소, 검찰을 통한 수사절차의 개시 혹은 아직은 그 진정성이 입증되지 않은 특정한 문서의 발견 등이 그것이다.[25]

다른 한편으로 '한 번 붙은 오점은 완전히 없어지지 않는다'라는 격언이 이러한 의혹을 전파하는 경우에서만큼 적절한 경우는 없다. 일단 공중 속에서 특정한 의혹이나 혐의를 받은 사람은 그 의혹이 반박될 수 있거나 진실로 판명되지 않은 경우에도 그와 결합된 오점으로부터 벗어나는 것이 쉽지 않은 것이 사실이다. 이에 의혹보도는 법적 의미상 언론을 통한 예단이라고 말해지기도 한다. 따라서 의혹보도는 출판과 방송의 자유권의 결과물이고, 정당한 이익의 대변 법리를 적용해 원칙적으로 허용된다고 판단한 판례의 입장은 항상 이러한 언론의 권리를 보장하는 데 있어서 상당한 책임조건 역시 함께 부과해 왔다. 이러한 이유에서 언론을 통한 정당한 의혹보도 내지 혐의보도는 개별적인 일련의 전제조건들을 갖추어야 한다.[26]

그 전제조건으로는 첫째, 정당한 공적 이익의 대상, 둘째, 최소한의 증거사실과 충분한 근거, 셋째, 의혹과의 거리 두기를 들 수 있다.

2. 정당한 공적 이익의 대상

의혹보도를 허용하기 위한 첫 번째 조건으로서 언론은 정당한 이익의 대변이라는 관점을 고려해 언제나 보도대상이 정당한 공적 이익에 관한 것이어야 한다는 점을 충족시켜야 한다.[27] 전적으로 사소한 것에 관해서는 설사 의혹이 있다손 치더라도 의혹단계에서 보도되어서는 안 된다. 다만, 정당한 공적 이익의 차원에서 의혹 대상은 형사처벌이 가능한 행위만을 고집하지는 않는다. 따라서 단지 사회적 혹은 도덕적 부정평가와 관련된 비난행위의 형태들 역시 의혹보도의 대상으로 인정된다.[28, 29]

연방대법원 2012년 12월 11일 자 판결 – VI ZR 314/10

사실관계

원고는 자신이 동독 시절 슈타지 비공식 요원(IM)으로 활동했다는 의혹을 다룬 피고의 보도에 대해 금지를 청구했다. 원고는 라이프치히 대학교수였고, 작센주 의회의 민주사회당(PDS) 원내대표이자 2004년 9월 19일 주 의회선거에서 이 정당 1번 후보자였다. 피고는 "작센신문", "드레스덴 모닝포스트"와 "일요 드레스덴 모닝포스트"를 발행했다. 해당 신문들은 2004년 8월 8일부터 17일까지 5개의 기사들에서 원고가 1970년부터 비공식 요원 "IM 크리스토프"로서 슈타지에 협력했고, 이때 당시 자신의 여자 친구이자 현재의 부인을 염탐했다는 의혹에 관해 보도했다.

원고는 이 보도로 인해 자신의 인격권이 침해되었다고 보았다. 원고는 슈타지가 자신을 "IM 크리스토프"로 관리했다는 사실을 알지 못했고, 자신도 모르게 이용당했다고 주장했다.

지방법원은 피고에게 기사 내 여러 구절들의 전파를 금지하라고 선고했다. 피고의 항소는 성공하지 못했지만, 피고의 상고는 결국 판결의 파기환송을 이끌어냈다.[30]

① 타인의 보도인용과 의혹보도

연방대법원은 다음과 같은 항소법원의 판단은 적절하다고 평가했다. 우선, 대상 표현들이 원고의 일반적 인격권의 침해를 나타낸다고 본 점은 타당하다고 밝혔다. 항소법원은 피고가 "원고는 비공식 요원(IM)으로서 슈타지(MFS)에 협력했고, '스파이 노릇'을 했다"는 의혹을 다양한 형태로 표현했다고 해석함으로써 문제 된 표현의 의미내용을 적절하게 파악했다고 인정했다. 아울러 이 표현들을 사실주장으로 분류한 점도 타당하다고 밝혔다. 무엇보다 MFS에 협력했다는 의혹의 표현은 원고의 명성, 특히 공중 속에서 그의 인상에 불리한 영향을 끼치기에 적합하다고 보았다.

이에 대해 피고의 상고는 원고의 인격권이 대상 표현들로 인해 위법한 방식으로 침해되었다는 항소법원의 판단은 잘못된 것이라고 반박했다.

이에 연방대법원은 포괄적 권리로서의 인격권 속성으로 인해 그의 사정거리는 절대적으로 존재하는 것이 아니라 우선 상충하는 기본법상 보호이익들의 형량을 거쳐 결정되어야 하며, 형량에 있어서는 개별사건의 특별한 사정 및 관련된 기본권들과 유럽인권협약의 보장들이 주도적으로 고려되어야 한다고 밝혔다.

따라서 이 소송사건에서는 기본법 제1조 제1항, 제2조 제1항, 유럽인권협약 제8조 제1항을 통해 보장되는 원고의 인격에 대한 보호이익이 기본법 제5조 제1항, 유럽인권협약 제10조에 규정된 피고의 의견-미디어자유권과 형량되어야 한다고 밝혔다. 그리고 이 사건과 같이 사실주장의 경우에 행해지는 형량은 해당 사실의 진실내용에 좌우된다고 보았다. 진실한 사실주장은 비록 피해자에게 불리한 것일지라도 원칙적으로 감수되어야 하며, 허위의 사실주장은 그렇지 않다고 밝혔다. 하지만 허위의 사실주장이라 할지라도 단지 허위의 사실주장이라는 점을 알고 있거나 발언시점에 이미 허위성이 확정된 그러한 표현의 경우에만 기본법 제5조 제1항 제1문의 보호범위 밖에 놓이게 된다고 단서를 달았다. 그 밖의 모든 의견관련성을 가진 사실주장들은 비록 나중에 허위로서 밝혀지게 될지라도 기본권 보호를 누린다고 강조했다.

연방대법원은 이러한 원칙에 따라 대상 표현은 진실임이 입증되지 않았다는 항소법원의 판단은 부당하고, 이에 불복한 피고의 상고는 타당하다고 판단했다. 물론 원고를 비난한 피고의 인용보도는 시사전문지 "포쿠스"와 이 시점까지 제출된 연방슈타지기록물위원회의 결과이기 때문에 의혹보도 혹은 혐의보도가 아니라 진실에 적합하고, 그 때문에 시사적 사건에 관한 정당한 보도라는 피고의 상고는 받아들일 수 없다고 판단했다. 왜냐하면 피고는 원고의 비공식 요원 활동의혹에 관한 "포쿠스" 내지 연방위원회의 생각들을 각각 자신의 것으로 삼았기 때문이라고 밝혔다. 피고는 각각의 기사를 직접 작성했고, 제3자의 표현을 자신과 동일시함으로써 문제 된 표현들이 자기의 것으로 보이게 했다고 인정했다. 이를 통해 피고는 그 표현들을 자신이 직접 제기한 의혹보도의 구성요소로 삼았다고 보았다.[31]

② 의혹보도와 언론의 책무

이어서 연방대법원은 의혹 내지 혐의보도의 원칙에 따르면 대상 표현은 허용되지 않는다는 항소법원의 판단을 부당하다고 반박했다.

우선, 항소법원이 2004년 9, 10, 11 그리고 17일 자 보도와 관련한 판단에 있어서 결정적인 피고의 법정진술을 제대로 고려하지 않았다는 피고의 상고에 동의했다. 그리고 다음과 같은 피고의 법정진술을 예로 들었다.

우선, 피고는 원고가 모든 언론사를 초대했던 2004년 8월 8일 자 기자회견에서 자세하게 포쿠스의 예고 폭로와 그 안에 포함되었던 혐의점들에 관해 직접 해명발표를 했었다고 법정진술했다. 그러한 해명내용으로 원고 자신은 비공식 요원 크리스토프로서 어떠한 슈타지-과거전력도 가지고 있지 않으며, 결코 의도적으로 슈타지에 협력하거나 슈타지 장교를 알면서 만난 적이 없다고 주장했다. 슈타지 서류들 내 보고서류 내에서 제기되었던, 원고가 비공식 요원 크리스토프로서 여류작가 크리스타 모크의 독서회에 관해 보고했다는 구체적 비난내용에 대해서는 이 행사에 관한 자신의 공개발언이 슈타지에 의해 이용당한 것이 아닌가라고 추측했다.

이어서 피고는 원내대표인 원고에 의해 통제되는 PDS가 2004년 8월 8일 자신의 인터넷 포털에서 한 글을 게시했는데, 거기에서는 특히 다음과 같은 것들이 상술되었다고 법정진술했다.

> 작센주 의회의 PDS-원내수석인 P는 슈타지 비난을 논박했다. … 시사주간지 '포쿠스'의 보도에 따르면, P는 1979년 5월부터 80년까지 동독 간첩 'IM 크리스토프'로서 정보를 전달했고, 그 외에도 당시 자신의 여자 친구이자 현재 부인인 R을 염탐했다고 한다.

연방대법원은 피고의 이러한 법정진술들이 판단에 매우 결정적이라고 인정했다. 이에 따르면, 원고는 피고의 보도 이전에 문제의 비난들에 대한 자신의 반응을 공개적으로 알리기 위해 의도적으로 대중 앞에 등장했으며, 관련의혹을 보도했던 "포쿠스"지의 보도를 PDS를 통해 공개했다는 피고의 주장은 이유 있다고 판단했다. 연방대법원은 이러한 원고의 행동들이 피고의 보도에 대한 감수로 인정될 수 있거나 아니면 어쨌든 형량의 범위 내에서 그의 인격권 보호에 관한 이익이 피고의 보도이익 뒤로 후퇴하는 결과를 가져오는 것이라고 평가했다. 왜냐하면 원고는 PDS를 통해 자신의 슈타지 과거전력에 관한 혐의점들에 대해 논박했기 때문에, 언론이 이러한 혐의들을 보도의 대상으로 삼는 것은 아무런 문제도 되지 않는다고 밝혔다.[32]

③ 의혹보도의 면책기준

연방대법원은 항소법원이 2004년 10, 11 그리고 17일 자 기사에 포함된 표현의 적법성 심사에 있어서 정당한 의혹 내지 혐의보도에 관한 요청들을 과도하게 요구했다고 판단했다.

항소법원은 처음에는 물론 그의 진실내용이 밝혀지지 않았고, 공중에 본질적으로 관계된 관심사에 관한 사실주장은 그것을 제기하거나 전파하는 그런 사람에게 그가 정당한 이익의 대변을 위해 필수적이라고 생각해도 되는 한, 금지되어서는 안 된다고 생각했다(기본법 제5조, 형법 제193조). 그리고 이러한 정당한 이익의 대변 사유를 주장하기 위해서는 주장의 제기나 전파 이전에 진실내용에 관한 충분히 주의 깊은 조사를 행했다는 사실이 그 전제조건이라고 밝혔다.

아울러 또 다른 전제조건들로서 정보의 진실을 보증해 주고, 그에 우선적으로 공적 가치를 부여하는 최소한의 증거사실이 필수적으로 존재해야 한다고 보았다. 이어서 그러한 표현은 특정 당사자에 관한 선입견을 포함해서는 안 되며, 즉 예단적인 표현들로 인해 당사자에게 비난받는 행위가 이미 입증되었다는 인상을 불러일으켜서는 안 된다고 밝혔다. 이와 더불어 공표 이전에 통상 당사자의 입장표명이 반영되어야 한다고 강조했다. 마지막으로 해당 보도가 공공의 정보수요를 통해 정당화되는 그러한 중대한 중요성을 지닌 사건이어야 한다고 추가했다.

하지만 항소법원은 대상 표현의 진실내용을 대변해 주는 필수적인 최소한의 증거사실들을 거부하고, 피고에 의해 엄수된 주의에 관해 과도한 요청들을 적용했다고 판단했다.

연방대법원은 진실내용에 관한 신중한 조사의무는 진상규명 가능성을 기준으로 한다고 설명했다. 이것은 일반인보다는 언론에 좀 더 엄격하며, 다만 의견자유의 이익을 위해서는 기본권의 행사의지를 감퇴시키고 자유로운 의사소통을 옥죄는 어떠한 진실의무에 관한 요청들도 제시되어서는 안 된다고 강조했다. 다른 한편으로 진실내용은 일반적 인격권에서 도출되는 진실의무의 표현이라는 점도 고려되어야 한다고 밝혔다.

이어서 항소법원이 연방위원회 대변인 B 씨가 2004년 8월 9일에 한 입장표명을 특권을 지닌 출처로 평가하지 않은 것은 법적 오류이며, 피고는 이러한 출처에 관해 보다 높은 신뢰를 보내는 것이 허용된다고 판단했다. 항소법원 역시 다툼 없는 사실로 인정한 바와 같이 연방위원회 대변인이 발견된 서류들에서 원고가 "IM 크리스토프"로서 슈타지를 위해 활동했다는 사실이 의심의 여지 없이 드러났다고 발표한 마당에 이러한 출처를 신뢰하지 않을 이유는 없다고 생각했다. 더군다나 연방위원회는 슈타지기록물법 제35조 제1항에 따른 연방관청이란 사실을 고려하면, 공적 관청이나 기관의 발표에 대해서는 보다 높은 신뢰를 보내도 무방하다는 것이 관련판례나 문헌의 공통된 입장이라고 덧붙였다.

이때 간접적인 출처라는 사실 역시 정보가치를 인정하는 데 방해요소가 되지 않는다고 보았다. 연방위원회는 그러한 정보들에 관해 특별한 법적 권한을 가지고 있으며, IM-활동의 존재 여부에 관해서는 대개 언론사보다 더 잘 판단할 수 있다고 인정했다. 슈타지기록물법 제37조 제1항 제5호에 따라 그의 과제이자 권한에 속하는 공중에 대한 정보제공은 슈타지와 그의 활동범위에 관한 확실하고 포괄적인 지식을 전제로 한다고 밝혔다.

결국 이러한 이유들에서 항소법원의 판결은 파기되어야 하고, 새로운 심리를 위해 환송되어야 한다고 판단했다.[33]

연방대법원 2016년 2월 16일 자 판결 – VI ZR 367/15

사실관계

독일의 유명한 프로축구 선수인 원고는 피고에게 자신의 신원을 공개한 5개 기사를 검색용 온라인-아카이브에서 보관하는 것을 중단하라고 요구했다. 추가로 소송 전 변호사비용의 배상을 청구했다.

기사들은 2012년 초 항거불능상태의 여성을 성폭행한 혐의를 받고 있는 원고의 수사절차에 관해 보도했다. 한 젊은 여성의 형사고소가 사건의 발단이었는데, 그 여성은 원고의 집에서 파티 이후 한 명 혹은 여러 명의 남자들에 의해 소위 마취용 물약으로 정신을 잃은 뒤 성폭행당했다고 주장했다.

2012년 4월 검찰은 충분한 범죄혐의 부족으로 인해 형사소송법 제170조 제2항(혐의 불충분 시 수사절차 중단)에 따라 원고에 대한 수사절차를 중단했다.

2012년 1월에서 4월까지 피고는 다른 뉴스포털과 마찬가지로 자신의 온라인포털에서 원고의 실명공개하에 수사절차를 다룬 전체 6개의 기사를 게재했고, 그중 5개의 기사는 현재에도 각각 날짜 표시와 함께 여전히 피고 온라인-아카이브에서 검색 가능하며, 검색엔진에 수사절차라는 단어의 적극적 입력을 통해 관련기사들을 검색할 수 있었다. 아울러 4개의 기사에는 원고의 사진이 함께 첨부되었다. 2012. 1. 23.자 기사, 2012. 1. 26. 자 기사, 2012. 2. 11. 자 기사는 수사절차의 개시 내지 진행을 다루었고, 2012. 4. 27. 자 두 개의 기사는 수사절차의 중단을 다루었다.

수사절차가 중단된 이후 피고는 2012. 1. 23. 자 기사, 2012. 1. 26. 자 기사 그리고 2012. 2. 11. 자 기사 하단에 다음과 같은 내용을 보완했다:

> 편집부 각주: 기사는 …에 관한 아카이브 보도입니다. (원고의 이름)에 대한 수사절차는 2012년 4월에 중단되었습니다.

수사절차와 관련된 모든 기사를 온라인포털에서 삭제하라는 원고의 요청에 따라 피고는 단지 사실관계에 관해 보도되었던 첫 번째 2012. 1. 21. 자 기사만을 삭제했고, 다른 기사들 역시 삭제하라는 원고의 반복된 요청은 계속해서 거부했다. 그리고 위약벌이 부과된 금지선언 제출요청에 대해서도 피고는 반응하지 않았다.

지방법원은 피고에게 청구취지에 따라 실명공개나 사진공표를 통해 신원확인이 가능한 방식으로 보도된 남아 있는 5개의 온라인 기사들을 검색을 위해 보관하는 것을 금지했다. 피고의 항소로 상급법원은 지방법원의 판결을 수정하고 소송을 기각했지만, 원고의 상고로 항소판결은 파기환송되었다.[34]

① 항소법원의 판단

항소법원은 기본법 제1조 제1항, 제2조 제1항과 연계하에 민법 제823조 제1항, 1004조의 유추에 근거한 금지청구권이 원고에게 속하지 않는다고 밝혔다. 온라인-아카이브 내의 신원 공개보도는 그의 일반적 인격권을 침해하지 않는다고 보았다.

물론 인터넷 아카이브 내에서 문제 된 보도의 보관은 원고의 범죄의혹을 공개하고, 비록 의혹보도일지라도 그의 인격상이 수용자들의 눈에 부정적으로 비춰지게 함으로써 원고의 일반적 인격권 침해를 나타낸다고 인정했다. 하지만 이 사건 소송에서 원고의 인격권 및 사생활 존중권과 피고의 의견자유 및 미디어자유권의 필수적 형량은 원고가 온라인-아카이브 내의 보도를 통한 계속적인 비난을 감수해야 한다는 결론에 도달한다고 밝혔다.

항소법원은 피고의 문제 된 보도를 의혹보도 형태의 진실한 사실주장이라고 보았다. 그리고 이러한 의혹 내지 혐의보도는 원래 문제 된 불법행위의 심각성과 원고의 지명도를 고려하면 허용된다고 판단했다. 피고는 모든 5개의 기사들에서 범죄행위와 소송과정에 관해 균형 잡힌 방식으로 보도했다고 인정했다. 상호 간의 이익형량에 따르면 수사절차의 중단에도 불구하고 보도의 지속적인 보관을 통해서 하나의 특별한 낙인찍기나 배제가 원고에게 우려된다는 사실이 확인되지 않는다고 밝혔다. 또한 5개의 모든 기사들은 지금까지는 여전히 진실에 부합하는 것이고, 수사중단에 관한 추가설명을 고려하면 불완전하지도 않고, 실제로 존재하지 않았던 범행의 인상을 왜곡한 것도 아니라고 밝혔다. 원고가 비록 공중 속에서 특히 상당한 정도의 부정적 평가가 부여되는 성범죄 비난과 더 이상 대조되지 않을 것에 관한 이익을 가지기는 하지만, 피고는 문제 된 기사들에서 평균적인 수용자들을 통해 유죄책임 혹은 형사처벌 가능성을 인정하는 방식으로 보도한 것이 아니라 단지 이전에 이 사람에 대해 혐의가 존재했다는 사실만을 나타냈다고 보았다. 게다가 불법행위의 성격, 당사자 및 행위사정들로 인해 하나의 높은 공적 정보이익이 존재한다고 인정했다. 추가로 피고의 기사들에 의해서는 어떠한 현저한 전파효과도 인정되지 않는데, 이 기사들은 단지 의도적인 검색을 통해서만 발견될 수 있기 때문이라고 밝혔다. 의혹보도를 통해 생겨난 방해를 제거하기 위해서는 추가 해명이 적절하고 필수적이지만, 피고의 해명은 출판자유의 보호라는 관점에서도 충분하다고 평가했다.[35]

② 성폭행 관련 온라인-아카이브 기사의 인격권 침해문제
이에 반해 연방대법원은 원고의 신원확인이 가능한 기사를 온라인-아카이브 내에서 지속적으로 보관하는 것만으로도 여전히 인격권의 침해상태가 존재한다고 보았

다. 따라서 대상 판결은 상고법원의 심사를 더 이상 견뎌내지 못하며, 원고의 신원확인이 가능한 기사 및 사진보도가 적법하다는 항소법원의 확정은 유지되지 않는다고 판단했다.

일단 항소법원이 대상 기사의 인터넷 검색을 위한 보관은 원고의 일반적 인격권 침해를 의미한다고 인정한 점에는 동의한다고 밝혔다. 피의자의 실명공개하에서 수사절차에 관한 보도는 필시 그의 인격권과 명예권을 침해하는데, 이는 그의 범죄행위 가능성을 공개하고, 그의 인격상이 수용자들의 눈에 부정적으로 비춰지기 때문이라고 밝혔다. 이것은 일간신문, 라디오 방송 혹은 텔레비전에서 전통적인 보도방식의 범위 내에서 생겨나는 것과 같이 미디어를 통한 적극적인 정보전달의 경우뿐만 아니라 이 사건에서처럼 피의자의 신원을 확인할 수 있는 내용이 단지 수동적인 인터넷 정보플랫폼에서 검색을 위해 보관될 경우에도 마찬가지라고 보았다. 왜냐하면 이러한 내용은 원칙적으로 관심 있는 모든 인터넷이용자들에게 접근 가능하기 때문이라고 이유를 밝혔다.

원고의 일반적 인격권 보호범위 안으로의 개입은 2012. 4. 27. 자 기사와 함께 수사절차의 중단에 관해 보도되고, 다른 기사들 말미에 이러한 중단이 언급되었다는 사실로 달라지지는 않는다고 판단했다. 왜냐하면 항거불능상태 여성의 성폭행 혐의로 인해 수사가 개시되었다는 보도의 사정만으로도 대중들은 수사절차의 단순 제기를 유죄입증과 동일시하며, 나중에 비난혐의에 관한 수사절차가 중단되었음에도 불구하고 무엇인가를 떠올리게 되는 것이 상식이라고 밝혔다.

연방대법원은 비록 원고의 절대적 인격보호대상인 내밀 영역이 관련되지는 않았다고 판단했다. 왜냐하면 수사절차에서 문제 된 항거불능상태에 있는 사람의 성폭행은 형법 제179조에 따라 처벌되고, 따라서 성폭행 범죄행위가 행해졌다면 그것은 더 이상 사적 생활의 구성행태에 해당하지 않는다고 보았다.

그럼에도 원고가 마취 약물의 사용 후에 심각한 성폭행범죄를 저질렀다는 혐의를 다룬 한 보도의 지속적 보관은 그의 개인적 명예에 대한 심각한 침해를 의미한다고 판단했다.

따라서 연방대법원은 우선 항소법원이 형량을 근거로 금지청구를 판단한 것은 적절하다고 평가했다. 포괄적 권리인 인격권의 속성으로 인해 이 권리의 사정거리는 절대적으로 확정된 것이 아니라 상충하는 기본법상 보호이익들의 형량을 통해서 비로소 결정되며, 이때 개별적 사례의 특별한 사정들 및 관계된 기본권들 그리고 유럽인권협약의 보장기준들이 해석상 지침으로 고려되어야 한다고 보았다. 이에 인격권의 침해는 당사자의 인격적 보호이익이 다른 쪽의 보호이익들을 능가할 경우에만 위법하다고 밝혔다. 하지만 항소법원은 이러한 피해자 보호이익의 우월성을 부정했고, 이는 법적 오류에 해당한다고 판단했다.[36]

③ 수사절차보도의 문제점

연방대법원은 형량의 범위 내에서 대상 기사들 내의 사실주장들이 최초 보도 시점에 허용되는 것이었는지가 매우 중요하다고 생각했다. 보도대상은 수사절차뿐만 아니라 원고가 파티를 계기로 21세 여성을 자신의 집에서 마취시킨 이후 성폭행했거나 성폭행에 공범으로 가담했다는 내용에 관해 "최초 혐의"라고 표시된 의혹 제기이기 때문에, 이것은 정당한 의혹보도의 전제조건을 충족해야 한다고 밝혔다.

연방대법원은 자신의 판례나 연방헌법재판소의 지속적 판례에 따르면 진실내용이 밝혀지지 않았지만 공공성과 본질적으로 관련된 관심사에 관한 사실주장은 그것을 제기하거나 전파하는 사람에게 그가 정당한 이익의 대변을 위해 필수적인 것으로 간주해도 되는 범위 내에서 금지되어서는 안 된다고 밝혔다(기본법 제5조, 형법 제193조). 그리고 이러한 주장의 허용성은 주장의 제기나 전파 이전에 진실내용에 관한 충분히 주의 깊은 조사가 이뤄졌다는 사실을 전제로 한다고 조건을 달았다. 이때 진실내용에 관한 주의 깊은 조사의무는 개별적 사건에서의 진실규명 가능성에 따른다고 보았다. 아울러 이러한 의무는 원칙적으로 일반인보다 미디어에 더욱 엄격하다고 밝혔다. 다만, 의견자유의 이익을 위해서는 기본권 행사의지를 감퇴시키는 정도로 진실의무에 관한 요청이 과도하게 부여되어서는 안 된다고 강조했다. 다른 한편 이러한 요청들은 해당 표현이 인격권을 심각하게 침해하면 할수록 더욱 증가된다고 밝혔다.

연방대법원은 이러한 원칙들은 피의자 실명이 공개된 수사절차에 관한 보도에도 마찬가지라고 보았다. 수사단계에서는 수사절차가 개시되었다는 사실만이 확인되고, 원칙적으로는 피의가가 자신에게 부담이 될 범죄행위를 저질렀는지 여부는 밝혀지지 않은 상태라고 주지시켰다.

연방대법원은 비록 구체적 인물정보를 포함해서 불법행위를 고발하는 것은 언론의 정당한 과제에 속하며, 이는 범죄행위에 관한 보도도 마찬가지라고 보았다. 왜냐하면 범죄행위는 시사적 사건에 속하고, 법질서 위반과 관련된 시민 혹은 공동체의 법익침해는 그러한 행위와 행위자에 관한 보다 자세한 정보에 관해 공중에게 제공되어야 할 이익을 정당화하기 때문이라고 밝혔다. 하지만 수사절차와 같이 우선 범죄행위의 혐의가 존재하는 경우, 언론은 특히 심각한 비난에 있어서 비난과 결부된 중대한 개인의 명예침해를 고려해 특별한 정도의 주의 깊은 조사의무를 진다고 강조했다. 이때 법치국가 원리에서 도출되고 유럽인권협약 제6조 제2항에 규정된 무죄추정의 원칙의 관점에서 볼 때 대중들은 단순한 수사절차 제기를 죄의 입증과 동일시하기 때문에, 나중의 수사절차가 중단되거나 비난책임이 무죄로 선고되더라도 무엇인가를 떠올리게 되는 위험을 항상 고려해야 한다고 밝혔다.[37]

④ 정당한 의혹보도 내지 혐의보도의 전제조건

연방대법원은 우선 의혹보도를 위해서는 어쨌든 정보의 진실을 보증하는 동시에 "정보가치"를 부여하는 최소한의 증거사실들이 필수적이라고 밝혔다. 이어서 표현은 당사자에 대한 어떠한 선입견도 포함해서는 안 된다고 경계했다. 즉, 표현방식이 예단적인 서술을 통해 당사자에게 이미 그에게 비난받는 행동이 입증되었다는 부적절한 인상을 불러일으켜서는 안 된다고 강조했다. 나아가 공표 이전에 통상적으로 당사자의 입장표명이 반영되어야 한다고 밝혔다. 마지막으로 대상 사건은 해당 보도가 공중의 정보수요를 통해 정당화되는 그러한 중대한 비중을 지녀야 한다고 추가했다.

연방대법원은 이 사건에서 피고가 앞서 언급된 정당한 의혹보도 내지 혐의보도의 요청들을 엄수했다는 항소법원의 확정은 유지되지 못한다고 판단했다. 항소법원은 항거불능상태에 있는 사람을 성폭행했다는 혐의의 수사절차가 고소로 인해 원고에 대해 개시되었다는 사정 이외에 이러한 혐의의 진실내용을 말해 주는 증거사실의 존재에 관해서 전혀 확정한 바 없다고 비판했다.

수사절차 개시라는 그 자체의 단순사실은 어쨌든 최소한의 증거사실 존재라는 전제조건을 충족시키지 못한다고 보았다. 검찰은 이미 최초 혐의가 존재할 경우 수사를 반드시 개시해야 하고(형사소송법 제152조 제2항, 제160조 제1항), 이를 위해서는 범죄적 경험지식에 따른 충분한 사실적 근거를 통해 형사소추가 가능한 범죄행위의 단순 가능성이 주어진 경우만으로 이미 충분하다고 설명했다. 그리고 이러한 최초 혐의의 인정을 위한 문턱은 낮은 수준이라고 밝혔다. 경미한, 그럼에도 단지 형사소추가 가능한 범죄행위의 존재에 대한 이론상의 개연성만을 가리키지는 않는 그런 어느 정도의 혐의근거들만으로 충분하다고 보았다. 이와 같이 수사 당국은 완전히 근거 없는, 사정에 따라서는 잘못되었음을 알면서도 무고 의도로 제기된 형사고소에 관해서도 개입하게 된다고 밝혔다. 하지만 항소법원의 확정에서는 그 이상의 어떠한 것도 도출될 수 없으며, 특히 원고의 신원확인이 가능한 검찰 당국의 조사발표에 근거했다는 사실을 끌어낼 수 없다고 판단했다.

비록 관청의 발표는 높은 신뢰와 함께 대해도 된다는 최고법원의 판례가 인정된 바 있다고 밝혔다. 이것은 국가 관청이 자신의 공보활동과정에서 직접 기본권에 구속되고, 언론이 공적 사건에 관해 정보를 제공받아야 하는지 여부가 문제 되는 경우에 공무원은 언론의 알권리와 당사자의 인격권 사이에 필수적인 형량을 행해야 한다는 사실에 기인한 것이라고 밝혔다. 국가관청이 자신의 공직수행의무를 침해한 경우에는 일반적 인격권 침해를 이유로 관청의 주체로서 관할 국가 및 지방자치단체에 대한 손해배상청구권이 당사자에게 인정될 수도 있다고 밝혔다. 따라서 통상 직접 기본권에 구속되고 객관성에 대한 의무를 지는 검찰과 같은 국가 당국은 범죄혐의가 이미 어느 정도 확인되었을 때 비로소 공중에게 실명공개하에 수사절차에 관해 보고하는 것이 정당화된다고 밝혔다. 하지만 이러한 사실이 혐의보도의 원칙에 따라 당사자의 실명공개가 정당화되는지 여부에 관해 형량과 심사를 추가로 시행할 과제를 언론에 면제시키지는 않는다고 판시했다.

이어서 이 사건에서는 언제 검찰이 실명공개하에서 공중에게 원고에 대해 진행된 수사절차를 발표했는지가 확정되지 않았다고 보았다. 이것은 문제 된 보도에서도 분명하게 드러나지 않는다고 밝혔다. 2012. 1. 23. 자 보도에서는 검찰이 이제 원고에 대해서도 수사를 한다는 정보가 누구로부터 생겨났는지 보이지 않는다고 지적했다. 2012. 1. 23. 자 보도 및 2. 11. 자 보도에서 검찰의 발표가 언급된 것은 실명이 공개되지 않은 파티 참가자에 관한 것에 불과했다고 밝혔다.

따라서 만약 최소한의 증거사실의 존재에 관해 항소법원의 확정 부족으로 원고가 심각한 성폭행 범죄를 저질렀다는 혐의에 관한 원래의 보도를 허용할 수 없다면, 이러한 상황에서 항소법원은 원고의 신원확인이 가능한 기사를 온라인-아카이브에서 검색을 위해 지속적으로 보관하는 것이 위법한 인격권 침해를 나타내는지 여부에 관해서도 확정해서는 안 되었다고 꼬집었다. 오히려 본래의 기사가 원래 허용되지 말았어야 했다면, 해당 기사가 원고의 신원을 여전히 공개하고 있는 한, 원칙적으로 피고 온라인-아카이브에서 그러한 기사의 보관 역시 허용되지 않는 것이 맞는다고 밝혔다.

연방대법원은 이 사건에서 2012. 1. 23. 자, 1. 26. 자, 2. 11. 자 보도들이 기사 말미에 "아카이브 보도"라는 사실과 원고에 대한 수사절차는 2012년 4월에 중단되었다는 사실을 보완했다는 이유만으로 다른 판단이 요구되지는 않는다고 생각했다. 이미 2012. 4. 27. 자 수사절차 중단에 관한 보도와 함께 불가피하게 수사절차에 원래 바탕이 되었던 혐의 역시 지속적으로 전달되고 있었던 만큼 수사절차의 개시와 진행에 관한 보도에 삽입된 나중의 하단 각주만으로 이러한 혐의가 제거되지는 않는다고 보았다. 왜냐하면 독자들에게는 원고가 절차중단에도 불구하고 실제 비난받는 행위의 범인이며, 예컨대 4. 27. 자 보도에서 언급된 바와 같이 단지 형사소추만이 충분한 증거부족으로 중단되었다는 인상이 생겨날 수 있기 때문이라고 밝혔다. 하지만 형사소송법 제170조 제2항에 따른 수사중단은 어쨌든 온라인-아카이브를 통한 보도의 검색 가능성에 관해 찬성이 아니라 반대를 말해 주는 그러한 사실에 해당한다고 밝혔다.

따라서 이미 처음부터 허용되는 보도를 위한 전제조건으로서 최소한의 증거사실이 부족했고, 그에 이어서 수사절차가 충분한 기초증거 부족으로 중단되었다면, 인터넷에서 보도의 지속적인 검색 가능성을 위한 보관을 인정할 만한 어떠한 이유도 없다고 판단했다. 형사소송법 제170조 제2항에 따른 절차중단은 같은 법 제153a조(준수사항과 절차사항 이행 시 절차중단)와 달리 당사자의 복권에도 일정 정도 역할을 하는 의미를 지니기 때문이라고 보았다. 하지만 이러한 복권의 의미는 신원확인이 가능한 혐의보도의 지속적인 검색 가능성으로 인해 좌절될 것이라고 생각했다. 원래 보도의 금지 시 이미 처음부터 낮게 평가되어야만 했던 공적 이익은 형사소송법 제170조 제2항에 따른 절차 중단을 고려하면 더욱 낮아질 것이라고 인정했다. 그 밖에 피고에 의해 삽입된 기사 하단의 추가설명에서 절차가 충분한 범죄혐의 부족으로 중단되었다는 사실이 드러나지도 않았다고 덧붙였다.[38]

⑤ 문제 된 온라인-아카이브 기사의 구제방법

연방대법원은 유럽인권법원 2013년 7월 16일 자 판결이 처음부터 허용되지 않는 보도는 원칙적으로 온라인-아카이브의 과거기사 목록에 보관되어서도 안 된다는 판단에 배치되는 것은 아니라고 밝혔다.

유럽인권법원은 해당 사건에서 유럽인권협약 제8조에 따른 개인의 사생활보호를 위해 내국법원은 온라인-아카이브 내에 접속 가능한 위법한 기사의 삭제 명령을 내리는 것만이 능사는 아니라고 판시했다. 유럽인권협약 제8조에 의해 보호되는 권리의 침해(사생활 존중권)는 내국법의 적합한 조치를 통해 제거되어야 한다고 밝혔다. 하지만 협약국가에는 개인과 공동체의 요구 및 수단의 고려하에서 협약의 준수를 보장하기 위한 조치의 결정에 있어서 폭넓은 재량의 여지가 인정된다고 보았다. 더군다나 이 판결에서 인용된 유럽연합법원 2009년 3월 10일 자 판결 역시 당사자들의 이익형량에 있어서 국가의 재량 여지는 최근의 시사보도가 아닌 과거 사건에 관한 뉴스아카이브일 경우 더욱 커진다고 판단했다. 무엇보다 중요한 것은 국가 내지 내국법원이 각 사건들의 개별적 사정에 따라 상충하는 권리들의 조정을 이루기 위한 자신의 과제를 이행했는지가 관건이라고 밝혔다.

연방대법원은 이러한 유럽인권법원의 원칙들은 바로 반드시 이행되어야 할 형량의 재량 여지를 고려한 것이라고 보았다. 게다가 원고 역시 어차피 인터넷에서 관련 기사들의 완전한 삭제를 요구한 것도 아니었다고 덧붙였다.

해당 보도가 만약 원래부터 허용되는 것이었다고 피고가 주장한다면, 이때에도 기본권 지위의 적절한 포괄적 형량을 위해서는 무엇보다 처음부터 원고의 범죄행위 가담을 말해 주는 사실들이 사실상 어떠한 비중을 차지하는지가 선결되어야 할 중요한 문제라고 밝혔다.

이에 따라 항소판결은 파기되어야 하며, 사건을 새로운 심리를 위해 환송한다고 판결했다. 항소법원은 필요한 경우 당사자의 보충진술에 따라 필요한 사실확정을 보완해야 할 것이라고 지적했다.[39]

연방헌법재판소 2000년 2월 23일 자 결정 – 1BvR 1582/94

사실관계

1992년 7월 할레시에는 "1986년부터 1989년까지 할레시 슈타지 지부와 할레 및 신할레 슈타지 지역출장소의 IM(비공식요원)-등록현황"에 관한 익명의 리스트가 돌았다. 이 리스트는 약 4,500명의 이른바 슈타지 비공식요원의 이름 및 그의 인적 식별번호, 작전장소, 가명, 사업 및 작전방향을 담고 있었다. 할레시의 언론들은 이 리스트에 관해 자세히 보도했고, 그 가운데 우선 몇몇의 이름들을 공개했다. 리스트는 공적 토론의 대상이 되었고, 결국 3백에서 5백 마르크 상당의 리스트매물이 나오기도 했다. 이로 인해 리스트를 전달받은 청구인("노이에 포럼")은 공개열람을 위해 이것을 자신의 사무실에 비치하기로 결정했다. 청구인은 공개와 함께 슈타지를 통한 동독의 모든 생활 영역으로의 전방위적 침투가 낱낱이 밝혀져서 그에 관한 정치적 토론이 진행되길 원했다. 게다가 그러한 공개가 공갈미수를 예방하고, 리스트 내용에 관한 억측들을 종식시키길 바랐다. 다만, 청구인은 이 리스트를 이해관계인 각자에게 반드시 서문의 참고하에 이용하도록 요청했다. "빌트"지가 그 리스트를 한 페이지씩 게재하기 시작한 이후 청구인에게서 이 리스트를 열람하려는 관심들은 진정되었다. 전체적으로 대략 7백여 명이 그에게서 정보를 제공받은 것으로 확인되었다.

이 리스트에 기입된 원고는 피고에게 자신의 이름과 정보가 담긴 IM-리스트를 계속해서 공개하는 것을 금지하라고 청구했고, 자신에 관한 정보를 가림처리를 통해 식별할 수 없게 할 것을 요구했다. 리스트의 공개는 자신의 일반적 인격권을 침해한다고 주장했다. 원고는 모든 심급에서 승소했다. 기본법 제5조 제1항에 근거한 의견자유 기본권의 침해를 주장한 청구인의 헌법소원은 결과적으로 받아들여지지 않았다.[40]

① 진실한 진술과 일반적 인격권의 침해

연방헌법재판소는 이 사건에 제시된 헌법상 문제는 의견자유와 일반적 인격권 사이의 긴장관계에 관한 지금까지의 판례에 근거해 대답되어야 하며, 이에 따르면 청구인의 헌법소원은 헌법상 기본권의 관철을 위해서 적절하지 않다고 판단했다. 대상 판결은 기본법을 통해 보장된 보호를 오해하거나 기본법상 보호되는 지위들을 경솔하게 취급하지 않았으며, 청구인의 당사자적격 역시 인정되지 않는다고 밝혔다.

우선 연방헌법재판소는 대상 판결이 의견자유의 기본권(기본법 제5조 제1항)에 따라 평가되어야 한다고 밝혔다. 그리고 청구인의 리스트의 비치는 의견표현 혹은 사실주장으로서의 분류와 상관없이 일단 기본법의 보호범위 내에 해당한다고 인정했다. 이어서 자신들의 지속적 판례에 따르면 의견자유와 일반적 인격권 사이의 충돌에 있어서 표현의 허용 여부는 본질적으로 가치평가 혹은 사실주장 여부에 달려있다고 밝혔다. 사실주장의 경우에는 그 표현의 진실내용이 관건이고, 평가저하적인 사실주장의 유지와 계속적 전파는 그것이 허위일 경우 의견자유의 관점하에서 어떠한 보호가치 있는 이익도 존재하지 않는다고 설명했다.

그에 반해 진실한 진술들은 그것이 당사자에게 불리할지라도 원칙적으로 감수되어야 한다고 강조했다. 물론 이것이 아무런 예외도 없이 무조건 인정되는 것은 아니라고 단서를 달았다. 연방헌법재판소는 이미 "레바하" 결정에서 특히 진실한 방송보도가 논의의 대상이었음에도 불구하고 방송자유에 대해 당시 청구인의 재사회화권이라는 인격적 이익들의 우위를 인정한 바 있었다고 밝혔다. 새로운 판례에서는 표현의 결과가 인격발현에 있어서 심각하고, 그 보호 필요성이 표현에 관한 이익보다 우월할 경우에는 진실한 보도 역시 당사자의 인격권을 침해할 수 있음을 인정했다고 밝혔다. 이것은 가령 진실한 보도가 그 대상으로 인해 낙인찍기나 인격발현의 지속적인 침해에 이를 수 있을 때 그러하다고 보았다. 따라서 일반적 인격권이 제공하는 보호는 진술이 진실인 동시에 사회적 배제와 고립의 연결점이 될 경우에 개입하게 된다고 생각했다. 마지막으로 진술들이 내밀 영역, 사적 영역 혹은 비밀 영역과 관계되고, 정당한 공중의 정보이익을 통해 정당화될 수 없을 경우에도 비록 예외적으로 인격적 이익이 진실한 진술들보다 우월할 수 있다고 밝혔다.[41]

② IM-리스트 공개와 의견표현의 자유

연방헌법재판소는 이러한 원칙들에서 볼 때 대상 판결은 헌법상 문제가 없지는 않다고 판단했다.

물론 다툼이 된 리스트에 관한 해당 법원의 해석은 문제 될 수 없다고 인정했다. 법원이 리스트에서 거론된 사람들은 비공식 요원으로 등록되었을 뿐만 아니라 비공식 요원으로 활동했다는 진술을 끌어낸 사실은 적절하다고 인정했다. 이것은 표현의 맥락, 특히 서문의 참조하에서 설득력 있게 정당화되고, 표현의 해석에 관해 기본법 제5조 제1항이 정한 요청들을 준수한 것이라고 평가했다. 표현들을 사실주장으로 분류한 것 역시 헌법상 우려가 생겨나지 않는다고 보았다.

아울러 법원이 규범 적용 영역에서 의견자유와 인격권 사이의 형량을 행했다는 점도 우선은 부인되지 않는다고 밝혔다. 원고에 관해 제기된 주장은 비록 진실일지라도 그러한 주장이 기본법 제1조 제1항 및 제2조 제1항을 통해 보호되는 인격적 이익들과 관계되기 때문에 이러한 형량은 더욱이 헌법상 반드시 필요한 것이라고 설명했다. 한 사람이 슈타지 비공식 요원으로 활동했다는 가정은 그 사람의 신의와 개인적 정직성을 악평하는 것이고, 그의 주변으로부터 그를 수상한 인물로 간주하게 될 위험에 노출시키는 것이라고 인정했다. 그와 같이 명예가 실추된 사람은 말하자면 슈타지가 행했던 불법과 동일시되는 것이라고 생각했다.

하지만 연방헌법재판소는 원고에 관한 보고내용이 진실한 사실주장임에도 불구하고 리스트의 비치를 위법한 것으로 평가한 것은 기본법 제5조 제1항 제1문과 일치하지 않는다고 비판했다. 법원은 그런 점에서 헌법상 기본법의 영향을 잘못된 방식으로 부적절하게 평가했다고 비판했다. 법원은 기본법상 지위의 부인 아래 청구인의 공표이익에 너무 적은 의미를 부여했다고 질책했다.

청구인은 특히 서문에서 도출될 수 있는 바와 같이 리스트의 비치와 함께 슈타지 활동의 이해에 기여하고, 정치적으로 슈타지 과거 행적에 관한 철저한 규명에 가담하고자 했다고 평가했다. 이러한 관심사는 기본법의 보호하에 놓여 있다고 인정했다. 기본법 제5조 제1항은 모든 사람에게 어떤 대상들에 관해 공개적으로 말할 것을 자유로이 결정할 수 있는 권리를 보장한다고 공언했다. 상급법원이 중요하게 생각했던 요소로서 어떤 표현과 그 표현대상과의 시간상의 격차는 원칙적으로 의견표현의 자유를 제한하지 못한다고 밝혔다. 이것은 특히 표현의 대상이 역사적 사건들의 "철저한 진상규명"의 대상일 경우 더욱 그러하다고 보았다. 한 번의 토론을 통해 결론을 내리거나 논쟁이 끝났다고 선언하는 것이 국가법원의 과제는 아니라고 밝혔다.

　물론 이 사건에서 법원이 전반적으로 슈타지 체제에 관한 사적인 채널의 역사적 혹은 저널리즘적 진실규명을 문제 삼고자 한 것이 아니었고, 단지 "진상규명"의 특정한 방식만을 문제 삼으려 했다는 점은 분명하다고 인정했다. 하지만 기본권 보호는 단지 내용에만 해당하는 것이 아니라 표현의 형식에도 적용되며, 이것을 법원이 간과했다고 보았다. 무엇보다 법원은 청구인이 공공성과 본질적으로 관계된 문제들을 표현했다는 사정을 충분히 고려하지 않았다고 비판했다. 슈타지는 동독의 국가조직과 국가기관 가운데 특별한 방식의 독보적 존재라고 밝혔다. 그것은 동독이라는 전체주의국가에서 정치권력 유지를 위한 기구의 중심적 구성요소였으며, 모든 시민들의 정치적 통제와 억압의 도구로서 직무를 수행했고, 특히 정치적 반대자나 탈출의사가 있는 사람들을 감시하고 위협하거나 차단하는 데 기여했다고 밝혔다. 비공식요원이 어떻게 슈타지에 편입되고, 슈타지로부터 비공식요원에게 어떠한 역할이 주어졌는지에 관한 문제는 1996년까지 여전히 미궁 속에 빠져 있었다고 보았다. 하지만 1992년 7월에 어쨌든 슈타지의 답변에서 하나의 잊힐 수 없는 공적 이익이 인정되었으며, 원칙적으로 오늘날까지 공적 관심이 허용되는 사안이라고 강조했다. 왜냐하면 비밀정보기관의 수단을 통한 자신의 국민들에 대한 체계적이고 포괄적인 염탐은 특히나 혐오스러운 일당독재체제의 지배수단이었기 때문이라고 밝혔다.

　연방헌법재판소는 바로 이러한 점에서 진상규명의 이익이 존재한다고 판단했다. 게다가 독재와 억압수단에 대한 역사적 경험은 자유주의적 법치국가의 보장이 무너질 때 시민의 자유권이 어떠한 위험에 노출될 수 있는지에 관한 생각을 가능하게 할 수 있다고 인정했다. 연방대법원은 그런 점에서 리스트 공개와 결부되어 있는 암시효과를 간과했다고 비판했다. 리스트는 그의 길이로 인해 슈타지가 자행한 동독사회로의 대대적인 침투에 관한 강력한 인상을 전달하고, 하지만 특히 실명과 같은 구체적 정보로 인해 단지 숫자의 추상성에만 머무르게 하지는 않았다고 판단했다. 리스트에 거론된 사람의 특정한 활동에 관한 언급이 부족한 것은 바로 정보원에 대한 슈타지의 잠재적 장악이 얼마나 광범위하고 다양했는지를 분명히 보여주는 단적인 예라고 보았다. 따라서 이 리스트는 청구인의 관점에서는 광범위한 정보원체계의 현실을 생생하게 보여주기에 적합한 수단이라고 평가했다.[42]

③ 비공식요원 리스트 공개와 일반적 인격권의 침해

한편, 연방헌법재판소는 실제 이 사건의 사정들은 연방대법원이 원고의 침해의 심각성에 대해 확정한 사실을 정당화하지 않는다고 비판했다. 리스트의 비치로 인해 자신의 인격 근간이 훼손되었다는 원고의 주장은 공감할 수 없다고 밝혔다. 진실임에 도 통상 위법한 것으로 간주되는 내밀 영역, 사적 혹은 비밀 영역에 관한 보도는 여기에서는 존재하지 않는다고 보았다. 리스트의 비치가 원고에게 현저한 인격적 피해를 가하기에 적합하다는 점도 인정될 수 없다고 판단했다. 레바하-사례의 방송보도와 달리 청구인은 리스트를 언론을 통해 접근 가능하게 만든 것이 아니라 단지 자신의 사무실에서만 비치했기 때문에, 이를 통해 어떠한 광범위한 영향이 발휘되지는 않았다고 생각했다. 비교적 소수의 사람들만이 리스트에 관해 알았고, 게다가 적극적으로 자진해서 리스트에 관해 상응하는 관심을 가진 그러한 사람들만이 원고에 관한 치욕적 정보를 알게 되었으며, 그 정보들은 원칙적으로 슈타지 기록물청에 있는 서류열람을 통해서도 접근할 수 있는 것이었다고 밝혔다. 따라서 언론에서 이러한 리스트의 공개가 일반적 인격권의 심각한 침해에 이르게 되었는지 여부에 관해서는 어떠한 판단도 필요 없다고 보았다.

또한 연방헌법재판소는 리스트의 비치를 통해 배제적 효과를 가진 낙인찍기가 생겨나리라는 점은 쉽사리 인정될 수 없다고 판단했다. 원고는 개인적으로 부각된 것이 아니라 할레시의 4천5백 명의 비공식 요원 중 한 사람으로서 명시되었고, 전체적으로 동독에서는 적어도 60만 명의 사람들이 슈타지 비공식 요원으로 등록되었으며, 최후에는 17만 4천 명이었다고 밝혔다. 따라서 슈타지 비공식 요원으로서의 활동은 집단적 사건이었으며, 이것은 언론의 진상규명을 통해 어쨌든 1992년 이미 알려졌기 때문에 특정한 사람이 비공식 요원이었다는 주장 그 자체로는 지속적인 배제적 고립을 야기하지 않는다고 보았다.

마지막으로 슈타지 비공식 요원이라는 전제가 가령 한 사람이 자신의 자녀를 성폭행했다는 주장과 동일하게 낙인찍기나 사회적 인정의 박탈에 이르게 되는지는 불분명하다고 판단했다. 슈타지 비공식 요원으로의 활동은 그 자체로는 형사법상 경미한 것이며, 무엇보다 비공식 요원의 역할은 현재 전적으로 서로 상이하게 평가된다고 인정했다. 1989/1990년 조사과정에서 비공식 요원은 슈타지의 압제체계와 억압체계하에서 아무런 권력도 가지지 않았으며, 광범위하게 부대 지휘관들에 종속되었다는 사실이 알려지기도 했다고 부언했다. 이러한 사정들하에서 어쨌든 자세한 사실확정 없이 단지 한 사람이 비공식 요원으로 지칭되었다는 사실만으로 사회적 배제 및 낙인찍기에 이르렀다는 사실을 인정할 수는 없다고 생각했다.

다만, 연방헌법재판소는 이러한 상황에도 불구하고 청구인이 제기한 헌법소원의 인정은 적절하지 않다고 판단했다. 상급법원뿐만 아니라 연방대법원 역시 기본법상 긴장관계를 처음에는 적절하게 인정했고, 결정적으로 기본권에서 출발한 형량도 행했다고 인정했다. 물론 중요한 형량이익을 충분히 고려하지 않은 것이 문제였다고 보았다. 하지만 심각한 기본권의 부인이나 연방헌법재판소 판례의 의미상 매우 경솔한 기본권 취급이 확정될 수는 없었다고 밝혔다. 아울러 청구인은 결정에 관한 당사자적격이 인정되지 않는다고 판단했다. 장래의 리스트 공개가 그에게 금지되었으며, 이미 전심절차에서 청구인은 향후 리스트를 공개할 어떠한 생각도 없다고 밝힌 이상, 그런 점에서 대상 판결을 통해 더 이상 심각한 피해가 야기되지는 않는다고 보았다. 따라서 판결의 파기환송은 적절하지 않다고 결정했다.[43]

유럽인권법원 2017년 10월 19일 자 판결 – 71233/13

사실관계

청구인은 1947년생이고, 뒤셀도르프에 살고 있다. 청구인은 미디어 영역에서 국제적인 활동을 하고 있는 사업가이자 언론기업 이노바필름 유한회사의 대표이다. 그 밖에 그는 유대인 세계회의 부의장 겸 우크라이나 유대인동맹 회장이다. 2010년 당시 그는 뉴욕시장 마이클 블룸버그로부터 미-러 관계개선을 위한 노력 덕분에 공개적인 치하를 받았다.

2001년 6월 12일 "뉴욕타임스"는 유명한 정치인의 부패수사에 관한 보도기사에서 청구인 역시 언급했다. 그리고 자사의 웹사이트에 약간 변경된 버전의 기사를 재차 공표했다. 독일에서 소송대상이 된 "뉴욕타임스" 온라인판 기사는 다음과 같은 내용으로 게재되었다.

> 미국 내 러시아 조직범죄에 관한 1994년 FBI 보고서는 푹스만을 금괴밀수범으로 묘사했고, 그의 횡령사실을 언급했다. 이와 더불어 독일 내 그의 회사는 국제적인 범죄단체조직의 한 지부라고 기술했다. 그리고 그는 미국 입국이 금지되었다.

2001년 5월 28일 기자는 기사공표 전에 청구인의 여비서에게 보낸 이메일을 통해 앞으로의 보도계획을 알리면서 몇 가지 질문을 던졌다. 하지만 청구인은 그 문제들에 답변하거나 예정된 보도에 대한 입장표명을 거부했다. 최초 보도일자가 기재된 기사는 2001년 6월 이래 뉴욕타임스 웹사이트에서 불러올 수 있었다. 게다가 해당 기사는 구글 및 빙과 같은 검색엔진을 통해 검색될 수 있었다.

2008년 1월 9일 뒤셀도르프 지방법원은 청구인의 금지청구를 독일 법원의 국제관할권 부재로 인해 허용되지 않는 것으로 기각했고, 뒤셀도르프 상급법원 역시 청구인의 항소를 기각했다. 연방대법원은 2010년 3월 2일 독일 법원들이 이 사건과 관련해 국제관할권을 가진다고 인정하면서, 문제 된 온라인판 기사의 금지와 관계된 결정 일부를 기각하고 상급법원으로 환송했다. 이에 따라 뒤셀도르프 상급법원은 기사에 포함된 다음과 같은 표현, 청구인에게 미국 입국이 금지되었다는 주장에 대한 금지소송을 인정했고, 그 밖에 금지소송은 이유 없음을 이유로 기각했다. 2012년 연방대법원은 청구인의 반복된 상고를 불허했고, 연방헌법재판소 역시 2013년 4월 26일 그의 헌법소원을 거부했다.

이에 청구인은 2013년 11월 13일 유럽인권법원에 불만소원을 제기했고, 독일 법원들이 자신의 명예를 훼손하는 온라인 신문기사의 전파를 중단시키지 않음으로써 자신의 사생활을 보호하지 않았다고 주장했다. 뉴욕타임스사는 청구인의 동의하에 제3자 참가방식을 통해 자신의 입장이 담긴 문서를 제출했다. 2017년 10월 19일 유럽인권법원은 만장일치로 유럽인권협약 제8조는 침해되지 않았다고 확정했다.[44]

① 유럽인권법원이 발전시켜 온 형량기준들

유럽인권법원은 개인의 명예나 평판에 대한 침해가 일정한 정도의 심각성에 이르고, 사생활 존중권의 행사가 침해될 경우에만 유럽인권협약 제8조를 적용할 수 있다고 밝혔다. 그리고 청구인이 금괴밀수, 횡령 그리고 조직범죄에 연루되었다는 주장은 유럽인권협약 제8조를 적용할 수 있는 정도로 충분히 심각하다고 인정했다.

이러한 사안들의 경우는 국가행위가 직접 관계된 것이 아니라 법원들이 청구인의 사생활을 충분히 보호하지 않았다는 주장과 관계된 것이라고 보았다. 유럽인권협약 제8조에서 생겨나는 적극적 보호의무는 사인들 상호 간의 관계에서도 마찬가지로 국가에게 사생활 보호를 위한 조치를 취할 의무를 지울 수 있다고 설명했다. 하지만 이러한 경우에도 적용 가능한 원칙들은 동일하며, 관련된 상충이익들 사이에 적절한 균형이 이뤄져야 한다고 밝혔다.

이에 따라 이 사건에서는 청구인의 유럽인권협약 제8조에 따른 사생활 보호권과 "뉴욕타임스"의 유럽인권협약 제10조에 따른 자유로운 의견표현권 사이에 적절한 균형이 이뤄졌는지 여부가 심사되어야 한다고 보았다. 유럽인권법원은 이미 여러 차례 유사사건들을 다룬 바 있고, 이 과정에서 자신의 판례에서 발전되어 온 원칙들을 참조해 왔다고 밝혔다.

그리고 이 사건처럼 국가 당국이나 법원들이 두 상충이익들 사이에서 균형을 맞춰야만 하는 형량과정에서 유럽인권법원이 발전시켜 온 기준들을 적용한 경우에 유럽인권법원이 이를 변경하기 위해서는 그럴 만한 중요한 이유들이 존재해야 한다고 역설했다.

그리고 상충하는 권리들 사이의 형량을 위해서 유럽인권법원은 다음의 기준들을 발전시켜 왔으며, 이 사건에서도 역시 이러한 기준들이 중요하다고 보았다: 공적 이익의 토론에 기여, 당사자의 지명도와 보도의 대상, 당사자의 이전 행동, 정보의 획득방식, 정보의 진실 여부, 보도의 내용, 형식 그리고 결과.[45]

② 공적 이익의 토론에 기여

유럽인권법원은 언론기사가 공적 이익의 토론에 기여하는지 여부는 첫 번째 본질적 관점이며, 정치적 문제나 범죄에 관한 보도에서 이 점이 인정된다고 밝혔다.

뒤셀도르프 상급법원은 자신의 판결에서 한 독일사업가가 금괴밀수, 횡령과 조직범죄에 연루되었다는 의혹에는 공적 이익이 존재한다고 결정했다. 해당 법원은 이러한 비난의혹들이 비록 수년 전의 것이기는 하지만 보도 당시 미국 뉴욕시장 후보자의 부패범죄의 연루의혹으로 인해 또다시 중요하게 부각되었다고 생각했다. 또한 기사는 원래 후보자를 대상으로 하는 것이었지만, 독자들에게 후보자의 비난의혹을 납득시키기 위해서는 청구인에 대한 혐의점들에 관해 보도하는 것이 불가피했다고 판단했다. 부패의혹이 가지는 커다란 공적 이익으로 인해 청구인의 실명을 언급하는 것 역시 하나의 공적 이익이 있다고 판단했다. 유럽인권법원은 이러한 뒤셀도르프 상급법원의 판결에 동의한다고 밝혔다.

나아가 뒤셀도르프 상급법원은 "뉴욕타임스" 온라인 아카이브에 수록된 기사의 공표에도 공적 이익이 인정된다고 밝혔다. 그 이유에 대해 공중은 최근의 시사사건에 관한 보도에만 관심을 가지는 것이 아니라 중요한 과거 사건들을 조사해서 밝혀낼 가능성에도 관심을 가진다고 답했다.

유럽인권법원은 이러한 입장에 찬성했다. 인터넷 아카이브는 뉴스와 정보를 보존하고 접근할 수 있도록 하는 데 본질적 기여를 하며, 이것은 특히 공중에게 쉽게 접근 가능하도록 도움을 제공하며, 비용이 무료이기 때문에 교육과 역사연구를 위한 중요한 출처라고 평가했다.[46]

③ 당사자의 지명도와 보도대상

유럽인권법원은 당사자의 지위나 역할은 앞에 언급된 관점과 관련해서 또 다른 중요한 판단기준이라고 밝혔다. 사인, 공중 속에서의 정치가 그리고 공적 생활의 인물로서 행동하는 그러한 사람은 서로 구별되어야 하며, 공중 속에서 알려지지 않은 사인은 자신의 사생활에 관해 특별한 보호를 요구할 수 있지만 공적 생활의 인물은 그렇지 않다고 설명했다.

뒤셀도르프 상급법원은 판결에서 신문기사는 우선적으로 저명한 정치가에 관한 것이었지만, 독일 사업가로서 미디어 부문에서 국제적으로 활동하고 있는 청구인에게도 일정한 공중의 관심이 존재한다고 판단했다. 유럽인권법원은 이러한 상급법원 판단이 국내 최고의 명문기업 중 하나에 속하는 회사의 경영자는 그의 사업상 지위만으로도 공적 생활의 인물로서 인정될 수 있다는 사실을 확정한 유럽인권법원의 판례와 일치한다고 밝혔다.[47]

④ 정보의 획득방식과 그 정보가 진실인지 여부

유럽인권법원은 유럽인권협약 제10조가 의견표현의 자유를 무제한 보장하지 않으며, 진지한 공적 이익의 관심사에 관한 언론보도에서도 이는 마찬가지라고 밝혔다. 유럽인권협약 제10조 제2항에 따르면, 자유로운 의견표현은 "의무와 책임"에 구속되며, 그것은 커다란 공적 이익의 관심사일지라도 언론에 마찬가지로 적용된다고 해석했다. 그 때문에 공적 이익의 관심사에 관한 보도의 경우에 언론인에게 보장하는 유럽인권협약 제10조의 보호는 언론인이 자신의 직업윤리와의 일치하에서 신뢰할 수 있고 정확한 정보를 제공한다는 신의칙에 따라 행동할 것을 전제한다고 밝혔다.

그 밖에 이러한 의무와 책임은 실명이 언급된 인물의 명예에 대한 공격 혹은 다른 사람의 권리의 침해가 문제 되는 경우에 중요하다고 생각했다. 따라서 사적 인물에 관한 명예훼손적 사실주장을 심사하는 과정에서 통상적으로 언론에 부여된 적절한 의무를 면제시키기 위해서는 특별한 이유가 존재해야 한다고 강조했다. 특히 그러한 불가피한 이유가 존재하는지 여부는 명예침해의 성격과 강약 아울러 언론이 어디까지 주장의 출처를 이성적 사고에서 신뢰할 수 있었는지에 달려 있다고 보았다. 이것은 당시 신문에 드러난 사정의 고려하에서 심사되어야 한다고 밝혔다. 이때 예컨대 출처의 신뢰성, 신문이 공표 전에 적절한 범위 내에서 조사를 했는지 여부 그리고 비난받는 사람에게 방어의 기회를 제공했는지 여부와 같은 또 다른 관점들 역시 고려되어야 한다고 밝혔다.

이어서 언론은 정당한 관심사에 관한 공적 토론의 기여에 있어서 통상적으로 관청의 보고에 대해서 혹은 검찰 대변인의 정보제공에 대해서는 또 다른 독자적 사후조사를 행해야 할 필요 없이 그대로 신뢰해도 된다고 보았다.

유럽인권법원은 청구인에 관한 표현들의 주요출처는 FBI 내부보고였고, 어떠한 관청의 공표보도나 국가대변인의 공식적인 보도자료도 아니었다고 인정했다. 하지만 뒤셀도르프 상급법원은 그 표현들의 사실적 근거들을 주의 깊게 심사했고, FBI-보고에 포함된 정보들은 다른 형사소추 당국의 보고 및 청구인 자신의 소송상 진술을 통한 정보들에서 지지되었다는 결론에 도달했다고 인정했다. 이와 같이 기자는 자신의 기사를 위한 충분히 믿을 만한 출처를 근거로 삼았다고 평가했다. 청구인의 미국 입국이 거부되었다는 주장만이 충분한 사실적 근거가 부족한 것이었고, 그런 점에서 상급법원은 금지처분을 선고했다고 밝혔다. 따라서 상급법원의 결론도출을 의심할 만한 어떠한 이유도 존재하지 않는다고 판단했다. 그 때문에 유럽인권법원은 나머지 표현들은 충분한 사실적 근거를 가진 것이라는 상급법원의 견해에 동의했다.

나아가 상급법원은 기자가 기사의 공표 전에 청구인과 접촉을 했다고 확정했으며, 따라서 기자가 그의 저널리즘상의 의무와 책임을 전적으로 이행했다는 점에서도 역시 상급법원의 견해에 찬성할 수 있다고 밝혔다.[48]

⑤ 당사자의 이전 행동

유럽인권법원은 보도의 공표 전에 당사자의 행동 역시 고려되어야 한다고 밝혔다. 정보들이 이미 이전에 공표되었던 것인지 여부도 마찬가지로 중요하다고 보았다. 하지만 당사자가 이전에 언론에 협조했다는 사실이 보도에 대한 모든 보호를 제거할 수 있는 어떠한 유일한 이유도 아니라고 덧붙였다.

이와 관련해서 뒤셀도르프 상급법원은 청구인이 기사의 공표 전 기자의 질문에 어떠한 대답도 하지 않았다고 확정했다. 따라서 청구인이 적극적으로 매스컴을 타려고 노력했다는 어떠한 정보도 존재하지 않는다고 보았다. 그 때문에 그의 이전 행동은 사건판단과 어떠한 관련성도 없으며, 청구인의 사생활 존중권에 아무런 영향도 미치지 않는다고 판단했다.[49]

⑥ 내용, 형식 그리고 공표 결과

유럽인권법원은 마지막으로 기사를 어떻게 공표했고, 당사자가 어떻게 비춰졌는지 여부가 고려되어야 한다고 밝혔다. 나아가 보도가 전파된 범위, 즉 전국신문인지 아니면 지역신문인지 여부 그리고 높은 발행부수를 자랑하는 것인지 여부도 중요한 관점이라고 밝혔다.

뒤셀도르프 상급법원은 기사에 논박적 입장표명이나 암시가 없었고, FBI 보고서 내용과 다른 형사소추 당국의 입장을 전달하는 데 그쳤다는 사실이 충분히 드러났다고 보았다. 나아가 정보들은 단지 청구인의 직업생활에 관한 것이었으며, 어떠한 내밀한 사적 세부사항의 누설도 아니었다고 판단했다.

한편, 독일 법원들은 뉴욕타임스 기사의 인쇄판이 당시 독일에서 전파되지 않았기 때문에 자신들이 관할권을 가지지 않는다고 생각했지만, 연방대법원은 온라인판 기사를 독일에서 불러올 수 있고, 기사 내 독일 사업가의 언급으로 인해 보도와 독일과의 직접적인 관련성을 부인할 수 없기 때문에 독일 법원의 관할권이 인정된다고 보았다.

그럼에도 뒤셀도르프 상급법원은 온라인-기사가 단지 검색엔진을 수단으로 의도적인 검색을 통해서만 발견될 수 있었기 때문에 그 기사가 가지는 영향력은 독일에서는 미미한 것이었다고 판단했고, 유럽인권법원은 이러한 독일 법원의 결론에 수긍할 수 있다고 밝혔다.

청구인은 자신의 이름을 온라인 검색을 통해서도 기사를 쉽게 발견할 수 있다고 주장했지만, 청구인 스스로도 온라인 검색엔진에서 기사링크를 제거시키려고 노력을 했다는 점이 전혀 확인되지 않는다고 밝혔다.[50]

⑦ 결과

이와 같이 뒤셀도르프 상급법원은 사생활 존중권과 자유로운 의견표현권 사이의 형량에 있어서 유럽인권법원의 판례에서 발전되어 온 기준들을 충분히 고려하고 적용했다고 인정했다. 국가 당국들과 법원들이 이와 같이 판단한 이상, 유럽인권법원은 이와 다른 결정을 내리기 위해서는 중요한 이유들을 가져야 하지만, 이 사건에 그러한 중요한 이유들은 존재하지 않는다고 밝혔다. 상급법원은 상충하는 권리들 사이의 적절한 형량을 행했으며, 자신에 속한 재량 여지 안에서 결정했다고 평가했다. 그에 따라 유럽인권협약 제8조는 침해되지 않았다고 결론 내렸다.[51]

3. 최소한의 증거사실과 충분한 근거

의혹보도의 허용을 위한 두 번째 조건으로서 언론은 자신의 보도에 적절한 주의를 기울일 것을 충족시켜야 한다. 이러한 조건 역시 정당한 이익의 대변이라는 법적 사고가 현 상황에서 가질 수 있는 결정적인 의미로부터 파생된 것이라고 볼 수 있다. 따라서 의혹 제기를 위해서는 최소한의 증거사실과 함께 혐의의 진실성을 위한 충분한 근거들이 존재해야 한다.[52] 다만, 의혹보도의 경우에는 증가된 조사의무가 존재한다는 견해는 문제가 있다. 왜냐하면 의혹보도는 언론이 형법 제186조의 기본원칙과 달리 의혹내용의 진실성에 있어서 여전히 입증이 불가능하다는 사실을 알면서 보도하는 것을 허용하는 것이라는 점에서 다른 보도방식과 구별되기 때문이다.[53]

따라서 증가된 조사의무는 진실조사과정에서가 아니라 확실하지 않은 의혹 상황의 경우에도 필수적 이익형량의 결과 그 의혹을 공개하는 것이 정당한지 여부를 판단하는 과정에서 언론에게 요구되어야 하는 그러한 심사의무의 의미로 이해된다.[54, 55]

그리고 제기된 의혹이 당사자의 명예에 대해 더욱 심각하고 지속적인 영향을 끼칠 수 있다면, 이러한 주의의무에 관한 요청 역시 더욱 높아진다.[56] 그 결과 보도 당시에는 더 이상 최신의 시사적 의미를 가진 혐의도 아닐뿐더러 의혹 발생 이후 시간이 경과했음에도 불구하고 진실로 판명되지도 않았던 사건 혹은 진실성을 담보할 수 있는 근거들이 검찰의 수사과정에서도 생겨나지 않았던 사건의 의혹[57]에 관해 보도하는 것은 의혹보도의 허용원칙에 반한다.

나아가 이러한 적절한 주의의무와 관련해서 당사자의 의견청취는 단지 내적 사실의 의혹을 보도하기 위한 경우뿐만 아니라 모든 형태의 의혹보도에서 언제나 필수적이다. 이에 판례들은 의혹보도를 허용하기 위한 전제로서 보도되어야 할 구체적 혐의점들과 당사자의 대조를 반드시 요구한다. 다만, 당사자가 준비할 겨를도 없이 의혹 상황에 맞닥뜨리게 되는 그런 특정되지 않은 인터뷰를 언론이 요청하는 것만으로는 충분하지 않다. 또한 당사자와 연락이 닿지 않거나 요청된 입장표명을 거부했기 때문에 당사자와의 대조가 불가능할 경우에 언론은 어쨌든 처음 의혹을 전파했던 수사 당국에 그 의혹이 여전히 유지되고 있는지 확인해야 한다.[58]

한편, 언론의 확인의무는 국가의 범죄의혹을 전파하는 경우에는 보다 낮아질 수 있다. 예컨대, 세르비아 민병대를 통한 알바니아 국민들의 대량학살 등이 그것이다. 이는 국가권력의 통제수단으로서 헌법상 위임받은 자유로운 언론의 과제라는 점에서 국가와 자유로운 언론 사이의 조사능력의 불균형문제는 별론으로 하더라도 아직 입증되지 않은 국가의 범죄행위 의혹에 관해서는 다른 당사자들보다 훨씬 더 커다란 범위에서 비판의 대상이 되어야 한다는 점은 의심의 여지가 없다.[59]

연방대법원 1999년 12월 7일 자 판결 – Ⅵ ZR 51/99

사실관계

원고는 1993년 말부터 B.S.시의 도로건설국 담당관으로서 계약 및 발주 부문에서 재직했다. 그리고 1995년 중반까지 지역정치활동을 위해 정당 당직자 지위를 차지하고 있었고, 1989년 이래 마약퇴치협회의 명예이사로 활동했다. 원고는 부당한 보도를 이유로 피고인 "S-쿠리에스"의 발행인 겸 편집인을 상대로 손해배상 청구소송을 제기했다.

검사 F는 1996년 9월 원고에 대해 이익수수 및 뇌물수수혐의의 수사를 개시했는데, 그 이유는 도로표기작업을 취급하는 L 소재 회사 R의 압수수색과정에서 원고에게 송부된 계좌이체서류가 발견됐기 때문이었다. 1996년 10월 8일 원고의 집과 도로건설국의 압수수색 이후 "S-쿠리에스"지는 원고와 접촉하고 나서 1996년 10월 10일 "의혹을 받고 있는 당국"이라는 제목으로 표지에서 원고의 실명공개 없이, 아울러 "중대한 의혹을 받고 있는 전직 공무원"이라는 제목으로 지역 면의 사설에서 원고의 실명을 공개한 상태로 수사절차에 관해 보도하였다. 이때 그 당시 R 회사에서 원고가 운영한 협회로 송부된 기부금이 언급되었다. 원고는 1996년 10월 11일 가처분을 얻어냈는데, 그 내용은 원고의 실명을 공개한 상태로 수사절차에 관해 보도하는 것을 금지하는 것이었다. 이어서 1996년 10월 11일 다른 지방신문은 원고의 제의로 원고의 실명공개 및 원고 사진이 포함된 인터뷰하에서 수사절차에 관해 보도했다. 1996년 10월 12일 자 이 신문의 또 다른 기사에서 수사는 현재 다른 방향으로 흘러가고 있는데, 회사 R의 지배인이 횡령을 은폐하기 위해 날조된 계좌이체 영수증을 작성했다는 혐의를 받고 있다고 보도되었다. 1996년 11월 6일 검사는 결국 원고에 대한 수사절차를 충분한 혐의부족으로 인해 중단했고, "S-쿠리에스"지는 1996년 11월 9일 이에 관해 보도했다. 이에 원고는 해당 보도로 인해 자신의 인격권이 심각하게 침해되었고, 자신의 건강 역시 피해를 입었다며 손해배상청구 소송을 제기했다.

지방법원은 소송을 기각했고, 항소법원 역시 이 사건에 관한 원고의 항소를 기각했다. 원고의 상고는 성공하지 못했다.[60]

① 항소법원의 판단

항소법원은 1996년 10월 10일 자 기사로 인한 손해배상청구권이 원고에게 속하지 않는다고 판단했다.

항소법원은 언론이 의혹보도를 할 경우에는 의혹의 진실, 내용과 출처에 관해 증가된 심사의무를 진다고 인정했다. 아울러 당사자의 신원확인이 가능한 보도에 있어서도 특별한 자제의무를 진다고 보았다. 그럼에도 피고는 검찰, 경찰과 통신사의 보도를 적절하게 인용함으로써 의혹보도의 허용한계 내에서 보도했다고 판단했다. 게다가 피고는 단지 의혹이라는 사실을 충분히 표현했고, 그 결과 원고에 관한 혐의묘사에 충분한 여지가 인정되었기 때문에 중립적인 독자들에게 예단의 인상이 생겨나지 않았다고 보았다. 이는 지역 면 사설보도 역시 마찬가지라고 생각했다. 그리고 여기에서는 원고의 실명공개 역시 허용된다고 보았다. 왜냐하면 현저한 중요성을 지닌 공직에서의 범죄가 문제 되었고, 원고는 마약퇴치협회 활동으로 인해 어쨌든 지역사회 공중의 주목을 받았으며, 그 당시 수사단계에서는 혐의점이 충분히 구체적이었기 때문이라고 밝혔다.[61]

② 의혹 내지 혐의보도의 허용기준

연방대법원은 원고의 상고는 이유 없으며, 1996년 10월 10일 자 신문기사로 인한 손해배상청구권을 인용하지 않은 항소법원의 판결이 정당하다고 판단했다.

범죄행위에 관한 공개보도가 형사피의자의 위법행위 가능성을 공개하고, 따라서 그의 인격을 수용자의 눈에 처음부터 부정적으로 규정했기 때문에, 피의자의 인격권을 현저하게 침해했을지라도 이러한 보도는 단지 인격권 침해가 위법하고 유책할 경우에만 손해배상청구에 이를 수 있다고 밝혔다. 그리고 항소법원은 이를 소송사건의 사정을 고려해서 법적 절차상의 오류 없이 거부했다고 평가했다. 특히 판례에서 도출된 진행 중인 형사법상 수사절차에 관한 의혹보도의 허용한계 안에서 피고가 보도했다고 본 것은 적절하다고 생각했다.

우선, 연방대법원은 독자들은 대개 수사절차의 단순한 개시를 유죄의 입증과 동일시하기 때문에, 나중에 수사절차가 중단된 경우에도 비난받은 범죄혐의에 관해 무엇인가를 떠올리게 된다는 사실이 쉽게 제거되지 않는 위험을 이유로 언론의 주의의무에 관해 증가된 요청이 요구될 수 있다고 본 원고의 주장은 정당하다고 인정했다.

따라서 이러한 의혹보도의 허용을 위한 전제는 우선 정보의 진실내용을 보증해 주고, 보도에 우선적으로 공익적 가치를 수여하는 그러한 최소한의 증거사실의 존재라고 밝혔다. 이때 당사자의 명예가 보도를 통해 더 심각하고 지속적으로 침해될수록 주의의무에 관한 요청이 더 높게 부과될 수 있다고 보았다. 나아가 보도상의 표현은 당사자에 대한 어떠한 예단도 포함해서는 안 되며, 예단적인 표현들을 통해 당사자에게 비난받는 형사상 범죄행위가 이미 입증되었다는 부적절한 인상을 불러일으켜서도 안 된다고 밝혔다.

이러한 원칙에 따라 선정성을 좇거나 아니면 일방적 표현들 혹은 의도적으로 날조된 표현들은 허용되지 않으며, 오히려 피의자의 방어를 위해 제출된 사실이나 주장들이 함께 참작되어야 한다고 요구했다. 또한 항상 당사자의 입장표명이 수집되어야 하며, 마지막으로 그의 보도가 공중의 정보이익을 위해 정당화되는 그러한 중대한

중요성을 지닌 행위여야 한다고 밝혔다.[62]

③ 범죄보도와 진실의무요청의 수위

다른 한편으로 연방대법원은 언론에 적합한 주의의무와 진실의무에 관한 요청이 과도하게 요구되어서는 안 되며, 특히 그 때문에 언론자유의 기능이 해를 입게 되는 그런 정도로 주의의무가 부여되어서는 안 된다고 강조했다. 왜냐하면 범죄행위의 전달은 언론의 과제에 해당하는 그런 시사적 사건이기 때문이라고 밝혔다. 언론이 한 인물의 명예를 위태롭게 할 수 있다는 이유로 단지 그의 진실이 보도시점에 이미 확정되어 있는 그러한 정보만을 전파하도록 허용한다면, 언론은 기본법 제5조 제1항을 통해 헌법상 보장된 그의 여론형성과제를 완전하게 이행할 수 없을 것이라고 보았다. 그리고 이때 최신의 시사보도를 작성해야 한다는 압박으로 인해 언론이 보유한 진실조사에 관한 제한된 수단은 어차피 축소될 수밖에 없다는 점 역시 유의해야 한다고 인정했다. 그 때문에 당사자의 인격권과 공중의 정보이익 사이에 요청된 형량의 범위 내에서는 앞에서 언급된 주의의무 요청이 준수되었다면, 통상 최근의 시사보도와 정보이익이 어쨌든 우위를 점하게 된다고 보았다. 그리고 이러한 경우 만약 나중에 표현의 허위성이 밝혀진다 하더라도 이것은 표현시점을 기준으로 적법한 것으로 인정되어야 하고, 따라서 취소 혹은 손해배상은 고려되지 않는다고 밝혔다. 아울러 일반적으로 언론에도 적용되는 유럽인권협약 제6조 제2항에 따른 무죄추정의 원칙 역시 허용되는 의혹보도의 한계가 지켜졌다면, 적어도 이때에는 보도의 자유를 제한할 수 없다고 밝혔다.[63]

④ 사건판단

연방대법원은 이러한 원칙에 따라 1996년 10월 10일 자 신문기사는 문제 되지 않는다고 판단했다.

우선, 표지에서의 보도와 관련해 원고는 여기에서 자신의 실명이 언급되지는 않았다는 사실을 인정하면서, 원칙적으로 그런 이유에서 보도의 허용을 의문시하지는 않는다고 진술했다. 하지만 원고는 검사가 피의자를 이익수수와 뇌물수수로 비난했다는 표현은 중립적인 독자들에게 원고에 대해 단순한 혐의 그 이상의 범죄비난이 있다는 인상을 불러일으킨다고 주장했다.

하지만 연방대법원은 그러한 원고 주장이 형사소송법상의 관용적 의미해석에 부합하지 않는다고 반박했다. 형사소송법 제152조 제2항에 따르면, 충분한 사실적 근거로 인해 수사절차가 개시된 모든 사람들은 "피의자/용의자"로 지칭된다는 점을 지적했다. 그런 점에서 검찰이 원고에게 이익수수 혐의를 인정했다고 쓰는 것과 그에게 이익수수를 비난했다고 쓰는 것 사이에는 어떠한 차이도 없고, 특히 형사소송법 제136조, 제163a조 4호는 피의자에게는 하나의 범죄혐의가 인정된다고 직접 언급하고 있다고 밝혔다.

오히려 결정적인 것은 수사절차의 내용과 상황에 관한 기초적 진술이 적절했다는 사실과 이미 "의혹을 받고 있는 당국"이라는 기사제목에서 단지 혐의에 관해서만 보도되었다는 사실이라고 보았다.

이어서 연방대법원은 1996년 10월 10일 자 "중대한 의혹을 받고 있는 전직 공무원"이라는 제목의 "S-쿠리에스"지 기사 역시 어떠한 부당한 예단을 나타내지는 않는다고 판단했다. 비록 "중대한 의혹"으로서 지칭은 검찰의 보고나 지금까지의 수사결과를 근거로 한 것은 아니라고 인정했다. 하지만 기사가 법적 문외한에 의해 작성되었다는 점이 참작되어야 한다고 밝혔다. 어차피 형사소송법에 따른 혐의의 단계에는 존재하지 않는 "중대한 혐의"라는 개념이 법률 비전문가에게는 익숙할 리 만무하다는 사실이 고려되어야 한다고 보았다. 오히려 이러한 비전문가에게는 압수수색결정에 근거해 여러 시간에 걸친 가택수색이 행해졌다면, 이를 중대하거나 심각한 혐의라고 생각하는 것이 합당하다고 생각했다. 무엇보다 원고가 일반적인 언어사용의 의미에서 "중대한 의혹"이라는 표현을 쉽사리 심각한 중범죄의 위반혐의가 존재한다는 의미로 이해한 것이 잘못이라고 지적했다. 어쨌든 이러한 의미 이해를 인정하더라도 보도 당시 수사절차의 상황에 따라 비추어 볼 때 이 표현은 문제 되지는 않는다고 밝혔다. 왜냐하면 서로 배제될 수 없는 표현내용의 다의적 해석이 가능하다면, 표현주체에게 더 유리하고 당사자를 덜 침해하는 그러한 해석이 법적 평가의 바탕으로 되어야 하기 때문이라고 밝혔다.

마지막으로 연방대법원은 1996년 10월 10일 자 두 개의 기사와 관련해 피고의 조사의무를 문제 삼은 원고의 상고 역시 성공하지 못한다고 판단했다. 원고는 해당 기사에서 언급된 자신에 의해 운영되는 협회에 송부된 R 회사의 기부금은 단 한 번도 조사대상이 아니었고, 회계과장의 입장표명 역시 부적절하게 인용되었다고 항변했다. 그런 점에서 기부금과 관련해서는 피고에 의해 직접 취재되었고, 항소법원 판결이 이를 명백히 언급한 바 없다는 지적은 적절하다고 인정했다. 하지만 항소법원은 민사소송법 제543조 제1항에 따른 적합한 방식으로 지방법원의 판결을 참조했다고 밝혔다. 거기에서는 피고의 질문에 대해 협회 회계과장이 1991년 협회 계좌로 R 회사의 몇 번의 기부금이 들어왔다고 1996년 10월 9일에 말한 사실이 있는지 여부는 중요하지 않다고 지적되었는데, 왜냐하면 그 회사의 1996년 10월 29일 자 서류에서 어쨌든 이 회사로부터 1990년과 1993년 당시 1천 마르크의 기부금이 이체되었다는 사실이 증명되었기 때문이라고 밝혔다.[64]

⑤ 수사절차에 관한 보도에 있어서 실명공개의 허용성 문제

나아가 연방대법원은 대상 판결이 지역 면 기사와 관련해 원고의 실명을 공개하는 것이 허용된다고 본 것은 어떠한 법적 오류를 나타내지 않는다고 판단했다.

항소법원이 피의자의 신원사항이 포함되거나 신원확인이 가능한 범죄혐의보도에 있어서 언론에 특별한 자제가 요청된다고 언급한 것은 정당하다고 인정했다. 이에 따라 수사절차에서 피의자의 실명언급은 앞에서 언급된 정당한 의혹보도에 관한 요청에 더해 추가적으로 필수적인 형량과정에서 당사자의 비밀유지 이익의 고려하에서도 공중의 정보이익이 우월하다는 점을 전제한다고 밝혔다. 이러한 요청에 따라

실명공개는 단지 중대한 범죄이거나 공공성과 특별히 관계되는 범죄행위에 관해서만 고려된다고 판시했다.

하지만 이 사건에서 문제 된 이익수수와 뇌물제공의 불법행위는 형법상 법정형이 단지 중간이나 평균 수준의 범죄행위 영역에 귀속될 수 있음에도 불구하고 특별히 공중의 관심을 끄는 사안이고, 국가계약과 공무원의 형사범죄와의 결합으로 인해 언론의 정보 역할에 증가된 중요성이 다가오는 그런 범죄행위에 해당한다고 보았다. 이러한 경우에는 피의자의 인적 지위와 범죄행위의 성격으로 인해 '중대한 범죄'라는 제한 아래에서도 실명공개 보도가 허용된다고 밝혔다.

아울러 이 사건 보도시점에 존재했던 혐의의 정도도 실명공개 보도를 방해하지 않는다고 본 항소법원의 판단은 어떠한 우려도 생기지 않는다고 밝혔다. 언론이 단지 빈약한 사실 및 조사근거에 기초할 경우에는 익명으로 보도를 하거나, 아니면 완전히 보도를 포기해야 함에도 불구하고 이 사건에서는 R 회사에서 발견된 원고의 이름이 적힌 계좌이체 서류와 원고의 마약퇴치협회에 보내진 송금을 고려하면, 원고의 실명공개를 적법한 것으로 나타낼 수 있는 충분한 증거사실이 존재했다고 인정했다.

또한 원고의 인물에 관한 특별한 이익 역시 항소법원은 적절하게 평가했다고 판단했다. 그간 언론보도를 통해 공중 속에서 차지했던 원고의 지위는 충분히 증명되었고, 피고에 의해서도 이것이 의심되지 않았다고 밝혔다. 항소법원은 아울러 1996년 10월 11일 다른 지역신문에서 수사절차에 관한 보도 외에도 자신의 사진과 함께 인터뷰가 게재되었다는 점에서 원고의 부각된 역할을 말해 주는 또 다른 증거를 참작한 것은 정당하다고 밝혔다. 그리고 이미 마약퇴치협회에서의 활동을 통해 지역주민들의 주목대상이 되었기 때문에, 이전 원고의 직업활동과 자신에 의해 운영되었던 협회 사이의 관련성을 나타낼 수 있는 수사절차에서 원고의 연루의혹에 관해서는 공중의 정보이익이 부인될 수 없다고 밝혔다. 그런 점에서 원고의 이름이 단지 지역 면에서만 공개되었다는 점과 어쨌든 지역에서 원고의 신상은 도로건설국에서의 그의 활동이나 마약퇴치협회의 대표로서의 활동의 묘사를 통해 명백한 실명공개 없이도 쉽사리 가능했을 것이라는 점 역시 고려되지 않을 수 없다고 밝혔다.

이러한 모든 사정에 따라 원고는 1996년 10월 10일 자 보도에서 어떠한 손해배상 청구권도 끌어낼 수 없고, 원고의 상고는 기각될 수 있다고 판단했다.[65]

유럽인권법원 2017년 10월 19일 자 판결 – 35030/13

사실관계

청구인은 뮌헨에 소재한 출판사로서 2008년 페트라 레스키의 "마피아"라는 제목의 책을 발간했다. 저자인 페트라 레스키는 마피아에 관한 저작들로 국제적 명성을 얻었다. 이 책은 재판을 거듭했고, 이탈리아에서도 발간되었다. 저자는 무엇보다 마피아와 독일의 연관성을 다루었고, 그중에서도 특히 2007년에 발생한 일명 '뒤스부르크의 마피아 살인사건'에 관해 보도했다. 책 157면과 158면에서는 현재 독일에 살고 있고, 은드라게타 조직원일 것이라는 의혹을 받는 이탈리아인 SP에 관해서도 다뤄졌다. 책에서 실명이 거론된 SP는 이미 1997년 조직범죄와 관련되어 있다고 언급되었지만, 정작 그는 한 텔레비전 인터뷰에서 자신이 은드라게타의 조직원이라는 사실을 전면 부인했다.

SP의 가처분신청으로 뮌헨 지방법원은 2008년 11월 13일 청구인에게 발행서적 내의 다툼이 된 부분을 금지하라고 명령했고, 2008년 12월 15일 당사자 진술청취 후 결정을 확정했다. 뮌헨 상급법원은 2009년 4월 7일 청구인의 불복신청을 기각했다.

뮌헨 지방법원은 2011년 6월 22일 본안소송에서 가처분을 확정했지만, SP가 요구한 2만 유로의 손해배상 지급청구는 거부했다. 그의 항소로 뮌헨 상급법원은 2011년 11월 29일 심각한 인격권 침해를 이유로 1만 유로의 손해배상지급을 선고했다. 연방헌법재판소는 2013년 11월 19일 청구인의 헌법소원에 대해 이유의 고지 없이 거부했다.

2013년 5월 29일 청구인은 유럽인권법원에 제소했고, 뮌헨 상급법원의 1만 유로의 손해배상 지급선고는 유럽인권협약 제10조에 위반된다고 주장했다. 2017년 유럽인권법원은 6:1로 유럽인권협약이 침해되지 않았다고 결정했다.[66]

① 유럽인권법원의 심사범위

유럽인권법원은 청구인에 대한 손해배상 지급판결은 그의 자유로운 의견표현권 내로 개입하는 것이고, 이러한 개입은 유럽인권협약 제10조 제2항의 의미상 "법적 근거"가 있는 것이라고 판단했다. 또한 이 개입은 협약 제10조 제2항의 의미상 정당한 목적, 즉 "명예의 보호나 타인의 권리보호"를 추구하는 것이라고 인정했다. 따라서 청구인의 협약 제10조에 따른 자유로운 의견표현권과 SP의 협약 제8조에 따른 사생활과 명예의 보호권 사이의 적절한 균형이 이뤄졌는지 여부에 관한 심사가 남는다고 밝혔다.[67]

② 유럽인권법원의 형량을 위한 판단원칙들

유럽인권법원은 심사를 위해 유럽인권협약 제10조와 제8조에 관한 그간의 판례에서 형성되어 온 원칙들을 참조해야 한다고 밝혔다. 이러한 원칙들은 소송대상 책이 공적 관심의 문제들을 다루는 이상, 책 속의 내용들에 대해서도 적용된다고 보았다.

일단, 유럽인권법원은 국가 당국과 법원이 충돌하는 이익들 사이의 균형을 맞춰야 하는 이러한 사건들에 있어서 국가기관은 일정한 재량 여지를 가진다고 밝혔다. 하지만 이러한 재량 여지는 법률뿐만 아니라 비록 독립된 법원이 법률을 적용하는 판결에서도 유럽의 감시와 연대하에 인정된다고 보았다. 다만, 이러한 감시방법과 관련해서 유럽인권법원의 과제는 국내법원 대신에 판결을 내리는 것이 아니라 재량 여지의 범위 안에서 내려진 판결들이 협약의 해당 규정들과 일치하는지 여부를 모든 사정의 고려하에서 심사하는 것이라고 설명했다. 따라서 국가 당국과 법원들이 두 상충하는 권리들의 형량을 그간의 유럽인권법원 판례에서 발전되어 온 원칙들의 준수하에서 결정했다면, 유럽인권법원이 국내법원의 견해들 대신에 자신의 견해로 대체하기 위해서는 중요한 이유들을 가져야만 한다고 강조했다.

한편, 유럽인권법원은 상충하는 권리들의 형량에 있어서 특정한 기준들을 발전시켜 왔다고 강조하면서, 그러한 기준들로는 다음과 같은 것들을 제시했다: 공적 이익의 토론에 기여; 당사자의 지명도; 보도대상; 정보를 획득한 방식과 그 정보의 진실성; 당사자의 이전 행동; 보도의 내용, 형식 그리고 영향력; 가해진 제재의 심각성.[68]

③ 공적 이익의 토론에 기여

유럽인권법원은 첫 번째 기준으로서 공적 이익의 토론에 기여라는 기준을 제시했고, 이 기준은 보도가 정치적 문제 혹은 형사범죄와 관련된 경우에 인정된다고 보았다.

그리고 독일 법원들 역시 범죄조직에 관한 정보를 제공받는 것은 현저한 공적 이익이 존재하는 것이라고 생각했으며, 심지어 뮌헨 상급법원은 공중에게 독일에서 은드라게타의 활동을 알려주는 언론의 활동은 존중받을 만하며 언론의 의무에 부합하는 것이라고 판단했는데, 이는 타당하다고 보았다. 따라서 청구인에 의해 발행되는 책이 공적 관심의 토론에 기여한다는 점이 인정된다고 확정했다.[69]

④ 지명도와 보도대상

유럽인권법원은 당사자의 역할이나 직책은 앞서 언급된 기준과의 관계에서 또 다른 중요한 판단요소라고 밝혔다. 이때 사인, 정치인 그리고 공적 생활의 인물들과 같은 공적인 역할을 맡은 사람들은 서로 구별되어야 한다고 강조했다. 이에 공중 속에서 알려지지 않은 사인은 자신의 사생활권의 특별한 보호를 요구할 수 있는 반면, 공적 생활의 인물은 그렇지 않다고 보았다.

독일 법원들은 이 문제를 명백히 다루지 않은 채 단지 SP는 레스토랑 소유자라고만 언급했지만, 유럽인권법원은 이 사람이 사적 인물로서 특별한 보호를 요구할 수 있다고 밝혔다.[70]

⑤ 정보획득방식과 그 정보의 진실성 여부

유럽인권법원은 이러한 기준과 관련해 유럽인권협약 제10조는 언론 역시 중요한 공적 관심사에 관한 자신의 보도에 있어서 무제한의 완전한 언론자유를 보장받지는 못한다는 사실이 상기되어야 한다고 밝혔다. 유럽인권협약 제10조 제1항에 따라 의견자유의 행사는 "의무와 책임"과 결합되며, 이것은 공적 이익의 중요한 문제에 관한 보도에 있어서도 마찬가지로 적용된다고 강조했다. 이러한 "의무와 책임"으로 인해 언론이 선의로 보도하고, 정확하고 신뢰할 만한 사실들을 언론의 직업윤리와의 일치 하에서 제시하는 조건하에서 유럽인권협약 제10조는 공적 관심의 문제를 보도할 언론인의 권리를 보호한다고 설명했다.

나아가 이러한 "의무와 책임"은 실명이 공개된 인물의 명예에 대한 공격과 다른 사람의 권리의 침해가 문제 될 경우 특히 중요하다고 생각했다. 따라서 언론이 통상 개인들에 관한 명예훼손적 사실주장들을 조사할 적절한 의무로부터 벗어나기 위해서는 특별한 이유들이 존재해야 한다고 밝혔다. 그리고 이러한 이유들이 존재하는지 여부는 특히 명예훼손 주장의 성격과 심각성 및 언론이 그 주장과 관련해 자신의 취재원들을 얼마만큼 이성적으로 믿을 수 있었는지에 달려 있다고 보았다. 그리고 이러한 문제는 언론의 보도에 있어서 결정적 시점에 나타났던 사정들에 비추어 대답되어야 한다고 밝혔다. 그 밖에 일련의 또 다른 관점들, 언론이 보도 전에 적절하게 조사했는지 및 언론이 당사자에게 방어의 기회를 제공했는지와 같은 출처의 신뢰성 그리고 보도의 신속성 요구와 같은 측면들이 고려되어야 한다고 덧붙였다.

그리고 마지막 언급된 보도의 신속성 요구관점과 관련해서 유럽인권법원은 언론에 있어서 시사뉴스는 수명이 짧은 자산이며, 그의 보도를 연기하는 것은 단지 짧은 시간에 불과할지라도 언론에서 모든 가치와 이익을 제거하는 것을 의미할 수 있다고 밝혔다.

한편, 언론이 납득할 만한 우려가 존재하는 문제에 관한 토론에 기여할 경우에는 통상 관청의 보고내용이나 검찰대변인의 정보들에 대해서 자신의 조사를 거칠 필요

없이 이를 신뢰해도 된다고 보았다. 다만, 이때에는 그에 관한 출처가 분명하게 제시되는 것이 필수적이라고 조건을 달았다.

이에 따라 유럽인권법원은 현재의 사건에서 일단 청구인이 이른바 SP의 은드라게타 조직원 의혹을 추정으로서 나타냈지 확정된 사실로서 나타내지는 않았다고 평가했다. 그럼에도 독일 법원들은 다툼이 된 책 구절이 SP가 은드라게타 조직원이라는 사실을 매우 단정적으로 표현했고, 그러한 강력한 추정을 증명하지 못했다고 청구인을 비난했다. 뮌헨 상급법원은 책 속의 몇몇 진술들은 적절하지 않으며, 연방수사청의 내부보고서는 SP의 은드라게타 조직원 의혹에 관해 단지 막연한 혐의점들만을 포함하고 있었다고 밝혔다. 하지만 청구인은 그러한 보고서에 표현된 혐의 정도를 과장되게 표현했고, 추가적 사실들을 통해 입증할 수 없었다고 판단했다. 또한 독일 법원들은 연방수사청의 내부보고서가 외부공개를 위해 결정된 바 없었기 때문에, 언론인이나 저자들에게는 자신의 추가조사를 행할 의무가 면제될 수 없었다고 생각했다.

이러한 독일 법원의 견해에 대해 유럽인권법원은 언론인의 조사에 있어서 내부서류가 가지는 의미에 대해 재차 반복해서 설명하면서, 출판자유는 "의무와 책임"과 결합되어 있다고 인정했다. 그런 점에서 유럽인권법원은 공개된 관청의 보고서나 관청의 보도자료와 관청의 내부보고서는 구별되어야 한다는 독일 법원의 입장에 동의했다. 첫 번째의 것들은 언론인이 또 다른 사후조사 없이 신뢰할 수 있지만, 후자의 것들은 그렇지 않다고 보았다. 따라서 설사 관청의 내부보고서가 중요한 출처가 될 수 있음에도 불구하고 충분한 사후조사를 통해 내부보고서의 진실성을 떠받칠 의무를 언론인에게 완전히 면제시킬 수는 없다고 생각했다. 아울러 출처의 신빙성이 명백히 제시되고, 이러한 출처에 근거한 정보라는 사실이 분명하게 표현되는 것이 필수적이라고 판시했다. 이는 범죄행위의 의혹에 관한 보도에서 특히 중요하며, 여기에서는 무죄추정의 원칙이 중요한 역할을 한다고 강조했다. 결국 청구인이 자신의 주장을 충분하게 입증하지 않았다는 독일 법원의 확정은 적절하다고 인정했다.

이어서 청구인이 SP에게 방어를 위한 기회를 주지 않았기 때문에 자신의 저널리즘적 의무를 이행하지 않았다는 독일 법원의 확정에 동의한다고 밝혔다. 10년이나 지난 과거의 사건이라는 사실이 SP와 접촉할 청구인의 의무를 면제시키지는 않는다고 보았다. 또한 이 사건에서는 책의 공표가 문제 되었기 때문에 최신뉴스의 공표와 같은 신속성 요청이 존재하지 않는다고 생각했다.

이러한 이유들에서 유럽인권법원은 정보들의 진실성에 관한 뮌헨 상급법원의 견해에 동의할 수 있다고 밝혔다. 연방수사청의 단순한 내부보고서는 청구인이 발행한 책 속의 주장들에 관한 충분한 근거가 될 수 없고, 나아가 청구인과 저자는 독일 소송과정에서 자신들의 주장들을 보증할 추가사실의 입증을 하지 못했다고 인정했다. 그리고 유럽인권협약은 증거의 허용성에 관한 규정이나 증거평가에 관한 규정을 포함하고 있지 않기 때문에, 이러한 문제는 우선적으로 국내법과 국내법원에 의해 해결된다고 밝혔다. 그리고 청구인에 대한 소송절차에서 청구인은 반대의견의 제시가 가능했고, 자신의 논거들을 진술할 수 있었다고 덧붙였다.[71]

⑥ 당사자의 이전 행동

유럽인권법원은 당사자의 공표 전 행동이나 다툼의 여지가 있는 정보가 이전 발간물에서 이미 공표되었다는 사실 역시 고려되어야 할 요소들이라고 밝혔다.

뮌헨 상급법원이 청구인은 SP에게 자신이 은드라게타의 조직원이라는 주장에 대해 입장을 표명할 어떠한 기회도 주지 않았다고 확정했을 때, 청구인은 이에 대해 이탈리아 신문들과 독일 내 다른 책들에서 이미 그에 관해 다루었기 때문에 조직원 의혹은 일반적으로 알려진 사실이었다고 반박했다. 하지만 상급법원은 이러한 보도들은 청구인에 의해 발행된 책의 발간 이후 일어난 것이라는 점을 들어 청구인의 논거를 배척했다.

유럽인권법원은 마찬가지로 이에 동의한다고 밝히면서, 이에 덧붙여서 1997년 텔레비전에 대한 SP의 입장표명이 있었다는 이유로 이후의 보도들에서 청구인의 입장표명 기회를 제공할 의무가 사라지지는 않는다고 분명히 했다.[72]

⑦ 내용, 형태 그리고 보도의 영향력

유럽인권법원은 보도가 어떤 형태로 공표되었는지 그리고 당사자가 거기서 어떻게 묘사되었는지도 고려되어야 할 또 다른 사정들이라고 밝혔다. 공적 관심의 문제에 관한 공개토론에 가담한 사람은 누구나 어느 정도의 과장 심지어 도발을 사용하거나 다소 지나친 표현들을 이용하는 것이 일반적이라고 보았다. 하지만 감내할 수 있는 과장이나 도발 혹은 다소 과장된 표현과 언론인이 공표 당시에 알았던 사실의 왜곡은 서로 다르다고 보았다. 다만, 어떤 표현형태를 언론인이 선택해야 하는지 언론에 말하는 것이 유럽인권법원의 과제 혹은 그 밖에 국내법원의 과제는 아니라고 밝혔다. 유럽인권법원이나 국내법원이 특정 진술을 어떻게 표현했을지가 관건이 아니고 언론이 책임 있는 저널리즘 활동의 한계를 넘어섰는지 여부를 판단하는 것이 법원의 몫이라고 설명했다. 특히 범죄행위에 관한 주장에 있어서는 혐의대상자가 자신의 죄책이 입증될 때까지는 무죄로 간주된다는 사실이 준수되어야 하며, 피고의 유죄나 무죄에 관해 결정하는 것은 법원의 임무라고 강조했다. 이에 따라 독일 법원의 입장이 중요하다고 밝혔다.

상급법원은 청구인에 의해 발행된 책 안에 놓여 있는 수많은 개별정보의 상호작용이 SP가 범죄조직 은드라게타의 조직원이라는 강력한 의혹이 존재한다는 인상을 불러일으킨다고 보았다. 더군다나 책 안에서 어떠한 의혹해소가 가능한 사실들이 언급되지 않았기 때문에 그 주장들은 충분히 균형을 갖추지 않았고, 당사자의 선입견에 이르게 했다고 판단했다. 따라서 SP는 은드라게타의 조직원이라는 단정적인 인상을 불러일으킴으로써 그 책의 저자는 책임 있는 저널리즘활동의 한계를 넘어섰다고 결론지었다.

유럽인권법원 역시 문제의 구절이 SP에 관한 강력한 의혹을 표현했다는 사실에 의견을 같이했다. 따라서 유럽인권법원은 청구인이 책임 있는 저널리즘활동의 한계를 넘어섰다는 독일 법원의 추론은 모순이 없다고 인정했다.[73]

⑧ 가해진 제재의 심각성

마지막으로 유럽인권법원은 개입의 비례성 판단에 있어서 제재의 방식과 심각성 역시 고려되어야 한다고 밝혔다. 유럽인권법원은 이 사건 제재가 언론에 비판을 금지하게 만들기 위한 검열의 형태로 이뤄지지 않았다는 점에 관해서는 의심의 여지가 없다고 밝혔다.

뮌헨 상급법원은 심각한 인격권 침해를 야기하는 책의 주장들이 이미 발간되었기 때문에 SP에게 1만 유로의 손해배상을 선고하는 것은 불가피하다고 판단했다.

이에 대해 유럽인권법원은 이 사건에서 상급법원이 요청된 손해배상액의 절반만을 선고했고, 저자가 아니라 출판사인 청구인에 대해서만 지급선고가 내려졌다는 점을 중요하게 고려했다. 그리고 책이 이미 발간되었다는 사정하에서 가처분만으로는 SP의 명예에 대한 침해를 완전히 제거할 수 없다고 생각했다. 아울러 한 신문에서 취소문이 공표될 수 있는 경우와 달리 책의 발간에는 어떠한 효과적인 다른 피해구제 방식도 불가능하다는 독일 당국의 견해 역시 수긍할 수 있다고 밝혔다. 마지막으로 청구인은 손해배상 액수나 그 밖의 특별한 사정이 자신의 재정적 상황에 있어서 과도한 부담일 수 있다는 점을 주장, 입증하지도 않았다고 지적했다. 이를 고려하면 1만 유로의 선고 액수는 과도하지 않으며, 그러한 결정이 청구인의 경제적 상황을 고려할 때 검열의 방식에 해당하거나 장래에 책을 발간할 의지를 저하시키는 것도 아니라고 판단했다.[74]

⑨ 결론

유럽인권법원은 독일 법원들이 SP의 사생활 및 그의 명예존중권과 청구인의 의견자유권을 신중하게 형량했다고 평가했다. 형량과정에서 전달된 정보의 진실성 및 청구인의 출판기업으로서 책임과 의무 그리고 다툼이 된 책 구절들의 내용과 형태가 지니는 본질적 의미를 간과하지 않았다고 인정했다. 따라서 국가 당국과 법원들이 자신의 형량을 유럽인권법원의 판례에서 발전되어 온 기준들의 준수하에 성취했다면, 유럽인권법원은 국내법원의 견해를 자신의 견해로 대체하기 위해서는 그럴 만한 중요한 이유들을 가져야 한다고 밝혔다.

이러한 사정들과 국내법원들이 상충하는 이익들의 조정에 있어서 가진 재량 여지를 고려하면, 유럽인권법원은 자신의 견해를 국내법원의 견해에 대신할 어떠한 중요한 이유들도 가지지 못한다고 판단했다. 따라서 유럽인권협약 제10조는 침해되지 않았다고 최종 결정했다.[75]

4. 의혹과의 거리 두기

마지막으로 판례는 허용되는 의혹보도의 전제조건으로서 언론이 일정한 표현방식을 통해 해당 보도는 단지 잠정적인 하나의 의혹에 불과하다는 사실을 밝힐 것을 요구한다.[76] 언론은 이것을 도식적으로 혹은 형식적으로 이해해서는 안 되고, 의혹내용과 명백히 거리를 둘 경우에만 가능하다.[77] 따라서 언론은 상황이 어쨌든 열려 있고, 의혹은 입증되지 않았으며, 그 의혹의 진실성에 대해서도 더 이상 동의하지 않는다는 점을 가능한 기타의 방식으로 분명히 밝힌 경우에도 원칙적으로 이러한 요구를 충족한 것으로 볼 수 있을 것이다.[78, 79]

한편, 고소 제기 그 자체는 어떠한 내용상의 진실성을 보증해 주는 것은 아니기 때문에, 고소 제기에 관한 보도 역시 의혹보도와 동일한 조건들하에서 적법하게 된다.[80] 그리고 의혹보도에서 아직 확정된 상황이 아니라는 점을 정확하게 지적해야 할 요청은 편집국이 공적으로 중요한 사안에서 두 가지 가능한 입장을 그대로 전달하고, 그것들 중 하나의 입장에 무게를 두기는 했지만 그의 표현에서 다른 해석 역시 고려된다는 가능성이 열려 있는 이상, 이러한 거리 두기 요청을 충분히 준수한 것으로 평가된다. 또한 검찰이 기자회견에서 특정한 범죄행위의 정황을 확정된 것으로서 지칭한 경우에도 언론에 그와 같이 확정된 비난들을 제한적으로 표현할 것이 요구될 수는 없다.[81]

마지막으로 허용되는 의혹보도의 조건을 갖춘 경우에는 의혹이 부당하게 제기되었다는 사실이 증명된 이후에야 비로소 당사자는 언론에 대한 민사상 청구 등을 행사할 수 있고, 이 경우 입증책임은 피해당사자에게 있다. 만약 피해자가 의혹의 부당함을 입증할 수 없고, 언론이 위에서 언급된 의혹보도의 원칙을 준수한 이상, 언론에게 그에 관한 또 다른 보도가 금지되어서는 안 된다.[82]

뮌헨 상급법원 1995년 11월 17일 자 판결 – 21U 3032/95

사실관계

원고는 한 텔레비전 방송에 대해 금지, 취소, 손해배상 의무확정 그리고 위자료를 청구했다. 원고는 심리학자이며, 뮌헨에서 진료실을 운영한다. 피고1은 남서부방송이고, 피고2는 제1공영방송 프로그램 "리포트"의 편집국장이며, 피고3은 1993년 6월 14일 자 원고에 의해 문제 된 표현을 보도한 "리포트" 프로그램의 책임편집자이다. 1993년 6월 14일에 피고1은 제1공영방송(ARD)에 의해 방송된 "리포트"를 자사 방송에 편성했다. 방송의 주제는 무엇보다 임상심리의사가 여성 환자들을 대상으로 저질렀던 성폭행 문제였다. 보도에서는 뮌헨 대중연예신문인 "tz"에 실렸던 원고의 사진이 원고의 실명과 함께 첨부되었고, 원고와의 인터뷰도 방영되었다. 원고가 문제 삼은 방송 부분은 한 주요증인이 원고에 관련해서 관할수사 당국에서 했던 자세한 증언내용 관련 일부보도였는데, 거기에서 자신이 임상심리의사로부터 가학-피학적 역할을 강요당했다는 주요증인의 진술내용이 인용되었다. 이와 더불어 원고에 대한 수사절차가 보도되었고, 그 밖의 증인 K의 인터뷰도 방영되었다. 이 인터뷰 장면의 삽입에 앞서 원고가 자신의 환자들을 채찍질하고 오줌을 주었으며, 성폭행했다는 사실을 전해 들었다고 말하는 이 증인의 발언내용도 방송되었다. 이후 뮌헨검찰은 원고에 대한 수사절차를 형사소송법 제170조 제2항에 따른 범죄혐의 불충분을 이유로 중단했다. 오버바이에른 정부는 행정처분을 통해 임상시술면허 박탈이라는 조치를 취했다. 하지만 즉각적인 집행명령은 없었다. 원고는 행정조치에 대해 소송을 제기했다. 원고는 1심 법원에서 방송에서 거론된 주요증인이자 자신의 환자 W는 오버바이에른 정부나 경찰 고소에서도 자신에 의해 가학-피학적 역할을 강요당했다는 사실에 관해 말한 적이 없다고 주장했다. 이 환자는 정신병 환자이며, 이 환자에 의해 제기된 주장은 대체로 그녀의 환상에 따른 것이라고 진술했다. 방송에서는 환자와의 아무런 거리 두기도 없었기 때문에, 피고는 그 표현들을 자신의 주장으로서 책임져야 한다고 항변했다. 나아가 방송에서는 검찰이 항거불능상태의 사람에 대한 성폭행(형법 제179조)으로 인해 수사했다는 잘못된 인상이 생겨난다고 주장했다. 동시에 부당한 방식으로 자신의 실명 전체가 공개되었다고 비난했다. 원고는 자신이 상대적, 시사적 인물도 아니고 절대적, 시사적 인물도 아니라고 반박했다. 또한 자신은 두 가지 조건하에 자신의 인터뷰 내용이 방영되는 것에 동의했다고 밝혔다. 그 조건으로는 환자 W의 고소를 통해 자신에게 제기된 모든 비난들에 대해 입장을 취할 기회가 주어져야 하고, 이와 더불어 방송을 내보내기 전 자신에게 방송내용을 직접 확인할 기회가 주어져야 한다고 요구했으며, 두 가지 조건 모두 피고가 확약했다고 주장했다. 하지만 정작 피고는 단지 인터뷰 일부만 방송했다고 공격했다. 특히 자신에 대해 제기된 비난들이 가진 광고적 특성을 지적한 부분들이 삭제되었다고 밝혔다. 성폭행 혐의에 대해서도 가학-피학적 진료방식의 의혹에 대해서도 아무런 입장을 취할 수 없었다고 항의했다. 또한 증인 K는 방송내용에서 주장한 것처럼 말하지도 않았고, 그 인용내용은 사실도 아니라고 반박했다. 그리고 피고는 증인 K의 인용진술을 자신의 것으로 삼는 식으로 보도 내에 삽입했다고 주장했다. 한편, 증인 K는 당시 자신과 다투고 헤어졌던 직원의 여자 친구이며, 이 직원이 현재 진행 중인 법정 소송의 원인을 제공했다고 밝혔다. 또한 자신은 이 보도가 전국적으로 전파됨에 따라 동료 임상의들로부터 비난성 전화가 폭주했으며, 그 밖에 대중들로부터도 비난의 대상이 되었기 때문에 적어도 5만 마르크의 위자료가 지급되어야 한다고 덧붙였다.

하지만 지방법원은 소송을 기각했다. 원고는 항소법원에 재차 뮌헨 지방법원의 판결은 파기하고 다음과 같이 선고해 달라고 청구했다.

1. 피고는 2년까지의 질서구금을 대체할 수 있는 5십만 마르크의 벌금을 면하기 위해서는 다음과 같은 주장을 원문 그대로 혹은 유사하게 제기하거나 전파하는 것을 금지해야 한다.

a) 주요증인은 관할수사 당국에 원고가 가학-피학적인 역할을 강요했다고 주장했다.

b) 'K'라는 이름의 심리임상의사는 원고가 환자들을 채찍질했으며, 환자들에게 마실 오줌을 주었다고 들었다.

2. 피고는 이러한 두 개의 주장을 취소해야 하며, 피고1은 남서부 바덴-바덴 방송사에 의해 송출되는 다음번 방송에서 다음과 같은 취소보도를 공표해야 한다: 우리는 1993년 6월 14일 자 "리포트" 방송에서 한 주요증인이 관할수사 당국에 N 심리임상의사가 자신에게 가학-피학적 역할을 강요한 적이 있다고 진술했다는 내용을 보도한 바 있으며, K라는 이름의 심리임상의사는 N 씨가 환자들을 채찍질하고, 마실 오줌을 주었다고 들었다는 내용을 보도한 바 있습니다. 우리는 이러한 주장을 취소합니다.

3. 피고는 추후보완보도의 방식으로 다음의 내용을 공표해야 한다: 우리는 1993년 6월 14일 자 "리포트" 방송에서 N 씨의 성폭행 혐의로 인해 뮌헨검찰이 수사절차가 개시됐다고 보도했습니다. 하지만 뮌헨검찰은 이 수사절차를 1994년 9월 26일에 고소권자의 신뢰성 부족으로 인해 형사소송법 제170조 제2항(혐의 불충분)에 따라 중단했습니다.

4. 법원은 피고들이 원고에게 위 1호에서 언급된 주장들의 전파에서 생겨났거나 향후 생겨날 손해들을 배상할 의무를 연대책임하에 진다고 확정한다.

5. 법원은 피고들이 원고에게 생겨난 비물질적 손해의 보전을 위해 재량으로 정한 액수를 지불하라고 선고한다.

원고의 항소는 성공하지 못했다.[83]

① 금지청구와 형량의 필요성

뮌헨 상급법원은 형법 제185조 이하, 민법 제824조, 826조, 1004조 제1항 제2문과 결합한 민법 제823조 제1항, 제823조 제2항의 유추적용하에 원고의 일반적 인격권과 영업권(본래의 영업행위를 하는 자가 아닌 자유직업 종사자에게도 동일한 원칙이 적용) 혹은 신용훼손으로 인한 금지청구권이 존재하지 않는다고 선고했다.

상급법원은 주요증인이 관할수사 당국에 원고가 자신에게 가학-피학적 역할을 강요했다고 주장했다는 표현 및 K라는 이름의 심리임상의사가 원고가 환자들을 채찍질하고, 마실 오줌을 주었다고 들었다는 표현들은 대체로 적절한 사실주장이라고 인정했다. 원고가 문제 삼은 표현의 구체적 침해형태를 살펴볼 때, 해당 사실주장들은 비난내용의 진실 여부가 중요한 게 아니라 증인들이 실제로 저러한 표현들을 했거나 들었는지 여부의 문제가 관건이라고 밝혔다.

상급법원은 대상 표현들이 결론적으로 위법하지 않다고 판단했다. 우선 원고의 일반적 인격권(기본법 제2조 제1항)과 피고의 의견자유와 방송자유(기본법 제5조 제1항 제1문과 제2문) 사이의 긴장상태로 인해 상충하는 기본법상 가치와 이익들의 개별적 형량이 필수적이라고 인정했다. 그리고 이 사건에서 원고의 권리는 방송의 보호 역할로 인해 잠식된다고 밝혔다.

아울러 이 사건 소송상 진술에 따르더라도 문제해결의 중심에는 인격 영역에 해당하는 정보가 어디까지 공중에게 전달될 수 있는지에 관한 개인의 권리가 놓여 있다고 판단했다. 그리고 여기에서는 이러한 원고의 정보자기결정권과 일반적 인격권이 피고에 의해 침해되었다고 인정했다. 진실한 사실주장이라 하더라도 사적 영역 내지 정보자기결정권의 위법한 침해를 나타내는 경우에는 인간의 존엄성보장이 이러한 진실한 사실주장에 대해서도 보호를 제공한다고 밝혔다. 하지만 다른 한편으로 출판과 방송자유를 통해 개인적인 그리고 공적인 의견형성을 위한 그 중요성 역시 보장되어야 한다고 강조했다.[84]

② 타인의 발언을 통한 혐의보도의 허용기준

상급법원은 이러한 형량을 위한 결정적 기준으로서 무엇보다 침해의 심각성 정도, 인격 영역에 따른 인격보호의 단계, 공중 속에서 당사자 자신의 행동, 그리고 그로 인해 야기된 정보의 공적 이익, 게다가 단지 정치적이 아닌 모든 사회적 영역들 내에서의 표현의 동기와 목적 등이 유용하다고 밝혔다. 그리고 형사법상 그리고 직업윤리상 관련된 증인들의 진술인용에 관해서는 특히 혐의보도원칙이 중요하다고 강조했다. 그리고 이 사건에서 혐의보도에 관한 요청은 충족되었다고 판단했다.

상급법원은 지배적인 견해에 따르면 언론에게는 중대한 사건에 관해 구체적으로 단지 자신에게 알려진 혐의만을 보도하는 것이 허용된다고 인정했다. 하지만 언론은 이때 진실성과 관련해 증가된 심사의무를 부담한다고 단서를 달았다. 언론은 특히 뉴스의 공적 의미와 침해의 심각성 그리고 혐의가 정당하고 입증 가능한지의 개연성 사이에서 특히 주의 깊은 형량을 해야 한다고 보았다. 이어서 출판/방송자유와 당사자의 보호권 사이의 긴장상태는 평균 독자들에게 계속해서 혐의보도라는 사실이 명백히 인식될 것을 요구한다고 밝혔다. 이때 수용자관점에서는 표현주체의 어떠한 주장이 표현주체 자신의 발언이라고 볼 수 있는지가 결정적이라고 보았다. 그리고 이를 위해서는 문제 된 본문진술을 분리해서 고찰하는 것은 허용되지 않으며, 사건해결을 위해 전체 맥락이 함께 고려되어야 한다고 설명했다. 따라서 타인의 발언을 전파한 사람은 그것을 자신의 것으로 삼거나 자신의 것으로 나타내서는 안 된다고 밝혔다.[85]

③ 사건판단

상급법원은 이러한 원칙들의 고려하에 관련된 이익들과 기본권들의 형량은 피고의 보도가 위법하지 않다는 결론에 도달한다고 밝혔다. 물론 연방 전역에 송출된 "리포트" 방송에서 원고와 관계된 주요증인의 진술을 인용하는 것과 증인 K가 들었던 얘기를 전달하는 것은 심각한 침해를 의미한다고 인정했다. 그럼에도 침해의 심각성은 여러 다른 사정들로 인해 상쇄된다고 보았다. 아울러 해당 표현들의 대상 및 원고가 관련된 보도의 표현들이 전체적으로 헌법상 최고의 보호를 받는 내밀 영역에 관한 것이라는 사실은 여기서 주어진 특별한 사정들로 인해 결정적이지 않다고 생각했다. 왜냐하면 1993년 6월 14일 자 보도의 주제는 다름 아닌 심리임상의사의 여자환자 성폭행문제였기 때문이라고 밝혔다. 원고에게 불리한 혐의는 이러한 범위 내에서만 보도되었고, 이 점은 면밀히 검증된 방송내용과 그와 일치하는 방송내용 기록을 통해 확인된다고 덧붙였다.

상급법원은 문제 된 표현들과 또 다른 관련보도는 원고 자신의 범죄혐의에 관한 것이라고 인정했다. 이때 공중의 정보이익은 혐의에 연루된 원고가 그의 심리임상진료를 넘어서 전문감정인으로서 일정한 인지도를 얻고 있었다는 점을 통해 더욱 강화된다고 보았다. 피고들 보도의 동기와 목적 그리고 문제 된 표현들의 전파는 폐해의 고발이 중심이었다고 인정했다. 심리임상 진료과정에서 여자환자들의 성폭행이라는 주제는 한층 더 중요한 의미를 가지며, 일련의 의료관련 전문지를 포함해 여러 언론들의 보도대상이었다고 밝혔다. 또한 피고들의 방송보도는 이 문제를 진지하게(가령 선정성의 만족만이 아니라) 다뤘다고 판단했다. 이에 관해서는 보도내용이 담긴 비디오녹화의 면밀한 검증을 통해 확신할 수 있다고 덧붙였다. 이러한 상황에서 원칙적으로 공중의 정보이익은 의심할 여지가 없다고 밝혔다.

한편, 방송에서 일반적으로 다뤄진 문제의 범위 내에서 원고의 사례는 단지 하나의 예로써 채택되었고, 이때 이 사례가 방송내용 가운데 비교적 많은 부분을 차지하게 되었다고 평가했다. 하지만 공중의 정보이익은 다뤄진 주제에 관해 구체적으로 알려진 사례들을 예시하는 방식의 보도 역시 포함하며, 출판/방송자유는 방송물의 표현방식에 관한 결정 역시 포함한다고 설명했다. 따라서 대상 문제를 구체적인 사례를 통해 구체화할지 여부는 원칙적으로 피고의 자유에 속한다고 보았다.

이어서 상급법원은 피고들이 원고 개인과 관련한 표현에서 허용되는 혐의보도의 한계를 준수했다고 판단했다. 당시 원고에 관한 혐의는 형사법상으로도 중요한 범죄행위와 관련된 것이었다고 보았다. 그리고 언론에 적합한 수단을 통한 피고들의 사실관계 확인 및 검증과정은 혐의의 진실성, 내용과 출처와 관련해 언론에 요청된 증가된 심사의무를 충족했다고 인정했다. 특히 피고들은 당시 원고에 대해 오랫동안 검찰수사절차가 진행되고 있었다는 사실을 근거로 제시할 수 있다고 보았다. 나아가 피고들은 관할처분소송에서 선고된 민사판결에서 원고에 대해 상응하는 혹은 유사한 비난들이 언급되었다는 점을 확인할 수 있었고, 원고가 일부 자세한 증거조사에 따라 패소했기 때문에 이 판결에 의지할 수 있다고 생각했다.

그 밖에 피고들에게 요구된 언론의 주의의무는 무엇보다 방송에서 나타난 것처럼 증인 W와 K를 직접 청취함으로써 준수되었다고 판단했다.

마지막으로 언론에 적합한 주의의무의 이행을 위해서 당사자 자신에게는 제기된 비난들에 대한 입장표명의 기회가 주어졌다고 인정했다. 자세한 조사과정에서 정당하고 입증 가능할 정도로 생겨난 혐의의 개연성 및 뉴스의 공적 가치를 고려하면, 침해의 심각성에도 불구하고 대상 표현들을 전파하는 것이 허용될 수 있다고 밝혔다. 이 표현들은 단지 의심스러운 출처에서 유래한 소문들을 전파한 것이 아니라고 평가했다.

또한 대상 표현이 놓여 있는 전체적 맥락의 고려하에서도 "리포트" 방송의 평균적인 시청자들에게는 원고에 관한 혐의보도라는 사실과 피고들이 증인들 W와 K가 한 발언을 자신의 것으로 삼지 않았다는 사실이 명백하게 드러났다고 인정했다. 피인용자에 해당하는 주요증인 W와 증인 K는 방송에서 초상들이 공개되었으며, 그러한 경우 시청자들은 인용된 표현을 원래의 발언자인 사람들에게 우선 귀속시키는 것이 상식적이며, 방송사 편집국에 귀속시키지는 않는다고 판단했다. 아울러 이 증인들은 방송 내에서 직접 인터뷰에 응했기 때문에, 이러한 사실이 시청자들에게 해당 발언을 편집국의 발언으로 간주할 수 없다는 인상을 강화시킨다고 보았다.

그리고 방송 내 문제 된 표현이 놓인 범위 및 방송방식 그리고 방송이 다룬 주요 관심사는 이와 같은 시청자의 이해에 반하지 않는다고 밝혔다. 방송보도에서는 원고에 대해서 단지 수사절차가 진행되었다는 사실만 표현되었고, 검찰은 거의 1년을 심리임상의사에 대해 조사했지만 아직까지 기소를 제기하지 못했다는 사실이 분명히 언급되었다고 설명했다.

한편, 해당 지역의 정보와 검찰의 태도에 관한 피고들의 표현 및 형사구성요건 가능성에 관한 피고들의 표현들은 원고의 불법을 방치하고 있다는 두 사법 당국에 대한 공격으로 이해될 수 없다고 보았다. 오히려 의미맥락에 따라 평균적인 시청자들에게는 사법 당국의 느슨한 관망적 태도에 대한 비판적 사고와는 별개로, 다툼 없이 적절한 확인사실에 관해서만 그리고 증인으로서 제3자의 표현과 동일시하는 것 없이 단지 검찰수사절차의 상태에 관해서만 보도하는 것이었다는 이해가 더 합당하다고 밝혔다.

나아가 피고들의 방송보도에서는 당사자들은 심리임상치료가 필요한 환자들이었다는 사실과 W 환자와 관련해서는 수년 전의 사건들이었다는 점도 분명히 명시되었다고 인정했다. 또한 피고들은 방송에서 직접 발언할 기회를 제공했고, 이때 원고는 이러한 비난들에 대해 스스로 논박했다고 밝혔다. 마지막으로 원고에 대한 검찰 수사가 이미 거의 1년간 지체되었다는 점도 언급되었다고 덧붙였다. 따라서 피고들은 시청자들에게 명백하고 적절하게 원고에 대한 수사절차의 문제점 및 원고에 대한 면책 가능성에 관해서도 언급하는 동시에 이를 통해 추가적인 거리 두기를 시도했다고 판단했다. 저널리즘적 이유에서 너무 높게 요구되어서는 안 되는 명백한 거리 두기가 여기에서는 더 이상 요구되지 않는다고 생각했다. 전체적으로 면밀히 검토된 방송내용에 따르면, 보도가 전체적으로 원고에 대해 제기된 비난을 피고 자신의 주장으로서 보이게 하는 그런 방식으로 제3자의 표현이 편집국 자신의 입장표명 내로 편입되지는 않았다고 평가했다.

또한 상급법원은 원고에게 비난된 행동이 방송시점에서 볼 때 오래전의 일이었다는 사실이 방송보도에 필수적인 최신의 시사적 중요성에 관한 요청에 반하지는 않는다고 판단했다. 방송에서 다뤄진 주제의 범위 내에서 원고에 관한 보도에 있어서 요구되는 필수적인 시사적 계기는 방송 당시 이미 원고에 대한 검찰 수사절차가 진행되고 있었다는 사실에 존재한다고 보았다.

한편, 상급법원은 원고의 사진과 함께 그의 실명이 공개되는 것이 허용된다는 지방법원의 견해에 동의했다. 방송보도에 관한 정보이익과 인격권 침해 사이의 형량에 있어서 이 사건에서는 무엇보다 원고가 편집국에 인터뷰를 제공했다는 사실이 추가의 중요한 관점이라고 생각했다. 이 때문에 피고들은 실명 및 초상공개에 관한 원고의 동의를 추정해도 된다고 보았다. 따라서 원고의 신원공개에 관한 정당한 이익의 문제는 고려되지 않는다고 보았다. 그리고 원고 측에 방송조건들이 사전에 제시되었는지의 문제도 중요하지 않다고 생각했다. 왜냐하면 피고3이 방송 전 결정적인 시점에 방송원고 전체를 원고의 검토를 위해 건네 줄 어떠한 확답도 주지 않았음에도 불구하고 방송조건에 대한 아무런 합의 없이 원고는 텔레비전 인터뷰에 응했다고 밝혔다. 더군다나 방송에서 인터뷰를 제공한 사람은 인터뷰가 방송될 것이 기대 가능하다는 점을 덧붙였다. 이는 원고의 실명공개나 영상에서의 초상공개에 있어서도 마찬가지라고 보았다. 텔레비전 인터뷰에 응한 원고는 이때 방송촬영이 자신에 관해 행해지고 있다는 사실을 이미 알고 있었고, 바로 이와 같은 그의 인터뷰 수용은 이전에 행했던 조건의 거부에도 불구하고 촬영방송에 대한 자신의 동의를 포함한다고 판단했다.

상급법원은 형량에 있어서 피고들의 방송 이전에 다른 언론에서 이미 원고에게 제기된 비난들을 다룬 보도들이 있었다는 사실도 침해의 심각성을 감소시키는 요소로서 고려되어야 한다고 밝혔다. 물론 거기에서도 원고의 실명이 공개되었다고 덧붙였다("tz" 신문, "EMMA" 잡지). 이와 같이 피고들 측에 추가적으로 알려진 사정에 따르면, 원고가 그 자신의 발언과 모습을 드러낸 채 비난들에 대해 입장을 취할 수 있는 인터뷰 방송을 동의했다는 사실이 확인된다고 밝혔다.

마지막으로 침해의 심각성은 원고가 인터뷰에서 자신에 대해 제기된 고소에 관해 자진해서 수사절차를 언급했다는 사실을 통해 재차 감소된다고 판단했다.[86]

④ 취소청구의 문제

뮌헨 상급법원은 취소청구권이 원고에게 인정되지 않는다고 판단했다.

재판부는 취소청구권이 불법행위청구권으로 이해되든(민법 제823조 제1항, 제2항, 민법 제824조 제1항, 민법 제826조) 아니면 결과제거청구권(민법 제1004조)으로서 이해되든, 어쨌거나 법원의 조치를 통해 취소되어야 할 주장의 객관적 허위성을 전제한다고 밝혔다. 이때 취소를 요구하는 사람은 제기된 사실주장의 허위성을 입증해야 한다고 보았다. 하지만 원고가 취소를 요구한 주장은 허위의 사실주장이 아니라고 판단했다.[87]

⑤ 추후보완청구권의 문제

뮌헨 상급법원은 뮌헨 지방검찰이 방송 이후 형사소송법 제170조 제2항(혐의불충분)에 따른 1994년 9월 26일 자 처분을 통해 원고의 성폭행 혐의 수사절차를 중단했음에도 불구하고 추후보완청구권이 원고에게 인정되지 않는다고 판단했다. 이 수사중단은 대체로 검찰에 의해 지시된 신뢰성 검증과정에서 고소권자의 경계선 성격장애로 인해 그녀의 일반적 증언효력에 우려가 존재한다는 결론에 도달했다는 점에서 정당화되었다고 밝혔다.

따라서 원칙적으로 민법 제1004조 제2항의 유추하에 이러한 청구권이 가능하다고 인정될지라도 보도가 적법한 이상, 이 사건에서 양 이익의 형량은 이러한 청구가 부인되어야 한다는 결과에 이른다고 밝혔다.

연방대법원은 과거 판례를 통해 언론의 추후보완의무를 좁게 해석해 왔으며, 형사법원의 유죄판결에 관한 적절한 보도에 이어서 최종적으로 무죄선고가 내려졌던 과거의 사건은 본질적으로 이 사건 상황과는 차이가 있다고 보았다. 그 밖에 과거 판결에서는 단지 당사자의 진술공표만을 요구한 것이었고, 이 사건 원고와 같이 언론기관의 해명을 요구한 것은 아니었다고 밝혔다. 더군다나 이 사건 피고들은 수사중단처분에 바탕이 된 정확한 이유들을 알지 못했으며, 이 사건 방송보도국에 고소인의 심리학적 감정서를 입수할 어떠한 의무도 존재하지 않는다고 보았다.

아울러 이 사건 방송은 단지 원고의 수사절차에 관해 보도하는 데 그쳤고, 법적으로 최종 확정되지 않았음에도 실제로 그러한 유죄판결을 대부분 옹호하는 인상이 전달되는 1심법원의 유죄판결관련 보도는 아니었다고 평가했다. 평균적인 시청자들에게도 수사절차의 진행이 유죄판결에 이르지는 않았으며, 결코 공소 제기에 이를 필요가 있는 것은 아니라는 점을 분명하게 전달했다고 인정했다. 따라서 허용되는 혐의보도의 한계가 준수되었고, 원고를 통한 성폭행 범죄는 확정된 것으로 기술되지 않았으며, 원고의 면책적 상황들이 방송에서 충분히 표현되었다고 판단했다. 더욱이 인터뷰에서는 원고 스스로 자신에 관한 수사절차를 언급했다고 덧붙였다.

게다가 이익형량에서는 피고의 이익을 위해 원고가 1994년 9월 26일 자 수사중단처분 이후 오래 지난 이후에야 비로소 항소법원에서 처음 추후보완청구권을 요구했다는 점도 중요하게 고려된다고 밝혔다.[88]

⑥ 손해배상 및 손해배상의무의 확정문제

뮌헨 상급법원은 손해배상 의무확정 청구는 허용된다고 판결했다. 확정이익의 인정을 위해서는 장래 또 다른 간접손해의 발생을 통한 손해배상 의무의 실현 가능성이 어느 정도 인정된다면 충분하며, 원고는 설득력 있게 이를 입증했다고 보았다.

이에 반해 원고는 민법 제823조, 제824조에 근거한 비물질적 손해배상청구권을 보유하지 못한다고 밝혔다. 금지청구에 관한 설명에서 언급된 바와 같이 원고에 관한 보도를 통해 객관적으로 위법하고 책임을 근거 지우는 구성요건이 충족되지 않았으며, 피고는 언론에 적합한 주의의무의 이행하에서 진지한 공중의 정보이익이 존재하는 주제에 관해 보도했기 때문에, 피고의 책임은 입증되지 않았다고 판단했다. 이러한 이유에서 원고의 일반적 인격권 침해로 인한 비물질적 손해의 배상청구권은 탈락한다고 결정했다. 중대한 법위반은 없었으며, 중대한 책임을 포함해 필수적인 심각한 침해도 없었다고 보았다.[89]

제11장

정당한 이익의 대변원칙

Ⅰ. 근거

독일 형법 제193조는

> 학문적, 예술적 또는 영업적 업적에 관한 비난적 평가, 권리의 행사나 변호를 위해 행해
> 지거나 혹은 정당한 이익의 대변을 위해 행해진 비난적 표현들 등등에 대해서는 단지 표현
> 의 형태나 표현이 행해진 상황하에서 모욕의 현존이 드러나는 경우에만 처벌할 수 있다.

라고 규정하고 있다.

이 규정의 핵심을 한마디로 정의한다면, 정당한 이익의 대변 원칙이라고 할 수 있
다. 형법 제193조상의 원문과 그의 법체계상 지위와는 달리 이 원칙은 형사법상의
모욕구성요건에 대해서뿐만 아니라 모든 법질서를 관통한다. 특히 언론의 책임에 관
해 우선적으로 논의되는 민법상 불법행위 구성요건에 대해서도 적용 가능한 기본원
칙에 해당한다. 따라서 정당한 이익의 대변 원칙은 출판과 방송자유의 마그나 카르
타로 불린다.[1]

Ⅱ. 법적 중요성

출판 및 방송자유의 기본권의 범위 내에서 유지되는 표현들은 위법하지 않고, 그 자체로 금지되어야 할 행위를 의미하지도 않는다. 이는 지금까지의 연방헌법재판소[2] 및 연방대법원의 판례와도 일치하는 사실이다.[3] 오늘날의 지배적인 견해에 따르면 형법 제193조의 규정은 바로 이러한 일반적 원칙의 구체화이다. 따라서 정당한 이익의 대변이라는 일반원칙은 표현에 있어서 하나의 정당화 근거를 의미한다. 이에 따라 객관적으로 볼 때 타인의 권리를 침해하는 표현이 언론을 통해 전파된 경우에도 이것이 정당한 이익의 대변을 위해 행해졌다면, 결과적으로는 위법성이 부인되는 결과에 이르게 된다.

정당한 이익의 대변이라는 정당화 근거는 우선 형법 제186조의 적용범위 내에 있는 명예훼손 사실주장에 적용된다. 따라서 실무상 전파 당시에는 진실인지 허위인지 여부가 확정되지 않은 그러한 사실주장에 있어서 판단근거로 활용된다. 반면에 형법 제186조의 구성요건을 통해서가 아니라 민법 제823조에 따른 일반적 인격권의 구성요건을 통해 포섭되는 진실한 사실주장이나 의견의 전파에 있어서는 정당한 이익의 대변이라는 정당화 근거를 필요로 하지 않는다. 왜냐하면 이러한 영역에서 정당화 인정이나 구성요건 부적합성 판단 여부는 언론자유의 보장과 상충하는 당사자의 권리 사이의 형량을 통해 직접 규명되기 때문이다.[4]

한편, 형법 제193조의 정당화 근거는 오늘날 일관되게 기본법 제5조 제1항의 의사소통 기본권에서 직접 도출되는 허용된 위험의 법적 사고로서 이해된다.[5] 따라서 만약 정당한 이익의 대변에 관한 전제조건이 존재하고, 아울러 법체계상의 위험배분원칙(형법 제186조)에 따라 자신에 의해 전파되는 뉴스들의 진실성을 보장할 의무를 지지 않을 경우에 언론은 형법 제186조의 적용범위 내에서 전파된 사실주장이 허위라는 사실만으로 아직은 자신이 전파한 보도의 위법성 부담을 떠안지 않는다. 이에 한 보도가 허위이며 당사자의 권리를 침해하기에 적합할 수 있더라도 허위임을 알지

못하고 행해진 전파행위는 허용될 수 있다.[6]

Ⅲ. 전제조건

특정한 보도가 정당한 이익의 대변을 위해 전파되었다는 평가는 다음의 세 가지 측면의 확정을 필요로 한다.

1. 보호되는 이익

형법 제193조의 의미상 정당한 이익으로서 다양한 관점들이 고려될 수 있지만, 언론활동에 있어서는 무엇보다 중요한 정보에 관한 공중의 현저한 관심이 거론된다. 형법 제193조의 정당화 근거의 적용범위는 본래 자신의 이익만을 정당한 이익으로 간주함으로써 매우 제한적으로 이해되어 왔다. 다만, 실무상의 여러 문제점들을 극복하기 위해 판례는 자신의 이익의 개념을 항상 넓게 해석했다. 그럼에도 정당화 규범으로서 정당한 이익의 대변이라는 관점의 적용에는 대부분의 언론보도가 제외되는 모순이 발생할 수밖에 없었다. 왜냐하면 과거의 견해에 따르면 언론 역시 자신의 이익을 대변하는 그러한 보도에서만 정당화 사유의 적용이 가능했기 때문이다.[7]

하지만 오늘날 판례와 문헌들은 이러한 용납될 수 없는 결과를 피하기 위해 다음과 같은 견해를 제시하고 있다. 한편으로는 대부분의 주 출판법이 언론의 공적 과제를 규정함으로써 보도와 함께 자신의 이익뿐만 아니라 공중의 이익 역시 보호할 언론의 권리를 보장하고 있다는 사실이다. 다른 한편으로 이제는 언론뿐만 아니라 다른 모든 사람들 역시 여론형성에 협력할 권한을 가지며, 이러한 여론형성 기여행위를 하는 사람들은 누구나 정당한 이익의 대변이라는 정당화 근거를 일반적으로 주장할 수 있게 되었다는 사실이다. 이에 따라 언론의 공적 이익의 대변을 위해 전제되어야 할 특유한 근거를 만드는 일은 더 이상 필요하지 않다. 따라서 결과적으로 언론보도가 자신의 이익이나 구체적으로 자신과 밀접한 물적, 인적 관계에 놓여 있는 그러한 이익만이 관련된 것이 아니라 무엇보다 공중의 공적 관심사와 관련된 경우에도 여론형성에 기여하는 언론의 정당한 이익의 대변이라는 정당화 근거 주장이 가능하게 된다.[8]

결론적으로 현재에는 공중의 정보이익이 언론의 자기이익을 대신한다. 물론 이때에도 모든 정보이익이 정당화 근거로서 고려되지는 않는다는 점에 유의해야 한다. 만약 모든 정보에 정당한 이익이 인정된다면, 삼각하게 제3자의 권리를 침해하는 경우에도 보도는 전적으로 어떠한 위험도 부담하지 않고 허용될 것이다. 왜냐하면 그어떤 미미하거나 사소한 보도에서도 관련된 이익이 추정될 수 있고, 정당화될 수 있을 것이기 때문이다. 따라서 정당한 이익의 대변을 주장하기 위해서는 수신자에게 혹은 언론의 경우 공중에게 전파된 보도내용에 정당한 정보이익이 존재한다는 점을 전제하게 된다.[9]

이와 관련해 언론에는 여러 관점에서 특별한 지위가 인정된다는 사실은 맞지만, 언론의 공적 과제라는 개념과 결부해서 언론에게만 정당한 이익의 대변자로서 특권을 인정해야 한다는 견해는 요즈음 받아들여지지 않는다. 언론이 정당한 이익을 대변한다는 말은 단지 언론사를 통해 공공의 이익을 주장하는 사람이 있을 수 있다는 것이고, 이러한 권한은 정치적 의견형성에 적극적으로 참여하는 시민의 권리를 토대로 하는 것이라는 사실을 잊지 말아야 한다. 이에 형법 제193조의 정당화 문제에 있어서는 발언자가 개인인지 아니면 언론인으로서 직업활동을 한 것인지 여부는 어떠한 차이도 나타내지 않는다. 따라서 다른 사람의 관심사에 대한 언론의 대변이라는 특별한 지위를 강조하면서, 그에 따라 다른 개인 발언자의 지위를 더 낮게 말하는 것은 있을 수 없는 일이다.[10]

2. 이익형량

형법 제193조의 의미상 정당화 근거로서 모든 정보이익이 아니라 단지 정당한 이익만이 고려된다는 사실은 이제 또 다른 전제조건을 요구한다. 다름 아닌 정당화 근거로서 적용될 수 있기 위해서는 대변되는 이익, 즉 언론보도의 경우 공중의 정보이익이 보도대상자에게 침해가 우려되거나 침해된 이익보다 더 높은 가치가 인정되어야 한다는 점이다. 이를 위해서는 공중을 위해 제기된 보도의 정보가치가 보도의 공표로 인해 당사자에게 발생할 수 있는 그런 침해와 비교되어야 하고, 이러한 형량이 이뤄질 경우에만 타당한 결과가 발견될 수 있다. 따라서 실무상 정당한 정보이익의 인정문제에 관한 대답은 이익형량의 방식 없이는 불가능하다.[11]

다만, 이익형량의 범위 내에서 도출되는 결과는 상당히 불확실한 것이라는 비판이 제기되기도 한다. 특정한 보도가 공중의 정당한 이익에 해당하는지 여부 및 이것을 통해 자신의 권리가 위태롭게 되거나 침해를 입게 된 그런 사람들의 이익보다 더 우위를 점하는지 여부를 확정하는 것은 법원의 실무상 비록 무의식적일지라도 종종 이미 정해진 결과에 따르게 될 위험성이 존재한다는 점을 부인할 수 없다. 그럼에도 이익형량의 방식은 포기될 수 없고, 이때 일반적 인격권의 형성과 지속적 발전에 있어서처럼 여기에서도 판례가 발전시켜 온 많은 사례군이 도움이 된다. 정당한 이익의 존재에 관한 판단에 있어서 이러한 사례군의 분석을 이용한 이익형량방법이 어쨌든 예측 불가능한 결과를 일정한 범위로 좁힐 수 있기 때문이다.[12]

(1) 정보이익의 성격과 정도

정당한 이익의 대변이라는 정당화 근거는 각각의 보도 대상이 진지한 문제와 관련될수록 적용 가능성이 더욱 커지게 된다. 따라서 공공에 있어서 커다란 영향력을 가지는 문제인 경우에는 원칙적으로 정당한 이익의 대변이 존재한다는 점이 분명하게 된다. 이는 가령 정치적 문제, 특히 선거운동에 관한 경우,[13] 사회적으로 중요한 주제에 관한 경우,[14] 신앙이나 기타 종교적 또는 세계관적 다툼에 관한 경우,[15] 공공과 관련된 경제적 상황에 관한 경우,[16] 소비자 보호를 위해 중요한 경우,[17] 영업 내부관계에서 필요한 정보의 전달이 문제 된 경우[18] 등을 말한다. 이러한 경우에는 대체로 보도대상자의 이익은 공중의 정보이익보다 덜 중요하게 되고, 그 결과 단순한 사적 이익의 침해는 보도의 적법성을 배제시키지 못하는 결과에 이르게 된다.[19]

이때 단순한 오락적 가치의 전파 역시 전적으로 정당한 이익의 대변에서 제외되지 않는다는 사실에 주목해야 한다. 연방대법원은 오락적 언론을 배제했던 과거의 견해[20]를 더 이상 견지하지 않는다. 출판과 방송자유의 기본권은 가치중립적으로 구성되어 있고, 특히 좋은 언론과 나쁜 언론, 가치가 높은 언론과 무가치한 언론 사이를 구별하는 것을 허용하지 않기 때문에, 소위 오락적 매체 역시 정당화 근거를 주장할 수 있다는 점은 의심의 여지가 없다. 따라서 그 어떤 순수한 오락적 이익만을 추구하는 보도에 대해서 정당한 정보이익의 대상이 될 수 있는 자격을 전적으로 박탈하는 견해는 출판자유의 가치중립성을 무시하는 것으로 이해된다.[21] 더군다나 순수한 오락 대상과 다른 대상들을 대략적인 정도라도 구분하는 것 자체가 불가능하다는 점이 참고되어야 한다.

따라서 공표대상에 정당한 공중의 정보이익이 존재하는지에 대한 문제의 결정에 있어서도 상충하는 개별적 상황들을 근거로 이익형량이 행해져야 한다. 이에 따라 한 배우의 개인적 사정이 자신의 직업 활동으로 인해 공중의 관심대상이 되었고, 자신 역시 이러한 관심을 지속적으로 추구했다면, 설사 소문이나 통속적 주제를 다룬 경우일지라도 정당한 정보이익이 존재할 수 있다.[22] 다만, 선정적 보도나 스캔들에 관한 보도의 범위 내에서 상충하는 당사자의 이익은 대체로 공중의 정보이익보다 더 높게 평가될 수 있고, 그런 점에서 언론의 정당화 시도는 이익형량 과정에서 실패할 수 있다.[23]

연방대법원 1992년 11월 17일 자 판결
– VI ZR 352/91("체인-마피아"-판결)

사실관계

제1피고는 체인과 체인기어를 판매하는 회사이고, 제2피고는 그 회사의 사업상 대표이자 단독출자자이다. 1980년 초반 체인관련 영업 분야에서 범죄가 의심되는 수법을 통해 해당 사업에 출자한 은행들에 막대한 손해를 입힌 회사가 등장했다. 이 회사에는 "체인-마피아"라는 딱지가 붙었다. 피고는 메이저 은행이고, 피고 은행의 중앙신용센터는 1988년 12월 12일 "경고 '체인-마피아'-기밀"이라는 제목이 달린 회람문서를 국내외 지점장들에게 발송했다. 해당 문서에서는

> 우리는 파산절차와 관련해 최소한 1982년부터 시작된 파산, 신용사기, 횡령 등등의 사유로 현재 검찰수사가 진행 중이라는 사실을 통보받았습니다. 이에 따르면, 피의자는 산업용 체인, 톱니바퀴, 기타 추진부품과 부속품 및 너트와 볼트의 국제거래 분야에서 활동했습니다. 이 물품들은 대부분 극동-특히 중국산으로서 독일 회사를 통해 구입되었고, 일부는 또 다른 독일 혹은 서유럽 회사들의 개입에 따라 가짜 원산지증명서가 달린 채 미국과 캐나다로 판매되었습니다. 출자한 은행들은 이 회사들의 연루 가능성에 관해 보고받지 못했습니다. 피의자는 수표지급과 어음지급, 물품의 이중 인도 그리고 물품대금청구 과정에서 이중 채권양도를 이용한 위장 왕복거래의 의혹을 통해 백만 마르크를 착복하는 데 성공했습니다. 이 회사들 중 하나가 지급정지로 인해 역할을 멈추면 곧 그 수법을 계속할 새로운 회사가 설립되었습니다. 다양한 파산으로 인해 독일에서만 지금까지 관련된 은행들에 야기된 손해액이 약 4천만 마르크에 달하고, 가장 최근의 파산으로 인해 발생한 손해는 최소한 약 1천만 마르크가량 증가할 것으로 예상됩니다. 이 회사의 대표이사이자 출자자는 이미 또 다른 새로운 회사의 설립을 통해 같은 은행에서 활약 중입니다. 첨부문서에서 당신은 지금까지의 조사결과로 밝혀진 알파벳순의 주요혐의자, 추측 가능한 공범과 조력자들의 리스트, 그리고 우리가 아는 바에 따르면 언급된 인물들과 이해관계를 가지고 현재에도 여전히 활동 중인 회사들의 리스트를 확인할 수 있습니다. … 우리

는 당신에게 ① 언급된 인물들과 비즈니스 관계를 시작하지 말 것을 요청합니다. ② 언급된 분야에서 활동 중인 회사와의 모든 계약을 비판적으로 심사할 것을 요청합니다. … 우리는 리스트에서 부수적으로 거론된 피해자와 피해회사들이 노출되는 것을 배제할 수 없습니다. 따라서 은행의 영업손해나 그 밖의 손해배상청구 가능성을 피하기 위해 이 리스트는 내부적으로 그리고 기밀로 다뤄져야 합니다.

회람문서에 첨부된 리스트는 인물과 회사별로 분류되었다. 인물 리스트에서는 주요 혐의자들의 이름이 밑줄로 강조된 채로 언급되었다. 그리고 여기에서 거명된 27명의 인물들 가운데에는 제2원고의 이름이 적혀 있었고, 이 이름 역시 밑줄로 강조되었다. 제1원고는 28개의 회사 이름 속에 포함되었다.

피고의 회람문서는 피고 은행의 직원 S의 직무위반으로 D 회사에 도달되었고, 이 회사의 소유주는 원고1에게 선불 건에 대해서만 물품을 지급하라는 지침을 하달했다. 회람문서에 기재된 수법과 아무런 관련이 없다고 주장한 원고들은 이 문서로 인해 자신들의 영업 분야에서 현저한 손해를 입었다고 밝혔다. 이에 원고들은 피고에게 다음의 주장들을 금지하라고 청구했다.

a) 원고2에게 수표지급과 어음지급, 물품의 이중 인도 그리고 대금청구과정에서 이중 채권양도를 이용한 위장 왕복거래의 의혹을 통해 백만 마르크가 착복될 수 있었다.

b) 파산절차에 관여한 대표이사이자 출자자 원고2는 이미 새로운 회사의 설립을 통해 동일한 분야에서 활약 중이다.

c) 원고2는 "체인-마피아"에 속한다.

d) 원고1은 a-c에서 거론된 행위들을 했을 것이라 생각되는 인물들과 이해관계를 가지고 여전히 활동 중인 회사들 중 하나이다.

나아가 원고들은 피고의 회람문서의 전파로 인해 생겨났거나 생겨날 수 있는 손해배상에 대한 피고의무의 확정을 요구했다. 전심법원은 소송을 인용했다. 피고의 상고로 대상 판결은 파기되었고, 사건은 항소법원에 환송되었다.[24]

① 항소법원의 판단

항소법원은 형법 제186조와 연계한 민법 제823조 제2항, 제1004조에 근거한 금지청구가 원고들에게 속한다고 인정했다.

항소법원은 피고가 두 원고 모두를 동일하게 자신의 회람문서에서 기술된 "체인-마피아" 수법과 연관시켰고, 이를 통해 원고들의 인격적 그리고 영업적 명예를 침해했다고 판단했다. 그리고 원고2에 관한 명예훼손적 표현들은 원고1에게도 적용된다고 보았다. 이 표현들은 전체적으로나 특히 "체인-마피아"라고 언급되었다는 점에서 사실주장이라고 보았다. 회람문서가 사업용도로만 작성되었을지라도 피고가 은행지점장들에게 이를 전달하는 것은 명예보호에서 벗어나 있는 자유공간 내에서 움직인 것이 아니라고 생각했다. 특히 피고 자신도 인정한 바와 같이 메이저 은행의 영업망 내부에서 전달된 표현들 역시 수령권한이 없는 수신인 범위에 도달하는 것을 저지할 수 없었기 때문에 현저한 영향력을 가질 수 있다고 인정했다. 또한 피고는 회람문서의 전달을 정당한 이익의 대변을 위해 행동했다는 이유로 정당화될 수 없다고 보았다. 비록 회람문서와 함께 사기수법에 대해 자신을 보호할 목적이 인정될 수 있지만, 피고는 필수적인 조사를 다하지 않았다고 판단했다. 회람문서의 근거는 기껏해야 혐의점들에 불과했고, 원고들이 주도적으로 "체인-마피아"의 주요 책임범위에 속해 있다는 구체적인 사정들은 없었다고 보았다. 따라서 피고는 그 주장의 진실성을 입증하지 않으면 안 될 상황에 놓이게 되었지만 이를 성공하지 못했다고 인정했다.

항소법원은 원고들의 확인청구 역시 이유 있다고 밝혔다. 회람문서를 통해 원고에게 제기된 명예훼손은 경험칙상 당사자에게 경제적 불이익을 초래할 것이 분명하고, 따라서 피고는 어쨌든 민법 제831조(사용자 책임)에 따라 그의 직원이 회람문서 작성 및 전달에 있어서 저지른 실수에 대해 책임을 져야만 한다고 판단했다.[25]

② 은행 내부의 회람문서 전달과 명예보호 문제

연방대법원은 이러한 항소법원의 견해들은 피고의 상고를 버텨내지 못한다고 판단했다.

일단, 항소법원이 문제 된 회람문서 내의 표현들을 사실주장으로 평가한 것은 정당하다고 인정했다. 이는 회람문서 내에서 "체인-마피아"라고 언급한 것과 관련해서도 마찬가지라고 보았다. 물론 이 표현은 그 자체로 보자면 단순한 주관적 평가로 보인다고 생각했다. 하지만 이 표현들을 그 자체만이 아니라 구체적이고 증거에 접근 가능한 사건들의 주장내용을 담고 있는 본문에 관한 제목으로서 슬로건 형태의 표현으로 보인다고 밝혔다. 이러한 맥락의 관점에서 "체인-마피아"라는 표현은 사실주장의 성격을 얻게 된다고 판단했다.

나아가 회람문서 내 표현의 명예훼손적 효과는 두 원고 모두와 관련되었기 때문에 원고들의 원고적격이 인정된다는 항소법원의 견해 역시 정당하다고 평가했다. 주요 피의자로서 지칭된 원고2에 관해서는 더 이상 어떠한 설명도 필요 없고, 원고1 역시 회람문서로 인해 자신의 사업상 평판과 명예가 관련되었는데, 이는 물론 회람문서에 첨부된 리스트에서 자신이 언급되었다는 점이 그 "체인-마피아"의 사업방식을 직접 실행했다고 해석되기 때문은 아니라고 보았다. 오히려 원고2가 주요피의자일 것이라는 비난은 원고1에게도 해당되기 때문이라고 생각했다. 이는 거래통념상 원고2가 원고1의 단독대표 출자자이기 때문에, 원고1은 원고2의 사업상 활동들과 전적으로 동일시된다는 점에서 기인한다고 밝혔다. 따라서 피고가 그의 회람문서에서 묘사된 "체인-마피아"의 수법을 직접 원고들에게 책임 지우려 한 것이 결코 아니고, 오히려 회람문서의 올바른 이해에 따르면 회람문서에서는 단지 수사절차와 거기서 논의된 혐의들만이 언급되었다는 상고의 주장은 성공하지 못한다고 밝혔다.

연방대법원은 명예나 평판을 해치는 비난혐의들에 대한 보호는 단지 주장뿐만 아니라 전파 역시 포함한다고 밝혔다. 당사자는 원칙적으로 단순한 의혹의 전달에 대해서도 의혹주장과 동일한 방식으로 보호된다고 인정했다. 더욱이 항소법원 역시 회람문서를 "체인-마피아"에 관한 표현들이 원고에게도 해당하는 피고 자신의 주장이라고 이해했으며, 이는 법적으로 오류를 나타내지 않는다고 밝혔다. 수용자들에게는 이미 지점장들을 대상으로 첨부된 리스트에 포함된 사람들이나 기업들과의 영업에 대해 경고할 목적으로 인해 피고 역시 원고를 "체인-마피아" 방식을 사용하는 그런 범주 속에 편입시켰다는 사실이 분명하게 인식된다고 판단했다.

나아가 원고가 피고를 회람문서에서의 표현으로 인해 원칙적으로 책임을 물을 수 있다고 생각한 항소법원의 견해는 적절하다고 밝혔다. 따라서 피고가 이 표현들은 명예보호에서 벗어나 있는 자유공간에서 행해진 것이라고 주장하는 것은 소용없다고 보았다. 물론 관련판례에 따르면 표현에 있어서 그러한 자유공간은 매우 긴밀한 가족관계의 범주에서 인정될 수 있다고 밝혔다. 또한 일부 문헌에서는 이러한 자유공간을 매우 긴밀한 친구관계와 입법자에 의해 특히 보장된 비밀성을 통해 강조되는 다른 상황들로 확대하기도 했다고 밝혔다. 이에 따르면, 명예보호 배제의 중심사고는 단지 소수의 사람들만이 표현에 접근될 수 있다는 점이 아니라 시민들에게 재판절차를 통해 정당화될 필요 없이도 허심탄회하게 말할 수 있는 그런 자유공간이 의사소통 영역에 남아 있어야 한다는 당위성의 관점에서 나온 것이라고 밝혔다. 따라서 이러한 배제는 인간존엄성 보장의 핵심내용에서 그의 내적 정당성을 발견하는 것이며, 이는 기본법 제6조 제1항(혼인 및 가족제도)의 제도보장을 통해 더욱 강화된다고 보았다. 하지만 이 사건에서는 이러한 법적 지위와 무관하다고 판단했다. 여기에서는 메이저 은행의 영업상 손실의 회피를 위해 행해진 비즈니스 통제 목적의 정보에 관한 것이라고 인정했다.

아울러 회람문서는 피고의 조직범위로 제한된 자기정보이며, 사실전달이 아니라는 피고 주장 역시 승소에 도움이 되지 않는다고 밝혔다. 피고는 제3자-지점장들-에 대한 회람문서를 통해 일반수용자들에게 알려지지 않은 원고에 관한 사실을 전달했다고 주장했다. 하지만 이러한 과정에서도 원칙적으로 원고의 명예보호에 대한 권리 침해효과가 존재한다고 밝혔다. 이는 피고 역시 인정한 바와 같이 회람문서가 외부의 제3자에게 도달될 수 있었다는 사실에서 더욱 그러하다고 보았다.[26]

③ 정당한 이익의 대변원칙

하지만 연방대법원은 항소법원이 회람문서에서의 표현들은 정당한 이익의 대변이라는 정당화 근거를 통해 보호되지 않는다고 밝힌 견해에는 따를 수 없다고 판단했다.

원고들은 항상 "체인-마피아" 수법과 아무런 상관이 없다고 주장했고, 항소법원은 소송자료를 평가하는 과정에서 피고가 회람문서 내의 자신의 주장들에 대한 진실성을 입증하지 않았다고 보았다. 이에 따라 연방대법원은 피고의 주장이 맞는지 여부는 진위불명 상태라고 인정했다. 이러한 상황에서 연방대법원은 민법 제823조 제2항을 통해 전용된 형법 제186조의 증거법칙에 따라 명예훼손 주장의 허위성은 원칙적으로 표현주체의 입증책임에서 시작되어야 하고, 그 때문에 당사자는 금지청구를 요구할 수 있다고 보았다. 하지만 표현주체가 자신의 주장이나 전파에 대해 비록 그것이 진실이라고 입증할 수 없을지라도 보호가치 있는 이익이 자신을 정당화한다는 사실을 주장할 수 있다면 상황이 달라진다고 밝혔다. 이러한 경우에는 역으로 피해자가 주장의 허위성을 입증해야 비로소 방해배제청구나 불법행위청구를 통한 보호가 개입할 수 있다고 설명했다. 그리고 피고가 소송과정에서 자신의 회람문서의 전달에 있어서 정당한 이익의 대변을 주장할 수 있었는지의 문제에 대한 대답을 위해서는 한편으로는 수사단계에서 지점장들에 대한 통보이익과 다른 한편으로는 원고의 보호 필요성이 서로 형량 되어야 하며, 피고가 진실한 사실관계의 조사에서 행할 주의의무가 고려되어야 한다고 밝혔다.[27]

④ 적절한 형량방법

연방대법원은 그에 따라 적절한 형량의 범위 내에서 한편으로는 원고의 이익을 위해 회람문서에서 제기된 혐의들로 인해 원고의 명예나 사업상 평판이 심각하게 피해를 입었다는 사실이 저울 위에 올려져야 한다고 보았다. 은행들의 사업상 거래에서 가지는 핵심 기능으로 인해 기업과 기업의 영업실무에 관한 신용훼손적 보도는, 특히 그것이 여기에서처럼 은행의 1백만 마르크의 손해와 관련된 경우에는 자신의 존립을 부정하는 영향력을 가질 수 있다고 인정했다. 나아가 해당 보도가 은행 내부에 널리 퍼져 있다는 사실을 피해자가 전혀 모르기 때문에 자신의 입장을 표명하고 자신의 평판을 회복시킬 가능성을 전혀 가지지 못한다면, 그러한 보도는 당사자에게 더 많은 피해를 입힐 것이 틀림없다고 보았다.

　다른 한편으로 금융기관의 이익은 신용이 불량한 사업파트너의 술책으로 인해 나타날 수 있는 높은 재정적 손실을 예방하기 위해 주의를 필요로 한다고 밝혔다. 그러한 손실은 종종 결정적인 것으로 증명되기 때문에, 악성고객에 대한 금융기관의 사전보호조치는 필수 불가결한 것이라고 인정했다. 따라서 금융기관은 원칙적으로 내부보고서를 통해 신뢰할 수 없는 기업이 자신들에게 끼친 위험을 공유하는 것이 허용되어야 한다고 밝혔다. 이는 예상되는 위험을 알리는 회람문서의 형태로도 행해질 수 있다고 보았다. 원고의 견해와 달리 이러한 내부경고는 원래 자유로운 억측을 허용하기 때문에, 관련 회사에 대한 정당한 이유 없는 경고가 그 회사에 대해 일정한 부담을 주는 것은 아니라고 생각했다. 또한 금융기관은 그러한 내부경고를 기업에 대한 혐의가 확실해지기 전에 신속하게 알릴 기회를 가져야 한다고 인정했다. 은행이 쉽게 파악될 수 없는 네트워크를 갖춘 광범위하고 세분화된 조직들에 방치된 것으로 보이고, 그러한 기업의 술책으로 인해 이미 수백만 마르크 상당의 대부금이 피해를 입고 있는 상황에서, 그렇게 하지 않으면 또 다른 손해를 예방하기 위한 경고는 아무런 효과도 없이 실기하게 될 것이라고 우려했다. 다만, 은행은 바로 이러한 경우들에서도 그의 의혹으로 인해 그리고 피해자가 진실한 사실관계를 밝히기 어렵다는 사정으로 인해 피해자에게 부당하게 제기된 비난이 가지는 불이익을 인식해야 한다고 보았다. 그 때문에 은행은 우선 그러한 경고의혹이 부당할 경우, 즉시 자신의 내부영업 영역을 벗어나 공중에 널리 퍼지게 되는 것을 저지할 수 있도록 모든 주의를 기울여야 한다고 생각했다. 그럼에도 은행은 그러한 위험을 완전히 제거할 수는 없기 때문에 기업에 대한 의혹을 뒷받침해 주는 최소한의 증거사실에 의지할 수 있다면, 그때에 비로소 경고를 전달할 수 있다고 보았다.

이러한 상황에서 연방대법원은 항소법원이 마치 원고가 자신의 회람문서를 공중에 직접 전파한 경우와 동일한 주의의무를 부과함으로써 피고의 조사의무에 관해 너무 높은 요청을 할당했다고 비판했다. 오히려 원고는 회람문서의 전달에 있어서 자신에게 가능한 보호책을 실제로 강구했다고 옹호했다. 원고는 비밀보고라는 점을 언급하는 것으로 만족하지 않고, 더 나아가 회람문서의 말미에 관련된 사람과 기업의 이름이 담긴 리스트가 내부용으로 비밀리에 다뤄져야 하는 이유들을 설득력 있게 적시했다고 인정했다.

연방대법원은 그에 따라 피고가 자신의 조사의무를 위반했다는 점이 확정될 수는 없다고 밝혔다. 이러한 의무에 관한 요청들은 어느 경우에나 동일하게 적용되지 않으며, 개별사정들에 따라 결정된다고 보았다. 항소법원의 확정사실에 따르면 이 사건에서는 몇 가지 사정들이 "체인-마피아"와 원고의 관련성을 말해 줄 수 있는 단서를 제공하고 있다고 인정했다. 피고는 1989년 3월 회람문서의 전달 이후에 비로소 중단된 수사절차 당시에는 이 복잡한 사건이 그대로 계류 중이었다는 사실을 인식하고 있었으며, 또한 피고는 은행회의에서 비롯된 기록을 인지하고 있었는데, 이 기록에는 원고2가 1981년 6월 23일까지 1982년 2월 15일 파산했고, 결정적으로 중국에서 미국으로 체인공급에 관여했던 회사와 거래관계에 있었던 A-회사의 출자자였다는 사실을 담고 있었다. 아울러 A-회사의 공동출자자 역시 동일한 회사에 재직 중이었고, "체인-마피아"에 속했다는 혐의도 포함하고 있었다. 실제로 A-회사의 파산은 백만 마르크의 은행손실에 이르렀고, 피고 자신은 1988년 9월에 전형적인 "체인-마피아"의 방식에 따랐던 E-상사의 파산으로 인해 현저한 회수불능상태를 겪은 바 있었다. 이러한 관련하에 피고는 제3채무자로서 원고1의 이름이 E-상사로부터 양도된 미수채권 중 하나였음을 확인할 수 있었다. 나아가 피고는 K 회사에 대한 은행 내부의 경고도 확인했는데, 이 경고문에는 원고1이 "체인-마피아" 범주에 속한 사업가 P의 이해관계 범위에 속한다는 사실도 기재되어 있었다. 마지막으로 피고는 원고1이 "체인-마피아"의 이해관계 속에 있는 기업들 C, D와 거래관계를 맺고 있었다는 점도 알고 있었다.

연방대법원은 이러한 각각의 혐의점들은 그 자체로 보면 의혹을 입증하기에는 신빙성이 낮은 것으로 볼 수 있다고 인정했다. 하지만 피고가 회람문서의 전달을 결정했을 때 피고에게 제시된 바와 같이 원고와 관련된 모든 혐의점들을 전체적으로 조망할 것이 요구된다고 보았다. 그리고 바로 이와 같이 피고가 전체적으로 혐의들을 조망했을 때에는 혐의점들의 반복으로 인해 원고와 "체인-마피아" 사이의 거래관계가 존재한다는 생각에 전적으로 도달할 수 있었다고 평가했다. 나아가 이때 피고는 높은 손실회피를 위해서는 어쩔 수 없이 신속한 행동을 취할 수밖에 없었다고 인정했다. 이러한 상황에서 피고가 그의 회람문서의 전달과정에서 강구했던 예방책을 고려하면, 그의 조사의무에 더 이상 과도한 요청을 부여할 수는 없다고 판단했다.

연방대법원은 따라서 항소법원의 판결이유는 더 이상 유지될 수 없다고 보았다. 금지청구는 단지 사실심이 회람문서에서 제시된 사실주장이 허위라는 확신을 얻었을 경우에만 원고에게 귀속된다고 밝혔다. 그리고 허위성에 대한 입증책임은 원고들이 부담한다고 보았다. 그런 점에서 더 이상의 진술청취나 증거조사는 필요 없으며, 반복위험의 문제도 마찬가지라고 생각했다. 왜냐하면 지점장들에게 회람문서의 전달은 정당한 이익의 대변을 통해 정당화되었기 때문에, 그것에는 반복위험 추정을 위한 근거가 탈락된다고 밝혔다. 아울러 회람문서의 전달이 정당한 이익의 대변을 통해 보호된다는 사실은 확정청구권에 대해서도 영향을 미친다고 판단했다.[28]

유럽인권법원 2012년 2월 7일 자 판결 - 39954/08

사실관계

청구인인 악셀 스프링거사는 함부르크에 본사를 두고 있다. 청구인에 의해 발행되는 "빌트"지는 2004년 9월 29일 자 표지에 큰 활자체로 "코카인! TV-형사 Y 옥토버페스트에서 체포"라는 헤드라인 기사를 통해 유명배우 X가 뮌헨 옥토버페스트 기간 중 한 맥줏집에서 체포되었다고 보도했다. X는 1998년부터 유명 TV시리즈물에서 형사 Y의 역할을 맡았다. 헤드라인 기사에는 X의 초상이 담긴 석 장의 사진이 첨부되었고, 잡지 안 기사에서는 "TV-스타 X가 하나의 프레첼, 한 잔의 맥주 그리고 1회용 코카인 가루와 함께 체포되었다"고 보도되었다. 이어서 기사에서는 "X는 자신의 코를 문지르며 경찰의 시선을 자극했고, 조사결과 코카인 0.23gm을 소지하고 있었던 것으로 밝혀졌다. X는 이미 2000년 7월에 마약소지로 인해 징역형 집행유예를 선고받았다"고 기술되었다.

2005년 7월 7일 "빌트"지는 "TV-형사 X. 법정에서 코카인-자백. 18,000유로 벌금!"이라는 두 번째 헤드라인 기사를 재차 게재했다. 이 기사에도 마찬가지로 X의 사진이 첨부되었다.

X는 기사공표 직후 곧바로 청구인에게 가처분신청을 제기했다. 함부르크법원은 2004년 9월 30일 기사공표를 금지했고, 2004년 11월 12일 가처분을 확정했다. 청구인은 사진보도에 대해서는 불복하지 않았지만 기사에 대해서는 항소를 제기했고, 결국 성공하지 못했다. 함부르크 지방법원은 2005년 11월 11일 자 본안판결에서 첫 번째 기사 거의 대부분에 대해 각각 공표를 금지한 데 이어 청구인에게 5,000유로의 지급을 선고하면서, X의 사생활 존중권이 공중의 정보이익보다 더 우월하다고 판정했다. 함부르크 상급법원은 2006년 3월 21일 청구인의 항소를 기각했고, 다만 액수를 1,000유로로 삭감했다. 2006년 11월 7일 청구인의 상고 역시 기각되었다.

2006년 5월 5일 함부르크 지방법원은 X의 유죄판결에 관한 두 번째 기사에 대해서도 금지판결을 선고했고, 이 역시 항소와 상고가 성공하지 못했다. 연방헌법재판소 또한 인용을 거부했다.

청구인은 2008년 8월 18일 유럽인권법원에 불만소원을 제기했고, 일반에 알려진 배우가 마약범죄행위로 인해 체포된 뒤 유죄선고를 받았다는 보도를 금지한 독일 법원들에 대해 대항했다. 2010년 3월 30일 자 유럽인권법원 제6재판부는 사건을 대배심에 넘겼고, 2012년 2월 7일 재판부는 12:5로 유럽인권협약 제10조가 침해되었다고 확정했다. 그리고 독일 정부는 석 달 이내에 비물질적 손해배상으로서 177,34.80 유로, 경비와 비용배상으로 325,22.80유로를 청구인에게 지불하라고 선고했다.[29]

① 판단대상

유럽인권법원은 독일 법원의 판결이 유럽인권법원 제10조에서 보호되는 청구인의 의견표현의 자유권으로 개입했다는 점에 당사자 사이의 다툼은 없다고 인정했다. 그리고 그러한 개입은 유럽인권협약 제10조 제2항에 따라 정당화되지 않을 경우 협약 제10조에 위반된다고 보았다. 따라서 그러한 개입이 "법적으로 근거가 있는지", 이 규정에서 언급된 정당한 목적 가운데 하나 또는 그 이상을 추구했는지 그리고 "민주 사회에서 그 목적을 달성하기 위해 필수 불가결한지" 여부가 심사되어야 한다고 밝혔다.

유럽인권법원은 이러한 개입의 근거가 인격권보호의 고려하에 해석된 독일 민법 제823조 제1항과 제1004조 제1항에 규정되어 있다는 점에는 다툼이 없다고 인정했다. 당사자 역시 이 개입은 정당한 목적, 즉 유럽인권협약 제10조 제2항의 의미상 명예나 다른 사람의 권리보호를 추구하는 것이며, 유럽인권법원 판례에 따르면 이것은 협약 제8조에서 보호되는 사생활 존중권을 포함할 수 있다고 밝혔다. 하지만 이 개입이 "민주사회 내에서 필수 불가결한지" 여부가 다툼의 대상이라고 보았다.[30]

② 원칙

유럽인권법원은 법원재판에 관한 보도와 논평 역시 언론의 과제에 해당하며, 이러한 보도는 공공성에 기여하고, 그 때문에 유럽인권협약 제6조 제1항에 따른 공개 재판주의 요청에 부합한다고 밝혔다. 법원재판에 관한 사전 토론이나 현재의 토론이 시사전문잡지나 대중들 사이에서 금지되어야 한다는 생각은 결코 상상할 수 없다고 보았다. 언론은 그의 정보와 생각들을 전달할 과제를 가질 뿐만 아니라 공중 역시 그것을 얻을 권리를 가진다고 확언했다.

그리고 일정한 과장과 심지어 도발 가능성 역시 언론인의 자유에 속하며, 가능한 표현기법에 관해 언론 대신 판단하는 것이 유럽인권법원 혹은 국내법원의 과제는 아니라고 밝혔다.

하지만 유럽인권협약 제10조 제2항은 의견표현의 자유 역시 "의무와 책임에 구속된다"고 규정하고 있으며, 이는 언론이 커다란 공적 관심사안에 관한 보도를 하는 경우에 있어서도 마찬가지라고 보았다. 실명이 거명된 사람의 명예에 손상을 가하거나 다른 사람의 권리를 침해할 위험이 존재할 때, 이러한 의무와 책임은 더욱 특별한 중요성을 가질 수 있다고 강조했다. 따라서 언론이 원칙적으로 다른 사람에 관한 명예훼손적인 사실주장을 할 경우, 자신에게 적절한 진실성 심사의무에서 벗어나기 위해서는 특별한 이유가 존재해야 한다고 보았다. 그러한 이유가 존재하는지 여부는 특히 명예훼손적 주장의 성격과 심각성에 달려 있고, 언론이 얼마나 그의 출처를 이성적으로 신뢰할 수 있었는지 여부에 달려 있다고 밝혔다.

이어서 명예보호권은 유럽인권협약 제8조의 사생활 존중권의 일부로서 보호된다고 밝혔다.

이러한 "사생활" 개념은 포괄적으로 이해됨에 따라 완전한 규정이 불가능하며, 한 사람의 정신적, 신체적 정체성이 이에 속하기 때문에 수많은 인격적 측면이 이 개념에 포섭된다고 밝혔다. 그 예로는 성적 정체성 및 성적 지향점, 한 개인의 초상권 혹은 성명권을 들 수 있으며, 이 개념은 당사자가 자신의 동의 없이는 공표되지 않을 것이라는 사실을 정당하게 기대할 수 있는 개인정보 역시 포함한다고 보았다. 협약 제8조를 적용하기 위해서는 사람의 명예에 대한 공격이 일정한 정도에 이르고, 그의 사생활 존중권 행사를 침해해야 한다고 보았다. 나아가 유럽인권법원은 범죄행위의 자행과 같은 예견 가능한 자신의 행동결과에 대한 명예의 침해에 대해서 개인은 협약 제8조를 통한 불만소원을 제기할 수 없다고 밝혔다.

그리고 국가의 개입이 민주사회에서 명예나 타인의 권리보호를 위해 필수 불가결한지 여부를 심사함에 있어서 국내 당국이나 법원들이 협약 내에서 보호되는 두 권리의 균형을 달성하는 것이 필수적이고, 이 경우에는 예컨대 협약 제10조에서 보호되는 의견표현의 자유와 협약 제8조에서 보호되는 사생활 존중권이 충돌할 수 있다고 보았다.[31]

③ 이익형량의 원칙

의견표현권이 사생활 존중권과 형량되어야만 할 때 유럽인권법원은 다음의 원칙들, 즉 하노버/독일(NJW 2012, 1053) 판결에서 언급한 원칙들이 적용된다고 밝혔다. 말하자면, 공적 이익의 토론에 기여하는지 여부, 당사자의 지명도와 보도대상, 당사자의 이전 행동, 사진촬영의 사정들 및 보도의 내용과 형식 등이 그것이라고 구체적으로 언급했다. 여기에 정보가 어떻게 획득되었으며, 그 정보가 진실한지가 추가된다고 밝혔다.

유럽인권법원은 정보가 획득된 방식과 그 정보의 진실성은 이익형량에 있어서 중요한 두 가지 관점이라고 인정했다. 유럽인권협약 제10조가 공적 이익의 문제에 관한 보도를 하는 언론인에게 보장하는 보호는 언론이 정확한 사실적 토대에서 선의로 보도하고, "신뢰할 수 있고 정확한" 정보를 직업윤리와의 일치하에서 제공한다는 사실을 전제한다고 밝혔다.

마지막으로 의견표현의 자유에 대한 개입의 비례성 판단에 있어서는 가해진 제재의 성격과 강약 정도가 고려되어야 한다고 밝혔다.[32]

④ 공적 이익의 토론에 기여

유럽인권법원은 잡지기사의 내용이 배우 X의 체포와 유죄판결, 즉 일정 정도 공적 이익에 해당하는 사법절차에서 생겨난 공개사실에 관련된 것이라고 밝혔다. 공중은 원칙적으로 형사재판에 관해 보고를 받거나 정보를 입수할 수 있는 이익을 가지며, 이때 무죄추정의 원칙이 엄격하게 준수되어야 한다고 보았다. 하지만 이러한 이익은 단계에 따라 서로 다른 비중을 가지며, 체포 이후 진행절차에 따라 더 커질 수 있고,

이때 당사자의 지명도, 사건의 당시 상황과 소송절차 진행 동안 드러난 또 다른 상황 전개와 같은 몇 가지 요소가 중요한 역할을 한다고 판시했다.[33]

⑤ X의 지명도와 기사의 대상

유럽인권법원은 독일 법원들이 X의 지명도 판단에 있어서 현격히 다른 결과에 도달했다고 평가했다. 지방법원은 X가 공적 이익의 중심에 서 있지 않으며, 그가 유명 배우이고 종종 TV에 등장했을 때 자신의 인격권 보호를 포기했다고 인정될 수 있을 정도로 공적 관심을 추구하지 않았다고 판단했다. 그에 반해 상급법원은 X가 일반적으로 알려졌고, 매우 인기 있었으며, 실제로 경찰관의 우상이나 롤모델로서 살았던 인물은 아니더라도 그 스스로 그러한 롤모델에 상응하게 살았는지를 알기 원하는 공중의 증가된 관심을 정당화할 수 있다고 보았다.

유럽인권법원은 특히 한 인물이 해당 국가에서 유명하다면, 그 인물의 지명도를 확정하는 것은 원칙적으로 국내법원이 우선 해결해야 할 과제라고 밝혔다. 이에 따르면, X는 결정적인 때 매우 인기 있는 범죄시리즈물의 주연배우였고, 거기에서 형사 Y의 주역을 맡았다는 사실은 다툼이 없었다. 또한 그의 인기도 판정을 위해서는 대체로 해당 TV시리즈물로 소급해야 하는데, 거기에서 X는 잡지기사의 발행 당시 방송된 103개의 사건 가운데 54개의 사건을 맡은 형사 Y의 배역을 수행했음이 확인되었다. 따라서 지방법원은 수많은 TV 속 배역들(약 200개 이상)에도 불구하고 그의 지명도가 제한적인 조연배우는 아니었다고 판단했다. 나아가 상급법원은 X의 팬클럽이 있었을 뿐만 아니라 그의 팬들이 X가 저지른 범죄행위에 공공연히 노출되었을 경우 그의 약물 소비를 모방하려고 고무되었을지 모를 가능성을 언급하기도 했다.

이와 관련해 유럽인권법원은 비록 대중들이 일반적으로 배우 자신과 그가 맡았던 배역인물 사이를 구별하는 것은 당연하다고 생각했다. 그럼에도 특히 여기에서처럼 배우가 주로 특정 역할로 인해 유명해졌을 때 두 인물 사이에는 밀접한 관련이 있을 수밖에 없다고 보았다. 게다가 X의 경우는 그의 임무가 법의 준수를 위해 애쓰고, 범죄와 싸우는 형사의 역할이었다는 점에 주목했다. 이러한 점은 특정한 범죄행위로 인한 X의 체포에 관해 정보를 제공받을 공중의 이익을 증가시키는 요소라고 평가했다. 이러한 사정과 독일 법원의 판결이유의 고려하에서 X의 지명도는 어쨌든 그가 공적 생활의 인물로서 분류될 수 있을 정도로 유명하다고 인정했다. 이것은 그의 체포 및 그에 대한 형사재판에 관해 정보를 제공받을 공중의 알권리를 강화한다고 판단했다.

이어서 두 개의 잡지기사의 대상과 관련해 독일 법원은 X에 의해 행해진 범죄행위는 코카인이 중독성이 강한 약물이기 때문에 사소한 것이 아니라고 확정했다. 그럼에도 X가 단지 자신의 소비만을 위해 소량의 약물을 소지하고 있었다는 사실을 고려하면, 그 범죄행위는 중간 내지 경미한 것이라고 밝혔다. 이런 종류의 범죄행위와 형사재판은 부지기수였다고 덧붙였다. 독일 법원들은 X가 이미 유사한 범죄로 인해 유죄선고를 받은 적이 있다는 사실에도 어떠한 중요한 비중을 부여하지 않았고, 이미 수년 전 행해졌던 그의 유일한 전과였다는 점을 언급했다. 이에 독일 법원들은 청구인의 기사공표에 관한 이익은 단지 X가 한 범죄행위를 저질렀다는 점에서만 긍정되고, 그에 관해 만약 대중들 사이에 공공연하게 알려지지 않은 인물이 이러한 범죄를 저질렀다면, 추정컨대 결코 보도되지 않았을 것이라는 결론에 도달했다.

이러한 점에 유럽인권법원은 대체로 동의한다고 밝혔다. 하지만 X가 뮌헨 옥토버페스트 당시 한 맥줏집에서 공개적으로 체포되었다는 사실이 추가로 언급되어야 한다고 보았다. 이것은 상급법원에 따르면 비록 대중들의 시야에서 벗어나서 저질러진 범죄행위의 폭로나 특성고발과 관련된 것은 아닐지라도 대중들의 커다란 관심을 불러일으킨 사건이라고 인정했다.[34]

⑥ 공표 전 X의 행동

나아가 유럽인권법원은 언론에 대한 X의 이전 행동이 고려되어야 한다고 밝혔다. X는 스스로 수많은 인터뷰에서 자신의 사생활에 관한 상세한 내용을 공표함으로써 대중의 관심을 적극적으로 추구했으며, 그 결과 자신의 사생활보호에 관한 정당한

기대가 축소되었다는 점이 지명도 판단에 있어서 고려되어야 한다고 판단했다.[35]

⑦ 정보획득방식과 정보의 진실 여부

공표된 정보들이 공개된 방식과 관련해 청구인은 형사소추 당국이 그 사실과 X의 신원을 공개한 이후에 비로소 X의 체포에 관해 보도했다고 진술했다. 청구인에 의해 공표된 모든 정보들은 이미 사전에, 특히 검찰의 기자회견과 보도자료를 통해 공중에 공개되었던 사실이라고 주장했다. 이에 반해 독일 당국은 검찰의 기자회견은 검사 W가 최초 기사의 공표 이후에 청구인의 보도내용이 맞는지 묻는 다른 언론사의 질의에 대해 해당 사실을 확인해 주었던 것이라고 반박했다.

유럽인권법원은 자신에게 제출된 서류들을 검토한 결과, 첫 번째 기사의 공표 전에 기자회견이 열렸고, 보도자료가 제공되었다는 청구인의 주장은 확인되지 않았다고 확정했다. 오히려 유럽인권법원의 구두심리에서 제기된 질문에 따르면 그 주장은 부적절한 것으로 증명되었고, 따라서 청구인의 행동은 유감스럽다고 밝혔다.

하지만 또 다른 소송과정에서 선고된 독일 판결과 유럽인권법원의 재판과정 중 행해진 당사자 진술에 따르면 독일 법원들이 이러한 문제를 다루지 않았다는 사실 역시 확인된다고 밝혔다. 이러한 상황에서 유럽인권법원은 청구인이 자신은 단지 뮌헨검찰이 기자회견에서 사전에 공개했던 정보만을 공표했다고 주장할 수는 없다고 보았다. 다만, 공표된 정보들, 특히 X의 신원과 같은 정보는 경찰과 당시 뮌헨검찰 대변인이었던 검사 W에게 유래한 것이라는 사실은 그대로 유지된다고 밝혔다.

이에 따라 첫 번째 잡지기사가 뮌헨검찰 대변인의 제공정보에 기초한 것이라는 점은 부인되지 않기 때문에 충분한 사실적 근거를 가지고 있는 보도라는 점은 인정했다. 아울러 두 기사에 포함된 정보의 진실성은 독일 법원과 유럽인권법원에서 다툼이 없다고 밝혔다.

다만, 유럽인권법원은 그 정보들이 뮌헨검찰에서 생겨났다는 사실을 근거로 청구인이 그 진실성을 신뢰할 수 있었다는 사실을 증명할 수는 있겠지만, 이것이 X의 사생활 존중권에 대한 보도이익과 형량할 의무를 면제시키지는 않는다고 보았다. 당국이나 법원은 어떻게 그리고 어떤 형태로 그 정보가 공표될지 알 수 없기 때문에, 언론만이 이러한 형량을 행할 수 있다고 강조했다.

하지만 결과적으로 이 사건에서 그러한 형량이 행해지지 않았다는 어떠한 근거도 존재하지 않는다고 판단했다. 형사소추 당국으로부터 정보의 확인을 받은 청구인이 X에 의해 행해진 범죄행위, 그의 공중 속에서의 지명도 그리고 그의 체포사정 및 정보의 진실성을 고려하에서 X의 익명성을 보장해야 할 어떠한 충분한 이유도 인정될 수 없다고 보았다. 이러한 맥락에서 검사 W가 첫 번째 보도가 이뤄진 당일 다른 잡지와 텔레비전 채널에 청구인에 의해 밝혀진 모든 정보들을 확인해 주었다는 사실이 부각되어야 한다고 보았다. 그리고 두 번째 기사가 공표되었을 때, X의 유죄판결에 바탕이 되었던 사실들은 이미 공중에 널리 알려진 상태였다는 점도 고려되어야 한다고 보았다. 상급법원 역시 청구인은 검찰로부터 전달받은 정보를 적법하다고 인정할 수밖에 없었기 때문에 더 이상 과실로 비난할 수 없다는 점을 수긍했다고 밝혔다. 이에 따라 청구인이 공표 전에 신의칙에 반해 행동했다는 사실은 입증되지 않는다고 판단했다.[36]

⑧ 기사내용, 기사형태 그리고 기사의 영향력

유럽인권법원은 첫 번째 기사는 단지 X의 체포사실, 검찰에 의해 얻은 정보와 법률 전문가를 통해 그 범죄행위가 가지는 중요성에 관한 법적 판단만을 보도했다고 인정했다. 두 번째 기사는 법원에 의한 구두심리 종결 때 그리고 X의 자백에 따라 선고된 판결을 주로 기술했다고 평가했다. 따라서 이 기사는 X의 사생활에 관한 세부사실들을 담고 있지 않으며, 단지 그의 체포 이후의 사건들만을 포함하고 있다고 보았다. 이 기사들은 어떠한 경멸적 소견이나 근거 없는 주장들이 아니라고 평가했다. 첫 번째 기사가 공중의 관심을 환기시키는 표현들을 포함하고 있다는 사실에 유럽인권법원은 어떠한 이의도 제기하지 않는다고 밝혔다. 그 밖에 지방법원이 기사에 첨부된 사진공표를 금지했고, 청구인은 이에 대해 불복하지 않았다고 밝혔다. 이 때문에 기사형태가 공표금지를 위한 어떠한 이유도 드러내지 않는다고 판단했다. 그 밖에 독일 당국은 기사 공표가 X에게 손해를 가져왔다는 점 역시 소명하지 않았다고 지적했다.[37]

⑨ 제재의 강도

유럽인권법원은 청구인에게 부과된 제재가 비록 관대한 것이지만, 위협적 효과를 가지는 것은 부인될 수 없다고 보았다. 어쨌든 그러한 제재는 앞서 언급된 이유들에서 정당화되지 않는다고 판단했다.[38]

⑩ 결론

유럽인권법원은 독일 법원에 의해 판시된 이유들이 비록 설득력이 있기는 하지만, 민주사회에서 그러한 개입이 필수 불가결한지를 입증하기에는 불충분하다고 밝혔다. 협약국가에 인정되는 재량 여지에도 불구하고 독일 법원에 의해 가해진 청구인의 의견표현권의 제한과 행해진 정당한 목적 사이에는 적절한 비례성이 존재하지 않는다고 판단했다. 그 때문에 유럽인권협약 제10조를 위반했다고 결정했다.[39]

(2) 객관성 요청

일부 판례나 문헌에서 정당한 이익의 대변이라는 정당화 근거의 주장이 성공하기 위해서는 표현의 객관성을 전제한다는 견해가 지지되기도 하지만,[40] 실제로 이러한 객관성 기준은 아무런 의미를 갖지 못한다. 정당한 이익의 대변을 주장하기 위한 전제로서 언제나 요구될 수 있는 진지한 정보이익 외에 보도대상과 관련된 객관성 기준이 독자적 의미를 가질 수 없는 이유는 어차피 모든 보도는 사실적 핵심을 통해 내용상 객관적으로 제한될 수밖에 없기 때문이다. 하지만 무엇보다 표현에 대한 객관성 요구는 자신의 의견을 노골적으로 그리고 신랄하게 표현하는 것 역시 포함한다는 헌법상 자유로운 의견표현권의 승인된 원칙과 충돌한다는 점에서 불가하다. 따라서 정당한 이익의 대변이라는 정당화 근거를 주장하기 위한 전제로서 표현의 객관성 요구는 당연히 거부된다.[41]

실제로 정당한 이익의 대변이라는 정당화 근거는 공표 당시 진실 또는 허위가 확정되지 않은 그러한 사실주장의 전달에 있어서 적용되는 허용된 위험의 한 유형이기 때문에, 표현의 객관성 요청은 더 이상 논의될 가능성이 없다. 구체적 사례에서 표현 내용이 객관적이지 못했다는 점이 확정된 허위로 구체화된다면, 이후 정당한 이익의 대변이라는 정당화 근거는 어차피 거부되기 때문이다. 또한 표현의 형태에서 객관적이지 못했다는 점이 드러난다면, 이는 정당한 이익의 대변에 관한 판단문제와는 관계없이 표현자유의 일반적 제한이 개입하기 때문이다.[42]

(3) 수단의 적절성

한편, 일부 문헌에 따르면 정당한 이익의 대변을 통한 정당화는 표현의 성격이 모든 개별사정의 고려하에 적절하지 않으면 거부되어야 한다는 주장이 제기되기도 한다.[43] 하지만 이에 대해서도 객관성 요청에 관한 비판이 마찬가지로 적용될 수 있다. 원칙적으로 의견표현의 영역에서 헌법상 보장된 비판자유는 비방적 비판의 한계를 넘었을 때 비로소 수단의 적절성을 이유로 제한될 수 있다. 즉, 이러한 제한은 비판적 표현이 객관적으로 정당한 관심사안과 적절한 사실적 핵심에 관한 것임에도 불구하고 표현의 과도함으로 인해 법적인 우려가 생겨날 때 개입하는 것을 말한다.

따라서 이러한 의미에서 수단의 적절성이라는 특별기준은 정당한 이익의 대변이라는 문제와는 전혀 무관한 판단요소이다. 설사 부적절한 비판적 평가가 수용자에게 허위의 사실관계를 떠올리게 할 수 있을지라도 이는 정당화의 문제가 아니라 특정한 표현이 담고 있는 진술내용의 조사와 관련된 문제라고 할 수 있다. 이와 관련해 하나의 표현이 입증 가능한 허위의 사실주장으로 구성된 경우라면 어차피 장래의 전파를 위한 정당화는 인정되지 않는다. 이에 반해 이미 전파된 표현과 관련해서 포함된 사실주장의 진실성에 관한 다툼이 있는 경우야말로 바로 정당한 이익의 대변사유가 실제로 영향을 끼칠 수 있는 그런 충돌에 해당할 것이다.[44]

결국 언론법 영역에서는 연방대법원에 의해 발전한 공식[45]이 수단의 적절성 심사라는 기준을 대체하게 된다. 즉, 한 표현에 대해 정당한 이익의 대변을 통한 정당화 근거가 주장될 수 있는지 여부에 관한 다툼에서는 우선 표현주체가 논란의 여지가 있는 객관적 진술을 진실이라고 믿어도 될 만한 사정이 전제되어야 하고, 이러한 바탕 위에서 비로소 자신의 표현을 정당한 이익의 대변을 위해 필수적인 것으로 간주했는지 여부의 대답이 가능하게 된다. 그리고 이러한 사정이 인정된다면, 공공성과 본질적으로 관련된 문제에 있어서 단지 사실주장의 진실성을 입증하는 데 실패했다는 이유는 해당 표현을 위법한 것으로 간주할 수 있는 어떠한 근거도 되지 못한다.[46] 따라서 특정한 진술 혹은 표현형태의 적절성에 대한 문제는 당연히 정당한 이익의 대변을 통한 정당화 근거의 전제심사에서 아무런 역할도 할 수 없다. 그리고 어떠한 경우에도 수단의 적절성 요청을 표현에 있어서 필수 불가결한 혹은 가장 절제된 수단의 사용에 대한 요구로 혼동해서는 안 될 것이다. 이러한 요구는 의견표현의 자유권과 결코 일치할 수 없을 것이기 때문이다.[47, 48]

연방대법원 1989년 7월 11일 자 판결
- VI ZR 255/88("마법의 수맥탐지봉"-판결)

사실관계

원고1은 식수용 수원을 위한 지하수 채굴회사이고, 원고2는 이 회사의 출자자이자 대표이다. 원고2는 고갈되지 않는 지하수층의 탐색을 위해 수맥탐지봉을 이용해 작업했다. 1985년 10월 원고2는 지역 식수공급에 적합한 수원지를 열망했던 K행정지구의 주문으로 수맥봉과 함께 수원을 탐색했고 땅을 파내려 갔다. "바덴신문"은 "관청의 속임수"라는 제목으로 이에 관해 보도했다. 여기에서 한 구조분석 및 지반역학 기술사무소 대표인 피고는 "바덴신문" 기자에게 인터뷰를 제공했는데, 또 다른 신문이 "중세시대로의 회귀"라는 제목으로 이에 관해 재차 보도했다. 원고들은 신문기사에서 전파된 피고의 발언은 부당한 비교광고로서 원고1의 영업권의 침해 및 원고2의 주주이익의 손해를 야기했다고 주장했다. 나아가 원고2는 자신의 인격권이 침해되었다고 생각했다. 이에 원고들은 피고를 상대로 금지, 손해배상 의무확정 그리고 제2원고에 대한 위자료지급을 청구했고, 1심에서 대체로 관철되었다.

항소법원은 다음과 같은 선고판결하에서 금지청구를 인용했다:

원고들과 소속직원들 그리고 원고의 사업상 성과들을 충분한 근거 없이 평가저하시키기에 적합한 신문기사 내 표현들의 공표가 피고에게 금지되며, 특히

　a) "수맥봉을 이용한 수맥탐사는 '사기수법'이고 손재주만이 필요한 '속임수'이다",

　b) "I 씨는 돈을 벌기 위해 사람들의 무지를 악용했다",

　c) "I 씨는 성공을 보장할 수 있는 것처럼 속임으로써 규정에 따른 입찰공고를 빠져나갔다"라는 표현을 행하는 것이 금지된다.

이어서 항소법원은 확정소송을 승인했고, 피고에게 4,000마르크의 위자료를 원고2에게 지급하라고 판결했다. 피고의 상고는 상급법원 판결의 파기와 다른 재판부로의 환송이라는 결과에 이르렀다.[49]

① 항소법원의 판단-단순한 주관적 평가인지 사실주장인지의 쟁점

항소법원은 대상 표현에 대한 원고의 금지청구와 손해배상과 관련해 피고는 일반적인 이유로 발언한 것이지 경쟁의도로 발언한 것은 아니기 때문에 부정경쟁방지법을 근거로 삼을 수는 없지만, 형법 제186조와의 연계하에 민법 제823조 제2항 및 민법 제1004조 아울러 민법 제847조를 근거로 한 소송상 청구는 정당화된다고 인정했다. 피고의 주장은 신문기사에서 인용된 표현들의 전체적 맥락에 따르면 "원고가 경제적 이익을 얻기 위해 K. 행정 당국을 고의로 속이고 기만했다"로 정리할 수 있다고 밝혔다. 하지만 이러한 사기성 행위에 관한 주관적 주장은 진실입증이 이뤄지지 않

왔고, 이러한 비난들은 아울러 의견표현의 자유권(기본법 제5조 제1항)이나 정당한 이익의 대변(형법 제193조)을 통해서도 보호되지 않는다고 밝혔다.

항소법원은 신문기사에서 인용된 피고의 표현에 대한 해석과 분류결과, 대상 표현들은 형법 제186조의 의미상 사실주장에 해당한다고 간주했고, 이 규정의 위반이 민법상 금지청구의 판결을 뒷받침한다고 보았다. 또한 신문기사에서 인용된 표현은 피고가 직접 하지 않은 발언이 자신에게 전가된 것이라고 주장되지도 않았다고 밝혔다.

물론 원고2의 행동을 "사기수법" 그리고 "눈속임수"로서 혹평한 것은 그 자체로는 단순한 주관적 평가로 보인다고 생각했다. 수맥탐사용 로드와 함께 수맥을 찾는 것은 일반적으로 주술에 속한다고 생각하는 평균적인 독자들은 이러한 표현들을 그 자체만으로 사실적 실체가 없는 평가저하적인 주관적 입장표명으로 이해한다고 밝혔다. 하지만 이러한 주관적 비난이 구체적 사건을 통해 뒷받침되고, 언급된 구체적 사건이 그 자체로 증거수단과 함께 검증 가능한 것일 경우에는 사실주장으로 평가되어야 한다고 보았다. 따라서 이것은 문맥에 달려 있다고 보면서 이러한 문맥에 따라 중립적인 평균 독자에게 형사상 구성요건을 가리키는 평가 내에 또 하나의 사실적 실체가 구체화되었는지가 결정된다고 설명했다.

이를 바탕으로 항소법원은 이 사건에서 독자들의 인상에는 "사기수법" 그리고 단지 손재주만이 필요한 "눈속임수"라는 평가와 원고2 및 그의 회사에 관한 구체적 사실의 전달이 결합된 것으로 이해된다고 판단했다. 우선 이러한 특징적 표현들은 "K. 행정지구가 -기사에서는 실명이 언급된- 원고2 내지 그의 회사에 수맥봉을 이용해 식수원을 위한 수맥을 찾으라고 주문했다"는 "바덴신문"의 보도에 이어서 행해졌다고 인정했다. 그리고 "표면적으로는 일부 성공이 보장되었는데, 왜냐하면 K. 행정지구의 땅에는 실제로 도처에 물, 즉 지하협곡 안에 축적된 지하수가 있었기 때문이고, 하지만 그 지하수는 지속적인 식수공급을 위해서는 K. 지구의 눈앞에서 확인된 바와 같이 수량이 너무 적었다"는 설명을 통해 부연되었다고 분석했다. 이러한 내용의 의미에서 볼 때, 수맥봉의 도움으로 사용 가능한 수원이 발견될 수 있었다는 거짓말이 원고2로부터 생겨났음을 알 수 있다고 보았다. 이러한 맥락에서 독자들은 실제로 원고2가 가짜 성공을 도와주는 지질학적 상황의 이용하에서 마치 자신이 실제로 손재주만으로 움직이는 수맥봉을 이용해 그 지역의 식수공급에 적합한 수원을 어렵사리 발견한 것처럼 행동함으로써 K. 지구를 속였다는 인상을 얻게 되는 것이 확실하다고 인정했다. 그리고 항소법원은 원고2에 대한 공격이 더군다나 개인을 표적으로 삼는 방식으로 행해졌다는 점을 고려할 때, 이러한 진술내용의 인정에서 출발할 수 있다고 평가했다.

나아가 항소법원은 "수맥탐지자는 돈을 벌기 위해 사람들의 무지를 악용했다"는 피고의 인터뷰 발언 역시 전체적인 맥락에 따라 원고2의 K. 지구에서의 수맥탐사를 가리킨 것이고, 원고2가 돈을 벌기 위해 사람들의 무지를 고의의 기만을 통해 이용했다는 정도로 이해될 수 있다고 밝혔다. 아울러 K. 지구에서의 사건들과의 관련성은 사람들의 무지를 악용했다는 비난이 "K. 지구에서 실제로 도처에 물이 발견될 수 있었고, 하지만 채굴에 적당한 수량은 아니었다"는 내용과의 직접적 연결하에서 제기되었다는 점에서 더욱 확실해진다고 판단했다. 원고2가 사람들의 무지를 고의로 이용했다는 점도 피고가 "악용"이라는 단어를 사용했다는 점에서 생겨나는데, "악용"의 의미는 의도적인 행위를 전제하기 때문이라고 보았다.

마지막으로 항소법원은 "원고2는 성공을 보장할 수 있다고 속임으로써 규정에 따른 입찰공고를 피해 갔다"는 신문 인터뷰 내 피고의 발언 역시 이는 다름 아닌 K. 지구의 경우를 가리키는 것이고, K. 지구에 대한 고의의 기만과 사기라는 정도로 이해될 수 있다고 인정했다. 또한 K. 지구에서의 행위들과의 관련성은 무엇보다 피고가 지하협곡 내 한정된 지하수의 집적에 불과했던 그곳의 지리학적 상황을 언급했다는 점에서도 인정된다고 보았다. 아울러 이러한 배경에서 원고에 의해 약속된 "보장"이 독자들에게는 고의의 기만의 일부로 보인다는 사실은 피고가 이를 "속임수"라는 단어로 표현했고, 이러한 "속임수"라는 단어 역시 "악용"이라는 단어와 마찬가지로 일정한 목표를 지닌 행위를 지칭하기 때문이라고 밝혔다.

이러한 모든 점에서 항소법원은 피고의 인용표현들을

제2원고 및 그에 의해 대표되는 제1원고는 대가의무가 있는 채굴계약의 체결을 위해 초기 성공을 보장했던 지리적 상황들의 의도적인 이용하에서 그리고 -실제로는 K. 지구의 실수요와 비교했을 때 가치 없는 것으로 판명되었음에도- 충분한 수량을 보장한다는 공언하에서 주관적이고 부정직한 방식으로 수맥봉을 이용해 그 지역의 식수공급용 수원을 개발할 수 있다는 생각을 들게 했다.

정도로 이해하였다.

연방대법원은 이러한 이해를 정당하다고 판단하면서, 이러한 의미에서 항소법원의 종합적 판단은 피고가 신문 인터뷰에서 자신의 발언과 함께 "원고들은 추가적인 식수원을 개발하려는 노력에 있어서 경제적인 이득을 취하기 위해 K. 행정지구를 고의로 속이거나 기만했다"는 정도로 이해될 수 있다고 밝혔다. 동시에 연방대법원은 이러한 항소법원의 해석이 다양한 개별진술로 이루어진 표현들은 전체적 관점에서 평가되어야 한다는 원칙에도 부합한다고 판단했다.[50]

② 진실이 입증되지 않은 사실과 정당한 이익의 대변

이어서 연방대법원은 K. 지구에 대해 사기성 행위를 했다는 비난은 원고1과 원고2를 공공연히 평가저하시키기에 적합한 것이며, 따라서 일단 형법 제193조의 유보하에서 진실이 입증되지 않는 경우라면 형법 제186조의 사실적시 명예훼손에 관한 범죄구성요건을 충족한다고 인정했다. 따라서 이런 경우에는 민법 제823조 제2항과의 연계하에서 그리고 민법 제1004조의 법적 사고를 유추하여 금지청구가 요구될 수 있다고 밝혔다. 나아가 피고의 소송상 태도에 비추어 보면 반복위험 역시 명백하다고 인정했다.

연방대법원은 피고의 인터뷰 발언에 관한 항소법원의 해석을 바탕으로 이 사건 소송범위 내에서는 가령 일반적인 수맥탐사집단에 대한 비판이 문제 된 것이 아니라 추가로 주장된 상세한 사정들과 증거사실을 통해 구체화된 것처럼 원고의 K. 지구에서의 행위를 피고가 사기성 행위라고 비난해도 되는지 여부만이 문제 된다고 보았다.

하지만 항소법원은 피고 발언의 적법성을 판단함에 있어서 오류를 범했다고 지적했다.

연방대법원은 항소법원이 피고가 자신의 주장에 대한 진실입증을 하지 않았다는 점에 초점을 잘못 맞추었다고 비판했다.

항소법원은 비록 오래전부터 수맥탐사집단을 통해, 심지어 일부에서는 형사법상 중요한 방식으로 폐해가 횡행했을지라도, K. 지구의 경우 원고2에게서 고의의 기만과 사기가 비난받을 수 있다는 점에 관한 정당한 확신을 얻을 수 없었다고 밝혔다. 오히려 원고2는 법원의 의견 청취과정에서 초자연적 능력을 보유했다고 자신을 신뢰하는 그런 사람들의 의견을 전달했고, 원고2 역시 성공적으로 수맥봉을 이용할 수 있다고 자신하는 것을 확인했다고 밝혔다. 이러한 상태에서 항소법원은 피고가 정당한 이익의 대변(형법 제193조) 혹은 자유로운 의견표현권(기본법 제5조 제1항)을 주장할 수 있는지를 심사했고, 결국 허위의 명예훼손적 주장의 전파에는 어떠한 정당한 이익도 존재하지 않는다는 이유로 이를 거부했다.

이에 대해 연방대법원은 항소법원이 피고가 정당한 이익의 대변(형법 제193조)과 자유로운 의견표현권(기본법 제5조 제1항)을 주장할 수 있는지의 문제를 판단함에 있어서 소송대상 주장들은 단지 진실이 입증되지 않은 상태에 불과하다고 판단했음에도 불구하고, 즉 주장의 허위성을 확정하지 않은 상태에서 해당 주장들을 허위로 전제했다고 비판했다.

연방대법원은 하지만 이러한 경우 금지청구의 허용 여부는 피고가 자신의 표현의 정당함을 주장할 수 없음이 관건이며, 이는 기본법 제5조 제1항과 형법 제193조에서 판단되어야 한다고 밝혔다. 이에 따라 지금까지 이 사건에서처럼 확인된 것처럼 제기된 주장의 허위성이 확정될 수 없었다면, 원칙적으로 의견자유의 효과적 보호라는 이익을 위해 피고에게 유리하게 그 주장은 진실이라는 전제에서 출발해야 한다고 판시했다. 즉, 이러한 전제에서 출발해서 그다음 단계로 해당 주장이 정당한 이익을 위해 행해졌는지 여부를 질문해야 한다고 밝혔다. 이때 자신의 표현에 관한 피고의 이익과 표현으로 인해 피해를 입은 당사자의 이익 그리고 이러한 법익에 대한 표현의 영향들이 상호 간에 형량이 이뤄져야 하며, 피고가 진실한 사실관계의 조사에 있어서 적절한 주의를 기울였는지도 고려되어야 한다고 보았다.

이러한 원칙에 따라 항소법원은 피고 주장의 진실이 입증되지 않았다는 판단에 머물러서는 안 되고, 오히려 그 주장의 허위성이 확정되지 않은 이상, 피고가 정당한 이익의 대변을 위해 행동했는지 여부의 문제에 있어서 그의 진실을 전제해야 한다고 밝혔다. 따라서 항소법원은 원고2가 K. 지구를 고의로 속이고 기만했다는 사실에서 시작했어야 했다고 비판했다. 그리고 이때 피고는 수맥탐사집단을 객관적으로 의심스러운 것으로서 평가하는 데 -피고는 어차피 이러한 일반적 비판을 언제나 주장할 수 있기 때문에- 그칠 뿐만 아니라 원고2를 개인적으로 공격해도 된다고 판단했다. 원고2가 K. 지구에 대한 사기성 작업에 착수했다면, 피고는 정당한 이익의 대변이라는 관점하에서 이것을 공중에게 알리고, 세금낭비가 객관적으로 의심되는 사실에 대해서뿐만 아니라 주관적이고 부정직한 개인에 대해서도 공개적 비판을 가할 자격이 있다고 밝혔다. 아울러 현재의 소송상태에서는 피고가 사실관계의 조사에 관한 자신의 의무를 이행했다는 점이 인정된다고 보았다. 피고에게 알려진 객관적 사정들에 따르면 피고 주장의 진실성이 인정될 수 있고, 따라서 피고가 원고2의 부정직한 행위를 추론하는 데 어떠한 주의의무 위반도 존재하지 않는다고 판시했다.

결국 연방대법원은 항소판결이 지금까지 제시된 이유 때문에 더 이상 유지되지 않는다고 판단했다. 항소법원은 직무상 준수되어야 할 요청으로서 제시된 실체법상 맥락을 제대로 파악하지 못했고, 그 때문에 이 사건에서는 주장내용의 진실입증 불명만으로는 불충분하다는 사실을 인식하지 못했다고 비판했다. 즉, 사실심이 K. 지구에 대한 주관적인 사기행위에 관한 피고의 주장이 허위라는 확신을 얻었을 경우에만 원고들에게 금지청구가 허용된다고 부연했다. 왜냐하면 이 경우에야 비로소 이미 허위로 입증된 주장들의 반복에 대해서는 어떠한 보호가치 있는 이익도 존재하지 않는다는 원칙이 적용되기 때문이라고 밝혔다.

이에 따라 이제는 원고들이 피고의 비난에 바탕이 되었던 사실적 요소들이 적절하지 않으며, 따라서 원고2가 K. 지구에 대해 주관적인 사기행각을 했고, 이런 방식으로 대가의무가 있는 주문계약을 따내려 했다는 사실이 허위임을 입증해야 한다고 보았다. 원고가 이러한 입증에 성공하고 신문 인터뷰에서 제기된 사기비난을 제거하는 한, 피고에게 대상 표현들을 금지할 수 있다고 밝혔다. 만약 원고2가 K. 지구에 대해 주관적이며 사기성의 행위를 했다는 점이 여전히 다툼이 있다면, 소송은 기각되어야 하고, 이러한 기준에 따른 소송자료의 새로운 판단을 위해 이 사건은 항소법원으로 다시 환송되어야 한다고 판단했다.[51]

③ 손해배상의무의 확정에 관한 확인청구와 손해배상청구

연방대법원은 피고의 인터뷰 발언에서 생겨나거나 생겨날 수 있는 손해배상의무의 확정에 관한 확인청구와 관련해서도 항소법원의 판결은 금지청구와 동일한 이유에서 유지될 수 없다고 판단했다. 피고는 정당한 이익의 대변을 위해 행동했고, 아울러 피고의 주장이 허위라는 점이 확정되지 않은 이상, 위법성 여부의 판단에 있어서는 해당 주장의 진실을 전제로 해야 한다는 점에서 달라지는 것은 없다고 밝혔다. 그 결과 이 사건 확인청구 역시 항소법원으로 환송되어야 한다고 판결했다.

또한 형법 제186조와 연계한 민법 제823조 제2항을 근거로 민법 제847조에 따른 금전배상(위자료)이 원고2에게 인정된다는 항소법원의 판결 역시 유지되지 않는다고 판단했다. 왜냐하면 여기에서도 항소법원은 피고가 정당한 이익의 대변을 위해 행동했는지의 심사에 관한 법적 기준을 오인했기 때문이라고 밝혔다. 이에 새로운 사실심의 판단이 필요하다고 보았다.[52]

(4) 이익보호의 의도

일부에서 형법 제193조의 원문에 따른 정당화가 단지 이익보호의 주관적 의도로 전파된 경우에만 고려된다는 사실에 동조하기도 하지만, 이러한 기준 역시 언론보도에 있어서는 어쨌든 어떠한 독자적 의미를 가지지 못한다.

오히려 언론은 공중에 대한 보도활동에 있어서 완전히 밝혀지지 않은 사실관계들에 관해서도 항상 자신의 정보제공의무에 부합할 의도로 행동한다는 점이 전제되어야 한다. 특히 법원이 다툼이 된 보도의 정당성에 관한 심사과정에서 동기가 무엇이었는지의 조사에 매진하고, 이때 진지한 언론과 진지하지 않은 언론을 구별하고자 한다면, 이는 기본법 제5조 제1항의 의사소통기본권과 일치하지 않는 것이 될 것이다.[53]

(5) 보도의 계기

그에 반해 보도의 계기는 정당화 근거를 인정할지 부인할지 문제에 있어서 전적으로 중요하다. 이는 특히 당사자의 이익과 정보이익의 형량에 있어서 반드시 필요한 기준이다. 보도의 계기는 동시에 정보이익의 진지성 원리의 구체화로 볼 수 있다. 가령 자신의 발언이나 행동을 통해 스스로 공적 관심에 노출된 사람은 이를 통해 언론에 자신을 비판적으로 다루게 될 계기를 제공한 것이며, 이때 이 사람은 더 이상 인격권 및 언론보도의 대상이 되지 않을 권리를 주장할 수 없으며, 특히 익명상태로 남아 있던 사람이 실명보도의 대상이 되지 않을 권리의 존중을 주장할 수 있는 것과 동일한 정도의 보호를 주장할 수는 없다. 그리고 정치적 영역에서의 발언이나 행동 아울러 경제나 스포츠 혹은 구성원이 원칙적으로 대중의 이목을 추구하고, 그의 공개적 활동과 그에 따른 경제적 성공을 공중의 관심에서 비로소 얻게 되는 연예사업 등이 이에 해당한다.

이러한 관점은 형사소송에 관한 언론보도 그리고 형사법상 유죄판결에 관한 보도에서도 정당화된다. 이러한 보도는 거의 언제나 당사자의 인격권 침해에 이르게 되지만, 형사사법의 모든 측면에 관한 공중의 정보의미로 인해 아울러 심각한 범죄행위로 인한 유죄판결의 경우에 행위자는 모든 현행법에 대한 위반의 결과로서 자신의 인격권 침해를 감수해야 하기 때문에 용인될 수 있다.[54]

나아가 비판적 보도에 대한 정당한 계기의 법적 사고에서 판례[55]는 소위 '반격권 이론'을 발전시켜 왔고, 이 역시 정당한 이익의 대변이라는 관점의 특별한 구체화로서 인정될 수 있다. 따라서 당사자의 행동에 대한 적절한 대응을 나타낸다는 점으로 인해 반격행동은 정당화될 수 있으며, 연방헌법재판소 역시 비교적 최근 성폭행 의혹 피해자가 행한 인터뷰 발언이 문제 된 카첼만 사건에서 이를 인정한 바 있다.[56] 일반적으로 정당한 이익의 대변에서 제시된 원칙에 따라 반격권은 자신의 인격이나 지위에 대한 공격을 전제하지 않고, 오히려 발언한 사람을 상대로 자신의 주장에 대해 행해진 공격을 방어하는 것이 중요한 경우, 이것만으로 충분하다.[57] 이러한 상황이 존재한다면, 상충하는 이익의 형량에 있어서 원래 발언자의 보호는 통상 자신의 직접적 관여 없이 언론보도의 비판대상이 된 경우보다 보호 정도가 덜하다.[58]

연방헌법재판소 2016년 3월 10일 자 결정 – 1BvR 2844/13("카첼만"-결정)

사실관계

전심절차의 원고(카첼만)는 TV 진행자이고, 언론인 겸 사업가이다. 그는 헌법소원 청구인과 교제하는 사이였는데, 2010년 초 그녀는 성폭행과 상해죄를 이유로 카첼만을 고소했다. 하지만 카첼만은 지방법원의 형사소송절차에서 범죄가 입증될 수 없다는 이유로 무죄를 선고받았다. 다툼의 대상이 된 발언은 형사판결이 최종 확정되기 전에 행해졌다.

지방법원의 무죄판결 선고일 그리고 그다음 날 원고의 변호인들은 TV 방송에서 헌법소원인에 관해 언급했다. 무죄선고 후 약 일주일 후 한 주간지에는 "누구도 나를 더 이상 협박하지 못한다"라는 제목의 세 쪽짜리 인터뷰 기사가 게재되었고, 여기에서 원고는 다음과 같이 말했다:

> (…) 법정에서 변호사는 내게 침묵하라고 충고했습니다. 나 역시 '나는 그것을 하지 않았어요!' 그리고 '나는 어떤 사람에게도 폭력을 행사하지 않았어요!'라는 짧은 진실 외에 달

리 무슨 말을 할 수 있었을까요. (…) 나는 재판일마다 나와서 수백 번 '이것은 거짓말입니다!'라고 말해야만 했을 겁니다. 내가 거짓말하는 증인에게 무슨 말을 할 수 있을까요, (…)

그리고 청구인에 관해 다음과 같이 말했다:

나는 내 자신이 형편없다는 것을 압니다. 사람들에게 농담하고, 그에 대해 어떠한 사과도 하지 않았어요. 하지만 내가 그녀와 했던 것을 성폭행 비난으로 꾸며냈을 때 이것은 농담이 아니었어요. 그건 범죄예요. 그에 대한 어떠한 정당성도 없습니다. (…) 나는 미치지 않았어요. 하지만 많은 관심을 가진 사람들은 내가 하지도 않은 짓을 고소한 그녀에게 심리적으로 무슨 일이 일어나고 있었는지 알 겁니다. 그녀는 판결 후 법정부속실에서 난동을 피웠다고 합니다.

원고와 그의 변호사는 다른 인터뷰 기회에서도 공개적으로 형사소송결과와 청구인에 관한 발언을 이어갔다.

원고의 인터뷰가 보도된 이후 일주일이 지나서 청구인 역시 한 화보지에 인터뷰를 제공했다. 해당 잡지 표지에는 원고의 인터뷰 및 수많은 토크쇼에서 원고 측 변호사가 발언한 것에 대해 청구인이 처음으로 침묵을 깨길 원한다는 내용이 실렸고, 이와 함께 본문기사가 예고되었다.

이 청구인의 인터뷰 기사가 실린 지면의 일부에서는 청구인의 전면사진이 여러 차례 공개되었고, 인터뷰 내용 외에도 편집국의 관련기사 역시 여러 면에 걸쳐 게재되었다. 그리고 청구인의 진술이 다음과 같이 인용되었다:

법원은 이 무죄판결을 통해 나를 그러한 성폭행 이야기를 꾸며낼 정도로 어리석고 비열한 여자인 양 무고했어요. (…) 나와 그를 아는 사람은 한순간도 내가 이런 정신 나간 짓을 지어냈다고 의심하지 않아요. 나는 절대로 복수심에 불타는 거짓말쟁이가 아니에요.

그리고 청구인은 이어진 인터뷰에서 다음과 같이 말했다:

> (…) 하지만 원고에 의해 매수된 감정인의 진술들을 언론매체에서 읽어야만 한다는 사실을 나는 좀처럼 참을 수 없어요. 이 사람들은 법정에서 그 행위가 내가 주장한 바대로 전개될 수 없다고 진술했어요. 그러고는 스스로 집에 앉아서 이걸 읽고 "하지만 그랬는데!"라고 정확히 알고 있어요. (…)

이어서 인터넷에서 한 원고의 행동들에 관해서

> 맞아요. 그는 이것을 다른 사람들에게 손가락질하고 웃음거리로 만들 수 있어요. (…) 자신의 눈에는 그날 밤 아무 잘못도 하지 않았어요. 그는 단지 자신이 옳다고 생각한 방식대로 권력관계를 다시 조성한 거예요.

라고 비난했다.

계속해서 청구인은 자신이 실제로 세 개의 트라우마를 극복해야 했는데, 그중 하나가 그 행위라고 말했다. 추가로 그녀는 원고의 집에서 도망 나올 때, 그가 자신을 죽이겠다며 협박했다고 털어놓았다. 인터뷰 말미에 청구인은 결코 대중 앞에 나올 생각이 전혀 없었지만, 무엇보다 원고의 '거짓 인터뷰'로 어쩔 수 없었다고 말했다.

이러한 청구인의 인터뷰 이후 원고는 청구인에게 "나와 그를 아는 사람은 단 한순간도 내가 정신 나간 짓을 지어냈다고 의심하지 않아요", "그 행위는 내가 주장한 것처럼 전개될 수 없었다고 진술했어요. 그러고는 자기 스스로 집에 앉아서 이걸 읽고서, '하지만 그랬는데!'라고 정확히 알고 있어요 (…)", "자신의 눈에는 그날 밤 아무 잘못도 하지 않았어요. 그는 단지 자신이 옳다고 생각한 방식대로 권력관계를 다시 조성한 거예요", "나는 세 개의 트라우마가 있는데, 그중 하나가 이 행위를 극복하는 거예요", "그는 나를 죽이겠다고 협박했어요" 등의 표현을 금지하라고 청구했다. 한편, 원고는 다른 민사소송절차에서 이 화보 잡지를 상대로 금지청구 소송을 제기했다.[59]

① 지방법원과 상급법원의 판단

지방법원은 원고의 신청취지를 그대로 인용하는 판결을 선고했다. 원고는 기본법 제1조 제1항, 제2조 제1항, 형법 제186조, 민법 제823조 제1항, 그리고 민법 제1004조 제2항의 유추적용을 근거로 소송 대상이 된 표현들의 금지청구권을 가진다고 인정했다. 재판부는 "이러한 정신 나간 짓" 그리고 "권력관계를 다시 조성했어요"라는 표현들은 의견표현으로 분류했고, "하지만 사실은 그랬는데!", "트라우마들: 그중 하나는 그 행위" 그리고 원고의 협박관련 언급은 사실주장으로 규정했다. 이어서 모든 대상 표현들은 청구인의 의견표현의 보호범위에 해당하고, 원고의 일반적 인격권과 관련된다고 보았다. 또한 이것들에 어떠한 허위의 사실주장이 존재하지는 않는다고 판단했다. 따라서 표현과 관련된 사실들, 즉 원고가 성폭행과 중상해를 헌법소원인에게 저질렀다는 사실이 허위로 확정되지 않았다는 청구인의 주장은 정당하다고 인정했다. 아울러 원고가 그녀를 허위사실 무고라는 공개적 비난에 노출시켰다는 사실이 청구인을 위해 고려되어야 한다고 보았다.

지방법원은 이와 동시에 청구인의 표현이 무죄 선고된 원고에 대해 심각한 범죄비난을 내포할 수 있다는 사실이 간과되어서는 안 된다고 밝혔다. 결과적으로 청구인의 표현은 그 상세한 정도로 그리고 감정을 드러내는 표현방식으로 표출된 이상, 광범위한 공중의 순수한 정보이익을 넘어선다고 판단했다. 청구인은 본질적 요소로 제한된 객관적 표현만으로 충분했을 것이라고 보았다. 표현의 상세한 정도 역시 청구인의 명예회복을 위해 필요한 수준을 넘어섰으며, 원고가 청구인을 죽이겠다고 협박했다는 표현과 관련해서는 대체로 그에 대한 청구인의 법적 방어가 없었기 때문에, 재판부는 그런 점에서 인격권 침해적인 허위사실주장으로 볼 수밖에 없다고 생각했다.

상급법원 역시 청구인의 항소 대부분을 기각했다. 지방법원 판결의 참조하에서 청구인의 의견표현은 결국 고소 제기 및 법정에서 거짓을 말하지 않았다는 자신의 이기적 목적에 기여하는 것이라고 밝혔다. 이 사건에서 의견표현의 자유는 공적 관심사에 관한 정신적 의견투쟁의 관점하에서 우월한 것이 아니라고 판단했다. 오히려 이러한 의견표현은 특별히 심각한 침해 강도를 지니고 있다고 보았다. 왜냐하면 대대적인 형사소추절차에 따라 무죄를 선고받은 원고에 대해 청구인이 계속해서 심각한 범죄행위 비난을 전파하는 것이기 때문이라고 밝혔다.

게다가 대상 표현들은 구체적인 표현방식에서 공중의 순수한 정보이익을 넘어섰고, 성폭행 구성요건이 충족되었다고 보는 청구인의 생각으로만 반드시 국한되지도 않았다는 지방법원의 판단은 정당하다고 평가했다. 이 표현들은 필요한 정보수준만으로 제한되지 않고, 감정적인 호소에 치우쳤다고 인정했다. 결국 무죄 선고된 원고는 이것을 감수할 필요는 없다고 판단했다.

한편, 기본적으로 청구인의 반격권이 인정될 수 있지만, 그럼에도 문제 된 청구인의 구체적 표현들은 정당화될 수 없다고 밝혔다. 원고 행위의 혐의가 입증되지 않았다는 점에서 청구인은 반박권을 주장함에 있어서 자제가 필요했다고 판단했다. 선고된 무죄판결이 전적으로 무시될 수는 없다고 덧붙였다.

이후 연방대법원이 청구인의 민사소송법 제544조에 따른 상고불승인불복신청을 기각하자 청구인은 헌법소원을 제기했다. 이에 연방헌법재판소는 대상 판결들이 청구인의 기본법 제5조 제1항 제1문의 의견표현의 자유를 침해한다고 판단했다.[60]

② 감정적 표현과 의견표현의 자유

연방헌법재판소는 지방법원과 상급법원의 판결은 청구인의 의견자유의 보호범위와 관계되며, 대상 표현들의 금지는 각급 법원의 판단 범위 내로 제한되지 않는다고 밝혔다.

의견표현의 자유는 유보 없이 보장되는 것이 아니라 기본법 제5조 제2항에 따라 일반법에서 그 제한을 발견할 수 있고, 일반적 인격권의 관철을 위한 금지청구 방식의 민사법상 제한들은 민법 제823조와의 연계하에서 민법 제1004조 제1항 제2문의 유추적용에 근거한 것이라고 밝혔다. 그리고 이러한 헌법상 정당한 제한규정들의 적용은 관할민사법원들의 책무라고 밝혔다. 하지만 법원들은 관련된 기본권을 해석과정에서 주도적으로 고려해야 하고, 기본권의 가치설정적 내용이 법적용 영역에서도 유지될 수 있도록 그 의미와 사정거리를 고려해야 한다고 밝혔다. 따라서 법원들은 관련된 서로 다른 이익들과 침해 정도를 파악해야 하고, 상충하는 기본법상 지위들이 개별적 사건의 구체적 사정의 참작하에서 적절히 고려되는 비례관계를 달성해야 한다고 밝혔다.

그런 점에서 문제 된 표현이 단지 자신의 이익추구를 위한 사적인 논쟁에만 관련되는지 아니면 공공성과 본질적으로 관계된 문제와의 맥락에서 의견자유권의 행사와 관련되었는지 여부가 적절한 형량을 위해 무엇보다 중요하다고 보았다. 이에 따라 다툼이 된 표현이 여론형성에 기여하는 것이라면, 의견자유의 이익을 위한 추정이 보장된다고 판시했다.

하지만 연방헌법재판소는 의견자유권은 단지 공적 관심사에서의 정신적 의견투쟁으로만 제한되지 않으며, 기본법 제5조 제1항 제1문은 공적 관련성을 가진 공개토론의 장려를 위한 기능적 이해로 제한될 수 없다고 보았다. 오히려 의견표현의 기본권은 인간개성의 직접적 발현을 위한 주관적 자유로서 하나의 근본적 인권이라고 밝혔다. 따라서 개인적 자유권으로서 의견자유권은 결과적으로 사익을 위해서도 보장되며, 무엇보다 부당함에 대한 개인적 인식을 주관적 감정형태로 세상에 전달할 자유 역시 포함한다고 설명했다.

나아가 원칙적으로 과장된 의견표현 역시 기본법 제5조 제1항 제1문에 의해 보호되는 자기결정의 대상이라는 사실이 고려되어야 한다고 밝혔다. 이때 특히 자신의 표현 바로 앞에 선행된 명예에 대한 공격이 존재할 때, 이에 상응하는 유사한 효과를 가지는 대응은 정당화될 수 있다고 밝혔다. 공적 의견투쟁에서 평가저하적 비난에 대한 계기를 제공한 사람은 자신에 대한 상대방의 신랄한 대응이 비록 개인의 명예를 저하시킬 경우일지라도 이를 감수해야 한다고 보았다.[61]

③ 사건판단

연방헌법재판소는 대상 판결이 이러한 헌법상 원칙들을 충족시키지 못한다고 판단했다. 법원들에 의해 행해진 원고의 일반적 인격권과 청구인의 의견자유권 사이의 형량은 헌법상 더 이상 용인될 수 없는 방식으로 단순화되었다고 밝혔다.

법원들이 우선 의견자유의 측면에서 커다란 공중의 정보이익을 고려하는 한편, 원고의 일반적 인격권 측면에서 심각한 비난들이 형사소송의 대상이었고, 적어도 이러한 비난들이 무죄선고로 인해 무한정 반복되어서는 안 된다는 점을 고려한 것은 적절했다고 평가했다. 아울러 법원들은 이 표현들이 얼마나 공적 관심사안과 관련이 있는지도 고려했다고 인정했다. 하지만 법원들은 청구인이 해당 사건에 관한 발언을 본질적 사실들과 객관적 표현으로 제한했어야 했다는 전제에서 출발함으로써 기본법 제5조 제1항 제1문에 의해 보호되는 의견표현의 자유권, 즉 한 사건을 주관적으로 평가하거나 심지어 감정에 호소하는 식으로 평가할 수 있는 자유를 오인했다고 비판했다. 또한 법원들의 견해는 재판결과의 토론에 관한 이익과 법치국가의 형사소송법이 희생자의 관점에서 가질 수 있는 가혹함을 간과했다고 보았다. 게다가 법원들은 청구인이 원고 측의 행위로 인해 자신에게 가해진 압박과 공개적으로 진행되었던 재판결과를 의사소통과정을 통해 극복하려 했다는 사실을 필수적인 형량 내로 산입하지 않았다고 비판했다.

추가로 청구인은 아직 최종심을 통해 확정되지 않은 잠정적 무죄판결에 관해서 발언했고, 형사소송에서 원고에게 비난된 범죄행위를 넘어서 어떠한 새로운 사실들을 진술한 것이 아니라 단지 광범위한 보도를 통해 공중에 이미 알려졌던 사실들만을 반복한 것에 불과하다는 점도 형량 내로 산입되어야 했다고 아쉬워했다.

연방헌법재판소는 더군다나 법원들이 원고의 앞선 행동들을 적절한 방식으로 고려하지 않았다고 질책했다. 재판부는 원고가 앞서 청구인이 대중 앞에 나오게 될 계기가 되었던 한 인터뷰에서 청구인을 먼저 비방했다는 사실에 주목했다. 그런 점에서 청구인에게 반격권이 인정된다고 생각한 상급법원의 견해는 적절했다고 인정했다. 그럼에도 법원들은 청구인의 발언이 인터뷰에 향해진 객관적 대응으로 자제되지 않았다고 오인했는데, 오히려 청구인의 입장에서는 원고와 그의 변호사 역시 객관적이 아니라 먼저 감정적인 방식으로 발언했기 때문에, 이러한 방식으로 공중 앞에 선 원고는 이에 상응하는 방식의 청구인의 대응을 감수해야 한다고 보았다.

따라서 대상 판결들은 앞서 제시된 헌법상 오류들에 기반했고, 이에 따라 상급법원의 새로운 판단을 필요로 한다고 결정했다.[62]

3. 정당한 이익의 대변원칙의 전제조건으로서 주의의무의 이행

언론보도가 진지한 공적 이익이 인정되는 대상을 다루었다는 사실만으로 정당한 이익의 대변의 주장은 아직 정당화되지 않는다. 오히려 관련된 보도국이나 편집국이 적절한 언론의 주의의무를 취재나 조사과정에서 준수했다는 사실이 추가로 확정되어야 한다. 주의의무의 위반이 존재한다면, 보도대상에 탁월한 정보이익이 존재하는 경우일지라도 정당한 이익의 대변을 주장하는 것이 금지된다.[63]

(1) 정당한 이익의 대변원칙과 표현의 진실문제

허위주장의 경우에는 객관적 관점에서 어떠한 정당한 이익도 대변할 수 없을뿐더러 의견형성에도 아무런 긍정적 기여를 할 수 없다. 물론 이러한 헌법상 대원칙이 이미 발생한 허위주장은 형법 제193조를 통해 정당화될 가능성이 더 이상 고려되지 않는다는 사실을 의미하는 것은 아니다. 형법 제193조는 허용된 위험사례이고, 그 때문에 이 조항은 특히 주장이 나중에 허위로서 밝혀짐으로써 이러한 위험이 현실적 의미를 얻는 경우에 유효하다.[64]

다만, 무엇보다 유의할 점은 이 경우 또 다른 법률상 보조수단이 필수적이라는 사실이다. 정당한 이익의 대변사유를 심사할 경우에는 진실이 전제되어야 하고, 진실

입증이 성공했을 때에야 비로소 그다음 단계로서 표현주체가 정당한 이익을 대변했는지 여부를 검토하게 된다.[65] 따라서 이러한 보조수단 없이 형법 제193조는 아무런 의미도 획득하지 못한 공허한 상태에 머무를 것이다. 연방헌법재판소 역시 마찬가지로 단지 고의의 혹은 입증된 허위의 사실주장은 의견형성에 더 이상 아무런 기여도 할 수 없을 것이라는 점을 반복해서 언급했다.[66]

하지만 사실주장의 허위성이 입증되지 않고 진위불명(non liquet) 상태에 빠진다면, 이때 의견자유권은 인격권의 일반적 우위에 맞설 수 있다. 이때 무엇보다 진실의무에 대한 요청이 표현의 자유의 기능이 해를 입을 정도로 부여되어서는 안 된다는 점이 중요하다.[67, 68]

연방대법원 1985년 2월 12일 자 판결 – VI ZR 225/83("튀르콜"–판결)

사실관계

1978년 설립된 원고 회사는 1980년부터 터키 국적의 사람들을 위해 독일-터키 사이의 전세기 운행과 운송주선을 취급했다. 원고는 이를 위해 1981년 4월 1일부터 10월 31일까지 포괄전세계약을 체결했고, 이에 근거해서 외국인 노동자를 위한 터키행 비행기를 제공할 수 있었다. 1981년 7월 31일 프랑크푸르트에서 슈투트가르트를 경유하는 앙카라행 비행이 예정되어 있었는데, 99개의 좌석 가운데 단지 30좌석의 예약에 그치는 바람에 원고는 갑작스레 비행을 취소하기로 결정했다. 이에 터키어로 진행되는 제2피고의 전화리포트는 슈투트가르트공항에서 발생한 상황을 다루었고, 제1피고 역시 1981년 8월 1일 자 외국인 노동자를 위한 라디오 방송 프로그램 앞부분에서 이를 보도했다. 게다가 오후에는 북독일방송, 저녁에는 남독일 전역에서 이러한 사실이 방송되었다. 보도내용은 다음과 같다.

(슈투트가르트)-축제일을 맞이해 터키로 여행하려고 했던 많은 승객들은 어제저녁 슈투트 공항에서 자신들이 사기희생자(다른 번역으로는 기만의 희생자)가 되었다는 사실을

깨닫게 되었습니다. YP가 보도합니다: 사랑하는 청취자 여러분! 우선 우리는 여러분에게 기쁜 라마단 축제가 되길 기원합니다. 여러분의 더 많은 건강과 기쁨이 축제에서도 충만하길 바랍니다. 하지만 우리가 이 축제에 관해 다루고자 하는 보도는 유감스럽게도 축제답지 못합니다. 축제일을 우리 고향에서 지인이나 친척들과 보내려고 했던 약 40명의 우리 동포들은 슈투트가르트공항에서 허송세월을 보내야 했습니다. 그들은 그곳에서 한참을 기다리다 곤경에 빠졌습니다(고통 속에서 기다려야 했지만, 당황스러운 순간에 마주치게 되었습니다). 어떤 사람들이 또다시 휴가시즌과 공항 혼잡에 편승해서 우리 동포들에게 대체 비행편도 없는 비행기 티켓을 팔았습니다(그를 대신할 어떠한 비행기도 준비되어 있지 않았기 때문에 비행기는 결항되었습니다). 승객들이 오후 시간대부터 탑승을 위해 바덴-뷔르템베르크와 심지어는 프랑스의 다양한 도시들에서 속속 공항에 도착했습니다. 왜냐하면 반대급부 없는(비행을 위한 어떤 항공기도 없었던) 비행기 티켓에는 출발 시간이 제멋대로 기재되어 있었기 때문입니다. 상당수는 16:50분 내지 20:50분. 우리와 인터뷰한 동포들은 회사명 T로 인쇄된 티켓을 다양한 장소에서 구매했다고 말했습니다. 유감스럽게도 공항에는 그 회사도, 회사대리인도 없었습니다. 공항담당자 역시 그러한 비행에 관해 아무것도 알지 못했습니다. 고향으로 가던 몇몇 동포들은 또다시 기만당했고, 비참한 상황에 빠졌습니다(사기를 당했고, 비참한 곤경에 빠졌습니다). 비행기 티켓을 구매할 때는 반드시 잘 알려지고 신뢰할 수 있는 공인된 곳에 맡겨야 한다는 사실이 다시 한번 고통스러운 방식으로 증명되었습니다. 우리는 이런 일이 마지막이 되기를 바랍니다.

이어서 제1피고는 1981년 8월 5일 라디오 방송에서 몇몇 당사자들과의 통화에 이어서 터키어로 다음과 같은 "해명"을 방송했다.

지난 토요일 방송에서 우리는 우리 동포들 일행이 예약티켓을 가지고 슈투트가르트공항에 도착했으나 티켓에 기재된 비행기가 결항되는 바람에 헛걸음했다고 보도한 바 있습니다. 우리 보도에서 언급된 회사 T(원고)는 이 사안에 관해 다음과 같이 해명했습니다:
'7월 31일 금요일 20:40에 슈투트가르트공항에서 출발하기로 예정되었던 비행기는 기술적 이유에서 취소되었습니다. 하지만 이 비행기를 예약했던 여행객들의 요구사항은 해결

되었습니다.'

사랑하는 청취자 여러분, 현재 축제 전날 공항에 헛걸음했던 여행객들은 적어도 티켓비용을 전부 현금으로 환불받았습니다.

이러한 보도로 인해 원고의 영업은 중단되었고, 1981년 10월 6일 관할법원의 결정을 통해 자산부족으로 인한 파산절차 개시가 중단되었다. 원고는 부도 원인으로 1981년 7월 31일 자 보도를 지목하면서, 피고를 상대로 보도내용의 허위성과 잘못된 사건평가를 전파한 책임을 묻는 차원에서 손해배상을 청구했다. 해당 방송으로 인해 원고는 더 이상 어떠한 고객들에게도 비행기 티켓을 판매할 수 없었다고 주장했다. 그리고 이 라디오 방송으로 인해 약 200여 명의 주주들 가운데 일부는 자본참가를 취소했고, 일부는 아직 지불되지 않은 출자금 지급을 거부하는 바람에 비행기 조달을 위한 선불금 지급이 불가능하게 되었다고 밝혔다. 손해배상청구 소송은 하급심 법원심급에서 성공하지 못했고, 원고의 상고는 하급심 판결의 기각과 파기환송을 이끌어냈다.[69]

① 항소법원의 판단

항소법원은 해당 라디오 방송으로 인해 원고의 경제적 침해가 생겨날 수 있다는 점은 인정했다. 그럼에도 원고는 피고에게 불법행위에 기인한 손해배상을 청구할 수 없다고 보았는데, 그 이유는 원고가 피고 보도의 핵심 부분이 허위라는 점을 입증하는 데 성공하지 못했기 때문이라고 설명했다. 원고의 직원들이 슈투트가르트공항에서 30명 정도의 고객들을 돌보았고, 그중 27명에게는 같은 날 출발하는 다른 항공사의 터키행 비행편을 제공했다는 원고의 주장은 이 항공사 측 직원 세 명의 진술을 통해 그리고 또 다른 두 명의 증인들을 통해 부인되었다고 밝혔다. 나아가 터키로 이륙한 고객들의 진술에 관한 원고의 신문신청은 부당한 모색적 증명에 해당한다고 거부했다.

항소법원은 물론 피고의 방송멘트 중 두 군데는 실제 허위라고 인정했다. 즉, 공항 당국이 원고의 전세기에 관해 아무것도 알지 못했으며, 항공편이 취소된 승객 수를 30이 아니라 40이라고 한 점은 허위가 맞는다고 보았다. 하지만 이것들은 그 자체만으로는 명예훼손이 아니기 때문에 손해배상책임법상 중요하지 않은 부수적 진술에 불과하다고 보았다. 따라서 라디오 방송에 포함된 영업상 위해를 가하는 보도내용은 정당한 의견 및 비판자유의 한계를 벗어나지 않는다고 판단했다.[70]

② 보도의 전체 내용 판단주체로서 평균적인 시청자

하지만 연방대법원은 항소법원의 판결이 더 이상 유지될 수 없다고 판단했다. 일단 항소법원이 원고의 청구취지를 민법 제824조(신용훼손)의 구성요건표지하에 심사한 것은 법적 관점에서 적절하다고 인정했다. 이 규정은 사람이나 기업의 경제적 평가에 관한 허위주장의 전파를 통해 야기되는 직접적 침해를 보호한다고 설명했다. 항소법원이 제대로 판단한 바와 같이 라디오 보도의 중심내용은 제2피고에 의해 제기된 사실주장이지만, 그러한 내용을 제1피고는 자신의 모두진행발언을 통해 자기의 것으로 삼았다고 인정했다. "반대급부 없는 비행 티켓이 판매되었고, 거기에는 출발 시간이 제멋대로 기재되어 있었다", "공항에는 그 회사도, 회사대리인도 없었다. 공항담당자 역시 그러한 비행에 관해 아무것도 알지 못했다. 고향으로 가던 몇몇 동포들은 또다시 기만당했고, 비참한 상황에 빠졌다" 등 제2피고의 진술은 증거에 의해 접근 가능하기 때문에 민법 제824조에 해당하는 사실적 진술을 포함하며, 단지 가치평가에 불과한 것은 아니라고 판단했다.

하지만 연방대법원은 피고에 의해 제기된 사실적 진술내용의 허위성이 확정될 수 없다고 본 항소법원의 견해에는 따를 수 없다고 밝혔다. 물론 해당 보도 내에 포함된 나머지 주장들이 진실이라는 전제하에서 비행취소와 관련된 승객 숫자의 잘못된 정보와 공항 당국이 원고의 전세기에 관해 아무것도 알지 못했다는 부적절한 주장 그 자체만으로는 민법 제824조에 기인한 원고의 손해배상청구를 정당화하기에 충분치 않다는 항소법원의 견해는 문제 될 것이 없다고 인정했다.

이어서 연방대법원은 우선 피고의 진실보증의무를 위한 판단기준은 방송의 전체 내용에 맞춰져야 하고, 더욱이 이 사건에서는 터키의 평균적 청취자들에게 이해된 그런 전체 내용에 맞춰져야 한다고 생각했다. 그리고 이러한 기준에 따를 경우, 피고 라디오 방송의 중심적 진술내용은 "공항에는 원고 회사의 어떠한 직원도 없었고, 승객들은 거기서 '비참한 상황'에 빠졌다"는 취지의 내용으로 정리될 수 있다고 보았다. 따라서 이러한 진술내용이 진실이라면, 다른 여타 진술내용의 진실 여부는 중요하지 않다고 판단했다. 이에 제2피고가 언급했던 잘못된 승객의 숫자 정보와 공항 당국이 원고의 전세기에 관해 아무것도 몰랐다는 방송내용이 사실은 공항 당국에 처음에는 통보되었지만 원고에 의해 돌연히 취소되었던 것이라는 사정으로 인해 방송르포를 통해 전달된 원고 회사의 영업방침에 관한 전체적 인상이 특별히 달라지지는 않는다고 생각했다. 무엇보다 승객들이 공항에 홀로 방치되었고 "비참한 상황"에 빠지게 되었다면, 청취자들은 원고의 모든 행동으로 인해 동포들이 "사기당한 것"으로 이해해도 된다고 보았다.[71]

③ 입증책임 배분의 문제

하지만 연방대법원은 항소법원이 공항에서 세 명의 직원들이 승객들을 돌봤다는 원고의 주장을 증거조사결과에 따라 입증되지 않은 것으로 간주한 것은 문제가 있다고 판단했다. 원고는 27명의 승객들 가운데 완전한 주소를 소유하고 있던 8명을 증인으로 지정했는데, 그 사람들은 원고가 공항에서 다른 비행편의 티켓구매를 위해 현금을 전달했고, 이후 같은 날짜에 터키로 출발했던 사람들이었다. 항소법원은 이러한 원고의 증인신문신청을 원고가 터키로 출발했던 승객들에게 비행편을 직접 제공했다고 주장했기 때문에 부당한 "모색적 증명"에 해당한다는 이유로 거부한 바 있었다. 바로 이 점에서 항소법원의 판결은 법적 오류를 지닌다고 비판했다. 원고의 증인신문신청은 항소법원이 생각한 것처럼 사소한 것이 아니라고 생각했다. 왜냐하면 원고가 당시 승객들에게 현장에서 그의 직원들을 통해 다른 회사의 비행기를 위한 현금을 제공했고, 이러한 방식으로 실제로 30명의 승객들 중 27명이 같은 날짜에 터키로 비행할 수 있도록 배려했다면, 원고가 자신의 동포들을 "비참한 상태"에 빠트렸다는 비난에는 그를 뒷받침하는 사실적 근거가 광범위하게 제거되기 때문이라고 밝혔다. 게다가 원고에 의해 지명된 증인들의 신문 이후에야 비로소 항소법원에서 진술했던 증인들의 신빙성, 특히 원고 회사소속 비행사의 경우에 승객들을 위한 어떠한 비행계획도 없었다는 타 비행사 직원들의 진술의 신빙성이 판단될 수 있었을 것이라고 덧붙였다.

다른 한편, 원고에 의해 지명된 증인신문은 형법 제186조, 민법 제823조 제2항의 규정들에 근거한 청구취지 역시 정당화할 수 있는 것이기 때문에 사소한 것으로 평가될 수 없다고 밝혔다.

연방대법원은 우선 민법 제823조 제2항을 통해 불법행위법으로 전환된 형법 제186조의 입증법칙에 따르면 원칙적으로 가해자(보도주체)에게 피해자의 명예를 훼손한 주장의 진실성을 위한 입증책임이 주어진다고 밝혔다. 하지만 가해자(보도주체)가 형법 제193조에 따라 정당한 이익의 대변(Wahrnehmung berechter Interessen)을 주장할 수 있을 경우에는 상황이 달라진다고 설명했다. 형법 제193조 규정은 보도주체에게 자신에 의해 제기된 주장이 자신에게 요구될 수 있는 주의의무의 준수하에서도 나중에 허위로 입증될 수 있는 위험을 줄여주는 역할을 수행한다고 판시했다. 즉, 이 규정은 보도주체가 주의 깊은 조사를 다했다는 사실의 입증을 전제로 나중에 자신의 주장이 허위로 확정될 수 있는 현실적 위험에서 벗어나게 해 주는 그런 정당화 근거라고 강조했다. 따라서 이 사건에서 지금까지 나타난 바와 같이 제기된 주장의 허위성을 소송절차상 문제없이 확정할 수 없을 경우에는 보도주체의 이익을 위해 문제의 주장이 진실이라는 전제에서 출발할 수 있다고 보았다. 물론 이러한 전제를 위해서는 보도주체가 그 표현을 정당한 이익의 대변을 위해 필수적인 것으로 간주해도 되었는지 여부가 질문되어야 한다고 밝혔다. 이러한 토대 위에서 이 사건 피고에게는 공항에서 발생한 상황에 관한 방송청취자의 정보이익이 부인될 수는 없기 때문에, 이때에는 원고가 형법 제186조, 민법 제823조의 관점하에 피고에 의해 제기된 주장의 허위성을 입증할 책임을 진다고 인정했다.

이어서 원고가 승객들의 비참한 상태에 관한 주장의 허위성을 입증할 수 있다면, 이제는 피고에게 형법 제186조, 민법 제823조 제2항과 제824조상 진실에 관한 보증책임을 묻는 것이 민법 제824조, 형법 제193조의 의미에서 도출되는 보도에 관한 피고의 정당한 이익에 전혀 모순되지 않는 것이라고 밝혔다. 비록 당사자의 보호가치 있는 이익과 자유로운 의사소통에 관한 이익 사이에서 법익이나 이익충돌에 있어서 고려되는 형법 제193조의 범위 내에서 특히 기본법 제5조 제1항 제2문을 통해 보장되는 방송을 통한 보도자유 역시 준수되어야 하지만, 그럼에도 기본법 제5조의 기본권은 방송에 자신의 방송의 진실에 관한 주의 깊은 심사의무를 면제시킬 수는 없다고 강조했다.

연방대법원은 잘못된 정보는 헌법상 전제된 적절한 의견형성의 과제에 기여할 수 없기 때문에 의견자유의 시각에서도 마찬가지로 보호가치 있는 이익에 해당하지 않는다고 보았다. 따라서 방송보도가 충분히 주의 깊은 조사를 바탕으로 했다는 예외에 해당하지 않는 한, 허위보도는 원칙적으로 기본법 제5조를 통해서도 민법 제824조 제2항, 형법 제193조(정당한 이익의 대변)를 통해서도 보호되지 않는다고 판시했다. 바로 이러한 점이 항소법원에 의해 제대로 확인되지 않았다고 질책했다.[72]

(2) 정당한 이익의 대변과 주의의무

정당한 이익의 대변사유를 전제로 한 허위주장의 정당화 문제는 무엇보다 표현내용에 관한 진실의무에 맞춰지는 것이 아니라 표현주체에게 주어진 주의의무를 준수했는지 여부에 맞춰진다는 사실에 주목해야 한다.[73] 이러한 주의의무는 표현주체에게 주어진 개별적 진실규명 가능성에 따르며, 이것은 원칙적으로 일반인보다는 언론에 더욱 엄격하다.[74]

이러한 언론의 주의의무는 출판자유의 본질에서 도출되며, 이와 관련해 연방헌법재판소는 이미 "슈미트" 결정[75]에서 여론은 독자가 가능한 한 적절한 정보를 제공받게 되는 경우에만 올바르게 형성될 수 있다는 내용을 통해 이를 시사하기도 했다. 따라서 여론형성과 당사자의 명예보호라는 두 가지 과제를 모두 충족시키기 위해 언론은 자신이 전달하는 보도들이나 주장들에 대해 그 내용의 진실성을 심사할 의무를 진다. 이에 대부분의 주 출판법 제6조에서도 이러한 주의의무를 규정하고 있으며, 언론은 모든 보도들을 전파하기 전에 구체적 사정에 따라 진실성, 내용 그리고 출처에 관해 적절한 주의와 함께 조사해야 한다고 명시하고 있다. 따라서 이러한 주의의무를 소홀히 한다면, 형법 제193조의 정당한 이익의 대변이라는 정당화 근거는 탈락하게 된다.[76]

나아가 표현의 적법성 판단에 있어서는 주의의무에 어떤 요청이 책정되는지가 본질적으로 중요하며, 결론적으로 법정의 진실발견에 관한 기준들을 언론인의 주의의무의 준수에 적용하는 것은 불가능하다. 언론인은 언론에 적합한 주의의무와 함께 활동하는 것으로 충분하다.[77] 연방대법원은 가능한 한 개별적 사례에 맞춰진 구체적 사정하에서 어떠한 주의의무가 요구되어야 하는지가 결정적이라고 판시했다.[78] 다만, 이로 인해 자유로운 의사소통과정이 수축되어서는 안 된다는 점을 항상 유념해야 한다.[79] 이때 비난의 심각성 정도가 판단기준이 될 수 있는데, 비난이 심각할수록 진실에 관한 조사의 정도 역시 더욱 높게 책정되어야 한다. 따라서 특별히 해로운 주장을 제기한 사람은 법적 다툼에 있어서 자신 역시 비판적으로 심사되는 것을 감수하여야 한다.[80, 81]

연방헌법재판소 2016년 6월 28일 자 결정
– 1BvR 3388/14("동독에서의 도핑"–결정)

사실관계

청구인은 실명을 언급한 상태에서 동독뿐만 아니라 통일 이후 연방독일에서도 육상경기에서 두각을 나타냈던 한 여자선수가 13세 때 당시 트레이너로부터 도핑약물인 경구용 스테로이드 튜리나볼을 처방받았다는 주장을 전파했다. 이 여성은 그러한 주장에 대해 금지소송을 제기했고, 함부르크 지방법원은 청구인에게 금지판결을 선고했다. 함부르크 상급법원은 이를 확정했다. 이에 대해 제기된 헌법소원은 성공했다.[82]

① 연방헌법재판소의 심사범위

연방헌법재판소는 진실로 입증되지 않은 사실주장의 사례에서 의견자유와 인격권 보호 사이의 형량과정에 결정적인 헌법상 문제를 이미 다룬 바 있다고 밝혔다. 이에 따라 판단할 때 헌법소원은 이유 있으며, 대상 판결은 청구인의 기본법 제5조 제1항 제1문의 기본권을 침해한다고 밝혔다.

연방헌법재판소는 그간의 판례를 통해 형량을 위한 구체적인 가이드라인을 형성해 왔으며, 그에 따르면 진실한 사실주장은 원칙적으로 감수되어야 하고, 허위사실은 그렇지 않다고 밝혔다.

만약 진실이 입증 가능하지도 않고 허위라고 확정된 바도 없는 사실주장의 경우에는 의견자유와 일반적 인격권 사이의 형량결정이 행해져야 하며, 어쨌든 공공성과 본질적으로 관계된 사안이 문제 된 경우에는 허위일지 모르는 가능성을 가진 주장역시 사전에 충분히 주의 깊게 그의 진실내용이 조사된 이상, 금지될 수 없다고 판시했다.

따라서 이 사건 청구인의 무조건적인 금지선고 판결은 이러한 요청들과 일치하지 않는다고 보았다. 원고의 일반적 인격권과의 연계하에 민법 제823조 제1항, 제2항,

1004조 제1항에 근거한 표현법상 금지청구권과 관련해서 각급 법원들은 청구인의 의견자유의 보호범위를 오인했다고 비판했다.[83]

② 진실내용이 확정될 수 없는 사실주장의 전파

연방헌법재판소는 형법 제186조의 증거법칙이 민법 제823조 제2항을 통해 민사법상 표현법으로 전용되는 것은 헌법상 문제 될 것이 없으며, 이에 따라 청구인에게 원고의 인격권을 침해하는 사실주장에 대한 진실성의 입증책임이 부과된다고 인정했다.

하지만 원고가 1985년 당시 자신의 트레이너로부터 도핑약물인 경구용 튜리나볼을 처방받았다는 다툼대상의 청구인 주장이 입증 불가능으로 인해 "소송상 허위"로 간주되고, 이러한 이유에서 바로 원고의 인격권이 우월하다고 판단한 법원들의 견해는 받아들일 수 없다고 밝혔다.

연방헌법재판소는 우선 법원들이 허위사실주장의 전파에 있어서는 원칙적으로 정당화 근거가 적용될 수 없고, 그 때문에 고의의 허위사실주장이나 이미 입증된 허위사실을 주장하는 경우에는 의견자유권이 항상 인격권 뒤로 후퇴한다는 사실을 정당하게 제시했다고 평가했다. 하지만 지방법원의 확정판결은 청구인이 허위주장을 전파한 것이 아니라 그의 주장의 진실이 입증될 수 없었다는 사실을 제대로 살피지 않았다고 비판했다.

연방헌법재판소는 진실내용이 확정될 수 없는 사실주장의 전파에 있어서는 의견자유권이 인격권의 일반적 우위에 맞설 수 있다고 인정했다. 민사법원의 판례는 그러한 표현의 경우에는 정당한 이익의 대변(형법 제193조)을 통해 정당화될 수 있는지의 심사를 수단으로 의견자유와 인격권보호의 이익에 대한 요청들 사이의 균형을 달성하게 된다고 밝혔다. 이에 따라 특정한 사정들하에서 어쩌면 허위일 수 있는 주장들을 제기하거나 전파해야 할 경우, 이를 주장 또는 전파한 사람이 그러한 주장의 진실내용에 관해 사전에 충분히 주의 깊은 조사들을 행한 이상, 이 주장들은 금지될 수 없다고 밝혔다. 이때 각급 법원은 한편으로는 의견자유의 이익을 위해 기본권 행사의 의지를 저하시킬 수 있는 과도한 진실요청을 부과해서는 안 되며, 다른 한편으로는 진실의무가 일반적 인격권에서 도출되는 보호의무의 표현이라는 사실을 고려해야 한다고 강조했다.

이어서 제기된 주장이 당사자의 인격권을 심각하게 침해하면 할수록 주의의무의 이행에 관한 요청은 더 높게 설정된다고 밝혔다. 그리고 이러한 주의의무의 범위는 각각의 개별적 사정과 표현주체에 적합한 진실규명 가능성에 따르며, 원칙적으로 언론의 표현들이 사인의 표현들보다 더 엄격하다고 설명했다.[84]

③ 금지청구와 추후보도

한편, 연방헌법재판소는 표현법상 금지청구의 경우에서 진실의무는 가능한 모든 사후조사를 소진할 의무를 넘어설 수 있다고 밝혔다. 인격권 침해주장의 진실이 입증될 수 없음이 명백해진다면, 포괄적인 조사의 종결 이후에라도 전파된 주장이 조사결과를 통해 보증되지 않는다거나 논쟁의 여지가 있는 것으로 판단된다는 사실을 알리는 것이 요구될 수 있다고 보았다.

연방헌법재판소는 대상 판결들이 이러한 기준에 충족되지 않는다고 판단했다. 지방법원은 청구인의 사실주장의 입증 불가능 확정 이후에 상충하는 기본권 지위에 대한 어떠한 추가적인 형량도 시도하지 않았다고 비판했다. 형법 제193조에 관한 상급법원의 판시내용도 마찬가지로 사건에서의 구체적 형량 없이 소위 "일반인 특권"이 청구인의 이익을 위해 개입할 수 없다는 확정으로 그쳤다고 비판했다.

연방헌법재판소는 대상 판결이 적어도 부분적으로 확인된 기본권 침해에 근거한다고 판단했다. 청구인이 조사해야 할 것에 대해 자신의 조사의무를 충분히 이행한 경우에는 의견자유와 인격권의 형량은 청구인이 자신의 주장을 일정한 범위 내에서, 예컨대 정확한 추후보완의 형태로 유지해도 된다는 판단을 내릴 수도 있다고 밝혔다.[85]

(3) 주의의무의 정도

주장을 제기한 보도주체가 필요한 정도의 주의의무를 소홀히 했다면, 이는 언론인의 저널리즘적 주의의무를 충족시키지 못한 것이다. 보도주체가 경솔하게 행동한 경우가 이에 해당하는데, 이때 경솔함의 개념을 확정적인 주의의무 기준의 의미로 이해해서는 안 된다. 판례는 이러한 주의의무의 기준을 침해의 심각성과 표현주체 각각의 진상규명 가능성에 따라 유동적인 주의기준으로 이해했고, 이때 과도한 주의의무의 요청이 가질 수 있는 언론자유를 배제효과가 고려되어야 한다.[86, 87]

텔레비전이나 라디오를 통해 일정한 주장을 방송한 사람은 해당 미디어의 광범위한 영향력으로 인해 자신의 보도출처를 특히 주의 깊게 심사해야 하며, 예컨대 텔레비전에서 살인의 비난이 제기된 경우에는 가능한 한 강도 높은 조사의무가 설정되어야 한다. 인터넷의 경우에도 피해자가 보도의 허위성을 문제 삼은 때에는 그러한 보도의 게재에 대한 주의의무와 조사의무가 존재한다. 이러한 경우에 인터넷서비스 운영자를 통해 보완적 조사가 행해지거나 아니면 인터넷 게재정보가 어디에서 유래한 것이며 당사자가 이것을 현재 다투고 있다는 사실을 고지하는 방식으로 인격권 침해내용이 일정한 장소에서 보정되어야 한다. 그렇지 않다면 정당한 이익의 대변사유는 탈락하게 된다. 온라인 아카이브에서의 계속적 전파 역시 인격권 침해위험을 발생시킬 수 있기 때문에, 구체적인 기사에 관한 새로운 조사의무나 계속적인 조사의무가 요구되며, 이로 인해 의견 및 매체의 자유가 부당하게 제한되지는 않을 것이다.

연방대법원은 혐의의 공개가 현재 부당한 것으로 밝혀진 경우 피해구제의 일환으로서 당사자에게 결과제거청구권이 보장될 수 있다고 판시했다.[88] 이에 따르면, 보도의 게재 시점 당시에는 표현이 적절했기 때문에 이로 인해 보도의 적법성이 부인되지는 않지만, 원래 보도의 허위성이 확정되지 않은 상태였던 만큼 온라인 아카이브 내에 포함된 기사의 수정이나 추후보완보도에 대한 요청이 배제되지 않으며, 이것이 매체자유에 대한 부당한 침해를 의미하지는 않는다.[89, 90]

연방헌법재판소 1999년 3월 16일 자 결정
− 1BvR 734/98("경솔한 표현"−결정)

사실관계

청구인은 변호사이다. 1993년 말 그는 한 수사절차에서 변호업무를 맡았는데, 그 수사절차의 대상은 컴퓨터프로그램의 불법판매로 인한 저작권법 위반사건이었다. 수사과정에서 검찰은 청구인 의뢰인의 컴퓨터시스템을 압수했다. 하지만 검찰로부터 의뢰받은 감정인은 하드디스크에서 어떠한 프로그램도 발견하지 못했다. 이에 따라 검찰은 수사절차를 중단했다. 중단처분을 결정했던 검사 M은 청구인에게 전화상으로 수사중단을 통보했고, 이때 감정인이 피의자의 컴퓨터 하드디스크에서 어떠한 프로그램도 발견하지 못했다는 사실을 전달했다. 청구인은 이에 따라 반환받은 컴퓨터시스템을 다시 의뢰인에게 넘겨주었다.

당일 컴퓨터범죄에 특히 경험이 많은 H 검사가 이 사건을 새로이 맡았다. H는 감정인이 단지 하드디스크의 조작처리 결과만으로 수색대상 정보들을 발견하지 못했다고 추측했다. 그리고 압수 해제된 컴퓨터의 인도를 저지하려고 시도했다. 컴퓨터가 이미 반환되었다는 사실을 확인했을 때, 그는 지방법원지원에 청구인 변호사의 사무실 및 피의자 주거지의 압수수색결정을 신청했다. 신청서에서 그는 수사서류, 특히 감정인의 감정, 경찰의 보전증거, 그 밖에 다른 간접증거에서 범죄혐의가 발견된다고 적었다. 해당 법원은 이를 근거로 다음 날 압수수색결정을 내렸다. 결정이유에는 검찰의 청구이유가 원문 그대로 인용되었다. 이에 따라 검사 H는 즉각 컴퓨터시스템을 피의자 집에서 압수했다. 이어서 청구인과 검사 H 및 관할상급검찰 사이에 압수수색조치에 관한 설전이 벌어졌다. 이때 청구인에게 감정인 감정서의 재평가에 따라 새로운 범죄혐의의 단서가 드러났다는 사실이 전달되었다.

청구인은 압수수색결정에 대해 항고를 제기했다. 그 이유로서 의뢰인에 대한 새로운 범죄혐의가 마찬가지로 기존의 감정인 감정서에 근거한다는 주장은 검사 M의 판단과 모순되는 것이라고 적었다. 검사 M에 따르면, 감정인이 자신의 의뢰인 혐의를 이미 해소시켰다고 항변했다. 항고이유서 마지막 두 문단에는 다음과 같이 적혀 있었다:

> 대상 결정 내 기재내용에 따르면, 검찰은 지방법원지원을 상대로 주장사실을 속여서 믿게 했고, 해당 지원 역시 검찰의 주장을 너무 쉽게 믿었다는 점이 인정되어야 한다.
> 결정들은 단지 추정만으로 작성되었고, 검사들 사이의 경쟁이 여기에서 피의자의 부담으로 전가되었다는 사실이 명백하다.

지방법원지원은 항고이유서 가운데 인용된 표현들을 이유로 청구인에게 모욕죄(형법 제185)를 적용해서 일당 벌금액 160마르크의 20일 치 벌금형을 선고했다. 검찰이 직무의무 위반행위를 했다고 비난하는 것은 검찰의 명예를 침해하는 것이며, 이 사건이 이에 해당한다고 판단했다. 대상 표현들은 허위이며, 감정인의 감정에 기초한 조사결정서의 참조내용은 적절하다고 인정했다. 왜냐하면 검사 H는 바로 컴퓨터에 어떠한 정보도 저장되어 있지 않았다는 감정인의 감정결과에서 청구인 의뢰인의 혐의를 찾아냈기 때문이라고 밝혔다.

물론 이 사건에서는 청구인이 수사절차의 변호인 자격으로서 발언했다는 사실이 참작되어야 한다고 보았다. 이를 통해 제한된 범위에서 특정 당사자의 옹호를 위한 변호사의 역할이 신랄한 표현방식을 정당화할 수 있다고 인정했다. 그럼에도 청구인의 표현들은 적절한 당사자진술의 한계를 넘어섰다고 판단했다. 다툼이 된 표현들은 독자들에게 "검사 H가 진실에 반하는 사실을 주장하고, 기망을 수단으로 압수수색명령을 얻어냈다"는 인상을 전달한다고 보았다. 그러한 행동은 형법 제344조 제1항(책임 없는 자에 대한 형사소추)에 따른 무고범죄라고 보았다.

지방법원은 청구인에게 형법 제186조(사실적시 명예훼손)에 따라 유죄판결이 선고되어야 한다는 전제로 청구인의 항소를 기각했다. 재판부는 청구인의 표현이 사실주장이라고 보았다. 이 사실주장은 검찰이 고의로 그리고 진실에 반하여 마치 증거자료를 수중에 가지고 있다고 지방법원지원을 속여서 믿게 했다는 진술을 내포하고 있다고 평가했다. 따라서 청구인이 검사 H의 행태의 배경은 검사들 사이의 경쟁과 개인적이고 부적절한 동기에서 비롯되었다는 의혹을 제기했기 때문에, 검찰을 대단히 저열하고 모욕적으로 나타내는 행태가 벌어졌다고 보았다. 이에 청구인은 형법 제193조를 주장할 수 없다고 판단했다. 정당한 이익의 대변이라는 관점하에서 명예훼손적인 표현의 정당화는 다툼이 된 표현이 적어도 그 시작에서는 당사자의 권리보장에 기여하고, 그의 법적 지위를 개선하기에 적합한 경우에만 고려된다고 보았다. 대상 압수수색결정의 적법성은 단지 충분한 범죄혐의의 객관적 존재에만 의존하기 때문에 바로 이러한 점이 없다고 보았다. 나아가 명예훼손 주장을 경솔하게 제기하는 것은 변호사에게도 허용되지 않는다고 밝혔다. 양심적이고 자신에게 기대 가능한 조사과정에서 자신의 주장을 뒷받침하는 증거들을 얻기 어렵다는 사실을 인식할 수 있었음에도 이를 인식하지 못한 사람은 경솔하게 행동한 것이라고 보았다.

상급법원은 청구인의 상고를 이유 없는 것으로 기각했다. 청구인의 표현은 그의 변호활동과 관련성을 가지고 있고, 자신의 의뢰인에 대한 혐의점들의 타당성을 심사해야 할 항고법원에 대한 경고로서 이해될 수 있다고 생각했다. 권리의 투쟁에 있어서 강력하고 사정에 따라 대담한 언사들 역시 허용된다고 인정했다. 그럼에도 문제된 명예훼손 표현들은 형법 제193조를 근거로 정당화되지 않는다고 판단했다. 허위의 사실주장을 경솔하게 제기한 사람은 정당한 이익의 대변을 주장할 수 없다고 보았다.

헌법소원은 성공했다.[91]

① "경솔한" 표현과 정당한 이익의 대변

연방헌법재판소는 청구인의 항고이유서 가운데 문제 된 구절들에는 사실적 요소와 평가적 요소가 서로 섞여 있다고 보았다. 그 구절들이 사실적 주장을 포함하는 이상, 이것은 압수수색 결정명령을 위한 법적 전제조건이 존재하지 않는다는 평가적 전체 진술과 관련된다고 분석했다.

이어서 기본권의 방사효과는 형법규범의 적용에 있어서 통상 한편으로는 다툼이 된 표현에 의해 우려되는 개인적 명예와 다른 한편으로는 유죄판결에 의해 우려되는 의견자유의 침해의 형량을 요구하며, 이때 모든 본질적 사정들이 고려되어야 한다고 보았다. 그리고 이러한 형량의 결과는 헌법상 미리 정해지지 않는다고 밝혔다. 하지만 지속적인 연방헌법재판소의 판례에 따르면 각급 법원이 형량이 처음부터 중단되는 결과에 이르는 사정들을 잘못 전제할 경우, 이는 기본법 제5조 제1항에 근거한 기본권과 불일치하는 것이라고 생각했다.

연방헌법재판소는 표현주체가 명예훼손적 주장을 제기하게 된 지위 역시 본질적인 형량관점에 속한다고 설명했다. 아울러 변호사법의 적용대상인 변호사의 발언이라는 점에서도 이러한 관점은 명백히 인정되며, 형사법상 맥락에서도 마찬가지라고 보았다. 이에 따라 변호사는 직업수행의 범위 내에서 강력하고 강렬한 표현 그리고 눈에 띄는 선전문구식 표현 심지어는 인신공격성 표현의 이용이 허용된다고 밝혔다.

연방헌법재판소는 대상 판결들이 이러한 헌법상 원칙들을 충분히 고려하지 않았다고 비판했다. 상급법원은 이미 처음부터 기본법 제5조 제1항의 보호범위를 오인했다고 평가했다. 상급법원은 청구인이 어떠한 주장이나 가치평가를 표현한 것이 아니라 사실을 주장했기 때문에 그의 기본권이 침해되지 않았으며, 사실주장의 보호는 사실주장이 의견형성에 기여할 수 없는 그곳에서 비로소 끝난다고 생각했다. 하지만 연방헌법재판소는 지속적인 판례에 따르면 앞의 상급법원의 견해는 고의의 혹은 입증된 허위의 사실주장이 문제 되는 경우에만 비로소 가능하다는 점을 인식하지 못했다고 비판했다. 상급법원은 이러한 원칙에서 출발하지 못하고 단지 청구인이 자신의 표현을 "경솔하게" 제기했다는 점에서만 청구인을 비난했다고 보았다. 하지만 하나의 주장을 "경솔하게" 제기했다는 사실은 아직은 그것만으로 진실을 취급함에 있어서 기본법 제5조 제1항의 보호를 거부할 수 있는 정도의 부주의를 나타내는 것이 아니라고 판단했다.

마찬가지로 상급법원이 청구인에게 다툼이 된 표현을 "경솔하게" 제기했다는 이유만으로 형법 제193조의 정당화 근거의 주장을 거부한 것은 허용될 수 없다고 밝혔다. 형법 제193조는 의견자유의 이익을 고려한 개방적 표현형식과 함께 특별한 방식으로 열려 있고, 그 때문에 모든 형법 제186조에 따른 유죄판단을 인정하기 전에 항상 이 점을 유의해야 한다고 당부했다. 이것을 상급법원이 오인했다고 꼬집었다. 물론 "경솔하게" 제기된 명예훼손 성격의 허위사실주장은 형법 제193조의 배제결과에 이르게 된다는 점은 판례나 문헌에서의 지배적인 견해에 일치한다고 인정했다. 하지만 이러한 견해는 의견자유의 이익을 통상 배제하는 효과로 인해 "경솔함"의 표지가 과도하게 확장되지 않는 경우에만 유지될 수 있다고 보았다.[92]

② 사건판단

연방헌법재판소는 법원에 어떤 사정하에서 변호사의 명예훼손적 표현을 형법 제193조를 통한 표현의 정당화 사유에서 처음부터 배제할 수 있는 "경솔한" 것으로서 인정해도 되는지에 관해 일반적인 확정을 요구할 수는 없다고 밝혔다. 하지만 이 사건의 구체적 사정에 따르면 법원의 이러한 분류에 동의할 수 없다고 생각했다. 왜냐하면 어쨌든 표현의 결정 시점에 청구인은 허위라는 사실을 알지 못했고, 또한 검찰이 부당하게 감정인의 감정결과를 관련시켰다는 표현의 핵심이 허위라고 추정할 아무런 이유도 없기 때문이라고 밝혔다.

상급법원은 오히려 처음 수사를 담당한 검사 M의 정보에 따르면 감정인 감정결과가 피의자의 혐의를 해소시켰기 때문에, 청구인 의뢰인에 대한 수사절차가 피의자 항고장 작성 전 일주일 만에 중단되었다는 사실을 고려했어야 한다고 지적했다. 나아가 압수수색결정 그 자체에는 어째서 감정인 감정이 지금부터 범죄혐의를 정당화해야 하는지에 대한 어떠한 이유도 포함되지 않았다는 사실 역시 고려했어야 했다고 생각했다. 청구인이 H 검사와 상급검찰로부터 받은 압수수색결정을 위한 구술상의 이유들도 지방법원의 확정사실에 따르면 개괄적인 상태로 머물러 있었다는 점이 인정된다고 밝혔다. 감정인 감정결과와 내용에 관해 명확하지 않고, 외관상으로는 서로 상반되는 두 검사의 정보들의 배경하에서 청구인은 의뢰인의 이익을 위해 검사 M의 혐의해소 발언이 적절했다고 인정해도 무방하다고 보았다. 따라서 검사 M의 정보에 대한 신뢰하에 감정인 감정이 자신의 의뢰인에 대한 범죄혐의에 기여할 수 없다는 전제를 인정하는 것 그 이상의 어떠한 진실규명의무도 청구인에게 부담 지울 수 없다고 판단했다.

그에 반해 청구인은 항고장 작성 전에 수사자료의 열람을 통한 진실한 사실관계를 확인해야 한다는 상급법원의 요청은 변호사의 탐지의무에 관한 요청을 헌법상 우려되는 방식으로 과도하게 요구하는 것이라고 판단했다. 이것은 특히 형사법상 수사절차에서 통상적인 바와 같이 청구인이 피의자의 이익을 위해 항소를 가능한 한 신속하게 제기해야 하는 이유 때문이라고 보았다.

따라서 대상 판결은 헌법상 오류에 근거했다는 점이 배제되지 않고, 형량의 범위 내에서 청구인이 서로 상반되는 검찰의 정보를 얻었다는 사정 및 그의 지위가 변호사라는 점을 고려해야 했다고 질책했다.[93]

연방대법원 2014년 11월 18일 자 판결 – VI ZR 76/14

사실관계

이전 H-은행의 법률고문이었던 원고는 피고에게 자신과 관련된 보도의 정정보도를 청구했다. 피고는 자신이 발행하는 시사지 2010년 8월 23일 자 "불안과 피해망상" 제목의 기사에서 약자로 표기된 이름과 은행명의 언급하에 H-은행에 관해 자세히 보도했다. 기사는 우선 2009년 1월 기자에게 비밀자료를 넘긴 혐의로 단행된 임원 R의 해고문제를 다뤘다. 아울러 검찰은 수사과정에서 R이 뒷조사를 통해 허위무고의 희생자가 되었을 가능성을 배제할 수 없다는 판단에 이르렀다고 보도되었다. 이어서 최근 은행의 전 보안자문 역이자 은행을 위해 활동했던 컨설팅회사, P-주식회사의 부사장에 대한 수사절차가 개시되었다고 보도되었다. 또한 이 사람은 R의 사무실을 도청하고 그의 집을 수색했으며, 게다가 R의 해고를 위해 사용되었을 서류들을 변조하는 데 협력했다고 보도되었다. 이후 기사는 다음과 같이 공표되었다:

> 이 비난 혐의들이 확증된다면, 대부분 국가자산으로 이뤄진 은행은 정크증권 투자가 포함된 고위험의 사업투자와 그로 인해 입게 된 커다란 손실로 인해 수사 당국의 표적이 될 것이고, 이는 10억의 공적 자금으로 파산 직전에 살아남을 수 있었던 은행의 대참사 연대기가 하나의 새로운 전기를 맞이하게 될 것이다.

이어서 2010년 7월 29일 H-은행장이 참여했던 비밀회합에 관한 전 보안자문 역의 진술들로 인해 수사는 새로운 국면을 맞이하게 되었다고 보도되었다. 이와 관련해 기사에서는 다음과 같이 공표되었다:

> 2009년 초 P-직원이 그에게 난처한 특별임무의 수행을 위해 늦은 밤 도심 내 H-은행 측면 출입구로 와 달라고 부탁했다. 법률고문 G(원고)가 개인적으로 그의 건물 출입을 허용했고, 당시 홍보팀장 F가 사무실로 안내했다. 거기에는 놀랍게도 P-주식회사 고위직도 있었다. 세 명은 그에게 R이 사악한 놈이고, 감시가 필요하다고 말했다. 나중에 그는 R의 사무실에 도청장치를 설치했다. '설치 목적은 여직원과 남직원들의 부적절한 관계에 관한 증거, 경우에 따라서는 직장 내 성적 괴롭힘의 증거를 수집하는 것이었다'라고 조서에 기재되어 있었다.

그리고 이러한 기사에 대해 "전 보안자문 역, 원고 그리고 F와의 만남이 기억나기는 하는데, 다른 기회였던 것으로 생각된다", 그리고 "그 남자의 불법적 행동을 전혀 알지 못한다"고 말한 P-대표의 입장표명이 실렸다. 연이은 기사에서는 "그는 R의 집까지 들어가서 R이 집에 있을 때에도 도청될 수 있도록 전화회선을 조작하려고 했으나 결국 실패했다"는 기사가 실렸고, 나아가 "전 보안자문 역은 R의 해고를 이끌어냈던 그 서류들을 보낸 사람이 다름 아닌 자신이었다고 말했다", 그리고 "자신의 기억에 따르면 이런 지시에는 매번 법무팀장이 포함되었다"고 보도되었다. 한편, "G(원고)는 단호하게 부정했다. 그는 변호사를 통해 그러한 사건의 의혹을 전혀 알지 못하며, 더욱이 어떤 식으로든 관여하지 않았다고 전했다. 그럼에도 G는 당분간 정직되었다. 전 보안자문 역의 진술로 인해 은행 감사위원회의 지시를 받은 변호사가 그 자문 역을 고소했고, 2010년 7월 27일 회합 때 있었던 은행장은 참고인으로 검찰에 출두했다"라고 보도되었다. 이어서 다음과 같은 내용이 공표되었다:

> 핵심은 다음과 같은 질문이다: H 은행장의 동의나 인지 없이 은행 법률고문이 실제로 R에 대한 염탐행위 의혹에 개입하는 것이 가능했을까?

마지막으로 다른 기사본문에서는 다음과 같이 공표되었다:

> G(원고)와 N(은행장)이 R과 또 다른 세 명의 임원들의 비밀누설죄 입증을 위해 2009년 2월 비밀작전을 개시했다는 사실을 확인할 수 있었다.

대상 기사는 2010년 7월 29일 자 대화내용에 관한 무서명 조서를 바탕으로 했고, 거기에는 당시 P-회사 부사장인 U가 H 은행장의 지시로 기사에서 언급된 R에 대한 도청행위를 실행했다는 사실을 인정했다고 적혀 있었다. 아울러 조서에는 "U의 기억에 따르면 이러한 지시에는 매번 법무팀장이 포함되었다"고 기재되어 있었다. U는 이러한 조서내용에 관해 알게 된 이후 2010년 8월 22일 공증인 앞에서 자신은 한 번도 조서에서 확인된 것과 같이 진술한 적이 없고, 따라서 이 진술들은 내용상 허위라고 밝혔다. 피고는 이러한 공증인 구술을 기사의 공표 전에 알지 못했다. U와 원고에 대해 제기된 수사절차는 2012년 10월 충분한 혐의 부족으로 중단되었다.

함부르크 지방법원은 피고에게 원고가 2010년 8월 23일 자 기사에서 보도된 이른바 R에 대한 조치들에 관여하지 않았다는 취지의 정정보도를 게재하라고 판결했다.

피고의 항소로 함부르크 상급법원은 지방법원 판결을 변경했다. 그에 따르면, 피고는 판결 효력의 발생 이후 가장 최근에 발행하는 잡지의 편집 부분 판본에서 원보도에 상응하는 머리기사로 "정정보도"라는 제목하에 그리고 목차 예고에서 다음과 같은 내용의 해명보도를 공표하라고 판결했다:

> 피고는 2010년 8월 23일 자 보도에서 위에서 인용된 이탤릭체의 표현들을 통해 원고가 이른바 R에 대한 도청조치 의혹에 관여했다는 인상을 야기했습니다. 하지만 피고는 이러한 혐의를 더 이상 유지하지 않습니다.

이에 대한 피고의 상고는 성공했고, 항소판결은 항소법원으로 다시 파기환송되었다.[94]

① 정정보도청구의 종류와 법적 성격

연방대법원은 정당한 의혹보도가 존재하는지 여부와 상관없이 민법 제823조와 연계한 민법 제1004조의 유추적용하에 정정보도청구가 원고에게 인정된다는 항소법원의 판결을 기각한다고 밝혔다. 또한 피고가 정당한 의혹보도의 전제조건을 준수했다고 주장한 바 없다는 항소법원의 보조이유 역시 법적 오류로 증명되었다고 덧붙였다.

연방대법원은 판례가 민법 제1004조 및 관련 규정들의 유추적용하에서 당사자가 방해자에게 지속적인 명예침해의 상태를 종식시키고, 그러한 위법한 방해상태를 제거하기 위해 허위사실주장의 정정보도를 요구할 수 있다는 원칙을 발전시켰다고 밝혔다. 이러한 정정보도청구의 구성요건과 법적 효과는 각각 합헌적 형태로 구체화되어야 했고, 이에 따라 연방대법원 재판부의 판례들은 정정보도청구의 다양한 단계들, 가령 취소(NJW 1995, 861), 왜곡된 일방적 기사에 있어서 정정보도(NJW 1960, 476), 인용된 제3자 발언 부인의 경우(NJW 1976, 1198) 혹은 독자들에게 맥락을 통해 전달된 부분적 측면에서만 허위인 경우의 정정보도(NJW 1982, 2246; NJW 1998, 1381)를 구별해 왔다고 평가했다. 원래 적법했던 형사절차에 관한 보도 이후 형사절차가 나중에 유리한 결과로 진행되었을 때 행해지는 보완보도나 보완보고에 맞춰진 판례상의 "표현법상 결과제거청구권(NJW 1997, 2589)" 역시 원칙적으로 헌법상 어떠한 우려도 생기지 않는다고 보았다. 이미 1971년 11월 30일 자 판결(NJW 1972, 431)에서 재판부는 당사자에게 확정되지 않은 형사법상 유죄판결에 관한 보도 이후 나중의 무죄선고에 관한 "추후보도청구권"을 승인한 바 있다고 밝혔다. 주장이 더 이상 유지되지 않는다는 취지의 일부 제한적 취소로서 지칭된 해명 역시 정정보도청구의 구체적 형태를 의미한다고 밝혔다.[95]

② 정정보도청구의 구체적 실현을 위한 의혹보도 적합성 판단문제

연방대법원은 이 사건에서 문제 된 의혹보도의 적합성을 올바르게 평가하고, 소송에서 이익의 조정에 알맞은 정정청구의 구체적 실현을 결정하기 위해서는 대상 보도가 적법한 의혹보도의 전제조건을 충족하는지 여부가 관건이라고 보았다. 이에 따라 항소법원이 자신의 보조이유에서 의혹보도의 적합성을 부인한 이상, 이는 법률상 오류로 증명된다고 판단했다.

연방대법원과 연방헌법재판소의 지속적 판례에 따르면, 진실이 해명되지 않았지만 공공성과 본질적으로 관련된 관심사와 관계된 사실주장을 제기하거나 전파하는 사람이 정당한 이익의 대변을 위해 필수적인 것이라고 간주해도 되는 이상, 이 사람에게 보도가 금지되어서는 안 된다고 밝혔다(기본법 제5조, 형법 제193조). 그리고 이러한 정당화 사유의 원용은 주장의 제기나 전파 이전에 진실내용에 관해 충분하게 주의 깊은 조사가 행해졌다는 점을 전제로 한다고 조건을 달았다. 이때 진실 내용에 관한 주의 깊은 조사의무는 각각의 개별적인 진실규명 가능성에 따라 달라질 수 있다고 보았다. 한편, 이러한 진실규명 가능성은 원칙적으로 사인보다 언론인에게 보다 더 높다고 인정했다. 하지만 의견자유의 이익을 위해서는 이러한 진실의무에 기본권 행사의지를 저하시킬 수 있는 어떠한 요청도 부과되어서는 안 된다고 강조했다. 다른 한편, 이러한 요청은 표현이 인격권을 심각하게 침해할수록 더 높아진다고 덧

붙였다.

연방대법원은 어쨌든 정당한 의혹보도의 전제를 위해서는 정보의 진실내용을 보증해 주고 그와 동시에 정보의 공적 가치를 부여하는 최소한의 증거사실이 필수적이라고 보았다. 그리고 이러한 보도에서는 어떠한 예단도 포함되어서는 안 된다고 강조했다. 즉, 예단적 표현을 통해 당사자 자신에게 비난받을 행동이 이미 유죄로 증명되었다는 부적절한 인상을 일으켜서는 안 된다고 밝혔다. 아울러 당사자의 입장이 통상적으로 보도 전에 수집되어야 하며, 마지막으로 그의 보도가 공적 정보이익을 통해 정당화되는 그런 중대한 비중을 지닌 사건에 관한 것이어야 한다는 점을 추가했다. 이러한 원칙들에서 출발했을 때, 대상 보도는 항소법원이 결정이유에서 밝힌 것처럼 적법한 의혹보도의 요건이 부인될 수는 없다고 판단했다.

연방대법원은 우선 항소법원이 2010년 8월 23일 자 보도 내의 대상 표현들을 의혹보도 혹은 혐의보도 형태의 사실주장으로서 인정한 것은 적절하다고 인정했다. 반면에 그 표현들에서 확정된 사실관계의 주장을 끌어낼 수 없고, 단지 가치평가와 동일시되는 질문을 제기한 것에 불과하다는 피고의 주장은 받아들일 수 없다고 거부했다.

연방대법원은 진술내용의 파악에 있어서 문제 된 표현은 선입견 없는 평균적인 독자의 이해와 일반적인 관용적 언어상의 의미에서 출발해서 그 표현이 행해진 전체적인 맥락 내에서 평가되어야 한다고 밝혔다. 따라서 진술내용이 그와 관련된 맥락에서 분리된 채 순수한 고립적 고찰에 의해 파악되어서는 안 된다고 지적했다. 이것은 한 표현이 순수한 질문인지 아닌지의 판단에 있어서도 마찬가지라고 보았다.[96]

③ 질문형식의 의혹보도와 정당한 의혹보도 해당 여부

연방대법원은 이러한 원칙들에 따라 대상 표현들은 원고가 이른바 R의 허위무고를 획책한 조치들에 관여했다는 의혹표현을 포함한다고 인정했다.

2010년 8월 23일 자 기사는 R의 사무실을 도청했고, 그의 집을 수색했으며, 문서 변조에 조력했다는 혐의로 인해 이전의 은행 보안자문 역에 대해 제기된 수사절차에 관해 보도했다. 이와 관련해 해당 기사는 보안자문 역의 진술을 인용했는데, 이에 따르면 원고는 이 자문 역에 의해 수행된 조치들의 요청에 관여했다는 내용이었다. 아울러 기사는 이러한 사실에 원고 변호사와 마찬가지로 관여가 추정되기는 하지만 혐의를 부인하고 있는 P-대표의 입장표명을 대조시켰다. 이어서 은행의 대표가 이러한 전 보안자문 역의 진술을 근거로 검찰에 수사를 의뢰했다고 기술되었다.

연방대법원은 이러한 기사들의 표현에서 중립적이고 평균적인 독자들은 원고의 이른바 염탐행위 의혹에의 관여가 실제 있었을 것이라는 추측을 끌어낼 수 있다고 인정했다. 그리고 이러한 독자들은 원고가 R을 이사회에서 축출하려는 계획을 지원했고, 따라서 염탐의혹에 관한 동기를 가지고 있었다는 사실을 전제할 수 있다고 보았다. 기사 내의 "R은 2009년 1월 이후 N의 해고리스트에 포함되어 있었다"는 표현과 "그 이후 계속해서 원고의 반대자"라는 표현이 이를 가리킨다고 판단했다. 결국 기사에서는 조서에 기록된 전 보안자문 역의 의혹에 관한 진술들과 함께 이러한 관여를 나타내는 단서가 제공됨으로써 원고의 범죄행위의 혐의가 존재한다는 사실이 전달되었다고 보았다. 이는 "R에 대한 조사결과 역시 '보안-맨(U)'이 조서기록을 위해 진술한 것과 분명히 일치한다"는 또 다른 표현을 통해 다시 한번 뒷받침되었다고 평가했다.

이러한 배경에서 독자들은 "핵심은 다음과 같은 질문이다: H 은행장의 동의나 인지 없이 은행 법률고문이 실제로 R에 대한 염탐행위 의혹에 개입하는 것이 가능했을까?"라는 다음 문장 역시 의혹표현의 일부로서 파악하게 될 것이라고 생각했다. 왜냐하면 질문형식으로 표현된 두 번째 문장은 가치평가와 동일시되고, 그로 인해 정정보도가 요구될 수 없는 그런 순수한 질문이 아니기 때문이라고 밝혔다. 즉, 질문문장이 순수한 질문의 의미에서 제3자를 통한 대답에 맞춰진 것이 아니거나 다양한 대답을 위해 열려 있는 것이 아니라면, 이러한 질문문장은 순수한 질문으로 볼 수 없다고 밝혔다. 그리고 이 소송사건의 판단 대상인 해당 질문문장은 기사의 전체적 맥락에서 볼 때 다양한 대답을 위해 열려 있는 것이 아니라고 판단했다. 오히려 맥락에서 생겨나는 바와 같이 긍정적 답변, 즉 "맞다. 염탐의혹에 개입은 가능하다"라는 대답에만 맞춰져 있다고 보았다. 원고와 N의 동기나 사정, 희생자로 묘사된 R의 해고, 원고의 정직, 조서내용의 재현, 지금까지 대표에 관한 비난의 언급-경솔, 무능력, 과대망상 그리고 10억의 침몰- 그리고 R에 대한 수사결과가 전체적으로 많은 비중을 차지하고 있으며, 원고와 P-대표의 입장표명은 뒷전으로 밀렸다고 생각했다. 그와 함께 중립적인 독자들에게는 의혹의 부인에 관한 경로가 차단되었다고 평가했다.

다만, 기자들은 대상 질문문장에서 '가능성' 개념의 사용을 통해 원고의 R에 대한 염탐행위 의혹에의 관여는 아직까지는 확정된 것이 아니라 단지 의혹에 불과하다는 사실을 분명히 했다고 판단했다. 따라서 이 표현들은 해당 진술이 진실한 것인지 여부를 열어두었다고 평가했다. 원고의 잠정적인 정직에 관한 적절한 정보에서도 다른 것이 추론되지 않는다고 보았다.

이와 같이 심리의 바탕이 되었던 피고의 객관적 진술에 따르면, 정당한 의혹보도가 인정된다고 밝혔다. 지분이 대부분 국가에 의해 이루어졌고, 재정위기과정에서 공중의 집중적인 주목 대상이 되었던 H-은행 중역의 법위반 가능성은 그에 관한 보도가 공적 정보이익을 통해 정당화되는 중대한 비중을 지닌 사건이었다고 인정했다. 이를 원고 역시 의심하지 않았다고 덧붙였다.

아울러 피고는 기사의 공표 당시 문제 된 행위에 원고의 가담을 보증해 주는 최소한의 증거사실 역시 제시했다고 인정했다. 피고 진술에 따르면, U는 두 기자들에게 원고가 늦은 저녁 만남 때 자신에게 R의 사무실을 도청하고 그의 집을 샅샅이 수색할 것을 요청했다고 말했고, 이러한 발언은 2010년 7월 29일 자 조서에 기재된 U의 진술과 일치하는 것이었으며, 바로 U가 두 기자에게 확인시켜 주었던 그 발언이었다고 설명했다. 또한 U 스스로 불리한 입장이 되었고, 원고의 허위무고를 위한 동기는 명백하지 않았기 때문에, U의 진술에는 무시할 수 없는 증거가치가 부여된다고 밝혔다. 게다가 검찰의 메모에서 U가 무죄선고를 대가로 도청장치 설치의혹에 관해 진술하기 위해 검찰로 출두했다는 사실이 밝혀졌다고 덧붙였다. 마지막으로 원고의 임시 정직사실은 H-은행 역시 U의 진술을 진지하게 받아들였다는 점을 보여주는 단적인 예라고 판단했다.

한편, U의 진술에 따르면 늦은 저녁 회합에 관여했던 홍보팀장 F의 입장을 기자가 수집하지 않았기 때문에 최소한의 증거사실이 부족한 것은 아니라고 밝혔다. 언론에게 원칙적으로 혐의에 관해 정보를 줄 수 있는 모든 사람들에 대한 질의를 요구하는 것은 주의의무를 과도하게 늘이는 것이라고 생각했다. 2010년 8월 23일 자 보도 기자들은 저녁 회합 때 U에게 영향력을 행사한 세 명 중 두 명, 즉 원고와 P-대표의 입장을 청취했다고 인정했다. 이것은 소송의 구체적 사정하에서 제기된 비난의 심각성을 고려해 볼 때에도 충분한 것으로 인정된다고 밝혔다. 그 외에 추가적인 F의 입장청취 요청이 사건의 본질파악을 위해 어떤 도움이 될지 충분한 근거가 부족하다고 보았다.

마지막으로 이 보도는 원고에 대한 어떠한 예단도 포함하고 있지 않았다고 판단했다. 이 보도는 염탐행위와 관련해 R에게 요구된 조치들의 의혹에 원고가 관여했다는 사실만으로 이미 유죄가 입증되었다는 인상을 일으키지는 않는다고 보았다.[97]

④ 추후보도청구권의 전제조건

따라서 연방대법원은 정당한 의혹보도의 전제조건이 엄수되었다면, 원고는 정정보도를 요구할 수 없고, 단지 원래보도의 적법성을 문제 삼지 않지는 않은 채로 그간의 이루어진 사실관계 해명의 언급하에서 해당 혐의는 이제 더 이상 유지될 수 없다는 취지의 추후보도만을 요구할 수 있다고 보았다. 그리고 이 사건에서는 이러한 추후보도청구를 위한 전제조건이 성립한다고 인정했다.

대상보도와 함께 원고가 U의 범죄행위에 가담했다는 혐의를 받고 있다는 사실주장이 제기되었고, 그 결과 이러한 의혹보도는 현재에도 지속적인 명예침해상태의 모습으로 현존한다고 보았다. 대상 표현들은 원고의 일반적 인격권 영역에 개입했는데, 이 표현들이 예전 보안자문 역 U의 범죄행위에 관한 원고의 개입 가능성을 나타내기 때문이라고 밝혔다. 피의자의 실명공개하에 이뤄진 범죄혐의보도는 불가피하게 그의 인격보호권과 명예보호권을 침해하는데, 왜냐하면 이러한 보도는 그의 불법행위를 만천하에 공개하고 그의 인물을 수용자의 눈에 부정적으로 규정하기 때문이라고 설명했다.

나아가 명예침해가 지속되고 있다는 점도 인정된다고 밝혔다. 보도 이후 거의 4년이 지난 후에는 원고가 저명한 인물이 아니기 때문에 기껏해야 이론상으로만 가능한 현재의 침해가 존재할 뿐이라는 피고의 주장은 잘못되었다고 지적했다. 그런 점에 원칙적으로 소송지연에 기인한 시간경과는 중요한 판단요소가 아니며, 다른 판단을 정당화할 특별한 사정들 역시 명백하지도 않고, 피고에 의해 제시되지도 않았다고 밝혔다. 무엇보다 여기에서는 보도와 소송 제기 사이의 기간이 단지 석 달에 불과했다는 점만이 고려될 수 있다고 밝혔다.

따라서 연방대법원은 적어도 범죄혐의의 제거 이후 지속적인 방해상태는 위법하다고 판단했다.

연방대법원은 민법 제1004조의 유추하에 생성된 추후보도청구권은 결과제거를 목표로 한다고 설명했다. 따라서 이것은 일반적 인격권의 보호범위 내로 개입한 표현이 처음부터 위법한 것으로 인정되어야 한다는 점을 전제하지 않고, 오히려 표현의 지속적인 작용에 맞춰진다고 보았다. 이러한 작용은 해당 표현이 비록 처음에는 정당했지만 나중에 정당화 근거를 증명하는 사실들이 탈락한 경우에도 마찬가지로 위법한 상태가 존재할 수 있다고 인정했다. 아울러 금지청구를 위해서 필수적인 장래 침해의 우려는 이러한 경우에는 추정될 수 없고, 오히려 구체적으로 그 우려가 새롭게 확정되어야 한다는 점에서 금지청구와 모순되지는 않는다고 밝혔다. 그런 점에서 추후보도청구권은 금지청구의 특별한 전제조건에 해당한다고 보았다.

이와 같이 명예를 침해하는 사실주장의 지속적 작용에는 원래 보도의 적법성과 상관없이 주장의 진실내용이 비록 처음에는 불분명했지만 나중에 허위로서 밝혀진 경우, 감수될 필요가 없는 방해상태가 존재하게 된다고 인정했다. 그리고 이러한 주장은 비록 처음부터 의견자유의 보호범위에서 벗어나지는 않지만, 필수적인 형량에 있어서 피해자의 이익이 우월하게 된다고 보았다. 왜냐하면 허위의 확정 이후에도 그 주장을 고수할 정당한 이익이 없기 때문이라고 밝혔다.

이에 따라 이 소송사건에서는 비록 보도가 공표시점에 적법한 것으로 인정될 수 있었을지라도 위법한 방해가 존재한다고 보았다. 왜냐하면 원고가 R에 대한 조치의혹에 관여되었다는 의혹주장은 반박된 것으로 인정될 수 있고, 따라서 원고는 의혹보도에서 시작된 자신의 명예침해를 더 이상 감수할 필요가 없기 때문이라고 밝혔다.

그리고 이러한 위법한 방해에 대해 피고 역시 마찬가지로 책임을 진다고 판단했다. 왜냐하면 방해를 야기한 모든 사람은 그에게 책임이 있는지 여부와는 상관없이 민법 제1004조 의미상 방해자로서 인정될 수 있기 때문이라고 설명했다. 소송사건에서 피고는 의혹보도를 통해 의혹이 지닌 위험을 제공했고, 기사에서 기자들이 보도내용의 잠정성에서 출발했다는 사실은 그런 점에서 중요하지 않다고 보았다.

그에 따라 허용되는 의혹보도일지라도 나중에 그 혐의가 번복된 경우에는 추후보도청구권(Berichtigungsanspruch)이 존재할 수 있다고 밝혔다. 하지만 항소법원의 견해와 달리 정당한 의혹보도에 있어서 생겨난 방해는 원고에 의해 주장된 것과 같은 정정보도(Richtigstellung)를 필요로 하지는 않는다고 판시했다.

의혹보도에 관한 앞선 판례에 따르면, 공표 당시 그 진실이 확실하게 확정되어 있지 않은 사건 혹은 사정에 관해서도 주의 깊은 조사에 따라 보도하는 것이 언론에 거부될 수는 없다고 인정했다. 그렇지 않으면 언론은 공적으로 중요한 사건들의 해명을 위해 노력할 자신의 임무를 수행할 수 없을 것이라고 생각했다. 하지만 허위임이 밝혀진 주장을 고수할 정당한 근거가 없는 것과 마찬가지로 이러한 주장들이 제3자의 권리를 지속적으로 침해하고, 제3자가 이러한 침해의 제거를 요구한 경우, 해당 주장들을 수정하지 않은 채로 방치할 정당한 근거 역시 인정될 수 없다고 밝혔다.

따라서 지속적 침해를 제거하는 해명의 공표청구권은 필수성과 기대 가능성의 한계 내에서 관철되어야 한다고 밝혔다. 두 상충하는 기본권 지위의 형량하에 방해상태의 제거에 적합한 신중한 조치들이 선택되어야 한다고 보았다.

한편, 이러한 조치에 해당하는 언론사의 정정보도(Richtigkeit) 공표의무는 기본법 제5조 제1항과 유럽인권협약 제10조에 근거한 권리들에 대한 중대한 침해를 나타낸 다고 보았다. 왜냐하면 언론은 출판자유의 보장을 위해 그리고 기본법에 의해 금지된 검열을 피하기 위해 직접 자신의 저널리즘적 기준에 따라 무엇에 관해 보도할지를 스스로 결정하는 것을 보장받기 때문이라고 밝혔다. 따라서 이러한 정정보도는 기본법 제1조 제1항, 제2조 제1항 및 유럽인권협약 제8조 제1항을 통해 보장되는 당사자의 인격보호 및 명예보호에 관한 이익과의 형량에 따라 의혹보도가 처음부터 위법한 것으로 인정될 수 있는 때에만, 가령 당사자에 대한 예단이 포함된 경우에만 정당화될 수 있다고 생각했다. 하지만 표현주체에 의해 전달된 판단은 최종적인 것이 아니라 나중의 사실을 근거로 어쩌면 수정되어야 할지 모른다는 정도로 가능성을 열어 둔 적법한 의혹보도의 경우에 정정보도청구는 적용되지 않는다고 보았다. 이러한 상황을 처음부터 고려한 표현주체에게 자신의 발언을 부정할 것을 요구하는 것은 부적절하다고 생각했다. 나중에 비로소 허위로 인정된 표현들에 무제한적인 제재를 부과한다면, 이는 위험부담을 지지 않기 위해 단지 뒤집을 수 없는 진실만을 표현하도록 유도함으로써 의사소통 전체의 피해를 야기할 우려가 있다고 보았다. 이와 동시에 이미 의견자유의 보장이유들에서 회피되어야 할 기본권 행사의 위축효과가 발생하게 될 것이라고 판단했다. 다른 한편으로 당사자에게 자신의 복권에 관한 정당한 이익을 출판자유의 보호를 위해 완전히 포기할 것을 요구할 수는 없다고 보았다.

따라서 이러한 이익형량의 결과는 정정보도에 비해서 언론에는 훨씬 덜 단호한 수정청구의 단계에 이르게 된다고 밝혔다. 그리고 의혹보도로 인해 야기된 방해를 제거하기 위해서는 당사자에 관해 보도된 의혹이 추후의 사실관계의 해명에 따라 더이상 유지되지 않는다는 사실만을 전달하는 것이 적절하고 필수적이며, 동시에 이것으로 충분할 것이라고 생각했다.

한편, 정당한 의혹보도의 경우 언론사는 표현된 의혹이 나중에 허위로서 밝혀졌다는 이유로 자신이 잘못한 것처럼 부당하게 다뤄질 의무를 질 필요는 없다고 보았다. 따라서 추후보도청구권은 목차나 본문에서 "정정보도(Richtigstellung)"라는 제목 아래 추후보도가 언급되는 것을 허용하지 않는다고 밝혔다. 왜냐하면 법적 용어의 전문적 개념으로서 파악하지 않는 중립적인 독자들은 이러한 개념을 이전 혐의가 제거되었다는 생각뿐만 아니라 보도가 허위이거나 부당했다는 생각과 결부시키기 때문이라고 설명했다. 그 대신에 예를 들자면 "…에 관한 추후보도"라고 쓸 수 있는 중립적인 개념이 선택되어야 한다고 판단했다.

연방대법원은 항소법원이 이미 신중한 수단에 관한 결정에 있어서 의혹이 유지될 수 없다는 정도의 해명으로 충분하다고 판단함으로써 이러한 사고를 고려했다고 인정했다. 이때 이전 보도로 인한 오류의 인상을 피하기 위해 현재의 사실관계에 관한 해명의 고지가 수용될 수 있고, 다만 상세한 사실관계까지 포함될 필요는 없다고 판단했다.[98]

제12장

언론의 적합한 주의의무

I. 보도의 조사나 취재과정에 있어서 주의의무

언론의 주의의무는 언론에 의해 조사된 보도내용들, 즉 표현된 사실내용들에 관한 진실보증의무를 의미한다. 하지만 주 출판법의 원문을 통해 확인할 수 있는 바와 같이 언론의 주의의무는 언론이 자신에 의해 전파되는 보도들의 절대적 진실을 보장할 의무를 말하지는 않는다. 오히려 언론에는 자신의 수단과 함께 준수 가능한 주의의 정도로 사실관계를 조사하는 것만이 요구된다.[1] 절대적인, 이를테면 사법절차상의 진실확보와 같은 광범위한 요구는 최신의 시사보도 전파를 위해 노력하는 언론에 제시될 수 있는 요청과 일치할 수 없을 것이다. 언론은 불분명한 사실정황의 진실규명을 사법절차상의 진실발견의 의미에서 가능하게 할 어떠한 물적, 인적 그리고 법적 수단도 가지고 있지 못하며, 더군다나 신속보도에 대한 압박하에서 이는 가능하지도 않을 것이다.

만약 언론이 법적으로 단지 객관적 진실만을 전파할 명령하에 놓이게 된다면, 언론은 공익에 불리한 영향을 미칠 수 있는 관심사안에 관해서 공중에게 보고할 자신의 과제를 결코 수행할 수 없을 것이다.[2] 정치, 경제 혹은 사회적으로 큰 관심을 유발하는 주제들에 관한 언론보도는 거의 불가능할 것이고, 민주국가에 있어서 전적으로 구성적인 통제 혹은 감시기능 역시 수행할 수 없을 것이다. 따라서 언론에 적합한 진실의무는 진실의 보장과 동일시되어서는 안 되며, 이로부터 보도는 단지 객관적으로 허위이거나 아니면 진실로 입증되지 않았다는 이유만으로 항상 위법한 평가를 받는 것은 아니라는 결론이 도출된다.[3, 4]

이러한 결론과 동일한 맥락에서 비교적 최근에 정치 등 시사적인 이유로 특별한 논의대상이 되고 있는 가짜뉴스 문제는 언론법상 또 다른 별도의 범주를 구성하지는 않는다. 가짜뉴스는 조작을 거쳐서 전파되는 거짓뉴스나 허위보도이며, 대체로 인터넷이나 SNS에서 전파되는 것을 말한다. 이러한 가짜뉴스의 법적 취급은 2017년 공포된 NetDG(네트워크강제집행법)에서 별도의 취급대상으로 삼지 않은 이상, 앞에서 언급된 일반원칙에 따른다. 종종 가짜뉴스의 허위성은 공개적으로 드러나거나 자세한 조사를 거치지 않고서도 밝혀지게 된다. 이러한 형태의 가짜뉴스에 대해서는 언론이 자신의 조사를 수행해야 한다. 하지만 이와 달리 가짜뉴스가 복잡 미묘한 상황을 담고 있는 경우에는, 가령 외국의 비밀정보기관에 의해서 생겨나거나 특히 공개적으로 벌어지지 않은 사건들과 관계된다면, 이러한 가짜뉴스의 허위성의 폭로는 종종 언론에 의해 사용될 수 있는 수단으로는 불가능하고, 그 결과 그것의 전파가 언론의 주의의무의 위반을 의미하지 않을 것이다.[5] 그 결과 주 출판법의 규정들은 정당하게 진실의 전파의무를 정하고 있는 것이 아니라 전파된 보도의 진실내용에 관한 조사의무를 정하고 있다. 언론평의회 강령 제2항 역시 사정에 따른 적절한 주의의 준수에 대한 요구는 실무상 보도내용을 대상으로 하는 것이 아니라 보도의 조사나 취재에 관한 것이라는 점을 분명히 밝히고 있다. 따라서 언론은 적절한 주의와 신중함으로 올바른 사실관계의 조사와 올바른 사실관계의 적시를 위해 노력했을 때 이러한 의무를 이행한 것으로 볼 수 있다.[6]

연방대법원 1987년 5월 12일 자 판결
– VI ZR 195/86("언론에 적합한 주의"–판결)

사실관계

원고는 화학공업회사이고, N시 당국으로부터 공장폐수검사에 따른 1984. 11. 29. 자 금지명령처분을 받게 되었다. 그 내용은 N시의 폐수조례에 따라 배출이 금지된 오염물질을 하수도로 배출하지 말라는 것이었고, 위반 시에는 5천 마르크의 강제부과금 경고 그리고 상한액 10만 마르크의 벌금형 경고가 함께 부과되었다. 실험실 감정소견에 따르면, 금지명령처분의 근거가 된 채취된 여러 폐수시료들에서 허용되지 않는 고농도의 화학물질인 이소프로페닐벤젠, 디에틸에테르, 스티론, 톨루엔 등이 검출되었다고 보고되었다. 이러한 물질들은 금지명령처분에서 그리고 시 당국의 또 다른 1985. 3. 26. 자 배출금지결정에서 –이 결정은 원고의 이의 제기로 더 상세하게 구체화된 표현을 담고 있었는데– 폐수 중 일부는 맹독성의 성분을 지니고 있으며, 수질오염 가능성이 있거나 화재위험이 있는 폭발성 혹은 악취성 물질이라고 기재되었다. 주간지 발행인인 피고는 1985년 1월 2일 자 지면에서 반 페이지 크기의 사진이 첨부된 기사를 실었는데, 여기에서 금지된 폐수를 배출했다는 비난이 원고에 대해 제기되었다. 기사의 첫머리 사진 안에는 원고 회사 이름과 위치정보가 게시되었고, "'N–KG' 회사는 유독성 물질을 쉽게 쏟아 버렸다"라고 보도되었다. 이어진 기사에서도 마찬가지로 원고 회사의 회사명 전체 및 위치정보의 공개하에 다음과 같은 내용들이 게재되었다.

> 이 불쾌하고 지독한 냄새가 나는 가스들이 세면기, 변기 그리고 하수구 뚜껑에서 흘러나온다. 유치원은 14명의 어린이들이 몇 주간 심각한 기침발작에 시달렸기 때문에 문을 닫았다. … N시에 소재한 'N–KG' 화학회사 주변에 살고 있는 사람들은 새로운 환경스캔들의 희생자가 되지는 않는지 공포에 떨고 있다. … 10만 마르크 벌금의 위협하에 당국은 현재 그 회사를 상대로 폐수를 하수도로 배출시키는 것을 금지했다. 하지만 그 이후에도

계속해서 악취가 나고 있다.

원고는 해당 기사가 명예훼손에 해당하며, 분석된 폐수에서는 충분한 정도의 농도 부족으로 인해 어떠한 유해효과도 나타나지 않았다고 주장했다. 또한 검사결과 확인된 화학물질들 대부분이 자신의 공장에서 배출되었다는 사실도 다퉈져야 한다고 항의했다. 아울러 유치원에서 발생한 불쾌한 냄새의 원인은 소독제를 함유한 세제의 사용이었다고 지목했다. 원고는 피고에게 금지청구 소송을 제기했고, 소송은 1, 2심 법원에서 인용되었다. 피고의 상고로 판결은 파기되었고, 일부수정 및 환송에 이르게 되었다.[7]

① 항소법원의 판단

항소법원은 원고가 "유독성 물질을 쉽게 쏟아 버렸다"라는 표현은 사실주장으로서 분류될 수 있다고 판단했다. 이어서 금지청구에 있어서 폐수에서 확인된 화학성분이 원고의 공장에서 생겨난 것인지 여부는 알 수 없고, 어쨌든 폐수에 유해효과를 일으키기에 충분한 정도의 고농도 유독성분이 존재했는지 여부는 완전히 밝혀지지 않았다고 보았다. 하지만 이러한 사실은 피고에 의해 주장된 폐수배출의 위험을 판단함에 중요한 부분이기 때문에, 그의 표현의 진실성에 관한 의심은 피고의 부담으로 된다고 판단했다. 하지만 피고는 주의 깊은 조사를 행하지 않았기 때문에 정당한 이익의 대변이라는 항변을 주장할 수 없다고 보았다. 한편, 쏟아 버린 유독성 물질이 유치원의 폐쇄 원인이었다는 또 다른 주장도 마찬가지로 진실로 입증되지 않았다고 인정했다. 이어서 "환경스캔들"이라는 피고의 표현 역시 본문의 맥락에 따르면 사실주장이라고 간주하면서, 이러한 표현의 객관적 내용에 따라 원고의 청구취지를 정당한 것으로 인정했다. 그리고 피고는 금지명령처분 이후에도 계속해서 악취를 풍겼다는 진술을 통해 원고가 당국의 금지명령을 무시했다는 인상을 불러일으켰다고 판단했다. 하지만 피고는 정작 이러한 비난이 적절하다는 사실을 소명하지 못했다고 밝혔다.[8]

② 정당한 이익의 대변사유를 주장하기 위한 전제로서 언론사의 주의의무

연방대법원은 이러한 항소법원의 판단은 법적 심사를 지탱하지 못한다고 판단했다. 지금까지 확정된 사실관계에 따르면, 민법 제823조 제1항, 제824조 및 민법 제1004조의 유추적용 혹은 형법 제186조, 민법 제823조 제2항에 근거한 소송대상 표현의 금지청구권은 원고에게 속하지 않는다고 밝혔다. 오히려 청구취지3(환경스캔들)은 현재 기각결정을 위해 이미 충분한 것으로 입증되었고, 나머지 부분은 계속해서 해명이 필요하다고 판결했다.

재판부는 우선 원고가 "유독성 물질을 쉽게 쏟아 버렸다"는 진술은 원고의 경제적 평판을 위법하게 침해하는 것으로 인정될 수 없다고 보았다. 항소법원은 피고에 의해 주장된 진술을 법적 오류 없이 가치평가가 아닌 사실주장으로 분류했다고 인정했다. 왜냐하면 이 진술은 증거에 의해 접근 가능한 특정한 사실적 사건에 관한 것이기 때문이라고 밝혔다. 잠재적으로 유해한 화학물질이 구체적으로 "독성"인지는 대개 그의 성분뿐만 아니라 결정적으로 각각의 농도 및 양에 달려 있다고 보았다. 그리고 전체 기사의 맥락에서 파악될 수 있는 진술의미의 평가를 위해 기준으로 삼아야 하는 중립적인 평균적 독자들에게는 피고의 보도가 원고는 독극물을 하수구로 쏟아 버렸다는 정도로 이해되는 것이 당연하다고 보았다. 왜냐하면 그에 의해 배출된 화학물질이 전체 폐수의 양과 구성비율에 따라 언제든지 유해효과를 일으킬 수 있기 때문이며, 이것은 증거에 의해 접근 가능한 사실확인의 문제라고 인정했다. 사실주장으로서 이러한 표현의 분류가 사진 속 제목 속에 "쉽게 쏟아 버렸다"는 표현이나 연속기사 속 진술내용, "원고는 독성 폐기물질을 쉽게 개방하수구로 배출했다"는 표현에서 구체적인 사실행위의 묘사를 넘어선 "쉽게"라는 단어를 통해 하나의 평가적 측면을 제시했다는 점으로 인해 달라지지는 않는다고 생각했다. 왜냐하면 분리된 상태가 아니라 전체적 관점에서 평가되어야 할 이 두 표현들에서는 원고의 실제 행동이 중심을 이루고 있기 때문에, 이러한 점이 해당 진술을 사실주장으로 분류할 수밖에 없는 결정적 특징들을 보여주고 있다고 판단했다.

하지만 연방대법원은 항소법원이 제기된 주장의 진실성에 관한 의심을 피고의 부담으로 인정한 것에서 법적 오류를 범했다고 지적했다. 물론 원고는 민법 제823조 제2항을 통해 민사법으로 전용된 형법 제186조의 입증원칙에서 생겨나는 바와 같이 비록 그 주장의 허위성이 입증되지 않았지만 마찬가지로 진실성 역시 확정되지 않은 경우에도 원칙적으로 그의 명성을 침해하는 주장에 대해서 금지청구를 요구할 수 있다고 밝혔다. 하지만 그러한 경우에 금지청구의 성립전제는 피고가 자신의 표현에 대한 정당성을 주장할 수 없었을 것을 조건으로 한다고 보았다. 그리고 이러한 조건은 기본법 제5조 제1항(의견표현의 자유)의 가치와 형법 제193조(정당한 이익의 대변)에 부합하는 것이라고 인정했다. 이 사건에서 지금까지 나타난 바와 같이 제기된 주장의 허위성 확정이 없다면, 보도주체의 이익을 위해 그의 진술이 진실이라는 점에서 출발되어야 하며, 이러한 전제에서 그다음 단계로 그가 이 표현을 정당한 이익의 대변을 위해 필수적인 것으로 간주해도 되는지 여부가 질문되어야 한다고 설명했다. 항소법원은 비록 분명히 이러한 입증책임분배에서 시작하긴 했지만, 피고가 주의 깊게 조사하지 않았기 때문에 자신 진술의 정당성을 주장할 수 없다고 판단한 것은 잘못된 것이라고 비판했다. 그리고 이 점이 피고의 상고에 의해 정당하게 공격되었다고 인정했다.

우선, 항소법원이 높게 평가되어야 할 사회적 요청과 이에 기초한 언론의 정당한 관심, 즉 대중들에게 환경보호의 문제를 호소하고, 그런 점에서 존재하는 위험을 지적하며, 자행된 위반을 제지할 정당한 관심사가 존재한다고 생각한 출발점은 옳다고 인정했다. 또한 이러한 정당한 이익이 언론사에게 자신의 보도의 진실내용에 관한 주의 깊은 조사의무를 면제시켜 주지는 않는다고 보았다. 하지만 그런 점에서 언론사에는 항상 단지 그가 보유한 수단과 함께 준수되어야 할 "언론에 적합한 주의의무"만이 요구될 수 있다고 강조했다. 이에 따라 자신의 과제이행을 위해 필수적인 보도의 시사성과 적시성에 의지한 언론은 자신에게 제공되어 있는 수단과 함께 법관의 확신을 가져올 수 있는 정도의 입증이 불가능한 경우라 할지라도 곧바로 정당한 이

익의 대변을 위해 의도된 표현을 포기해서는 안 된다고 부연했다.[9]

③ 사건판단

연방대법원은 소송사건에서 항소법원이 피고는 자신 보도의 공표 전에 반드시 전문 분야의 조언을 거쳤어야 한다고 생각했다면, 이는 언론에 요구될 수 있는 주의의무의 과도한 팽창을 의미한다고 보았다. 무엇보다 폐수에서 사전에 발견된 화학물질이 이미 N시 당국의 의뢰로 실시된 실험결과 유해물질이라고 판명되었기 때문에, 이 르포기사는 피고가 보도 이전에 전문가 감정을 얻어낸 뒤에야 비로소 적법한 것으로 간주될 수 있는 것은 아니라고 판단했다. 오히려 피고는 다툼 없는 사실관계 그 자체로 판단할 수 있는 바와 같이 그의 1985. 1. 2. 자 기사의 공표 전에 자신의 언론에 적합한 주의의무를 취재와 함께 충분하게 이행했다고 평가했다. 피고는 자신의 르포기사의 보도를 위해 1984. 11. 29. 자 벌금부여 경고와 함께 통보된 불법폐수배출 금지명령처분을 근거로 삼을 수 있었는데, 금지명령처분 역시 원고의 폐수에서 채취한 검사시료가 스티롤, 아크릴로니트릴과 부타딘과 같은 허용되지 않는 고농도의 맹독성 물질을 언급하고 있었던 점에 주목했다. 나아가 원고가 1984. 11. 29. 자 금지명령처분에 대해 이의를 제기했다는 사실을 피고가 알았을 때조차 자신의 르포기사를 포기할 필요는 없다고 보았다. 왜냐하면 1985. 3. 26. 자 N시 당국의 결정내용에 따르면 원고의 불복신청은 1985. 1. 2. 자 피고 기사가 공표될 때까지 정당성을 갖추지 못하고 있었기 때문이라고 밝혔다. 마찬가지로 유치원 화장실에서의 냄새는 포름알데히드 세제가 결정적일 수 있다는 N시 당국의 견해를 1984. 12. 12. 자 다른 신문이 보도했다는 사실이 피고의 보도를 금지시킬 사유는 아니라고 보았다. 피고가 이러한 다른 보도를 1985. 1. 2. 자 보도에 앞서 미리 알았거나 알아야만 했다는 점은 중요하지 않다고 생각했다. 왜냐하면 피고는 자신의 기사를 단지 1984. 11. 29. 자 금지명령처분에만 의지하지 않고, 추가적으로 피해를 걱정하는 부모들에게 문의했으며, 마지막으로 원고 회사에 발언기회를 제공하는 동시에 원고의 주요 발언내용을 자신의 보도에서 독자들에게 함께 전달했기 때문이라고 밝혔다. 이와 같은 모든 피고의 취재를 고려하면, 그는 자신에게 의무 지워진 언론에 적합한 주의의무를 위반하지 않았고, 그 때문에 피고는 기본법 제5조 제1항 제2문 및 형법 제193조에 따라 보도의 공표권을 주장할 수 있고, 결과적으로 금지청구의 정당화를 위해서는 문제 된 표현의 허위성을 입증하는 것이 원고의 부담으로 넘어간다고 판단했다.

하지만 원고는 지금까지 이러한 문제 된 표현의 허위성에 관한 증거를 제출하지 않았다고 보았다.

연방대법원은 피고의 주장이 진실에 부합하는지 여부의 심사는 여기에서 불필요하다고 인정했다. 피고는 불허되는 폐수배출에 관한 주장 전에 자신의 취재의무를 이행했고, 따라서 그 당시 보도는 공중의 정당한 정보이익의 대변을 통해 정당화되기 때문에 나중에 표현의 허위성이 밝혀질지라도 금지청구의 전제조건인 반복위험은 성립되지 않는다고 보았다. 물론 원래 적법하게 제기된 주장의 반복 역시 나중에 허위의 확정에 따라 위법한 것으로 될 수 있지만, 이때에는 금지청구의 전제조건인 반복위험, 보다 정확하게는 최초침해위험(Erstbegehungsgefahr)이 구체적으로 새롭게 확정되어야 한다고 밝혔다.

나아가 연방대법원은 항소법원이 르포기사의 허위성에 관한 입증책임을 잘못 판단함으로써 이러한 잘못된 법적 관점이 "쏟아 버린 유독 물질로 인해 유치원이 문을 닫아야 했다"는 주장으로까지 영향을 미쳤다고 비판했다. 원고가 피고에게 이러한 주장을 금지시킬 수 있기 위해서는 마찬가지로 우선 피고가 그러한 점을 주의 깊게 취재했는지에 달려 있다고 보았다. 그리고 피고 역시 이런 점에 관해 충분하게 취재해서 그의 주장을 우선 적법하게 제기했다면, 그런 점에서 금지청구의 전제인 구체적 반복위험의 확정문제의 해결을 위해서만 피고 진술의 진위 여부에 관한 입증이 중요하게 될 것이라고 판단했다.

이어서 연방대법원은 원고 기업 주변에 사는 사람들은 새로운 환경위험의 희생자가 될 것이라는 공포에 불안해하고 있다는 피고의 표현 가운데 원고에 의해 이의 제기된 진술 부분("환경스캔들")은 사실주장이 아니라 가치평가라고 인정했다. 왜냐하면 원고는 가령 사람들이 어떠한 공포도 가지지 않았다고 주장한 것이 아니라 피고가 부당하게 환경스캔들의 책임을 자신에게 떠넘기는 것이라고 주장했기 때문이라고 밝혔다. 이와 별개로 특정한 사건이 이러한 개념에 따라 적절하게 정당화될 수 있는지 여부는 평가적 판단 영역의 문제라고 보았다.

한편, 가치평가의 경우에는 헌법상 보장된 자유로운 의견표현권의 관점에서 강력하고 과장되거나 완전히 논박적인 표현들의 이용 그 자체만으로 해당 표현을 금지하지는 않으며, 오히려 해당 표현을 위법한 이유로 금지할 수 있는 한계는 모든 사정에 따라 비방적 비판이 성립되어야만 비로소 가능하게 된다고 설명했다.

그러나 이 사건의 경우에는 피고가 그의 금지된 폐수배출에 관한 주장 전에 주의 깊게 조사했다고 해명했기 때문에, 그러한 원고의 비방은 인정될 수 없다고 판단했다. 또한 그러한 조사 여부는 당시의 관점만이 중요하기 때문에, 그의 진술이 객관적으로 부적절한 것이었다는 사실이 계속된 증거조사로 인해 나중에 밝혀졌을지라도 피고에게 비방적 비판의 책임을 물을 수는 없다고 보았다. 게다가 사람들이 폐수처리시스템으로 화학물질을 배출하는 것에 매우 민감하게 반응하는 요즈음 당국이 폐수배출금지라는 결정을 내린 마당에 시민들의 걱정을 "환경스캔들"이라는 표현으로 강조하는 것이 언론에 금지될 수는 없다고 밝혔다.

마지막으로 르포기사에서의 또 다른 진술, 원고에 대한 금지명령처분의 발령 이후에도 계속해서 악취가 풍겼다는 내용을 원고가 당국의 금지를 무시했고, 이전 행태로 되돌아갔다는 정도로 이해한 항소법원의 견해에도 동의할 수 없다고 밝혔다. 물론 하나의 주장이 숨겨진 형태로 제시될 수는 있지만, 그러한 숨겨진 주장의 인정에 있어서는 명예보호와 비판자유가 일방적으로 의견자유에 불리하게 옮겨지지 않도록 하기 위해 자제가 요청된다고 판시했다. 이 사건에서 항소법원은 이러한 원칙을 충분히 유의하지 않았으며, 그 때문에 숨겨진 주장의 존재를 위한 요청이 너무 쉽게 인정되는 법적 오류를 범했다고 판단했다. 피고의 보도내용에 관한 정상적인 이해에 따르면 원고에게 의도적인 금지명령처분의 위반("금지를 무시했다")이라는 비난이 행해졌다는 사실을 끌어낼 수 없으며, 기껏해야 폐수에서의 새로운 악취원인은 원고의 공장으로 소급될 수 있다는 정도의 숨겨진 추측만이 발견될 수 있을 뿐이라고 보았다. 그런 점에서 원고의 금지청구가 자유로운 의견표현권과 정당한 정보이익의 대변이라는 관점에서 좌초될 수 있는지 여부는 결정적으로 여전히 수행되어야 할 사건의 진상규명 결과에 달려 있으며, 특히 구체적 반복위험의 확정, 즉 유치원에서의 악취원인에 관한 주의 깊은 피고의 조사유무 그리고 경우에 따라서는 이러한 표현의 허위성의 입증에 달려 있다고 판단했다.[10]

Ⅱ. 주의의무의 기준

1. 언론에 적합한 주의의무

언론의 주의의무가 객관적 진실에 대한 무제한의 보장이라는 의미에서 이해되어서는 안 된다는 점은 이미 언급한 바와 같다. 오히려 언론의 현실적 진실보장의 정도는 각각의 매체에 구체적인 사정 내에서 요구될 수 있는 그러한 주의기준에 따라 측정되어야 한다. 이는 다른 말로 직업 특유의 주의기준을 말하며, 따라서 보편타당한 주의기준을 말하는 것이 아니다.[11]

이러한 주의기준이 절대적으로 규정될 수 없고, 단지 사정들에 따른 적합한 주의만이 요구될 수 있다는 사실은 민법 제276조 제2항의 민사상 일반원칙과의 일치하에서 제정된 주 출판법의 해당 규정들을 통해 입증된다. 따라서 언론에는 일반적으로 통용되는 사회생활상의 기준들에서 필수적인 것으로 정해지는 그런 정도의 주의를 적용해야 한다. 이에 따라 자신의 주의기준이 사회생활상 통상의 요청을 개별적으로 충족시키지 못하는 경우에는 언론 통상의 주의기준 역시 충족시키지 못하게 된다. 즉, 언론인이 필수적이라고 생각하는 객관적 기준에 따르는 것이 아니라 실제의 구체적 사정을 고려하여 요구될 수 있는 주의기준이 결정적이다. 예컨대, 바덴-뷔르 템베르크주 출판법 제6조에서는 언론은 모든 보도를 전파하기 이전에 진실, 내용 그리고 출처에 관해 사정들에 따라 적합한 주의와 함께 조사해야 한다고 규정하고 있다.[12] 따라서 언론의 주의기준은 유동적이며 유연하게 정해진다고 볼 수 있다. 그러므로 어느 정도의 주의가 언론에 적용되어야 하는지의 문제는 항상 개별적인 구체적 사정에 따르게 된다.[13]

한편, 원칙적으로 언론에는 엄격한 기준이 적용될 수 있다. 표현의 자유의 행사가 광범위하게 보장되는 것을 정당화하기 위해서는 언론 역시 자신의 주장 제기나 전파에 있어서 특히 주의 깊게 행동할 의무를 준수해야 한다는 것은 어쩌면 당연한 결과일 것이다. 출판과 방송보도는 이에 대한 높은 신뢰로 인해 광범위한 영향을 미칠 수 있기 때문에 더욱 그러하다. 언론의 보도내용은 일반적으로 진지하게 수용되고, 이에 특별한 신뢰감을 보내게 되며, 아울러 대중들에 의해 최고 수준의 신빙성을 인정받는 것이 일반적이다. 연방헌법재판소 역시 출판자유의 기본권이 더 높게 평가되면 될수록 언론은 이를 보다 더 진지하게 받아들여야 할 의무가 출판자유에 수반된다는 전통적 표현방식을 통해 이러한 점을 강조한 바 있다.[14] 이로부터 연방헌법재판소는 언론이 공중에게 보고할 자신의 권리를 행사한 경우에는 마찬가지로 진실에 적합한 보도의무를 진다는 결론을 도출했다. 물론 이러한 진실의무의 준수는 이미 당사자의 명예보호를 위해서 요구되는 것이며, 보도가 당사자의 인격적 핵심에 피해를 주게 될 경우 언론은 특별한 정도의 주의 깊은 행위의무를 부담하게 된다.[15]

하지만 이러한 원칙적인 엄격함이 언론의 진실성 조사의무에 어떠한 과부하의 결과를 가져와서도 안 된다는 사실을 간과하지 말아야 한다. 이러한 과도한 조사의무는 출판활동을 민감하게 방해할 수 있기 때문이다. 따라서 진실의무에 기본권 행사 의지를 저해하는 어떠한 진실의무도 설정되어서는 안 되며, 출판활동에 재판상의 진실발견 기준을 적용하는 것은 있을 수 없는 일이다. 예컨대, 형사판결의 해석에 있어서 법률적인 지식을 갖추고 있지 않은 언론인에게 형사법상으로 훈련받은 전문적인 독자들의 주의기준이 적용될 수는 없을 것이다. 주 출판법 역시 언론은 보도의 전파 이전에 보도내용을 조사해야 한다는 사실만을 요구하고 있으며, 이러한 조사에 있어서는 당연히 "언론에 적합한 주의"로 충분하다.[16, 17]

2. 언론에 적합한 주의의무의 판단기준

언론에 적합한 주의의무라는 개념이 담고 있는 함의는 언론에 적용되어야 할 주의기준을 정함에 있어서 언론의 직업상 특수성을 충분히 고려하는 것이라고 말할 수 있다. 이러한 개념의 올바른 해석을 위해서는 독일언론평의회의 보도준칙이 도움을 줄 수 있다. 이 보도준칙은 비록 법규범의 구속적 효력을 가지거나 특별한 책임근거로 인정되지는 않지만, 언론의 구체화된 직업윤리를 뜻하기 때문에 직업윤리상의 전문적 행동준칙으로서 방향 설정기능을 제공할 수 있다. 이에 따르면, 언론, 방송 그리고 보도 편집기능을 지닌 통신매체에 법원이 충분한 것으로 인정할 수밖에 없는 그런 증거가 존재할 때까지 보도를 자제할 것이 요구될 수 없다. 개별사례들의 사정을 고려해 조사가 이성적으로 그리고 충분히 세심하게 수행되었다는 사실로 충분하다. 이것이 구체적으로 어떠한 조사를 의미하는지는 개별사정들에 좌우되며, 특히 자료나 출처의 신뢰성 그리고 신속성 요청 등에 달려 있다고 볼 수 있다.[18] 이에 따라 각각의 유동적인 주의기준이 도출될 수 있다.[19]

우선, 비판이 개개인을 대상으로 하는지 아니면 공적 기관, 영향력 있는 집단 혹은 기업을 대상으로 하는지 문제도 본질적으로 중요하다. 개인은 단체보다는 더 강한 보호를 누린다. 연방대법원 역시 "지옥불" 판결[20]에서 사인에 관한 명예훼손적 사실이 전파될 때 언론이 지켜야 할 주의의무의 정도는 공적 이익이 문제 된 가치평가가 전달될 때와 동일한 정도로 주어지지는 않는다고 판시했다. 비록 이러한 견해는 공적 이익을 가지는 가치평가의 경우에는 어차피 법적 제재의 대상이 될 수 없다는 점에서 오해의 소지가 있지만, 사인에 향해진 공격과 정치적, 경제적 혹은 그 밖의 대상을 목표로 삼은 공격 사이에는 구별이 필요하다는 점에서 이견이 있을 수 없다.[21]

　그다음으로는 비난의 심각성이 중요하다. 비난이 심각할수록 조사의무에 대한 요청은 더 높게 설정되어야 한다.[22] 당사자에게 허위사실이 보도될 위험성은 가능한 한 제외되어야 한다. 따라서 최소한의 증거사실이 존재하지 않는 이상, 보도는 포기되어야 하며, 보도시점에 이미 진실성에 관한 의심이 존재하는 경우에도 이는 마찬가지이다.[23] 경우에 따라서는 반대되는 근거들이 함께 전달되어야 한다.[24] 예컨대, 당시 한 경찰서장이 자신의 관할구역에서 사창가 포주를 위해 일했다고 주장한 언론이 그 출처를 유일하게 사창가에서 일했던 사람의 진술에만 의지했다면, 이는 주의의무를 위반한 것에 해당한다.[25] 살해비난의 경우에도 최고로 높은 수준의 조사의무가 부여되어야 한다. 그리고 역사적 사건에 관해서는 전문적인 학자의 자문이 필수적이다. 또한 언론은 독자들에게 인식될 수 없었던 방식으로 단지 불리한 근거들만을 선택해서 보도하거나 제기된 주장의 진실성을 탄핵하는 사실들이 숨겨진 채로 보도해서도 안 된다.[26] 나아가 인격권을 침해하는 표현의 진실성이 포괄적인 조사 후에도 명백히 입증될 수 없었다면, 전파된 주장이 몇몇 사후조사를 통해서도 확증되지 않았다거나 논쟁의 여지가 있는 것으로 생각된다는 사실을 분명하게 알려야 한다.[27]

　마지막으로 보도 대상이 된 사건이 최신의 시사성을 가진 것인지 그리고 그다음 날 즉각적으로 공표되어야 할 급박한 사안인지 여부가 중요하다. 이로 인해 야기된 시간적 압박은 주의의무의 완화를 정당화할 수 있다. 예컨대, 시간 부족을 이유로 생략된 질의나 입장청취는 주의의무 위반으로 간주될 수 없다. 이에 반해 주간지나 월간지의 경우 혹은 시사성보다는 맥락과 배경의 철저한 규명이 더 중요한 방송의 경우에는 보다 자세한 조사들을 필요로 한다. 이때 당사자 그리고 그 밖의 정보제공자들에 대한 재질의가 포기될 수 없다. 경우에 따라서는 접촉이 불가능한 경우에도 여러 차례의 재시도가 필요하다.[28]

3. 언론의 주의의무와 언론의 공적 과제

때때로 언론의 주의의무의 기준은 주 출판법 제3조에 따라 언론에 주어진 공적 과제의 대변이라는 역할을 통해서도 영향을 받을 수 있다. 이와 관련해 연방헌법재판소는 "슈미트" 결정[29]에서 언론은 여론형성을 위한 자신의 과제를 위해 뉴스 그리고 주장들의 진실내용에 관해 조사할 의무를 진다고 판시한 바 있다.[30]

이와 같이 언론에 의해 대변되는 과제를 "공적"이라고 지칭하는 것에서 언론은 자신의 과제수행을 완수함에 있어서 특별한 주의를 필요로 하며, 다른 개인들보다 더 엄격한 주의요청하에 놓여 있다는 사실을 도출하기도 한다. 하지만 이것은 "공적 과제"라는 개념을 단지 국가지배권적 의미 혹은 준지배권적 의미 아니면 이와 유사한 의미로 이해할 경우에만 적절할 것이다. 그러나 이러한 이해는 잘못된 것으로 볼 수밖에 없는데, 언론은 자신의 과제를 수행함에 있어서 의도적으로 국가권력의 반대편에 서 있기 때문이다. 그럼에도 주 출판법이 언론에 의해 수행되는 과제를 "공적"이라고 지칭한 것은 단지 예전의 낡은 견해에 따라 타인의 이익을 위한 언론의 대변활동에 대해서도 필수적인 정당성을 제공하기 위한 하나의 방편이었던 것으로 생각된다. 하지만 이러한 언론활동의 정당성 문제가 극복된 이후에도 언론에 의해 수행되는 과제를 "공적"으로 지칭하는 것은 이제 법적 당위성을 상실한 것으로 평가된다. 따라서 현재 언론의 공적 역할이라는 개념을 통해 언론의 주의의무에 어떠한 특권을 부여하고자 하는 사고는 성립될 수 없으며, 다른 한편으로 혹여 낡은 사고에 기초한 "공적" 과제의 지칭이 언론에 대한 역풍으로 작용해서 이로부터 단지 언론만이 준수해야 하고, 다른 사람들은 준수할 필요가 없는 그런 의무들을 도출하는 것 역시 인정될 수 없다.[31]

하지만 소위 기능적 관점에서 언론활동이 사실상 "공적"으로 이뤄진다는 점은 부인할 수 없는 자명한 사실이다. 언론의 사정거리와 그에 대한 신뢰는 상당한 영향력을 수반하기 때문에, 그런 점에서 실제로 입에서 입으로 전해진 소문형태의 주장들과 권위를 동반하고 공표되는 언론의 주장들 사이에 차이가 존재하는 사실은 부인할 수 없는 것이고, 이로부터 각각의 준수되어야 할 주의 정도에도 마찬가지로 차별화된 요청을 부과하는 것 역시 당연한 결과일 것이다. 그리고 이러한 차별적 요청은 주출판법 제3조상의 출판물뿐만 아니라 실제 사정에서 그리고 비슷한 정도의 영향력을 행사할 수 있는 모든 매체들에 대해서도 마찬가지로 적용될 것이다. 이와 관련해 연방헌법재판소와 연방대법원 역시 주의의무에 대한 요청은 무엇보다 표현주체 각자의 진실규명 가능성과 관련이 있으며, 언론에는 사인보다 더 엄격한 요청이 부과된다는 점을 분명히 했다.[32] 이는 방송이나 보도편집 기능을 가지고 있는 통신매체에 있어서도 마찬가지일 것이다.[33]

Ⅲ. 주의의무 책정에 있어서 개별적 판단기준

1. 정보가치와 주의의무

확립된 법적 견해에 따르면, 전파되어야 할 보도내용과 요청될 수 있는 주의의 정도 사이에는 보도대상이 다루는 사안의 경중에 따른 객관적 차이가 존재한다. 이에 따라 판례는 제3자의 권리에 대한 잠재적 침해 가능성의 위험이 크면 클수록 더 높은 정도의 주의기준을 적용해 왔다.[34] 언론이 불법행위나 일탈 가능성이 높은 사안을 다룰 경우, 반대로 당사자에게는 위험 가능성이 높은 언론활동이 전개된다. 따라서 언론은 심각한 침해 가능성을 내포하는 보도와 함께 대중에 다가갈 경우에는 자신의 잣대로 삼을 주의기준을 결정함에 있어서 사전에 적절한 방식으로 자신의 부주의한 조사가 야기할 수 있는 제3자의 피해사정을 고려해야 한다.[35]

당사자에게 있어서 정치, 사회 혹은 경제적으로 커다란 영향력을 가지는 뜨거운 문제를 다룰수록 언론보도가 가지는 잠재적 위험성은 자명하다. 따라서 이러한 경우

보도의 소재로 사용된 자료의 조사과정에서 적용되어야 할 주의기준에 관한 요청은 원칙적으로 높게 설정될 수밖에 없다.[36] 이는 특히 의혹이나 혐의보도의 경우에 특히 중요하기 때문에, 판례는 의혹이나 혐의를 전파하기 전에 진실내용에 관한 충분히 주의 깊은 조사와 표현의 진실내용을 말해 주는 최소한의 증거사실을 확보할 것을 요구한다. 게다가 통상적으로 당사자에게 가능한 해명성 입장표명 역시 수집되어야 한다.

나아가 사적 혹은 내밀 영역에서 생겨난 문제에 관한 상세한 보도행위는 특히 더 심각한 방식으로 당사자의 권리를 침해하기에 적합한 이상, 증가된 주의의무가 적용된다. 예컨대, 가톨릭 신부와 유부녀의 성관계 가능성에 관한 보도의 공표는 특히 주의 깊은 조사를 필요로 한다.[37] 왜냐하면 그러한 보도는 공중을 위한 본질적 정보가치가 없을뿐더러 당사자 개인의 직업적 명예에 미치게 될 잠재적 위험성이 분명하기 때문이다.[38] 이러한 맥락에서 사회적 영역에서 발생한 사건들의 경우도 마찬가지인데,[39] 형사처벌의 대상이 되는 범죄보도나 기타 명예훼손적 행위에 관한 보도에는 증가된 주의기준이 따라온다는 사실이 일반적으로 인정될 수 있다.[40]

그에 반해 언론이 사회적 혹은 경제적으로 보다 낮은 비중을 지닌 관심사를 다루거나 피해당사자의 명예나 인격발현에 있어서 명백한 영향력이 없는 그런 사안들을 다루게 될 경우에 언론에 적합한 주의의무 요청은 그 표현의 핵심 부분이 진실이라면 충분하고, 거친 표현이나 다소간의 왜곡 역시 감수될 수 있다.[41] 이것은 연예계 혹은 스포츠계의 보도에서 종종 그러하다. 이러한 보도들은 대개 현저한 정보가치가 없어서 그의 전파가 해당 언론의 정보제공 과제를 통해서가 아니라 오락기능을 통해서 정당화되며, 대중의 관심을 거친 표현이나 과장을 통해서 비로소 일깨우는 것이 일반적이기 때문이다. 다만, 이때에도 주의기준의 완화를 위한 전제는 항상 보도가 당사자 인격권의 본질을 침해하지 않는다는 사실이다.[42]

연방헌법재판소 2007년 10월 23일 자 결정 – 1BvR 150/06

사실관계

청구인은 자신의 인격권을 관철시키기 위한 금지소송의 기각판결에 불복했다. 청구인은 변호사로서 주로 자본투자자 보호 영역과 관련된 의뢰사건을 변호했다. 2003년 그는 독일통신사(dpa)와 당시 독일 정부의 투자자 보호프로그램에 관해 대담을 했는데, 이 대담내용이 독일통신사 뉴스 면에 편입되었고, "슈테른"지는 이를 출처로 삼아서 해당 대담내용을 인용 보도했다. 전심소송의 피고는 투자자를 대상으로 하는 잡지 "에펙텐 슈피겔(ES)"을 발행하는데, 2003년 20호에서 "R(청구인): '지금까지 독일에서는 어떠한 투자자도 손해배상을 받지 못했다.' ES는 이미 여러 차례 이러한 무의미한 소송에 대해 경고한 바 있다"는 제목의 기사를 게재했다. 그 내용은 다음과 같다.

> 알다시피 ES는 이미 여러 차례 투자자들에게 탐욕스러운 변호사들로부터 무의미한 손해배상소송을 제기하도록 꼬드김당하는 것에 대해 경고한 바 있다. 누군가가 이미 커다란 손실을 입게 된 마당에 어느 누구도 추가로 손실을 입게 되어서는 안 될 것이다. 이러한 판단은 실제 적절한 것으로 드러났다. 새로운 시장에서 발생한 일련의 스캔들 이후 몇몇 주주들은 법원에 소송을 제기했다. 하지만 EM.TV도 ComROAD도 그리고 인포마텍도 성공하지 못했고, 성공한 투자자는 단 한 명도 없었다. 이런 손해배상소송의 주요 발의자 중 한 명인 변호사 R은 약 500여 명의 EM.TV-주주들을 변호했는데, 최근에는 심지어 자기 스스로 '슈테른'지에 이를 공식적으로 인정했다: '지금까지 어떤 투자자도 손해배상을 받지 못했다.' 그런데 어째서 모종의 손해배상소송에 동참하도록 기만당한 주주들에게 지속적으로 호소했을까? 변호사의 속임수? 아니면 뭐 때문에?

이 보도 가운데 "지금까지 독일에서 어떤 투자자도 손해배상을 받지 못했다"는 진술은 청구인이 dpa와의 인터뷰에서 했던 발언으로서 그 내용은 적절하게 인용된 것으로 확인되었다. 하지만 청구인은 자신이 dpa에 한 발언이 아니라 "슈테른"지에 한 발언이라고 기사가 잘못 보도했기 때문에 인격권이 침해되었다고 주장했다. 청구인은 가처분을 얻어낸 이후 뮌헨 지방법원에 금지소송을 제기했고, 법원은 이를 받아들였다. 하지만 피고의 항소로 뮌헨 상급법원은 2004년 7월 13일 소송을 기각했다. 연방대법원 역시 상고를 기각했다.

이를 대상으로 한 헌법소원 역시 결정에 이르지 못했다.[43]

① 사회적 존중권의 의미와 인격권 침해에 있어서 인격적 중요성 기준

연방대법원은 대상 표현이 청구인의 인격권을 무시해도 좋을 정도로만 저촉되었기 때문에 청구인의 인격권이 침해되지 않았다고 보았다. 연방헌법재판소는 이러한 결론이 헌법상 이의 제기될 수 없다고 밝혔다.

연방헌법재판소는 기본법 제1조 제1항과 제2조 제1항에 의해 보호되는 일반적 인격권은 자기 자신의 묘사에 관한 처분권 역시 포함하며, 따라서 개인은 자신의 실생활에서 비롯된 사건들을 제3자가 공중에 어디까지 표현해도 되는지에 관해 스스로 결정할 자유를 포함한다고 밝혔다. 이때 무엇이 자신의 사회적 존중권인지 결정하는 것은 응당 당사자 자신의 문제라고 보았다. 그런 점에서 일반적 인격권의 내용은 본질적으로 주체의 자기이해를 통해서 형성된다고 밝혔다.

인격권의 주체는 물론 자신이 생각한 대로 혹은 평가되기 원하는 바대로 묘사될 것을 타인에게 요구할 수 있는 그런 권리를 가지지는 않지만, 자신의 인격발현에 있어서 전혀 무시할 수 없는 의미를 지닌 그런 표현의 경우에는 인격권이 저촉된다고 보았다. 그에 반해 일반적 인격권은 당사자에게 무시해도 좋을 정도로 자신의 인격상에 영향을 끼칠 수 없는 그런 사실주장이 문제 되는 이상, 그에게 방어청구권을 인정할 것을 요구하지는 않는다고 밝혔다.

연방헌법재판소는 무엇이 사회적 존중권인지를 결정하는 것은 당사자 자신의 몫이라는 일반적 인격권의 원칙에서 볼 때, 이 사건이 자신과 관련된 어떤 진술들이 필

수적인 인격적 관련성을 가지는지 아니면 가지지 않는지를 인격권 주체 단독으로 결정할 수 있는지에 관한 화두를 던지는 것은 아니라고 보았다. 왜냐하면 법원은 그런 점에서 어차피 당사자의 이익을 위해 당사자 자신의 관점이 중요하다는 사실에서 시작할 수밖에 없을 것이기 때문이라고 밝혔다. 우선, 연방대법원은 자신의 판단을 위해 주어진 사정에 따르면 청구인의 인격상 침해는 인정되지 않는다고 판시했다. 아울러 연방대법원은 이러한 객관적 기준에 따른 평가에 그치지 않고, 청구인은 어디까지 자신의 인격상이 그 공중 속의 주장을 통해 침해될 수 있었는지 충분하게 해명해 줄 수 있는 어떠한 사실관계도 진술하지 않았다는 점에도 주목했다. 연방대법원은 그런 점에서 인격적 관련성이 이미 일반적으로 인정된 기준들에 근거할 때 자명하지 않다면, 청구인은 왜 문제 된 표현에 중요한 인격적 관련성이 부여되어야 하는지를 진술해야 한다고 요구했다.

연방헌법재판소는 이러한 연방대법원의 관점에 대해서 어떠한 헌법적 우려도 존재하지 않는다고 평가했다. 소송에서 중요한 인격적 관련성이 존재하는지 여부에 관한 결정은 법원의 책무이며, 헌법상으로도 법원 스스로 기본법상의 기준들을 적절하게 인식하고, 해당 사건을 그에 맞춰 평가할 것이 요구된다고 인정했다. 따라서 문제 된 표현이 인격적 중요성과 관련되었다는 최소한의 사실을 제시해야 한다는 것이 헌법상 우려되지 않는 판단기준에 속하는 이상, 이러한 기준을 넘어섰는지 독자적으로 판단하는 것도 법원의 몫이라고 보았다.

이어서 연방헌법재판소는 하나의 표현이 필수적인 인격적 관련성을 지녔는지 문제가 단지 개별적 사정에 근거로만 판단될 수 있다면, 당사자에게 상응하는 사실관계를 진술할 것을 요구하는 것은 헌법상 관점에서 문제 되지 않는다고 밝혔다.

그리고 민사소송에서 판단되어야 할 사실관계는 단지 당사자 진술에서만 생겨날 수 있다고 밝혔다. 왜냐하면 민사소송의 범위 내에서 지배적인 제출원칙에 따르면 당사자 일방이 진술하지 않은 사실을 재판부가 고려하는 것은 거부되기 때문에, 그 결과 기본권의 저촉과 침해문제에 있어서도 단지 당사자에 의해 소송에 편입된 그런 사실만이 고려될 수 있다고 설명했다. 표현의 의미가 인격상에 저촉되었다는 사실이 이미 객관적 관점에서 자명하다면, 구체적인 당사자 진술은 포기될 수도 있을 것이라고 보았다. 그렇지 않다면 어디까지 자신의 인격상이 공중 속의 해당 표현에 의해 저촉되었는지를 판단할 수 있는 사실과 증거제출을 제시하는 것이 당사자의 의무라고 밝혔다.[44]

② 사건판단

연방헌법재판소는 이러한 점을 근거로 볼 때 법원의 법 적용 역시 어떠한 헌법적 우려가 생겨나지 않는다고 판단했다. 법원은 주어진 사실관계에 따라 "청구인이 '슈테른'지에 말했다"는 대상 표현의 중요한 인격적 관련성이 명백한 것으로 보이지 않으며, 헌법상 관점에서도 그러한 진술이 인격적 중요성 기준을 넘어선 것으로 인정하기에도 충분하지 않다고 생각했다.

이에 대해 연방헌법재판소는 누군가가 어떤 언론사에 대해 특정한 질문에 대해 대답했다는 주장에 처음부터 모든 인격적 관련성이 부인될 수는 없다고 인정했다. 하지만 그러한 주장이 인격상을 공공연히 건드리는 정도는 각각의 개별적 사정에 따라서만 판단될 수 있으며, 그러한 사정은 언론사의 종류나 평판뿐만 아니라 당사자가 공중 속에서 가지고 있는 명예권에도 달려 있다고 밝혔다. 개별적인 인격적 중요성 기준의 경계점이 어디에 존재하며, 이러한 경계점을 넘어섰는지 확정할 수 있기 위해서는 당사자 진술이 어디까지 이뤄져야 하는지의 결정은 각급 법원의 각각의 사정에 대한 평가문제이며, 대체로 연방헌법재판소를 통한 심사에서는 벗어난다고 보았다.

이 사건에서 법원들은 대상 표현에서 청구인이 "슈테른"에 인터뷰를 제공했다는 내용을 끌어낼 수는 없고, 단지 그가 어떤 식으로든 "슈테른"에 말했다는 내용만을 끌어낼 수 있다고 생각했고, 청구인에 의해서도 이의 제기되지 않았다고 밝혔다. 단지 이러한 사정에 법원들은 필수적인 인격적 관련성을 인정하지 않았으며, 그럼에도 만약 청구인의 진술에서 중요한 인격적 관련성을 위한 근거점이 생겨난다면, 구체적인 경우 인격적 중요성이 입증될 수 있다고 인정했다. 하지만 "슈테른"지가 "황색언론"이라는 청구인의 진술만으로는 인격적 중요성이 인정되지 않는다고 판단했다.

연방헌법재판소는 이러한 법원들의 평가가 명백히 잘못이라고 보지 않았다. "황색언론"이라는 개념은 너무 넓고 막연하게 생각될 수 있다고 보았다. 청구인은 이에 대해 "슈테른"이 대개 진지하지 않은 언론으로 평가되기 때문에 누군가 "슈테른"과 인터뷰를 했다는 주장은 많은 독자들에게 청구인에 대한 부정적 인상을 불러일으킬 수 있다고만 주장했다고 밝혔다. 헌법소원 내용에서도 이에 관한 어떠한 자세한 설명도 없었으며, 오히려 청구인은 사실상 이 사건에서 별로 중요하지 않은 극단적 사례들만 언급했다고 보았다.

그 밖의 확정된 사실관계에서도 청구인의 인격상에 있어서 본질적이라는 전제를 부정하는 반대 정황이 생겨난다고 판단했다. 청구인은 통신사 dpa에 제공한 인터뷰와 함께 자신의 발언이 다양한 출판물에서 전파된다는 사실을 스스로 감내했다고 인정했다. 이것은 어쨌든 청구인이 자신의 이름이 "슈테른"지와 같은 잡지에서 언급되거나 자신의 발언이 거기에서 인용되는 것을 자신의 인격에 있어서 현저한 침해로 생각하지 않았다는 결론을 허용하는 것이라고 보았다. 따라서 이것이 자신에 의해 규정된 인격상을 침해하지 않는데도 자신이 "슈테른"지에 말했다는 보도가 자신의 인격권을 침해한다는 주장은 어불성설이라고 보았다.

따라서 법원이 헌법상 보장된 일반적 인격권이 여기에서는 침해되지 않았다는 사실에서 출발한 이상, 관련된 이익 상호 간의 형량은 더 이상 필요하지 않다고 판단했다.

아울러 청구인의 일반적 인격권은 dpa에 제공한 인터뷰 내의 표현이 허위이며 날조되었다는 청구인 주장을 통해서도 침해되지는 않는다고 밝혔다.

물론 표현이 허위이거나 날조된 상태로 인용되었을 경우에는 당연히 일반적 인격권이 침해될 수 있다고 인정했다. 하지만 일반적 인격권이 실제로 행해진 그리고 내용 그대로의 정확한 형태에서 시작해서 그 표현이 제3자에 대해 미칠 수 있는 효과에 관해 해석과 평가의 대상으로 삼는 것까지 거부할 수는 없다고 생각했다. 당사자는 비록 그가 행한 발언이 올바르게 인용되는 것을 요구할 수는 있지만, 그것이 자신의 생각하는 의미로 해석되는 것까지 요구할 수는 없다고 보았다.

피고는 청구인의 인용된 발언에 원래의 맥락에 따르면 없었던 내용을 할당한 것이 아니라 단지 적절하게 파악된 내용에 청구인과는 다른 자신의 평가를 단 것뿐이고, 그것은 법원이 적절하게 인정한 것처럼 의견표현으로서 기본법 제5조 제1항 제1문의 자유를 누리는 평가라고 판단했다.

연방헌법재판소는 "지금까지 독일에서는 어떠한 투자자도 손해배상을 받지 못했다"는 청구인의 발언은 사실적 성격의 표현, 즉 지금까지의 법적 다툼에 이른 과거에 존재했던 사건에 관한 것이라고 평가했다. 그리고 원래 이 표현의 맥락은 dpa-보도에서 생겨난 것이며, 이 보도는 투자자 이익을 위한 법 개정을 다루는 것이었다고 밝혔다. 이에 피고는 이러한 청구인의 발언을 투자자소송은 성공전망이 없었고, 그러한 소송의 제기는 사실상 변호사들의 탐욕에서 생겨난 것이라는 결론을 위한 근거로 삼았다고 보았다. 투자자 보호소송은 현재의 법적 상황에 따르면 성공전망이 없다는 결론은 dpa-보도에 따르면 전적으로 청구인의 발언이 원래 행해진 맥락과 동일한 선상에 놓여 있는 것이며, 따라서 왜곡된 인용으로 보이지 않는다고 판단했다. 재판부는 dpa-보도에서 청구인의 인용 부분은 현재까지 투자자 이익이 불충분하게 보호되었기 때문에 현재의 법적 상황을 변화시킬 필요성이 정당화되어야 한다는 것이었다고 전제했다. 그리고 이러한 주장이 다름 아닌 투자자소송은 지금까지 어떠한 성공도 하지 못했다는 사실을 근거로 했을 때, dpa-보도의 맥락에서도 마찬가지로 지금까지 제기된 소송의 성공실패라는 점에서 일반적인 소송 성공전망의 어두움과 이로부터 파생될 수 있는 입법상의 조치 필요성이라는 결론이 도출된 것임을 알 수 있다고 밝혔다. 따라서 청구인이 해당 소송절차는 일부 아직까지 완전히 확정적으로 종결되지 않아서 최종 판단이 아직 가능하지 않다는 점에 공격 목표를 맞춘 것은 비록 "지금까지" 성공실패라는 표현에서 일반적인 성공전망의 어두움이라는 결론을 위한 정당성이 의심스러울지라도 dpa-보도 역시 이러한 결론에서 시작했다는 사실에는 의심의 여지가 없다고 보았다.

이에 따라 청구인이 자신 발언의 순수한 과거 관련성이 dpa-보도와는 달리 피고의 인용에서 충분히 드러나지 않았다고 문제 삼는 부분은 부적절하다고 반박했다. "지금까지"라는 표현과 함께 청구인은 dpa-보도에 있어서와 마찬가지로 에펙텐 슈피겔의 독자들에게도 과거의 사건에 관해서 발언한 것이지, 장래에 제기될 혹은 여전히 계류 중인 소송으로 인해 아직 내려질 수 없는 판결에 관해서 발언한 것은 아니라는 점이 분명해진다고 밝혔다.

따라서 이러한 청구인의 발언은 내용상 왜곡돼서 인용된 것이 아니라 내용상 적절하게 배치되었고, 단지 청구인의 이해와 다른 방식으로 평가된 것이라고 결론지었다. 이에 인격권 침해는 이 사건에서 존재하지 않는다고 판단했다.[45]

2. 시사성에서 요구되는 시간적 압박과 주의기준

개별적이고 구체적으로 요구되어야 할 주의기준의 결정에 있어서는 잠재적 침해의 강도 외에도 시사성의 문제가 결정적 역할을 한다. 따라서 시사성 관점은 흔히 주의기준을 판단하는 과정에서 또 다른 중요한 요소로서 고려된다. 즉, 결정적인 정치, 경제 혹은 사회적 중요성을 지닌 관심사의 경우에는 공중의 정보이익의 관점뿐만 아니라 자신에게 전달된 뉴스들을 신속하게 전파할 언론의 정당한 과제가 현저한 중요성이 결여된 풍문의 경우보다 더 높게 평가된다는 사실에서 시사성의 관점이 부각된다.[46]

결국 이러한 시사성 관점은 시사성이 인정되는 보도과정에서는 구체적으로 언론이 보다 낮은 확인 정도의 주의의무를 준수하는 것으로 충분하다는 결과를 가져온다. 이것은 당사자에게 현저한 영향을 미칠 수 있는 사안을 보도할 경우에는 언론에 증가된 조사의무가 부여되어야 한다는 원칙의 예외에 해당하는 것으로 볼 수 있다. 이에 따라 언론보도가 무엇보다 중요한 시사적 관련성으로 인해 신속하게 공표되어야 할 경우에 동시에 현재에 시사적 중요성이 강하게 부각되는 한편 시간이 지남에 따라 그의 정보가치가 더욱 가라앉게 될 경우에 이러한 시사성 관점이 적용된다. 이는 특히 연방헌법재판소에 의해 항상 강조된 바와 같이 언론활동은 자유민주주의의 기능에 있어서 포기될 수 없다는 명제가 실제 법적용과정에서 입증되어야 하는 그런 정치적 영역에서 특히 필요하다. 왜냐하면 원칙적으로 잘못된 직무관련 보도의 피해 결과라는 관점에서 볼 때 무엇보다 다른 사회 계층의 구성원에 관한 보도의 피해보다는 정치적 영역에서의 공직자에 관한 보도의 피해가 훨씬 덜 심각하다고 할 수 있기 때문이다. 또한 국가권력이나 이를 행사하는 고권적 권력주체에 관한 사안보다 더 포괄적이고 최신의 정보에 관한 공중의 수요를 발견할 수 있는 경우는 없다고 할 수 있다.

하지만 시사성의 관점은 언론 스스로 만들어낸 시간 압박, 특히 보도를 통해 특종을 터트릴 편집국의 욕구와 혼동되어서는 안 된다. 만약 내용상의 시사성에 관한 정당한 근거가 없다면, 언론사 간의 경쟁적 사고 그 자체로는 보도상의 주의의무의 결여를 정당화할 수 없다.[47]

3. 출처와 주의기준

나아가 언론의 상황에 따른 주의의무에 관한 요청과 개별적으로 언론이 근거로 삼은 출처 사이에는 주의의무의 면제가 가능한 출처의 자격인정문제가 대두된다. 이러한 맥락에서 통상 다른 매체의 앞선 보도는 출처로서 상당히 중요한 지위를 부인할 수는 없지만, 그럼에도 언론 자신에 주어진 조사의무의 포기를 정당화하기에는 충분하지 않다. 원칙적으로 언론에 적합한 조사를 적절하게 수행할 의무는 뉴스가 이미 다른 곳에서 보도되었다는 이유만으로 면제되지는 않는다. 왜냐하면 허위보도가 이미 다른 언론에서 그것을 공표했다는 이유로 정당화될 수는 없기 때문이다.[48]

연방헌법재판소의 "바이엘" 결정 역시 통상 앞선 보도내용의 진실성 여부에 관해 직접 조사할 의무를 면제하지 않았다.[49] 결정내용에서 연방헌법재판소는 사적 인물이나 종교집단은 공중에 주목을 끄는 문제에 관한 논쟁에서 자신이 제기한 명예훼손 주장의 정당화를 위해 반박되지 않은 상태의 앞선 다른 언론보도를 근거로 제시할 수 있다고 밝혔다. 하지만 언론에는 이러한 특권이 적용되지 않으며, 오히려 제3자에게 불리한 사실의 전파에 있어서 특별한 책임이 부여된다는 점을 분명히 했다.

한편, 이러한 증가된 언론의 주의의무는 특정한 내용을 다루는 인터넷포럼의 운영자에게도 마찬가지로 적용된다. 따라서 이러한 운영자는 결과적으로 명예훼손적 주장의 정당화를 위해 다른 신문기사에서의 앞선 보도를 근거로 제시할 수 없다. 그에 반해 사인은 문서나 구두상의 의사소통뿐만 아니라 인터넷을 통한 사적 웹사이트 운영에 있어서도 자신은 저명한 출판물에 근거한 복제물을 웹사이트에 삽입했을 뿐이라고 주장할 수 있다.[50]

베를린 상급법원 판례 역시 사적 웹사이트 운영자에게는 사인의 일반인특권 (Laienprivileg)이 적용된다고 인정했다. 그에 따라 출처인 다른 언론 보도내용의 진실내용에 관해서는 조사할 필요가 없으며, 나아가 이것을 자신 발언의 근거로 삼거나 아무런 입장표명 없이 하나의 기사를 인터넷에 올려도 무방하다고 판시했다.[51] 아울러 하급심 지방법원 판례는 좀 더 자세하게 이 문제를 다룬 바 있다. 이에 따르면, 사적 웹사이트 운영자에게 "바이엘" 결정의 원칙의 고려하에서 제3자에 대한 명예훼손 주장을 제기한 모든 사인은 자신의 경험 영역에서 생겨나지 않거나 그 자신의 심사 가능성을 넘어서는 그런 주장을 제기할 때 이를 뒷받침하는 근거나 출처로서 반박되지 않은 언론보도를 제시할 수 있다는 특권이 금지된다면, 이는 주장의무에 관한 과도한 요청의 설정에 해당할 것이라고 판시하였다. 따라서 사적 웹사이트 운영자에게도 원칙적으로 일반인특권이 인정된다.[52]

한편, 반박되지 않은 보도가 아니라 앞서 공표된 위법한 보도를 아무런 조사 없이 인용하는 경우, 비록 면책 가능한 예외사례가 전적으로 배제되는 것은 아닐지라도 이는 개별적 사례의 구체적 사정에 달려 있다고 볼 수 있고, 대개는 책임면제가 부인될 것이다. 특히 앞선 보도가 그 자체로 적절한 것이 아니라 핵심이나 본질적인 부분이 왜곡된 경우, 이를 인용하는 것은 책임면제가 어려울 것이다. 하지만 뉴스가 거대한 지위, 가령 유력한 전국지나 공법상 방송사에서 공표되었고, 해당 편집국이나 보도국에 질의한 결과 이 뉴스가 당사자를 통해 이의 제기되지 않았다는 사실을 확인한 경우에는 달리 판단될 수 있다.[53]

이와 관련해 종종 외국어로 구성된 본문의 해석이 특정한 주장의 근거로서 제시되는 경우에 법적 문제를 야기하기도 한다. 예컨대, 이슬람 성직자가 지하드를 전파했다는 주장을 번역해서 전달한 경우에 그 번역이 해당 분야에 속한 언어학자를 통해 검증과정을 거쳤다면, 편집국은 언론의 주의의무 준수에 관한 의무를 충족한 것으로 인정할 수 있다. 이는 원어상의 개념이 다의적이고 전문가의 승인하에 선택된 여러 가지 해석 가능성 가운데 하나의 해석을 선택해서 인용했을 경우에도 마찬가지이다.[54]

연방헌법재판소 1991년 10월 9일 자 결정
- 1BvR 1555/88("바이엘"-결정)

사실관계

청구인1은 사단법인이다. 그의 정관상 설립 목적에는 다음과 같은 사업이 속해 있다.

- 인간과 환경피해 및 바이엘 콘체른이나 그 자회사 중 하나 혹은 계열사를 통해 야기되었거나 야기되었다고 하는 작업장의 위험에 관한 정보의 수집 및 전파

- 이러한 피해의 예방 및 제거를 위한 책임자, 피해 당사자, 관계자 사이의 대화 마련

동시에 청구인1은 다툼이 된 팸플릿의 발행인이다. 청구인2는 청구인1 법인의 이사이고, 이 팸플릿의 언론법상 책임자이다. 1987년 2월 공표된 팸플릿에는 "호소"라는 제목이 달려 있었고, "비판적인 바이엘-주주들을 후원해주세요"라는 요청을 담고 있었다. "비판적인 바이엘-주주들"은 청구인1의 공동연구모임이었다. 이 요청 아래쪽에 레버쿠젠에 소재한 바이엘 공장 사진이 실렸다. 그리고 팸플릿 뒷면에 촘촘한 본문내용이 이어졌다. 본문에서는 첫 부분에 바이엘 콘체른의 경제적 비중이 언급되

었고, 이어서 "바이엘은 자신의 활동이 환경보호에 기여하고, 인간의 건강을 약속한다고 주장한다. 하지만 실상은 정반대이다"라고 적혀 있었다. 이어서 이 진술은 7개의 짧은 제목이 각각 달린 단락들에 의해 부연설명 되었는데, 7번째 단락의 내용은 다음과 같았다.

> 민주주의에 있어서 위험. 바이엘은 자신의 끝없는 이익과 이윤추구과정에서 민주주의 원칙, 인권 그리고 정치적 공정성을 훼손했다. 불만스러운 비판가들은 감시를 받거나 압력을 받았다. 우익의 고분고분한 정치인들은 후원을 받거나 재정지원을 받았다.

바이엘 주식회사는 청구인에게 "민주주의에 있어서 위험"이라는 제목이 달린 전체구절과 관련해서 금지청구를, 그 밖에 두 번째 문장과 관련해서는 허위주장이라는 이유로 금지 및 취소를 청구했다. 지방법원은 본문구절의 두 번째 문장(불만스러운 비판가의 감시와 압력행사, 고분고분한 정치인의 후원과 재정지원)과 관련한 금지 및 취소청구 소송을 인용했고, 그 밖에 문구(민주주의에 있어서 위험; 민주주의 원칙, 인권과 정치적 공정성)에 대한 소송은 부당한 것으로 파기환송했다. 청구인의 두 번째 표현과 관련해서는 형법 제185조 이하와 연계된 823조 제1항, 제2항 혹은 민법 제824조, 민법 제1004조에 따라 금지와 취소가 가능하다고 생각했다. 이 표현에 포함된 개별적 사실주장은 그것이 단지 입증되지 않은 것이 아니라 그것을 넘어서 허위라는 사실에서 출발했다.

쾰른 상급법원은 이 판결을 변경했고, 청구인에게 표현의 첫 번째 문장 역시 금지를 선고했다. 그리고 주문에서 팸플릿의 내용 가운데 금지되어야 할 표현을 적시했는데, 이는 다음과 같다.

> 원고는 민주주의를 위태롭게 했다. 왜냐하면 원고는 끝없는 이익과 이윤추구과정에서 불만스러운 비판가는 감시하고 압력을 행사했으며, 고분고분한 정치인은 후원하고 재정적 지원을 제공함으로써 민주주의 원칙, 인권과 정치적 공정성을 훼손했다.

이어서 상급법원은 이러한 청구인의 진술이 기본법 제5조 제1항에 의해 보호되는 단순한 의견표현(가치평가)은 아니라고 판단했다. 그것은 순수한 사실주장은 아니더라도 진실입증에 접근 가능한 사실 핵심을 포함하고 있는 가치평가로서 인정될 수 있다고 보았다. 그리고 그 자체는 기본법 제5조 제1항의 보호에서 탈락할 정도의 허위로 간주되어야 할 것이라고 판단했다.[55]

① 사실주장과 의견표현의 구분 및 서로 혼재된 경우

연방헌법재판소는 청구인의 헌법소원이 이유 있다고 결정했다. 대상 판결은 청구인의 기본법 제5조 제1항 제1문(의견표현권)을 침해한다고 밝혔다. 우선 문제가 된 호소문에 대한 법원의 실체적 이해와 법적 평가는 연방헌법재판소의 전적인 심사를 필요로 하는 전제조건을 갖추었다고 인정했다. 민사법원은 다툼이 된 구절들의 특정한 이해를 바탕으로 완전히 혹은 그 구절들의 일부를 허위사실주장으로 분류함으로써 그 표현들이 의견자유권의 보호를 누리지 못하는 결과를 낳았다고 비판했다. 따라서 금지판결은 해당 표현들 가운데 청구인들에 의해 선택된 형식만을 금지하도록 제한한 것이 아니라 오히려 청구인에 의해 전파된 문구들의 내용을 금지나 취소의 대상으로 삼았다고 보았다.

이어서 가치평가와 사실주장 사이의 구분은 개별적으로 어려울 수 있는데, 무엇보다 두 표현방식은 통상 서로 결합된 상태에서 함께 그 표현의 의미를 형성하게 된다고 밝혔다. 이러한 경우 의견의 개념은 효과적인 기본권 보호이익을 위해 넓게 해석되어야 하며, 사실과 의견이 혼재되어 있는 표현이 입장표명, 견해 혹은 의견의 요소를 통해 부각되는 한, 의견으로서 기본권 보호를 누리게 된다고 설명했다. 특히 이것은 평가적 내용과 사실적 내용의 구분이 표현의 의미를 파괴하거나 변질시킬 때 그러하며, 사실적 요소가 결정적인 것으로 잘못 인정된다면, 의견자유권의 기본권 보호는 본질적으로 축소될 수 있다고 지적했다.

한편, 의견자유의 의미와 의견표현을 통해 침해된 일반법상 법익의 지위 사이에는 통상 해석 가능한 일반법상 구성요건표지들의 범위 안에서 사례관련 형량이 이뤄진다고 밝혔다. 그리고 이 형량의 결과는 그의 사례관련성으로 인해 일반적, 추상적으로 미리 결정될 수는 없지만, 연방헌법재판소 판례는 신랄하고 과장된 표현들 역시 그 자체만으로 금지되는 것이 아니며, 공공성에 본질적으로 관계된 문제에 관한 의견투쟁에 기여하는 경우에는 오히려 자유로운 의견의 추정이 보장된다고 판시한 바 있음을 재차 확인했다. 이는 의견자유권이 개인의 인격과 민주적 질서를 위해 지닌 근본적인 의미의 결과에서 비롯된 것이라고 이유를 밝혔다. 하지만 이러한 표현들이 사안에서의 토론에 더 이상 기여하지 못하고 인격적 모멸이 주를 이루게 될 경우에는 비로소 비방적 비판에 해당하는 표현으로서 통상 당사자의 인격권 뒤로 후퇴해야 한다고 덧붙였다.

그에 반해 사실주장은 자유로운 의견을 위한 추정이 단지 제한적으로만 보장된다고 선을 그었다. 따라서 사실주장은 처음부터 기본법 제5조 제1항 제1문의 보호 영역에서 배제되지는 않지만, 다른 법익들의 이익을 위해 보다 쉽게 제한이 가능하다고 보았다. 이는 평가적 요소와 사실적 요소가 하나의 표현에 서로 혼재되어 있어서 전체적으로 가치평가로 인정되어야 할 경우에도 마찬가지인데, 이 경우 사실적 구성부분의 진실성이 형량과정에서 중요한 역할을 한다고 설명했다. 하지만 의견표현이 허위로 입증된 사실주장이나 의도적인 허위사실주장을 포함하고 있다면, 통상 의견자유권은 기본권 제한법률에 의해 보호되는 법익 뒤로 후퇴하게 된다고 보았다. 다만, 이때에는 무엇보다 의견자유의 이익을 위해 진실내용에 관한 요청이 과도하게 부과됨으로 인해 의견자유권을 행사할 의지가 저하되고, 그에 따라 의견자유가 전체적으로 위축되는 효과가 생겨나서는 안 된다고 강조했다.[56]

② 이 사건 표현의 법적 성격

연방헌법재판소는 대상 판결이 이러한 원칙들을 충분히 준수하지 않았다고 판단했다. 청구인의 표현들이 허위의 사실주장으로 분류되고, 그에 따라 의견자유의 보호를 박탈하는 결과에 이르게 된다면, 이는 기본법 제5조 제1항 제1문의 기준을 벗어나는 것이라고 밝혔다.

연방헌법재판소는 우선 상급법원이 청구인 표현의 문장구조를 변경시키고 나서 이 변경된 표현들을 바탕으로 표현의 마지막 문장뿐만 아니라 표현 전체를 사실주장으로 간주한 것은 잘못된 판단이라고 보았다. 왜냐하면 그러한 본문내용을 일반인들이 법적 판단의 기초로 삼을 때에는 사실주장으로 분류할 가능성이 거의 없기 때문이라고 밝혔다. 청구인의 표현은 제목("민주주의에 있어서 위험")에서 다툼대상인 본문구절의 주제를 언급했고, 이어서 이것을 구조상 결합되지 않은 두 개의 문장들로 설명했는데, 그 문장들 중에서는 두 번째 문장만이 사실적 요소를 포함하는 것이라고 판단했다. 설사 지방법원이 생각했던 것처럼 이러한 표현들을 제목에 포함된 비난들을 위한 두 개의 독자적 근거들로서 인정하지 않거나 그 본문구절들을 별개의 사실적 내용과 평가적 내용으로 분류해서 조사하는 것이 아니라 상급법원처럼 그 제목은 주장으로서, 첫 번째 문장은 근거로서 그리고 두 번째 문장은 근거를 위해 제시된 예시문장으로 통일해서 분석할지라도 사실주장으로서의 분류는 전체 본문구절을 특징짓는 마지막 문장의 사실내용만을 근거로 가능하다고 보았다.

하지만 연방헌법재판소는 전체적 표현이나 마지막 문장을 사실주장으로 간주하는 것은 기본법 제5조 제1항 제1문의 위반에 해당한다고 판시했다. 첫 번째 표현문장은 그 자체로 보자면 의견평가이고, 따라서 사실적 요소가 전혀 없다고 인정된 점에 대해서는 어떠한 의심도 있을 수 없다고 인정했다. 하지만 첫 번째 문장과 두 번째 문장과 함께 합쳐서 두 번째 문장이 제시한 사실내용을 근거로 전체적으로 사실주장으로 간주한다손 치더라도 이 문장이 사실주장으로 되는 것은 아니라고 생각했다. 왜냐하면 두 번째 문장 역시 그에 속한 사실적 요소에도 불구하고 평가적 요소가 더 우세하기 때문이라고 밝혔다.

표현의 마지막 문장의 첫 번째 부분에 있어서 민사법원은 문장의 주어(불만스러운 비판가, 고분고분한 정치인)에서 출발한 것이 아니라 문장의 술어(감시하다, 압력을 행사하다, 후원하다, 재정지원하다)에서 출발해 이 문장에 전체적으로 우세한 사실적 성격을 부여함으로써 사실주장으로 인정했다고 분석했다. 이에 따라 대상 판결들은 "감시하다"라는 단어를 두덴 독일어사전의 인용하에서 "비밀스러운 관찰"에 대한 동의어로서 그냥 단순한 관찰과 감시와는 차이가 나는 것으로 이해했다고 보았다. 그리고 문제 된 표현에서 이 개념은 현실에서 이러한 방식의 특정 행동을 나타내는 전문적 의미를 얻게 되었다고 평가했다. 아울러 하급심법원들은 "압력행사"라는 단어를 명백히 형법 제240조에 따른 협박의 의미로 이해했다고 평가했다. 이를 통해 문제 된 표현들에서 원고가 실제가 그것을 실행했는지 여부가 확인될 수 있는 사실구성요건의 표지가 되었다고 판단했다.

하지만 연방헌법재판소는 이러한 본문 이해는 청구인의 표현에 부합하지 않는다고 보았다. 비록 모든 진술 부분이 사실적 요소를 포함하고 있으며, "감시하다"에서 관찰이 행해졌다는 사실주장이 존재하거나 "압력행사"에서 영향이 행사되었다는 주장이 존재한다는 점도 인정했다. 하지만 하급심법원들은 청구인들이 자신들에 의해 사용된 표현들을 통해서 입장을 표명하고, 그러한 행위들을 평가한 것이라는 사실을 고려하지 않았다고 비판했다. 현실에서 정보획득을 목표로 한 제3자의 행동관찰을 여러 가능한 표현들 중에서 "감시하다"라는 단어와 함께 묘사했다면, 여기에는 무엇보다 관찰의 방식들에 대한 발언자의 부정적 평가가 부각된 것이라고 보았다. 따라서 이 개념은 해당 사건의 비난적 평가를 나타낸 것이라고 인정했다.

"압력행사"의 개념 역시 형사법상 협박의 의미로 이해된다면, 앞에서와 마찬가지 해석이 가능하다고 보았다. 법적 개념조차 그것이 공적인 의견투쟁 과정에서 일어났을 경우에는 쉽사리 법률용어와 같은 전문적 의미로 이해되어서는 안 된다고 강조했다. 오히려 하나의 법률전문적 개념의 사용인지 아니면 일상적인 개념의 사용인지 여부는 주변 사정에서 판단되어야 하고, 더욱이 "압력행사"와 같은 일상용어적인 화법에, 특히 그것이 법적 관련을 가지고 있지 않을 때 법적 개념의 의미를 부여하는 것은 문제가 있다고 밝혔다. 여기에서는 오히려 일상언어상 잘 알려진 의미로 추정되며, 일상언어상 "압력행사"는 위법하게 협박되었을 때 비로소 성립되는 것은 아니라고 설명했다. 이 개념은 자기 스스로 행동하거나 자신에게 가해진 위협에 대해 어떠한 불이익도 두려워할 필요가 없는 사람에게 그의 행동을 중단하도록 결정하게 하는 수단을 사용했다는 의미 정도로 충분하다고 인정했다. 여기에서 "압력행사"라는 표현은 "감시하다"라는 표현과 마찬가지로 행위에 대한 비난평가를 나타내는 것이라고 보았다. 따라서 관찰자가 정당한 것으로 혹은 수용할 수 있는 것으로 인정하는 영향력 행사를 "압력행사"라고 칭하지는 않는다고 설명했다.

연방헌법재판소는 표현의 마지막 문장의 두 번째 부분도 평가적 요소가 우월하다고 판단했다. 물론 청구인의 평가적 입장표명이 술어의 단어선택에서 바로 나타난 것은 아니라고 보았다. "후원했다" 및 "재정 지원했다"라는 표현들은 의도적 행동의 중립적 표현이며, 긍정적이지도 않고 부정적이지도 않은 발언주체의 태도를 나타낸다고 이해했다. 아울러 이러한 행동 그 자체 역시 부정적 평가를 담고 있지는 않다고 생각했다. 하지만 평가적 요소가 문장 주어 및 전체 본문구절의 제목과의 맥락에서 생겨난다고 보았다. 후원 혹은 재정지원의 대상자로서 우익의 고분고분한 정치인이 언급되었고, "우익의 고분고분한 정치인"은 명백히 "불만스러운 정치인"과 대립된다는 점에서 정치적 결정을 원고의 이익에 맞추는 그런 정치인들이 고분고분한 정치인으로 지칭될 수 있다고 판단했다. 게다가 후원과 재정지원이라는 단어 그 자체는 본래 중립적인 의미로 사용되지만, 제목과 함께 원고를 통한 정치인의 후원과 재정지원이 민주주의에 있어서 위험한 행위라는 평가의 대상이 되었고, 그 때문에 원고를 비난했다는 사실이 분명해진다고 밝혔다.[57]

③ '확대된 주장책임'의 문제

이에 따라 연방헌법재판소는 다툼이 된 본문구절들은 기본법 제5조 제1항 제1문에 의해 보호되는 의견표현이기 때문에, 민사법원들은 형법 제185조와 연계된 민법 제823조, 민법 제824조, 민법 제1004조의 해석과 적용의 범위 안에서 해당 규정들이 보호하는 원고의 법익들 및 청구인의 의견표현권 사이의 형량 없이는 청구인에게 금지나 취소를 선고해서는 안 된다고 밝혔다. 민사법원들은 이러한 형량을 행해야 하며, 이때 의견표현 안에 포함되어 있는 사실적 요소의 진실성 혹은 사실무근 여부가 관건이 된다고 보았다. 의견표현의 구성 부분으로서 잘못된 정보들은 비록 처음부터 기본권 보호에서 박탈되는 것은 아니지만, 통상 상충하는 제3자의 법익들에 대해 우위를 주장할 수 없다고 생각했다.

연방헌법재판소는 민사법원이 여기에서 제3자에 관한 명예훼손 사실을 주장한 그런 사람의 '확대된 주장책임(erweiterte Darlegungslast)'에서 출발해서 표현주체가 이러한 주장책임을 이행하지 않았을 경우, 그의 사실주장을 허위로 인정하는 것은 헌법상 어떠한 우려도 생기지 않는다고 밝혔다. 물론 형량의 범위 내에서 의견자유권의 일반적 행사에 위협적으로 작용하는 그런 주장책임이 요구되어서는 안 된다고 당부했다. 그런 점에서 개별법의 해석결과는 항상 의견자유권을 전체적으로 함께 고려해야 하며, 이러한 맥락에서 대상 판결이 주장책임을 구체화하고, 사실주장의 진실성에 관한 결론을 이끌어내는 한, 기본권적 관점에서 다음과 같은 판단에 도달하게 된다고 밝혔다.

즉, 청구인은 "감시하다"와 "압력을 행사하다"라는 단어선택과 함께 어떠한 설명을 한 것이 아니라 원고의 행동에 관한 평가를 내린 것이기 때문에, 민사법원들은 자신의 판결에서 원고가 자신의 기업에 대한 비판가를 비밀리에 관찰하고 위법하게 협박했다는 것을 말해 주는 충분한 상황이 제출되었는지 여부를 심사해서는 안 되고, 단지 "감시하다"와 "압력을 행사하다"라는 가치평가에 포함된 원고가 기업비판가를 살펴보게 했고, 그들의 행동에 대해 영향력을 행사하고자 시도했다는 사실주장이 적절하게 제기된 것인지 아니면 어떠한 근거도 없이 제기된 것인지 여부만을 심사하면 된다고 판단했다.

우익의 고분고분한 정치인들은 후원되거나 재정지원을 받았다는 표현과 관련해서도 민사법원은 이러한 진술 내에 포함되어 있는 사실주장의 허위성을 판단함에 있어서 언론보도와 의회의원의 공개발언의 제출이 명예훼손적 사실주장을 위한 '확대된 주장책임(erweiterten Darlegungslast)'을 충족시키기에 적합하지 않다는 이유로 곧바로 허위성을 인정해서는 안 된다고 보았다. 오히려 자신의 경험 영역에서 생겨나지 않았고, 자신의 검증 가능성을 넘어서는 그런 평가저하적 주장을 제기한 사람에게 자신의 주장의 근거로서 반박되지 않은 언론보도를 제시하는 것을 불허한다면, 이는 표현주체에게 부과되는 근거제시 등의 주장책임을 과도한 요청상태로 만드는 것이라고 판단했다.[58]

④ 언론과 개인 사이의 주의의무의 차이

연방헌법재판소는 입증되지 않은 명예훼손 성격의 사실주장은 다른 사람에 의해서도 반박되지 않은 상태에서 제기되었다는 이유로 일반적으로 허용되는 것은 아니라고 밝혔다. 특정 가해자에 대해서는 대응하고 다른 사람에게는 법적 조치를 취하지 않는 것은 명예훼손 피해자의 자유이고, 이러한 선택의 동기는 중요하지 않다고 보았다. 하지만 제3자에게 불리한 주장이 우선 언론이나 다른 공개적으로 접근 가능한 출처에 의해서 반박되지 않은 것으로 보이는 근거에 의지한 경우에는 상황이 다르다고 밝혔다. 지속적인 민사판례에 따르면, 언론은 불리한 사실의 전파에 있어서 특별한 주의의무(Sorgfaltspflicht)를 부담하게 되지만, 개인들에게는 그가 단지 자신의 경험이나 통제 영역 내에 있는 사실주장을 제기할 경우에만 언론과 동등한 주의의무가 요구될 수 있다고 설명했다. 특히 투명하지 않은 정치, 경제 영역에서 발생한 공적 관심의 사건들에서는 통상 입증사실이나 자신의 조사에 따른 근거사실만을 증거로 제출하는 것은 개인들에게는 불가능하다고 생각했다. 오히려 그런 점에서 개인들은 언론을 통한 보도에 의존하게 된다고 밝혔다.

그럼에도 불구하고 개인에게 검증 가능한 보충자료를 요구하게 된다면, 그는 일반적으로 언론에서 끌어낸 명예훼손 사실들에 관해 더 이상 관심을 가지고 다룰 수 없게 되고, 자신의 의견의 지지기반을 위해 인용할 수 없는 결과가 생길 것이라고 우려했다. 그리고 이러한 결과는 단지 개인의 의견자유의 마비에만 그치는 것은 아니라고 보았다. 오히려 의견형성 기능을 수행하는 언론보도를 근거로 자신의 의견을 형성하는 개인에게 진실을 입증할 수 없다는 이유로 이를 더 이상 이용할 수 없도록 불허한다면, 이로 인해 사회적 의사소통과정 역시 수축하게 될 것이라고 생각했다.

따라서 연방헌법재판소는 두 대상판결들은 기본법 제5조 제1항의 의미와 일치하지 않는다고 판단했다. 민사법원들이 이러한 기본권의 취지에 맞게 해석했다면, 언론보도를 선의로 다루고, 이로부터 일반적인 추론을 도출한 개인은 그 출처보도가 명백히 오래되었거나 취소된 경우에야 비로소 금지나 취소선고를 받게 될 것이라고 결론 내렸다.[59]

유럽인권법원(IV. Sektion) 2010년 4월 5일 자 판결 – 45130/06

사실관계

청구인1 (하이키 타파니 루오칸넨)은 1951년생이고, 청구인2(페트리 엔지오 페틴넨)는 1967년생으로 모두 핀란드 국적이다. 청구인3은 헬싱키에 소재한 핀란드 출판사 Yhtyneet Kuvalehdet Oy이고, 그의 발행인은 청구인1이다. 청구인2는 그의 소속기자이다. 청구인3은 자신의 주간화보지 Suomen Kuvalehti에서 2011년 5월 11일 자 "야구팀 파티에서 여학생이 성폭행당했다"라는 제목하에 다음과 같은 기사를 공표했다.

K(도시 이름)에 있는 학교에 다니는 한 젊은 여성이 지난 9월 K.P.(야구팀 이름)의 우승 파티에서 성폭행당했다. 여러 선수들이 성폭행에 가담했다. K의 실업학교는 재학 중인 여학생이 2000년 9월 6일 K.P. 우승파티에서 성폭행당했다는 사실을 확인했다. 이 여성은 금메달리스트들로부터 K 소재 호텔에서 예정된 "피로연"에 초대받았다. 우리 측 정보에 따르면, 성폭행 가해자는 선수들 중 한 명이지만 다른 선수들도 호텔방에 있었고, 그 중 몇몇은 여학생을 붙잡은 상태에서 함께 이를 구경했다. 성폭행은 또 다른 한 선수가

방에 들어가서 다른 선수들에게 그만하라고 명령했을 때 중단되었다. 이 여학생은 성인이다. 그녀는 이 사건에 관해 경위서를 제출하기도 했지만, 적어도 현재에는 고소를 원하지 않는다. 학교는 시 당국, 야구선수단의 책임자 및 해당 팀의 주요 스폰서에게 이 사건에 대해 보고했다. K.P.는 지난가을 핀란드 챔피언 리그에서 두 번 연속해서 금메달을 거머쥐었다. 이 야구팀은 S.J.를 상대로 3:0으로 완벽하게 승리했다.

이 잡지 표지의 헤드라인은 "야구 우승파티는 성폭행으로 끝났다"였다.

이 기사는 사건이 발생한 다음 날 여학생이 학교에서 행한 진술을 토대로 이뤄졌다. 이러한 진술들은 두 명의 증인에 의해 인정되었다. 그 밖의 몇몇 사람들도 자신들의 진술을 통해 여학생의 발언을 인정했다. 선수들은 기사의 공표 전에 입장표명 기회를 제공받지 못했지만, 청구인 잡지는 최근 호에서 선수들이 성폭행 비난에 대해 항의했다는 진술을 실었다. 기사공표 이후 경찰은 수사를 개시했고, 2002년 4월 19일 한 보도자료를 통해 피해 여학생은 가해자나 가담자들의 신원을 확인할 수 없었고, 해당 범죄행위를 특정인이나 특정 인물들에게 귀속시키는 것이 가능할 정도로 정확하게 범죄사실을 소명하지 못했다고 밝혔다. 그로 인해 수사는 일단 중단되었다.

2002년 10월 30일 검찰은 청구인1과 청구인2를 중대한 명예훼손 혐의로 기소했다. 야구팀 선수단은 청구인들을 상대로 손해배상청구소송을 제기했고, 이 소송은 형사절차와 연계되었다. 에스푸(Espoo) 지방법원지원은 청구인1과 청구인2에게 2002년 3월 26일에 중대한 명예훼손을 이유로 각각 3,540유로 및 1,900유로의 벌금과 세 명의 청구인 모두에게 89,000유로의 손해배상 연대채무 및 비용인수를 명했다. 헬싱키 항소법원은 2005년 10월 11일에 해당 판결을 확정했다. 항소법원은 여기에서 유럽인권협약 제10조(의견의 자유) 및 유럽인권협약 제6조 제2항에 관한 유럽인권법원의 판례를 충분히 검토했고, 결국 충분한 근거하에서 청구인은 다툼이 된 기사에 포함된 진술들이 진실이라는 사실을 입증하지 못했다고 확정했다. 청구인1과 청구인2는 그의 출처를 제시하는 것을 거부함에 따라서 명예훼손의 유죄판결을 받게 될 위험을 감수했으며, 전체적으로 여학생의 진술을 충분히 조사하지 않았다고 보았다. 핀란드 항소법원은 2006년 5월 15일에 상고허용을 거부했다. 2006년 11월 8일에 청구인들은 유럽인권법원에 유죄판결로 인한 유럽인권협약 제10조의 침해를 주장했다. 청구인들은 유럽인권협약 제10조, 무엇보다 자유로운 의견표현권이 중대한 명예훼손의 유죄판결을 통해 침해되었다고 주장했다.

관할 재판부는 2010년 4월 6일 자 불만신청을 만장일치로 허용했고 5:2로 협약 제10조는 침해되지 않았다고 결정했다.[60]

① 침해 여부

유럽인권법원은 우선 청구인들의 형사법적 유죄판결, 즉 자신들에게 가해진 벌금형 및 손해배상과 비용부담 선고가 유럽인권협약 제10조에 따른 자유로운 의견표현권을 침해하는 것이라는 점에는 동의했다.[61]

② "법적 근거"와 정당한 목적

유럽인권법원은 법원의 다양한 조치들이 핀란드 법률, 특히 헌법 제24장 제9조 및 형법에 근거를 가지고 있고, 이 규정들은 명예 및 타인의 권리의 보호라는 정당한 목적을 추구한다고 인정했다. 청구인들 역시 이것을 의심하지 않았다고 밝혔다.

따라서 침해는 유럽인권협약 제10조 제2항의 의미상 "법적으로 규정되어 있고(법적 근거를 가지고 있고)", 명예 및 타인의 권리를 보호할 정당한 목적을 추구했다고 보았다.[62]

③ "민주사회에서 불가피성"

유럽인권법원은 그간의 지속적 판례에 따르면 의견자유는 민주주의 사회의 본질적 핵심요소 가운데 하나이자 모든 사람의 발전과 인격발현을 위한 가장 중요한 전제조건이라고 밝혔다. 유럽인권협약 제10조 제2항은 유익한 것으로 받아들여지는 혹은 무해하거나 대수롭지 않은 것으로 인정되는 "정보"나 "생각"뿐만 아니라 침해적이고 충격적인 혹은 타인을 불안케 하는 "정보"나 "생각" 역시 허용한다고 보았다. "민주주의 사회"에서 없어서는 안 될 다원주의, 관용 그리고 열린 사고방식은 바로 그러한 것을 원하기 때문이라고 설명했다. 따라서 유럽인권협약 제10조 제1항의 자유는 물론 제한이 존재하지만, 그것 역시 좁게 해석되어야 한다고 밝혔다.

이어서 유럽인권협약 제10조 제2항에서 "불가피한"이란 형용사는 하나의 "긴급한 사회적 필요성"이 존재해야만 한다는 사실을 의미하고, 다만 협약국가들은 그러한 필요성이 존재하는지 여부를 결정함에 있어서 일정한 재량 여지를 가진다고 판시했다. 다만, 협약국가들은 유럽의 감시하에 놓여 있는데, 이는 의회입법뿐만 아니라 비록 독립적인 법원에 의해 행해질지라도 의회의 입법을 해석하는 판결 역시 마찬가지라고 보았다. 따라서 유럽인권법원은 하나의 제한이 유럽인권협약 제10조에 의해 보장된 의견표현의 자유권과 일치하는지 여부를 최종적으로 결정할 수 있다고 밝혔다.

유럽인권법원은 심사에 있어서 국가 당국과 법원을 대체하는 것이 결코 자신의 과제가 아니라 유럽인권협약 제10조의 관점하에서 해당 국가들이 재량 여지의 범위 안에서 내린 결정을 모든 사정의 고려하에서 심사하는 것이라는 점을 분명히 했다. 그리고 이러한 침해심사에 있어서 청구인의 기사내용 및 그것이 행해진 맥락을 고려해야 한다고 보았다. 특히 그 침해가 "추구된 정당한 목적"에 비례하는지 그리고 국가 당국에 의해 정당화를 위해 언급된 이유들이 "설득력 있고 반박할 수 없을 정도로 충분한지" 여부를 결정해야 한다고 밝혔다. 이때 유럽인권법원은 국가 당국과 법원들이 유럽인권협약 제10조에 포함된 원칙들과 일치하는 규정들을 적용했다는 점에 관해 확신이 들어야 하고, 나아가 그들이 결정적인 사실들을 공감할 수 있도록 판단했는지 여부에 관해서도 납득할 수 있어야 한다고 설명했다.

한편, 언론은 민주주의 사회에서 중요한 역할을 수행하는데, 그럼에도 언론은 특정한 한계를 넘어서는 안 되고, 특히 명예나 타인의 권리 보호와 관련해 아울러 비밀스러운 정보전파를 방지할 필요성에서도 그의 의무와 책임의 유지하에서 모든 공적 이익의 문제들에 관한 정보와 생각들을 보도하는 것이 언론의 과제라고 강조했다.

실제 언론은 모든 공적 문제들에 대한 정보와 생각들을 전파할 과제뿐만 아니라 대중들이 정보를 얻고 다양한 생각들을 알게 될 권리 역시 가진다고 덧붙였다.

이어서 유럽인권법원은 유럽인권협약 제10조에서 공적 이익의 문제들에 관한 보도를 위해 언론에 제공한 보장은 언론인이 정확하고 신뢰할 만한 정보들을 공급하기 위해 자신의 직업윤리와의 일치하에 선의로 개입했다는 사실을 전제로 한다고 밝혔다. 물론 일정한 정도의 과장 혹은 심지어 도발을 이용하는 것 역시 언론인의 자유에 속한다고 보았다.

이러한 맥락에서 사실주장과 가치평가 사이의 구별이 중요하며, 사실은 입증될 수 있는 반면, 가치평가는 그렇지 못한 경우라고 판시했다. 가치평가의 진실성을 입증하는 것은 불가능하고, 따라서 이것을 요구하는 것은 처음부터 유럽인권협약 제10조에 따라 보장되는 권리의 본질적 부분인 의견자유에 대한 위반이라고 생각했다. 하지만 하나의 의견표현이 가치평가일 경우조차 침해의 비례성은 의견표현에 충분한 사실적 근거가 있는지 여부에 달려 있을 수 있는데, 가치평가조차 사실을 근거로 하지 않는 경우에는 무절제하거나 과도한 것으로 생각되기 때문이라고 그 이유를 밝혔다. 그리고 언론은 단지 특별한 이유가 존재할 경우에만 통상적으로 부담하는 명예훼손적 사실주장의 진실성을 심사할 의무가 면제된다고 보았다. 그리고 그러한 이유들이 존재하는지 여부는 특히 명예훼손의 특징과 영향력 그리고 언론이 사실주장을 위한 자신의 출처를 이성적으로 신뢰할 수 있었는지 여부에 달려 있다고 설명했다. 또한 이 문제는 언론인의 보도결정 당시에 나타난 사정에 비추어 대답되어야 하고, 현재 시점에서 뒤돌아보았을 때를 기준으로 해서는 안 된다고 밝혔다.[63]

④ 기자의 사실확인 의무의 범위

유럽인권법원은 핀란드 당국과 법원들이 청구인들의 자유로운 의견표현권과 형사범죄 혐의자의 명예권 사이에 필수적인 조정을 달성했는지 여부가 이 사건의 본질적 문제라고 밝혔다. 2001년 5월 11일 자 기사는 "여학생이 야구팀−파티에서 성폭행당했다"라는 제목이 달린 상태에서 잡지 표지 면 헤드라인은 "야구 우승파티는 성폭행으로 끝났다"였으며, 기사에서는 한 여학생이 지역 우승팀 야구선수들 중 한 명으로부터 성폭행 당했고, 다른 여러 선수들이 그에 가담했지만 결국 또 다른 선수가 이를 중단시켰다는 내용으로 보도되었다고 밝혔다. 이러한 사건보도는 짧고 간결하게 서술되었으며, 18세 이상의 여학생이라는 사실과 현재 경찰에 고소하길 원하지 않았다는 사실도 언급되었다고 인정했다. 한편, 해당 기사는 경찰의 대응이나 무대응에 대한 언급을 포함하고 있지는 않다는 사실도 지적했다. 물론 몇몇 시의 책임자, 야구팀의 이사회 그리고 스폰서들에게 사건에 대해 보고되었다는 사실은 제시되었다고 밝혔다.

이에 따라 유럽인권법원은 기사가 일관된 톤이나 스타일에서 객관적으로 작성되었고, 선정성이나 험담에 이르지는 않았다고 평가했다. 관련자 어느 누구의 이름도 언급되지 않았으며, 관련사진 역시 없었다고 덧붙였다. 하지만 선수들은 구체적으로 팀명이 언급된 지역 스포츠클럽의 구성원들로서 신원이 확인되었으며, 2000년 우승팀의 구성원으로서도 신원확인이 가능했다고 판단했다. 이를 통해 선수들은 자신들의 연고지에서 야구팬들과 보다 넓은 범위의 대중들을 통해 식별될 수 있었고, 그들의 명예가 훼손되었다고 생각했다.

이어서 유럽인권법원은 공적 이익의 문제와 관련해서 청구인들은 특히 일반인에 의해 저질러졌다고 추정되는 중대한 범죄행위에 관해 그리고 경찰수사 역시 제기되지 않았던 사건에 관해 보도했다고 주장했지만, 기사의 어느 곳에서도 이런 점을 언급하지는 않았으며, 공적 이익의 관심 사안이라는 점도 분명히 하지 않았다고 보았다. 게다가 그 주장은 가치평가라기보다는 심각한 사실주장으로 보인다고 판단했다.

명예훼손의 방식과 정도와 관련해서는 당사자들이 범죄행위를 저질렀다고 비난되었기 때문에, 해당 성폭행 비난은 중대한 명예훼손에 해당한다고 인정했다.

출처의 신뢰성과 관련해서도 청구인들은 자신의 기사를 K 소재 학교에 대한 여학생의 진술에만 의지했다는 점에 주목했다. 그 진술은 비록 청구인들이 문의한 여러 증인들에 의해 확인되었지만, 그들이 익명으로 남아 있길 원했다는 점도 고려되어야 한다고 판단했다. 유럽인권법원은 이러한 맥락에서 언론인의 정보원의 보호는 출판 자유의 본질적 토대 중의 하나라는 점을 상기했다. 이러한 보호 없이 정보원은 공적 이익의 관심사에 관해 공중에게 보고할 경우, 언론을 적극적으로 돕는 것을 포기할 수 있다고 생각했다. 하지만 이 사건에서는 어느 시점에서도 청구인들에게 그의 정보원 공개를 요구한 적이 없었으며, 나아가 청구인들은 여학생, 선수들과 야구팀과의 대화를 통해 사실관계가 밝혀질 수 있음에도 불구하고 비난의 사실적 근거를 확인하기 위해 아무것도 시도하지 않았다고 비판했다.

또한 헬싱키 항소법원이 상술한 바와 같이 형사법상 수사가 그의 보도 이후 개시되었음에도 불구하고 주장에 불과한 성폭행이 기사에서는 기정사실로서 제시되었다고 인정했다. 하지만 유럽인권협약 제6조 제2항은 범죄행위로 고소된 모든 사람은 법적 유죄입증 때까지는 무죄로서 추정된다고 정하고 있으며, 따라서 유럽인권법원은 다툼이 된 기사가 선수들의 무죄추정 원칙을 침해하고, 아직 확정되지 않은 것을 기정사실로서 제시함으로써 선수들의 명예를 훼손했다고 판단했다.

유럽인권법원은 추가로 청구인에 대해 가해진 제재의 심각성을 심사했다. 핀란드 법원 판결에 따르면, 세 명의 청구인들은 12명의 야구팀소속 선수 1인당 단지 4천에서 5천 유로만을 손해배상액으로 지불해야 했는데, 이러한 사실은 핀란드 법원이 유럽인권협약 제10조에 따라 비례성 원칙에 맞는 해답을 구하기 위해 노력했다는 점을 보여준다고 평가했다.

마지막으로 유럽인권법원은 핀란드 법원들이 청구인1과 청구인2에 대해 형사법상 제재를 가했다는 점을 심도있게 다루었다. 일단, 협약국가들의 재량 여지를 고려하면, 명예훼손에 대한 대응으로서 형사처벌은 원칙적으로 추구된 목적과의 비례성 원칙에 반하는 것은 아니라고 보았다.

한편, 국가 당국이나 법원들이 공적 토론과정에서 행해진 발언들을 명예훼손이나 모욕으로서 평가한 경우에 형사법원은 발언자 장본인에 대해 징역형을 내릴 수 있지만, 언론법상 이러한 징역형은 예외적인 사례에서만 유럽인권협약 제10조에 따른 언론인의 자유로운 의견표현권과 일치할 수 있다고 보았다. 이는 특히 혐오발언이나 폭력선동과 같은 다른 사람의 기본권이 침해되는 그런 경우에만 가능하다고 밝혔다. 모욕에 있어서도 비슷한 사고가 공적 토론과의 맥락에서 적용되어야 하는데, 유럽평의회 의회협의체(PACE)는 2007년 10월 4일 그의 결정 1577(2007)에서 언론 영역에서 명예훼손의 경우에 아직 판결까지 이르지는 않았더라도 여전히 징역형을 구비하고 있는 국가들은 즉시 그러한 징역형을 폐지할 것을 강력히 촉구한 바 있다는 점에 주목해야 한다고 부연했다.

이어서 이 사건에서 형사처벌은 그 자체만으로는 가혹할 수 있지만, 실제 사정과 다른 당사자 이익을 고려한다면, 비례성원칙에 합치된다고 보았다. 유죄판결의 엄격함과 선고된 손해배상 액수는 주어진 사정의 고려하에서 해당 국가의 재량 여지 내에 있는 것으로 판단했다. 아울러 하나의 탐사보도로 이해되고, 따라서 공적 이익의 관심사에 관해 보고받을 공중의 알권리와 관련된 상태에서 가해진 이 사건 형사처벌이 언론자유에 대한 "위축적인 효과"를 가진다고 평가될 수는 없다고 생각했다.

범죄의 실행과 범죄가 저질러진 사정이 그러한 공적 관심사에 해당하는 것은 맞지만, 유럽인권법원의 판례들은 형량에 있어서 언론이 대중들에게 한 사건을 사실로서 보도하기 전에 다른 요청들 역시 반드시 고려되어야 한다는 점을 분명히 밝히고 있다고 설명했다. 이러한 맥락에서 유럽인권법원은 무죄추정의 원칙의 중요성을 이미 강조한 바 있다고 밝혔다. 따라서 명예권 역시 동등한 중요성을 가지며, 특히 형사처벌 대상으로서 성범죄행위의 심각한 범죄혐의가 문제 될 경우에는 더욱더 그렇다고 강조했다.

결과적으로 핀란드 법원, 무엇보다 유럽인권법원의 판례를 자세히 검토한 헬싱키 항소법원은 문제 된 보도행위가 "민주주의 사회에서 불가피"하다는 점을 충분히 논증했다고 평가했다. 그 밖에 형사적 제재 역시 비례성 원칙에 합치된다고 결정했다. 결국 협약국가에 이러한 영역에서 따라오는 재량 여지 및 종합적인 사정의 고려하에

서 핀란드 법원들은 다양하게 상충하는 이익들 사이의 공정한 조정을 달성했다고 판단했다.[64]

4. 뉴스통신사특권

다른 언론보도와는 달리 정평 있는 뉴스통신사의 보도에는 '통신사특권(Agenturprivileg)'으로 지칭되는 신뢰원칙이 적용된다. 판례는 언론이 매일매일 보도활동의 범위 내에서 만약 자신에게 제공된 모든 보도를 예외 없이 독자적으로 조사해야 한다면, 원칙적으로 공중에게 포괄적이고 최신의 시사정보를 보고해야 할 자신의 헌법상 과제를 수행할 수 없을 것이라고 판단했다. 따라서 시사뉴스를 생산하는 건실하다고 알려진 대부분의 뉴스통신사는 언론에 적합한 주의의무에 있어서 원칙적으로 어떠한 독자적인 진실성 조사도 필요 없는 특권적 출처로서 인정된다.[65] 이에 뉴스통신사가 제공한 기사를 인용한 언론의 편집국은 해당 보도의 진실성에 관해 구체적 의심에 대한 계기가 존재하는 않는 이상, 원칙적으로 이를 신뢰해도 된다. 바로 이러한 인용매체의 특권은 통신사가 스스로 자신의 기사를 작성, 편집함에 있어서 언론에 적합한 주의를 기울여야 하고, 경우에 따라서는 잘못된 보도의 장본인으로서 당사자에 대한 본래의 책임을 진다는 사실에 상응한다. 하지만 '통신사특권'은 통신사에 의해 출판된 뉴스의 진실성 조사에만 해당된다는 점에 유의해야 한다. 따라서 관련자의 신원 공개하에 이뤄진 자신의 공표기사가 일반적 인격권의 침해로서 위법한지 여부의 문제에 관한 심사는 여전히 언론의 의무로 남게 된다.[66, 67]

한편, 사진통신사에 의해 전파된 사진을 언론이 사용한 경우에 마찬가지로 통신사특권이 인정되는지 여부와 관련해 연방대법원은 이를 인정하지 않았다.[68] 이는 사진통신사 측의 주의의무가 뉴스통신사의 주의의무와 비교할 때 구조적으로 제한될 수밖에 없다는 점에서 그 이유를 찾을 수 있다. 즉, 사진통신사는 사진의 공표 전에 이를 공급받는 매체가 어떤 편집 목적으로 해당 사진을 사용할지 알 수 없고, 이를 사전에 심사하는 것 역시 요구될 수 없다.[69] 따라서 사진의 공표에 있어서는 언론사의 편집국이 독자적으로 피사자의 초상권 및 인격권 침해 가능성과 수여받은 동의범위를 심사해야 한다. 실제로 권리침해의 위험성은 사진공표 그 자체에서 생겨나는 것이 아니라 각각의 편집국이 책임져야 할 사진설명이나 그 밖의 문맥에서, 즉 사진통신사가 예측하거나 통제할 수 없는, 따라서 책임 역시 부담할 수 없는 보도상의 요소들로 인해 생겨나는 것이 일반적이다.[70]

이에 따라 '통신사특권'의 예외로서 획득된 사진사용의 허용 여부는 언론이 독자적으로 심사해야 하고, 위험 발생을 사전에 제한하기 위해 원칙적으로 저작자나 통신사 혹은 당사자에게 문의하거나 그 밖의 개별적 사정에 따라 적절한 확인절차를 거칠 것이 언론에 요구될 수 있다. 다만, 사진작가의 저작권법상 이익의 준수에 있어서는 언론이 사진을 구입할 때 사진사용의 저작권법상 허용 여부에 관한 책임은 통신사가 진다는 어떠한 합의도 없었을 경우에만 언론의 확인이 필요할 수 있다.[71]

한편 관청,[72] 특히 검찰이나 법원 혹은 경찰[73] 아울러 자신의 내부사항 보고에 관한 민간협회의 공표 역시 특권적 출처로서 인정된다. 이러한 관청이나 단체는 자체적으로 사실관계를 철저하게 조사하고, 자신의 보도자료를 통해 진실한 자료와 설명만을 전파하며, 공중에 대한 정보제공 정책에 있어서는 공중의 정보수요와 당사자의 인격권 사이에 형량요청을 올바르게 준수했다는 점을 언론은 신뢰해도 되기 때문이다. 이는 연방정부 소속직원의 공식적 발언도 마찬가지이다. 만약 국가관청이 이러한 요청을 위반한 상태에서 언론보도가 이를 근거로 삼았다면, 언론은 이에 대해 책임이 없고, 공직자 책임원칙에 따라 공표관청이 책임을 지게 된다. 하지만 여기에서도 '통신사특권'과 마찬가지로 신원공개 보도가 허용되는지 문제에 관한 심사책임은 여전히 언론에 남는다.[74] 가령 검찰이 언론에 피고 성폭행범에 대한 본안심리 기일관련 자료를 피해자의 이름과 함께 공개했을 경우, 피해자 이름을 익명 처리하지 않은 보도는 출처의 특권에도 불구하고 일반적 인격권의 침해에 해당하기 때문에 언론이 이에 대해 책임을 진다.[75]

베를린 상급법원 2007년 6월 7일 자 판결 - 10U 247/06

사실관계

원고는 피고에게 "최근 헌법수호청 연례보고서에 따르면, 'J는 극우주의자 작가들에게 이따금씩 한 포럼장소를 계속해서 제공하고 있다'고 적혀 있다"는 내용을 향후에는 더 이상 주장해서는 안 된다는 금지청구권을 행사했다.

피고의 항소는 성공했다.[76]

① 통신사특권

베를린 상급법원은 원고가 "최근 연방헌법수호청 연례보고서에는 'J는 여전히 극우주의자 작가들에게 이따금씩 한 포럼장소를 계속해서 제공하고 있다'고 적혀 있다"는 내용을 주장하거나 전파하는 것에 대해 기본법 제2조 제1항과 연계한 민법 제823조 제1항 및 민법 제1004조 제1항 제2문의 유추적용을 근거로 한 금지청구권을 행사하지 못한다고 밝혔다.

상급법원은 피고의 주간지 편집자란에 게재된 위의 주장은 내용상으로는 허위라고 인정했다. 왜냐하면 보도 당시 초안의 형태로 공표된 2005년 헌법보호보고서에는 이 구절이 2004년 보고서와는 달리 더 이상 포함되어 있지 않았기 때문이라고 밝혔다. 그럼에도 재판부는 민법 제1004조 제1항 제2문의 구성요건상 필수적인 반복위험은 존재하지 않는다고 판단했다.

상급법원은 9월의 편집자란에 실린 피고의 보도는 반복위험을 나타낼 수 있는 위법한 최초침해를 포함하고 있지 않다고 밝혔다. 피고는 편집자란 작성에 있어서 9월 11일 22시 47분에 송고된 D-보도를 신뢰하는 것이 정당하게 허용된다고 보았다. 특히 피고가 통신사 보도를 더 이상의 사후조사 없이 인용했다는 점에서 피고 보도의 위법성이 생겨나지는 않는다고 판단했다. 언론종사자들은 원칙적으로 자신들이 계획한 보도내용에 대해 주의 깊은 조사의무를 부담하고, 이러한 언론인의 주의의무

위반은 개별적으로 침해행위의 위법성을 근거 지운다고 밝혔다. 하지만 이 사건에서 인용된 피고의 보도는 소위 특권적 출처를 기반으로 했기 때문에 사후조사 의무가 면제된다고 보았다.

상급법원에 따르면, 매일매일의 저널리즘 활동 속에 있는 언론이 포괄적이고 가능한 한 최신의 정보들을 보고할 헌법상의 과제를 수행하기 위해서는 모든 보도들을 전적으로 자신의 직접조사에 의존하거나 재확인할 의무로부터 벗어나게 하는 것이 반드시 필요하다고 생각했다. 피고와 같은 보도매체에게 자신의 보도 일부를 다른 보도매체의 출처에서 인용하는 것이 허용되지 않을 경우에는 전 세계의 사건들에 관한 시사적 보도행위가 불가능할 것이라고 보았다. 다만, 어디까지 인용된 보도에 관한 주의 깊은 조사의무나 구체적 사후조사 의무가 존재하는지 여부는 그 보도가 바탕으로 한 출처의 성격에 달려 있다고 밝혔다. 따라서 출처의 신뢰성이 높으면 높을수록 언론의 주의의무는 점점 더 낮아진다고 보았다. 이와 관련해 판례와 문헌에서는 소위 "통신사특권(Agenturprivileg)"을 인정하고 있으며, 이러한 특권에 따르면 언론은 자신의 주의의무의 준수하에 신뢰할 만한 것으로 인정되는 뉴스통신사의 보도에 대해서는 그 내용에 관해 더 이상의 조사 없이 그대로 이용할 수 있다고 밝혔다. 그리고 D 역시 이러한 통신사에 해당한다고 보았다. 다만, 이러한 특권은 언론인의 인용 당시 그 보도내용의 진실성에 관한 구체적인 의심의 계기가 주어질 경우에 비로소 그의 한계를 발견할 수 있다고 보았다.[77]

② 사건판단

상급법원은 원고가 이 사건 소송에서 피고는 D-보도의 오류를 알면서도 자신의 편집자란에 인용했다고 주장한 적은 없다고 밝혔다. 그런 점에서 주장 및 입증책임을 지는 원고의 진술에서 어째서 피고가 D-보도를 인용하기 전에 내용에 관해 조사할 계기를 가졌어야 하는지 이유를 밝히는 주장내용 역시 확인되지 않는다고 덧붙였다. 특히 보도에 있어서 결정적인 9월 11일 22시 47분 자 D-보도는 같은 날 16시

D-보도의 수정보도였다는 사실에서도 사후조사 의무는 생겨나지 않는다고 판단했다. 어쨌든 16시 보도가 잘못된 보도였다는 이유로 D의 통신사특권을 바로 박탈하는 것은 적절하지 않다고 생각했다. 오히려 22시 47분 D-보도가 수정보도라는 사실 때문에 피고는 이러한 통신사보도가 공표 이전에 특히 주의 깊게 조사되었다는 점에 대해 더욱 확실한 신뢰를 보냈을 것이라고 판단했다.

아울러 재판부는 원고가 22시 47분 통신사보도에 적어도 피고의 주간지 9월호 편집마감 시까지 어떠한 반박도 제기되지 않았다는 점에서 이러한 신뢰가 강화된다고 밝혔다. 결국 어떠한 계기도 없었음에도 원고가 주장한 것과 같은 사후조사 의무, 가령 간단한 통화와 같은 최소한의 시간만을 할애하더라도 가능한 그런 사후조사 의무는 생겨나지는 않는다고 보았다.

나아가 2005년 헌법수호청의 보고서가 당시 인터넷에서 단지 초안형태의 PDF파일로서 공표되었다는 점을 고려했을 때, 일반적으로는 D-보도의 허위성 확인을 위한 사후조사를 필요로 했을 것이라는 추론 역시 더 이상 결정적이지 않다고 생각했다.[78]

③ 금지청구와 반복위험

상급법원은 민법 제1004조 제1항 제1문에 따른 반복위험이 이 사건에서도 마찬가지로 소위 최초침해위험의 형태로 확인되지 않는다고 밝혔다. 비록 금지청구에 있어서 민법 제1004조 제1항 제1문의 원문에는 "계속해서"라고 규정되어 있음에도 불구하고 실제로는 단 한 번의 진지하게 우려되는 침해만으로도 금지청구가 가능하다는 것이 일반적 견해라고 밝혔다. 하지만 이 사건에서 그러한 최초침해위험은 확인될 수 없다고 판단했다. 반복위험과 달리 최초침해위험은 어떠한 추정법칙도 적용되지 않기 때문에, 이를 인정하기 위해서는 개별적 사건마다의 각 사정에 따라 적극적으로 해당 위험이 확인되어야 한다고 밝혔다. 이때 침해의 심각성과 침해행위의 사정들뿐만 아니라 침해자의 동기나 사건과 관련된 반복 개연성의 정도 역시 고려되어야 한다고 보았다.

이러한 점들의 고려하에서 재판부는 이 사건에서 그러한 침해위험을 적극적으로 확정할 수 없다고 판단했는데, 그 근거로는 침해 정도가 오히려 경미한 것으로 분류될 수 있었다는 점을 들 수 있다고 밝혔다. 피고 주장은 여전히 적절했던 2004년 연방헌법수호청의 마지막 보고서 내용을 인용한 것이고, 또 다른 2005년 보고서초안에는 문제 된 내용이 더 이상 포함되어 있지 않았다는 사실을 고지하지 않았다는 점만으로는 이러한 침해위험이 확정될 수 없다고 보았다. 아울러 다른 한편으로 피고가 편집자란의 부적절한 주장을 원고에게 유리하게 사정을 반영해서 수정하겠다는 긍정적 의사를 밝혔다는 점에서도 최초침해위험은 인정될 수 없다고 생각했다. 마지막으로 피고는 이러한 잘못된 보도를 자발적 의사로 즉각 수정했으며, 그와 함께 잘못된 보도의 계속적 전파는 적절하지 않다는 점을 분명히 밝혔다는 점에서 침해위험이 해소되었다고 판단했다.[79]

연방대법원 2010년 12월 7일 자 판결
– VI ZR 30/09("기록 H…"-판결)

사실관계

원고는 연쇄살인 행위로 인해 유죄판결을 받고 1983년 이래 종신형으로 복역 중이다. 그에 대해 제기된 형사소송에 관해서는 1950~60년대 그리고 마지막 사건에 관해서는 1983년에 독일 전역에서 대대적으로 보도된 바 있었다. 피고는 언론사들의 이용목적을 위한 상업적 사진아카이브를 운영한다. 피고는 독일 플레이보이 출판사에 원고의 사진을 제공했는데, 출판사는 이 사진을 "플레이보이" 2006년 12월호 "기록 H… 세기적 살인자에 대한 심리학적 인격연구"라는 제목의 기사에서 화보사진으로 사용했다. 원고는 이를 인격권 침해라고 생각했고, 피고에게 이 사진의 새로운 전파금지를 청구했다.

프랑크푸르트 지방법원은 소송을 기각했다. 항소법원은 원고의 일부항소에 대해

소송을 인용했다. 피고는 1심 판결의 원상복구를 청구하는 상고를 제기했고, 상고는 성공했다.[80]

① 기본법 제5조 제1항 제2문의 출판자유의 의의

연방대법원은 항소법원의 견해와 달리 행사된 금지청구권이 원고에게 속하지 않는다고 판단했다. 피고는 출판사에 사진을 전달하는 행위로 인해 원고의 인격권을 위법하게 침해하지 않았다고 보았다.

연방대법원에 따르면 이 사건은 이미 예술저작권법 제22조[81]의 구성요건적 전제가 존재하지 않기 때문에, 해당 규정의 의미상 전파개념에 따라 판단한 항소법원의 견해를 문제 삼은 피고의 상고는 정당하다고 인정했다. 이 사건에서의 상황이 저작권법 제17조에서 규정된 바와 동일한 방식의 전파개념으로 이해될 수 있는지는 중요하지 않다고 보았다. 오히려 언론계 내부와 유사한 영역에서 행해진 그리고 당사자의 인격권을 단지 경미하게 침해한 정보교환이 출판자유의 관점에서 전파행위로 규정될 수 있는지에 맞춰져야 한다고 보았다. 하지만 이것은 원칙적으로 부인되어야 한다고 밝혔다.

기본법 제5조 제1항 제2문에 보장된 출판자유의 보호범위는 출판계에서 활동하는 사람들의 역할행사가 문제 될 경우, 출판물 자체가 문제 될 경우, 출판물의 제도적-조직적 전제와 기본조건 및 자유로운 출판제도가 일반적으로 문제 될 경우 관계된다고 밝혔다. 출판자유의 특별한 보장은 개개인의 의견표현을 넘어서는 의미를 가지며, 이는 자유로운 개인의 의견형성과 공중의 의견형성에 기여하는 출판의 의미와 관계된다고 설명했다. 출판자유는 개인의 기본권뿐만 아니라 "자유출판"의 제도보장으로서 의견과 뉴스의 단순한 전파자유를 보장하는 것이 아니고, 오히려 저널리즘적인 전파활동의 모든 영역을 보호하고, 특히 정보수집도 이에 속한다고 밝혔다. 우선, 정보에 대한 원칙적으로 방해받지 않는 접근은 언론에 자유민주주의에서의 열린 역할을 효과적으로 대변할 수 있게 해 준다고 보았다.

나아가 출판자유의 기본권은 객관법으로서 출판제도의 자유를 총체적으로 보장하며, 출판자유의 보호는 직접적으로 내용과 관련된 출판활동으로 제한되지 않고 방해받지 않는 의견전파의 이익을 위해 내용상 무관한 언론사의 지원활동 역시 포함한다고 설명했다. 따라서 개별적인 보호범위의 결정에 있어서는 자유로운 출판기능 수행에 있어서 불가피한 조건이 무엇인지가 관건이라고 밝혔다. 물론 언론에 도움이 되고 언론을 위해 기능상 중요한 모든 독자적 직무수행이 기본법 제5조 제1항 제2문의 보호범위에 속하는 것이 아니라고 인정했다. 기본법 제5조 제1항의 기본권보호는 자유로운 여론형성을 위해 그리고 그 때문에 단지 충분한 내용관련성을 통해서만 적용가능하다고 보았다. 이에 반해 출판물의 제작과는 관계없는 독자적 지원활동이 전형적인 언론과 관련된 경우, 언론과의 밀접한 조직적 결속 내에서 행해진 경우, 자유출판의 역할수행을 위해 불가피한 경우, 그리고 이러한 활동의 국가적 규제가 동시에 의견전파에 대한 제한적 효과로 나타난 경우, 언론의 외적 지원활동 등등에 대해서도 자유로운 출판제도를 위해 예외적으로 헌법적 보호가 개입한다고 밝혔다.[82]

② 사진아카이브 운영자의 책임

연방대법원은 예술저작권법 제22조 의미상 초상의 전파개념을 해석함에 있어서는 출판자유의 이러한 이해가 고려되어야 한다고 강조했다. 이에 따라 언론사를 통한 유사 언론계 내부의 지속적인 초상검색은 예술저작권법 제22조가 규정하고 있는 사진아카이브 운영자의 전파행위가 아니라고 보았다. 이러한 경우 사진아카이브의 지원활동은 전형적으로 언론과 관련된 것이라고 판단했다. 수많은 언론사들이 관리하는 것과 마찬가지로 한 출판사가 자신이 관리하는 사진아카이브를 이용하는 것은 분명히 예술저작권법 제22조에 따른 어떠한 전파행위도 의미하지 않는다고 보았다. 이는 그 출판사가 제3의 사진아카이브를 이용하는 것 역시 마찬가지라고 생각했다. 이런 경우 사진아카이브는 언론과의 밀접한 조직적 결속 내에서 행해지는 것이고, 자유로운 언론의 역할수행에 있어서 불가피한 전형적인 미디어관련 지원활동을 제공하는 것이라고 인정했다. 해당 서비스가 이러한 방식으로 외부에 대한 영향력 없이 유지된다면, 예술저작권법 제22조, 제23조를 통해 추구되는 촬영대상자의 인격권보호는 아무런 영향을 받지 않는다고 보았다. 따라서 출판자유가 정보제공을 위해 사진아카이브 운영자에게 보장하는 보호를 예술저작권법 제22조, 제23조에 따른 필수적인 심사를 통해 거부할 어떠한 정당성도 존재하지 않는다고 밝혔다.

결국 지방법원이 피고의 방해책임을 부인한 것은 적절했다고 평가했다.

연방대법원은 방해책임이 직접 개입하지 않은 제3자에 대해서 과도하게 적용되어서는 안 된다고 강조했다. 그 때문에 방해자의 책임을 인정하기 위해서는 소위 방해자의 조사의무가 반드시 전제되어야 한다고 보았다. 그리고 조사범위는 방해자로서 지목된 사람에게 사정에 따라 어디까지 조사가 기대 가능한지에 따라 결정된다고 설명했다. 이때 방해자로서 지목된 제3자의 역할과 임무 그리고 직접 행위자의 자기책임이 커다란 역할을 할 수 있다고 보았다.

연방대법원은 이러한 기준의 바탕하에서 피고의 조사의무는 "플레이보이"지 2006년 12월호의 구체적 언론보도에 미치지는 않는다고 판단했다. 예외적이든 아니면 통상적이든 문제 된 사진자료의 공표 전에 해당 사진자료가 어떤 목적으로 사용되어야 하는지를 조사할 사진아카이브 운영자의 의무는 방해자책임을 이유로 존재하지 않는다고 밝혔다. 이러한 종류의 광범위한 의무는 기술적, 인적 그리고 경제적 관점에서 아카이브 운영자에게 과도한 요구가 될 것이고, 결국 이러한 식의 감독의무에서 생겨난 책임위험부담은 방대한 기사아카이브와 사진아카이브의 운영을 부당한 방식으로 어렵게 할 것이라고 인정했다. 따라서 이러한 출판자유에의 개입은 앞서 언급된 방해자 책임의 범위를 이유로 정당화될 수 없다고 밝혔다. 이에 따라 소송은 기각되어야 한다고 판단했다.[83]

5. 당사자 의견청취

언론의 저널리즘상 주의의무의 준수는 원칙적으로 각각의 보도 이전에 당사자의 의견청취 역시 요구한다. 하지만 당사자가 보도에 앞서 입장표명을 했다는 이유로 언론에 마음대로 보도할 수 있는 권한을 부여했다고 볼 수 없으며, 그에 상응하는 어떠한 당사자의 입장표명 의무도 존재하지 않는다는 것이 연방헌법재판소의 견해이다.[84] 따라서 당사자가 입장표명 요청을 거부하거나 대체로 이에 대해 반응하지 않았다는 사실이 예정된 보도에 대한 진실을 방증하는 것이라는 뒤셀도르프 상급법원[85]의 견해는 연방헌법재판소의 결정관점에서 유지될 수 없다. 오히려 언론은 당사자의 입장과 함께 보도를 할 것인지 아닌지 결정에 있어서 자신의 책임부담하에서 행동해야 한다. 하지만 의견청취 의무가 예외 없이 요구되는 것은 아니며,[86] 개별적 사건의 구체적 사정에 따라 당사자의 의견청취 없이도 정당화될 수 있는 경우가 있을 수 있다.[87]

연방대법원 역시 당사자의 의견청취 의무를 명백히 보도상의 주의의무의 일부로서 간주했다.[88] 물론 이 사건의 경우에는 가톨릭 사제와 유부녀 사이의 성관계 의혹에 관한 보도방식이 당사자인 신부에게 명백히 심각한 불이익의 결과를 초래할 것이 분명하고, 무엇보다 시사성을 잃어버리지 않기 위한 시간의 압박이라는 측면에서 당사자 의견청취를 생략하더라도 보도를 정당화할 수 있는 특별한 공적 가치가 따라오지 않는 사건이었다는 점이 고려되었다. 아울러 경찰서장의 홍등가 연루의혹에 관한 보도의 경우에서도 비난의 심각성을 고려해 동일한 기준이 적용되었다.[89] 이 사건에서 연방대법원은 어차피 공식적인 부인만이 기대되는 상황이었다는 언론사 측 논거를 적절하게 거부하였다.[90]

하지만 좀 덜 심각한 사건들에서도 어쨌든 당사자의 의견청취는 상대방 측의 말역시 들어보아야 한다(audiatur et altera pars)는 원칙에 따라 언론의 고결한 의무로 인정된다. 편집국은 당사자의 입장에 관심을 가지며, 이러한 방식으로만 자신의 판단과정 속에 당사자의 관점을 반영할 수 있거나 이를 공개할 수 있기 때문에 원칙적으로 대부분의 경우에는 이러한 요구를 고려하게 된다. 자신에 대해 제기된 비난과의 대조를 통한 당사자 대응 역시 보도가치 있는 뉴스를 위해 필수적이며, 대개 편집국은 당사자의 의견청취와 그의 입장설명에 대한 배려와 함께 자신의 책임위험을 감소시킬 수 있다는 점이 추가로 고려된다. 실무상으로도 편집국이 당사자 의견청취를 포기한 경우에는 항상 보도상의 주의의무를 무시했다는 당사자의 항변이 예상되기 때문이다.[91]

그럼에도 당사자의 의견청취는 당연히 그를 통한 해명이 기대될 수 있을 경우에만 필수적이다. 질문에 대한 어떠한 해명도 기대될 수 없고, 처음부터 공식적인 부인만이 예상된다는 합리적 예측이 생겨날 경우에도 당사자 의견청취를 요구하는 것은 부적절한 의무부과가 될 것이다. 이러한 경우는 경험적으로 볼 때 가령 정치적 영역에서의 스캔들 폭로보도 등에서 종종 발견되곤 한다. 아울러 당사자가 문제시된 행위를 이미 다른 곳에서 공개적으로 발언한 경우에도 당사자의 의견청취는 마찬가지로 불필요하다.[92] 한편, 경제범죄행위의 의혹이 있는 회사가 언론의 의견청취 및 그로 인해 생겨난 사전경고 효과에 기대어 도주의 기회로 삼을 수 있다는 우려 역시 의혹 보도 사전에 의견청취를 생략할 편집국의 결정을 정당화할 수 있다.[93]

그에 반해 혹시라도 당사자에게 주어질 수 있는 소송상 전략적 사고를 이유로 의견청취 기회를 제공하지 않는 것은 정당화되지 않을 것이다. 예컨대, 자신에 대한 비난이나 의혹의 존재에 관해 언론사의 질문을 통해 비로소 알게 된 당사자가 법원의 가처분신청이라는 예방적 권리보호 방법을 통해 예상된 보도의 중단을 시도할 수 있다는 우려가 이에 속한다. 하지만 편집국이 취재하고 있다는 단순한 사실 그 자체만으로 아직은 예방적 금지청구의 관철에 있어서 필수적인 최초침해위험을 정당화하지 않기 때문에, 바로 이러한 이유에서 당사자 의견청취를 거부하는 것은 적절하지 않다. 이는 편집국이 당사자에게 특정한 범죄혐의와 대질시키고, 그의 입장을 수집하는 경우에도 마찬가지이다.[94]

연방헌법재판소 2018년 4월 9일 자 결정 - 1BvR 840/15

사실관계

헌법소원 청구인은 시사지 발행인이며, 2013년 2월에 유명 TV진행자(전심절차의 신청인)의 불법광고혐의에 관한 기사를 공표했다. 보도내용은 신청인이 여러 회사들의 제품을 위한 간접광고를 했다는 사실이었다. 보도에 앞서서 편집국은 신청인 대리인에게 예정된 보도내용을 대조시켰고, 그에 대한 입장표명을 요구했다. 소송대리인은 이러한 비난들을 전화상으로 반박하고, 어떠한 해명도 내놓지 않겠다고 말했다. 그리고 대화내용이 예정된 보도에 사용되어서는 안 된다고 분명히 전했다. 보도 이후 신청인은 청구인에게 반론보도 게재를 요구했고, 청구인은 이를 거부했다.

이후 함부르크 지방법원은 가처분을 선고했고, 그에 따라 청구인은 요구된 반론보도 게재의무를 부담하게 되었다. 청구인의 항변에 대해 함부르크 지방법원은 가처분을 확정했고, 재차 제기된 항소를 함부르크 상급법원은 기각했다.

청구인의 헌법소원은 결정으로 받아들여지지 않았다.[95]

① 반론보도권의 의의

연방헌법재판소는 여기에서 결정적인 반론보도에 관한 문제를 이미 판시한 바 있다고 밝혔다. 민사법원은 반론보도에 관한 규범의 해석과 적용에 있어서 출판자유에 의해 정해진 한계를 준수해야 하고, 법에 표현된 이익형량과정에서 당사자의 인격보호 및 그와 경쟁하는 출판자유를 실제적 조화의 원칙에 따라 준수하고, 과도한 기본권제한을 피하는 방식으로 심사해야 한다고 판시했다. 그리고 이러한 요청들의 준수 여부만이 연방헌법재판소의 심사대상이라고 밝혔다. 그에 반해 민사법원이 결과적으로 어떻게 결정해야 하는지를 정하는 것은 연방헌법재판소의 책무가 아니라고 선을 그었다.

우선, 반론보도권에 관한 규정들은 자신의 개인적 사안들에 관한 언론에서의 논의로 인해 야기될 수 있는 위험들로부터 개개인들을 보호해야 한다고 판단했다. 이 규정들은 자신에 관한 사실들이 부적절하게 묘사되었다고 생각하지만, 원칙적으로 신문이나 방송과 동일한 보도효과와 함께 맞설 수 없는 그런 당사자에게 대응책을 제공하려는 목적을 가진다고 밝혔다. 언론기관과 보도대상자 사이에 생겨나는 이러한 격차의 해소를 위해 입법자에게는 개인적 영역에 미치는 미디어의 영향으로부터 개개인을 효과적으로 보호할 보호의무가 일반적 인격권을 통해 주어진다고 인정했다. 그리고 언론에서 공표된 표현과 관련된 사람이 자신의 반박과 함께 대항할 수 있는 법적으로 보장된 가능성을 제공하는 권리가 여기에 속한다고 보았다.

이러한 원칙에 비추어 볼 때 각급 법원의 대상 판결들은 판단범위를 벗어나지 않았다고 평가했다.[96]

② 사전 요청된 입장표명의 거부와 반론보도권의 인정문제

연방헌법재판소는 예정된 보도에 대한 사전 입장표명은 당사자의 의무가 아니라고 이유를 밝힌 각급 법원의 견해는 헌법상 거부되지 않는다고 밝혔다. 그러한 입장표명 의무는 반론보도권의 행사 가능성을 광범위하게 무위로 만들거나 어쨌든 부당한 방식으로 힘들게 할 것이라는 사고에 바탕을 두고 있으며, 이러한 법원의 생각은 납득 가능한 것이라고 인정했다. 법원의 고찰에 따르면, 언론사는 그 경우 각각의 당사자에게 사전 입장표명을 요청했다는 이유로 반론보도권에서 전방위적으로 벗어날 수 있을 것이며, 동시에 당사자는 언론기사에 관한 자신의 관점을 언론사의 간접적 표현에 의지해야만 하거나 답변이 없었다는 이유로 자신의 권리를 잃어버리게 됨으로써 더 이상 다툼이 된 사실관계에 대한 자신의 발언이나 표현 가능성을 보유하지 못하게 될 것이라고 우려했다. 이에 따라 당사자는 보도 내에 의도된 주제들에 대해 자신의 입장을 표명할 수밖에 없게 됨으로써 결국 자신의 의사에 반해 예정된 보도에 협력해야 할 의무를 지게 될 것이라고 보았다. 연방헌법재판소는 이러한 법원들의 숙고가 납득 가능한 것이라고 평가했다.

마찬가지로 당사자의 입장표명의 거부가 각각의 개별적 사례에서 언론사의 변명 사유로 되어서는 안 된다는 법원의 논거 역시 헌법상 문제없다고 판단했다. 언론 측의 비난에 대해 대답하지 않거나 아니면 해당 보도를 전체적으로 부인한다는 발언을 했다는 것이 정당한 이익의 대변사유, 가령 이 사건에서 변명의 정당성 사유가 되어서는 안 되며, 이것이 원칙적이든 아니면 단지 일반적 관행에 따른 것이든 추후에 반론보도의 권리보호 필요성을 탈락시키는 근거로 인정되어서는 안 된다고 강조했다. 또한 여기에서 개별적 사정들을 고려할 모든 가능성이 배제될 것이라는 우려도 생겨나지 않는다고 보았다. 여전히 "정당한 이익"의 기준을 통해서 반론보도권의 인정이 부당하고 권리남용으로 보이는 사례들이 배제될 수 있을 것이라고 인정했다. 어쨌든 충분히 납득 가능한 각급 법원들의 견해에 따르면 소송대상인 이 사건은 이러한 권리남용에 해당하지 않는다고 판단했다.

연방헌법재판소는 당사자에 의해 직접 작성된 반론보도와 언론기사 내 당사자 입장의 간접적 배려는 서로 상이한 가치를 가진다는 법원의 전제 역시 헌법상 납득할 수 있다고 밝혔다. 왜냐하면 사실관계가 의심스러운 경우, 원래 기사에서 당사자의 짧은 입장표명을 언급하는 것보다 반론보도에 훨씬 더 커다란 보도효과가 따라올 것이기 때문이라고 생각했다. 결국 헌법상 원칙들에 따라 요구된 "동일한 보도상의 효과"는 원칙적으로 반론보도를 통해서만 가능하며, 언론기관은 이러한 반론권 행사를 상충하는 기본권들의 조정을 위해 감수해야 한다고 보았다. 반론권은 원래 보도에서 당사자의 관점이 제대로 전달되지 못했을 경우에 당사자에게 충분히 발언할 수 있는 권리만을 매개하는 것이라는 청구인의 주장은 반론권의 보호 목적을 오인한 것이라고 비판했다. 물론 당사자에 의해 전달된 관점에 관한 중립적 표현은 원칙적으로 추후의 반론권 행사를 배제한다고 인정했다. 하지만 이것이 당사자는 자기 발언의 동일한 보도효과를 달성하기 위해서는 사전-입장표명의 의무를 받아들여야 한다는 사실을 의미하지는 않는다고 보았다. 동시에 함부르크출판법 제11조 제3항에 규정된 반론보도에 대한 편집상의 논평 가능성이 자신의 출판자유권 침해에 대해 대응하고,

그와 함께 자신의 사실주장을 고수할 수 있는 언론에 주어진 조정수단이라고 보았다. 따라서 함부르크출판법 제11조의 반론권은 헌법상 관련된 기본권 지위들의 헌법상 조정을 의미하기 때문에 비례원칙도 준수한 것이라고 인정했다.

한편, 청구인의 견해와 달리 반론보도의 인정을 위해서는 항상 충돌하는 기본권의 개별사례를 고려한 형량에 의존해야 한다는 점도 반드시 필수적이지는 않다고 밝혔다. 오히려 기본법 제5조 제1항과 기본법 제1조 제1항과 결합된 제2조 제1항 사이의 긴장관계는 원칙적으로 이미 주의 개별적인 일반규정이나 방송협약을 통해 고려되었다고 보았다. 따라서 반론보도청구의 일반적 전제조건으로서 개별적 형량조건은 입법형성의 자유 내에서 헌법상 이의 없이 제정된 법규, 여기에서는 함부르크출판법 제11조를 무력화시킬 것이라고 생각했다. 단지 "정당한 이익"이라는 필수조건을 통해 개별적 사례의 특별한 사정들이 고려될 수 있을 것이라고 보았다.

연방헌법재판소는 요구된 입장표명의 제시와 동시에 이를 예정된 보도에서 사용하지 말라는 통보 역시 이는 단지 당사자에게 비난이 될 수 없는 솔직한 행동에 불과하기 때문에 반론보도의 탈락에 이르게 하지는 않는다는 법원의 논거 역시 헌법상 우려가 생기지 않는다고 밝혔다. 이러한 자기방어의 통보는 정당한 이익의 대변이기 때문에 권리남용행위가 존재하지 않는다고 보았다. 그로 인해 언론이 반론보도의 대상이 될 위험부담과 함께 해당 보도를 작성해야 할지 말지를 결정해야 하는 상황이 위법한 위협은 아니라고 판단했다.[97]

6. 언론의 주의의무의 법적 의미

언론이 보도에 있어서 자신의 저널리즘상의 주의의무를 준수하지 않은 경우, 이에 대한 직접적인 법적 의미는 사소하다고 할 수 있다. 주 출판법 어디에서도 언론에 적합한 주의의무를 준수하지 않고 뉴스를 보도했다는 이유로 이를 불법행위로 간주해 형사처벌하는 규정은 없으며, 그 밖의 현행 독일법체계에 속한 규정들에 따르더라도 언론의 주의의무 위반에 대한 법적 제재는 존재하지 않는다.

이러한 자유주의적 출판법규정은 헌법상 바람직한 것이며, 기본법과 주 출판법은 언론에 객관적 진실의 보장을 요구하지 않는다는 결론의 표현으로 볼 수 있다. 만약에 사전예비조사가 요구된 주의의무를 충족하지 못한 모든 보도행위가 입법자에 의해 정해진 자유형이나 벌금형과 함께 위협받게 된다면, 언론은 나중에 법원이 제시하는 주의의무 요청을 최신의 시사성에 맞춰진 구체적인 사건에 관한 보도에서 준수하지 못했다는 이유로 형사처벌될 수 있다는 위험 속에서 언론활동을 수행할 수밖에 없을 것이다. 하지만 언론의 입장에서는 이러한 위험부담을 받아들일 수 없을 것이다. 아울러 검찰과 법원은 기본법 제5조 제1항 제3문의 규정에서 명백히 금지하고 있는 검열 당국이 되기 시작할 것이다.[98]

이러한 의미에서 보도상 언론의 주의의무의 준수는 과대평가되어서도 안 되지만, 반대로 과소평가될 수도 없는 간접적인 법적 의미가 중요하다. 이는 언론보도가 일반적 인격권의 침해나 타인의 권리와 관계될 경우에 해당 보도의 책임 유무는 무엇보다 이 기준을 통해서 심사된다는 점에서 그러하다. 따라서 뉴스나 정보에 관한 언론에 적합한 주의 깊은 심사의무의 위반은 형사법 영역만이 아니라 민사법 영역에서도 정당한 이익의 대변이라는 정당화 관점의 주장을 배제시키기 때문에, 결과적으로 적법한 언론보도는 보도상의 주의의무 준수 없이는 불가능하다.[99]

제13장

소송상 언론의 주장책임과 입증책임

Ⅰ. 주장책임과 입증책임, 확대된 주장책임

소송법상 주장책임(Darlegungslast) 및 입증책임(Beweislast)이나 언론법상 주장책임 및 입증책임이나 그 출발점은 다를 것이 없다. 따라서 청구이유 사실에 대한 주장 및 입증책임은 원고가 지고, 청구를 부인하는 주장 및 입증책임은 피고가 지는 것이 원칙이다. 하지만 언론법상의 예외에 유의해야 한다.[1]

실제 언론분쟁 사건에서 사실주장의 진실내용에 대한 조사는 종종 어려운 상황에 놓이기 때문에, 민사법원은 제3자에 대해 부정적 사실주장을 제기한 장본인에게 소위 '확대된 주장책임(erweiterte Darlegungslast)'을 추가로 부과한다. 이에 따라 표현주체는 자신의 주장을 보증하기 위한 근거사실을 진술하거나 출처를 제시해야 하는 설명의무를 부담하게 된다. 이러한 주장책임은 근거 없는 주장의 경우에는 의견자유의 보호가 후퇴해야 한다는 실체법상 원칙에 대한 소송법상 대응원칙이라고 볼 수 있다.[2]

연방대법원의 견해에 따르면, 자신을 공격한 주장의 제기나 전파에 대한 주장 및 입증책임은 예외 없이 원고가 부담한다.[3] 이러한 이유로 연방대법원은 당사자인 원고의 정보제공청구권, 즉 피고가 어떤 기회에 그리고 누구에 대해 문제 된 내용의 주장을 제기했는지에 대한 정보제공청구를 부인했다.[4] 하지만 이러한 견해는 어쨌든 라디오방송 및 텔레비전방송의 경우에 입증의 어려움을 야기할 수 있다. 방송사에 대한 언론소송은 당사자가 자신에 관한 부당한 내용이 포함된 영상녹화물을 입수할 수 있었는지에 달려 있기 때문이다. 따라서 방송사는 송출된 영상물을 제공하거나, 경우에 따라서는 유료로 녹화물 사본을 송부할 의무를 부담하고, 그 결과 원고는 자신의 주장 및 입증책임을 이행하는 것이 가능할 것이다. 이러한 이유로 모든 방송 관련법은 방송내용이 녹화되어야 하며, 방송으로 인해 자신의 권리가 저촉된 사람이 문서상으로 이를 소명한 경우에는 누구든지 방송물을 열람할 수 있다고 규정하고 있다. 하지만 당사자가 다른 방송들에서도 보도되었는지에 관해서도 알려줄 것을 요구할 수 있는 정보제공청구권은 인정되지 않는다.[5]

Ⅱ. 진실에 관한 주장책임

1. 확대된 주장책임의 의의

명예훼손 주장의 경우에 있어서 표현주체인 피고는 입증책임과는 무관한 확대된 주장책임(erweiterte Darlegungslast)을 진다.[6] 이는 명예훼손 주장을 제기하고 그의 적법성을 옹호하는 사람은 원칙적으로 그의 근거를 소명할 수 있어야 한다는 사실에서 기인한다. 피고인 언론사가 이러한 주장책임에 따르지 않는 이상, 입증책임이 원고에게 있다는 점에도 불구하고 사건판단의 출발점은 다툼이 된 주장들의 허위성에서 시작될 수 있다. 왜냐하면 원고에게 자신의 정당성을 무작정 밝혀야 할 상황 때문에 소송규정에 따른 피고의 진술에서 쉽게 빠질 수 있었던 그런 범위 내에 있는 개인적 혹은 사업적 영역의 불리한 사정들까지 공개하도록 요구하는 것은 부당한 처사이기 때문이다. 또한 허위성의 입증에 있어서 필수적인 것으로 보이는 사정들을 어디에서도 제시하지 않은 채 자신의 주장을 반복하려는 표현주체에게는 정당한 이익이 인정될 수 없기 때문이다. 예컨대, 책의 내용이 날조되었다는 주장이 문제 된 경우, 원고는 단지 피고가 소송과정에서 이러한 비난을 충분히 구체화했을 때에만 비로소 이를 보다 구체적으로 다툴 수 있게 된다.[7]

실제 민사법원의 판례들은 나중에 비로소 허위로 확정된 표현과 결합된 기본권 행사의 위축효과를 막기 위해 표현주체에게 현 상태에서 가능한 주의의무를 부과하는데, 이러한 주의의무를 이행함에 있어서 사실주장의 진실조사는 종종 쉽지 않기 때문에 표현주체에게 추가로 자신의 사실주장에 대한 근거사실을 진술하도록 독촉할 수 있는 소위 확대된 주장책임을 부과하게 된다. 이러한 확대된 주장책임은 근거 없는 주장의 경우에는 의견표현의 자유권이 후퇴해야 한다는 실체법상 규정에 대한 소송법상 대응규정이라고 볼 수 있다. 따라서 표현주체가 자신의 주장을 근거사실과 함께 뒷받침할 수 없다면, 그의 주장은 허위로 다뤄진다.[8]

하지만 피고의 확대된 주장책임을 인정함에 있어서 이러한 의무요청이 과도하게 요구되어서는 안 된다. 왜냐하면 기본법 제5조 제1항이 의도한 자유로운 의사소통과정이 위축될 수 있기 때문이다. 이에 따라 민사법원의 판례들은 제3자에게 불리한 사실의 전파에 있어서 언론에는 특별한 주의의무를 요구하는 반면, 언론이 아닌 일반인에게는 자신의 경험 영역이나 통제 영역에서 유래한 사실주장을 제기하는 경우에만 언론과 유사한 주의의무를 요구하고 있고, 그 외에는 '일반인특권(Laienprivileg)'을 인정하고 있다. 왜냐하면 공적 관심사안, 특히 투명하지 않은 정치-경제 영역에서 생겨난 사안들의 경우에는 통상 관련증거나 자신의 조사만을 바탕으로 하는 근거사실을 제출하는 것이 불가능하기 때문이다. 오히려 이런 경우에는 다른 언론을 통한 보도에 의지하는 것이 통상적이다. 그럼에도 이러한 경우까지 개인에게 검증 가능한 자료들을 추가로 제출할 것을 요구한다면, 개인으로서는 언론에서 얻게 된 명예훼손적 사실에 더 이상 관심을 가지지 않을 뿐더러 이를 자신의 의견을 뒷받침하는 근거로 제시할 수 없게 되는 결과를 가져올 것이다. 그리고 이러한 결과는 개인의 의견자유권의 마비에만 그치는 것이 아니라 오히려 여론형성의 역할을 수행하는 언론보도를 통해 하나의 의견을 형성하는 개인이 이러한 언론보도들을 더 이상 이용하지 않음으로써 결국 사회적 의사소통절차가 수축되는 결과에 이를 것이다. 하지만 이러한 두 경우 모두 기본법 제5조 제1항의 의미와는 합치될 수 없다. 따라서 만약 민사법상 규정이 기본법 제5조 제1항의 기본권에 비추어 해석되어야 한다면, 선의로 언론보도에 관심을 갖고 이로부터 일반화된 결론을 이끌어낸 개인에게는 단지 예외적으로 시대에 뒤떨어진 것이거나 취소된 보도를 이용한 경우에만 금지판결이나 취소판결이 선고되어야 할 것이다.[9]

따라서 기본권형량의 범위 내에 배치되어야 할 소위 '일반인특권(Laienprivileg)'은 개인에 의해 전파된 의견관련 사실 내지 의견표현 내 사실요소의 진실내용과 관련해 주의의무를 정하는 기준역할을 한다. 이에 따라 언론보도를 자신의 주장근거로 이용한 일반인이 형량결과 이러한 주의의무를 준수한 것으로 인정된다면, 이 표현은 나중에 허위인 것으로 밝혀지더라도 공표 당시에는 적법한 것으로 인정될 수 있어서 형사처벌이나 취소 혹은 손해배상의 대상으로 고려되지 않는다. 다만, 허위의 확정 이후에도 이러한 주장을 고수하는 것은 어떠한 정당한 이익도 존재하지 않기 때문에, 표현주체가 이러한 주장을 계속해서 고수할 위험이 존재하는 경우 그는 결과적으로 금지청구 판결을 받게 될 수 있다.[10]

결과적으로 연방대법원은 명예훼손 사건에 관해 일반적인 입증책임 분배원칙과는 무관하게 소위 확대된 주장책임을 피고인 표현주체에게 부과한 것으로 이해된다. 따라서 이러한 주장책임은 입증책임과는 분명히 구별되어야 하고, 피고인 언론사 등은 확대된 주장책임의 이행만으로도 자신의 입증책임을 면하게 되며, 이에 따라 오히려 원고가 입증책임을 부담하게 되는 결과가 발생한다. 바로 이러한 점에서 언론의 확대된 주장책임은 언론활동과정에서 언론사에 요구되는 주의의무와 직결되어 있다. 이에 피고인 언론사가 자신의 근거제시 혹은 출처제시 등의 주장책임을 다했다면, 그는 일단 보도과정에서의 주의의무를 준수한 것이 되므로, 그다음 허위에 관한 입증책임이 피해당사자인 원고에게 넘어가게 된다.

연방헌법재판소 1998년 11월 10일 자 결정 – 1BvR 1531/96("헬른바인"–결정)

사실관계

유명한 오스트리아 출신 예술가이자 독일에서 살고 있는 청구인은 1972년부터 사이언톨로지의 저작들과 이론에 심취했고, 이 기관이 제공하는 과정에도 참여했다. 1975년 이래 다양한 잡지에서 자신을 사이언톨로지 신도라고 칭하거나 그렇지 않으면 사이언톨로지와 연관시켰다. 1994년 민간주도로 당시 자르브뤽켄에 있는 강제수용소 부지 "노이에 브렘"이 예술적 형태로 조성될 계획이었고, 청구인이 이 조성과제에 적임자로 고려되어서 모델의 초안을 잡아야 했다. 전심소송의 피고였던 두 단체는 이 조성과제에서 이단성의 극복을 자신들의 사명으로 삼았는데, 이에 따라 청구인의 참여를 저지시키고자 했고, 이러한 목적의 달성을 위해 언론과 정치인들에게 도움을 요청하는 공개서한을 전달했다. 이 서한내용은 다음과 같았다:

하지만 지금 범죄적, 전체주의적으로 조직된 전 세계적 사이언톨로지 교회의 회원모집을 추진하고 있는 오스트리아 예술가 고트프리드 헬른바인이 수용소 부지의 새로운 조성을 위해 한 모델을 구상하고 있다는 사실은 엄청난 스캔들이다. 한 범죄결사체의 모집책이 미디어와 정치인들로부터 추앙받았고, 수많은 보도에서 사이언톨로지를 위해 회원을 모집했으며, 스스로를 '사제'로 칭했다(사이언톨로지 은어: 법무관IV. 즉, 그는 거짓말탐지기를 사용한 강제최면술과정에서 인간의 자의식을 통제할 목적으로 그의 심리를 파괴한 최고평신도그룹에 속했다). 자르브뤽커, 율리우스 키페 스트리트 105번지에 소재한 '갤러리 48'에서 구매 가능한 한정판 석판화 수익이 분명코 사이언톨로지 비밀기구(OSA 뮌헨)에 흘러 들어갔다…. 범죄적, 비인간적 단체 '사이언톨로지'가 공공문화에 대해 영향을 줄 개연성이 지금 자를란트주에서도 시험대에 올라 있다. 당신들의 즉각적인 조치를 고대하며….

결국 청구인은 주문을 따내지 못했다. 청구인이 가처분절차 이후 제기한 소송에서 지방법원은 피고에게 다음의 주장들을 문자 그대로 혹은 유사하게 이를 제기하거나 전파하는 것을 금지하라고 선고했다. 주장된 사실들이 피고에 의해 입증되지 않았다는 이유였다:

1. 오스트리아 예술가 고트프리드 헬른바인은 자신을 사제로 칭했다.
2. 오스트리아 예술가는 사이언톨로지 교회의 법무관IV이다.
3. 고트프리드 헬른바인은 거짓말탐지기를 사용한 강제최면술과정에서 인간의 자의식을 통제할 목적으로 그의 심리를 파괴했다.
4. 자르브뤼커 갤러리48에서 구매 가능한 한정판 석판화 수익이 입증된 바와 같이 사이언톨로지 비밀기구(OSA 뮌헨)로 흘러 들어갔다.

피고의 항소로 상급법원은 1심법원의 판결을 광범위하게 수정했는데, 표현4에 관해서만 판결을 유지했고, 1에서 3까지의 표현과 관련해서는 소송을 기각했다. 아울러 상고는 허용되지 않았다. 상급법원은 1, 2표현들이 명예훼손적이며, 허위라는 사실은 중요하지 않다고 보았다. 왜냐하면 자신의 경험 영역에서 생겨나지 않아서 자신이 직접 검증할 수 없는 명예훼손 주장들을 제기한 사람에게는 반박되지 않은 언론보도를 인용하는 것이 허용되어야 하며, 의견표현권의 행사가 위축되지 않기 위해서는 의견자유권의 주체에게 과도한 주장책임을 요구해서는 안 된다고 밝혔다. 헌법재판소의 결정(NJW 1992, 1439)도 이를 인정했다고 덧붙였다. 하지만 청구인의 헌법소원은 성공했다.[11]

① 특정단체 구성원으로서 간주하는 것과 일반적 인격권 문제

우선, 연방헌법재판소는 대상 판결이 청구인의 일반적 인격권과 관계된다고 보았다. 일반적 인격권은 누군가를 어떤 단체의 구성원으로 귀속시키는 것을 통해 인격

에 있어서 중요한 의미가 따라오고, 그와 함께 공중 속에서 그의 이미지에 불리한 영향을 미치는 한, 어떤 단체의 구성원으로 간주하는 표현에 대해서도 보호를 제공한다고 밝혔다. 일반적 인격권은 특별한 자유보장의 대상은 아니지만 인격의 근간을 형성하는 의미가 특별한 자유권에 뒤처지지 않는 그러한 기본적 인격요소를 보호하며, 개인의 사회적 존중권 역시 여기에 속한다고 보았다. 이러한 이유에서 일반적 인격권은 한 인물의 인상을 공중 속에서 부정적으로 보여주기에 적합한 표현들에 대해서도 보호를 제공한다고 밝혔다. 이러한 표현들은 개인의 명예를 깎아내리고, 그의 사회적 관계를 무력화시키며, 그 결과 그의 자존감을 파괴할 수 있기 때문에 기본법 제2조 제1항에 의해 보장된 인격의 자유로운 발현에 해를 끼치는 것이라고 설명했다. 물론 이러한 기본권 보호가 개인에게 자기가 생각한 모습 그대로 혹은 다른 사람들로부터 평가되기 원하는 모습 그대로 공중 속에서 묘사될 것을 요구할 수 있는 그런 권리까지 허용하는 것은 아니라고 밝혔다. 그럼에도 어쨌든 개인에게 자신의 인격발현에 있어서 경미하다고 생각할 수 없는 표현들, 즉 인격상을 날조하거나 왜곡한 표현들에 대해서 보호한다고 판시했다.

특정 그룹이나 단체의 소속 여부는 원칙적으로 이러한 인격관련성을 가지며, 누군가가 출생이나 사회화과정에서 이러한 그룹에 속하게 되었다면, 이러한 소속감은 대개 그 인물에 대한 정체성 형성에 영향을 미치게 될 것이라고 보았다. 만약 그가 자유로운 의사결정을 통해 한 그룹에 가입했다면, 이것은 원칙적으로 그 그룹의 목표와 행동방식과 높은 일체성을 보여주는 징표이며, 인격을 결정하는 효과를 가질 수 있다고 생각했다. 주변으로부터 개인은 그가 신봉하는 조직이나 그룹과 어느 정도 일치된 것으로 평가되며, 그의 명예는 단지 자신의 개인적 신분이나 업적에만 좌우되지 않고, 오히려 그가 속한 그룹의 평가에도 의존하게 된다고 설명했다. 이것은 특히 종교적 혹은 세계관적으로 결성된 그룹이나 단체의 경우 그러하며, 더군다나 전통적 종교기관이나 세계관의 그룹에 속할 때가 아니라 사회 내에서 비판적이고 완전히 부정적으로 여겨지는 소수그룹에 속할 때 더욱더 그러하다고 밝혔다.

연방헌법재판소는 이러한 점에서 대상 판결은 청구인의 기본법 제1조 제1항(인간 존엄성)과 제2조 제2항(자유로운 인격발현권)에 근거한 기본권을 침해한다고 판단했다. 물론 부정적 주장들에 대한 기본법상 보호는 직접 제3자에게 미치는 것이 아니기 때문에 일반적 인격권 역시 단지 국가에 대해서만 직접효를 발생시킨다고 인정했다. 하지만 일반적 인격권에는 제3자를 통한 인격위해에 대해 보호할 기본법상 의무가 주어진다고 강조했다. 따라서 법원들이 이러한 보호에 기여하는 규범들을 적용하는 때에는 기본법상 기준들을 준수하여야 한다고 밝혔다. 만약 법원들이 이러한 기준들을 소홀히 한다면, 지속적인 연방헌법재판소의 판례에 따르면 객관적 헌법의 침해뿐만 아니라 당사자의 주관적인 기본권 역시 침해하게 되는 것이라고 분명히 했다.

연방헌법재판소는 인격과 관련된 진술들을 허용하는 법원의 판결들에 대해서 당사자는 문제의 진술이 허위이며, 따라서 일반적 인격권을 침해한다는 이유와 함께 맞설 수 있다고 보았다. 이러한 사정은 청구인이 사이언톨로지 그룹의 구성원이고, 스스로 자신을 이 단체의 사제로 칭했으며, 실제로 사제가 맞다는 내용의 표현에 대한 청구인의 금지청구 소송기각에도 적용된다고 판단했다. 청구인에게 비난된 사이언톨로지와의 밀접한 관련성은 대중들이 그에 관해 가지고 있는 인상을 부정적으로 형성할 수 있고, 이 조직은 사회 내에서 극도로 다툼이 많으며, 빈번하게 국가나 비판적 언론보도의 경고대상이 되었다는 점에서 더욱 그러하다고 보았다. 따라서 청구인이 사이언톨로지의 주도적 지위에 있는 신도라는 주장은 타인으로부터의 주문이나 구매 등에 있어서 불리하게 작용할 수 있는 명예훼손에 해당하기 때문에 그의 예술활동을 곤란하게 만든다는 사실이 배제되지 않는다고 생각했다.[12]

② 판례를 통해 발전된 법익형량의 단계적 원칙들

연방헌법재판소는 관할법원들이 인격권 보장과 의견표현권 보장의 충돌문제를 해결하는 과정에서 해당 규정들의 해석과 적용이 비록 관할법원의 전속권한이기는 하지만, 원칙적으로 표현을 통한 인격권 침해의 심각성과 표현의 금지를 통한 의견자유권의 손실 사이의 형량을 요구받게 된다고 밝혔다. 왜냐하면 해당 규정들의 해석과 적용에 있어서 관계된 기본권의 가치설정적 의미가 법적용 분야에서 무의미해지지 않도록 이를 주도적으로 고려해야 할 법원의 의무 때문이라고 밝혔다. 그리고 이러한 형량은 해석 가능한 일반법의 구성요건표지를 통해 행해져야 하며, 사안의 특별한 사정을 참작해야 한다고 강조했다.

바로 이러한 형량의 결과는 개별사건에 주어진 사정에의 의존성으로 인해 일반적이거나 추상적으로 미리 결정될 수 없고, 그간의 판례를 통해 형성된 몇 가지 우선원칙이 고려될 수 있다고 밝혔다. 그러한 특칙으로는 첫째, 표현이 인간존엄에 대한 공격이나 비방적 비판 혹은 형식적 모욕을 나타낼 경우에는 가치평가의 경우에도 통상 인격권보호가 의견자유권에 앞서게 된다고 판시했다. 둘째, 사실주장의 경우에 형량은 진실내용에 달려 있으며, 진실한 진술은 당사자에게 불리할 경우일지라도 원칙적으로 감수되어야 하지만, 허위의 사실인 경우에는 그렇지 않다고 밝혔다.

나아가 이러한 공식들은 세분화를 필요로 한다고 보았다. 이에 따라 셋째, 진실한 진술의 경우에도 역시 예외적으로 인격적 이익이 우월할 수 있으며, 의견자유권이 뒤로 후퇴할 수 있다고 보았다. 이것은 특히 그 진술이 내밀 영역, 사적 혹은 비밀 영역과 관계되고, 공중의 정당한 정보이익을 통해 정당화될 수 없거나 그 진술이 진실성의 전파에 관한 이익과 비례관계에 놓여 있지 않은 인격권 침해를 야기할 우려가 있을 때 그러하다고 밝혔다. 아울러 허위의 사실주장의 전파는 원칙적으로 어떠한 정당화된 이익도 존재하지 않으며, 다만 허위사실주장이 처음부터 의견자유의 보호범위에서 탈락하는 것은 아니라고 보았다.

재판부는 비록 연방헌법재판소가 잘못된 정보는 의견자유의 관점에서 어떠한 보호가치 있는 이익도 아니라고 확정했지만, 그것은 단지 의도적인 허위사실주장과 보도 시점에 이미 그의 허위성이 의심할 여지 없이 확정된 경우에만 기본법 제5조 제1항 제1문의 보호범위 밖에 놓여 있게 되는 것이고, 그 밖의 모든 의견관련성을 지닌 사실주장은 비록 그것이 나중에 허위로 밝혀질지라도 우선은 기본권 보호를 누린다

고 설명했다.[13]

③ 구체적 형량기준으로서 주의의무의 인정범위

연방헌법재판소는 형량에 있어서는 그다음으로 진실내용이 중요하다고 판시했다. 원칙적으로 의견자유권은 허위사실주장인 경우 뒤로 후퇴하게 되지만, 이때 진실성은 표현 시점에서는 종종 불확실하기 때문에 토론절차 혹은 법원에서의 규명결과에 따라 비로소 확정될 수 있다는 점이 고려되어야 한다고 밝혔다. 이와 관련해 재판부는 나중에 허위로 밝혀진 표현에 대해서까지 항상 제재가 부과될 수 있다면, 표현주체로서는 위험부담을 피하기 위해 단지 번복될 수 없는 진실들만을 공표해야 할 것이고, 이에 따라 의사소통절차는 고통을 받을 수밖에 없을 것이라고 생각했다. 결국 의견표현의 관점에서 회피되어야 할 결과로서 표현주체의 기본권 행사를 위축시키는 효과를 낳게 될 것이라고 우려했다. 이 때문에 민사법원의 판례는 다른 사람에 불리한 사실주장을 제기한 사람에게는 각각의 개별적인 규명 가능성을 기준으로 삼아서, 가령 일반인보다는 언론에 보다 더 엄격하게 적용되는 주의의무를 부과함으로써 의견자유의 요청과 인격권 보호의 이익 사이에 조정이 이뤄지도록 노력해 왔다고 밝혔다.

연방헌법재판소는 이러한 의무들의 인정에 대해서는 어떠한 반대도 없으며, 오히려 이러한 의무들을 일반적 인격권에서 생겨난 보호의무의 표현으로 이해될 수 있다고 보았다. 따라서 헌법상 진실의무가 과도하게 팽창되지 않고, 기본법 제5조 제1항이 의도한 자유로운 의사소통절차를 옥죄지 않는 것만이 중요하다고 강조했다.

따라서 형량결과는 이러한 주의의무의 준수에 달려 있다고 판단했다. 그에 따라 완전히 근거 없거나 날조된 주장의 경우에는 인격권이 의견자유를 배제하게 된다고 보았다. 이어서 기본법상 요청들과의 일치하에서 발전되어 온 주의의무의 인정범위가 중요하다고 생각했다. 만약 주의의무가 엄수되었음에도 나중에 표현의 허위성이 밝혀지게 된다면, 그 표현은 공표 시점에서는 적법한 것으로 인정될 수 있고, 그 결과 형사처벌도 취소나 손해배상도 고려되지 않는다고 설명했다. 그에 반해 허위확정 이후에도 해당 주장을 고수하는 것은 어떠한 정당한 이익도 인정되지 않는다고 밝혔다. 따라서 그럼에도 표현이 유지될 위험(이른바 최초침해위험)이 존재한다면, 표현주체는 금지선고 판결을 받을 수 있다고 인정했다. 아울러 표현으로 인해 당사자의 침해가 계속된다면, 당사자는 이에 대해 정정보도를 청구할 수 있다고 보았다.[14]

④ 표현주체에 부과되는 소위 확대된 주장책임

한편, 연방헌법재판소는 실무상 민사법원이 표현주체에 부과하고 있는 소위 확대된 주장책임(erweiterte Darlegungslast)은 헌법상 문제 되지 않는다고 판단했다. 실무상 사실주장의 진실성 조사는 매우 어렵기 때문에, 민사법원은 제3자에 관해 불리한 진술을 한 그런 사람에게 자신의 주장을 보증하는 근거사실을 진술하도록 독촉할 수 있는 추가의 확대된 주장책임을 부과했다고 밝혔다. 연방헌법재판소는 이러한 주장책임의 법적 성격에 관해 근거 없는 주장의 경우에는 의견자유의 보호가 인격권 보호 뒤로 후퇴해야 한다는 실체법상 원칙에 상응하는 소송법상의 대응원칙이라고 생각했다. 따라서 표현주체가 자신의 주장을 근거사실과 함께 보강할 수 없다면, 그러한 주장은 허위로 다뤄지게 된다고 밝혔다. 바로 이러한 주장책임의 요청이 의견자유권에 불리할 정도로 과도하게 요구되지 않는다면, 이는 헌법상 이의 제기될 수 없다고 보았다. 그리고 그러한 과도한 팽창사례는 '바이엘-주주' 결정(NJW 1992, 1439)에서 연방헌법재판소로부터 비판받았다고 소개했다. 해당 결정에 따르면, 일반인이 자신의 개인적 경험 영역에서 일어나지 않은 사실주장을 제기할 경우에는 통상 주장의 근거를 위해 반박되지 않은 적절한 언론보도를 주장책임의 이행을 위해 원용할 수 있다고 인정했다. 왜냐하면 그렇지 않을 경우, 어떤 인물들에 관한 불리한 진술을 포함한 언론보도가 그의 여론 형성적 성격에도 불구하고 개인 간의 의견교환에 거의 이용될 수 없는 결과를 낳을 수 있기 때문이라고 밝혔다.

하지만 연방헌법재판소는 이러한 주장책임의 이행이 소송과정에서의 진실규명심사를 무용지물로 만들지는 않는다고 강조했다. 근거사실을 통해 지지된 주장 역시 허위일 수 있으며, 그 때문에 일반적 인격권은 사실주장에 의해 피해를 입은 당사자가 소송과정에서 주장의 허위성을 주장할 가능성이 단지 주장책임의 이행이라는 항변만으로 차단되어서는 안 되기 때문이라고 설명했다. 피해당사자가 그의 입장에서 그 근거사실을 거부할 어떤 것도 가지고 있지 않을 때에만 그 표현의 진실성이 확정될 수 있으며, 소송상 전제조건들이 진실성 판단을 위해 여전히 존재하는 한, 진실내용은 규명되어야 한다고 판단했다.

아울러 이러한 원칙은 주장된 사실이 언론보도에서 인용한 것일 경우에도 마찬가지라고 밝혔다. '바이엘' 결정에서는 오히려 연방헌법재판소에 의해 대상 판결이 파기되었는데, 왜냐하면 거기에서 법원은 주장책임에 관한 요청을 기본법 제5조 제1항의 위반하에서 과도하게 확대했고, 그 때문에 주장사실이 쉽사리 허위사실과 동일시되었기 때문이라고 지적했다. 하지만 진실이나 허위 여부가 소송에서는 사소한 것으로 치부될 수는 없기 때문에, 금지청구 소송의 원고가 언론보도의 허위성을 더 이상 구체적으로 주장하거나 경우에 따라서는 입증할 필요가 없다는 사실로 귀결되지는 않는다고 설명했다.[15]

⑤ 사건판단

연방헌법재판소는 상급법원의 판결이 일반적 인격권의 요청에 부합하지 않는다고 판단했다.

우선, 표현1과 관련한 금지청구의 기각은 헌법심사를 통과하지 못한다고 밝혔다.

상급법원이 표현 1, 청구인이 자신을 스스로 사이언톨로지 신도라고 칭했다는 표현을 사실주장으로 인정한 점은 헌법상 아무런 우려도 일어나지 않는다고 인정했다. 그리고 이러한 표현은 증거에 접근 가능한 사실이라고 보았다. 그에 반해 재판부는 상급법원이 이러한 주장의 진실 여부를 미해결 상태로 심사하지 않았다는 점을 꼬집었다. 오히려 상급법원은 신도로서 자칭했다는 기사내용은 자신에 의해 동의된 바 없으며, 그리고 법무관과 관련한 부분은 허위일 뿐만 아니라 자신은 1992년 사이언톨로지와 거리를 두었다는 청구인의 주장사실이 소송과정에서 심사되어야만 했다고 지적했다. 특히 거리 두기와 관련해 상급법원은 자신의 세계관을 바꾸고 새로운 지향을 모색하는 것 역시 개인의 인격의 표현이라는 점을 고려했어야 했다고 질책했다. 이러한 사례에서 청구인은 제3자들이 자신과 사이언톨로지 조직과는 아무런 관련이 없다는 내용의 의도적이고 공개적인 거리 두기 이후에 자신의 입장 선회를 존중할 것과 자신이 적을 두었던 사실은 단지 과거에만 해당하는 것이라는 점을 정당하게 요구할 수 있다고 판단했다. 왜냐하면 문제의 표현은 현재진행형으로 작성되었기 때문에, 청구인의 거리 두기 해명은 그 주장의 유지에 있어서 하나의 중요한 역할을 할 것이라고 생각했다. 이는 신도로서 자칭한 것이 과거에만 적절한 것인지 여부의 판단에 있어서도 마찬가지 역할을 할 수 있다고 보았다.

이어서 연방헌법재판소는 표현2와 관련한 금지청구의 기각 역시 청구인의 일반적 인격권을 침해한다고 인정했다.

일단, 상급법원이 이 표현을 사실주장으로 인정한 점에서는 헌법상 모순이 생겨나지는 않는다고 보았다. 하지만 상급법원은 "청구인이 법무관IV"라는 주장의 진실 혹은 허위 여부를 "셀러브리티"라는 잡지 내의 기사에서 확인한 것이라는 주장을 소홀히 다뤄서는 안 된다고 지적했다. 오히려 상급법원은 청구인이 사이언톨로지 독일교회 선언문의 제출하에서 법무관 연수를 받았다거나 이러한 직위를 맡았다는 사실을 다투고 있다는 점을 고려해야 했다고 비판했다. 상급법원은 무엇보다 청구인의 사이언톨로지와의 거리 두기 해명, 특히 청구인의 진지성을 심사해야 했다고 꼬집었다.

마지막으로 연방헌법재판소는 표현3과 관련한 금지청구의 기각 역시 청구인의 일반적 인격권을 침해한다고 결정했다.

재판부는 상급법원이 해당 표현의 진실문제를 방치하지 않고 청구인이 사이언톨로지 신도라는 사실을 입증된 것으로 간주했으며, 이와 함께 조직활동에 관해 행해졌던 진술들로 인해 청구인의 인격에 평가저하가 생겨났다고 인정한 것은 존중했다. 하지만 상급법원이 인격권 보호에 대해 의견자유의 우위를 인정한 것은 잘못이라고 반박했다. 이러한 실수는 일반적 인격권의 보호내용과 사정거리에 관한 부적절한 이해에서 근거한 것이기 때문에, 대상 판결은 이미 위에서 다뤄진 두 개의 표현들에서 확인된 것과 동일한 문제점을 지니고 있다고 밝혔다. 따라서 대상 판결은 기본권 위반에 근거한 것이라고 판단했다. 두 당사자들은 자신들의 주장을 위해 증거를 제출했고, 어쨌든 그에 따라 최초침해위험의 인정을 위해서는 반드시 증거조사가 행해져야 하지만, 다른 곳 어디에서도, 특히 상급법원이 행한 표현3의 판단에서도 이러한 조사가 충분히 이뤄지지 않았다고 보았다. 상급법원은 판결에서 단지 청구인의 잠시 동안 사이언톨로지 회원자격을 가졌다는 점만을 확인했을 뿐 신도로서의 자칭 문제나 실제 지위에 관해서는 아무런 언급도 하지 않았고, 청구인으로부터 주장되었던 사이언톨로지와의 거리 두기에 관해서도 어떠한 언급도 없었다고 비판했다. 결국 상급법원은 기본법 제1조 제1항(인간의 존엄성) 및 제2조 제1항(자유로운 인격발현권)의 요청을 준수하지 않았다고 결론 내렸다.[16]

연방대법원 1974년 7월 9일 자 판결 – VI ZR 112/73("노동현실"–판결)

사실관계

피고의 상고는 항소법원이 팸플릿 내 명예훼손 표현에 대한 피고의 책임을 소송법의 위반하에서, 특히 제출된 증거의 무시하에서 인정했다고 항변했다. 하지만 이러한 상고는 결과적으로 성공하지 못했다.

피고는 문제 된 제1주장(여성을 통한 중노동)을 위해 전문가감정을 제출했고, 재차 보조적으로 원고 회사 작업반장 K의 증언을 근거로 제시했지만, 항소법원은 이러한 증거를 조사하지 않았다. 항소법원은 제출된 자료에는 구체적인 관련정보가 부족하다고 판단했다. 항소법원은 공장에서 어떤 중노동이 주로 여성에 의해 수행되었는지에 관한 법원의 소명지시에도 불구하고 피고는 아무런 진술도 하지 않았다고 지적했고, 또한 전문가감정은 부적당한 증거수단이라고 보았다. 왜냐하면 법원의 부족한 전문지식을 보충하는 것이 감정인의 과제이지 사실을 우선적으로 조사해서 당사자의 주장책임을 경감시켜 주는 것이 그의 역할은 아니라고 밝혔다.[17]

① 피고의 근거사실 제시의무

연방대법원은 결과적으로 이러한 항소법원의 판단에 따른다고 판결했다. 무엇보다 입증행위자가 부족한 전문지식으로 인해 보다 더 자세한 근거제시에 기여하는 사정들을 스스로 조사할 수 없는 경우, 감정인에게 좀 더 자세한 실제 사정들을 조사할 임무를 부여할 수 있다고 인정했다. 나아가 판례는 한쪽 당사자가 종종 우선은 단지 자신의 추정에 그치는 사실을 소송 내에서 주장하지 않을 수 없는 불가피한 경우는 고려대상에서 제외하더라도 소위 모색적 증명은 전적으로 허용되지 않는다는 일반적인 원칙을 유지하고 있다고 밝혔다. 그럼에도 이러한 사정은 피고의 경우에는 해당하지 않는다고 보았다. 왜냐하면 피고는 관련된 종업원을 원고 측의 보복조치에 내맡기지 않기 위해 근거사실의 진술을 의식적으로 자제했다고 주장했는데, 이것은 피고에게 개별적 증거수단과 주장을 포기할 하나의 동기는 될지언정, 그럼에도 피고는 현재의 소송과정에서 자신의 불충분한 증거제출에 따른 소송결과를 감수해야 한다고 판단했다. 그리고 이러한 문제는 더 이상의 설명이 필요하지 않다고 밝혔다.[18]

② 입증책임과는 무관한 확대된 주장의무

연방대법원은 이 사건과 같은 성격의 소송에서는 사실적 이유에서 입증책임과 무관하게 피고에게 항상 하나의 확대된 주장책임이 부과된다고 밝혔다. 여기에서 피고는 자신에 의해 전파된 주장들을 통해 고의로 원고의 명예 및 경제적 번창을 침해했기 때문에 이로부터 생겨나는 법익침해에 대해 책임을 진다고 판단했다. 물론 이러한 주장이 진실이거나 혹은 피고가 보도시점에 적어도 진실이라고 간주해도 되었다면, 이는 또 다른 결과를 낳게 될 것이라고 밝혔다.

다만, 연방대법원은 이 사건의 특별한 사정에 따라 피고가 어디까지 팸플릿 내 일반적 주장의 진실성을 확인할 수 있게 해 주는 또 다른 사정들을 어디까지 보충할 의무를 지는지에 관해서는 지금 여기에서 결정될 수는 없다고 보았다. 어쨌든 이러한 보충설명이 보도에서 행해지지 않은 이상, 피고는 자신의 행위의 적법성을 주장했기 때문에, 이 소송에서 검증 가능한 형태로 자신의 주장에 대한 근거를 소명하는 것이 피고의 우선적 의무라고 밝혔다. 더군다나 피고가 자신의 주장을 날조한 것이 아니라면, 이를 어렵지 않게 수행할 수 있었을 것이라고 판단했다.

피고가 이러한 자신의 주장의무를 이행하지 않는 한, 그 자신의 증거제출은 이미 일반적인 원칙에 따라 중요하지 않은 것으로 될 뿐 아니라, 오히려 입증책임 그 자체가 원고에게 있음에도 불구하고 다툼대상이 된 피고 주장의 허위성과 위법성이 인정되게 된다고 밝혔다. 이것은 다름 아닌 민사소송법 제138조 제1항(당사자의 진실의무)에 근거한 일반적인 주장책임의 결과라고 설명했다. 더군다나 이러한 성격의 사건에서는 이를테면 원고가 무작정 자신의 정당성을 밝혀야 하기 때문에, 이를 위해 소송규정에 따른 피고의 진술에서 쉽게 빠질 수 있는 범위 내에 있는 개인적 혹은 영업적 영역의 사정들까지 불리함을 감수하고 공개하도록 요구받을 수 있다는 사실이 특히 중요하다고 밝혔다.

따라서 연방대법원은 항소법원이 이 문제에 대해 감정인감정을 조사하지 않은 것은 절차위반이 아니라고 인정했다. 피고가 좀 더 자세한 어떠한 근거도 제시되지 않은 주장의 입증을 위해 작업반장 K의 증언을 내세운 이상, 마찬가지 관점이 적용된다고 보았다. 결국 피고에게 필수적인 주장책임이 남아 있는 한, 증거조사를 실시할 어떠한 계기도 존재하지 않기 때문에, 항소법원은 이러한 증거제출을 받아들일 이유가 없다고 판단했다. 게다가 어쨌든 피고는 입증곤란 상태에 있지도 않았다고 덧붙였다. 따라서 자신의 보도행위를 위한 결정적인 근거를 진술하는 것이 기대될 수 있었다고 판단했다.[19]

연방대법원 2008년 4월 22일 자 판결 – VI ZR 83/07("키케로"–판결)

사실관계

독일연방공화국은 피고에게 연방범죄수사청(BKA)의 명예를 훼손한 언론기사의 공표금지와 정정보도를 청구했다. 상고 대상은 피고의 정정보도 게재의무로 국한되었다. 정치문화월간지 "CICERO"는 2005년 4월 테러리스트 아부 무사브 알 자르카위에 관한 언론인 S의 기사를 실었는데, 기사에서는 2004. 9. 6. 자 BKA의 기밀보고서를 출처로 한 상세정보들이 공개되었다.

이로 인해 BKA가 2005년 6월 형사고소를 제기한 이후 편집국과 해당 언론인의 자택이 압수수색 되었다. 이에 2005년 9월 17일 피고가 발행하는 시사전문지 "포쿠스"는 다음과 같은 기사를 게재했다:

누출장소를 찾아서

연방범죄수사청은 자기 쪽 기밀누설자에 대한 수사과정에서 조작된 테러리스트-서류들을 일부러 흘렸다. ··· BKA의 기밀누출장소에 대한 필사적 색출작업과정에서 공안 당국은 특정 언론인에게 충격적 정보가 흘러 들어간 경로를 역추적하기 위해 명백한 1급 기밀서류들을 틀림없이 조작했다. 쉴리의 특별수사관은 BKA-서류를 함께 공유하는 연방정보부, FBI, CIA 또는 모사드와 같은 국내외 파트너들을 전혀 배려하지 않았다. 마침내 해당 수사팀은 자신들에 의해 치밀하게 설계된 덫에 표적대상 S가 분명히 걸려들었다고 확신했다.

2005년 4월. 프리랜서 중동-전문가(S)는 월간지 "CICERO"에서 요르단 테러리스트 지도자 자르카위에 관한 5쪽짜리 스토리를 공개했다. 특히 "세계의 위험한 남자"라는 제목이 달린 인물평에서 S는 직접 솔직하게 본문에서 밝힌 바와 같이 '125쪽의 2004. 9. 6.자 BKA 비밀평가보고서'를 근거로 제시했다. 아무것도 모르는 순진한 "CICERO"-작가는 자신의 기사가 실감 나도록 자르카위가 사용했다고 하는 여러 자리 위성전화번호를 언급했다.

바로 이것이 숨겨진 미끼였다. 자르카위-서류를 배포하기 전 특별수사팀은 멕켄하임에 소재한 BKA의 여러 국가안보국 부서들에게 10자리 이상의 위성전화번호를 슬그머니 전치숫자형태로 제공했다. 따라서 비밀누설의 일반적 의심하에 놓여 있는 여러 부서의 공무원들은 모조리 조작된 보고서를 받게 되었다. 자르카위-서류는 얼핏 보기에는 똑같은 것이었지만, 실제로는 작은 뉘앙스에서 차이가 있었다. 우호적인 비밀정보 당국과 경찰 당국들은 이 술래잡기 놀이에 관해 아무것도 몰랐다.

(특별수사팀은) 이제 그저 기다리기만 하면 된다고 생각했다. 이후 4월에 S의 자르카위-스토리가 게재되었다. S 역시 수사청 내 기밀누설 장소에 관한 명백한 힌트를 아직까지 공개적으로 제시하지 않았다. 그러는 와중에 외국 비밀정보기관들내에서는 불만이 팽배했다. 모사드, CIA나 연방정보부 역시 자신들에게 민감한 자르카위-자료가 의심스러운 BKA-작전을 위해 남용되는 것을 감수해야만 했다. 고위 베를린 안보국 관리는 조롱 조로 포쿠스에 다음과 같이 말했다: 거기에서 아마 몇몇 경찰들이 어느 정도 비밀정보요원 역할을 원했던 것 같아요.

"포쿠스"의 기사는 다음과 같은 내용을 추가로 포함하고 있었다:

날조. 2005년 4월에 CICERO지는 1급 테러리스트 알-자르카위에 관한 기사를 공표했다. 이 스토리의 몇 군데는 연방범죄수사청이 계획적으로 유포한 허위정보에 근거했다.

원고는 "BKA가 내부수사를 위해 자르카위-서류를 조작했고, 이를 유포시켰다"는 주장을 다투었다. 원고는 피고에게 해당 구절들의 새로운 보도나 전파를 금지하고, 다음의 정정보도를 게재할 것을 청구했다.

정정보도: 2005. 9. 17. 자 판 42쪽 이하에서 우리는 '누출장소를 찾아서'라는 제목으로 연방범죄수사청이 자기 쪽 기밀누설자에 대한 수사과정에서 테러리즘-서류들, 특히 자르카위-서류를 조작한 뒤 이 조작된 서류들을 사용했으며, 이로 인해 외국 비밀정보기관들을 무시했다고 보도했습니다.
이러한 주장은 사실이 아니며, 이와 함께 정정보도합니다. BKA는 기밀누설자에 대한 내

부수사과정에서 자르카위-서류를 조작한 적이 없고, 기타 그 어떤 서류도 조작하거나 조작
된 서류를 사용하지 않았으며, 따라서 외국의 정보기관들을 무시하지도 않았습니다.

포쿠스 매거진 출판-유한회사

지방법원은 피고에게 신청취지에 따라 금지와 정정보도를 선고했다. 피고의 항소
는 기각되었다. 하지만 항소법원은 정정보도청구와 관련해 피고의 상고를 허용했다.
왜냐하면 공법상 단체에 정정보도청구가 인정될 수 있는지 여부는 원칙적으로 중요
한 문제라고 생각했다. 결과적으로 피고의 상고는 성공하지 못했다.[20]

① 항소법원의 판단

항소법원은 형법 제186조와 연계한 민법 제823조 제2항, 민법 제1004조의 유추
적용을 근거로 한 금지청구와 정정보도청구가 원고의 권리에 속한다고 밝혔다.

항소법원은 대상 기사가 명예훼손적 사실주장들을 포함한다고 보았다. 즉, BKA는
내부에서 언론에 전달된 진원지가 자기 자신이었음에도 불구하고 비밀유지가 필요
한 자료를 사전조작한 후에 의도적으로 다수의 국가안보국에 전달했다는 내용이 주
장되었다고 인정했다. 자료의 "배포"라는 개념의 사용 및 특히 "모사드, CIA 그리고
연방정보국 역시 자신에게 민감한 자르카위-서류가 의심스러운 BKA-작전을 위해
남용되는 것을 감수해야만 했다"는 표현을 통해 독자들에게 "BKA는 '누출장소'의
색출 목적"을 위해 이 자료를 여러 수신인에게 흘려보냈고, 그와 함께 다른 정보기관
들의 민감한 기밀정보였던 자료들이 언론에서 공개되는 것을 의도적으로 원했다는
사실이 전달되었다고 판단했다. 따라서 BKA는 언론이 기밀정보들을 입수하는 것을
차단하기는커녕 도리어 정보원의 수사를 위해 그러한 정보들을 사용했고, 그에 따라
그 정보들을 더 이상 사용하지 못하게 된 다른 정보기관들의 위험한 파트너로서 묘
사되었다고 인정했다.

항소법원은 이러한 주장이 허위라는 점에서 시작해야 한다고 보았다. 비록 원고는
정정보도청구에 있어서 주장의 허위성을 위한 입증책임을 지지만, 입증방법의 지정

을 위해서는 우선 피고의 정확한 진술이 필요하고, 그와의 대조를 통해 원고 청구에 대한 부당성의 증거가 조사될 수 있을 것이라고 밝혔다. 하지만 피고는 이러한 확대된 주장책임을 이행하지 않았다고 판단했다. 그의 동료 중 한 명이 알려지지 않은 정보원으로부터 제보를 받았다는 진술로는 충분하지 않다고 생각했다.

이어서 항소법원은 공법상 단체 역시 정정보도청구권 행사가 가능하다고 밝혔다. 하지만 그 이상의 원고에게 부담을 주는 방식은 적절하지 않다고 보았다. 특히 자신의 홍보실을 통한 정정보도나 다른 신문에 게재되는 BKA 청장의 공식적 부인은 발생한 명예훼손을 제거하기에 적합하지 않다고 판단했다. 언론 역시 이러한 정정보도로 인해 부당하게 피해를 입지는 않는다고 보았다. 하지만 연방치안청이라는 점의 고려하에서 공적 기관의 정정보도청구권은 특히 심각한 사건들의 경우에만 인정될 수 있으며, 이 사건이 그러한 경우에 해당한다고 인정했다. 왜냐하면 우방국가들이 특히 기밀유지가 필요한 정보들에 더 이상 접근하지 못하게 할 가능성 때문에 BKA의 신뢰성이 문제 되었고, 관청의 직무수행이 위태롭게 되었기 때문이라고 설명했다.

따라서 상고허용을 정정보도청구로 국한하는 것은 유효하다고 밝혔다. 사실상 혹은 법률상 전체 소송물 가운데 이 부분은 별도의 부분판결을 통해 결정이 가능한 독자적 소송물이라고 판단했다. 취소청구와 마찬가지로 정정보도청구 역시 금지청구와는 본질상 다른 소송물이라고 보았다.[21]

② 이의 제기된 표현의 법적 성격

연방대법원은 피고의 상고가 성공하지 못한다고 판단했다.

그동안 판례는 민법 제1004조 및 관련규정들에 의거해서 피해당사자는 지속적인 명예침해의 상태를 종식시키고, 위법한 방해를 제거하기 위해 방해자에게 허위사실 주장의 정정(Berichtigung)을 요구할 수 있다는 원칙을 발전시켜 왔다고 설명했다. 정정(Berichtigung)의 형태는 무엇보다 취소 또는 방해자에게 덜 부담스러운 정정보도(Richtigstellung)가 가능할 것이라고 밝혔다. 그리고 항소법원이 소송사건에서 정정보도청구의 전제조건이 충족되었다고 간주한 것은 정당하다고 인정했다.

항소법원은 기사에서 적절하게 외적 사실(BKA는 자르카위-서류들의 다양한 배포버전을 제작했다; 이것은 일부 다른 정보기관에서 제공된 기밀유지가 요청되는 자료를 포함하고 있었다)과 내적 사실(그 목적은 자기 쪽 기밀누설자를 색출하는 것이었다; 그 때문에 배포된 서류버전을 통해 기밀누설자를 역추적할 수 있도록 제3자 및 언론에 서류전달이 의도되었다)을 끌어냈고, 이것은 전체적으로 "BKA는 자르카위-서류를 조작했고, 그의 정보원에 대한 배려 없이 자신의 목적을 위해 사용했다"는 사실주장의 결과가 되었다고 정리했다.

이러한 진술에서 항소법원은 정당하게 형법 제186조, 민법 제823조 제2항에 따라 명예훼손을 인정했다고 보았다. 1급 테러리스트에 관한 정보를 목적에 반하는 내부 기밀누설자의 색출을 위해 사용했고, 다른 비밀정보기관과의 협력활동을 위태롭게 했으며, 그의 민감한 자료들이 의심스러운 작전을 위해 남용되었다는 비난은 BKA의 활동에 대한 신뢰와 그의 역할수행을 위태롭게 만들기 적합한 것이라고 평가했다.

그에 반해 기사가 "다양한 버전의 '자르카위-서류'가 있었던 이유는 예상과 달리 사본 한 부가 누출된 사건에 대비한 단순한 예방조치 차원이었다"라는 정도로도 이해될 수 있다는 피고의 주장은 받아들일 수 없다고 밝혔다. 왜냐하면 기사는 서류의 배포뿐만 아니라 "BKA가 조작된 테러리스트 서류를 흘려보냈다", "술래잡기 놀이"라고 언급했기 때문이라고 설명했다. 게다가 "자르카위-서류는 숨겨진 미끼였고", "남용되었다"는 사실도 언급되었고, 마지막으로 의도된 거짓 정보 유포사실이라고 표현되었으며, "아마 몇몇 경찰들이 어느 정도 비밀정보요원 역할을 원했던 것 같다"는 발언이 인용된 점에서도 확실하다고 인정했다.

마찬가지로 "BKA는 1급 기밀서류를 '틀림없이' 조작했다"는 표현은 기사가 단지 작성자의 개인 추론만을 나타낸 것이며, 그 때문에 의견표현으로 평가되어야 한다는 피고의 주장 역시 성공하지 못한다고 밝혔다.

피고는 정정청구권(Berichtigungsanspruch)의 본래 목적은 단지 허위가 확정된 사실주장만을 대상으로 한다는 점을 상고이유의 근거로 삼았다. 그에 반해 자신의 표현은 단지 주관적 의견, 즉 가치평가적 판단에 해당하기 때문에, 진실내용에 대해 증거방법을 통해 객관적으로 검증할 수 없는 표현의 정정은 그 안에 표현된 비판이 타당하지 않을지라도 요구될 수 없다고 주장했다. 자유로운 의견표현을 보장하는 기본법 제5조 제1항은 이런 식으로 단지 평가적 비판의 포기를 국가적 수단과 함께 강제하는 것을 금지한다고 어필했다. 나아가 기본법 제5조 제1항의 보호범위는 하나의 사실이 가령 독자에게 묘사된 행위에 관한 하나의 고유한 판단을 가능하게 함으로써 제3자의 의견형성에 기여할 수 있는 경우에 그러한 사실의 표현에도 미친다고 진술했다. 이는 사실과 의견이 혼재되어 있고, 전체적으로 입장표명, 견해 그리고 의견을 통해 부각된 표현의 경우에도 마찬가지라고 주장했다.

하지만 연방대법원은 이 사건이 그런 경우에 해당하지 않는다고 보았다. 공개된 기사는 오히려 결정적으로 그 안에 포함된 사실주장을 통해 부각되지, 의견표현의 요소를 통해서 부각되지는 않는다고 판단했다.

연방대법원은 사실주장으로서 분류를 위해서는 본질적으로 그 진술이 증거수단과 함께 진실성 심사에 접근 가능한지 여부에 달려 있다고 밝혔다. 그리고 여기에서 결정적인, 위에서 이미 정정보도청구를 위해 정리되었던 기사의 내용과 관련해서는 그러한 심사가 가능하다고 인정했다.

한편, 연방대법원은 "틀림없이" 혹은 "아마도"라는 첨가어의 사용이 이러한 사실주장의 성격을 빼앗지는 못한다고 생각했다. 만약 발언자가 단지 그러한 첨가어를 통해 자신의 사실주장을 민사상 공격의 여지가 없는 의견표현으로 쉽사리 만들 수 있다면, 개인의 명예보호는 공허해질 것이라고 보았다. "주장에 따르면", "나는 ~라고 주장한다", "내가 아는 바에 따르면" 혹은 "틀림없이"라는 표현은 사실주장으로서의 성격결정에 원칙적으로 배치되지 않는다고 밝혔다. 어쨌든 문제 된 전체적 기사의 맥락에서 작성자에 의해 제기된 명예훼손적인 주장이 드러나고, 제한적인 첨가어가 중립적인 독자들에게 해당 표현을 명예훼손적 의미로 이해하는 것을 가로막지 않는 이상, 증거에 접근 가능한 사실주장이 그대로 인정된다고 판시했다. 그리고 정정보도청구권에 있어서 결정적인 "BKA는 서류, 특히 자르카위-서류를 조작했고, 이용했으며, 이를 통해 외국 비밀정보기관을 무시했다"는 주장이 이에 해당한다고 밝혔다. 그 때문에 피고의 주장과 달리 "틀림없이"라는 첨가어의 삽입을 판단에 고려하는 것은 불필요하다고 생각했다.

아울러 사실주장의 분류는 기사에서 언급된 내적 사실에도 인정된다고 판단했다. 비록 표현주체의 표현에서 단지 정황증거의 도움만으로 내적 사실을 추단하고, 이로부터 그의 주관적 판단 내지 개인적 의견을 도출하는 때에는 비록 그것이 내적 사실일지라도 하나의 의견표현으로 간주될 수 있다고 밝혔다. 하지만 표현의 대상이 과거에 존재하는 제3자의 행위이고, 그의 동기의 해명이 외부의 정황사실에 의해 가능한 것으로 보이는 경우에는 제3자의 동기 혹은 의도에 관한 표현들 역시 사실주장에 해당한다고 설명했다. 가령 누군가 감사 때 특정사건이 적발되지 않도록 고의로 허위숫자를 알려줬다는 주장이 이에 해당한다고 부연했다.[22]

③ 정정보도청구와 허위성의 입증책임, 확대된 주장책임

연방대법원은 정정보도청구권(Anspruch auf Richtigstellung)은 원칙적으로 주장의 허위성이 확정되는 것을 전제로 한다고 판시했다. 왜냐하면 누구도 판결을 통해 어쩌면 진실일지 모르는 사실을 허위라고 표시할 의무를 져서는 안 되기 때문이라고 밝혔다. 항소법원은 이 사건의 소송의 사정하에 놓여 있는 여러 근거들을 이유로 대상 표현의 허위성을 인정했고, 연방대법원은 이것이 문제 되지 않는다고 보았다.

그리고 허위사실주장을 근거로 민사법상 청구가 행사될 경우, 허위성에 대한 입증책임은 일반적 규정에 따라 원칙적으로 원고에게 있다고 밝혔다. 이는 민법 제823조 제2항을 통해 민사법으로 전용된 형법 제186조의 증거법칙에 따라서 입증책임이 전환되지 않은 경우에 해당하는 정정청구권(Berichtigungsanspruch)에 있어서도 마찬가지라고 설명했다.

하지만 이러한 성격의 소송사건에서 피고는 입증책임과는 무관하게 자신의 주장을 위한 근거사실을 제시해야 하는 확대된 주장책임을 부차적으로 질 수 있다고 밝혔다. 왜냐하면 원고인 당사자에 의해 수행되어야 할 입증은 통상 표현주체가 자신의 비난을 근거로 삼은 구체적 사실들이 당사자 자신에게 알려진 경우에만 가능하기 때문이라고 설명했다. 그렇지 않다면, 원고인 당사자는 대체로 무작정 자신을 정당화해야 하기 때문에 소송절차상 피고의 진술에서 빠질 수도 있는 범위에 있는 자신의 개인적 혹은 영업적 영역의 불리한 사정들까지 공개해야 할 의무를 지게 될 것이고, 이는 원고에게 전적으로 부당한 처사일 것이라고 생각했다. 이에 따라 피고는 자신에게 의무로 주어진 확대된 주장책임을 이행하지 않으면, 민사소송법 제138조 제3항(진실에 관한 진술의무)에 따라 자신의 주장의 허위성에서 법원의 판단이 시작될 수 있다고 밝혔다. 연방대법원은 이 주장책임에 표현주체의 기본권 행사를 위협적으로 방해할 수 있는 어떠한 과도한 요청도 부여되지 않은 이상, 이러한 확대된 주장책임은 헌법상 전혀 문제 되지 않는다고 보았다.

연방대법원은 항소법원이 이러한 원칙에 따라 정정보도청구권에 있어서 결정적인 대상 표현의 허위성을 전제한 것은 적절하다고 판단했다. 즉, "BKA는 기밀누설자로 인한 내부 수사과정에서 서류들, 특히 '자르카위-서류'를 조작했거나 조작된 서류들을 이용했으며, 결국 외국 비밀정보기관들을 무시했다"는 결정적 주장은 피고가 자신의 확대된 주장책임을 충분히 이행하지 않은 것이기 때문에 민사소송법 제138조 제3항에 따라 허위로 인정될 수 있다고 밝혔다.

물론 피고는 물론 자신의 정보원까지 공개할 의무를 지지는 않는다고 생각했다. 출판과 방송자유(기본법 제5조 제1항 제2문)의 보장범위에는 언론이 그것 없이는 자신의 역할을 적절한 방식으로 수행할 수 없는 그러한 전제들과 보조활동들 역시 함께 포함된다고 보았다. 이에 무엇보다 정보원의 비밀보장 및 언론과 정보원 사이의 신뢰관계도 보호되며, 이러한 보호는 언론이 사적 정보제공을 포기할 수 없기 때문에 필수 불가결한 것이라고 인정했다. 더욱이 이러한 정보의 출처는 정보원이 원칙적으로 편집비밀의 보장에 대해 신뢰할 수 있을 때에만 풍부하게 생겨날 수 있을 것이라고 덧붙였다.

다른 한편, 피고가 만약 논란이 분분한 자신의 주장의 근거로서 단지 비실명 정보원만을 제시해도 된다면, 원고는 소송에서 광범위한 무방비 상태에 놓이게 될 것이라고 보았다. 그 때문에 이러한 경우 피고 측에서 정보의 진실성을 추론할 수 있는 보다 자세한 사정들을 진술할 의무를 진다고 판시했다.

그리고 이 사건에서 항소법원이 피고의 진술을 불충분한 것으로 판단한 것은 법적 오류가 없다고 평가했다. 자신이 신뢰할 만한 BKA 출신의 정보원으로부터 제보를 받았다는 진술과 관련해서 피고는 이 출처가 얼마나 신뢰할 만한 것인지에 대한 어떠한 근거도 제시하지 않았다고 밝혔다. 단지 이러한 비실명 정보원만을 근거로서 주장하는 것은 통상적으로 충분치 않다고 지적했다. 그리고 BKA에서 기밀누설자로 인한 내부수사가 있었을지 모른다는 사실이 그러한 수사과정에서 서류가 조작되었다는 결론까지 허용하지는 않는다고 보았다. 또한 자르카위-서류의 여러 버전이 있었음이 확실하다는 사실 그 자체에서 이것이 기밀누설자의 적발할 의도로 만들어졌다는 사실주장까지 도출되지는 않는다고 반박했다.

나아가 이러한 외적 사실들이 의혹보도를 위한 충분한 근거를 가질 수 있었는지 여부는 이 사건의 정황에 따르면 판단 대상이 아니라고 밝혔다. 왜냐하면 피고는 그 사건을 충분한 조사 없이 확정된 사실로 나타냈기 때문이라고 설명했다. 피고가 전치된 숫자나 변경된 자택번지를 근거로 제시한 점과 관련해서 이것도 역시 의혹보도를 넘어선 피고의 조작주장을 뒷받침할 수 있는 충분한 근거가 아니라고 판단했다. BKA가 자신의 형사고소에 이은 색출작업을 통해 어떤 과정에서 자르카위-서류가 새나가게 되었는지에 관한 정보를 기대했을지 모른다는 피고의 주장도 내부 목적용 서류조작을 위한 증거로서 충분치 않기 때문에, 이에 대해 요청된 증인신문은 더 이상 필요하지 않다고 보았다. 정정보도청구권은 전치된 숫자 혹은 잘못된 주소가 포함된 서류의 여러 버전이 유포되고 전달되었다는 점에 대한 것이 아니라 이것이 내

부정보원의 색출을 위한 BKA의 조작에 기인한 것인지 여부에 대한 것이라고 밝혔다. 이에 대해 피고는 신뢰할 만한 정보원이라는 언급 외에는 어떠한 사실도 진술하지 않았다고 지적했다. 하지만 피고가 어떠한 사실들에서 자신의 조작비난의 근거를 끌어낼 수 있었는지 보다 자세한 진술을 했을 경우에만 원고는 재차 자신의 반박근거를 제시함으로써 피고의 결정적인 비난을 논박할 수 있을 것이라고 생각했다. 그럼에도 그러한 피고의 진술이 없었기 때문에, 피고가 자신의 확대된 주장책임을 충분히 이행하지 않았다는 항소법원의 판단은 상고법원에 의해 거부될 수 없다고 판단했다.[23]

④ 공법상 법인의 정정보도청구권

연방대법원은 피고의 주장과 달리 연방독일공화국에 정정보도청구권이 인정된다고 밝혔다.

피고 역시 공법상 법인도 원칙적으로 자신의 명예가 공공연히 부당하게 평가저하되는 침해에 대해 민사법상 명예보호를 청구할 수 있다는 사실을 문제 삼지 않았다고 밝혔다. 공법상 법인은 개인의 명예도 아니고, 자연인과 같이 일반적 인격권의 주체일 수도 없다고 전제했다. 하지만 공법상 법인은 형법 제194조 제3항이 보여주는 바와 같이 자신의 공적 임무의 수행과 관련해서 형법 제185조 이하와의 연계하에 제823조 제2항, 민법 제1004조를 통해 민사법상 금지청구를 정당화할 수 있는 형사법상 명예보호를 누린다고 인정했다.

어쨌든 정정보도청구권은 소송사건의 사정하에서 원고로서 연방독일공화국에도 인정된다고 보았다. 피고의 사실적시 명예훼손은 연방상급청 내지 특수한 종류의 관청 유형으로서 연방내무부 하위기관이자 이 소송사건에서는 연방내무부가 그를 대리하는 구체적 관청으로서 BKA를 대상으로 한 것이라고 평가했다. 이러한 경우 사회적 존중권이 관청들에도 인정된다는 형법 제194조 제3항의 원칙은 공법상 법인인 다른 관청들과 마찬가지로 BKA에도 적용된다고 밝혔다.

문헌에서 연방 내지 연방공화국은 형법 제90a조의 형사법상 특별보호로 국한되고, 따라서 언론보도의 결과로서 민사법상 청구권의 행사권한이 주어지지 않는다고 주장되기도 하지만, 이는 어쨌든 구체적인 표현이 관청의 직무를 심각하게 침해하기 적합한 경우에는 적절하지 않다고 판단했다. 그리고 이 사건이 그러한 경우에 해당한다고 보았다. 따라서 정정보도청구권은 특히 출판의 자유에 집중적으로 개입함과 동시에 비례적이지도 않기 때문에 관청에는 통상 정정보도청구권이 인정되지 않는다는 피고의 주장에는 따를 수 없다고 밝혔다.

연방대법원은 의료보험협회, 즉 공법상 법인에 취소청구가 인정될 수 있다고 결정한 바 있으며, 이것은 공법상 법인 역시 원칙적으로 자신의 명예가 공공연히 부당한 방식으로 평가저하되는 침해에 대해 민사법상 명예보호를 청구할 수 있다는 원칙에 따른 것이라고 밝혔다. 이러한 점에 비추어보면, 어째서 취소청구에 비해 덜 부담이 되는 정정보도청구가 허용될 수 없는지 납득할 수 없다고 반박했다. 공법상 법인에 정정보도청구권을 인정하는 것이 의견과 출판자유의 대변에 있어서 받아들일 수 없는 부담을 가져올지 모른다는 우려의 개연성은 근거가 없는 것이라고 지적했다. 혹여 민사상 명예보호가 공권력에 자신의 직무활동에 대한 비판을 차단하거나 공적 비판을 가로막는 데 기여해서는 안 된다고 보았다. 하지만 이와 같이 개인의 명예가 아니라 관청의 명예가 문제 되는 경우, 이러한 문제는 필수적인 이익형량과 법익형량 과정에서 기본법 제5조 제1항 제2문에 하나의 증가된 의미를 인정함으로써 충분히 대처할 수 있다고 생각했다.

이에 따라 연방대법원은 적절한 형량결과 정정보도의 선고는 문제 되지 않는다는 결론에 이른다고 밝혔다. 피고의 이익 차원에서 공권력 담당주체의 통제는 언론 본연의 과제이고, 다양한 테러리스트 위협과 관련된 보도대상은 현저한 공적 이익을 가진다는 사실이 상당히 중요하다고 보았다. 따라서 언론은 이러한 과제를 효과적으로 대변하고자 할 경우, 자신의 통제기능의 수행에 있어서 국가적 개입에 대한 특별한 보호를 필요로 한다고 인정했다.

연방대법원은 다른 한편으로 BKA가 국제적으로 수배된 상태에서 전 세계적 위험인물로 지칭되는 "1급-테러리스트"에 관한 기밀정보를 조작하고, 이것을 목적에 반한 사용을 통해 더 이상 이용가치가 없게 만듦으로써 우방 비밀정보기관들을 무시했다는 주장은 심각한 비난에 해당한다고 보았다. 이로 인해 특히 BKA의 중요한 기능인 국제범죄와의 전쟁에 있어서 다른 외국의 비밀정보기관과의 적절한 협력활동이 위태롭게 되었다고 판단했다. 게다가 여기에서처럼 허위로 인정되어야 하는 평가저하적 사실주장의 고수 및 계속적 전파는 의견자유의 관점하에서 통상 어떠한 보호가치도 인정되지 않는다고 보았다. 물론 이것이 허위사실주장은 처음부터 의견자유의 보호범위에서 탈락한다는 것을 의미하지는 않고, 단지 고의의 허위사실주장과 허위성이 발언 시점에 이미 확정되어 있는 그런 사실주장만이 기본법 제5조 제1항 제1문의 보호범위 밖에 놓이게 된다고 밝혔다. 그 밖의 모든 의견과 관련된 사실주장은 비록 그것이 나중에 허위로 밝혀지더라도 그 자체는 기본법 보호를 누린다고 인정했다. 하지만 이 사건과 같은 성격의 사례에서 발언자가 의혹보도로 국한한 것이 아니라 사실을 진실로 주장한 때에는 형량과정에서 발언자의 부담인 진실내용이 중요하다고 밝혔다.

이때 물론 진실의무가 과도하게 요구되어서 이로 인해 기본법 제5조 제1항이 의도한 자유로운 의사소통절차가 부적절하게 방해되어서는 안 된다고 강조했다. 따라서 공공성과 본질적으로 관련된 문제에 해당하는 사실주장의 경우, 피청구인이 주장의 제기나 전파 전에 충분히 진실내용에 관한 주의 깊은 조사를 행했다면, 정당한 이익의 대변이라는 관점하에서 정당성이 고려될 수 있다고 보았다. 이러한 주의의무가 준수되었고, 나중에 표현의 허위성이 밝혀진다면, 그 표현은 표현 당시에는 적법한 것으로 인정되어야 하고, 따라서 형사처벌이나 취소 혹은 손해배상이 고려되지 않는다고 밝혔다. 그럼에도 지속적인 침해에 있어서 책임유무와는 무관한 정정보도청구권이 배제되지는 않는다고 판시했다. 왜냐하면 여기에서처럼 허위로서 인정되어야 할 주장을 고수하는 것에 어떠한 정당한 근거도 인정될 수 없기 때문이라고 밝혔다.

게다가 피고는 자신의 주의의무 이행에 대한 어떠한 구체적 사실도 진술하지 않았고, 자신의 정보원의 신뢰성에 대해서도 진술하지 않았기 때문에 저널리즘적 주의의무 이행을 증명하지 못했다고 판단했다.

연방대법원은 이러한 모든 사정에 따른 형량결과, 원고의 심각한 명예훼손이 존재하며, 따라서 정정보도청구권을 통한 방해제거권이 원고에게 주어지며, 인용된 정정보도 역시 방해를 제거하기에 필수적이고 적합하다고 인정했다. 원칙적으로 진실문제가 중요한 경우 당사자 자신의 발언은 정정의무와는 무관하며, 그 밖의 고려사항으로서 정정보도는 원래 최초 보도의 수신자였던 그런 사람들을 대상으로 해야 하기 때문에, 즉 여기에서는 발행부수가 높은 해당 언론기관에 의해 행해져야 한다고 설명했다. 자신의 홍보실을 통해 혹은 다른 언론과의 접촉이나 우호적인 비밀정보기관에 대한 서한을 통해 자신의 입장을 설명할 원고의 가능성이 피고를 통한 정정보도 공표의 불가피성을 탈락시키지는 못한다고 결론지었다.[24]

2. 주장책임과 편집비밀의 관계

확대된 주장책임과 관련해서 피고가 언론사나 기자인 경우에는 편집비밀이 약화되어서는 안 된다는 점이 고려되어야 한다. 하지만 이것이 언론사의 모든 주장책임을 배제하는 결과를 가져오지는 않는다. 예컨대, 정부기관의 모 공무원이 원고를 침해하는 내용을 발표했다고 보도된 경우, 언론사가 그 공무원이 누구인지 공개할 의무가 없다면, 원고에게 소송은 불가능하게 될 것이다. 타당한 견해에 따르면, 이때에는 민사소송법 제446조(상대방의 거부)가 적용될 수 있으며, 이에 따라 법원은 모든 사정의 고려하에서, 특히 거부를 위해 제시된 이유들의 고려하에서 자유로운 심증에 따라 피고 측이 해명의 제출을 거부할 경우 원고 진술을 입증된 것으로 인정할지 여부를 판단할 수 있다. 다만, 원고 측 주장을 근거제시 형태로 다툴 피고 언론사의 소송의무가 증언거부권을 통해 제한될 수 있다는 더 나아간 일부 견해는 소송을 부당

하게 방해하는 결과에 이르기 때문에 거부된다.[25]

피고 측 언론사가 제3자 측으로부터 다툼이 된 표현을 인용한 경우, 그러한 표현의 구체적 내용과 배경들이 언론사에 알려지지 않았을 가능성이 있다. 하지만 이때에도 타당한 견해에 따르면 주장책임과 관련해서 달라지는 것은 아무것도 없다. 그렇지 않으면 원고에게는 통상적으로 단지 상대방의 구체적인 진술을 근거로 해서만 수행될 수 있는 반증이 중요하기 때문에, 원고 측 소송부담이 지나치게 가중될 것이다. 언론사가 정보원의 공개로 방해를 받는다고 생각한다면, 적어도 자신이 취득한 정보의 진실성이 규명될 수 있는 자세한 사정들을 제출해야 한다. 이것조차 하지 않는다면 피고 언론사는 정보원의 공개거부가 낳게 되는 소송상 결과를 감수해야 한다.[26]

다만, 그럼에도 언론사는 출판자유를 통해 요청된 정보원 보호를 보장해야 하기 때문에, 가령 제2차적인 주장책임 혹은 근거제시 방식의 반박증거 의미에서 정보원과 정보의 입수를 위해 사용된 어떠한 자세한 사정도 제출할 필요는 없다.[27]

3. 인터넷상 표현과 주장책임 및 입증책임의 문제

인터넷상 공표에 있어서는 서비스 제공자의 제2차적 주장책임 및 입증책임이 특별한 의미를 가진다. 블로그, 마이크로 블로그 및 SNS 등과 같은 서비스 제공자와 호스팅 제공자가 제3자의 표현을 전파하는 한, 서비스 제공자는 간접적 방해자이기 때문에 권리침해에 대한 피해당사자의 구체적 지적이 있고 난 이후에 비로소 자신의 심사의무가 생겨난다. 그리고 이러한 사후 심사의무를 이행했다면, 자신의 제공 서비스 내 표현물에 대해서는 책임을 지지 않는 것이 원칙이다. 이때 해당 조치와 그의 결과는 구체적으로 소명되거나 입증되어야 한다. 서비스 제공자가 이러한 의무를 이행하지 않거나 언급된 조치가 심사의무 이행을 위해 충분치 않다면, 제2차적 주장책임 원칙에 따라 서비스 제공자에게 불리한 결정이 내려질 수 있다.[28, 29]

연방대법원 2016년 3월 1일 자 판결 – VI ZR 34/15("의사평가포털Ⅲ"–판결)

사실관계

원고는 피고가 운영하는 의사평가포털 내 제3자가 입력한 평가의 공표에 대해 금지를 청구했다. 원고는 치과의사이며, 전체 10명의 의사와 60명의 직원으로 구성된 치과병원을 운영한다. 피고는 인터넷주소 www.jameda.de하에 인터넷사이트를 운영하는데, 관심 있는 사람들은 해당 사이트에서 가령 전문적인 의료 분야의 특정검색어의 입력을 통해 관련의사들의 정보를 불러올 수 있다. 나아가 등록된 이용자들에게는 의사들의 활동을 평가할 기회가 주어진다. 이용자가 평가포털에서 자신의 실명공개 없이 내릴 수 있는 평가는 사전에 정해진 구성 부문, "진료", "설명", "신뢰관계", "대기 및 진료시간" 그리고 "친절성" 항목에 대한 점수 부여를 통해 이뤄진다. 추가로 평가자는 이용자 입력창에 해당 의사와 관련된 코멘트를 직접 입력할 수 있다.

2013년 8월 10일 한 익명의 이용자가 피고의 포털에 "닥터 H(원고 이름)에 대한 평가"라는 제목으로 원고에 관한 평가를 입력했다. 이에 따르면,

> 나는 "닥터 H(원고 이름)를 추천하지 않는다"라는 볼드체의 경고문구 뒤에 짧게 "유감스럽게도 긍정적 평가를 쓰는 것은 쉽지만, 반면에 부정적 평가를 쓰는 것은 -법적으로도- 어렵다." 그 때문에 나는 평가를 위해 최고로 신중하게 생각했던 점수부여에 의지한다.

라고 언급되었다. 이어서 다음 단락 "이 환자의 점수평가"는 전체 4.8점으로 매겨졌고, 이 점수는 해당 이용자가 앞서 언급된 5개 부문에 부여했던 개별점수의 총계였다. 그중 "진료", "설명" 그리고 "신뢰관계"가 각각 6점으로 나타났다. 원고는 피고에게 연락해서 자신은 이 사실무근이자 입증되지 않는 평가를 반박하며, 이것은 명예훼손에 해당한다고 주장했다. 나아가 이러한 비방이 48시간 이내 제거되지 않는다면, Jameda뿐만 아니라 비방 당사자인 문제의 환자에게도 법적 조치를 취할 것이라고 통보했다. 피고는 우선 이 기사를 삭제했지만, 그 후 다시 포털 내에 내용수정 없

이 원래대로 원상 복구했다. 이에 대해 원고는 변호사서한을 통해 피고에게 질의하면서, 대상 평가는 분명히 그 어떤 사실진술을 숨기려고 애쓴 흔적이 보인다고 전했다. 아울러 해당 진료행위가 전혀 없었음에도 이 평가가 내려졌음이 확실하다고 밝혔다. 계속해서 원고의 변호사는 기사를 삭제하고, 원고에 대한 평가를 내린 것으로 추정되는 환자가 어떤 방식으로 이 진료의 존재를 입증했으며, 이를 위해 어떤 소명자료가 제출되었는지에 관해 정보를 제공할 것을 요구했고, 나아가 이용자와의 접촉이 추정된다는 점을 근거로 피고에 관해 보유한 식별정보 역시 제공하라고 요구했다. 이에 대해 피고는 다음과 같이 상세히 답변했다.

> 우리는 평가자의 자질검증을 위해 평가자에게 서한을 보내서 평가의 경위 및 해명을 요청했습니다. 평가자는 매우 상세하게 그 평가가 진실임을 확인해 주었습니다. 나아가 우리 역시 평가의 진정성을 의심케 하는 어떤 단서들도 발견하지 못했습니다. 당신 변호사의 문제 제기를 바탕으로 한 평가자의 회신이 언제나처럼 우리 직원을 통해 직접 검토되었고, 동시에 우리의 기술적 시스템이 보완적으로 가동되었습니다. 여기에서 무엇보다 평가의 입력 시 함께 송부된 배후정보(예컨대, 이메일 주소)는 우리에게 혹시 있을지 모를 중복평가 여부를 알려줍니다. 이러한 점수평가는 자유로운 의견표현에 해당하고, 법을 통해 보호됩니다. 이용자는 자신의 회신메시지에서 그러한 점수평가를 제출할 수밖에 없었던 어떤 사건들에 관해 언급했습니다. 많은 환자들이 자신의 체험과 경험들을 짧은 형식으로 적는 편이고, 비록 진실에 해당할지라도 구체적 사실주장의 묘사는 꺼리는 편입니다. 왜냐하면 환자들이 이러한 사실주장들을 종종 입증할 수 없기 때문입니다. (…) 유감스럽게도 우리는 이용자 정보를 넘겨달라는 당신의 요구에 따를 수 없습니다. 우리는 이러한 정보들을 보호할 의무가 있기 때문입니다(의사-환자관계는 극도로 민감합니다). 우리가 이 평가를 삭제할 수 없다는 점에 대해 당신의 양해를 구합니다.

피고는 문제가 된 평가자의 해명성 답변을 원고에게 제공하지 않았다. 원고는 피고에게 자신과 관련된 2013년 8월 10일 자 평가, 즉 "진료", "설명" 그리고 "신뢰관계" 부문에서 "6.0"으로 매겨진 점수평가를 전파하지 말라며 금지청구를 행사했다.

원고는 무엇보다 의사평가 사이트에 제출된 자신에 대한 평가는 어떠한 자신의 대면 진료에 기초해서 내린 것이 결코 아니라고 주장했다.

쾰른 지방법원은 그런 점에서 소송을 인용했다. 피고의 항소로 쾰른 상급법원은 지방법원 판결을 변경하고 소송을 기각했다. 원고는 상고와 함께 자신의 금지청구를 계속 유지했다. 상고는 성공했고, 항소법원 판결은 파기환송되었다.[30]

① 간접적 방해자로서 호스팅 제공자의 지위

연방대법원은 항소법원의 견해와 마찬가지로 피고의 방해자 지위는 부인될 수 없으며, 그와 함께 원고에 의해 행사된 기본법 제1조 제1항, 제2조 제1항과 연계한 민법 제823조 제1항, 민법 제1004조 제1항 제2문의 유추적용에 근거한 금지청구도 거부될 수 없다고 밝혔다.

우선, 항소법원이 소송에서 피고의 책임은 직접적 방해자—제1민사부의 표현에 따르면 "행위자"—로서 관계된 것은 아니라는 점에서 출발한 것은 적절하다고 인정했다.

피고는 문제 된 평가가 피고 자신의 내용일 경우에만 직접적 방해자일 수 있으며, 이때 비록 제3자에 의해 입력되었지만 포털운영자가 자신의 것으로 삼은 그런 내용 역시 포털운영자 자신의 내용에 속하게 된다고 밝혔다. 동시에 포털운영자가 외부로 명백하게 인터넷사이트에서 공표된 내용에 대해 내용상 책임을 스스로 떠맡았을 경우에 '자신의 것으로 삼기(Zu-Eigen-Machen)'가 인정될 수 있다고 보았다. 그리고 이것은 이성적인 평균이용자의 관점에서 관련된 모든 사정들의 전체적 고찰을 토대로 판단되어야 한다고 설명했다. 이때 타인의 내용과 동일시했다는 사실의 인정에 있어서는 자제가 요청된다고 강조했다.

이러한 기준들에 따라 피고는 원고가 문제 삼은 평가를 자신의 것으로 삼았다는 점이 인정되지 않는다고 보았다. 피고가 자신의 것으로 삼았다는 사실을 뒷받침하는 근거로서 자신의 포털에 입력된 이용자 평가에 대해 그 내용의 완전성과 진실성에 관한 편집상의 심사를 행했다는 사실이 확인되지도 않았고, 원고에 의해 주장되지도 않았다고 밝혔다. 따라서 확정사실을 토대로 판단할 때, 피고가 이용자에 의해 제출된 평가를 자신의 것으로 삼았다는 사실은 인정될 수 없다고 보았다. 어쨌든 제출된 평가의 비정상적 내용에 대해 일부 행해진 자동심사방식과 제출된 개별점수에서의 평균값의 산정결과를 해당 내용에 대한 '자신의 것으로 삼기'로 인정하기에는 충분치 않다고 판단했다.

한편, 텔레미디어법(TMG)의 특별규정은 소송대상 금지청구에 반하지 않는다고 밝혔다. 이 사건에서처럼 선행한 권리침해를 그 근거로 하는 금지청구의 행사는 TMG 제10조의 책임특권을 통해 제한되지 않는다고 보았다. 금지청구는 TMG 제7조 제2항 제1문에 따른 부당한 피고의 일반적 감독의무와 조사의무의 부과와는 아무런 관련이 없는 것이라고 밝혔다.

이것은 ECRL(유럽전자상거래지침서)의 규정에 어긋나지 않으며, ECRL 제14조(서비스제공자 책임특권)는 제3단락에서 법원이 각 회원국들의 사법체계에 따라 서비스 제공자에게 권리침해를 제거하거나 저지할 것을 요구할 수 있는 가능성을 그대로 남겨두었다고 해석했다.

그럼에도 연방대법원은 간접적 방해자로서 피고의 지위는 항소법원의 생각과 마찬가지로 부인되지 않는다고 밝혔다.

원칙적으로 직접적 방해자는 아니더라도 그 어떤 식으로든 고의로 그리고 적합한 인과관계에 놓여 있는 법익침해를 야기한 사람은 간접적 방해자로서 책임을 진다고 인정했다. 이때 자기책임하에 행동한 타인의 행위를 지원하거나 이용하는 것 역시 피고의 지위에서 이러한 제3자의 행위들의 저지를 위한 법적, 사실적 가능성을 보유한 이상, 방해에 기여로서 충분히 인정될 수 있다고 보았다. 하지만 지속적인 최고법원의 판결에 따르면 이러한 간접적 방해자로서의 책임은 위법한 침해를 직접 행하지 않은 사람에게 과도하게 적용되어서는 안 된다고 강조했다. 따라서 이러한 책임은 행위의무의 위반, 특히 심사의무의 위반을 전제로 하며, 심사의무의 범위는 간접적 방해자인 피고에게 개별적 사건의 사정에 따라 침해의 저지가 어디까지 기대될 수 있는지에 따라 결정된다고 보았다.

이에 따라 호스팅 제공자는 간접적 방해자로서 책임의 회피를 위해 이용자가 인터넷에 올린 기사에 혹시 존재할지 모를 권리침해에 대해 공표 이전에 심사할 의무를 원칙적으로 부담하지 않는다고 밝혔다. 하지만 그가 권리침해를 안 이상, 즉시 책임을 진다고 보았다. 피해당사자가 호스팅 제공자에게 그의 서비스 이용자를 통한 인격권 침해를 지적했다면, 호스팅 제공자는 지체 없이 이와 같은 방해를 저지할 의무를 질 수 있다고 판시했다.[31]

② 소송사건에서 원고의 일반적 인격권 침해 유무

연방대법원은 인격권의 침해가 주장된 경우, 항상 쉽게 법익침해가 확정되어서는 안 되며, 이를 위해서는 기본법 제1조 제1항, 제2조 제1항, 유럽인권협약 제8조 제1항의 인격보호에 대한 당사자권리와 어쨌든 기본법 제5조 제1항, 유럽인권협약 제10조의 의견 및 미디어자유에 대한 제공자의 권리 사이에 하나의 형량이 필수적이라고 밝혔다. 그리고 서비스 제공자는 당사자 주장을 기초로 법위반이 쉽게 인정될 수 있을 정도로 구체적으로 작성된 당사자의 이의 제기에 마주하게 될 때에야 비로소 그러한 이의 제기된 기사에 대해 책임 있는 사람의 입장표명을 포함한 모든 사정을 조사하고 평가하는 것이 필수적이라고 밝혔다. 이는 이 사건소송에서와 같이 이의 제기된 표현이 사실주장이 아니라 가치평가로서 분류될 수 있을 경우에도 마찬가지이며, 다만 이러한 가치평가는 해당 가치평가가 근거로 삼고 있는 표현의 사실적 요소가 허위이거나 아니면 가치평가에 그 어떤 사실적 근거도 없다는 설득력 있는 주장과 함께 위법한 것이라고 이의 제기된 경우에 그렇다고 부연했다.

이에 따라 피고는 원고의 비난을 조사할 의무가 있다고 판단했다. 원고의 비난은 충분히 구체적으로 작성되었으며, 제기된 법위반을 어렵지 않게 확인할 수 있다고 보았다.

대상 평가는 어떠한 대면진료를 바탕으로 한 것이 아니라는 원고의 주장은 충분히 구체적인 것이라고 밝혔다. 원고의 항의는 더 이상 뒷받침될 수 없는 추측에 불과하다는 반박 역시 이러한 판단에 방해가 되지 않는다고 보았다. 왜냐하면 해당 평가가 그 어떤 사실적이고 구체적인 진료를 묘사하는 진술들을 포함하고 있지 않다는 점을 고려하면, 피고에 대한 구체적인 설명은 원고에게 불가능한 것이라고 일축했다.

나아가 원고의 이의 제기를 바탕으로 법위반은 쉽게 인정될 수 있었다고 보았다. 그 이유는 원고의 주장이 적절하다면, 대상 평가는 원고의 일반적 인격권을 침해하는 것이 명백하기 때문이라고 밝혔다. 이러한 점을 피고 역시 부인하지 않았다고 덧붙였다.

따라서 대상 평가는 원고의 일반적 인격권의 보호범위 내에 개입하는 것이며, 원고의 명예와 사회적 존중권과 관계되는 것이라고 인정했다. 이는 원고의 진료범위 내에서 제공된 서비스의 평가가 "진료", "설명" 그리고 "신뢰관계"라는 부문에서 6점이었다는 평가와 함께 원고는 자신의 주요 진료 분야에서 환자들의 요구들에 부합하지 않는다고 평가되었기 때문이라고 밝혔다. 이러한 평가의 공개는 공공연하게 원고의 인상에 대해 부정적인 영향을 끼치기 적합한 것이라고 인정했다.

그리고 대상 평가가 실제로 대면진료를 바탕으로 한 것이 아니라면, 원고의 인격권으로의 개입 역시 위법하다고 밝혔다.

연방대법원은 지속적인 최고법원의 판례에 따르면 포괄적 권리로서 인격권의 특성으로 인해 그의 사정거리는 절대적으로 확정될 수 없고, 상충하는 기본법상 보호이익들의 형량을 통해 비로소 결정되며, 여기에는 개별적 사건의 특별한 사정 및 관련된 기본권과 유럽인권협약의 보장들이 해석상 주도적으로 고려되어야 한다고 밝혔다. 따라서 인격권으로의 개입은 당사자의 보호이익이 다른 상대 측 보호이익보다 우월한 경우에만 위법하다고 보았다.

따라서 소송사건에서 기본법 제1조 제1항, 제2조 제1항(기본법 제12조 제1항 포함)과 유럽인권협약 제8조 제1항을 통해 보장된 사회적 존중권 및 직업상 명예에 관한 원고의 이익은 기본법 제5조 제1항과 유럽인권협약 제10조에 규정된 피고의 의

사소통 자유권과 평가자의 의견표현 자유권과 형량이 이뤄져야 한다고 밝혔다. 그리고 대상 평가는 그 어떤 대면진료를 바탕으로 이뤄진 것이 아니라는 원고의 주장이 옳다면, 이러한 형량은 원고의 보호이익이 피고나 평가자의 보호이익보다 우월하다는 결론에 이른다고 판단했다.

이때 우선, 대상 기사는 의견표현이지 사실주장이 아니라는 점이 고려되어야 한다고 보았다.

연방대법원은 사실주장 혹은 가치평가로서 하나의 표현을 분류하는 것은 상고법원을 통해 아무런 제한 없이 판단 가능한 법적 문제에 해당한다고 밝혔다. 이에 따라 대상 평가는 의견표현으로 분류될 수 있다고 보았다. 비록 평가자가 원고에게서 진료를 받았고, 그의 진료를 평가했다는 평가자의 사실적 주장이 포함되어 있을지라도, 대상 표현의 핵심은 점수에 따른 평가 그 자체라고 판단했다. 그리고 그것은 입장표명의 요소, 견해와 의견의 요소를 통해 지배되는 것이라고 보았다.

그리고 "진료", "설명" 그리고 "신뢰관계" 부분에서 6점의 부여는 플랫폼에서의 평균 이용자의 관점에서 볼 때 이러한 진료서비스가 결코 제공되지 않았다거나 의료기술상의 과오를 저질렀다는 정도로 이해되지도 않고, 원고에 의해 제공된 서비스는 전문적 치과진료상의 요청들에 어떤 식으로도 부합되지 않으며, 이를 위해 필수적인 기본지식조차 원고가 갖추지 못해서 이러한 결함은 가까운 시일 내의 재교육을 통해서도 극복될 수 없다는 정도로 이해되지도 않는다고 보았다. 따라서 대상 평가에 이러한 진술내용을 포함시킬 수는 없다고 생각했다. 또한 평균적인 독자들은 객관적 의료과오의 비난이 이 평가와 결합될 수 없다는 점을 이미 평가자가 의료과오를 통상적으로 확정할 수 없는 전형적인 비전문가에 불과하다는 분명한 사실에서 추론할 수 있을 것이라고 판단했다. "설명"의 평가항목에 평가자가 6점을 부여한 사실 역시 마찬가지라고 인정했다. "신뢰관계" 항목 역시 그 출발부터 의료과오 내지 의사의 설명 부족이 있었는지에 관한 문제를 판단함에 있어서 결정적인 사정들이 아니라고 보았다.

하지만 대상 평가가 실제의 대면진료를 기초로 이뤄진 것이 아니라면, 기본법 제1조 제1항, 제2조 제1항(기본법 제12조 제1항 포함)과 유럽인권협약 제8조 제1항에 의해 보장된 원고의 사회적 존중 및 직업적 명예에 관한 이익이 기본법 제5조 제1항과 유럽인권협약 제10조에 의해 보호되는 평가자의 의견표현의 이익 그리고 이러한 의견의 정보전달에 관한 피고의 이익보다 더 우월하다고 판단했다. 왜냐하면 이 사건에서처럼 평가적 그리고 사실적 요소가 전체적으로 가치평가로서 인정될 수 있는 방식으로 혼재되어 있는 표현들의 경우에는 상충하는 이익들 사이의 형량에 있어서 무엇보다 사실적 요소의 진실성이 중요하기 때문이라고 설명했다. 만약 소송에서 평가의 근거가 되는 표현의 사실요소에 해당하는 실제의 진료대면이 없었다면, 이는 허위에 해당하는 것이고, 따라서 실제 이뤄지지 않은 진료를 평가할 평가자의 정당한 이익은 인정될 수 없다고 밝혔다. 동시에 실제 이뤄지지 않은 진료에 관한 평가를 대중과 소통할 피고의 이익 역시 부인된다고 보았다.[32]

③ 피고의 심사의무와 이행 여부

연방대법원은 피고가 쉽사리 인정될 수 있는 권리침해에 대한 원고의 구체적 지적을 통해 발생한 자신의 심사의무를 충족시키지 못했다고 판단했다.

우선, 호스팅 제공자에게 어떠한 심사범위가 구체적으로 요구될 수 있는지 결정을 위해서는 관련된 관계자들의 기본권들이 함께 고려되어야 하는 포괄적인 이익형량이 필요하다고 보았다. 따라서 호스팅 제공자가 어떤 구체적인 심사조치의 의무를 부담하는지에 관해서는 개별적 사건의 구체적 사정들에 따라 결정되며, 이때 권리침해에 합당한 심각성 판정 및 제공자의 인식 가능성이 결정적으로 중요하다고 밝혔다. 하지만 제공자에 의해 운영되는 서비스의 기능과 과제 및 인격권 침해에 해당하는 진술에 대해 직접 책임을 지는 -경우에 따라서는 합법적으로 보장된 익명상태로 등장한- 이용자의 자기책임 역시 고려되어야 한다고 밝혔다.

이에 따라 연방대법원은 이 소송사건 피고의 심사의무에는 엄격한 요청이 부여될 수 있다고 판단했다.

물론 시작점에서는 피고에 의해 운영되는 의사평가포털이 법질서에 의해 승인되고, 사회적으로 바람직한 역할을 수행한다는 사실에 유의해야 한다고 밝혔다. 따라서 제공자로서 피고에 의해 이행되어야 할 심사범위는 의사평가포털의 운영을 위태롭게 하거나 과도하게 어렵게 하는 정도로 정해져서는 안 된다고 경계했다. 그럼에도 이 사건 소송에서 요구되는 심사의무의 범위는 단순한 수동적 심사의무에 그쳐서는 안 된다고 판단했다.

피고에게 기대 가능한 심사범위의 결정에 있어서 의사평가포털은 다른 포털, 특히 뉴스포털과 비교할 때 처음부터 이미 인격권 침해에 대한 증가된 위험이 따라온다는 사실이 등한시되어서는 안 된다고 강조했다. 그것은 애당초 경미하지 않은 인격권 침해적 표현의 남용위험을 가지고 있다고 평가했다. 따라서 포털운영자는 처음부터 그에 합당한 이의 제기를 예상했어야 했다고 지적했다. 여기에 포털운영과 결합된 남용위험은 평가가 합법적 익명상태로 제출될 수 있다는 사실을 통해 더욱 강화된다고 생각했다. 게다가 평가가 익명으로 제출 가능하다는 사실은 관련된 의사에게 통상 해당 포털이용자에 대해 직접 대응하는 것을 현저하게 어렵게 할 것이라고 인정했다. 왜냐하면 관련된 의사는 익명의 이용자를 알 수 없고, 그의 신원확인이 가능한 필수정보가 포털운영자에게 제출되어 있을 때조차 포털운영자에 대한 정보청구권이 없기 때문에 어쨌든 정보청구 행사방식으로는 관련 정보를 입수할 수 없기 때문이라고 설명했다. 따라서 관련 의사들의 이의 제기에 대한 포털운영자의 성실한 심사만이 익명이나 가명으로 평가된 의사들의 충분한 인격권 보장을 위한 결정적 전제조건이라고 밝혔다.

여기에 대상 평가는 다른 의사들과의 경쟁에서 원고의 기회를 지속적으로 침해하기에 적합하다는 사실이 추가된다고 보았다. 세 가지 중점 부문에서 낙제점수가 포함된 진료서비스 평가를 모든 사람들에게 검색 가능한 형태로 제공하는 것은 무엇보다 잠재적 환자들에게 원고의 의료적 능력을 의심케 하고, 그 때문에 원고 대신 다른 의사를 선택하게 할 위험을 창출한다고 인정했다. 이것이 바로 이 사건에서 피고에 의해 취해져야 할 심사조치에 높은 요청이 설정되어야 하는 이유를 말해 준다고 밝혔다.

연방대법원은 포털운영자에 의해 수행되어야 할 구체적 심사의무가 관련 의사가 제기한 반박의 정당성을 명백히 해명하는 것에 목표를 두어야 한다고 생각했다. 포털운영자는 이를 위해 진지한 자세로 반드시 필요한 사실적 토대를 입수하려고 노력해야 하며, 단순한 형식적 심사에 그쳐서는 안 된다고 요구했다.

소송사건에서 피고는 관련 의사의 반박을 평가자에게 전달하고, 평가자의 해명을 독려했어야 했다고 비판했다. 나아가 피고는 추정되는 대면진료를 정확하게 기술하고, 대면진료를 입증하는 자료들, 가령 현존하는 계산서, 진료예약카드와 진료표, 마일리지노트에 기입한 내용, 영수증 혹은 기타 간접증거를 가능한 한 포괄적으로 전달할 것을 요구했어야 하며, 다만 경우에 따라서는 평가자에게 필요한 것으로 보이는 일부분의 가림조치가 필요하다고 덧붙였다. 하지만 진료를 최소 두 문장 정도로 재작성해 줄 것과 진료시기를 알려줄 것을 요구한 피고의 단순한 요청은 여기에서는 충분치 않다고 보았다. 아무튼 피고는 원고에게 TMG 제12조 제1항에 대한 위반 없이 전달 가능한 그런 대면진료에 관한 정보들과 서류들을 전달했어야 했다고 판단했다. 하지만 피고는 이것을 하지 않았고, 따라서 재판부 입장에서는 어째서 피고가 원고에게 평가자의 입장표명에서 알 수 있는 진료시기를 전달하지 않았는지는 의아하다고 밝혔다. 혹여 원고가 전달된 진료시기를 근거로 평가자의 신원확인이 가능했을 것이라는 이유 때문에 이것을 행하지 않았다면, 피고는 넓은 시간대를 선택할 수 있었을 것이라고 생각했다. 이러한 정보가 원고에게 처음부터 근거제시가 가능한 재반박을 위해 전혀 도움이 되지 않았을 것이라는 추정은 인정될 수 없다고 밝혔다. 가령 진료시기가, 예컨대 휴가나 병가로 인한 원고의 부재 시간에 해당하는지 등등과 같은 정보와 함께 원고가 주장된 대면진료를 반증할 수 있다는 가능성이 처음부터 배제될 수는 없다고 보았다.

따라서 연방대법원은 민사소송법 제563조 제1항에 따라 항소판결은 파기되고 소송은 항소법원으로 환송되어야 한다고 판단했다. 여기에서 당사자들은 피고에 의해 취해진 심사조치들에 관해 보충진술의 기회를 가지게 될 것이라고 밝혔다.

한편, 연방대법원은 향후 절차를 위해 다음과 같은 사실을 지적한다고 판시했다.

원고의 일반적 인격권 침해는 대상 표현에 포함된 사실적 요소가 허위이고, 따라서 가치평가에 그 어떤 사실적 토대도 없을 때 고려된다고 밝혔다. 대면진료의 부존재에 관한 주장 및 입증책임은 일반규정에 따라 원고에게 있다고 인정했다.

하지만 그런 점에서 원고에게 자세한 소명이 불가능할뿐더러 추가의 사실규명 기회 역시 가지지 못했기 때문에, 피고가 대면진료와 관련한 제2차적 주장책임을 진다고 보았다. 제2차적 주장책임은 우선 피고가 TMG 제12조 제1항에 대한 위반 없이 가능하고 기대될 수 있는 그런 대면진료를 뒷받침하는 정보들을 포함한다고 밝혔다.

하지만 이 사건 소송에서 피고는 그 이상의 심사의무를 진다고 밝혔다. 제2차적 주장책임의 범위 내에서 피고에게 기대 가능하다면 그런 사후조사를 감행하는 것이 바로 반박주체의 의무라고 보았다. 이 사건 소송에서 이와 같은 조사의 기대 가능성은 어차피 피고가 자신의 실체적 심사의무로 인해 평가자에게 대면진료의 존재 여부에 관한 추가적인 정보와 증거를 요구할 의무를 진다는 사실에서 나온다고 보았다. 아울러 절차적 관점에서도 피고의 제2차적 주장책임의 범위 안에서 평가자에게 상응하는 정보들을 요구할 의무가 주어진다는 점은 마찬가지라고 생각했다.

피고가 이러한 의무를 이행하지 않으면, 대상 평가는 어떠한 대면진료를 바탕으로 한 것이 아니라는 원고의 주장이 민사소송법 제138조 제3항에 의한 일반규정에 따라 사실로 인정된다고 결론 내렸다.[33]

4. 개인의 주장 및 입증책임과 '일반인특권(Laienprivileg)'

언론에서의 표현이 문제가 아니라 개인의 주장이 문제 된 경우, 연방헌법재판소는

"바이엘" 결정에서 소위 '일반인특권(Laienprivileg)' 혹은 비전문가특권에 따라 개인에게는 그 자신의 경험 영역이나 통제 영역에 관한 주장을 제기하는 경우에만 언론이 지켜야 할 주의의무와 동일한 주의의무를 부과한다고 판시했다.[34] 개인이 투명하지 않은 정치·경제 영역들 혹은 그 밖의 공적 이익의 사건들에 대해 발언하는 경우, 그에게 스스로 진행한 독자적 조사에서 터 잡은 증거를 제출하도록 요구하거나 단순한 근거사실에 불과할지라도 이를 제출하도록 요구하는 것은 통상적으로 불가능하다고 생각했다. 만약 제3자에게 불리한 주장을 한 개인에게 언론의 주의의무를 마찬가지로 요구한다면, 이는 그의 주장책임을 과도하게 설정하는 것으로서 인정할 수 없다고 밝혔다. 따라서 개인은 자신의 주장이 언론이나 다른 공개적 접근이 가능한 출처에서 반박되지 않고 공표된 것이라는 사실만을 주장하는 것으로 충분하다. 그리고 신의칙에 맞게 언론보도를 다루고, 이로부터 일반화된 결론을 이끌어낸 개인은 보도가 명백히 낡은 것으로 판명되거나 취소된 경우에만 금지청구나 취소판결 등 제재의 대상이 될 수 있다.[35] 이는 개인이 국회의원의 발언을 출처로서 인용하는 경우에도 마찬가지이다.[36]

연방헌법재판소 2000년 2월 23일 자 결정 – 1BvR 456/95

사실관계

청구인은 일간지 "바덴신문"을 발행한다. 1993년 9월 30일 자 판에서 "극우주의자가 사회에서 인정받고자 하는 방식"이라는 제목하에 자유노동당(FAP) 대표적 인물이 전심소송의 원고에 의해 발행되는 신문 "젊은 자유"의 필진에 포함되었다고 보도했다. 원문은 다음과 같다:

> …와 같은 인터뷰 대상자들 역시 그 신문을 사회에서 인정받을 수 있게 만든다-비록 연방정부가 활동금지를 추진했던 그런 극우조직 FAP의 대표적 인물 역시 그 신문의 필진임에도 불구하고.

청구인의 보도는 앞서 1993년 8월 19일 자 베를린신문 "타게스자이퉁(taz)"에서 이미 보도되었던 "젊은 자유"신문의 필진에는 FAP 대표적 인물도 포함되어 있다는 기사에서 연원하는 것이었다. 이러한 사실주장에 대해 전심소송의 원고는 1993년 9월 30일 청구인의 보도 이전에는 명백히 대항하지 않았다.

1심 법원은 "젊은 자유"신문의 필진에 FAP 대표적 인물도 포함되어 있다는 주장의 금지를 기각했고, 원고의 항소로 2심 법원은 1심 판결을 수정해서 청구인에게 금지선고 판결을 내렸다. 청구인의 헌법소원은 인정되지 않았다.[37]

① 의견관련 사실주장의 형량에서 진실성의 중요성

우선, 연방헌법재판소는 청구인에게 금지된 표현은 사실주장임에도 불구하고 기본법 제5조 제1항 제1문의 보호범위에 해당한다고 보았다. 왜냐하면 사실주장 역시 전달된 사실이 의견형성에 기여할 경우에는 의견자유권의 보호를 누리기 때문이라고 밝혔다. 이 사건에서 문제 된 사실주장 역시 원고에 의해 발행되는 신문에 관한 의견형성에 기여하기 때문에 의견자유의 보호범위에 속한다고 인정했다.

그 외에 출판자유의 보호범위가 마찬가지로 관계되는지 여부는 불분명하다고 판단했다. 연방헌법재판소의 지속적 판례에 따르면, 출판제도 내에서 활동하는 사람들이 자신의 직무를 행사하는 경우, 출판물 그 자체에 관한 경우, 출판의 제도적-조직적 전제 및 기본조건에 관한 경우, 자유출판제도가 주로 문제 된 경우, 출판자유가 고려된다고 보았다. 그에 반해 특정한 표현이 허용되는지 아닌지 문제, 특히 제3자가 자신에게 불리한 표현을 감수해야 하는지 문제는 전파매체와 상관없이 기본법 제5조 제1항 제1문의 의견자유권에 해당한다고 설명했다. 그리고 전심법원에 의해 설정되었던 언론의 근거제시의무 및 조사의무에 대한 요청이 청구인에게 자유로운 출판제도의 보장에 관한 기본조건에의 개입으로 생각되었다면, 이러한 개입은 헌법상 정당화되는 것이며, 이는 의견자유권으로의 개입이라는 점에서도 마찬가지라고 보았다.

이어서 민사법원은 민사법 규정의 해석과 적용에 있어서 기본권의 가치설정적 의미를 법적용 분야에서도 보장하기 위해 기본권의 의미와 사정거리를 고려해야 하며, 이 때문에 원칙적으로 명예나 명성의 심각한 침해와 표현의 금지를 통한 의견자유의 희생 사이에 형량이 일반법의 해석 가능한 구성요건표지의 범위 내에서 행해져야 한다고 밝혔다. 이때 사실주장이 문제 되는 경우에 형량은 진실내용에 달려 있게 되고, 진실한 진술은 비록 그것이 당사자에게 불리할지라도 원칙적으로 감수되어야 하지만, 허위사실은 그렇지 않다고 판시했다. 아울러 허위사실주장의 전파는 통상 어떠한 정당화 이유도 존재하지 않지만, 그렇다고 처음부터 의견자유의 보호범위에서 탈락하는 것은 아니라고 설명했다. 비록 연방헌법재판소가 잘못된 정보는 의견자유의 관점하에 어떠한 보호가치 있는 이익도 아니라는 점을 확증했지만, 그것은 단지 의도적인 허위사실주장이거나 아니면 보도시점에 이미 허위성이 의심할 여지 없이 확정된 그런 경우로 한정되며, 그 밖의 모든 의견관련성을 가진 사실주장은 그것이 나중에 허위로 밝혀질지라도 당장은 기본권보호를 누리게 된다고 밝혔다.[38]

② 보도의 진실성과 언론의 주의의무의 중요성

연방헌법재판소는 하지만 이런 상황에서도 진실내용은 형량에 있어서 중요하다고 강조했다. 원칙적으로 의견자유는 허위의 명예훼손적 혹은 중상적 표현들의 경우에 후퇴해야 하지만, 이때에도 허위성이 표현 당시 누차에 걸친 조사에도 확정될 수 없었고, 나중에 법원의 진실규명절차에서 비로소 밝혀진 것은 아닌지를 고려해야 한다고 밝혔다. 이에 민사법원 판례는 나중에 비로소 허위로서 확정된 표현에 대해 제재를 할 경우에는 부과한 제재와 결합된 기본권 행사의 위축효과 역시 방지해야 하고, 바로 이러한 이유에서 표현주체에게 진실보증의무가 아닌 주의의무(Sofgfaltspflicht)를 부과하는 것이라고 설명했다. 따라서 개별적인 상황에서의 진실규명 가능성을 기준으로 삼고, 가령 사인보다는 미디어에 보다 엄격한 잣대를 들이대는 주의의무의 경우에는, 이 주의의무가 과도하게 팽창되지 않은 이상, 헌법상 어떠한 우려도 생기지 않는다고 보았다. 이러한 이유로는 기본법 제5조 제1항이 의도한 의사소통의 자유가 압박되어서는 안 되기 때문이라고 생각했다.

이에 따라 형량은 결국 이러한 주의의무의 준수 여부에 달려 있게 된다고 재차 강조했다. 표현 당시에는 주의의무가 지켜졌지만 나중에 표현의 허위성이 밝혀지게 되는 경우, 표현은 표현시점에는 정당한 것으로 인정되기 때문에 그 결과 형사제재 혹은 취소나 손해배상은 고려될 수 없다고 보았다. 반면에 허위성의 확정 이후에도 문제의 주장을 계속 고수하는 것은 어떠한 정당한 이익도 없다고 밝혔다. 그럼에도 이러한 표현이 계속 유지될 위험이 존재한다면(소위 최초침해위험), 표현주체는 결과적으로 금지판결을 받게 될 수 있다고 생각했다.[39]

③ 언론의 주의의무와 확대된 주장책임의 상관성

연방헌법재판소는 다만, 사실주장의 진실성 조사는 종종 매우 어렵기 때문에 민사법원은 제3자에 관해 불리한 표현을 제기한 그 장본인에게 추가로 확대된 주장책임(erweiterte Darlegungslast)을 부과했는데, 이에 따라 표현주체는 자신의 주장을 위한 근거사실을 진술하도록 독촉 받게 된다고 설명했다. 이러한 확대된 주장책임은 근거 없는 주장의 경우에는 의견자유의 보호가 후퇴해야 한다는 실체법상 원칙에 대응한 소송법상 원칙이라고 생각했다. 따라서 표현주체가 그의 주장을 근거사실과 함께 견고하게 할 수 없다면, 그의 주장은 허위처럼 다뤄지게 된다고 밝혔다. 그리고 이러한 법리 역시 헌법상 어떠한 우려도 생기지 않는다고 보았다. 물론 실체법상 주의의무에 있어서와 마찬가지로 소송상 주장책임에 대한 어떠한 과도한 요청 역시 제시되어서는 안 되며, 이는 일반적으로 의견자유권의 행사를 위축시키는 결과를 야기할 것이라고 우려했다.[40]

④ 사건판단

연방헌법재판소는 이러한 원칙에 비추어 볼 때 대상 판결은 기본법 제5조 제1항을 위반하지 않았다고 판단했다. 지방법원에 의해 청구인에게 설정된 주장 또는 설명요청은 헌법상 관점에서 문제 될 수 있는 과도한 팽창에 해당하지 않는다고 보았다.

이미 전파된 주장의 제재문제와 관련해서 법원이 회고적 관점에서 청구인에게 대상 보도에서 FAP의 대표적 인물이라고 언급했던 그 필진의 실명공개를 통해 더 자세하게 구체화해야 한다고 요구하는 것이 주장책임의 과도한 팽창에 해당하는지 여부는 여기에서 다룰 필요가 없다고 보았다. 그보다는 청구인이 다툼이 된 주장을 아무런 독자적 조사도 없이 다른 곳에서 공표된 보도에서만 쉽게 인용한 것과 관련해 이러한 행위만으로 청구인이 언론의 주의의무를 충족한 것으로 볼 수 있는지의 문제가 오히려 사건 해결의 관건이라고 생각했다. 이러한 무비판적 인용의 경우 주의의무 충족여부는 전문적 학술문헌에 따르면 항상 그런 것은 아니지만 원칙적으로 쉽게 신뢰할 수 있는 출처-가령 공인된 통신사와 같은 출처-에서 연원한 경우에는 가능하다고 덧붙였다.

하지만 청구인이 다툼이 된 주장의 공표 전에 언론의 주의의무를 준수했는지 여부 그리고 그런 점에서 주장책임에 대한 요청에 관해 어떤 결과가 생겨날 수 있는지 여부는 이 사건 소송에서 어떠한 판단도 필요 없다고 밝혔다. 왜냐하면 이 사건에서 쟁점은 단지 장래에 다툼대상 표현을 계속해서 전파하는 것을 청구인에게 금지하는 것이기 때문이라고 밝혔다.

따라서 청구인이 재차 새로운 보도를 계속할 가능성을 열어둔 경우에는 자신의 주장을 보다 구체적으로 밝혀야 했다는 지방법원의 견해는 헌법상 문제가 없다고 판단했다. 지방법원의 견해는 개괄적 주장에 대한 허위성 입증의무를 지고 있는 당사자(원고)로서는 허위입증에 있어서 난관에 처할 수밖에 없다는 사정을 고려한 것이라고 평가했다. 이 사건에서 빠짐없이 모든 필진들의 이름을 거명해서 그들 가운에 어느 누구도 각자 FAP와 관련이 없다는 포괄적 입증을 요구하는 것은 원고에게 불리하게 작용할 것이기 때문이라고 설명했다.

연방헌법재판소는 단지 제한된 조사 가능성만을 보유한 비교적 작은 신문사라는 특별한 사정의 고려하에서도 민사소송법 제138조 제1항에 따른 피고에 대한 보다 자세한 구체화 요청은 이 상황에서 과도한 근거제시의무에 대한 요청으로 보이지 않는다고 생각했다. 비록 원고가 과거 보도에 대해서는 문제 삼지 않았을지라도, 어쨌든 주장의 진실성에 관한 의심이 존재한 지금부터 청구인은 보도근거를 더 이상 자신이 인용한 다른 신문의 보도로만 소급해서는 안 된다고 단언했다. 왜냐하면 입증되지 않은 명예훼손적 성격의 사실주장이 다른 사람에 의해 반박되지 않고 제기되었다는 이유로 허용되는 것은 아니기 때문이라고 밝혔다. 개별적으로 해당 가해자에게는 대응하지만, 다른 사람은 문제 삼지 않겠다는 선택은 피해자의 자유라고 보았다.

제3자에 관한 불리한 주장이 우선 반박되지 않고 언론에서 공표된 이상, 언론보도를 신의칙에 맞게 판단하고 인용한 개인은 그 보도가 명백히 낡은 것이거나 취소된 것일 경우에만 비로소 금지선고가 허용될 수 있는데, 이 사건은 이러한 상황과 다르다고 판단했다. 한편으로 청구인은 언론사로서 비록 제한적일지라도 개인이 가지지 않은 조사 가능성을 보유하고 있고, 다른 한편으로는 주장의 진실성이 문제 된 이후부터는 더 이상 선의를 주장할 수 없다고 밝혔다. 오히려 청구인은 현재 비판이 담기지 않은 내용의 계속적 인용조차 더 이상 정당화되지 않는 상황에 처해 있다고 보았다.

연방헌법재판소는 이러한 관점과 더불어 새로운 계속적 전파 가능성을 보다 엄격한 기준에 따르게 하거나 아니면 더 자세한 구체화에 좌우되게 만드는 것이 청구인에게 받아들일 수 없는 것은 아니라고 생각했다. 언론에 적합한 주의의무 요청은 경직된 것이 아니라 각각의 구체적 상황에 따라 좌우되기 때문이고, 아울러 청구인이 의견형성적 언론보도를 통해 기여하는 사회적 의사소통절차에 대한 과도한 제한이 그를 통해 나타나지도 않는다고 판단했다. 표현의 정확성을 위한 조사 가능성이 충분하지 않다면, 청구인이 문제 된 보도의 계속적 전파를 그만두어야 한다는 사실이 여론형성에 관한 청구인의 참여를 수인할 수 없는 정도로 제한하는 것은 아니라고 보았다.

한편, 지방법원이 금지청구 성립을 위해 필수적인 반복위험을 판단함에 있어서 잘못된 근거에서 이를 인정했다는 청구인의 항변은 정당하다고 밝혔다. 반복위험

(Wiederholungsgefahr)의 인정은 각급 법원의 판례와 문헌의 만장일치된 견해에 따르면 이미 위법한 공격이 행해졌을 때에만 반복위험의 현존을 위한 실제추정이 존재하기 때문에, 이 사건 소송에서는 대상 보도의 위법성이 전제되어야 한다고 강조했다. 하지만 지방법원은 청구인이 보도 시점에 주의 깊은 조사의무를 이행했는지 그리고 그 보도가 위법한지 여부는 판단을 명백히 유보하면서, 그럼에도 금지선언의 제출거부 및 자신의 보도를 정당한 것으로 간주한다는 청구인의 견해만을 기초로 위법한 침해의 발생을 전제하는 반복위험을 인정한 것은 잘못이라고 질책했다.

연방헌법재판소는 다만 이러한 결함이 헌법소원의 성공에 도움이 되지는 않는다고 밝혔다. 왜냐하면 청구인이 공표 가능성을 재차 열어 놓았다는 또 다른 고려사항에 따라 지방법원은 금지청구를 정당화하는 최초침해위험(Erstbegehungsgefahr)을 납득할 수 있는 이유로 인정할 수 있다고 보았다. 최초침해위험이란 비록 법위반은 아직까지 행해지지 않았지만, 법위반이 거의 머지않은 미래에 구체적으로 임박해 있거나 명백하게 우려된 경우 존재하고, 이것은 무엇보다 표현주체가 새로운 전파를 유보하고 있을 때 인정된다고 밝혔다. 그러한 유보를 청구인은 전심소송절차에서뿐만 아니라 현재의 헌법소원절차에서도 명백히 주장했다고 확정했다.[41]

5. 유튜브 등 인터넷에서의 공표와 '일반인(비전문가)특권'의 문제

연방헌법재판소의 "바이엘" 결정에서는 바이엘-콘체른이 이윤추구 목적에서 민주주의 원리를 훼손했다는 "호소문"이 담긴 환경보호 운동가의 팸플릿이 문제 되었다. 그 내용은 고분고분한 정치인은 재정지원을 받으며, 불만스러운 비판가는 감시되고 있다는 것이었다. 여기에서 연방헌법재판소는 거대기업의 경제활동에 대한 비판이라는 특별한 사정을 고려할 때 언론보도를 자신의 주장의 근거로써 제시할 수 없다면, 사회적 의사소통절차는 크게 위축될 수 있다고 우려했고, 이러한 우려는 정당한 것으로 인정된다.

하지만 최근의 인터넷, 모바일시대에서 개인의 주장-입증책임은 본질적으로 언론의 그것과는 달리 판단되어야 한다는 기준이 커다란 문제점을 내포할 수 있다는 언론법상 문제의식이 소홀이 다뤄져서는 안 된다. 바로 인터넷 등에 게시된 출판물의 경우에 과연 누가 "개인"이며, 누가 "언론"으로 분류될 수 있는가라는 문제가 새로운 혼란을 야기하고 있다는 점에서 그러하다.

다만 이 문제와는 별개로, 만약 아무리 진지한 문제를 논쟁하는 경우일지라도 황색언론의 보도를 일반인으로서 신뢰했다는 소위 '일반인특권'의 논거와 함께 표현의 허위성이 항상 정당화될 수 있다면, 개인적 혹은 사회적 명예나 평판의 보호는 광범위하고도 심각한 침해에도 불구하고 무색해질 것이다. 비교적 최근에는 이러한 문제가 바로 인터넷이나 모바일의 보도 가능성을 통해 첨예화되고 있는 실정이다. 우선은 사적인 발언을 포함하는 것으로 추정되는 개인 블로그나 유튜브 역시 상당한 전파력 및 영향력을 얻게 되는 경우가 비일비재하고, 따라서 이러한 블로그나 유튜브는 전통적 미디어와 동일하게 취급되어야 한다는 견해[42]가 유력하다. 이 견해에 따르면, 아마도 블로거나 유튜버 입장에서는 자신의 증가된 영향력에도 불구하고 자기 스스로 자신의 활동방식을 바꾼 적이 없으며, 아울러 전통적 미디어가 가지는 진실규명 가능성을 보유하지 못했다는 사정에도 불구하고 전통적인 언론의 주의의무를 인정할 수 있다고 본다.[43]

'일반인특권(Laienprivileg)', 다른 말로 '비전문가특권'이 보편적으로 적용 가능한 주의의무 결정을 위한 기준으로서 이해된다면, 이는 결국 개별적 사건의 구체적 사정에 따라 결정될 수 있을 것이다.[44] 따라서 유동적인 기준의 적용결과, 이러한 문제는 개별적으로 형량에 따라 달라질 수 있을 것이다. 예컨대, 시사적 논쟁에 집중적으로 참여하는 블로거나 유튜버의 경우, 개별적으로 신뢰성이 박약한 출처를 증거로 제시할 수 없는 언론과 동일한 주의의무가 요청될 수 있을 것이다. 반면에 지역의 1인 미디어가 정당이 제시한 보도자료를 근거로 중립적 입장에서 인용기사를 작성했다면, 이에 대해서까지 언론과 동일한 주의의무를 부과하기는 어려울 것이다.[45] 독일의 유력한 견해 역시 이러한 사고가 주의의무에 관한 요청은 무엇보다 표현주체의 진실규명 가능성과 결부되며, 언론에는 사인보다 더 엄격한 주의의무가 부과된다는 지배적인 판례들의 입장[46]과 일치하는 것이라고 보았다.[47]

쾰른 지방법원 2017년 4월 26일 자 판결 – 28O 162/16

사실관계

원고는 "X"당 소속의 청년조직 "Y"의 연방대표 2인 중 한 명이고, "X"당 바덴-뷔르템베르크 지구당의 간부로서 독일 전역에 알려진 인물이다. 피고는 V시의 지역사건이나 지역행사에 관해 보도하는 인터넷사이트를 운영하고 있고, 간기에 편집책임자로 기재되어 있다. 2016년 2월 5일 피고는 인터넷사이트에 "X에 대한 대규모 시위 그리고 C에서 X의 정치적 재의 수요일"[48]이라는 제목의 기사를 공표했다. 기사에는 다음과 같이 적혀 있었다.

> 여기에서 Q당은 X당 당원(H)의 행동과 진술에 관해 다음과 같이 인용했다: … Y의 대표이자 주의회 후보자인 H는 '다름 아닌 국민 적대적 정당들은 깡그리 독일에서 축출하는 것이 우리의 과제가 될 것이다. 우리가 집권하게 되면 그냥 놔두지 않을 것이다'라고 말했다.

이 기사는 2016년 2월 5일 원고의 이름을 검색했을 때 구글-검색결과 목록에 세 번째로 노출되어 있었다. 하지만 원고는 앞에서 인용된 것처럼 말하지 않은 것으로 밝혀졌다. 2015년 10월 28일 에어푸르트 행사에서 원고는 다음과 같이 말했다:

> 나는 이러한 좌익성향의 테러리스트들, 이러한 파벌정치에 대해 분명히 말합니다. 우리가 되고 나면 제거될 것이고 정리될 것이며, 다시 다른 국민을 위한 정치와 오직 국민만을 위한 정치가 행해질 것입니다. – 왜냐하면 우리는 한 국민, 사랑하는 친구들이기 때문입니다.

원고는 2016년 2월 5일 11:19분에 피고에게 전화해서 자신은 이런 식으로 말하지 않았기 때문에 이 인용문을 한 시간 내로 삭제하라고 요구했다. 11:45분 원고는 피고에게 다시 한번 이메일을 통해 이 인용문을 지체 없이 삭제하라고 요구하고, "당신은 적어도 검증되지 않은 인물의 말을 입에 담아서는 안 된다!"라고 말했다. 이 때문에 피고는 Q당의 B지구당 위원장인 M 및 시청 내 Q당파 대표위원인 P에게 전화해서 Q당이 이 인용문의 정확성을 입증해 줄 수 있는지 물었다. 이어서 추가로 피고는 M에게 11:28분에 이메일을 보냈다. 이 두 사람은 피고에게 해당 인용문이 포함된 Q당의 호소문은 Q당 의원 R의 사무실에서 나온 것이며, 이 인용문은 당연히 정확한 것으로 간주된다고 전했다. M은 피고에게 재차 보낸 이메일을 통해 R 여사는 지금 일본에 있고, 자신은 그녀와 연락을 취하고 있다고 답했다. 이후 원고에게 13:14분 이메일을 통해 문제의 인용문은 분명히 Q당의 호소문 내에 포함된 것이었고, 지금 Q당으로부터 검증되었다고 해명했다. 나아가 피고는 다음과 같이 전했다.

> 나는 기사에서 인용문을 원문 그대로 이용했습니다. 그리고 Q당이 내게 이 인용문은 사실이라고 알려온다면, 나는 이것을 재차 기사에서 이용할 겁니다. 이 인용문은 그밖에 페이스북에서도 전파되었습니다.

피고가 삭제요청을 즉시 이행하지 않자 원고는 2016년 2월 5일 자 변호사서한을 통해 다시 한번 이 인용문을 지체 없이, 늦어도 오늘 17시까지 삭제하고, 위약벌이 전제된 금지선언을 제출할 것을 요청했다. 이 변호사서한은 14:22분에 팩스로, 이어서 14:33분에 이메일로 송달되었다. 15:20분 원고의 소송대리인은 전화상으로 피고에게 질의했고, 피고는 통화에서 소송대상 인용문은 추가의 조사 없이 Q당의 보도자료에서 끌어온 것이라고 답했다. 이러한 통화(대략 15:30분) 이후 피고는 곧장 인용문을 자신의 인터넷사이트에서 삭제했다.

한편, 원고의 소송대리인을 통해 이후 진행된 Q당의 보도자료와 문제의 인용문이 담긴 페이스북에 대한 인터넷-검색결과는 어떠한 결과물도 얻어내지 못했다. 피고는 2016년 2월 8일 자 서한과 함께 금지선언의 제출을 거부했다. 재판부는 2016년 2월 15일 자 가처분절차에서 원고의 청구를 허락하지 않았다. 2016년 3월 17일 원고는 변호사서한을 통해 피고에게 종결선언을 요구했지만 성공하지 못했다.[49]

① 제3자의 발언내용에 대한 인용자의 주의의무

재판부는 이 사건 소송이 이유 없다고 판단했다. 원고는 기본법 제1조 제1항, 제2조 제1항, 민법 제823조 제1항, 제1004조 제1문에 근거한 금지청구권을 가지지 못한다고 밝혔다.

관심 있는 중립적 독자들은

> 여기에서 Q당은 X당 당원의 행동과 진술들을 다음과 같이 인용했다: …Y조직의 대표이자 주의회 선거후보인 H는 '다름 아닌 국민 적대적 정당을 깡그리 독일에서 축출하는 것이 우리의 과제가 될 것이다. 우리가 집권하게 되면 그냥 놔두지 않을 것이다'라고 말했다.

라는 대상 표현을 피고가 'Q당은 원고가 인용된 대로 말했다고 주장했다'는 사실을 반복해서 주장한 것으로 이해한다고 밝혔다. 그리고 Q당이 이 표현을 정확하게 인용했는지 여부는 다툼이 있다고 인정했다. 하지만 원고는 이를 문제 삼은 것이 아니기 때문에 이 문제는 여기서 다룰 필요가 없다고 보았다. 원고는 이러한 표현으로 인해 단지 그가 인용된 대로 말했다고 간접적으로 주장되었던 점만을 문제 삼은 것이라고 분명히 했다.

나아가 피고가 이러한 간접주장, 원고가 인용된 대로 말했다는 Q당의 주장을 자신의 것으로 삼았는지 여부도 유보될 수 있다고 보았다. 어쨌든 피고는 자신의 표현으로서 허위사실의 전파뿐만 아니라 허위사실이 주장된 제3자의 표현을 전파하는 경우에도 주의의무를 지켜야 하기 때문이라고 설명했다.

재판부는 증거조사결과 Q당에 귀속될 수 있는 해당 호소문이 존재했고, 피고는 이러한 배경에서 주의의무를 준수했다는 확신에 도달했다고 밝혔다.

재판부는 비록 인격권 침해의 위법성은 원칙적으로 사실주장이 진실인지 허위인지 여부에 달려 있고, 진실한 보도는 통상 그것이 당사자에게 불리할지라도 감수되어야 하며, 그에 반해 허위주장은 그렇지 않다고 설명했다. 하지만 이것이 허위주장은 처음부터 의견자유권의 보호범위에서 탈락한다는 것을 의미하는 것은 아니며, 단지 고의의 허위사실주장과 허위임이 이미 표현시점에 의심할 여지 없이 확정된 그런 주장만이 기본법 제5조 제1항 제1문의 보호범위 밖에 놓이게 된다고 밝혔다. 그 밖에 모든 의견관련 사실주장들은 비록 그것이 나중에 허위로 밝혀지더라도 기본권보호를 누리며, 다만 이때에도 진실내용이 형량에 있어서 중요하다고 설명했다. 따라서 일단 의견자유권은 원칙적으로 허위의 명예훼손이나 사회적 평판에 해를 가하는 표현의 경우에는 후퇴한다고 보았다. 하지만 이때 표현 당시 누차에 걸친 조사에도 허위성이 확정되지 않았지만, 나중에 가령 법원의 해명을 통해 비로소 허위성이 밝혀진 경우가 배려되어야 한다고 강조했다. 이에 따라 나중에 허위로서 확인된 표현에 대해 제재에 따라올 수 있는 기본권 행사의 위협적 효과를 방지하기 위해 표현주체는 진실성 보증의무가 아닌 주의의무만을 부담하게 된다고 역설했다. 이때 기본법 제5조 제1항이 의도한 자유로운 의사소통절차가 수축되지 않도록 진실의무가 과도하게 요구되어서는 안 되기 때문이라고 이유를 제시했다.

　　이에 따라 자신의 것으로 삼지 않은 제3자 주장의 인용에 있어서도 언론은 원칙적으로 사인보다 더 넓은 범위에서 뉴스와 주장을 인용하기 전에 그 진실내용에 관해 심사할 의무를 진다고 밝혔다. 하지만 언론에 그러한 심사의무가 무제한으로 요구될 수는 없는데, 왜냐하면 기본법 제5조 제1항 제1문에 의해 보호되는 자유로운 의사소통절차가 압박되지 않기 위해서 이러한 진실의무를 과도하게 요구할 수 없기 때문이라고 재차 강조했다. 만약 언론에게 타인의 사실주장의 전파에 있어서 무제한의 전파책임을 부과한다면, 단지 인용된 사실주장들의 진실성에 관하여도 자신의 기사와 동등한 정도로 조사해야 하는 결과에 이르게 될 것이기 때문에, 이는 부당한 의사소통절차의 제한을 가져올 것이라고 우려했다.

재판부는 자신의 표현의 전파에 있어서뿐만 아니라 제3자의 표현의 전파에 있어서도 마찬가지로 주의 깊은 조사의무 요청은 당사자의 명예가 보도를 통해 더 심각하고 불리하게 침해될수록 더 높아진다고 밝혔다. 따라서 당사자에 대한 확인절차 역시 필수적일 수 있다고 보았다. 다만, 이때에도 주의의무는 과도하게 설정되어서는 안 되며, 개별적인 진실규명 가능성에 따르게 된다고 강조했다. 아울러 원칙적으로 언론의 주의의무는 사인의 주의의무보다 더 엄격하다고 설명했다.

재판부는 상충하는 이익의 형량은 이러한 주의의무의 준수 여부에 달려 있다고 밝혔다. 이러한 주의의무가 일단 지켜졌고, 그럼에도 나중에 제3자 표현의 허위성이 밝혀졌다면, 이 표현은 발언시점에 적법한 것으로 인정될 수 있어서 표현주체가 그 표현을 고수하거나 여전히 공표하고자 할 경우에만 금지청구가 고려된다고 보았다. 그와 달리 그의 허위성이 밝혀진 이후 표현자가 그 표현을 삭제하고 새로운 공표를 위한 어떠한 단서도 존재하지 않는다면, 그 표현은 적법한 것이고, 따라서 최초침해위험도 반복위험도 존재하지 않는다고 판단했다.

재판부는 이 사건에서 피고는 자신의 주의의무 준수를 위해 Q당에 귀속될 수 있는 시위호소문을 근거로 제시할 수 있다고 인정했다. 피고는 호소문의 출처와 내용을 충분하게 설명했으며, 그가 호소문을 제출하지 않았다는 사실은 피고가 당시 그 호소문을 인터넷사이트에 저장하지 않았거나 출력하지 않았던 사정에 기인할지 모른다고 생각했다.

따라서 재판부는 문제 된 기사에서 인용된 호소문은 Q당에 귀속될 수 있는 것이고, 이러한 호소문이 있었기 때문에 피고는 자신의 주의의무를 준수했다는 사실에서 출발할 수 있다고 밝혔다.[50]

② 지역인터넷사이트 운영자의 '일반인특권'의 인정 여부

이어서 재판부는 피고에게도 소위 '일반인특권(Laienprivileg)'이 제한적으로 적용될 수 있다고 판단했다.

판례는 이러한 '일반인특권'을 본래 개인이 자신의 경험 영역이나 통제 영역 밖에 놓여 있는 사실을 주장하는 경우에 적용 가능한 것으로 인정해 왔다고 밝혔다. 따라서 투명하지 않은 정치, 경제 영역들에 대한 사건들 혹은 기타 공적 관심의 사건들에 대해 이러한 원칙에 따라 다른 사람의 언론보도를 신의칙에 맞게 다룬 개인은 해당 보도가 명백히 낡은 것이거나 취소된 것일 때에만 금지나 취소청구의 대상이 될 수 있다고 설명했다.

이 사건에서 원고는 피고가 개인으로서 행동했다는 것을 인정하지 못한다고 항변했다. 하지만 재판부는 인터넷사이트에 올라와 있는 모든 기사들에 피고의 바이라인이 달렸다는 사실은 다툼이 없기 때문에, 여기에서는 개인의 활동이라는 점이 인정될 수 있다고 보았다. 나아가 개인의 수는 중요하지 않다고 보았다. '일반인특권'의 취지상 개인은 여러 사람들이 속한 단체일 수도 있다고 인정했다. 누군가 이러한 점을 부인한다면, 작은 소규모의 지역인터넷신문의 제한된 조사 가능성이 고려되어야 한다는 점을 간과한 것이라고 꼬집었다.

이러한 배경에서 재판부는 다음의 사실이 결정적이라고 밝혔다.

우선, 자신의 것으로 만든 제3자의 표현의 전파는 자신의 것으로 만들지 않은 제3자의 표현보다 더 높은 주의의무를 발생시킨다고 전제했다. 하지만 어떠한 경우인지와 상관없이 이 사건에서 피고의 주의의무 준수를 판단함에 있어서는 인용문이 포함된 시위호소문이 원래 있었고, 이러한 호소문은 Q당의 것으로 귀속될 수 있으며, 따라서 피고는 원고가 인용된 그대로 말했다는 점을 충분히 신뢰할 수 있었다고 밝혔다.

재판부는 호소문이 비록 피고가 신뢰할 수 있는 특권적 출처는 아니더라도 신빙성 있는 출처였다고 인정했다. 왜냐하면 호소문은 Q당의 기고를 통해 생겨났고, Q당에 의해 전파되었기 때문이라고 설명했다. 정당들은 선거투표를 위한 투쟁에 있어서도 어떠한 명백한 잘못을 행해서는 안 되며, 다른 정당 정치인의 발언을 잘못 인용해서도 안 된다고 밝혔다. 따라서 피고와 같은 지역신문의 언론인 역시 호소문 안에 언급된 인용문이 올바른 것인지 여부에 관해 심사해야 할 의무가 인정된다고 보았다. 그럼에도 그 호소문에 포함된 각각의 인용문이 제대로 인용된 것이 맞는지 여부를 반드시 원고에게 확인해야만 하는 것은 아니라고 생각했다. 이러한 경우는 원고가 원칙적으로 인용문과는 완전히 다른 정치적 성향을 지지하거나 명백히 원고답지 않은 발언이 그의 것으로 간주된 경우에만 그럴 수 있다고 보았다. 하지만 피고가 입수했던, 원고에 의해 직접 행해진 표현과 비교해 볼 때, 그에게 전가된 인용표현은 원고에게서 당연히 생겨날 수 있는 것이며, 어쨌든 Q당에 의해 인용된 인용문의 정확성에 관해서 피고에게 어떠한 의심이 생겨날 수 있는 상황이 아니었다고 생각했다.

나아가 피고에게는 인용된 내용들에 대해 Q당에 즉각적으로 그 출처의 신뢰성에 대해서 확인하는 것이 가능한 동시에 기대될 수 있었다고 보았다. 물론 피고는 원고로부터 인용이 잘못된 것이라는 지적을 받은 이후 곧바로 확인절차를 진행했다고 인정했다. 더군다나 피고는 독일 전역에 알려지지 않은 1인 지역인터넷신문을 운영했기 때문에 피고의 제한된 조사 가능성에 근거해서 볼 때, Q당에 귀속될 수 있는 호소문을 계속해서 전파할 경우 그에게 어떠한 의심도 들지 않는 호소문 내에 언급된 사실들에 관해 독자적인 조사를 수행하는 것이 기대될 수는 없다고 판단했다.

재판부는 이러한 배경에서 피고는 자신의 주의의무를 위반하지 않았고, 소송대상 표현과 관련해서 반복위험이 인정되지 않는다고 밝혔다. 반복위험은 금지청구에 있어서 실체적인 청구전제이며, 이러한 반복위험은 앞선 위법한 침해를 통해 암시되고, 침해자가 원칙적으로 이러한 위법행위에 대해 적절한 위약벌의 인수하에서 문제 된 행동을 중단하겠다는 금지선언을 피해자에게 제출한 경우에 비로소 제거될 수 있다고 설명했다. 하지만 이 사건에서는 위에서 언급된 이유들에서 이미 위법한 침해가 없기 때문에, 문제 된 보도를 통해서는 반복위험이 암시되지 않는다고 보았다. 아울러 반복위험은 우선 원고가 피고에게 잘못된 인용사실을 알린 이후에 피고가 Q당에 어떤 다른 생각들을 가지고 있는지 확인하고자 했다는 사실을 통해서도 인정되지 않는다고 보았다. 왜냐하면 피고가 악의로 문제 된 보도를 다시 한번 공표할 것이라는 단서들이 명백하지 않기 때문이라고 밝혔다.

재판부는 한편, 피고는 잘못된 인용을 인지한 이후 지체 없이 삭제했기 때문에 방해자로서의 책임도 없다고 판단했다.

민법 제1004조의 의미상 방해자는 자신에게 책임이 있는지 여부와는 상관없이 방해를 야기하거나 자신의 행동으로 말미암아 우려되는 침해를 야기한 모든 사람을 말한다고 설명했다. 따라서 그 어떤 식으로든 적절한 인과관계에 놓여 있는 위법한 침해의 야기에 고의로 협력한 모든 사람은 이러한 행위의 저지를 위한 적절한 가능성을 가지는 이상, (공동)방해자로서 책임을 질 수 있다고 밝혔다.

이에 1인 인터넷사이트 운영자의 책임을 위한 전제는 단지 이러한 방해자 지위에서 비롯되는 심사의무의 위반 여부라고 보았다. 그리고 심사의무의 존재 및 심사의무의 범위는 개별적으로 관련된 모든 이익들 그리고 관련된 법적 평가들의 형량에 따른다고 밝혔다. 아울러 심사의무를 정함에 있어서는 사회생활상 거래관계에서 허용되는 거래당사자의 자격을 기준으로 삼아야 한다는 점과 여기에서는 더욱이 언론활동이 문제 되었다는 점을 고려해서 과도한 요청이 설정되어서는 안 된다고 생각했다. 따라서 이 사건에서는 방해자 책임에 관해 발전된 원칙에 따르면 어디까지 피고의 심사가 기대 가능한지가 관건이라고 보았다. 이때 침해의 제거 가능성은 방해자가 방해의 원천을 지배하고 있거나 침해의 종식이 가능한 그 누군가에게 과연 영향력을 행사할 수 있는지 여부에 달려 있을 수 있다고 판단했다.

이에 따라 방해자로서 지역에서만 알려진 인터넷신문의 운영자나 기자는 여기에서처럼 일단 원칙적으로 그의 정확성을 신뢰해도 되는 그런 인용문의 전파가 문제된 경우, 권리침해에 관한 확실한 인식에 도달했을 때에 비로소 심사의무를 지게 된다고 밝혔다. 그리고 그러한 심사의무에 따라 이러한 방해자는 인지와 심사 이후 방해를 지체 없이 제거하지 않았을 경우에 비로소 금지청구에 이르게 된다고 판단했다. 아울러 이것은 우선 충분히 구체적인 피해당사자의 지적을 전제한다고 설명했다. 결국 이 사건에서 요구될 수 있는 심사범위의 정도는 개별적 사건의 사정들에 달려 있으며, 특히 한편으로는 권리침해의 합당한 심각성 판정과 다른 한편으로는 운영자의 인식 가능성이 관건이라고 보았다.

재판부는 2016년 2월 5일 원고의 지적이 충분히 구체적이라는 점은 인정했다. 하지만 피고 입장에서는 기본법 제5조를 통해 보호되는 언론활동의 고려하에서 인용을 즉시 삭제하라는 원고의 요구가 적절한 것인지를 심사하는 것이 필요했고, 이를 위해서는 본질적으로 피고가 넘겨받은 호소문의 작성자인 Q당의 생각이 중요했을 것이라고 판단했다. 이러한 이유에서 피고는 증인 M과 곧바로 접촉했고, 납득할 만한 이유로 지연되는 그의 대답을 기다릴 수밖에 없었다고 보았다. 결국 이러한 사정들의 고려하에서 어쨌든 인지 이후 5시간 내 삭제한 것은 지체 없이 조치를 취한 것으로 인정된다고 밝혔다.[51]

Ⅲ. 허위성에 대한 입증책임 배분원칙

1. 입증책임의 배분원칙

피고가 자신에게 부여된 주장책임(Darlegunglast)을 충족시켰다면, 이제 다툼이 된 주장의 허위성에 대한 입증책임(Beweislast)은 원칙적으로 원고가 진다는 사실이 유지된다. 이에 따라 진위불명(non liquet) 상태는 기본적으로 원고의 부담으로 작용한다. 이때 무엇보다 입증되지 않은 주장이 쉽사리 허위로 취급될 수 있다는 어떠한 원칙도 존재하지 않는다는 점이 각인되어야 한다. 왜냐하면 이러한 원칙은 일반적으로 단지 완전히 입증된 사실주장의 제기나 전파만을 허용하게 되고, 결국 광범위한 비판의 차단에 이르는 부작용을 낳게 될 것이다.

연방헌법재판소 역시 허위의 입증은 원칙적으로 원고에 의해 수행되어야 한다는 점을 확증했다.[52] 따라서 원고가 사실주장의 허위에 대한 증거를 제출하면, 법원은 표현주체의 정당한 이익의 대변을 참조하면서 증거조사를 진행해야 한다.[53, 54]

하지만 소송대상이 사실적시 명예훼손(형법 제186조)인 경우에는 입증책임전환이 일어난다. 이 경우에는 민법 제823조 제2항을 통해 전용된 형법 제186조[55]의 입증법칙에 따르게 되며, 원칙적으로 가해자(예컨대 언론사)인 피고에게 명예훼손적인 주장의 진실성에 대한 입증책임이 주어진다.[56] 하지만 이때 가해자인 피고가 정당한 정보이익을 대변하는 동시에 필수적인 주의의무를 준수했다면, 허위성의 위험부담을 제거하는 역할을 하는 형법 제193조의 정당화 근거를 주장할 수 있다. 그리고 정당한 이익의 대변사유가 인정된다면, 형법 제186조에서 귀결되는 진실성의 입증책임전환은 탈락하고, 통상의 경우처럼 재차 원고에게 입증책임이 넘어가게 된다.[57] 이것은 부정적 평가의 기초가 되는 관련 사실들에 대해서도 마찬가지이다.

결국 형법 제186조의 구성요건과 관계된 주장의 경우, 입증책임은 다음과 같이 배분된다. 일단, 피고가 다툼이 된 주장을 제기하거나 전파했다는 사실에 대한 입증책임은 원고가 부담한다. 이후 그 주장이 진실이거나 정당한 이익의 대변을 위해 행했다는 사실에 대해서는 피고가 입증책임을 부담한다. 이것이 성공한 경우 재차 원고가 허위성에 대한 입증책임을 부담한다.[58]

2. 진위불명의 경우 법원의 입장

실무상으로는 대부분 진위불명(non liquet)으로 남게 된 경우에 누가 입증책임을 지는지가 주로 문제 되기 때문에, 이에 대한 보다 자세한 논의가 불가피하다. 진위불명의 원인은 사건의 특수성에 기인할 수 있으며, 그 때문에 원칙적으로 앞서 정리된 증거법칙에도 불구하고 입증책임은 항상 도식적으로 판단되어서는 안 된다. 따라서 피고가 향후 자신의 주장을 반복할 수 있는 보호이익을 가지는지 여부에 관한 구체적 사건을 해결하기 위해서는 해당 사건이 가지는 특수성이 이익형량을 필수적인 것으로 만들 수 있다. 예컨대, 연방대법원은 제국의사당방화 판결[59]에서 취약하고 매우 의심스러운 단서들만이 남아 있고, 제출된 보조사실에 대한 피고의 입증이 여러 가지 결정적인 점에서 부정적 결과를 얻은 이후에도 원고에 대해 제기된 방화관여책임을 고수하는 것은 정당화될 수 없다는 항소법원의 판시내용을 인용하면서, 법익형량의 필요성을 강조한 바 있다. 여기에서 연방대법원은 무엇보다 강력한 비하적 성격의 표현방식을 통해 야기된 원고의 심각한 명예훼손 침해가 법익형량에서 중요하게 고려되어야 한다고 판시했다.[60]

이외에도 기타의 사정들 역시 양측의 입증을 불가능한 것으로 나타낼 수 있다. 예컨대, 슈투트가르트에 있는 이탈리아 식당이 바덴-뷔르템베르크 나아가 독일에서 활동하는 마피아를 위한 본산이라는 비난에 대해 마피아조직원의 비밀서약으로 인해 언론인의 진실성도, 식당 주인의 허위성도 입증할 수 없는 사정에 도달하게 된 경우, 연방대법원은 본질적 단서들이 진실을 말해 주지 않는다면 이러한 비난은 허용되지 않는다고 판단했다. 그 밖에 연방헌법재판소가 "바이엘" 결정에서 발전시켜 온 소위 '일반인특권'이 개입할 수도 있다.[61, 62]

연방대법원 1966년 1월 11일 자 판결 – VI ZR 221/63

사실관계

피고는 자신이 저술한 "최후까지"라는 책과 주간지 "자이트"에서 1960년에 공표된 시리즈 기사들 "일그러진 거울에 비친 제국의사당 방화"를 통해 원고가 1933년 2월 27일 제국의사당 방화사건에 주도적으로 참여했다고 주장했다.

구체적으로 피고는 자신의 보도에서 9월 21일부터 12월 16일까지 제국최고법원에서 심리 중이던 제국의사당 방화사건 재판 당시 절도 목적 주거침입죄로 인해 복역 중인 R이라는 이름의 미결수가 1933년 10월 26일 관할지방법원 판사에게 다음과 같은 내용을 진술했다고 주장했다.

그 내용인즉,

R은 (1931년 혹은 1932년) 나치돌격대(SA)에 가입했고, 곧바로 돌격대장 E의 호위대원이 되었다. 1933년 2월 R은 E 소속의 다른 9명의 호위대원들과 함께 명령을 받았는데, 이때 E는 자신들에게 누군가 며칠 내로 마르크시스트들을 분쇄하기 위한 명분을 필요로 하고 있으며, 이에 제국의사당이 SA-대원들에 의해 방화되어야 하고, 이러한 방화는 공산주의자들이 저지른 것으로 알려져야 한다고 말했다. 이어서 E는 자신들에게 제국의사당 방화를 지시했고, 이후 호위대 지휘부는 돌격대 최고지휘자 X(원고)에게 인계되었고, 다음 날 이 그룹은 병영에 수용되었다. 방화는 1933년 2월 27일 실행되었으며, 더욱이 SA-호위대는 이를 위해 제국의회 의장관저에서 제국의사당 건물에 이르는 지하통로를 이용했고, 이 당시 대원들은 육중한 SA 군화와 SA 제복을 단 한 번도 벗지 않았다. 심문을 담당한 법원판사는 R의 심문기록을 제국최고법원에 우편으로 발송했지만, Re라는 이름의 SA-대원이 심문 직후 이러한 사실을 E에게 즉시 보고했고, 당시 게슈타포 대장인 D와 접선했다. D에 의해 자행된 심문조서 탈취행각은 우편물이 제국최고법원에 도달하기 전에 성공했다. R은 며칠 후 교도소에서 베를린경찰서 유치장으로 이감되었고, 게슈타포 소속 형사 G에게서 신문을 받았다. 이후 R은 Re를 포함한 4명의 SA-대원들에게 살해당했고, 베를린 인근 한 농지에 암매장되었다.

라는 것이었다.

이어서 피고는 자신이 이 사건들을 알게 된 경위와 원고가 실제 언급된 방식으로 제국의사당 방화범죄에 가담했다는 자신의 생각을 뒷받침해 주는 사정들을 자세하게 소개했다. "자이트"지 시리즈 기사들로 인해 검찰은 원고에 대한 제국의사당 방화 혐의에 대해 조사를 개시했지만, 이 수사절차는 중단되었다.

원고는 a) 피고에게 위약벌의 인수하에서 원고가 1933년 2월 27일 제국의사당에 불을 질렀거나 방화범죄에 가담했다는 주장의 반복을 금지하라고 청구했고, b) 피고에게 이 주장을 취소하라고 청구했다.

지방법원은 증거조사를 근거로 원고의 제국의사당 방화사건에 가담은 인정되지 않는다고 확신했고, 피고에게 청구취지대로 이행하라고 판결했다. 이어진 피고의 항소에 대해 상급법원은 피고에게 단지 무제한의 취소를 선고하는 것이 아니라 피고는 원고가 제국의사당에 불을 질렀거나 방화범죄에 가담했다는 주장을 더 이상 유지할 수 없다는 의사표시를 공표하는 것으로 제한해서 선고했다. 피고의 상고는 기각되었다.[63]

① 항소법원의 판단

항소법원은 포괄적인 증거조사의 결과를 다음과 같이 평가했다.

즉, 반데르 루브가 자신의 결단으로 제국의사당을 방화했다는 최근 주장된 논제는 이와 같은 사실로 확정짓기에는 충분히 확실치 않다고 판단했다. 루브의 단독범행은 비록 가능할지 모르지만 여러 단서들은 반데르 루브가 공범이었다는 사실을 말해 준다고 인정했다. SA-대원들이 가담했다면, 당시 베를린 SA-돌격대장이었던 원고가 공범으로서 확실하게 배제될 수는 없다고 보았다. 하지만 원고의 가담이 입증된 것으로 인정하기에는 제출된 확실한 증거들이 부족하다고 밝혔다. 물론 R이 당시 조서에 남도록 진술한 자백에서 E의 다른 SA-호위대원들과 자신이 제국의사당 방화사건의 범인이며, 이러한 맥락에서 원고의 이름 역시 언급했다고 인정했다. 하지만 자신이 범인이라는 R 진술의 진실성은 여러 차례 개별적으로 서술된 이유들에서 의심스럽다고 생각했다. 심지어 R이 무언가에 아귀를 맞췄을 일정한 개연성 역시 존재한다고 보았다. 사건 당시 그는 SA-호위대 구성원이 결코 아니었고, 구속상태에 있었을 가능성도 있다고 밝혔다. 또한 R 진술의 정확한 내용은 공개되지 않았다고 지적했다. 피고는 단지 이러한 자백에 관해 전언을 통해서만 알게 되었고, 이때 사실상 정보원인 Re는 피고 자신의 진술에 따르더라도 수다쟁이였다고 인정했다. 피고는 어떠한 증인도 지명할 수 없었으며, 단지 원고의 가담에 관해 간접적으로만 알고 있었다고 밝혔다. 피고가 입증을 위해 인용한 보조사실은 일부 허위로 밝혀졌고, 일부는 입증될 수 없었다고 판단했다. 아울러 피고는 전체적으로 매우 의심스러운 일부 단서들에만 의지했고, 이 단서들은 분별력 있는 판단자에게 원고를 제국의사당 방화사건의 명백한 공범자로 단죄할 만한 충분한 근거를 제공하지 않는다고 보았다. 더욱이 원고에 대해 제기된 형사법상 수사절차의 결과가 부정적인 것으로 판명되었으며, 재판에서 피고의 신청으로 심문 개시된 원고 역시 선서하에서 가담을 부인했다는 사실이 중요하다고 밝혔다.[64]

② 피고의 입증의무 심사와 법익형량의 필요성

연방대법원은 이러한 평가들이 상고법원에 구속력이 있는 것이라고 인정했다. 아울러 이러한 평가는 피고 측 상고에 의한 소송상 책문을 통해서도 이의 제기되지 않았다고 밝혔다. 따라서 여기에서는 단지 피고가 이와 같은 증거평가의 결과들을 바탕으로 금지와 제한된 취소의 판결을 선고받는 것이 정당한지의 논의만이 남는다고 밝혔다.

이어서 피고는 여러 차례 널리 전파된 출판물에서 지속적으로 원고에 대해 주변으로부터 심각한 혐오대상의 징역형 범죄를 저질렀다고 비난한 사실이 인정된다고 보았다. 이러한 원고의 비난은 더군다나 보도방식을 통해 특히 강조되었다고 생각했다("약탈자의 수괴", "성공한 SA-영웅의 전형적 인물", "방화주범 중 한 명", "자이트"지 1960년 3월 25일 자). 독자층에게는 원고가 실제로 정치적 반대자를 아무런 법적 제재도 없이 자유롭게 박해하고 권력을 강화할 수 있는 기회를 제공하기 위해 제국의사당을 방화한 범죄 목적의 작전부대 수장이었다는 인상이 암시되었다고 보았다. 그리고 이러한 비난으로 인해 원고의 명예가 심각하게 훼손되었으며, 당시 그가 SA돌격대장으로서 나치의 목표를 열성적으로 지지했다는 사실로 인해 이러한 결과가 달라지지 않는다고 판단했다. 동시에 이 비난은 원고에게 경제적 불이익의 결과를 가져왔다고 부언했다(위탁중지의 제재에 따른 기술지도사무소에서의 퇴출).

연방대법원은 한편, 항소법원은 중범죄자로서 원고에 대한 공개적 지탄(형법 제186조와 연계한 민법 제823조 제1항, 제2항)이 정당한 이익을 대변했다는 사실을 통해 정당화되는지 여부를 심사했고, 이러한 문제를 법적 오류 없이 부인했다고 평가했다. 항소법원은 제국의사당 방화사건의 배경을 규명하는 것에는 유력한 공적 이익이 존재한다는 사실을 부인하지는 않았다. 제국의사당 화재사건은 나치지도층의 강화를 위해 결정적으로 중요한 것이었고, 커다란 역사적 영향력을 가지는 사건이었다고 인정했다.

항소법원은 나치권력층이 제국의사당에 방화를 사주했는지 혹은 나치 권력층이 자신들의 목적을 달성하기 위해 단지 자신들에게 적당한 것으로 보이는 하나의 수단으로서 화재를 이용한 것인지의 문제는 훗날 언젠가 이 시기를 특징짓는 역사적 평가를 위해 본질적인 것이었다고 평가했다. 따라서 다툼이 있는 사건들의 진실규명을 위해 증거자료나 조사결과를 제공하고 공표한 사람은 원칙적으로 정당한 이익을 대변한 것이라고 인정했다. 항소법원은 주제의 특별한 중요성과 자유로운 공개토론에 관한 이익을 고려해서 사건들과 밀접한 당시 정치적 활동과의 관련성으로 인해 보도 내에서 혐의 가능성이 있는 행위자의 이름이 언급되는 것 역시 정당하다고 보았다.

이와 관련해 연방대법원은 이를 위해서는 물론 제공된 출처정보가 사전에 주의 깊고 비판적으로 검토되었는지 여부가 전제되어야 한다고 밝혔다. 하지만 항소법원은 피고가 이른바 불리한 자료의 구성과 선택을 통해 원고를 비난한 표현들과 관련해 명백한 방화사건의 주범 중 한 명으로서 단죄하기 위해 반드시 필요했을 정도로 주의 깊게 행동했는지 여부를 미해결 상태로 남겨두었다고 비판했다. 어쨌든 항소법원은 단지 여전히 취약하고 매우 의심스러운 단서들만이 남아 있고, 제시된 보조사실에 대한 피고의 입증이 결정적인 점에서 부정적인 결과에 도달한 이후에도 여전히 계속해서 이 비난을 유지하게 할 수는 없을 것이라고 생각했다. 따라서 항소법원은 당시 사건들의 진실규명에 관한 공적 이익과 이에 관한 자신의 의견을 주장(기본법 제5조)할 피고의 권리에 적절한 주의를 기울였다고 인정했다. 하지만 연방대법원은 필수적인 이익형량에 있어서 광범위하고 비판적인 심사가 불가능한 독자층에게는 특히 그처럼 인상 깊은 방식으로 원고를 비하하는 표현방식이라는 점에서 원고의 명예에 심각한 침해를 의미한다는 다른 관점의 사실 역시 중시되어야 한다고 판단했다. 항소법원은 원고가 당시 SA-돌격대장으로서 나치의 목표를 열성적으로 지지했다는 사실과 적어도 R의 진술을 통해 누가 제국의사당에 불을 질렀는지에 관한 주제의 토론 속으로 편입되었다는 사실을 전적으로 가치가 있는 것으로 간주했다고 보았다. 하지만 연방대법원은 그 사이에 형사상 수사절차에서 그리고 이 사건 소송에서 혐의점들은 매우 면밀한 심사과정을 통해서 조사되었다고 평가했다. 이러한 모든 유·불리 사실의 고찰과 심사결과에 따르면 제국의사당 방화에 적극적으로 가담했다는 인상을 독자들이 얻을 수 있는 그런 원고 관련기사들을 계속해서 보도하는 것은 더 이상 정당화될 수 없는 원고의 명예훼손을 의미한다고 판단했다. 완전히 새로운 증거가 나타나지 않는다면, 이러한 원고의 비난은 어떠한 공적 이익을 통해서도 보호되지 않는다고 보았다. 다만, 보도에서 원고에게 생겨난 혐의점들의 설명과 평가하에 지금까지의 수사와 조사결과에 관해 보도할 권리는 원고의 실명이 공개되지 않고, 그의 명예가 적절하게 고려되며, 원고에 유리한 사정들에 대해서도 언급되는 이상 그대로 유지된다고 밝혔다. 따라서 지금까지 행해진 피고의 표현은 현재의 소송결과에 따르면 더 이상 주장될 수 없다고 보았다.[65]

③ 진실성이 보장되지 않는 주장에 대한 피고의 의무

연방대법원은 재판상 금지청구에 관한 원고의 권리보호이익은 피고를 통한 계속된 명예훼손이 우려되는 경우에만 존재한다고 밝혔다. 피고가 원고에 관한 명예훼손적 비난을 반복하게 될 위험이 존재하는지 여부는 본질적으로 사실심 법원의 평가문제라고 보았다. 그리고 항소법원이 이러한 취지에서 행한 판단은 법적 오류가 없다고 인정했다.

우선, 항소법원은 피고가 계속해서 자신의 주장을 재론했고, 이 사건 소송에서 역시 자신은 비난의 반복을 통해 역사적 진실에 기여하는 것이 허용된다는 권리를 주장했다는 사실이 고려될 수 있었다고 보았다. 제국의사당 방화와 관련된 문제에 관한 토론은 매우 격렬했고, 따라서 피고가 장래에도 침묵하지는 않을 것이라고 예상할 수 있다고 판단했다. 아울러 피고는 사실심급에서 원고관련 증거결과와 정당한 보호 필요성을 충분히 고려했다는 주장을 제출하지 않았다고 지적했다. 이어서 선서하에 행해진 원고의 소송상 심문을 비꼬는 듯한, 한편 어떠한 제재와도 결합되지 않은 상태로 제출된 피고의 금지선언은 원고의 보호 필요성에 만족스럽지 않으며, 피고가 계속해서 그 비난을 재론할 것이라는 우려를 제거할 수 없다고 판단했다. 그에 따라 항소법원은 심리결과와 사실심의 평가를 근거로 원고의 권리보호이익은 법적으로 적절한 이유에서 인정된다고 밝혔다. 연방대법원은 이러한 항소법원의 판단에 동의했다.

연방대법원 역시 피고의 비난에 대한 제한적 취소판결은 판례가 방어권적 명예보호를 위해 발전시켜 온 원칙들에 합치된다고 보았다. 이때 원고에 대해 조성된 위법한 방해상태를 제거하거나 혹은 완화한다는 해명을 발표할 의무는 피고가 자신의 보도에서 행한 비난 제기의 위법성 및 책임 여부와는 무관하다고 밝혔다. 비난의 진실성이 입증되지 않고 여전히 극도의 의심스러운 단서들만이 남아 있는 현 상황에서 피고에게는 해당 비난과 거리를 두는 것이 기대될 수 있다고 판단했다. 따라서 피고에게는 직접 허위성과 비신뢰성에 대한 제재가 요구되는 것이 아니라 단지 자료의 관찰과 심사에 따른 현재 상태에 알맞게 자신의 표현에 대한 정정을 행하는 것만이 요구될 수 있다고 보았다. 요청된 해명이 완전한 원고의 결백을 의미하지는 않으며, 그러한 완전한 결백은 심리결과에 따르면 불가능하다고 인정했다. 그럼에도 원고는 최소한 피고가 그를 범인으로서 지목한 비난과는 거리를 둘 정당한 이익을 가진다고 판단했다. 이러한 권리보호이익은 원고가 피고에게 향후 이 비난의 반복을 금지시키는 금지판결을 동시에 얻어냈다는 점으로 인해 문제 되지는 않는다고 보았다. 결국 연방대법원은 원고가 해명의 공표 그 자체를 요구할 수 있다는 항소법원의 판단에 동의한다고 밝혔다. 왜냐하면 원고는 이러한 해명의 지적을 통해 장래에 우려되는 그의 명예나 경제적 활동의 침해에 대해 방어할 수 있기 때문이라고 생각했다. 그러한 취소는 공식적 취소에 비해 완화된 형태이며, 이러한 종류의 취소는 피고의 보호이익에 반하지 않는다고 판단했다.[66]

제14장

언론 영역에서 손해배상제도-
징벌적 손해배상 문제

의견표현권과 당사자의 보호법익을 조율하는 데 있어서 다양한 구제방법들이 존재하지만, 국내에서는 민법상의 손해배상체계에 따른 배상이 주로 이뤄지게 된다. 따라서 다른 어떤 구제방법들보다 손해배상에 대한 논의가 특히 중요하다. 더군다나 최근 언론 영역에 징벌적 손해배상 제도의 도입을 법제화하려는 움직임까지 대두되었던 작금의 상황에서는 이러한 논의의 필요성이 더욱 절실하다고 볼 수 있다.

하지만 독일에서 의견표현권과 기타 법익들 사이의 조정을 위한 구제방법으로서 이용되는 손해배상제도는 우리가 생각하는 것과는 많이 다르다. 이 역시 의견표현권의 보장강화를 위한 인식의 차이에서 비롯되는 것으로 보인다. 따라서 독일의 다양한 구제 권리나 방법에 대한 전반적 논의는 다음의 기회로 미루기로 하고, 급한 대로 우선 독일에서는 언론보도와 손해배상의 관계에서 어떠한 쟁점들을 연방헌법재판소 및 연방대법원이 고민해 왔는지 살펴보기로 한다. 이를 통해 독일 법원들이 독일 민법체계에서의 손해배상제도, 특히 금전배상제도를 언론·출판자유의 관점에서 받아들이기 위한 진지한 숙고들을 이해할 수 있을 것이다.

I. 언론 영역에서의 손해배상제도 개관

독일의 손해배상제도는 민법 제823조 이하에 마련되어 있다. 그리고 가해자는 민법 제249조에 따라 손해에 이르게 된 결과가 발생하지 않았을 때 존재했을 상태로의 원상회복의무를 지게 된다. 특히 인격권 침해의 경우 명예의 회복에 관해서는 기본적으로 반론보도, 취소보도, 추후보완보도 혹은 정정보도를 통해 실현되는 것이 고려되어야 한다. 그럼에도 권리침해로 인해 물질적 손해가 생겨난다면, 이러한 손해는 민법 제823조의 전제조건하에서 배상되어야 한다.

하지만 보통 유명하지 않은 언론보도의 피해자는 유명인의 퍼블리시티권과 같은 어떠한 상업적, 재산적 구성 부분을 가지고 있는 것이 아니기 때문에 언론보도로 인해 물질적 손해를 입게 되는 것이 아니라 비물질적 손해(immateriellen Schaden)를 입게 되는 것이 일반적이고, 이에 따른 가해자의 책임구성요건을 충족시키는 것이 필수적이다. 이러한 경우는 종종 기본법 제1조 제1항, 기본법 제2조 제1항과 연계된 민법 제823조 제1항의 "기타의 권리" 혹은 형법 제185조 이하와 같은 보호법익과 연계된 민법 제823조 제2항이 고려된다.[1] 이때 가해자의 행위는 손해발생과 인과관계가 있어야 하고, 추가로 고의나 과실의 가해자 책임이 있어야 한다.[2]

다른 원상회복청구권과 달리 손해배상청구권은 허위의 사실주장뿐만 아니라 모든 종류의 허용되지 않는 인격권 침해적 공표에 적용될 수 있다. 따라서 진실한 사실주장의 문제 및 사진뿐만 아니라 가치평가에 있어서도 역시 그 주장으로 인해 당사자의 인격권이 침해되고 이로 인해 손해가 발생한다면 요구될 수 있다. 인격권은 판례에 의해 민법 제823조 제1항의 "기타의 권리"로서 인정되었기 때문에, 위법하고 책임 있는 인격권 침해의 경우에는 손해배상청구권이 존재하게 된다.

형법 제186조, 제187조와 연계된 민법 제823조 제2항이 심사되는 경우에 민사법상 가해자는 피해자의 명예를 침해하는 주장의 진실입증 의무를 부담하게 된다는 점에 유의해야 한다. 언론사가 형법 제193조의 정당한 이익의 대변을 주장할 수 있다면, 표현의 위법성은 탈락하게 된다. 보도에 우월한 공중의 이익이 존재하는 경우가 이에 해당한다. 그럼에도 기자는 저널리즘상의 주의의무를 지켜야 한다. 두 가지가 주어진다면 나중에 제시된 주장의 허위성이 밝혀질지라도 피해자에게 어떠한 손해배상도 요구될 수 없다.[3]

한편, 우리에게는 원칙적으로 인정되는 손해배상의 금전배상 원칙(우리 민법 제763조, 제394조)이 독일에서는 전혀 사정이 다르다는 점에 주목해야 한다. 독일의 경우 금전배상은 손해배상을 넘어서는 요청이며, 과거의 "위자료(Schmerzsgeld)"라는 명칭은 언론법상 청구와 관련해서는 더 이상 사용되지 않는다. 금전배상청구권은 법익침해로 인해 이전상태의 원상회복 내지 금전배상이 명령되는 것이 아니라, 오히려 금전으로 측정될 수 없는 피해자의 침해에 대해 금전상 보전이 인정되는 것이다. 따라서 금전배상청구권은 우선적으로 피해자의 만족(Genugtuung)에 기여하는 것이고, 그에 반해 권리침해에 대한 보상적 사고는 부차적인 것이 된다. 이것은 어째서 언론법상 금전배상청구가 신체침해의 경우 위자료 청구와 처음부터 비교될 수 없는지를 말해 주는데, 그 이유는 출발점이 애당초 서로 다르기 때문에 손해배상액에서 상당히 차이가 날 수밖에 없다는 사실에서 기인한다.[4]

독일에서 비물질적 손해에 대한 금전배상은 민법 제253조에 따라 단지 법에 규정된 경우에만 인정된다.[5] 이러한 경우에 해당하는 것이 제253조 제2항에 열거되어 있다. 하지만 일반적 인격권은 해당 규정에 언급되어 있지 않다. 그럼에도 연방대법원은 1958년(BGHZ 26, 349) 판결을 통해 일반적 인격권을 인정하였다. 만약 일반적 인격권의 침해가 인정됨에도 불구하고 비물질적 손해의 배상이 인정되지 않는다면 이것은 참을 수 없는 일반적 인격권의 무시에 해당할 것이라는 사고를 통해 연방대법원은 법에 명시적으로 언급되지 않은 일반적 인격권의 비물질적 손해에 대한 금전배상을 인정하게 되었다. 이러한 연방대법원의 입장을 연방헌법재판소 역시 "소라야 결정"[6]을 통해 받아들였다. 따라서 현재 일반적 인격권의 금전배상청구권은 다툼 없이 인정되며, 판례법을 통하거나 기본법 제1조 제1항, 제2조 제1항과 연계된 민법 제

823조 제1항에서 도출하고 있다.[7]

독일에서는 일반적 인격권의 금전배상에 대해 소극적이며, 모든 일반적 인격권의 침해가 금전배상에 이를 수 있는 것은 아니라고 생각하는 것이 지배적이다. 그렇지 않으면 모든 비판은 그러한 재정상의 위험에 노출되고, 그 결과 자유로운 정신적 논쟁이 위험에 위태롭게 될 것이라는 우려 때문이다. 따라서 비물질적 손해를 위한 금전배상은 단지 엄격하게 정해진 전제조건하에서만 인정된다.

첫째, 금전배상청구권은 금전상으로 합당한 보전의 허용이 불가피한 것으로 인정되어야 한다. 그러한 피할 수 없는 요청은 당사자가 스스로 경제적 혹은 정치적 이유에서 대중 앞에 등장했으면서도 언론의 부정적 반응은 인정하지 않으려고 할 경우에는 대체로 거부된다. 따라서 정치인, 영화 스타, 유명 방송인 등은 지금까지 대중 속에 나타나지 않았던 사람들과는 달리 사생활의 보도와 표현을 감수해야 한다.

둘째, 심각한 인격권 침해가 발생해야 한다. 사소하고 사회에서 수인가능한 정도의 인격권 침해는 금전배상 없이 감수되어야 하는 반면, 사적 영역 내지 내밀 영역의 침해와 같은 심각한 인격권 침해가 존재해야 한다. 이는 범죄를 저질렀다는 범죄보도나 직무상 현저한 의무불이행 같은 비난의 경우에 인정될 수 있다. 인지나 동의 없이 촬영된 인물 사진의 공표나 그를 우습게 보이게 하거나 명예를 실추시키는 상황에서 보여주는 초상 사진의 경우 대체로 심각한 인격권 침해를 나타낸다. 시사적 인물의 경우 비록 관대하게 처리되지만 그럼에도 완전히 보호받지 못하는 것은 아니다.

셋째, 금전배상청구권은 단지 책임이 있을 경우에만 인정된다. 만약 내밀생활에 관한 상세한 부분이 조작되었다면 어쨌든 금전배상은 인정될 수 있다.

마지막으로, 기대 가능한 다른 방식으로는 개별 사정에 적절한 조정 가능성이 존재하지 않는 경우 금전배상청구권이 인정될 수 있다. 즉, 금전배상청구권은 다른 권리보호의 가능성에 대해 부차적이다. 그렇다고 해서 금전배상청구를 일반적으로 다른 방어청구권의 주장에 종속되게 만드는 것은 타당하지 않고, 무엇보다 개별적 사정이 결정적이다. 그 때문에 손해감소가 다른 청구들의 주장을 통해 가능한 경우에는 우선 이러한 가능성들이 먼저 동원되어야 한다. 그럼에도 반론보도, 취소 등등이 피해자의 인격적 이익을 더욱 침해할 위험이 존재하고, 따라서 받아들일 수 없는 것으로 인정된다면, 그때에는 다른 청구들의 주장 없이도 금전배상의 요청이 처음부터 거부될 수는 없을 것이다. 결국 금전배상청구는 원칙적으로는 다른 청구들과는 무관하다.[8]

최근 독일에서도 일부 판례들에서 미디어를 통한 인격권 침해에 대해 고액의 금전배상 산정액이 선고되는 경향을 나타내고 있는 것도 사실이다. 하지만 이러한 판례들에 대해서는 무엇보다 유명인들에게 고액의 금전배상을 인정했다는 점에서 비판이 가해지기도 한다. 실제 이러한 고액판결이 특히 부유층에 관한 것이었는지 아닌지 여부를 묻게 된다면, 공중 속에서 왜곡된 일반시민의 경우에 상응하는 손해배상액이 인정될 수 있을지는 회의적이기 때문이다. 하지만 이러한 비판에도 불구하고 유명인의 사적 혹은 내밀한 생활의 공개와 함께 높은 수익을 얻으려는 언론사들의 보도 상황이 무시될 수는 없다는 점이 더 설득력이 있다. 왜냐하면 일부 언론사들이 금전배상액을 무시하고서라도 처음부터 선정적 보도를 감행할 경우, 인격권은 전반적으로 보호받지 못하는 상태에 이르게 될 것이기 때문이다.

한편, 연방대법원은 무엇보다 당사자의 초상권 침해의 경우에는 금전배상청구 외에 다른 어떤 방어수단도 제공되지 않는다는 점이 고려되어야 한다고 판시했다. 따라서 다른 인격권 침해 사례와는 달리 초상권의 경우 금전배상청구는 보다 수월하게 인정될 수 있다고 보았다.[9]

결국 금전배상액은 제지효과에서 시작해야 하지만, 예방 가능성 외에 또 다른 측정 요소인 인격권 침해의 정도를 고려해야 할 뿐만 아니라 손해배상액을 통해 과도하게 제한되어서는 안 된다는 출판자유의 마지노선을 지키기 위한 관점 역시 유념해야 한다는 사실을 항상 명심해야 한다.[10]

연방대법원 2004년 10월 5일 자 판결 – VI ZR 255/03

사실관계

원고는 잡지 "die aktuelle"와 "die zwei"를 상대로 초상권 침해에 대한 금전배상 지급소송을 제기했다. 1999년 7월 28일부터 2000년 7월 10일까지 피고 잡지들은 1999년 여름에 캐롤라인 공주와 에른스트 아우구스트 폰 하노버 사이에서 태어난 원고 아기의 사진을 부모의 동의 없이 공표했다. 그 가운데 1999년 9월 "캐롤라인. 첫 번째 사진. 비밀스러운 육아행복"이라는 제목과 본문 기사에는 원고 부모의 집으로부터 원거리에서 비밀리에 촬영된 사진이 포함되어 있었고, 2000년 7월에 "캐롤라인 그리고 에른스트 아우구스트 이혼?"이라는 헤드라인이 달린 표지 전체에서는 구명조끼를 착용하고 수영한 후 타월에 감싸인 채 엄마 품에 안겨 있는 원고 아기의 모습이 담긴 사진이 공표되었다. 동시에 본문에서는 아기가 욕조에서 부모와 함께 목욕 중인 모습의 사진도 게재되었다. 지방법원은 15만 마르크의 금전배상 지급을 인정했고, 피고의 항소 및 상고는 성공하지 못했다.[11]

① 아기 및 아동의 인격권 침해

우선, 항소법원은 두 번의 사진공표가 금전배상이 필수적인 정도로 원고의 인격권을 심각하게 침해했다고 판단했다. 그리고 금전배상액의 경우 만족기능은 유아일지라도 무시될 수 없다고 밝혔다. 왜냐하면 이러한 사진공표는 부모-자녀 양육관계를 방해하고, 직접적으로 원고의 생활조건들에 부정적인 영향을 끼치기에 적당하기 때문이라고 생각했다. 하지만 그에 앞서 금전배상액은 특별예방 효과로 인해 정당화된다고 판시했다. 미성년자에 있어서는 가중된 인격권 보호의 의미로 인해 이러한 방식의 사례들에서는 가해자에게 금전배상이 체감될 수 있어야 하며, 아울러 보도에서 취한 경제적 이익 역시 박탈해야 한다고 보았다.[12]

② 인격권 침해와 금전배상청구권의 의의

이러한 항소법원의 판결을 연방대법원은 그대로 인용했다. 우선 재판부는 금전배상의 인정은 기본법 제103조의 의미상 형사처벌이 아니기 때문에 이중처벌 금지원칙에 반하지 않는다고 밝혔다. 오히려 연방헌법재판소와 연방대법원은 인격권 침해로 인한 금전배상청구권을 기본법 제1조 제1항, 제2조 제1항의 보호의무로 소급하는 하나의 권리로서 인정했고, 이는 기본법 제1조 제1항과 제2조와 연계된 민법 제823조 제1항에서 도출된 청구권이라고 보았다. 심각한 인격권 침해의 경우 인정되는 금전배상은 그러한 청구권 없이는 인간의 존엄과 명예 등 인격의 권리보호가 종종 아무런 제재 없이 방치되는 결과에 머무르게 된다는 사고를 기반으로 한다고 밝혔다. 그리고 이러한 금전배상의 성격은 위자료(Schmerzensgeld)의 경우와는 달리 통상 희생자의 만족(Genugtuung)의 관점이 중심을 이루게 되며, 그 밖에도 이 금전배상은 예방(Praevention)에 기여해야 한다고 설명했다.[13]

이어서 재판부는 금전배상의 인정은 그 뿌리를 헌법과 민법에서 가지며, 어떠한 형법상 제재도 의미하지 않는다는 기본사고를 고수했다. 연방헌법재판소 역시 인격권 침해에 있어서 비물질적 손해배상에 대한 민사판결은 -그것이 비록 형벌적 요소와 완전히 떨어져 있지는 않지만- 기본법 제103조 제2항의 의미상 형벌은 아니라고 밝혔음을 재차 언급했다.

또한 재판부는 국가형벌권과는 반대로 민법에서의 금전배상의 인정은 기본법 제1조 제1항과 제2조 제1항에 근거한 당사자의 보호의무를 구체적으로 보장하는 것이며, 이러한 경우는 초상권 침해 사례의 경우 특히 분명해진다고 보았다. 왜냐하면 인격권 침해표현에 가령 취소 혹은 정정보도를 청구할 수 있는 다른 사례와 달리 초상권 침해의 경우에는 피해자에게 금전배상청구와는 다른 어떤 방어 가능성도 제공되지 않기 때문이라고 설명했다. 따라서 민사법원이 당사자의 이익보장을 위해 금전배상을 요구할 수 있다는 점에는 어떠한 의구심도 일어나지 않는다고 밝혔다. 아울러 사정에 따라 상이한 영향을 미칠 수 있는 예방적 사고는 단지 금전배상을 위한 하나

의 측정요소에 불과하다고 보았다.[14]

③ 인격권 침해에 대한 금전배상청구권의 요건

이어서 재판부는 지속적인 판례에 따르면, 일반적 인격권의 침해는 심각한 침해가 문제 되고 다른 방식으로는 만족스럽게 침해가 해소될 수 없을 경우에만 금전배상청구권을 정당화한다고 밝혔다. 이것은 특히 침해의 사정거리와 심각성에 달려 있고, 나아가 행위의 계기나 동기 및 책임 정도에 종속된다고 보았다. 따라서 개별적인 초상공표가 그 자체만으로는 심각한 정도로 분류되지 않을지라도, 반복적이고 집요한 초상권 침해는 금전배상을 정당화하는 일반적인 인격권 침해를 의미하게 된다고 판시했다. 특히 초상권 침해의 특수성은 피해자에게 금전배상이 아닌 다른 방식으로는 방어 가능성이 제공되지 않는다는 점에서 보장된다고 밝혔다. 이로부터 다른 피해사례들보다 초상권 침해사례의 경우에 금전배상청구권의 인정을 위한 조건이 더 낮게 요구되어야 한다는 원칙이 생겨난다고 설명했다.[15]

더군다나 이 사건은 언론사가 희생자의 인격권 침해를 판매부수 증가를 위한 수단으로서, 즉 상업적 이익의 추구를 위해서 사용했다는 점에서 권리침해가 이익실현에 바탕을 두고 있다는 측정요소가 금전배상액의 산정에 반영되어야 한다고 밝혔다. 아울러 이 사건에서는 금전배상액이 실질적 제지효과를 가져야 한다는 점도 고려되어야 한다고 덧붙였다. 그리고 또 다른 측정요소로서 인격권 침해의 심각성 정도가 고려될 수 있는데, 여기에서는 지속적인 사생활의 방해라는 사실이 중요한 비중을 가진다고 인정했다.

다만, 추가적으로 금전배상액이 출판자유를 과도하게 제한하는 액수에 이르러서는 안 된다는 점이 준수되어야 하지만, 이 사건에서 인정된 금전배상이 출판의 자유를 위태롭게 한다는 사실은 밝혀지지 않았다고 판단했다.[16]

Ⅱ. 언론의 역할과 금전배상이 가지는 과도한 제재의 위험성

연방헌법재판소는 독일에서의 인격권 형성과정 및 미디어 분야에서의 금전배상청구권의 의미를 "소라야" 결정[17]에서 자세히 다룬 바 있다. 여기에서 재판부는 무엇보다 지나치게 엄격한 제재의 부과, 사정에 따라서는 예측할 수 없는 손해배상청구권역시 이에 속할 수 있는 그런 제재는 출판자유를 반헌법적으로 제한하고, 특히 그러한 청구권의 법적 전제들이 명료하게 규정되지 않았을 때 위헌일 수 있다는 점을 분명히 했다.[18]

아울러 손해배상청구권은 보조적 성격을 가지기 때문에 법원은 금전배상을 단지 원래상태로 회복, 가령 금지청구나 취소청구의 인정을 통해서는 가능하지 않거나 사건의 상황에 따라 충분하지 않을 경우에만 선고하며, "명예의 상업화"는 있을 수 없다고 단언했다. 따라서 금전배상은 인격 영역으로의 현저한 침해와 심각한 책임이 요구되기 때문에, 언론에 관한 주의요청이 과도하게 요구되어서는 안 된다고 역설했다.[19]

이는 "뢰머광장 대담" 결정[20] 및 "뵐/발덴" 결정[21]에서도 마찬가지이다.

연방헌법재판소는 우선 "뢰머대담"-결정에서 헌법재판소가 민사법원의 판결에 개입할 수 있는 가능성은 무엇보다 기본권 침해의 강약에 달려 있으며, 민사법원의 판결이 자유주의의 존립과 활동의 기본법상 보호되는 전제조건들을 제한할수록 그러한 제한이 헌법상 정당화되는지 여부에 관한 헌법재판소의 심사가 자세히 이뤄져야 한다고 밝혔다.

이어서 해당 사건에서는 연방대법원의 판결에 따라 가해자에게 심각한 책임이 있거나 당사자의 인격권에 현저하게 중요한 침해가 발생한 경우에만 가능한 그러한 제재를 선고한 것이 문제 되었다고 생각했다. 그리고 이러한 제재는 특정한 명예훼손적 표현들을 그대로 반복하는 것을 제한하는 금지와 달리 의견공개, 즉 기본법 제5조 제1항을 통해 보호되는 정신적 논쟁에 기여하고자 하는 사고의 공개가 저지되는 결과를 낳게 한다고 판단했다. 왜냐하면 위자료 지급 판결은 과거에 존재한 명예침해의 배상뿐만 아니라 비판적 견해의 발언자가 높은 재정적 부담에 굴복하게 됨으로써 피할 수 없는 예방적 작용을 전개하기 때문이다.

따라서 연방헌법재판소는 장래에 비판을 가할 발언자의 용기를 감퇴시키고, 이러한 방식으로 기본법상 보장의 핵심에 관계되는 자유로운 정신적 논쟁의 침해에 영향을 미치는 침해의 합헌성에 관해서는 엄격한 요청이 부여되어야 한다고 강조했다.[22]

결국 비평적 표현으로 인해 예리한 제재에 놓이게 될 것이라는 우려는 모든 토론을 마비시키거나 의견표현의 자유기능이 기본법을 통해 구현된 질서에 반하는 효과를 초래할 위험을 내포하게 된다고 밝혔다.[23]

이러한 입장은 시기적으로 인접한 연방헌법재판소의 "뵐/발덴" 결정에서도 마찬가지로 제시되었다.[24] 이 결정에서 연방헌법재판소는 무엇보다 진실의무에 관한 과도한 요청뿐만 아니라 이에 결합된 무거운 제재방식의 위험성을 경고하였다. 즉, 진실의무에 관한 과도한 요청의 강화와 그에 결합된 무거운 제재는 미디어의 제한과 마비를 야기할 수 있으며, 지나치거나 과도한 위험이 미디어에 부과될 경우 미디어는 무엇보다 자신에게 부여된 공적 통제의 과제를 더 이상 수행할 수 없게 될 것이라고 우려했다. 따라서 미디어에는 진실의무에 관한 요청이 의견자유의 기능이 위험에 빠지지 않을 정도로 배정되는 것이 특히 중요하다고 강조하였다.[25]

이러한 점에 비추어보면, 연방헌법재판소는 언론에게 진실의무를 과도하게 요청한다든지, 이를 근거로 과도한 제재를 가하는 것은 기본법 제5조 제1항의 의견표현 내지 출판 등의 자유권을 침해할 소지가 매우 높은 우려를 야기하게 되므로, 이에 대해서는 매우 신중한 접근이 필요하다고 역설했음을 알 수 있다.

연방헌법재판소 1973년 2월 14일 자 결정 - 1BvR 112/65("소라야"-결정)

① 판단의 전제로서 독일 인격권 수용과정과 비물질적 손해의 금전배상 문제
(a) 비물질적 손해배상청구권의 현황

연방헌법재판소는 민법 제249조[26]에 따르면 손해배상의무자는 배상의무를 지는 사정이 일어나지 않았을 때 존재했을 상태를 회복시켜야 한다고 밝혔다. 이러한 원래상태로의 복구(원상회복)는 비재산법상의 "비물질적" 손해배상에도 마찬가지로 적용된다고 보았다. 예컨대, 명예침해의 경우에 피해자의 평판 저하는 사정에 따라 취소나 취소의무판결의 공개를 통해 제거될 수 있다고 생각했다.

하지만 원상회복은 이전 상태로의 복구가 가능하다는 것을 전제한다고 단서를 달았다. 따라서 사실상의 이유에서 이러한 방식으로 손해를 보전할 수 없거나 단지 불충분하게 보전할 수 있다면, 이때 피해자는 민법 제251조 제1항[27]에 따라 금전배상을 요구할 수 있다고 보았다. 다만, 비물질적 손해에 대해서는 이러한 원칙이 민법 제253조[28] 통해 제한된다고 설명했다. 해당 규정에 따르면, 금전배상은 단지 법률로 정해진 특별한 경우에만 요구될 수 있으며, 이것은 무엇보다 민법 제847조에 따라 신체침해, 불법감금 그리고 성범죄의 희생자에게 주어진 소위 위자료청구권을 말한다고 밝혔다. 나아가 민법 외에도 일련의 특별구성요건들에 따른 비물질적 손해가 배상될 수 있는데, 가령 항공교통법 제53조 제3항 제1문, 부정경쟁방지법 제27조 그리고 저작권법 제97조가 그것이라고 밝혔다.[29]

(b) 제국법원에서의 인격권에 관한 현황

독일에서 19세기 중반에 적용되었던 법체계는 비교적 포괄적인 인격권 보호가 위자료청구권의 형태로 허용했던 반면, 민법 초안의 작성자는 처음부터 비물질적 이익의 침해에 대한 일반적인 금전배상청구권을 거부했다고 밝혔다. 문헌에서의 중요한 문제 제기(특히 폰 오토 폰 기에르케 그리고 프란츠 폰 리스트)에도 불구하고 입법자는 이러한 생각에 머물러 있었다고 설명했다. 이러한 생각은 본질적으로 비물질적인 생활상의 이익들을 재산상의 이익들과 동일하게 취급하고 정신적 손해를 금전으로 보상하는 것은 지배적인 국민정서에 역행하는 것이라는 사고에서 기인한 것이라고 밝혔다. 게다가 재판관에게 손해산정을 위한 확고한 기준이 없다는 것도 이유로 제시되었다.

한편, 인격권 보호에 관한 제국법원의 판례는 마지막까지 민법에 규정된 권리를 통해 정해진 한계를 고수했다고 평가했다. 당시 지배적인 이론과의 일치하에서 법원은 일반적 인격권을 거부했는데, 그 이유는 일반적 인격권이 현행 민법에는 낯선 것이며 민법 제823조 제1항의 범위 내에 그것을 인정하는 것은 이 규정의 불분명한 경계설정에 이르게 될 것이라는 우려 때문이었다고 밝혔다. 하지만 인격 영역으로의 심각한 침해들에 대해 대처하기 위해서 제국법원은 이미 기존의 인정된 특별한 인격권들과 성명권 그리고 초상권의 보호범위를 확장했다고 설명했다. 아울러 민법 제862조(점유방해로 인한 청구권), 제1004조(방해배제청구권 및 부작위청구권)의 유추적용을 통해 계속적인 명예침해의 금지청구권 및 취소청구권 그리고 정정보도청구권도 인정되었다고 밝혔다. 하지만 이때 입게 된 비재산적 손해로 인한 금전배상은 단지 명예침해가 건강상 손해의 결과를 낳고, 이와 동시에 신체침해로서 간주될 수 있을 경우에만 인정되었다고 설명했다.[30]

ⓒ 독일 학계 및 행정부의 인격권에 관한 입장

이러한 불충분한 민사법원의 인격권보호는 제2차 세계대전 이후, 특히 나치가 인격의 자유범위를 이전에 가능한 것으로 간주했던 것보다 더 강력하게 제한했기 때문에 매우 심각한 것으로 여겨졌다고 밝혔다. 한편, 현대사회에 있어서 특유한 매스컴의 관심이나 광고형태들, 점점 더 증가하는 개인 및 단체의 정보에 대한 권리의 강조, 보도수단과 다른 기술적 장비들의 개선 등이 민법의 입법자들에게는 상상할 수 없었던 개개인의 인격권 영역으로의 침입 가능성을 창출했다고 보았다.

이에 따라 연방대법원(NJW 54, 1404)이 1954년에 처음으로 일반적 인격권의 존재를 인정함으로써 그것은 일반적으로 수용되었다고 밝혔다. 연방대법원은 여기에서 기본법 제1조와 제2조를 통해 보호되는 인간존엄의 존중과 자유로운 인격의 발현권은 민법상으로도 누구에게나 사적 거래관계에서 존중되어야 할 권리라고 인정했고, 따라서 일반적 인격권은 민법 제823조 제1항(손해배상의무)의 보호를 누린다고 보았다. 하지만 이러한 권리가 침해되었는지 여부의 결정은 주의 깊은 그리고 상세하게 이뤄지는 법익-이익형량을 필요로 한다고 밝혔다. 물론 이후의 판결에서도 연방대법원은 일반적 인격권의 일반조항 성격의 폭을 구체화하려고 노력했다고 평가했다.

이와 같이 일반적 인격권이 판례와 문헌에서 급속도로 관철되었던 반면, 인격권 침해의 경우 비물질적 손해에 대한 금전배상이 현행법에 따라 요구될 수 있는지 여부의 문제는 여전히 다툼이 남아 있었다고 진단했다.

제42차 독일법률가대회(1957)는 포괄적인 법률규정을 추천하면서 금전배상에 대해 찬성을 표명했고, 이러한 조언에 따라 연방정부는 1959년 "민법상 인격권보호와 명예보호의 새로운 규정을 위한 법률안 초안"을 연방의회에 제출했다고 밝혔다. 그 초안은 민법 제12조(성명권)을 "민법상 인격권보호의 기본규범"을 통해 대체하는 방식으로 규정했고, 이어진 규정들에서 예시적으로 특히 중요하거나 지금까지 판례에서 이미 보다 중요한 것으로 생성된 인격권 침해형태들이 다뤄졌다고 설명했다. 불법행위 편 내의 민법 제823조 제1항, 제824조 그리고 제847조는 인격권보호의 확대에 맞게 현실화되었고, 민법 제847조는 다음과 같은 안으로 수정되었다고 소개했다:

> (1) 자신의 인격권이 침해된 사람은 물질적 손해에 해당하지 않은 손해와 관련해서도 입게 된 피해에 대한 만족을 포함하는 적절한 금전상의 배상을 요구할 수 있다. 이러한 인격권은 제249조에 따라 회복이 가능하고 충분한 경우 혹은 피해자에게 금전과는 다른 방식으로 만족된 경우에는 인정되지 않는다. 경미한 침해는 무시된다. 배상액은 사정들, 특히 침해와 책임의 심각성에 따라 결정된다.
>
> (2) ….

하지만 이러한 법률안은 통과되지 못했다고 밝혔다. 이 법안은 공중들 사이에서 격렬한 비판에 직면했고, 언론계가 특히 이 법안이 의견 및 출판자유에 불리하게 인격권보호를 과도하게 확장하는 것이고, 허용 정도를 넘어서 언론의 공적 과제의 이행을 불가능하게 만드는 위험부담과 함께 언론에 부담을 주는 것이라며 비난했다고 전했다.

1964년에 있었던 제45차 법률가대회가 재차 입법자에게 호소한 이후 연방법무부는 1967년 "손해배상법 규정들의 개정과 보완을 위한 법률"이라는 행정부안을 공표했고, 이 역시 손해배상법의 포괄적 개혁의 맥락에서 민법 제823조에 명예와 일반적 인격권 역시 절대적 권리로서 보호되는 것으로 규정했다고 밝혔다. 그리고 민법 제847조는 이전 안과 일치하는 것으로 규정했다고 덧붙였다. 하지만 이러한 안에 대해서도 의회처리는 이뤄지지 않았다고 전했다.[31]

(d) 연방대법원의 일반적 인격권 수용과정

연방헌법재판소는 법원들이 인격권보호의 새로운 법적 규정들을 마냥 기다리지는 않았다고 평하면서 다음과 같은 연방대법원의 판례들을 제시했다. 이에 따르면, 1958년 연방대법원은 소위 "아마추어 기수" 판결(NJW 58, 827)에서 처음으로 자신의 인격권이 침해된 사람에게 비재산적 손해에 관해 합당한 금전배상을 선고했는데, 1954년 판결을 계승한 해당 판결이유에서 기본법 제1조와 제2조는 인격권을 존중할 법적 명령뿐만 아니라 인격적 영역으로의 침해에 있어서 침해 안에 본질적으로 내재된 손해에 대해 보호를 제공할 불가피성으로 귀결된다는 사실을 인정했다. 그리고 이러한 손해배상의무를 민법 제847조의 유추적용을 통해 도출했다.

이후의 수많은 판결들에서 연방대법원은 이러한 판결들의 원칙들을 확증하고 계속해서 확장해 나갔다고 평가했다. 하지만 손해배상청구권은 이제 더 이상 민법 제847조의 유추적용에서 도출되지는 않았다고 밝혔다. 오히려 기본법의 가치설정의 영향하에서 행해진 민법상 인격권보호의 형성과정은 인격권 침해에 대해 정신적 침해에 적합한 어떠한 제재도 부과할 수 없다면, 이는 불충분하고 불완전한 것이라는 점에서 찾았다고 평가했다.

이러한 연방대법원의 입장에 따르면, 불법행위법상 보호를 일정한 개별적 법익으로 제한하는 것이 기본법상 요구된 인격권보호를 보장하기에는 너무 좁은 것으로 입증되었던 것과 마찬가지로 정신적 손해배상을 개별적으로 열거된 법익들의 침해로 제한하는 것 역시 기본법의 가치체계에 더 이상 부합하지 않는 것으로 판단했다.

나아가 연방대법원은 인격권보호에서 비물질적 손해배상의 배제는 인간의 존엄과 명예의 침해가 아무런 제재 없이 민사법질서에 남아 있게 된다는 사실을 의미하게 될 것이라고 우려했다. 그리고 이 경우에 법질서는 개인의 인격가치의 존중을 확보하기에 적합한 가장 효과적이고 때로는 유일한 수단을 포기한 것이라고 생각했다. 하지만 모든 경미한 일반적 인격권의 침해가 비물질적 손해에 대한 금전배상의무를 초래해서는 안 된다고 판단했다. 그렇지 않으면 미미한 침해들이 돈벌이 수단을 위해 부적절한 방식으로 악용될 것이기 때문이었다. 따라서 정신적 영역에서의 인격권 침해는 신체적 침해의 결과보다 금전의 일반적 가치척도에서 더욱 어렵게 산정되어야 한다고 숙고했다. 일반적 인격권의 침해에 있어서는 위자료의 만족기능이 변상기능에 비해 특히 강조되고, 따라서 인격권 침해의 성격에 따라 다른 방식으로는 그의 손해가 보전되지 않는 피해당사자에게는 그가 입게 된 피해에 대한 내적 만족이 인정되어야 하는지 여부가 항상 심사되어야 한다고 보았다. 그리고 이것은 일반적으로 가해자에게 심각한 책임비난이 존재하거나 객관적으로 현저히 중요한 인격권 침해인 경우에만 해당한다고 제한했다.

이러한 전제는 특히 자신의 상업적 광고를 보다 매력적으로 구성하기 위해 경솔하게 다른 사람의 인격권으로 개입될 때 주어진다고 보았다. 그러한 부당한 이윤추구는 단지 체감할 수 있는 물질적 손실의 위험과 같은 책임을 지울 경우에만 제지될 수 있을 것이라고 생각했다.

이어서 연방헌법재판소는 소위 "아나운서" 판결(NJW 63, 902)에서 연방대법원이 1900년 이후 생겨났고 민법의 제정자에게는 전혀 예측할 수 없었던, 인격이익의 지속적 침해 가능성을 유발했던 사회적, 기술적인 근본적 발전을 지적했다고 평가했다. 이에 따르면, 연방대법원은 그로 인해 발생하게 된 강화된 침해의 성격과 이에 적합한 인격권 보호 필요성의 관점에서 볼 때, 현행 민법규정은 이러한 비물질적 손해의 배상을 위해서는 더 이상 적합하지 않다고 생각했다. 국가권력의 긴요한 과제로서 인간존엄의 보호와 법관의 기본권목록의 가치결정에의 구속을 진지하게 받아들인다면, 법관은 심각한 인격권 침해에 있어서도 비물질적 손해배상을 거부한 1900년의 입법자의 결정에 더 이상 매여 있을 수는 없다고 판단했다.

연방헌법재판소는 이후 민사법원의 판례와 문헌들 역시 연방대법원의 견해를 대체로 수용했고, 연방노동법원 및 연방재정법원 역시 이에 동의했다고 전했다. 다만, 일부 문헌에서의 비판과 개별 상급법원의 판결에서는 결과의 객관적 타당성에 반대한 것이 아니라 법발견의 방식을 문제 삼았다고 밝혔다. 이에 관한 자세한 논의에 따르면, 비판적 의견들은 해석을 통해서도 아울러 유추적용을 통해서도 민법 제847조가 원용될 수는 없다고 이의를 제기하였다. 입법자는 민법 제253조와 함께 이미 충분한 결정을 내렸고, 재판관의 법형성을 위한 전제가 존재하지 않는다고 지적했다. 인격권 침해가 어떠한 정신적 침해들에 적합한 어떠한 제재도 작동시킬 수 없다면, 민사법상 인격권보호는 불완전하고 불충분하게 남아 있을 것이라는 논거는 법적 성격의 문제가 아니라 법정책적 성격의 문제라고 판단했다. 이것은 입법자의 과제이지 법위반 결과를 결정하는 법원의 과제는 아니라고 보았다. 또한 위자료의 만족기능의 강조를 통해 형법과의 경계도 희미해질 것이라고 주장했다.[32]

② 사건판단

(a) 사실관계

연방헌법재판소는 위와 같은 논의들의 전제하에서 이 사건을 다루었다. 악셀-스프링어-콘체른에 속한 헌법소원 출판사 "디 벨트"는 이전에 여성주간지 "노이에 블라트 미트 게리히트보헤"를 발행했는데, 이 잡지는 연방 전역에서 판매되었다. 헌법소원인2는 1961년 6월까지 선정적 제목이 달린 상류사회 관련 보도를 통해 독자들의 오락적 재미를 추구하는 이 잡지의 책임편집자였다. 이 잡지는 1961년과 1962년에 사진들과 함께 반복적으로 이란 왕과 이혼한 부인, 소라야 에스판디아바흐히타리 왕비를 기사로 다루었다. 특히 1961년 4월 29일 판에서는 "소라야: 왕은 내게 더 이상 편지를 쓰지 않았다"라는 표지제목하에 소라야 왕비가 한 여기자에게 제공했다는 "독점-인터뷰"가 포함된 소위 특종기사를 공표했다. 거기에서 자신의 사생활에 관한 왕비의 발언들이 인용되었다. 이 인터뷰는 "노이에 블라트"지가 한 프리랜서 기자에게서 구매한 것이었다. 하지만 이것은 조작된 것이었다. 1961년 7월 1일 판에서 "노이에 블라트"는 "소라야 – 오'브리언: 서로 마음 떠보기"라는 새로운 르포 기사 내에 소라야 왕비의 짧은 반론보도를 포함시킨 상태로 새로운 보도를 내보냈다. 이 반론보도에서 소라야는 인터뷰를 한 적이 없다고 밝혔다.

지방법원은 소라야 왕비에게 인격권 침해를 이유로 손해배상지급을 허용했고, 헌법소원인에게 연대채무에 따른 1만 5천 마르크의 지급을 선고했다. 헌법소원인의 항소 및 상고는 성공하지 못했다. 연방대법원은 소라야 왕비의 사적 사안에 관한 조작된 대화내용들의 전파를 그녀에 대한 위법한 인격권 침해로 간주했다. 헌법소원인은 소라야 왕비의 운명에 관한 대중들의 관심을 상업적으로 활용할 의도로 그녀가 하지도 않은 사생활에 관한 발언을 그녀에게 전가시킴으로써 개인의 인격을 멋대로 다루었다고 판단했다. 이러한 인격의 자기결정권에 대한 침해와 그와 결합된 그녀의 사회적 평판의 저하는 이 사람이 일정한 공적 관심의 대상이라는 사실을 통해서도 아니면 그녀가 나중에 다른 화보지에서 자신의 인생회고를 공표했다는 사실을 통해서도 정당화되지 않는다고 보았다. 이에 두 헌법소원인들은 유책행위자들이라고 판단했다. 페르시아 전 왕비의 인터뷰 게재가 관심 있는 대중들 속에서 받게 될 주목을 생각하면, 특별한 주의를 기울일만한 계기가 존재한다고 보았다. 간단한 질의만으로 곧바로 사기였음이 적발될 수 있었으며, 헌법소원 출판사에도 이러한 주의 결여에 대한 책임을 물을 수 있다고 판단했다.

이후 연방대법원은 이전 판결(NJW 61, 2059)과의 연속선상에서 심각한 인격권 침해에 대해 단지 정신적 손해의 금전배상을 통해서만 적절한 회복이 달성될 수 있을 때에는 피해자가 금전상의 만족을 요구할 수 있다고 판시했다. 이러한 전제가 이 사건에서 충족되었으며, 인격권에 대한 침해의 평가에 있어서 조작된 인터뷰의 계속적 전파 외에 상업적 목적이 추구되었다는 사실이 무엇보다 중요하다고 보았다. 또한 발생된 손해는 반론보도만을 통해서는 보전되지 않는다고 판단했다.[33]

(b) 출판자유권의 제한권리로서 민법상 일반적 인격권

헌법소원인은 주위적으로 기본법 제20조 제2항과 제3항, 제5조 제1항 제2문과 제2항 제103조 제2항과 연계한 기본법 제2조 제1항의 침해를, 예비적으로 기본법 제3조, 제12조, 제14조의 침해를 주장했다. 하지만 연방헌법재판소는 헌법소원이 이유 없다고 판단했다.

우선, 대상 판결이 선고되었던 법원절차는 사법질서에 따라 결정되어야 할 민사소송이었고, 연방헌법재판소는 이러한 민법의 해석과 적용 그 자체를 심사해서는 안 된다고 밝혔다. 하지만 헌법상의 기본권규범에 포함된 객관적 가치질서는 사법 영역으로도 영향을 미친다고 보았다. 왜냐하면 객관적 가치질서는 헌법상의 근본결정으로서 법의 모든 영역에 적용되기 때문이라고 설명했다. 따라서 이러한 헌법의 "방사효과"를 확보하는 것이 헌법재판소의 의무라고 밝혔다. 그 때문에 민사법원의 판결이 기본법의 사정거리와 효력에 관해 원칙적으로 잘못된 견해를 근거로 했는지 여부 및 판결결과 그 자체가 관련된 사람의 기본권을 침해하는지 여부가 심사되어야 한다고 보았다.

한편, 이 사건에 있어서 헌법소원인은 민사법원의 판결결과뿐만 아니라 특히 법원이 이러한 결과에 도달하게 된 과정을 문제 삼았다고 밝혔다. 헌법소원인은 법관의 법에 대한 구속을 고려할 때, 이러한 성격의 사건에서 금전상의 손해배상을 선고하는 것이 재판관에게 허용되었다는 점을 다투었다고 파악했다. 따라서 이는 우선 기본법에 정해진 재판관 활동의 본질과 한계에 대한 고민을 요구한다고 보았다. 그리고 이 사건에서는 재판상의 법발견 과정에서 기본권 가치에 대한 결단이 쟁취될 수 있었는지 심사되어야 한다고 판단했다. 재판관은 기본권의 가치사고를 자신의 판결에서 자의적 방식으로 관철할 수는 없다고 단언했다. 만약 재판관이 법발견에 주어진 헌법상의 한계를 무시하는 방법상의 과정을 통해 헌법상의 가치사고에 따른 결과에 도달한 경우라면 헌법을 침해하게 될 것이라고 보았다. 아울러 그렇게 내려진 판결 역시 연방헌법재판소에 의해 거부되어야 한다고 생각했다.

연방헌법재판소는 이 사건 민사소송에서 청구근거는 민법 제823조 제1항이라고 인정했다. 연방대법원은 거기에 언급된 권리의 범주 내에 "일반적 인격권" 역시 포함된다고 판단했고, 이때 자신의 판결(NJW 54, 1404)에서 자세히 밝힌 확정된 판시내용을 근거로 삼았다고 보았다. 연방대법원은 헌법소원인의 행동에서 일반적 인격권의 침해를 인식했고, 민사법상의 법리 영역에서 해당 판례의 논거가 유지되고 있고 한층 더 발전이 이뤄지고 있는 이상, 이러한 판례의 옳고 그름을 판단하는 것은 연방헌법재판소의 과제가 아니라고 생각했다. 민법의 입법자에 의해 여전히 거부되고 있는 일반적 인격권이 수십 년간의 학문적 논의과정에서 관철되었고, 언급된 연방대법원의 판결에서 성취된 승인에 따라 이제 독일 사법질서의 확고한 구성요소로 편입되었다는 사실을 확인하는 것으로 충분하다고 밝혔다.

이에 연방헌법재판소는 이러한 연방대법원의 판례를 헌법상 반대할 어떠한 계기도 존재하지 않는다고 판단했다. 기본법의 가치체계는 사회적 공동체 내에서 자유롭게 발현되는 개인의 인격과 그의 인간의 존엄성에서 자신의 핵심을 발견한다고 밝혔다. 따라서 모든 국가권력의 존중과 보호가 당연히 주어져야 한다고 보았다. 그러한 보호는 특히 인간의 사적 영역에서 필요하며, 개인이 홀로 남아 있을 영역 혹은 자신의 책임에서 결정을 내리고 모든 종류의 개입으로부터 괴롭힘을 당하지 않을 것이 요망되는 그런 영역을 필요로 한다고 밝혔다. 사법 영역에서 일반적 인격권의 법리 역시 이러한 보호 목적에 기여하며, 일반적 인격권은 개별적 인격권의 승인에도 불구하고 인격권 보호에 남아 있을 수 있는 공백 혹은 시간이 지남에 따라 다양한 이유들에서 점점 더 체감될 수 있는 공백을 메우는 것이라고 생각했다.

연방헌법재판소는 그 때문에 민사법원의 판례에서 일반적 인격권의 인정은 결코 문제 되지 않는다고 판단했다.

일단, 민법 제823조 제1항은 기본법 제2조상의 "일반법"이라고 보았다. 그리고 일반적 인격권이 헌법상 문제 될 것 없는 이 규정의 해석에 따라 이 규정에 열거된 권리들에 속한다고 판단했다면, 헌법소원인이 주장한 바대로 출판자유권을 제한할 능력이 헌법적 의지에 따라 이 일반법에 주어진다고 인정했다. 이러한 일반법의 잠재력 효력은 언급된 바와 같이 기본법 제1조와 제2조 제1항의 보호명령에서 헌법상 근거를 얻는다고 보았다. 다른 한편, 자유 민주주의 질서에 있어서 출판자유의 근본적 의미가 등한시되어서는 안 된다고 밝혔다. 이러한 의미는 헌법상 보호되는 민사법 상황에서 당사자들 사이의 이익충돌이 해결되어야 할 때 행해져야 할 형량에 있어서 중요성을 지닌다고 보았다. 따라서 이러한 형량에 있어서 일반적 인격권은 전적으로 우위를 주장할 수는 없다고 생각했다. 개별적인 구체적 사정의 상태에 따라 인격권에서 도출된 요구들에 대한 출판자유의 제한적 효력이 인정될 수 있다고 밝혔다.

이에 따라 대상 판결은 출판자유에 대한 전심절차 원고의 인격 영역 보호에 우위를 인정했으며, 확정된 사실관계에 비추어 볼 때 어떠한 우려도 나타내지 않는다고 밝혔다. 이에 따르면, 헌법소원인은 연예정보지에서 허구의 인터뷰 기사를 공표했고, 거기에서 원고의 사생활에 관한 사건들이 마치 원고 스스로 기술했던 것처럼 그렇게 인용되었다고 인정했다. 여기에서 법원은 어떤 형태로 자신의 사생활 과정들을 공중에 접근시키길 원하는지 여부에 관해 스스로 결정해야 할 원고의 사적 생활 영역에 대해 권한 없는 침입이 행해졌다고 판단했다.

사실상 이러한 상황에서 헌법소원인은 자신의 행동에 대해 출판자유를 주장할 수는 없다고 보았다. 물론 오락 및 선정적 언론에 이러한 기본권 보호를 일반적으로 거부하는 것은 지나친 것이라고 생각했다. 언론의 개념은 넓고 형식적으로 해석되어야 하며, 언론의 개념이 어떤 기준들에서 맞춰지더라도 개별적 출판물의 평가에 의존해서는 안 된다고 보았다. 출판자유는 진지한 언론으로만 제한되지는 않는다고 강조했다.

하지만 이로부터 이 기본권의 보호가 모든 언론사에 모든 법적 맥락에서 그리고 모든 그 표현내용에 대해서 동일하게 부여되어야 한다는 결론이 나오는 것은 아니라고 보았다. 출판자유와 다른 헌법상 보호되는 법익들 사이의 형량에 있어서는 이 언론이 구체적인 경우에 독자의 정보청구권을 이행하고 여론형성에 기여하기 위해 공적 관심사안에 관해 진지하고 사실에 입각한 논의를 진행하는지 아니면 일부 독자층의 피상적인 연예오락에 관한 단순한 수요를 만족시키는 것이었는지 여부가 고려될 수 있다고 설명했다.

이 사건에서는 원고의 사적 영역에 대한 보호 필요성에 대해 인터뷰에서 다뤄진 사안들의 공적 토론에 관한 우월한 공적 이익이 맞설 수는 없다고 밝혔다. 일시적으로 공중에 등장했던 인격체의 사생활에 관해 조작된 표현을 통해 정보를 제공받을 독자의 권리는 존재하지 않는다고 보았다. 설령 누군가 이러한 영역에서도 그에 관한 관심을 정당한 것으로 인정하고자 할지라도, 조작된 인터뷰는 어떠한 진정한 여론형성에 어떠한 기여도 하지 않는다고 판단했다. 따라서 이러한 언론보도에 대해서는 사적 영역의 보호에 무조건 우위가 주어져야 한다고 단언했다.[34]

(c) 일반적 인격권의 침해에 대한 금전배상청구권의 인정 여부

이어서 연방헌법재판소는 "일반법"이 잠재적으로 출판자유를 제한한다면, 그러한 제한효력이 생겨날 수 있는 방식은 단지 이 법의 내용에 따라서만 결정된다고 보았다. 이것은 특히 법이 권한을 부여한 그러한 제재만이 언론기관에 부과될 수 있고, 그의 자유를 실제로 제한할 수 있다는 것을 의미한다고 밝혔다. 바로 이 점에서 헌법소원인의 불복이 시작되었다고 판단했다. 헌법소원인은 일반적 인격권이 침해될 경우 금전상의 비물질 손해배상을 규정하고 있는 어떠한 "일반법"도 없으며, 바로 민법 제253조를 통해서도 그러한 청구권은 명백히 제외된다고 주장했다. 따라서 법원은 그러한 손해배상청구권의 인정과 함께 헌법이 법원에 허용한 출판자유의 한계를 일탈

했다고 항변했다. 게다가 법원의 제재는 일방적으로 언론을 겨냥했고, 결국은 존립에 위해를 가할 수 있는 그런 막대한 위험을 부담시켰기 때문에, 출판자유를 본질적으로 침해하는 그런 제재를 가했다고 호소했다. 따라서 자유 민주주의 국가공동체에 있어서 출판자유의 본질과 의미를 원칙적으로 오인했다고 비난했다.

연방헌법재판소는 이러한 주장에 대해서도 연방대법원에서 일반적 인격권을 도출한 법적 결과가 민법상의 법리를 바탕으로 정당화될 수 있는지, 바꾸어 말하면 일반적 인격권의 인정을 통해 모색된 방향으로 나아가는 것 그리고 민법 제847조[35]에서 유사한 상황들(신체, 건강, 자유권의 박탈)을 위해 규정된 손해배상청구권을 일반적 인격권에도 인정함으로써 보호를 부여하는 것이 민법상 가능하고 적절한 것인지를 판단하는 것이 연방헌법재판소의 결정권한에 속하지는 않는다는 사실이 우선 전제되어야 한다고 밝혔다.

연방헌법재판소는 여기에서도 이러한 판례의 헌법적 측면에 대한 심사로 제한해야 하며, 이때 두 가지 문제 첫째, 판결의 실체적 결과가 이미 그 자체로 출판자유권을 침해하는지 둘째, 이 결과를 실정법상의 명백한 근거가 없음에도 법원의 판결을 통해 도출하는 것이 기본법과 일치할 수 있는지 여부가 쟁점으로 부상한다고 보았다. 그리고 이 두 가지 문제의 심사는 이 판결의 바탕이 되었던 연방대법원의 판시내용에 대해서 헌법상 어떠한 우려도 제기될 수 없다는 결론에 도달했다고 밝혔다.[36]

⒟ 이 사건 손해배상액의 적정성 여부

연방헌법재판소는 일반적 인격권의 침해가 특히 언론기관들에 의해서도 행해질 수 있다는 점은 당연하다고 보았다. 왜냐하면 언론사에는 정보의 입수와 전파를 위한 기술적 수단이 제공되어 있고, 따라서 국민의 사적 영역으로의 침입 역시 비교적 손쉽게 행해질 수 있기 때문이라고 밝혔다. 하지만 판례에서는 민사법원이 자신에 의해 발전되어 온 일반적 인격권의 보호에 관한 법칙들을 언론 영역 바깥에서도 적용하고 있다는 사실을 보여준다고 덧붙였다. 바로 이러한 이유에서 어떠한 "언론에 대한 특별권"도 존재하지는 않는다고 생각했다.

다만, 지나치게 엄격한 제재의 부과, 사정에 따라서는 예측할 수 없는 손해배상청구권 역시 출판자유를 위헌적으로 제한하는 그런 제재에 속할 수 있고, 특히 그러한 청구권의 법적 전제들이 명료하게 규정되지 않았을 때 위헌일 수 있다고 밝혔다. 하지만 이 사건은 이러한 경우들에 해당하지 않는다고 판단했다. 비물질 손해에 대한 금전배상은 독일 법질서에서는 민법 제253조가 나타내는 바와 같이 원칙적으로 낯선 것이 아니라고 보았다. 민법 제847조에서는 민법 제823조에서 열거된 다른 법익들의 침해에 대해서 몇몇 특별법에서와 마찬가지로 그러한 제재를 규정하고 있다고 인정했다. 또한 판례의 발전을 거치면서 비물질적 손해에 대한 배상이 이뤄져야 했던 케이스그룹들은 분명한 윤곽을 얻게 되었다고 보았다. 이에 따라 손해배상청구권은 보조적 성격을 가지며, 그 때문에 법원은 금전배상을 단지 원래상태로 회복, 가령 금지청구나 취소청구의 인정을 통해서는 가능하지 않거나 사건의 상황에 따라 충분하지 않을 경우에만 선고한다고 밝혔다. 그 이유로 "명예의 상업화"는 있을 수 없다는 점을 들었다. 인격 영역으로의 현저한 침해와 심각한 책임이 요구되기 때문에, 책임 있는 언론활동에 관해 주의요청이 과도하게 요구되어서는 안 되며, 모든 부정확하고 객관적으로 잘못된 정보에 대해 책임이 주어져서는 안 된다는 사실에 주의가 요망된다고 강조했다.

마지막으로 판례의 검토결과에 따르면-이 사건에서도 마찬가지로- 인용된 손해배상액은, 특히 손해배상청구를 근거 지우는 언론사의 행위는 대개 경제적 이익들에서 결정된다는 사실을 고려할 때, 그 액수에서 적절한 한계를 유지했다는 사실을 보여준다고 평가했다. 따라서 이러한 판례를 통해 감수하게 될 언론의 위험부담은 기대 가능한 정도를 넘지 않았다고 판단했다. 이 사건에서 이 점은 무엇보다 분명하며, 조작된 인터뷰의 전파를 저지하기 위해 사용되었어야 할 주의 정도는 결코 기대 불가능한 것이 아니었다고 판시했다.[37]

ⓔ 입법상 흠결과 재판관의 창조적 법발견을 위한 과제와 권한

연방헌법재판소는 권력분립과 법치국가의 바탕이 되는 구성요소로서 재판관의 법에 대한 전통적 구속은 어쨌든 기본법상의 표현에 따르면 "재판은 법률과 법에 구속된다(기본법 제20조 제3항)"는 정도로 변화했다고 밝혔다. 따라서 엄격한 법실증주의를 거부하는 것이 통설이라고 밝혔다. 이 표현의 핵심은 법과 법률이 비록 대개는 사실적으로 정확히 표현되어 있지만, 반드시 그리고 언제나 그런 것은 아니라는 생각을 견지하는 것에 있었다고 보았다. 따라서 법은 총체적인 실정법과 동일시되지는 않는다고 분명히 했다. 사정에 따라 국가권력의 실정법에 비해서 보다 많은 법이 존재할 수 있으며, 법은 자신의 출처를 하나의 총체적 가치로서의 합헌적 법질서에서 가지며, 실정법에 대한 교정수단으로 작용할 수 있다고 인정했다. 따라서 법을 발견하고 판결에서 실현하는 것이 재판의 과제라고 생각했다. 재판관은 이러한 기본법에 따라 입법상의 명령을 가능한 어휘의미의 한계 내에서 개별사건에 적용하도록 요구받지는 않는다고 보았다. 이러한 엄격한 생각은 원칙적으로 국가 실정법질서의 원칙적 완전무결을 전제로 하며, 법적 안정성의 원칙적 요청으로서 정당화될 수 있는 이러한 상태는 현실에서는 실현될 수 없을 것이라고 밝혔다. 재판관의 활동은 단지 입법자의 결정을 인식하고 알리는 것에만 존재하는 것이 아니라고 보았다. 판례의 과제는 특히 합헌적 법질서에 내재하는, 하지만 실정법 본문에는 표현되지 않았거나 단지 불충분하게 표현된 가치사고를 의지적 요소를 포함하는 평가적 인식행위를 통해 밝혀내고 판결에서 실현하는 것이라고 강조했다. 이때 재판관의 자의가 없어야 하고, 그의 결정은 이성적 논증에 근거해야 한다고 부연했다. 실정법이 한 법적 문제를 타당하게 해결할 기능을 달성하지 못한다는 사실이 납득될 수 있어야 하고, 이때 법원의 판결이 이러한 공백을 실천이성의 기준들과 공동체의 확고한 일반적 정의사고에 따라 메워야 한다고 보았다.

이러한 "창조적 법발견"을 위한 과제와 권한은 재판관에게 -어쨌든 기본법의 효력 하에서- 원칙적으로 문제 되지 않는다고 판단했다. 연방대법원은 처음부터 이를 요

구했고, 연방헌법재판소도 이를 항상 수용했다고 밝혔다. 입법자 자신도 연방대법원 대재판부에 "계속적 법형성" 과제를 부여했고, 노동법과 같은 여러 법 영역에서 "계속적 법형성"은 사회적 발전의 흐름에 뒤처진 입법의 지체 때문에 특별한 중요성을 획득하게 되었다고 밝혔다.

단지 이러한 "창조적 법발견"에는 법치국가적 이유에서 포기할 수 없는 원칙에 대한 고려와 함께 판례의 법형성에 정해져야 하는 한계만이 문제 될 수 있다고 지적했다. 그리고 이러한 한계는 모든 법 영역에 대해서 그리고 모든 판례들에 의해 형성되거나 지배되는 법률관계들에 대해 동일하게 적용되는 그런 하나의 공식으로 파악될 수는 없다고 설명했다.

연방헌법재판소는 이러한 판결의 목표를 위해 이 사건의 쟁점은 사법 영역으로 제한될 수 있다고 밝혔다. 여기에서 재판관은 70년 이상 발효 중인 민법대전에 마주하게 되는데, 이는 두 가지 점에서 중요하다고 판단했다. 하나는 성문법의 노쇠 및 법적 명령과 법관의 개별판결 사이에 한층 더 벌어진 시간적 격차와 함께 법관의 창조적인 계속적 법형성의 자유가 불가피하게 커졌다는 사실이라고 밝혔다. 법규범의 해석은 언제나 계속해서 법규범 생성 당시에 자신에게 부여된 의미에 머물러 있을 수는 없다고 보았다. 규범은 지속적으로 사회적 상황 및 규범이 효력을 미쳐야 하는 사회-정치적 관점의 맥락 속에 놓여 있다고 생각했다. 따라서 그 내용은 사정에 따라 그것들에 따라 변화할 수 있고 변화해야 한다고 밝혔다. 이것은 법의 생성과 적용 사이에 생활상과 법률관이 이번 세기처럼 근본적으로 바뀐 경우에 특히 그렇다고 보았다. 재판관은 원래 그대로의 법문에 대한 참조로는 이에 따른 실체적 정의사고와 규범의 충돌 가능성에서 벗어날 수 없다고 꼬집었다. 재판관은 법을 말할 자신의 임무를 소홀히 하지 않고자 할 때, 법규범을 보다 자유롭게 적용하지 않을 수 없다고 판단했다.

다른 한편, 지금까지의 경험이 보여주는 바와 같이 입법개혁은 바로 그것이 민법의 법전편찬과 같이 법질서의 모습을 전체적으로 결정짓게 되는 그런 변화, 즉 입법대전 중 하나의 변화에 이르러야 하는 경우에는 특별한 난관과 장애에 부딪히게 된

다는 사실을 지적했다.[38]

(f) 비물질적 손해의 금전배상제도 도입과정

연방헌법재판소는 이 사건 판결의 대상이 되는 문제는 이미 민법전에 관한 개정 작업 때 다툼이 된 바 있었다며 당시의 상황을 다음과 같이 자세히 전했다. 이에 따르면, 다툼에서 곧바로 시작된 입법상의 해결책에 관한 비판은 이후에도 멈추지 않았다. 비판은 비물질적 손해에 대해서도 금전배상 가능성을 훨씬 더 높게 인정한, 서구 세계의 다른 나라들의 법발전을 근거로 제시했다. 결국 불법행위가 단지 비물질적 손해를 야기했다는 이유만으로 민사적 제재 없이 남아 있는 경우가 빈번한 나라는 독일 외에 서구 어디에도 없다는 비판에 부딪히게 되었다. 민사법원이 기본법의 사법형성력의 영향하에서 일반적 인격권의 승인을 위한 걸음을 내딛고 나서 이 비판은 더욱 강화되었고, 동시에 이러한 인격권 침해 때 부과되어야 할 제재의 공백이 가시화되었다. 민법의 생성 당시에 그 중요성을 예측할 수 없었던 문제는 변화된 법의식 및 새로운 헌법이 가지는 가치사고의 영향하에서 민법 제253조의 열거조항으로 인해 법에서는 도출할 수 없었던 해결을 간절히 원했다.

이에 법원의 판결은 이러한 공백을 자신에게 주어진 수단으로 메우든지 아니면 입법자의 개입을 기다려야 하는지에 대한 문제에 직면하게 되었다. 이어서 법원이 첫번째 방식을 선택했을 때에는 법학문헌에서의 비중 있는 목소리에 의지했는데, 여기에서는 이러한 판결이 일반적 정의사고와 일치하고, 의견자유와 출판자유의 부당한 제한으로서 인정되지 않는다는 입장이 개진되었다. 제42차 그리고 제45차 독일법률가대회 및 연방정부의 법률안 이유서는 인격권의 민법상 효과적인 보호의 필요성 그리고 비물질적 손해의 금전배상 인정을 통한 보호 필요성이 얼마나 강하게 요구되는지 체감할 수 있다고 밝힌 바 있었다. 따라서 이에 대한 비판의 공격포인트는 판결의 결과가 아니라 판결이 자신의 모색 방향을 정당화한 방법론적 사고를 대상으로 하는 것이었다.

이에 따라 연방헌법재판소는 사건해결의 관건이 민법의 방법론적 문제에 관한 것인 이상, 이 사건에서 제기된 반대 주장의 타당성에 관한 판단은 원칙적으로 연방헌법재판소의 판단범위를 넘어서는 것이라고 생각했다. 물론 대다수 민법학자들이 법원의 생각을 이론상 우려되지 않는 것으로 간주했다는 사실이 간과되어서는 안 된다고 보았다. 게다가 비교법학회 중 민사비교법 전문가그룹의 1971년 만하임 토론 당시 연방대법원 판례가 이러한 문제에서 국제적인 법발전과 광범위하게 일치하는 법적 상태를 가져왔다는 점을 확인할 수 있었다고 덧붙였다. 이에 민법상 적어도 논란의 여지가 있기는 하지만, 어쨌거나 민법의 해석원칙에 명백히 반하지 않는 방식으로 획득된 결과가 헌법 스스로 자신의 체계의 핵심으로 인정한 법익의 효과적 보호 및 관철에 기여한다면, 이는 헌법상 문제 될 수 없다고 판단했다. 따라서 이러한 결과는 기본법 제20조 제3항의 의미에 반하는 "법"이 아니라 실정법의 보완과 연장으로서의 "법"에 해당한다고 인정했다.

이에 반해 입법자를 통한 조정을 기대하는 대안은 제반사정에 비추어 볼 때 헌법상 적절한 것으로 간주될 수 없다고 판단했다. 비록 연방행정부가 민법상 인격권 보호문제를 입법으로 해결하려는 노력을 두 번 시도했지만, 1959년 및 1967년 작성된 법률초안은 입법자가 현 상태를 유지하려고 하는지에 대한 입법자의 의사를 확인할 겨를도 없이 이미 입법절차의 시작부터 실패로 끝났다고 꼬집었다. 그 때문에 재판관이 여전히 불확실한 미래의 입법자의 개입을 믿고서 개별적 사례에서의 정의에 대한 현저한 희생을 대가로 형식적인 법에 대한 충성을 표명해서는 안 된다는 결론에 도달했을 때, 판결의무하에 있는 재판관에게는 어떠한 비난도 행해져서는 안 된다고 보았다.[39]

(g) 결론

연방헌법재판소는 연방대법원의 법발견 방법 역시 구체적인 사건에서 법실현을 위해 불가피한 정도로만 실정법으로부터 벗어났기 때문에 헌법상 문제 될 것이 없다고 밝혔다. 연방대법원은 민법 제253조를 완전히 더 이상 구속력 없는 법으로 간주하지도 않았고, 결코 위헌으로 선언하려 하지도 않았다고 인정했다. 연방대법원은 규정에 나타난 열거원리를 손대지 않았으며, 단지 입법자가 이미 비물질적 손해의 배상에 관해 규정한 예시들을 생활상의 발전 그리고 기본법 제1조와 제2조 제1항이라는 더 우월한 최고법규범이 자신에게 이러한 판결을 불가피한 것으로 보이게 한 사례에까지 확대한 것에 불과했다고 판단했다. 따라서 연방대법원과 그에 따른 법원들은 법질서의 체계를 포기하고 어떠한 자신의 법정책적 의사를 관철한 것이 아니라 단지 헌법에 의해 형성된 법질서의 사고들을 체계에 내재된 수단과 함께 확대 발전시킨 것이라고 평가했다. 그 때문에 연방대법원에 의해 발견된 법규범은 정당한 법질서의 구성요소이자 기본법 제5조 제2항에 따른 일반법으로서 출판자유의 제한에 해당한다고 보았다. 그의 목표는 기본법적 가치질서의 중심에 서 있는 인간의 인격과 그의 존엄성에 대해 민사법상으로도 효과적인 보호를 보장하고 동시에 법의 일부 영역에서 기본권의 효력을 강화하는 것이라고 평가했다. 따라서 이에 관한 헌법소원인의 헌법상 이의 제기는 성공할 수 없다고 결정했다. 그 밖에 나머지 기본권들의 침해는 명백하지 않다고 결론지었다.[40]

주

7장 인상의 전달

1   Soehring · Hoene, Presserecht, 6. Auflage, §16 Rn 16.78.

2   Wenzel, Das Recht der Wort-und Bild- Berichterstattung, 6. Auflage, Kap. 4, Rz. 15.

3   NJW 2006, 207.

4   Soehring · Hoene, Presserecht, 6. Auflage, §16 Rn 16.84.

5   NJW 1980, 2807.

6   NJW 2004, 1942; NJW-RR 1994, 1242; NJW-RR 1994, 1246; NJW 2004, 598.

7   NJW-RR 1994, 1242; NJW-RR 1994, 1246; NJW 2004, 598.

8   NJW-RR 1994, 1242.

9   Soehring · Hoene, Presserecht, 6. Auflage, §16 Rn 16.86.

10   NJW-RR 1994, 1242.

11   NJW-RR 1994, 1242, 1244.

12   NJW-RR 1994, 1242, 1244.

13   NJW-RR 1994, 1242, 1244.

14   NJW 2004, 1942.

15   NJW 2004, 1942, 1943.

16   NJW 2004, 1942, 1943.

17   Wenzel, Das Recht der Wort-und Bild- Berichterstattung, 6. Auflage, Kap. 4, Rz. 15a.

18   NJW 2004, 598.

19   NJW 2004, 598, 599.

20   NJW 2004, 598, 599.

21   NJW 2004, 599, 600.

22   NJW 2006, 601.

23   NJW 2006, 601, 602.

24   NJW 2006, 601, 602.

25   NJW 2006, 601, 603.

26   Soehring · Hoene, Presserecht, 6. Auflage, §16 Rn 16.88.

27   NJW 2006, 601.

28   NJW 2010, 2193.

29   NJW 2008, 1654.

30   ZUM-RD 2014, 628; NJOZ 2016, 698.

31   Wenzel, Das Recht der Wort-und Bild- Berichterstattung, 6. Auflage, Kap. 12, Rz. 86.

32 Soehring · Hoene, Presserecht, 6. Auflage, §16 Rn 16.88.

33 NJW-RR 2007, 43.

34 NJW-RR 2007, 43.

35 NJW 1998, 3047 등등.

36 NJW 2004, 1942.

37 NJW 2006, 207.

38 NJW-RR 2007, 43, 45.

39 NJW-RR 2007, 43, 45.

40 ZUM 2014, 902.

41 ZUM 2014, 902, 904.

42 ZUM 2014, 902, 904.

43 ZUM 2014, 902, 905.

44 NJW 2008, 1654.

45 NJW 2008, 1654.

46 NJW 2008, 1654, 1655.

47 NJW 2008, 1654, 1655.

48 NJW 2008, 1654, 1656.

49 NJW 2008, 1654, 1656.

50 NJW 2008, 1654, 1657.

51 NJW 2008, 1654, 1657.

52 NJW 2017, 1537.

53 NJW 2017, 1537, 1538.

54 NJW 2017, 1537, 1539.

55 Soehring · Hoene, Presserecht, 6. Auflage, §16 Rn 16.79.

56 NJW 1995, 861.

57 NJW 1998, 1381.

58 Soehring · Hoene, Presserecht, 6. Auflage, §16 Rn 16.80f.

59 Soehring · Hoene, Presserecht, 6. Auflage, §16 Rn 16.82.

8장 주장과 전파책임의 구분

1   독일형법 제186조(명예훼손)

제3자에 관해서 경멸하거나 여론 내에서 명예를 저하시키기에 적합한 사실을 주장하거나 전파하는 사람은, 이러한 사실이 진실로 입증되지 않으면 1년 이하의 자유형 또는 벌금형에 처한다. 그리고 이러한 행위가 공연히 또는 문서(형법 제11조 제3항 포함)의 전파를 통하여 행해진 경우에는 2년 이하의 자유형 또는 벌금형에 처한다.

독일민법 제824조(신용훼손)

① 타인의 신용을 위태롭게 하거나 타인의 소득 혹은 생계에 있어서 그 밖의 불이익을 야기하기에 적합한 사실을 주장하거나 전파한 사람은, 그가 진실에 반한다는 사실을 알지 못하였다 하더라도 알았어야만 하는 경우에는, 타인에 대해 이로 인하여 발생하는 손해를 배상하여야 한다.

2   Soehring · Hoene, Presserecht, 6. Auflage, §16 Rn 16.3.

3   Wenzel, Das Recht der Wort-und Bild- Berichterstattung, 6. Auflage, Kap. 4, Rz. 95.

4   NJW 1986, 2503.

5   NJW 1997, 1148.

6   Wenzel, Das Recht der Wort-und Bild- Berichterstattung, 6. Auflage, Kap. 4, Rz. 96f.

7   LG Hamburg, Afp 1973, 441, 443.

8   Wenzel, Das Recht der Wort-und Bild- Berichterstattung, 6. Auflage, Kap. 4, Rz. 98.

9   Soehring · Hoene, Presserecht, 6. Auflage, §16 Rn 16.4f.

10   NJW 1980, 2801.

11   Soehring · Hoene, Presserecht, 6. Auflage, §16 Rn 16.7.

12   NJW 2004, 1942.

13   NJW 2006, 601.

14   Soehring · Hoene, Presserecht, 6. Auflage, §16 Rn 16.10.

15   NJW 1986, 2503, 2504.

16   NJW 1986, 2503, 2504.

17   NJW 1986, 2503, 2504.

18   NJW 1986, 2503, 2505.

19   NJW 1986, 2503, 2505.

20   Soehring · Hoene, Presserecht, 6. Auflage, §16 Rn 16.11.

21   Soehring · Hoene, Presserecht, 6. Auflage, §16 Rn 16.12.

22   NJW 1966, 2010.

23   NJW 1966, 2010, 2011.

24   NJW 1966, 2010, 2011.

25   NJW 1966, 2010, 2012.

26   NJW 1976, 1198.

27   NJW 1976, 1198, 1200.

28   NJW 1976, 1198, 1200.

29   NJW 2007, 2686.

30   GRUR 1969, 624.

31   GRUR-RR 2016, 307.

32   Wenzel, Das Recht der Wort-und Bild- Berichterstattung, 6. Auflage, Kap. 4, Rz. 100.

33   NJW 2007, 2686, 2687.

34   NJW 2007, 2686, 2687.

35   NJW 2007, 2686, 2688.

36   NJW 2012, 2345.

37   ZUM-RD 2009, 641.

38   Wenzel, Das Recht der Wort-und Bild- Berichterstattung, 6. Auflage, Kap. 4, Rz. 101.

39   ZUM-RD 2009, 641.

40   ZUM-RD 2009, 641.

41   ZUM-RD 2009, 641, 642.

42   ZUM-RD 2009, 641, 644.

43   ZUM-RD 2009, 641, 644.

44   NJW 1996, 1131.

45   NJW 2004, 590.

46   Soehring · Hoene, Presserecht, 6. Auflage, §16 Rn 16.13f.

47   NJW 1996, 1131, 1132.

48   NJW 1996, 1131, 1132.

49   NJW 1996, 1131, 1133.

50   NJW 1996, 1131, 1133.

51   NJW 1996, 1131, 1133.

52   NJW 1996, 1131, 1134.

53   NJW 1996, 1131, 1135.

54   NJW 2004, 590.

55   NJW 2004, 590, 591.

56   NJW 2004, 590, 591.

57   NJW 2009, 3145.

58   NJW-RR 2010, 470.

59   NJW-RR 2010, 470.

60   Soehring · Hoene, Presserecht, 6. Auflage, §16 Rn 16.15f.

61   NJW 2004, 590.

62   NJW 1986, 2503.

63   Soehring · Hoene, Presserecht, 6. Auflage, §16 Rn 16.18.

64   Soehring · Hoene, Presserecht, 6. Auflage, §16 Rn 16.19.

65   NJW 2009, 3145.

66   NJW 2009, 3145, 3146.

67   NJW 2009, 3145, 3146.

68   NJW 2009, 3145, 3146, 3147.

69   NJW 2009, 3145, 3146, 3147.

70   NJW 2009, 3145, 3146, 3148.

71   NJW-RR 2010, 470.

72   NJW-RR 2010, 470, 471.

73   NJW-RR 2010, 470, 471.

74   NJW-RR 2010, 470, 472.

75   NJW-RR 2010, 470, 472.

76   NJW-RR 2010, 470, 473.

77   NJW-RR 2010, 470, 473.

78 NJW 1976, 1198.

79 NJW 1997, 1198.

80 Soehring · Hoene, Presserecht, 6. Auflage, §16 Rn 16.20f.

81 NJW 1997, 1148.

82 NJW 1997, 1148, 1149.

83 NJW 1997, 1148, 1149.

84 NJW 1997, 1148, 1149.

85 NJW 1997, 1148, 1150.

86 NJW-RR 2009, 1414.

87 NJW 2007, 2686.

88 NJW 2017, 2029.

89 ZUM 2018, 445.

90 NJW-RR 2010, 470.

91 Wenzel, Das Recht der Wort-und Bild- Berichterstattung, 6. Auflage, Kap. 4, Rz. 102.

92 ZUM 2017, 245.

93 NJW 1976, 1198.

94 Wenzel, Das Recht der Wort-und Bild- Berichterstattung, 6. Auflage, Kap. 4, Rz. 104f.

95 NJW 1997, 1148.

96 NJW 1985, 1621.

97 NJW 2017, 2029.

98 NJW 2017, 2029, 2030.

99 NJW 2017, 2029, 2031.

100 NJW 2017, 2029, 2033.

101 연방헌법재판소의 경우 NJW-RR 2010, 470; 유럽인권법원의 경우 NJW 2009, 3145; NJW 2015, 1501; NJOZ 2018, 1153.

102 NJW-RR 2010, 470; ZUM 2017, 245; NJOZ 2018, 1153.

103 NJW 1997, 1148; NJW 2000, 656.

104 NJOZ 2017, 1424.

105 NJW 1997, 1148; NJOZ 2018, 1153.

106 Wenzel, Das Recht der Wort-und Bild- Berichterstattung, 6. Auflage, Kap. 4, Rz. 110f.

107 Wenzel, Das Recht der Wort-und Bild- Berichterstattung, 6. Auflage, Kap. 4, Rz. 112.

108 ZUM 2017, 245, 246.

109 ZUM 2017, 245, 246.

110 ZUM 2017, 245, 247.

111 NJOZ 2018, 1153.

112 NJOZ 2018, 1153, 1154.

113 NJOZ 2018, 1153, 1154.

114 NJOZ 2018, 1153, 1155.

115 NJW 1997, 1148.

116 NJW-RR 2009, 1413.

117 NJW 1993, 525; NJW 1997, 1148; NJW 2000, 1036.

118 Wenzel, Das Recht der Wort-und Bild- Berichterstattung, 6. Auflage, Kap. 10, Rz. 207.

119 NJW 1976, 1198; NJW 1996, 1131.

120 NJW 1976, 1198; NJW 1997, 1148.

121 NJW-RR 2010, 470.

9장 독자편지, 인터뷰, 인용 등에서의 전파책임

1   Soehring · Hoene, Presserecht, 6. Auflage, §16 Rn 16.42.

2   NJW 1986, 2503.

3   NJW-RR 2010, 470; NJW 2009, 3145; NJW 2017, 795.

4   Soehring · Hoene, Presserecht, 6. Auflage, §16 Rn 16.43.

5   NJW-RR 2010, 470.

6   NJW 1986, 2503.

7   NJW 1986, 2503.

8   ZUM-RD 2014, 207.

9   Wenzel, Das Recht der Wort-und Bild- Berichterstattung, 6. Auflage, Kap. 10, Rz. 212.

10   NJW-RR 2005, 1355.

11   NJW 2006, 207.

12   NJW 1986, 2503.

13   Soehring · Hoene, Presserecht, 6. Auflage, §16 Rn 16.44.

14   NJW-RR 2010, 470.

15   Wenzel, Das Recht der Wort-und Bild- Berichterstattung, 6. Auflage, Kap. 4, Rz. 103.

16   Soehring · Hoene, Presserecht, 6. Auflage, §16 Rn 16.98.

17   NJW-RR 2005, 1355.

18   NJW-RR 2005, 1355, 1356.

19   가치평가와 사실주장이 서로 결합되어 있고 표현의 의미를 함께 구성하는 비교적 빈번한 사례에서는 허용되는 가치평가와 허용되지 않는 잘못된 사실주장 사이의 경계는 개별적인 경우에 구별하기 쉽지 않다. 이때 효과적인 기본권 보호의 이익을 위해 의견의 개념은 넓게 이해되어야 한다. NJW 1992, 1439.

20   NJW-RR 2005, 1355, 1357.

21   NJW 2010, 760.

22   NJW 2004, 589.

23   ZUM-RD 2009, 20.

24   NJW 2009, 3145; NJW 2017, 795.

25   NJW-RR 2010, 470.

26   Soehring · Hoene, Presserecht, 6. Auflage, §16 Rn 16.45.

27   NJW 1976, 1198.

28   NJW 2017, 795.

29   Soehring · Hoene, Presserecht, 6. Auflage, §16 Rn 16.46.

30   NJW 2017, 795; ZUM-RD 2007, 476.

31   Wenzel, Das Recht der Wort-und Bild- Berichterstattung, 6. Auflage, Kap. 4, Rz. 103.

32   ZUM-RD 2009, 20.

33   ZUM-RD 2009, 20.

34   NJW 2010, 760.

35   NJW 2010, 760, 761.

36   NJW 2010, 760, 761.

37   NJW 2010, 760, 763.

38   NJW 2004, 589.

39   NJW 2004, 590.

40   NJW 2004, 590.

41   NJW 2004, 590.

42   NJW 1995, 861; NJW-RR 2001, 42.

43   Soehring · Hoene, Presserecht, 6. Auflage, §16 Rn 16.99.

44   NJW-RR 2001, 42, 43.

45   NJW-RR 2001, 42, 43.

46   NJW 1995, 861.

47   NJW 1995, 861, 862.

48   NJW 1995, 861, 863.

49   NJW 1995, 861, 863.

50   NJW 1995, 861, 864.

51   NJW 1995, 861, 864.

52   NJW 1995, 861, 864.

53   NJW 1995, 861, 865.

54   NJW 1980, 2072.

55   NJW 1980, 2072; NJW 1995, 861.

56   NJW 1996, 1131.

57   NJW 2013, 774.

58   NJW 2013, 774.

59   NJW 1980, 2072.

60   NJW 2013, 774.

61   Wenzel, Das Recht der Wort-und Bild- Berichterstattung, 6. Auflage, Kap. 4, Rz. 32.

62   NJW 2013, 774.

63   Wenzel, Das Recht der Wort-und Bild- Berichterstattung, 6. Auflage, Kap. 4, Rz. 33.

64   NJW 1980, 2072.

65 NJW 1980, 2072.

66 NJW 1980, 2072.

67 NJW 1980, 2072, 2073.

68 NJW 1980, 2072, 2073.

69 NJW 1980, 2072, 2073.

70 NJW 1980, 2072, 2073.

71 NJW 1982, 635, 636.

72 NJW 1982, 635, 636.

73 NJW 2013, 774.

74 NJW 2013, 774.

75 NJW 2013, 774.

76 ZUM 2017, 245.

77 NJW 1996, 1131; NJW 1997, 1148.

78 Wenzel, Das Recht der Wort-und Bild- Berichterstattung, 6. Auflage, Kap. 10, Rz. 210.

79 ZUM-RD 2007, 476.

80 NJW-RR 2010, 470.

81 NJW 2010, 760.

82 NJW 2000, 656.

83 Wenzel, Das Recht der Wort-und Bild- Berichterstattung, 6. Auflage, Kap. 10, Rz. 211.

84 NJW 1996, 1131.

85 NJW-RR 2010, 470; NJW 2009, 3145; NJW 2017, 795.

86 NJW-RR 2010, 470; NJW 2009, 3145; Afp 2017, 486.

87 NJW 2004, 590.

88 Afp 2017, 486.

89 Soehring · Hoene, Presserecht, 6. Auflage, §16 Rn 16.64.

90 Soehring · Hoene, Presserecht, 6. Auflage, §16 Rn 16.65.

91 NJW-RR 1994, 989; NJW 2004, 590.

92 NJW 2017, 795.

93 NJW 2017, 795, 796.

94 NJW 2017, 795, 796.

95 NJW 2017, 795, 797.

96 Afp 2017, 486.

97 Afp 2017, 486.

98 Afp 2017, 486.

99 Soehring · Hoene, Presserecht, 6. Auflage, §16 Rn 16.95.

100 NJW 2013, 774.

101 Afp 2017, 486.

102 NJW 1980, 2070.

103 BeckRS 2016, 110677.

104 Soehring · Hoene, Presserecht, 6. Auflage, §16 Rn 16.96.

105 NJW 1973, 1221; NJW 1980, 2070; NJW 1980, 2072; NJW 1993, 2925; NJW 1978, 1797.

106 NJW 1998, 1391.

107 NJW 2013, 774.

108 NJW 1989, 1789; NJW 1993, 2925; NJW 1995, 861.

109 NJW 2013, 774.

110 NJW 1998, 1391.

111 Soehring · Hoene, Presserecht, 6. Auflage, §16 Rn 16.97.

112 NJW 1980, 2070.

113 NJW 1980, 2070, 2071.

114 NJW 1980, 2070, 2071.

115 NJW 1980, 2070, 2071f.

116 NJW 1989, 1789.

117 NJW 1989, 1789.

118 NJW 1989, 1789, 1790.

119 NJW 1993, 2925.

120 NJW 1993, 2925, 2926.

121 NJW 1993, 2925, 2926.

122 NJW 1998, 1391.

123 NJW 1998, 1391.

124 NJW 1998, 1391, 1392.

125 NJW 1998, 1391, 1392.

10장 소문, 의혹(혐의)보도의 문제

1 Soehring · Hoene, Presserecht, 6. Auflage, §16 Rn 16.58.

2 NJW 1996, 1131.

3 NJW-RR 1988, 733.

4 NJW 2010, 751.

5 NJW 2010, 751.

6 NJW 2004, 1034.

7 Soehring · Hoene, Presserecht, 6. Auflage, §16 Rn 16.59.

8 Soehring · Hoene, Presserecht, 6. Auflage, §16 Rn 16.60.

9 NJW 1977, 1288.

10 Soehring · Hoene, Presserecht, 6. Auflage, §16 Rn 61.

11 Soehring · Hoene, Presserecht, 6. Auflage, §16 Rn 62.

12 NJW 1977, 1288.

13 NJW 1977, 1288, 1289.

14 NJW 1977, 1288, 1289.

15 NJW 1977, 1288, 1289.

16 NJW-RR 1988, 733.

17 NJW-RR 1988, 733, 734.

18 NJW-RR 1988, 733, 734.

19 NJW 2010, 751.

20 NJW 2010, 751, 752.

21 NJW 2010, 751, 753.

22 NJW 2010, 751, 753.

23 Soehring · Hoene, Presserecht, 6. Auflage, §16 Rn 16.48.

24 NJW 1977, 1288; NJW 2000, 1036; NJW-RR 1996, 1487.

25 Soehring · Hoene, Presserecht, 6. Auflage, §16 Rn 16.49.

26 Soehring · Hoene, Presserecht, 6. Auflage, §16 Rn 16.50.

27 NJW 2013, 790.

28 NJW 1977, 1288.

29 Soehring · Hoene, Presserecht, 6. Auflage, §16 Rn 16.51.

30 NJW 2013, 790.

31 NJW 2013, 790, 791.

32 NJW 2013, 790, 792.

33 NJW 2013, 790, 793.

34 NJW-RR 2017, 31.

35 NJW-RR 2017, 31, 32.

36 NJW-RR 2017, 31, 32.

37 NJW-RR 2017, 31, 33.

38 NJW-RR 2017, 31, 34.

39 NJW-RR 2017, 31, 35.

40 NJW 2000, 2413.

41 NJW 2000, 2413, 2414.

42 NJW 2000, 2413, 2415.

43 NJW 2000, 2413, 2416.

44 NJW 2018, 3083.

45 NJW 2018, 3083, 3084.

46 NJW 2018, 3083, 3084.

47 NJW 2018, 3083, 3085.

48 NJW 2018, 3083, 3085.

49 NJW 2018, 3083, 3085.

50 NJW 2018, 3083, 3086.

51 NJW 2018, 3083, 3086.

52 NJW 1977, 1288: NJW 2000, 1036.

53 NJW 1977, 1288: NJW 2018, 3768.

54 NJW-RR 1996, 1493.

55 Soehring · Hoene, Presserecht, 6. Auflage, §16 Rn 16.52.

56 NJW 2000, 1036.

57 NJW-RR 1996, 1493.

58 Soehring · Hoene, Presserecht, 6. Auflage, §16 Rn 16.53.

59 Soehring · Hoene, Presserecht, 6. Auflage, §16 Rn 16.54.

60 NJW 2000, 1036.

61 NJW 2000, 1036.

62 NJW 2000, 1036.

63 NJW 2000, 1036, 1037.

64 NJW 2000, 1036, 1038.

65 NJW 2000, 1036, 1038.

66 NJW 2018, 3768.

67 NJW 2018, 3768, 3769.

68 NJW 2018, 3768, 3770.

69 NJW 2018, 3768, 3770.

70 NJW 2018, 3768, 3770.

71 NJW 2018, 3768, 3771.

72 NJW 2018, 3768, 3771f.

73 NJW 2018, 3768, 3772.

74 NJW 2018, 3768, 3772.

75 NJW 2018, 3768, 3772.

76 NJW 2000, 1036: NJW 2013, 790: NJW-RR 1996, 1487.

77 NJW 2007, 2868.

78 NJW 2000, 1036.

79 Soehring · Hoene, Presserecht, 6. Auflage, §16 Rn 16.55.

80 NJW 2000, 1036.

81 Soehring · Hoene, Presserecht, 6. Auflage, §16 Rn 16.56.

82 Soehring · Hoene, Presserecht, 6. Auflage, §16 Rn 16.57.

83 NJW-RR 1996, 1487.

84 NJW-RR 1996, 1487, 1488.

85 NJW-RR 1996, 1487, 1488.

86 NJW-RR 1996, 1487, 1489.

87 NJW-RR 1996, 1487, 1490.

88 NJW-RR 1996, 1487, 1490.

89 NJW-RR 1996, 1487, 1490.

11장 정당한 이익의 대변원칙

1 Soehring · Hoene, Presserecht, 6. Auflage, §15 Rn 15.1.

2 NJW 1980, 2069.

3 NJW-RR 1990, 1058; NJW 1987, 2225.

4 Soehring · Hoene, Presserecht, 6. Auflage, §15 Rn 15.2f.

5 NJW 1985, 1621.

6 Soehring · Hoene, Presserecht, 6. Auflage, §15 Rn 15.4.

7 Soehring · Hoene, Presserecht, 6. Auflage, §15 Rn 15.6.

8 Soehring · Hoene, Presserecht, 6. Auflage, §15 Rn 15.7.

9 Soehring · Hoene, Presserecht, 6. Auflage, §15 Rn 15.8.

10 Wenzel, Das Recht der Wort-und Bild- Berichterstattung, 6. Auflage, Kap. 6, Rz. 54.

11 Soehring · Hoene, Presserecht, 6. Auflage, §15 Rn 15.9; Wenzel, Das Recht der Wort-und Bild-
Berichterstattung, 6. Auflage, Kap. 6, Rz. 61ff.

12 Soehring · Hoene, Presserecht, 6. Auflage, §15 Rn 15.10.

13 NJW 1983, 1415.

14 NJW 2016, 3360.

15 NJW 1966, 1617.

16 NJW 1987, 2225.

17 NJW 1966, 2010.

18 NJW 1993, 525.

19 Soehring · Hoene, Presserecht, 6. Auflage, §15 Rn 15.11.

20 NJW 1963, 665.

21 NJW 2000, 1021.

22 NJW 2012, 1058.

23 Soehring · Hoene, Presserecht, 6. Auflage, §15 Rn 15.12, 13.

24 NJW 1993, 525.

25 NJW 1993, 525, 526.

26 NJW 1993, 525, 527.

27 NJW 1993, 525, 527.

28 NJW 1993, 525, 528.

29 NJW 2012, 1058.

30 NJW 2012, 1058, 1059.

31 NJW 2012, 1058, 1060.

32 NJW 2012, 1058, 1060.

33 NJW 2012, 1058, 1060.

34 NJW 2012, 1058, 1061.

35 NJW 2012, 1058, 1061.

36 NJW 2012, 1058, 1062.

37 NJW 2012, 1058, 1062.

38 NJW 2012, 1058, 1062.

39 NJW 2012, 1058, 1062.

40 Wenzel, Das Recht der Wort-und Bild- Berichterstattung, 6. Auflage, Kap. 6, Rz. 62.

41 Soehring · Hoene, Presserecht, 6. Auflage, §15 Rn 15.15.

42 Soehring · Hoene, Presserecht, 6. Auflage, §15 Rn 15.15.

43 Wenzel, Das Recht der Wort-und Bild- Berichterstattung, 6. Auflage, Kap. 6, Rz. 81.

44 Soehring · Hoene, Presserecht, 6. Auflage, §15 Rn 15.16.

45 NJW-RR 1990, 1058; NJW 1993, 525.

46 NJW 2016, 3369.

47 NJW 1980, 2070.

48 Soehring · Hoene, Presserecht, 6. Auflage, §15 Rn 17.

49 NJW-RR 1990, 1058.

50 NJW-RR 1990, 1058, 1059.

51 NJW-RR 1990, 1058, 1060.

52 NJW-RR 1990, 1058, 1061.

53 Soehring · Hoene, Presserecht, 6. Auflage, §15 Rn 15.18.

54 Soehring · Hoene, Presserecht, 6. Auflage, §15 Rn 15.19.

55 NJW 1961, 819; NJW 1969, 227; NJW 1974, 1762.

56 NJW 2016, 2173.

57 NJW 1980, 2069; NJW 1974, 1762.

58 Soehring · Hoene, Presserecht, 6. Auflage, §15 Rn 15.20.

59 BeckRS 2016, 45299(NJW 2016, 2173).

60 BeckRS 2016, 45299.

61 BeckRS 2016, 45299.

62 BeckRS 2016, 45299.

63 Soehring · Hoene, Presserecht, 6. Auflage, §15 Rn 15.21.

64 Wenzel, Das Recht der Wort-und Bild- Berichterstattung, 6. Auflage, Kap. 6, Rz. 72.

65 NJW 1985, 1621; NJW-RR 1990, 1058.

66 NJW 2016, 3360.

67 NJW 2015, 1501.

68 Wenzel, Das Recht der Wort-und Bild- Berichterstattung, 6. Auflage, Kap. 6, Rz. 72.

69 NJW 1985, 1621f.

70 NJW 1985, 1621, 1622.

71 NJW 1985, 1621, 1622.

72 NJW 1985, 1621, 1623.

73 NJW 1999, 1322; NJW-RR 2000, 1209; NJW 2007, 2686; NJW 2016, 3360.

74 NJW-RR 2000, 1209; NJW 1987, 2225; NJW 1996, 1131; NJW-RR 2017, 31.

75 NJW 1962, 819.

76 NJW 1996, 1131; Wenzel, Das Recht der Wort-und Bild- Berichterstattung, 6. Auflage, Kap. 6, Rz. 73.

77 NJW 1999, 1322; NJW 2016, 3360.

78 NJW 1996, 1131; NJW 2007, 2682; BeckRS 2011, 19781.

79 NJW 1999, 1322; NJW-RR 2000, 1209; NJW 2015, 1501.

80 NJW 1961, 819; NJW 1999, 1322; NJW 2016, 3360; NJW 1996, 1131; NJW 2015, 1501.

81 NJW 1996, 1131; Wenzel, Das Recht der Wort-und Bild- Berichterstattung, 6. Auflage, Kap. 6, Rz. 74.

82 NJW 2016, 3360.

83 NJW 2016, 3360, 3361.

84 NJW 2016, 3360, 3361.

85 NJW 2016, 3360, 3362.

86 NJW 2000, 199.

87 Wenzel, Das Recht der Wort-und Bild- Berichterstattung, 6. Auflage, Kap. 6, Rz. 75.

88 NJW 2015, 778.

89 NJW-RR 2017, 31.

90 Wenzel, Das Recht der Wort-und Bild- Berichterstattung, 6. Auflage, Kap. 6, Rz. 75.

91 NJW 2000, 199.

92 NJW 2000, 199, 2000.

93 NJW 2000, 199, 200f.

94 NJW 2015, 778f.

95 NJW 2015, 778, 779.

96 NJW 2015, 778, 779.

97 NJW 2015, 778, 781.

98 NJW 2015, 778, 782.

12장 언론의 적합한 주의의무

1 NJW 1987, 2225.

2 NJW 2013, 790.

3 NJW 1987, 2225.

4 Soehring · Hoene, Presserecht, 6. Auflage, §2 Rn 2. 12.

5 Soehring · Hoene, Presserecht, 6. Auflage, §2 Rn 2.13.

6 Soehring · Hoene, Presserecht, 6. Auflage, §2 Rn 2.14f.

7 NJW 1987, 2225.

8 NJW 1987, 2225, 2226.

9   NJW 1987, 2225, 2227.

10   NJW 1987, 2225, 2227.

11   Soehring · Hoene, Presserecht, 6. Auflage, §2 Rn 2.16.

12   Wenzel, Das Recht der Wort-und Bild- Berichterstattung, 6. Auflage, Kap. 6, Rz. 117.

13   Soehring · Hoene, Presserecht, 6. Auflage, §2 Rn 2.16.

14   NJW 1961, 819.

15   Wenzel, Das Recht der Wort-und Bild- Berichterstattung, 6. Auflage, Kap. 6, Rz. 118.

16   NJW 1987, 2225.

17   Wenzel, Das Recht der Wort-und Bild- Berichterstattung, 6. Auflage, Kap. 6, Rz. 119.

18   NJW 2016, 3360; NJW 1996, 1131; NJW 2000, 1036; NJW-RR 2017, 31.

19   Wenzel, Das Recht der Wort-und Bild- Berichterstattung, 6. Auflage, Kap. 6, Rz. 120.

20   NJW 1966, 1617.

21   Wenzel, Das Recht der Wort-und Bild- Berichterstattung, 6. Auflage, Kap. 6, Rz. 121.

22   NJW-RR 2000, 1209; NJW-RR 1988, 733; NJW-RR 2017, 31.

23   NJW 1997, 1148; NJW 1977, 1288.

24   NJW 2006, 207.

25   NJW 1996, 1131.

26   NJW 2006, 207.

27   NJW 2016, 3360.

28   Wenzel, Das Recht der Wort-und Bild- Berichterstattung, 6. Auflage, Kap. 6, Rz. 122f.

29   NJW 1961, 819.

30   Wenzel, Das Recht der Wort-und Bild- Berichterstattung, 6. Auflage, Kap. 6, Rz. 124.

31   Wenzel, Das Recht der Wort-und Bild- Berichterstattung, 6. Auflage, Kap. 6, Rz. 125.

32   NJW 1992, 1439; NJW 2016, 3360; NJW-RR 2017, 31.

33   Wenzel, Das Recht der Wort-und Bild- Berichterstattung, 6. Auflage, Kap. 6, Rz. 126.

34   NJW 1980, 2072; NJW 1979, 1041; NJW 1977, 1288; NJW 1997, 1148.

35   Soehring · Hoene, Presserecht, 6. Auflage, §2 Rn 2.18.

36   NJW 1980, 2071; NJW 1997, 1148.

37   NJW-RR 1988, 733.

38   Soehring · Hoene, Presserecht, 6. Auflage, §2 Rn 2.19, 20.

39   NJW 1979, 1041.

40   Soehring · Hoene, Presserecht, 6. Auflage, §2 Rn 2.21.

41   NJW 1982, 2655; NJW 1985, 1621; NJW 2008, 747.

42   Soehring · Hoene, Presserecht, 6. Auflage, §2 Rn 2.22.

43   NJW 2008, 747.

44   NJW 2008, 747, 748.

45   NJW 2008, 747, 749.

46   NJW 1977, 1288.

47 Soehring · Hoene, Presserecht, 6. Auflage, §2 Rn 2.23, 24.

48 Soehring · Hoene, Presserecht, 6. Auflage, §2 Rn 2.25.

49 NJW 1992, 1439.

50 Soehring · Hoene, Presserecht, 6. Auflage, §2 Rn 2.26.

51 MMR 2009, 482.

52 MMR 2009, 62.

53 Soehring · Hoene, Presserecht, 6. Auflage, §2 Rn 2.27.

54 Soehring · Hoene, Presserecht, 6. Auflage, §2 Rn 2.28.

55 NJW 1992, 1439.

56 NJW 1992, 1439, 1441.

57 NJW 1992, 1439, 1441.

58 NJW 1992, 1439, 1442.

59 NJW 1992, 1439, 1442.

60 NJW-RR 2011, 981.

61 NJW-RR 2011, 981.

62 NJW-RR 2011, 981.

63 NJW-RR 2011, 981, 983.

64 NJW-RR 2011, 981, 984.

65 NJW-RR 2008, 356.

66 NJW-RR 2017, 31.

67 Soehring · Hoene, Presserecht, 6. Auflage, §2 Rn 2.29.

68 GRUR 1962, 211; NJW-RR 1999, 1547.

69 NJW 2011, 755.

70 Soehring · Hoene, Presserecht, 6. Auflage, §2 Rn 2.30.

71 Soehring · Hoene, Presserecht, 6. Auflage, §2 Rn 2.31.

72 NJW 2013, 790; NJW 2012, 1058.

73 NJW-RR 2017, 31.

74 NJW-RR 2017, 31.

75 Soehring · Hoene, Presserecht, 6. Auflage, §2 Rn 2.32.

76 NJW-RR 2008, 356.

77 NJW-RR 2008, 356.

78 NJW-RR 2008, 356, 357.

79 NJW-RR 2008, 356, 357.

80 NJW 2011, 755.

81 예술저작권법 제22조: 초상은 단지 촬영대상자의 동의하에서만 전파되거나 전시될 수 있다.

82 NJW 2011, 755, 756.

83 NJW 2011, 755, 756.

84 NJW 2018, 2250.

85 Afp 2009, 159.

86 NJW-RR 1996, 597.

87 Soehring · Hoene, Presserecht, 6. Auflage, §2 Rn 2.33.

88 NJW-RR 1988, 733.

89 NJW 1996, 1131.

90 Soehring · Hoene, Presserecht, 6. Auflage, §2 Rn 2.34.

91 Soehring · Hoene, Presserecht, 6. Auflage, §2 Rn 2.35.

92 NJW-RR 1996, 597.

93 Soehring · Hoene, Presserecht, 6. Auflage, §2 Rn 2.36.

94 Soehring · Hoene, Presserecht, 6. Auflage, §2 Rn 2.37.

95 NJW 2018, 2250.

96 NJW 2018, 2250.

97 NJW 2018, 2250, 2251.

98 Soehring · Hoene, Presserecht, 6. Auflage, §2 Rn 2.39.

99 Soehring · Hoene, Presserecht, 6. Auflage, §2 Rn 2.40.

13장 소송상 언론의 주장책임과 입증책임

1 Wenzel, Das Recht der Wort-und Bild- Berichterstattung, 6. Auflage, Kap. 12, Rz. 131.

2 NJW-RR 2000, 1209.

3 NJW 1987, 2225; NJW 2008, 2262; NJW 2013, 790.

4 NJW 1980, 2801.

5 Wenzel, Das Recht der Wort-und Bild- Berichterstattung, 6. Auflage, Kap. 12, Rz. 132.

6 NJW 1999, 1324; NJW 1974, 1710; NJW 1996, 1131; NJW 2008, 2262.

7 Wenzel, Das Recht der Wort-und Bild- Berichterstattung, 6. Auflage, Kap. 12, Rz. 133.

8 MMR 2012, 197, 198.

9 MMR 2012, 197, 199.

10 MMR 2012, 197, 199.

11 NJW 1999, 1322, 1323.

12 NJW 1999, 1322, 1323.

13 NJW 1999, 1322, 1324.

14 NJW 1999, 1322, 1324.

15 NJW 1999, 1322, 1325.

16 NJW 1999, 1322, 1325.

17 NJW 1974, 1710.

18 NJW 1974, 1710.

19 NJW 1974, 1710, 1711.

20 NJW 2008, 2262.

21 NJW 2008, 2262, 2263.

22 NJW 2008, 2262, 2264.

23 NJW 2008, 2262, 2265.

24 NJW 2008, 2262, 2266.

25 Wenzel, Das Recht der Wort-und Bild- Berichterstattung, 6. Auflage, Kap. 12, Rz. 134.

26 NJW 2008, 2262.

27 Wenzel, Das Recht der Wort-und Bild- Berichterstattung, 6. Auflage, Kap. 12, Rz. 135.

28 NJW 2016, 2106.

29 Wenzel, Das Recht der Wort-und Bild- Berichterstattung, 6. Auflage, Kap. 12, Rz. 135a.

30 NJW 2016, 2106.

31 NJW 2016, 2106, 2108.

32 NJW 2016, 2106, 2109.

33 NJW 2016, 2106, 2110.

34 NJW 1992, 1439.

35 NJW-RR 2000, 1209.

36 Wenzel, Das Recht der Wort-und Bild- Berichterstattung, 6. Auflage, Kap. 12, Rz. 136.

37 NJW-RR 2000, 1209.

38 NJW-RR 2000, 1209, 1210.

39 NJW-RR 2000, 1209, 1210.

40 NJW-RR 2000, 1209, 1210.

41 NJW-RR 2000, 1209, 1211.

42 Wenzel, Das Recht der Wort-und Bild- Berichterstattung, 6. Auflage, Kap. 12, Rz. 137.

43 Wenzel, Das Recht der Wort-und Bild- Berichterstattung, 6. Auflage, Kap. 12, Rz. 137.

44 MMR 2012, 197.

45 MMR 2017, 849.

46 NJW 1992, 1439; NJW 1999, 1322; NJW 2016, 3360; GRUR 2016, 532.

47 Wenzel, Das Recht der Wort-und Bild- Berichterstattung, 6. Auflage, Kap. 12, Rz. 137.

48 부활절의 준비를 알리는 교회력의 절기를 뜻함.

49 MMR 2017, 849.

50 NJW 2017, 849, 850.

51 NJW 2017, 849, 851.

52 NJW 1980, 2070.

53 NJW 1999, 1322.

54 Wenzel, Das Recht der Wort-und Bild- Berichterstattung, 6. Auflage, Kap. 12, Rz. 138.

55 형법 제186조: "제3자와의 관계에 있어서 그 사람을 경멸하기에 적합한 사실 또는 공공연하게 그 사람의 명예를 실추시키기에 적합한 사실을 주장하거나 전파한 자는 이 사실이 진실한 것으로 입증되지 않은 경우 1년 이하의 자유형 또는 벌금형에 처한다(이하 생략)."

56 NJW 2016, 3360; NJW 2008, 2262.

57   NJW 1985, 1621.

58   Wenzel, Das Recht der Wort-und Bild- Berichterstattung, 6. Auflage, Kap. 12, Rz. 139.

59   NJW 1966, 647.

60   Wenzel, Das Recht der Wort-und Bild- Berichterstattung, 6. Auflage, Kap. 12, Rz. 140.

61   NJW 1992, 1439.

62   Wenzel, Das Recht der Wort-und Bild- Berichterstattung, 6. Auflage, Kap. 12, Rz. 140.

63   NJW 1966, 647.

64   NJW 1966, 647.

65   NJW 1966, 647, 648.

66   NJW 1966, 647, 649.

14장 언론 영역에서 손해배상제도-징벌적 손해배상 문제

1   민법 제823조(손해배상의무)

① 고의 또는 과실로 타인의 생명, 신체, 건강, 자유, 소유권 또는 기타의 권리를 위법하게 침해한 사람은, 그 타인에 대하여 이로 인하여 발생한 손해를 배상할 의무를 진다.

② 타인의 보호를 목적으로 하는 법률에 위반한 사람도 동일한 의무를 진다. 그 법률에 책임 없이도 그에 위반하는 것이 가능한 것으로 정해진 때에는, 책임 있는 경우에만 배상의무가 발생한다.

2   Frank Fechner, Medienrecht 16. Auflage, 4. Kapitel Rn. 139f.

3   Frank Fechner, Medienrecht 16. Auflage, 4. Kapitel Rn. 141f.

4   Frank Fechner, Medienrecht 16. Auflage, 4. Kapitel Rn. 145.

5   독일 민법 제253조(비물질적 손해)

① 재산손해가 아닌 손해는 법률로 정하여진 경우에만 금전에 의한 배상을 청구할 수 있다.

② 신체, 건강, 자유 또는 성적 자기결정의 침해를 이유로 한 손해배상이 행하여지는 경우에는 재산손해가 아닌 경우에 대하여도 상당한 금전배상을 청구할 수 있다.

6   NJW 1973, 1221.

7   Frank Fechner, Medienrecht 16. Auflage, 4. Kapitel Rn. 146.

8   Frank Fechner, Medienrecht 16. Auflage, 4. Kapitel Rn. 147ff.

9   Frank Fechner, Medienrecht 16. Auflage, 4. Kapitel Rn. 153ff.

10   NJW 2005, 215.

11   NJW 2005, 215.

12   NJW 2005, 215, 216.

13   NJW 2005, 215, 216.

14   NJW 2005, 215, 216.

15   NJW 2005, 215, 217.

16   NJW 2005, 215, 218.

17   NJW 1973, 1221.

18   NJW 1973, 1221, 1224.

19 NJW 1973, 1221, 1224.

20 NJW 1980, 2069.

21 NJW 1980, 2072.

22 NJW 1980, 2069.

23 NJW 1980, 2069. 2070.

24 NJW 1980, 2072.

25 NJW 1980, 2072, 2073.

26 민법 제249조(손해배상의 종류와 범위)

① 손해배상의 의무를 지는 사람은 배상의무를 지는 사정이 일어나지 않았을 때 존재했을 상태를 회복시켜야
한다.

27 민법 제251조

① 원상회복이 불가능하거나 채권자의 배상을 위해 불충분한 경우, 배상의무자는 채권자에게 금전으로 배상해
야 한다.

28 민법 제253조(비물질적 손해)

① 재산손해가 아닌 손해와 관련해서는, 법률로 정해진 특별한 경우에만 금전배상이 청구될 수 있다.

29 NJW 1973, 1221.

30 NJW 1973, 1221f.

31 NJW 1973, 1221, 1222.

32 NJW 1973, 1221, 1222.

33 NJW 1973, 1221, 1223.

34 NJW 1973, 1221, 1224.

35 해당 조항은 2001년 12월 31일 삭제되었다.

36 NJW 1973, 1221, 1224.

37 NJW 1973, 1221, 1224f.

38 NJW 1973, 1221, 1225.

39 NJW 1973, 1221, 1226.

40 NJW 1973, 1221, 1226.

참고문헌

Frank Fechner, Medienrecht 16.Auflage.

Ricker/Weberling, Handbuch des presserechts 6.Auflage.

Soehring · Hoene, Presserecht, 5.Auflage.

Wenzel, Das Recht der Wort-und Bildberichterstattung, 6.Auflage.

색인

판례 색인

독일 언론법의 이해 (하)

초판인쇄 2023년 09월 29일
초판발행 2023년 09월 29일

지은이 이수종
펴낸이 채종준
펴낸곳 한국학술정보(주)
주 소 경기도 파주시 회동길 230(문발동)
전 화 031-908-3181(대표)
팩 스 031-908-3189
홈페이지 http://ebook.kstudy.com
E-mail 출판사업부 publish@kstudy.com
등 록 제일산-115호(2000. 6. 19)

ISBN 979-11-6983-691-3 93360

이 책은 한국학술정보(주)와 저작자의 지적 재산으로서 무단 전재와 복제를 금합니다.
책에 대한 더 나은 생각, 끊임없는 고민, 독자를 생각하는 마음으로 보다 좋은 책을 만들어갑니다.